Grundlagen der Wirtschaftsmoral

Stefan Knischek

Grundlagen der Wirtschaftsmoral

Eine problemorientierte Einführung

 Springer Gabler

Stefan Knischek
Kempten, Deutschland

ISBN 978-3-658-23622-9   ISBN 978-3-658-23623-6   (eBook)
https://doi.org/10.1007/978-3-658-23623-6

Die Deutsche Nationalbibliothek verzeichnet diese Publikation in der Deutschen Nationalbibliografie; detaillierte bibliografische Daten sind im Internet über http://dnb.d-nb.de abrufbar.

Springer Gabler
© Springer Fachmedien Wiesbaden GmbH, ein Teil von Springer Nature 2019

Springer Gabler ist ein Imprint der eingetragenen Gesellschaft Springer Fachmedien Wiesbaden GmbH und ist ein Teil von Springer Nature
Die Anschrift der Gesellschaft ist: Abraham-Lincoln-Str. 46, 65189 Wiesbaden, Germany

Einleitung

In diesem Buch geht es um drei Dinge: zum ersten darum, welchen Begriff wir uns überhaupt von dem Phänomen Wirtschaftsmoral machen können, zum zweiten um die Grundlagen, auf welchen jede wie auch immer geartete Form von Wirtschaftsmoral notwendigerweise aufbaut, zum dritten um die Probleme, die sich uns dabei aus wissenschaftlicher Sicht in den Weg stellen, und ihrer Behandlung.

Ich beginne mit dem Begriff der Wirtschaftsmoral, unter dem sich die meisten Menschen intuitiv auf Grund ihrer Lebenserfahrung und ihres medialen Interesses etwas vorstellen können. So lesen wir beispielsweise in der Tageszeitung, dass die Diebstähle in Kaufhäusern zugenommen haben, dass jeder vierte abhängig Beschäftigte weniger als 9,50 Euro pro Stunde verdient, dass die Zahl der steuerlichen Selbstanzeigen in die Höhe geschnellt ist, dass es noch immer nicht gelungen ist, die Markenpiraterie einzudämmen. So berichten die Fernsehanstalten verstärkt darüber, dass die Investmentbranche einen sehr schlechten Ruf hat, dass die Ablehnung der Kernkraft nach dem Gau in Fukushima einen neuen politischen Höhepunkt erreicht hat, dass das „global warming" als so bedrohlich empfunden wird wie nie zuvor, dass die Managergehälter als ungerecht kritisiert werden, dass der Gier der Banker die Schuld für die Finanzkrise 2008 gegeben wird, dass für die Griechen, die in den vergangenen Jahren maßlos über ihre Verhältnisse gelebt haben, eigentlich kein mittel-, nordeuropäischer Steuerzahler mehr bürgen will, dass die Schere zwischen arm und reich in manchen Ländern immer weiter auseinander geht. Die Menschen, die ehrlich und fleißig ihrer täglichen Arbeit nachgehen, fragen sich, warum der deutsche Arbeitnehmer im Schnitt im Jahr weniger verdient als der Vorstandsvorsitzende der Deutschen Bank am Tag, warum Leute 40 Stunden die Woche arbeiten und trotzdem ergänzend Arbeitslosengeld II beantragen müssen, warum der Staat Milliarden Euro an Steuern pro Jahr vergeudet, während in manchen Schulen der Putz von den Wänden rieselt, warum ein Finanzminister verspricht, keine neuen Schulden zu machen, nach einigen Jahren de facto aber die höchste Neuverschuldung im Bund verursacht und dann nach seinem Ausscheiden aus der Politik eine der höchsten Pensionen überhaupt kassiert, warum ein Teil nicht arbeitender Menschen in Privatjets um die Welt fliegt, während ein anderer Teil arbeitender Menschen es nicht schafft, seine Kinder zu ernähren und ihnen Gesundheit und Bildung zu ermöglichen, warum nach Angaben der UNO ein Drittel der Menschheit von weniger als zwei Dollar pro Tag leben muss, warum Eltern ihre Kinder verkaufen etc.

Das vorliegende Buch geht den Fragen nach, ob oben genannte Beispiele tatsächlich zum Gebiet der Wirtschaftsmoral zählen, falls ja, warum sie dies tun und woran wir erkennen, ob es sich um ein „gutes" oder „schlechtes" Wirtschaften handelt. Am Ende interessiert uns natürlich ganz besonders, wie sich „gutes Wirtschaften" herstellen und „schlechtes Wirtschaften" eindämmen oder vermeiden lässt. Dabei geht dieses Buch nicht intuitiv, sondern möglichst wissenschaftlich vor, indem es die Schnittstelle zwischen Wirtschaft zum einen und Moral zum anderen möglichst sachorientiert und wertneutral unter die Lupe nimmt.

Verfolgt man die öffentliche Diskussion, gewinnt man leicht und schnell den Eindruck, als hätten wirtschaftsmoralische Themen zurzeit Hochkonjunktur, da immer mehr Fälle (auch prominente und spektakuläre) an die Oberfläche gespült werden. Die Wirtschaftsmoral hat sich regelrecht zu einem Modethema entwickelt, anscheinend auch deshalb, weil die Medien detaillierter darüber berichten als früher bzw. weil die Öffentlichkeit sensibler darauf reagiert als früher. Das mag so sein, aber in Wirklichkeit bildet die Wirtschaftsmoral ein menschliches Grundthema ab, welches sich über die Jahrtausende verfolgen lässt, im Prinzip omnipräsent ist und, zumindest aus Sicht der Wissenschaft, noch immer ein stiefmütterliches Dasein fristet, selbst wenn die Anzahl an wirtschaftsethischen Lehrstühlen an den Universitäten gewachsen ist[1]. Dass es sich bei der Wirtschaftsmoral um kein Modethema handelt, wird auch daran deutlich, dass sie jeden von uns täglich und lebenslang begleitet. Als menschliches Grundthema ist sie deshalb so stark mit uns verbunden, weil der Mensch nicht nur da ist in seinem Sein, sondern selbiges bewertet und ihm so Sinn verleiht. Die Frage nach dem „guten Wirtschaften" ist aus diesem Grund ein ebenso ewiges Thema wie die menschliche Sinnfrage als solche, die wir natürlich ebenso wenig als Modethema abtun können. Wir erkennen dies darüber hinaus auch daran, da sich alle Natur- und Weltreligionen immer intensiv damit auseinandergesetzt haben und auch in Zukunft werden, weil das „gute Wirtschaften" Werden und Vergehen aller Hochkulturen begleitet hat und weil es die Philosophie als Mutter der Wissenschaften zeitlebens beschäftigt hat. Schon Aristoteles und andere antike Schriftsteller haben profunde über das tatsächliche und das eigentlich „richtige" Verhältnis von Wirtschaft und Moral nachgedacht.

Der Buchtitel „Grundlagen der Wirtschaftsmoral" deutet zweitens an, dass es in diesem Buch nicht in erster Linie um eine konkrete, spezielle Wirtschaftsmoral geht, sondern um die Wirtschaftsmoral als solche. Man kann hier folglich weder eine vergleichende Darstellung empirisch vorhandener Wirtschaftsmoralsysteme erwarten noch eine Auseinandersetzung über die ultimative, also „beste" Wirtschaftsmoral überhaupt. Für diese Fragestellung ist aus wissenschaftlicher Sicht exklusiv die Wirtschaftsethik zuständig, die als Morallehre die von der Wirklichkeit in der jeweiligen Form vorgegebene

Wirtschaftsmoral auf ihre tatsächliche normative Richtigkeit zu reflektieren hat. Inzwischen liegt diesbezüglich eine Menge an wirtschaftsethischen Forschungsergebnissen und Publikationen vor. Leider lässt sich dadurch nicht automatisch auf eine wirkliche Verbesserung der wirtschaftsmoralischen Zustände schließen. Die Bescheidenheit, die hier zum Ausdruck kommt, hängt mit mehreren Faktoren zusammen. Erstens liegen der Wirtschaftsethik, so wie der Ethik generell, unterschiedliche konkurrierende Theorieansätze zu Grunde, die zu diversen Ergebnissen führen. Zweitens lassen sich wirtschaftsethische Erkenntnisse wegen ihres hohen Abstraktionsgrads nur schwer in die Lebenspraxis übertragen. Drittens führt eine wirtschaftsethische Erkenntnis nicht automatisch zu einem besseren Handeln der Akteure.

Außerdem wird man in diesem Buch kaum etwas über die durchaus interessanten Unterschiede der wirtschaftsmoralischen Systeme in ihren jeweiligen konkreten Ausgestaltungen erfahren. Es wird also keine vergleichende Analyse geben, in welchem Verhältnis Wirtschaft und Moral in den USA, Deutschland oder Kuwait zueinanderstehen. Auch unternehmensbezogene Unterschiedlichkeiten werden nicht thematisiert, wir werden also nicht das wirtschaftsmoralische System von Siemens, Microsoft, Ryanair, Eon, Gazprom, Schlecker oder Amazon untersuchen. Konsequenterweise unterbleibt auch jede Analyse von religiös, soziologisch, historisch oder anthropologisch geprägten Unterschieden.

Was ist nun genauer unter dem Begriff „Grundlagen" der Wirtschaftsmoral zu verstehen? Wegen der Subjektivität moralischer Werte und Normen gibt es nicht nur eine Form der Wirtschaftsmoral, sondern viele unterschiedliche. Es gibt, wie soeben gehört, eine deutsche, amerikanische, iranische Wirtschaftsmoral, eine bei Bosch, BP, H&M, eine in Familie A und Familie B, eine in der Markt- und Planwirtschaft, eine katholische und islamische, eine bürgerliche und proletarische, eine Herren- und Sklavenmoral, eine anything-goes- und Tugendmoral, eine abend-/morgenländische, eine private und öffentliche Wirtschaftsmoral etc. Allen Ausprägungen liegt eine gemeinsame Basis, eine universelle Grundstruktur zu Grunde. Diese Grundstruktur stellt den primären und exklusiven Untersuchungsgegenstand der vorliegenden Arbeit dar. Hauptsächlich geht es um die Frage, wie eine wie auch immer geartete moralische Normativität beim Akt des Wirtschaftens zur Geltung kommt. Es geht um die Frage der Bedingungen der Möglichkeit einer moralbezogenen Wirtschaft. Es geht um die Voraussetzungen, die normatives Wirtschaften konstitutiv ermöglichen. Es geht um die Struktur, die dazu führt, dass wir, wenn wir wirtschaften, innerlich bereit und einverstanden sind, uns bestimmten Regeln unterzuordnen. Es geht um die Rolle von Sanktionen und unterschiedlichen Bewertungsprinzipien und deren Auswirkungen. Es geht letztlich um die Basis, die eine wirtschaftsmoralische Integration von unterschiedlichen Ebenen wie Wohlstand und Verantwortung, Effizienz und Gewissen, Wachstum und Ökologie, Einkommen und Gerechtigkeit, letztlich also Wirtschaft und Moral sinnvoll und praktikabel ermöglicht. Ausgehend davon, könnte man den Ansatz dieses Buches als fundamentalphänomenologisch bezeichnen.

Die Untersuchung der Grundlagen der Wirtschaftsmoral erfolgt drittens problemorientiert. Damit sind nicht nur die Behandlung konkreter wirtschaftsmoralischer Probleme bzw. Problembereiche gemeint, sondern die bei der Analyse und Erarbeitung der wirtschaftsmoralischen Grundlagen auftretenden wissenschaftlichen Probleme. Automatisch ergibt sich aus dieser Problemorientierung die Gliederung der Arbeit.

Der erste Teil setzt sich mit dem Definitionsproblem auseinander. Hier ist der Bereich des Untersuchungsgegenstandes möglichst eindeutig abzustecken. Es muss geklärt werden, was man unter Wirtschaften einerseits respektive unter Moral und Normativität andererseits versteht. Ist damit der Grundstein gelegt, kann das Gebäude der Wirtschaftsmoral nach und nach eine Kontur erhalten: Wie kann das (wirtschaftlich) Gute bzw. wie können moralische Grundwerte begründet werden? Was unterscheidet eine Maximal- von einer Minimalmoral, eine öffentliche von einer privaten Moral? Wie relativ bzw. absolut sind moralische Werte aufzufassen? Große Bedeutung kommt in diesem Kapitel auch der Abgrenzung der Wirtschaftsmoral zu ihren Nachbarbereichen, der Wirtschaftsethik und dem Wirtschaftsrecht, zu.

Der zweite Teil behandelt das Zwei-Welten-Problem. An dieser Stelle ist zu fragen, inwieweit die isoliert voneinander betrachteten, autonomen Lebensbereiche der Wirtschaft auf der einen Seite und der Moral auf der anderen Seite von einer grundsätzlichen Harmonie und Parallelität geprägt sind oder ob eher eine grundlegende Andersartigkeit und Gegensätzlichkeit festzustellen sind. Wir werden dabei erkennen, dass die beiden Bereiche oft ganz unterschiedliche Maßstäbe anlegen, dass sie sich unterschiedlich legitimieren, sie unterschiedliche Ziele verfolgen, dass sie unterschiedlich motiviert sind, dass sie unterschiedlich bewerten etc.

Das Zwei-Welten-Problem deutet als Entweder-oder-Option ein weit verbreitetes Vorurteil an, nämlich dass man entweder nur moralisch oder nur wirtschaftlich handeln und bewerten kann. Kein Geringerer als Immanuel Kant hat dies schon vor fast 250 Jahren auf den Punkt gebracht: „Im Reich der Zwecke hat alles entweder einen Preis oder eine Würde. Was einen Preis hat, an dessen Stelle kann auch etwas anderes als Äquivalent gesetzt werden; was dagegen über allen Preis erhaben ist, mithin kein Äquivalent verstattet, das hat eine Würde."[2] Der dritte Teil widmet sich folglich dem Integrationsproblem, d.h. es bemüht sich um Lösungsansätze, wie sich die beiden anscheinend unversöhnlichen Welten sinnvoll und möglichst synergetisch miteinander verknüpfen und am Ende doch versöhnen lassen. Schon Goethe sprach von den zwei Seelen in des Menschen Brust, die trotz ihrer Andersartigkeit zu einer Charaktereinheit verschmelzen und zu einer Identität führen können. Im Rahmen der wirtschaftsmoralischen Analyse lässt sich dies über drei Wege erreichen: Entweder wird Moral ökonomisiert (Funktionalisierungsmodell), Wirtschaft moralisiert (Normierungsmodell) oder beide Modelle ergänzen sich gegenseitig zu einem Synthesemodell.

Nachdem wir den Integrationsmöglichkeiten von Wirtschaft und Moral auf den Grund gegangen sind, wende ich mich der Frage zu, unter welchen Bedingungen sich dieselben überhaupt ergeben können. Ich frage im Rahmen des Implementierungsproblems nach den idealen Voraussetzungen des jeweiligen Modells: Welche Bedingungen müssen idealerweise gegeben sein, damit Moral ökonomisiert bzw. Wirtschaft normiert bzw. eine Synthese zwischen beiden Modellen kreiert werden kann? Die dabei sichtbar werdende Diskrepanz zwischen Theorie und Wirklichkeit fällt jedoch nicht nur wissenschaftlich auf, sondern zeigt zugleich den Handlungsspielraum auf, den sowohl kleinste wie größte Gemeinschaften entdecken und für sich nutzen können, um zu einer besseren Verschmelzung von Wirtschaft und Moral zu kommen. Insofern dürfte Teil vier die größte Bedeutung in diesem Buch zufallen, da dort das größte Potenzial an wissenschaftlichem Fortschritt zu erwarten ist.

Auf beinahe das gleiche Potenzial stoßen wir im fünften und letzten Teil. Hier stellt sich im Rahmen des Evaluationsproblems die Frage, welche wirtschaftsnormative Modellvariante welche Vor- und Nachteile bzw. welche Stärken und Schwächen aufweist. Des Weiteren ist zu eruieren, welches wirtschaftsmoralische Modell sich am besten für welchen Anwendungsbereich eignet. Die Frage, inwieweit welche Modellvariante in welchem Maß vorher festgelegte und geeignet erscheinende Evaluationskriterien erfüllt, bildet den Abschluss der Arbeit. In diesem Abschnitt findet zudem die Auseinandersetzung zwischen Wissenschaft und Gesellschaft in der Weise statt, indem erörtert wird, ob es überhaupt ein wirtschaftsmoralisches Optimum geben kann oder ob immer nur von einer relativ besten Lösung ausgegangen werden muss. Ebenfalls wird das Mikro-Makro-Verhältnis thematisiert, das heißt inwieweit kann durch die Modifizierung der Grundlagen der Wirtschaftsmoral (Fehl-)Verhalten gesteuert und kontrolliert werden. Ganz konkret: Ist es z. B. durch eine Anpassung der wirtschaftsmoralischen Grundlagen real möglich, dass ein Konzern trotz Rekordgewinn doch nicht wie geplant Stellen abbaut oder dass der deutsche Einzelhandel durch Diebstähle im Jahr 2005 doch keinen Verlust von fünf Milliarden Euro verkraften muss oder dass die Baubranche doch keine billigen Schwarzarbeiter beschäftigt?

Wenn man heutzutage ein Buch mit wirtschaftsmoralischem Inhalt schreibt, setzt man sich fast automatisch diversen Vorwürfen aus: Moral sei antiquiert und spießig, sie enge unnötigerweise den individuellen Handlungsspielraum ein, sie sei im Prinzip sogar ganz verzichtbar, da wir ein gut funktionierendes Rechtssystem haben, sie wäre in ihrer Effektivität dem marktwirtschaftlichen Wettbewerb deutlich unterlegen, sie sei keine adäquate Antwort auf die Herausforderungen der Moderne, sie sei schlichtweg sinnlos in einer Gesellschaft, in der sich immer größer werdende Teile massiv moralresistent zeigten, sie liefe ins Leere bezüglich ökonomischer Funktionszusammenhänge, sie sei nur noch etwas für die Dummen, die freiwillig auf ihre Vorteilnahme verzichteten etc. Ohne im Detail auf diese Vorwürfe einzugehen, möchte ich dennoch einige Gründe anreißen, die für ein Festhalten an der Moral bzw. Wirtschaftsmoral sprechen.

Die Abschaffung der (Wirtschafts-)Moral widerspricht jeder anthropologischen Erkenntnis. Da der Mensch ein Sozialwesen ist, er freiwillig mit anderen zusammenlebt, er von anderen abhängt und von ihnen profitiert, würde er den Ast absägen, auf dem er sitzt, wenn er die Moral negierte. Das Recht allein reicht nicht an die Moral heran, denn das Recht basiert auf der Moral, es ist nichts anderes als Moral mit anderen Mitteln. In letzter Konsequenz kann menschliches (Zusammen-)Leben nur gelingen, wenn Gemeinschaften gleiche oder ähnliche Normen befolgen und/oder von gleichen oder ähnlichen Wertvorstellungen geprägt sind. Die Moral ist der Mörtel (Normen/Werte), der die einzelnen Steine (Personen) des Gesamtbaus (Gesellschaft) zusammenhält. Die Moral stellt nach wie vor das grundlegendste, allgemeine Mittel dar für den Endzweck der sozialen Interaktion. Moral setzt der immer weiter um sich greifenden Individualisierung einen natürlichen Riegel vor, und zwar so, dass der soziale Fortbestand nicht gefährdet ist. Die Wirtschaftsmoral trägt elementar dazu bei, dass das Ziel „Wohlstand für alle" erreicht werden kann.

Des Weiteren ist festzuhalten, dass weder der Amoralismus noch der Ökonomismus relevante und zweckorientierte Alternativen darstellen. Der Amoralismus scheitert am menschlichen Wesen, das, zur Freiheit verdammt (Sartre) und Sinn suchend, Bewertungen vornimmt. Der Amoralismus stellt demzufolge die Bewertung dar, nicht in sozialer Hinsicht bewerten zu wollen. Dies setzt aber den Bewertungsvorgang nicht außer Kraft, führt allerdings zu anderen Konsequenzen und Ergebnissen für das menschliche Zusammenleben. Der Ökonomismus, der alles unter einem rationalen Kosten-Nutzen-Kalkül subsumiert, scheitert an zwei Dingen. Zum ersten besteht der Mensch auch aus Gefühlen, die sich zweitens wie die Liebe oder der Hass nicht an ökonomischen Größen ausrichten lassen.

Zum dritten führt die Wirtschaftsmoral, verstanden als gesellschaftliche und sozial verträgliche Kooperation, zu mehr Wohlstand. Stellen Sie sich vor, in unserer Volkswirtschaft verhielte sich jeder ehrlich und moralisch einwandfrei. Wir könnten auf große Teile von Polizei, Rechtssystem, Zoll, Finanzämter, Versicherungen, Sicherheitsbranchen, Bürokratie etc. verzichten, da Untreue, Diebstähle, Betrügereien, Korruption etc. der Vergangenheit angehörten. Anstatt Löhne/Gehälter, Pensionen, Sozialbeiträge für Polizisten, Juristen, Beamte etc. zu bezahlen, könnten wir das eingesparte Geld für die Steigerung des allgemeinen Wohlstands einsetzen. Entweder könnte der Staat mit dem eingesparten Geld vermehrt öffentliche Güter zur Verfügung stellen (mehr Straßen bauen, mehr Lehrer einstellen, mehr Ärzte beschäftigen) oder er würde es direkt an die Bürger ausbezahlen, die dadurch ihren Lebensstandard erhöhen könnten oder wir müssten alle weniger arbeiten, da die freigesetzten Personen direkt am Sozialprodukt mitarbeiten könnten. Selbst wenn man berücksichtigt, dass natürlich auch die Institutionalisierung von Moral Geld kostet, ergäbe sich unterm Strich ein Plus: Mit Moral kann sich eine Gesellschaft somit in der Regel deutlich mehr leisten als ohne.

Viertens kommt die Wirtschaftsmoral der Forderung nach mehr gesellschaftlicher Homogenität nach. Besonders marktorientiertes Wirtschaften geht mit einer ausgeprägten Ellbogenmentalität und einem exzessiven Hang zu egoistischen Verhaltensmustern einher. Wenn z.B. Bürger oder auch Unternehmen Steuern hinterziehen, dann verschaffen sie sich nicht nur einen unerlaubten, den Wettbewerb verzerrenden Vorteil gegenüber den ehrlichen Steuerzahlern, sondern sie bürden diesen eine Steuermehrbelastung auf, da der Finanzminister immer die Möglichkeit hat, auf seine Kosten zu kommen. In solchen Fällen kann Wirtschaftsmoral zu mehr Homogenität beitragen. Wenn sich nämlich in einem Gemeinwesen der Tenor durchsetzt, dass der Ehrliche letztlich doch der

Dumme ist, dann wird sich bald niemand mehr, und dies aus gutem Grunde, an moralische Regeln gebunden fühlen. Damit wären Tür und Tor für weitere Regelverletzungen
geöffnet, was irgendwann die Gesellschaft in ihrer Gesamtexistenz bedrohen, chaotische
Zustände hervorrufen und immense Folgekosten nach sich ziehen würde. Nur wenn jeder
meint, dass es gerecht zugeht, ist er auch bereit, sich normgerecht zu verhalten.

Wirtschaftsmoral kann fünftens das wirtschaftliche und existenzielle Gefährdungspo-
tenzial des Menschen senken, also das, das sich aus der globalen Umweltzerstörung, aus
Handelskriegen, aus der Gefährdung durch technische Risiken (Atomkraft, Biotechnolo-
gie) und aus der Gefährdung durch globale Armut ergibt.

Wirtschaftsmoral trägt sechstens dazu bei, dass mancher seelische Antagonismus verschwindet und einer inneren Identität Platz macht. Dieser Antagonismus entsteht durch
den im Mensch angelegten Dualismus zwischen Eigennutz und Gemeinnutzgefühl
(sympathy bei Adam Smith). So kritisieren wir zum einen, dass es immer mehr Gesetze
gibt, die unseren wirtschaftlichen Spielraum einengen, andererseits sind wir aber nicht
bereit, mehr wirtschaftsmoralische Eigenverantwortung zu tragen. Auf der einen Seite
wollen wir weniger Staat und Bürokratie, auf der anderen Seite treten wir aus der Kirche
aus, sind der Politik überdrüssig, meiden Ehrenämter, engagieren uns gesellschaftlich
immer weniger. Auf der einen Seite sehen wir, dass trotz vieler Gesetze viele Dinge
(Armut, Hunger, Ungleichheit, Verschuldung, Bereicherung, Bildung etc.) weiter im
Argen liegen, auf der anderen Seite reagieren wir auf moralische Appelle genervt, weil
jeder autonom bleiben will und weiter ungestört an seinem individuellen Selbstverwirk-
lichungsprogramm weiterarbeiten möchte. Wirtschaftsmoral versteht sich hier als Möglichkeit, zu einer Einheit zurückzukehren.

Ich breche an dieser Stelle ab, da es sowohl weitere Gründe für wie gegen die Wirtschaftsmoral gibt. Das Ziel dieser Arbeit ist es, systematisch die Möglichkeiten aufzuzeigen, wie die Bereiche Wirtschaft zum einen und Moral zum anderen strukturell miteinander verknüpft werden können, sodass erstens beide Lebensbereiche zur Geltung
kommen können und zweitens dabei ein hohes Maß an Einheitlichkeit und Harmonie
erzeugt werden kann.

Oberdorf, im September 2018   *Stefan Knischek*

Anmerkungen zur Einleitung

1 Wir stoßen in Deutschland auf eine relativ üppig ausgestattete empirische Sozialforschung, die
   Moralforschung geht in der Sozialforschung auf und führt so gut wie kein Eigenleben, während man auf die empirische Forschung in Sachen Wirtschaftsmoral nach wie vor wartet.
2 Kant, Grundlegung der Metaphysik der Sitten, S. 58, Hamburg 1965.

Inhaltsverzeichnis

Tabellenverzeichnis

Teil 1

Das Definitionsproblem

Es vergeht keine Minute, in der nicht irgendein wirtschaftsmoralischer Vorgang statt-findet. Die Politik debattiert über menschenwürdige Mindestlöhne, zwei Rentnerinnen beklagen sich über die dritte Nullrunde in der gesetzlichen Rentenversicherung, wir hören im Radio von der Verhaftung eines Steuer hinterziehenden Prominenten, ein Ver-sicherungskonzern streicht trotz Rekordgewinn einige tausend Stellen, die Kirche kriti-siert die Selbstbedienungsmentalität und Maßlosigkeit der Manager, Tausende demons-trieren gegen die Einführung von „Hartz IV", im Fernsehen läuft eine Dokumentation über die „Abzockerei" von Finanzmaklern, die Lokführer der Deutschen Bahn legen für mehr Lohn tagelang ihre Arbeit nieder, der Ethikrat lehnt die wirtschaftlich lukrative Stammzellenforschung ab, der Bund der Steuerzahler beschwert sich über die Ver-schwendung öffentlicher Steuergelder, die Lehrer problematisieren die steigende Chan-cenungleichheit im Bildungswesen, Siemens gibt zu, mit Milliardenbeträgen im Ausland bestochen zu haben etc.

Diese Liste könnte man fast beliebig fortsetzen. Wie lang müssen wir uns diese Liste vorstellen, wenn wir nicht nur die bekannten Fälle aufführen, sondern auch alle anderen? Wäre es überhaupt möglich, eine solche endgültige Liste zu erstellen? Wie auch immer: Eine solche Liste wäre in ihrer kompletten Form vermutlich extrem lang. Zum Glück sind wir im Rahmen dieser Arbeit nicht auf die Existenz einer solchen Liste angewiesen. Es reichen einige Fälle, um das Definitionsproblem bearbeiten und uns mit den wichti-gen Fragen beschäftigen zu können: Wo fängt Wirtschaftsmoral an, wo hört sie auf, welchen Begriff von Wirtschaft, welchen von Moral müssen wir uns machen, was sind die Kriterien, dass etwas auf oben genannter Liste erscheint, wie gewinnen wir klare Konturen von unserem Untersuchungsgebiet?

Bei der Annäherung an den Wirtschaftsmoralbegriff ist von vornherein auf zwei Dinge Rücksicht zu nehmen: erstens auf die formale Methode der Herangehensweise, zweitens auf die inhaltliche Methode der Begriffsbestimmung. Will man z. B. wissen, was Bier oder Milch ist, muss man die Getränke formal in ihre Bestandteile zerlegen. Kennt man die Bestandteile, erkennt man das Getränk dann an der spezifischen Kombination der Bestandteile wieder. Mischt man Wasser mit Hefeextrakten, entsteht Bier. Mischt man Wasser mit Milchpulver, entsteht Milch. Genauso verhält es sich mit der Wirtschaftsmoral, die aus den Begriffen Wirtschaft und Moral besteht. Mischt man den Wirtschafts- mit dem Moralbegriff, entsteht der Wirtschaftsmoralbegriff, mischt man ihn mit dem Rechtsbegriff, entsteht folglich der Wirtschaftsrechtsbegriff. Man muss Begriffe erst zerlegen, um daraus ein Gesamtbild eines komplexen Begriffs zu erhalten. Man muss das Wirtschaftliche und das Moralische in einem ersten Schritt voneinander trennen, damit man in einem zweiten Schritt die Möglichkeiten ihrer Vereinigung erkennen kann.

Bleiben wir kurz bei dieser Extraktionsmethode. Kuhmilch besteht zu 87 Prozent aus Wasser, zu 3,8 Prozent aus Fett, zu 3,4 Prozent aus Proteinen (Caseine und Molkenproteine), zu 4,8 Prozent aus Lactose (wichtigster Kohlehydratbestandteil, heißt auch Milchzucker) und zu 0,7 Prozent aus Asche. Natürlich gehört zur Milch, dass sie auch aus Wasser besteht. Ihre Essenz ist aber nicht im Wasser zu suchen, sondern in der spezifischen Zusammensetzung bestimmter Eiweiße, Kohlenhydrate und Fette. Das Wesen der Milch ist somit am ehesten im Milchpulver zu suchen. Ähnlich verhält es sich beim Wirtschaften. Wenn wir Wirtschaften um die soziale, gesellschaftliche, ethische, historische, psychologische und anthropologische Dimension, die in welcher Setzung auch immer vorhanden ist, reduzieren, landen wir bei der Urform, bei der Eigentlichkeit des Wirtschaftens. Diese Situation ist der von Robinson Crusoe vergleichbar, und zwar bevor Freitag in Erscheinung tritt. Dazu später mehr.

Danach geht es um die inhaltliche Erschließung der Begriffe, also dem wirtschaftlichen und dem moralischen. Natürlich greife ich dabei auf die Ergebnisse der jeweiligen Wissenschaften zurück. Da diese jedoch heterogen sind, gehe ich im Prinzip phänomenologisch vor. Nicht im exakten Sinn der Phänomenologie von Husserl, sondern an Hand sowohl wissenschaftlicher Definitionen wie Begriffsvermittlungen seitens der Medien schält sich ein fundamentaler Begriffskern heraus. Der gesuchte Wirtschaftsbegriff muss dabei so beschaffen sein, dass er die inhaltliche Grundlage für alle real auftretenden Wirtschaftsformen bildet. Er muss sich sowohl in der Markt- wie in der Planwirtschaft wiederfinden, in der modernen wie der antiken Wirtschaft, in der arbeitsteiligen wie selbst versorgenden Wirtschaft, in der Wirtschaft der privaten wie öffentlichen Haushalte.

Die inhaltliche Bestimmung des Wirtschaftsbegriffs

„Economics is what economists do. "
Jacob Viner (US-Ökonom)

Das Erkenntnisobjekt „wirtschaften" offenbart sich – sowohl auf den ersten Blick wie auch bei genauem Hinsehen wissenschaftlich – als ausgesprochen schillerndes Phänomen. Nähern wir uns ihm zuerst spontan. Obwohl wir alle täglich mit wirtschaftlichen Dingen konfrontiert sind, fällt es uns schwer, auf die Schnelle eine homogene, treffende Definition dieses großen, bedeutsamen Lebensbereichs zu finden. Versuchen Sie es selbst: Was ist wirtschaften? Fragen Sie Bekannte und Arbeitskollegen, was sie darunter verstehen! Sie werden verblüfft sein, wie unterschiedlich die Antworten, Facetten und Schattierungen ausfallen. Dass wir uns damit so schwer tun, hängt vielleicht damit zusammen, dass sich bei uns modernen Menschen Lebens- und Wissenswelt durch die zunehmende Rationalisierung über die Jahrtausende so weit auseinander entwickelt haben, dass ein Faden gerissen zu sein scheint, der nur durch intensives Nachdenken wieder geknüpft werden kann (Existenzphilosoph Heidegger hat das Phänomen ontologisch beschrieben [Ontologie: Lehre vom Sein], wonach das ontisch nahe Liegende [der konkrete wirtschaftliche Akt] ontologisch fremd ist [die konstitutiven Bedingungen der Möglichkeit von Sein und somit Wirtschaften]).

Auch von der wissenschaftlichen Seite gibt es vielfältige Möglichkeiten, sich mit dem Begriff wirtschaften auseinanderzusetzen. Die Philosophie nähert sich phänomenologisch, ethisch, hermeneutisch, strukturalistisch, systemtheoretisch. Soziologie, Sozialpsychologie, Politologie nähern sich sozialwissenschaftlich, die Historik geisteswissenschaftlich. Da ein „Total-Ansatz" im Stil einer universalgültigen Wesensschau natürlich nicht nur den Rahmen dieses Buches sprengen würde, sondern generell wegen der damit

© Springer Fachmedien Wiesbaden GmbH, ein Teil von Springer Nature 2019
S. Knischek, *Grundlagen der Wirtschaftsmoral*,
https://doi.org/10.1007/978-3-658-23623-6_1

verbundenen Anforderungen an das benötigte Wissen unmöglich ist, sehen wir, was die Ökonomik zu bieten hat. Hier erleben wir eine Überraschung. Die Durchsicht 35 ökonomischer Nachschlagewerke und Lehrbücher ergibt, dass die inhaltliche Bestimmung des Begriffs „wirtschaften" bzw. „Wirtschaft" erstaunlich weit streut und dass oft unterschiedliche Schwerpunkte, Terminologien und Perspektiven gesetzt werden[1]. In manchen Publikationen wird seltsamerweise sogar ganz auf eine Erklärung dieser Begriffe verzichtet! Es zeigt sich, dass mit dieser definitorischen Problematik mittlerweile ganze Gelehrtengenerationen zugebracht haben[2].

Die Heterogenität im ökonomischen Selbstverständnis, die es in anderen Wissenschaften nicht gibt, hat mehrere Gründe. Erstens befindet sich die Ökonomie weiter auf Expansionskurs, der mit einer inhaltlichen und methodischen Ausweitung verbunden ist[3]. Zum zweiten sucht sie nach ihrer normativen Identität, indem sie sich entscheiden muss, ob sie soziale und natürlich auch moralische Wertfragen ausklammern oder integrieren will[4]. Zum dritten setzt die Ökonomie weiter auf einen Methodenpluralismus, um ihren Erkenntnisanspruch zu verfeinern und zu verfestigen[5]. Diese Heterogenität gipfelt in dem bemerkenswerten Zitat des bekannten amerikanischen Ökonomen Jacob Viner: „Economics is what economists do".

Gerade letztes Zitat erweckt nun den Eindruck, die Wirtschaftswissenschaft sei mittlerweile total in Teile zersplittert, die kaum mehr etwas miteinander gemein haben. Dieser Eindruck täuscht. Es existiert durchaus ein ökonomischer Kernbereich, wenngleich dieser eben nicht ein, sondern mindestens drei Gravitationszentren umfasst. Diese Uneinheitlichkeit darzulegen und aufzuarbeiten wird Aufgabe des Abschnitts 1.1 sein. Weil ich nicht den jeweils letzten Forschungsstand wiederzugeben in der Lage sein werde, richte ich mein Hauptaugenmerk auf die Ableitung eines Wirtschaftsbegriffs, der breit genug ist, dass er die darauf aufbauende Wirtschaftsmoral zu tragen vermag. Die drei Gravitationszentren definieren wirtschaften als:

1. Gegenstandsbereich (materialer Ansatz) → Abschnitt 1.2.
2. bestimmte Verhaltensweise (formaler Ansatz) → Abschnitt 1.3.
3. Teilbereich eines ganzheitlichen Sozialsystems (integrativ-normative Ansätze).

Auf die integrativ-normativen Ansätze, die inhaltlich und methodisch relativ heterogen sind, werde ich hier nicht eingehen. Für die Interessierten habe ich jedoch in den Anmerkungen die wichtigsten Schulen zusammengestellt[6]. Integrativ-normative Ansätze gehen, im Gegensatz zu den beiden anderen Ansätzen, nicht von einem abgrenzbaren, verselbstständigten, „reinen" Ökonomiebereich aus, sondern basieren auf holistischen Konzepten. Darin wird wirtschaften nicht als Selbstzweck angesehen, sondern als Teil eines umfassenden, wertbasierten sozialen Systems. Dadurch wird der Weg geebnet für ein sozialphilosophisches, -wissenschaftliches System, das explizit die Integration von Wirtschaft, Moral, Politik, Gesellschaft vorantreibt. Die integrativ-normativen Ansätze ordnen der Wirtschaft eine meist untergeordnete Rolle zu, die sich aus der Existenz höherer Prinzipien ergibt, z. B. dem sozialen oder politischen Zusammenhalt oder dem seelischen Wohlbefinden. Diese Subordination bringt es mit sich, dass Wirtschaft normativ gesehen wird. So *soll* Wirtschaft als Mittel zum Zweck fungieren, als materielles Versorgungssystem, als funktionaler Ausdruck von sozialer Sicherheit oder z. B. als materielles Subsystem gesellschaftlicher Gerechtigkeit. Anbei die Gründe, warum ich auf die Darstellung dieser Ansätze verzichte:

- Erstens sind es keine „reinen", sondern interdisziplinäre Ansätze. In Teil 1 geht es jedoch genau darum, das Eigentliche des Wirtschaftens herauszuarbeiten und freizulegen, um es dann dem Eigentlichen der Moral gegenüberzustellen (Methode der isolierenden Abstraktion).
- Zweitens gründen die integrativen Ansätze operativ oftmals sowieso auf entweder dem materialen oder dem formalen Wirtschaftsbegriff.
- Drittens führen uns diese Ansätze zu sehr auf theoretisches Gebiet. Dazu muss man wissen, dass Wirtschaftsmoral eine vorwiegend empirische Disziplin darstellt. In dieser Funktion ist sie den integrativ-normativen Ansätzen erkenntnistheoretisch vorgelagert, und nachgelagert, wenn es um die Überprüfung von integrativ-normativen Theorien und Hypothesen geht.
- Viertens gehen sie genauso interdisziplinär vor wie die Wirtschaftsmoral. Das heißt sie setzen an der Schnittstelle von Ökonomie einerseits und Sozialwissenschaft bzw. Philosophie zum anderen an. Wirtschaftsmoral passt wissenschaftssystematisch zwar in dieses Gefüge, hat aber sein eigenes Gesicht, dessen Konturen, Eigenheiten dieses Buch gerade herausstellen will. Die Wirtschaftsmoral ist als eigenständiger Versuch aufzufassen, zwischen moralischer und wirtschaftlicher Welt zu vermitteln. Wirtschaftsmoral selbst ist integrativ-normativ. Bevor wir uns dem materialen und formalen Konzept zuwenden, möchte ich des besseren Verständnisses wegen zuerst einige ökonomische Grundbegriffe abklären

1.1 Grundtatbestände des Wirtschaftens

Lebten wir im Schlaraffenland[7], bräuchten wir nicht zu wirtschaften. Bei Hunger öffneten wir einfach den Mund und die gebratenen Enten flögen hinein. Aus den Brunnen flösse überall süßer Saft, Kleidung wüchse auf den Bäumen. Für jedes Gähnen/Faulenzen gäbe es ein Silberstück, Geld schüttelte man von den Bäumen. Durch einen Jungbrunnen verschwänden Alter und Krankheit, und so weiter und so fort.

Die Wirklichkeit sieht natürlich ganz anders aus: Nahrungsmittel erhalten wir im Supermarkt nur gegen Bezahlung. Für die Wohnung berappen wir Miete, für das Eigenheim Tilgung und Zinsen. Teures Geld kosten uns unsere sonstigen Wünsche wie schöne Kleidung, ein schickes Auto, die Paris-Wochenendreise etc. Selbstverständlich müssen wir für diese schönen Dinge den ganzen Tag lang arbeiten. Kurzum: Wir Menschen müssen unseren Lebensunterhalt Tag für Tag, Jahr für Jahr hart verdienen[8]. Wirtschaften entsteht aus dem Spannungsverhältnis von (im Prinzip) unendlichen menschlichen Bedürfnissen und endlichen (knappen) Gütern, um diese Bedürfnisse zu befriedigen.

1.1.1   Bedürfnisse

Bedürfnisse sind Ausdruck des Empfindens eines oder mehrerer Mängel (z. B. Nahrung, Schlaf, Wärme, Sicherheit, Unterhaltung, Geborgenheit, Anerkennung, Wissen), verbunden mit dem Bestreben, diese zu beseitigen. Statt Bedürfnisse könnte man auch Wünsche, Ziele, Begehren, Anliegen, Interesse etc. sagen. Bedürfnisse stellen den Ausgangspunkt des Wirtschaftens dar, indem sie uns zwingen, für unser physisches und kulturelles Überleben geeignete Mittel zu suchen. Somit sind sie auf ganz elementare Art untrennbar mit uns Menschen verbunden, wenngleich im Prinzip alles Lebendige bedürfnisorientiert ausgerichtet ist[9].

Zwar können wir Bedürfnisse verändern, indem z. B. ein krebskranker Raucher mit dem Rauchen aufhört und mit Sport und gesunder Ernährung anfängt. Auch sind wir in der Lage, kritisch und vernunftgeleitet, den konkreten Sinn von Bedürfnissen für uns und unser Leben zu hinterfragen, um in der Folge ihren Umfang mehr oder weniger deutlich zu reduzieren (brauchen wir immer das neueste PC-Modell, das teuerste Hochzeitskleid, das schickste Cabrio etc.?). Was wir aber nicht können ist, Bedürfnisse abzuschaffen, denn, egal welcher Art sie sind, sie hören nie auf, da zu sein. Selbst der bescheidenste buddhistische Mönch oder der lebensfeindlichste Asket werden Hunger und Durst stillen müssen, sofern ihnen etwas an ihrer Askese liegt. Auf der anderen Seite gibt es keine Grenze nach oben, man muss sich nur die Bedürfnisexzesse von Hollywoodstars oder Ölscheichs ansehen. Auf welcher Seite der Bedürfnisskala man sich aber nun auch immer befinden mag: So oder so, dem Kreislauf aus „bedürfen und stillen" entrinnt kein einziges, irdisches Wesen. Natürlich kommen Bedürfnisse in vielfältigster Ausprägung vor[10].

Was ein Mensch bedarf, hängt von seinem bisher erreichten Sättigungsgrad ab. Eine arme Familie in einem afrikanischen Slum wird zunächst ihre physiologischen Bedürfnisse (1. Stufe) befriedigen, bevor sie sich Sicherheits- oder sozialen Bedürfnissen (2. und 3. Stufe) zuwendet. Entscheidend ist dabei, dass sich die menschliche Psyche sehr eng an diese Stufen hält. Erst wenn das Bedürfnis nach Sicherheit zufrieden gestellt ist, kümmert sich der Mensch um seine sozialen Bedürfnisse. Wer hingegen Hunger, Durst hat, nimmt auch erhebliche Sicherheitsrisiken in Kauf. In der 4. und 5. Stufe folgen dann noch Wünsche nach Selbstverwirklichung und sozialer Anerkennung. Diese hierarchische Bedürfnispyramide[11] geht auf den amerikanischen Psychologen Abraham Maslow zurück und ist in vielen auch ökonomischen Lehrbüchern anzutreffen.

1.1.2   Güter

Mittel, die Bedürfnisse stillen, nennen wir Güter.

Wirtschaftliche Güter sind Dinge, die nur begrenzt vorhanden, meist auf Märkten zu erwerben sind und einen Preis haben. Meist verstehen wir darunter Sachgüter (z. B. Waschmaschinen, Schuhe, Jeans, Teller, Autos), Dienstleistungen (Taxifahrt, Bildung,

Versicherungen, Rechtsanwälte), Rechte (Mietgegenstände, Wertpapiere, Patente) und unter bestimmten Umständen Zeit. In den Anmerkungen finden Sie eine Liste wichtiger Güterarten[12]. Zum Wesen eines Gutes zählt immer, dass es ein Bedürfnis stillt. Daraus folgt, dass Wirtschaftsgüter in erster Linie Konsumgüter, also Güter des Endverbrauchs darstellen. Gehören Investitionsgüter nicht zur Gruppe wirtschaftlicher Güter? Mitnichten, jedoch dienen sie der Bedürfnisbefriedigung nur mittelbar. So befördert der Geschäftswagen eben nicht Privatpersonen zum Flughafen, sondern terminlich stark eingespannte Manager, die ihrerseits nur deswegen unterwegs sind, um weitere Konsumgüter wie Telefone, Waschmaschinen etc. herzustellen. Produktionsgüter stellen sozusagen Güter 2. Ordnung dar.

Der Güterbegriff spielt in der Ökonomie sicher eine andere Rolle als in der (Moral-) Philosophie. Während die Eigenschaften von Güter im ersten Bereich als wesentliches und auch normatives Entscheidungskriterium gelten, werden wirtschaftliche Güter bzw. Ziele im zweiten Bereich meist einem umfassenden Lebenskonzept untergeordnet. In der Ökonomie stellt die materielle Dimension den Hauptzweck dar, für die Philosophie hingegen ist sie meist nicht mehr als ein Mittel auf dem Weg zu universellen Seinsgütern. So dient der Wohlstand beispielsweise bei Aristoteles lediglich dem Ziel der sittlichen Entwicklung der Haushaltsgemeinschaft. Für Denker wie Thomas von Aquin kann Wohlstand sogar den Menschen daran hindern, den göttlichen Heilsweg zu erkennen und zu gehen. Über derartige Beziehungsgeflechte zwischen Ökonomie und Philosophie wird später noch zu sprechen sein.

1.1.3 Knappheit

Knappheit ist ein Phänomen, auf das wir im Leben sozusagen permanent gestoßen werden. Wenn z. B. die Waschmaschine kaputt geht, wenn der Nachbar von der Sauna im Keller spricht, wenn der Arbeitskollege mit dem schönen neuen Auto vorfährt, wenn wir im Fernseher Bilder von exotischen Länder sehen, dann wird uns gewahr, dass die Dinge nicht selbstverständlich, nicht im Überfluss vorhanden, sondern knapp und daher (mehr oder weniger) wertvoll sind. Knappheit heißt, die Gütermenge reicht nicht aus, um alle Bedürfnisse zu befriedigen.

Dabei sind nicht eigentlich die Güter selbst knapp, sondern die für ihre Herstellung benötigten Ressourcen, die Produktionsfaktoren Arbeit, Boden, Kapital[13]. So kann etwa in Deutschland nur eine Fläche von maximal 350.000 qkm genutzt und die Arbeitsleistung von vielleicht 60 Millionen Menschen in Anspruch genommen werden. Das hört sich nach viel an, stößt aber dennoch an eine Obergrenze.

Es lassen sich zwei Formen von Knappheit unterscheiden, die (seltene) absolute und die (häufige) relative. Von absoluter Begrenztheit spricht man, wenn Produktionsfaktoren eines Tages überhaupt nicht mehr zur Verfügung stehen werden. Während etwa beim Faktor Arbeit durch das ständig weitere Anwachsen der Weltbevölkerung kein Anlass zur Sorge besteht, dürfte beim Faktor Boden in – erdgeschichtlich betrachtet – dramatisch kurzer Zeit mit dem zur Neige gehen von einigen Rohstoffen zu rechnen sein. Energieexperten prognostizieren schon in diesem Jahrhundert mit eklatanten Engpässen bei Zink, Nickel, Blei, Silber, Zinn, Kupfer und Öl.

Relative Knappheit bedeutet, dass die existierenden Ressourcen zwar nie ausgehen, sie aber nicht ausreichen, um die potenziell unendlichen Bedürfnisse der Menschen komplett zu stillen. Knappheit und Bedürfnisse hängen also positiv zusammen: je mehr Bedürfnisse, umso größer die Knappheit und vice versa. Lebten wir am Existenzminimum, wäre die Knappheit kaum spürbar, der tägliche Arbeitsaufwand zur Existenzsicherung läge vielleicht bei ein bis zwei Stunden. Strebten wir alle hingegen an, noch besser als die reichen saudischen Scheichs zu leben, wäre die Knappheit sehr hoch. Knappheit hängt also von unseren wirtschaftlichen Bedürfnissen ab.

1.1.4   Eigennutz

Der Nutzen, den Güter stiften, ist für jeden ein individueller, d. h. jeder bewertet Güter anders. Die Bedürfnisse, die wir entwickeln, und den Nutzen, den wir aus knappen Gütern ziehen, beziehen wir auf uns selbst. Nicht jedes Gut befriedigt ein Bedürfnis gleich gut. Eine Familie mit fünf Kindern kann mit einem Kleinwagen als fahrbarem Untersatz relativ wenig anfangen, während der Single damit durchaus glücklich werden kann. Obwohl es sich in beiden Fällen um ein und dasselbe Gut handelt, scheint es seinen Zweck unterschiedlich zu erfüllen. Dieser Unterschied hängt damit zusammen, dass Konsumenten generell unterschiedliche Präferenzen aufweisen.

Die Nützlichkeit stellt somit das individuelle Auswahlkriterium im Umgang mit wirtschaftlichen Gütern dar. Dabei versuchen wir in der Regel, diejenigen Produkte aus einer großen Menge an Gesamtgütern auszuwählen, die am besten zu unseren Wünschen passen, also einen möglichst großen Nutzen stiften. Je größer der Nutzen, umso größer der Grad der Bedürfniszufriedenheit. Natürlich gelingt uns das einmal besser, einmal schlechter. Das hängt damit zusammen, dass wir es mit einer Vielzahl von Gütern und somit Qualitäten, Preisen und Kaufbedingungen zu tun haben. Im praktischen Leben haben wir meist gar nicht die Zeit, alle Güter auf ihre Nutzenrelevanz für uns zu überprüfen. Aber für wen wir sie kaufen, das ist relativ klar.

Wir gehen weder für andere zum Arzt, noch nehmen wir für andere teure Medikamente ein. Wir kaufen nicht den Sportwagen, damit andere ihn fahren. Wir buchen nicht die Reise, damit sich andere erholen. Wir gehen nicht zur Arbeit, damit andere entlohnt werden. In der Wirklichkeit ist das Gegenteil der Fall: Wir treffen wirtschaftliche Entscheidungen, damit es uns selbst besser geht. Wir handeln in der Wirtschaft eigennützig. Auf diesen Eigennutz, der auch als Selbstinteresse interpretiert werden kann, hat uns schon der Schotte Adam Smith (1723–1790) hingewiesen, der mittlerweile als Vater der modernen Volkswirtschaftslehre gilt: „Nicht vom Wohlwollen des Fleischers, Brauers oder Bäckers erwarten wir unsere Mahlzeit, sondern von ihrer Bedachtnahme auf ihr eigenes Interesse. Wir … sprechen ihnen nie von unseren Bedürfnissen, sondern von ihren Vorteilen" (Reichtum der Nationen, S. 19). Smith wird uns in diesem Buch noch oft über den Weg laufen in seiner Funktion als Moralphilosoph, der Wirtschaft und Moral systematisch verknüpft hat.

Diese Sichtweise trägt in der Ökonomik (und nicht nur dort) den Namen des methodologischen Individualismus. Darunter ist zu verstehen, dass „alles Wissen über soziale Phänomene nur aus dem Wissen über Individuelles, d. h. über Dispositionen, Haltungen, Interessen und Verhaltensweisen von Individuen zu begründen, abzuleiten, zu bestätigen oder in entsprechenden individualistischen Begriffen definitorisch zu erfassen ist" (der Philosoph Hans Lenk 1972, S. 34). Das Handeln von Kollektiven (Haushalte, Familien, Betriebe, Vereine, Verbände, Parlamente, Staaten etc.) lässt sich nur auf Grund des Verständnisses individuellen Handelns rekonstruieren und verstehen. Das leuchtet ein, denn Kollektive für sich verfügen weder über Bedürfnisse noch über Entscheidungskompetenz wirtschaftlicher Knappheit gegenüber. Kollektive Entscheidungen resultieren somit immer aus der Summe der relevanten individuellen Entscheidungen.

Einige Beispiele: Wenn eine Familie sich entscheidet, die Urlaubsreise nach Italien um ein Uhr morgens beginnen zu lassen, dann nicht, weil die Institution Familie das allgemein so mit sich bringt, sondern weil der Vater vielleicht nachts weniger Stau erwartet, die Mutter dadurch einen zusätzlichen Urlaubstag herausholt und das Kind nächtliches Reisen spannender findet als das tagsüber. Wenn die Regierung die Umsatzsteuer erhöht, dann weil der Finanzminister den Staatshaushalt konsolidieren, der Wirtschaftsminister die Steuersätze international anpassen, der Sozialminister ein Rentenloch stopfen will. Wenn der Vorstand einer AG beschließt, Personal zu entlassen, um den Gewinn zu steigern, dann weil jedes Vorstandsmitglied damit rechnen kann, vom Aufsichtsrat und den Aktionären entlastet zu werden und damit sein hohes Salär zu sichern.

Selbst wenn es auf den ersten Blick fragwürdig erscheint, lassen sich das Eigennutzaxiom und der methodologische Individualismus auch auf die Aktivität des Staates anwenden. Wenn der Bürger seine Einkommensteuer zahlt, dann in der Regel, weil er dafür einen Gegenwert erhält, nämlich in Form von öffentlichen Straßen, Schulen, nationaler Verteidigung etc. Der Staat nimmt lediglich eine Mittlerfunktion ein. Da sich das eigennützige Bedürfnis des einzelnen Bürgers nach z. B. einer Autobahn nicht allein, sondern nur zusammen mit anderen eigennützigen Bürgern realisieren lässt, übernimmt der Staat nichts Weiteres als eine Dienstleistung für die Bürger. So stellt er nur deshalb eine Armee auf, weil die meisten Bürger sich sicher im eigenen Land fühlen wollen. Die Stadt organisiert nur deshalb die kommunale Wasserversorgung, weil jeder Hausbesitzer unbedingt einen Wasseranschluss haben möchte. Staatsaktivität bedeutet also nichts anderes als kollektiviertes Eigennutzstreben.

Eigennutz ist nicht mit Egoismus gleichzusetzen. Um die wirtschaftliche Überlebensfähigkeit zu sichern, ist jedes Individuum darauf angewiesen, sich um seine eigenen Belange zu kümmern, und zwar aus existenziellen wie kulturellen Gründen. Nähme der Mensch (als Gattung wie individuell) die Befriedigung seiner Grundbedürfnisse nicht selbst in die Hand, wäre er (ohne externe Hilfe) dem sicheren Aussterben geweiht. Um dies zu vermeiden, hat die Natur jedem Lebewesen den Selbsterhaltungstrieb mit auf den Weg gegeben. Leben ist also apriori durch Selbstbezogenheit geprägt. Aber auch in kultureller Hinsicht wäre der Eigennutz unverzichtbar. Eine funktionierende Gemeinwirtschaft kann zwar für bestimmte Gruppen (Arme, Kranke etc.) Existenzsicherung betreiben, aber nur so lange, wie die Mehrheit der Gesellschaft in der Lage ist, sich wirtschaftlich selbst zu erhalten. Dies setzt auch Eigennutz voraus. Egoismus stellt hingegen eine verwandte, aber übersteigerte Form des Eigennutzes dar[14].

Der Begründer der modernen Ökonomie, Adam Smith, sprach vor 250 Jahren übrigens nicht von Eigennutz, sondern von Selbstinteresse. Aus heutiger Sicht erscheint dieser Begriff allerdings als zu wenig spezifisch. Der Begriff des Selbstinteresses drückt eine Aufmerksamkeit, eine Neigung, eine Vorliebe, ein Bestreben die eigene Person betreffend aus. Ein solches Selbstinteresse ist eher als ein allgemeines Phänomen zu verstehen, dass es jedem Seienden immer um sein Sein geht, so wie Heidegger dies auszudrücken pflegte. Im realen Wirtschaftsleben geht es aber immer um ganz konkrete Situationen, die ganz konkrete Entscheidungen erfordern. Und hier drückt sich das allgemeine Interesse immer in der Form des konkreten wirtschaftlichen Nutzens aus. Wegen des Selbstinteresses ist jedes Wirtschaftssubjekt daran interessiert, ausreichend mit Lebensmitteln versorgt zu sein. Ganz konkret aber muss man sich entscheiden, ob man lieber diese Wurst oder jenen Käse auswählt. Damit dieser Auswahlprozess gelingt, wird die Frage nach dem Nutzen bzw. der Nützlichkeit dieser Güter gestellt. Während das Selbstinteresse mehr die wirtschaftliche Grundmotivation betrifft, bezieht sich der Eigennutz auf das konkrete Handeln und Entscheiden.

1.1.5   Effizienz

Effizient handeln heißt, Zielen (Bedürfnissen) die jeweils in Frage kommenden Mittel (Güter) adäquat und konsistent zuzuordnen, und zwar so, dass dabei ein möglichst großer individueller Vorteil oder Erfolg entsteht. Der Begriff Effizienz ist sozusagen ein Zauberwort, ein Alleskönner, ein Generalschlüssel der Wirtschaftswissenschaften. Effizienz senkt Kosten, steigert Gewinne, verbilligt Güter, erhöht Nutzenniveaus, schafft Wohlstand, schließt Gerechtigkeitslücken und vieles mehr. Effizienzsteigerungen gehen oft mit Innovationen einher. Zum Beispiel hatte die Erfindung des Computers zur Folge, dass weltweit Texte, Tabellen, Grafiken schneller, professioneller und vor allem billiger abgewickelt werden konnten. Durch das Internet sind Informations- und Kommunikationsmöglichkeiten geschaffen worden, die früher zu einem immensen Material- und Zeitaufwand geführt hätten. Auch die vergangenen Erfindungen wie das Licht, Autos, Telefon etc. hatten große Auswirkungen auf die Effizienz einer Wirtschaft. Im Mittelpunkt der ökonomischen Effizienz stehen nicht Technologie und Innovation, sondern eine abstrakte Rationalitätsformel, das ökonomische Prinzip, das in zweifacher Ausprägung vorliegt[15]. Maximalprinzip: mit gegebenem Input (Mittel) einen maximalen Output

(Ziel) erreichen. Minimalprinzip: einen bestimmten Output (Ziel) mit einem minimalen Input (Mittel) erreichen.

In welchem Maß das ökonomische Prinzip im praktischen Wirtschaftsleben umgesetzt werden kann, hängt von einer Vielzahl von Faktoren ab. Das Vorhandensein von (Zweck) Rationalität stellt dabei in jedem Fall eine unabdingbare formale Grundvoraussetzung dar. Der Wirtschaftsbegriff kommt etymologisch nämlich von „Werte schaffen". Je effizienter, rationaler wir das Problem der Knappheit lösen, umso größer ist die uns zur Verfügung stehende Menge an Gütern, umso reicher sind wir. Getreu der Devise „mehr Güter sind besser als weniger Güter" bedeutet effizient handeln, maximierend bzw. optimierend zu handeln. Um vor allem operativ rational entscheiden zu können, müssen objektive Bedingungen erfüllt sein: die Kenntnis der verfügbaren Mittel bzw. Alternativen, die Kenntnis der qualitativen Unterschiede der Mittel, die Kenntnis der Kostspieligkeit der Mittel (um die wichtigsten zu nennen). Da diese Bedingungen nie vollständig vorhanden sind, findet sich in der Realität kein Mensch, der zu vollkommener Rationalität fähig ist. Dies ist exklusiv der Modellfigur homo oeconomicus vorbehalten, die in Abschnitt 1.3.2. genauer dargestellt werden wird. Der Mensch befindet sich hinsichtlich der Effizienz wirtschaftlicher Entscheidungen immer in einem Zwischenbereich. Er handelt mehr oder weniger effizient, aber nie ganz.

Das Konzept der Effizienz erfüllt mehrere Aufgaben zugleich. Zum einen repräsentiert es den theoretischen Leitgedanken, indem es uns die Idee von einem maximalen (und optimalen) Zustand vermittelt, der zwar unerreichbar, aber vorstellbar ist. Zweitens stellt es eine Methode dar, die uns die Möglichkeit eröffnet, jeden wirtschaftlichen Akt dahingehend zu überprüfen, ob wir laut ökonomischem Prinzip nicht noch effizienter hätten handeln können (z. B. ob die Reise woanders noch billiger zu buchen ist). Zum dritten versinnbildlicht das Konzept der Effizienz das Ziel des Wirtschaftens selbst, nämlich Güterknappheit zu reduzieren und Werte und Wohlstand zu schaffen. Denn jeder Effizienzgewinn wird automatisch in Nutzenzuwachs umgemünzt. Sparen wir durch den Wechsel unserer Krankenversicherung pro Jahr 1.000 Euro, sind wir um diese Summe „reicher" geworden und können dementsprechend unseren Lebensstandard erhöhen.

1.2   Der materiale Ansatz der Ökonomie

> *„Economics is a study of mankind in the ordinary business of life; it examines
> that part of individual and social action which is most closely connected with
> the attainment and with the use of the material requisites of wellbeing."*
> Alfred Marshall 1920

Bisher haben wir zwischen Gütern (Mittel der Bedürfnisbefriedigung) und Ressourcen (Mittel der Güterherstellung) unterschieden, um begrifflich Konsum- und Produktionsprozesse zu trennen. Diese Unterscheidung wird nun überflüssig, da im komplexen und

abstrakten Begriff wirtschaften alle singulären Erscheinungsformen gerade Platz finden
sollen. Deswegen wird im Folgenden von knappen Mitteln als Synthese aus Konsumgütern und Ressourcen die Rede sein. Das heißt, dass z. B. der Terminus Arbeit sowohl die
selbst eingesetzte Arbeit (produktiv) wie auch die fremde Arbeitsleistung (indem wir
eine Dienstleistung konsumieren) beinhaltet. Das heißt zudem, dass es unerheblich ist,
ob das Kraftfahrzeug zum Privatbesitz (konsumtiv) oder zum Geschäftsvermögen (produktiv) zählt, ob die gemieteten Zimmer zum Wohnen oder als Büro dienen, ob das Geld
für private Zwecke oder betriebliche Investitionen eingesetzt wird. Entscheidend ist, dass
bestimmte Dinge knapp sind und einem bestimmten Gegenstandsbereich zugeordnet
werden können.

1.2.1   Materialität

Im Gegensatz zum formalen Ansatz, der im Prinzip auf jede Verhaltenssituation angewandt werden kann, beschränkt sich der materiale Ansatz auf Situationen, die in Relation zu einem inhaltlich mehr oder weniger scharf umrissenen Geltungsbereich stehen.
Im Inneren wird dieser Bereich durch die Gegenständlichkeit zusammengehalten. Diese
bezieht sich im Grunde auf vier Bereiche: knappe Sachgüter, knappe Arbeitszeit, knappe
Nutzungsrechte und Geld. Der materiale Ansatz bestimmt also das Wirtschaften als
jenen Gegenstandsbereich, der sich durch das Phänomen der Knappheit von konkreten
und bestimmten Mitteln konstituiert. Während der formale Ansatz auf Abstraktion und
Universalisierung abzielt, ist das materiale Konzept auf Konkretisierung und Abgrenzung von anderen Lebensbereichen aus. So kann z. B. das ökonomische Prinzip, das ein
formales ist, sowohl auf wirtschaftliche Situationen wie auf alle anderen Lebensbereiche
appliziert werden. Das Materiale hingegen manifestiert sich dadurch, dass es nur auf den
wirtschaftlichen Geltungsbereich bezogen bleibt.
   Ergänzend sei noch bemerkt, dass die Adjektive material und materiell verwandt, aber
nicht deckungsgleich sind. Während materiell etwas Finanzielles, Geldliches, Besitzen-
des, Stoffliches, zur Materie Gehörendes bezeichnet, ist mit material etwas Inhaltliches
und Sachliches gemeint. So rekurriert z. B. die materiale Ethik im Gegensatz zur formalen insofern auf Inhalte, als sie einerseits konkrete Wertaussagen trifft („Du sollst nicht
töten"), andererseits Bereichsethiken formiert wie Medizin-, Bio-, Wirtschafts-, Um-
welt-, Wissenschafts-, Medien-, Arbeitsethik und anderes. Der formale Ansatz der Ethik
bezieht sich dagegen auf allgemeine Prinzipien („Was du nicht willst, das man dir tue,
das füg auch keinem anderen zu"). Oder ein anderes Beispiel: Eine materiale Beweisführung in einem juristischen Verfahren argumentiert auf der inhaltlichen und sachlichen
Ebene, wenn z. B. der Tathergang rekonstruiert wird. Wird aber die Rechtsprozessord-
nung verletzt, liegt ein Formfehler vor. Materialität bedeutet in diesem Sinn folglich,
dass sich Wirtschaft auf Materielles (Gegenständlichkeit) bezieht, das seinerseits durch
einen bestimmten Inhalt, die Knappheit von Mitteln, näher bestimmt ist.

1.2.2 Knappheit, Wert und Preis

Knappheit bedeutet, dass bestimmte Mittel nicht umsonst zu haben und deshalb wertvoll sind. Sie kosten Geld oder einen sonstigen Gegenwert. Nicht alle Mittel, die es auf Erden gibt, kosten etwas. Die wenigen ganz freien, unbegrenzt vorhandenen wie z. B. Sonne, Wind, Sterne und die wenigen relativ freien Mittel wie Luft und Meerwasser sind umsonst. Diese Mittel interessieren uns nicht. Wenn knappe Mittel etwas kosten, haben sie einen Wert, und zwar einen wirtschaftlichen. Knappe und also wertvolle Kleidung wächst nicht wie in Schlaraffia auf Bäumen, sondern muss mit teuren Produktionsfaktoren (Stofferzeugung, Stoffverarbeitung, Nähmaschinen, Näherinnen) hergestellt werden. Der Wert bestimmt sich nach objektiven und subjektiven Gesichtspunkten. Objektiv stellen die zur Güterherstellung aufgewendeten Kosten für die Ressourcen Arbeit, Boden, Kapital den Güterwert dar. Subjektiv hingegen kann der Güterwert ebenso von seiner Nützlichkeit und Erwünschtheit her abgeleitet, also auf psychologische Einflussfaktoren zurückgeführt werden. Da die Wertbestimmung nicht das Thema ist, gehe ich nicht näher darauf ein. Interessierte finden eine Menge an Literatur darüber. Von Bedeutung für uns ist nur die Tatsache, dass Werte Indikatoren für das Vorhandensein von Knappheit darstellen[16].

Damit knappe, wertvolle Mittel angeboten und nachgefragt werden, sind immer Gegenwerte nötig. Der Bäcker gibt sein Brot nur ab, wenn er Geld oder einen sonstigen Gegenwert dafür erhält. Der Brotkäufer gibt sein Geld nur dann, wenn er dafür Brot erhält. Mittel werden erzeugt und getauscht, wenn für alle Beteiligten ein Vorteil entsteht. Das ist dann der Fall, wenn jeder glaubt, dass das, was er erhalten hat, mindestens so wertvoll ist wie das, was er gegeben hat. Der Wert eines Gutes wird in der Ökonomie Preis genannt. Im freien Tauschverkehr bzw. in der Marktwirtschaft ergibt sich der Preis eines Gutes aus Angebot und Nachfrage. Bei öffentlichen Gütern bemisst sich der Preis meist an den Herstellungskosten und/oder an der Zahlungsbereitschaft der Bürger bzw. an der politischen Erwünschtheit des Gutes. Da niemand so viel Geld bzw. Gegenwerte besitzt, dass er damit, subjektiv wie objektiv, alle Güterpreise bezahlen und jede Knappheit beseitigen kann, ist der Mensch ständig gezwungen, zweierlei zu tun: die Güter auszuwählen, die er sich leisten kann und (zunächst) auf den Rest der anderen Güter zu verzichten.

Wir müssen wählen, welche unserer vielen Bedürfnisse wir überhaupt oder zuerst befriedigen wollen. Wir wählen, welche Ressourcen wir wie und für welche Produktionszwecke einsetzen wollen. Wir wählen, wie viel Arbeitszeit und Freizeit wir realisieren wollen. Entscheiden wir uns für viel Freizeit, bleibt unser materieller Mangel meist groß, wir bewegen uns in Richtung Armut. Arbeiten wir sehr viel, unter sonst gleichen Bedingungen, reduziert sich der Mangel sehr stark, wir bewegen uns in Richtung Reichtum. Arbeit (Produktionsseite, Entstehung des Einkommens) und Bedürfnisbefriedigung (Konsumseite, Verwendung des Einkommens) stellen die zwei Seiten der Medaille des Mangels dar: ohne Arbeit keine wirtschaftlichen Güter, ohne wirtschaftliche Güter keine

Bedürfnisbefriedigung. Generell gilt, dass Knappheit immer Verzicht bedeutet: entweder verzichtet man auf Freizeit oder auf Einkommen.

Um Knappheit zu überwinden, stehen zwei Grundstrategien zur Verfügung, die beide eng mit der Effizienz verwoben sind. Rationierung bedeutet, die vorhandene Ressourcenausstattung so zu belassen wie sie ist und sie möglichst effizient für seine Zwecke zu nutzen. Dies entspricht dem Modell der Zentralverwaltungswirtschaft. Rationalisierung heißt, durch effizientes Handeln, die Ausstattung mit Ressourcen zu vergrößern. Dies entspricht dem Modell der Marktwirtschaft.

1.2.3   Knappe Mittel im materialen Gegenstandsraum

1.2.3.1   Sachmittel

Zeitlich betrachtet fällt der Beginn des Problems der Sachmittelknappheit mit dem Anfang der Menschheit zusammen. Legt man den homo habilis zu Grunde, wäre dieser Zeitpunkt auf vor rund zwei Millionen Jahre zu datieren. Bereits die Urmenschen mussten sich Werkzeuge anfertigen, Felle als Bekleidung schneidern, Nahrungsmittel besorgen, Schutz vor der Witterung suchen. Sachlich betrachtet beginnt das Problem der knappen Sachmittel mit der physischen Bedürftigkeit des Menschen, also mit seinen Grundbedürfnissen. Wirtschaften fängt ursprünglich damit an, dass die ersten Wirtschaftsmittel physisch, „anfassbar" waren. Das hat sich bis auf den heutigen Tag nicht verändert und wird auch künftig so sein. Unter Sachmitteln versteht man alle physischen Dinge, die knapp sind.

Ohne Brot, Wasser, Bekleidung, Unterkunft lässt sich, zumindest in unseren Breitengraden, nicht leben. Ohne z. B. einer feinen Mahlzeit, einer Flasche Bordeaux, schöner CD-Musik, expressiven Bildern an der Wand ließe sich kein gelungener Feierabend zelebrieren. Ohne Sauna, ruhigem Entspannungsraum, geschmackvollem Badezimmer, duftender Essenz ließe sich kein Wonnebad nehmen[17] etc. Physische Mittel zeigen oft zuerst ihre Relevanz für unsere Bedürftigkeit an und sie stellen zugleich den Ausgangspunkt der traditionellen Ökonomie dar: „Economics is a study of mankind in the ordinary business of life; it examines that part of individual and social action which is most closely connected with the attainment and with the use of the material requisites of well-being."[18]

1.2.3.2   Nutzungsrechte

Nutzungsrechte sind alle zivil-[19] und urheberrechtlichen Nutzungsansprüche[20]. Zivilrechtlich ist das Nutzungsrecht an einer Sache schuldrechtlich eingeräumt. Schuldrechtliche Vereinbarungen sind beispielsweise Miet-, Pacht-, Leasingverhältnisse, dingliche Rechte beziehen sich in Form von Nießbrauch und Dienstbarkeiten auf die Nutzung von beweglichen Sachen (Maschinen, Fahrzeuge, Computer etc.) und unbeweglichen Sachen (Wohnungen und Grundstücke). Typischerweise bleibt der Nutzungsrechtgeber Eigentümer der Sache, während der Nutzungsnehmer die Besitzerrolle einnimmt. Urheberrechtlich steht der Schöpfer eines Werks (Urheber) in einer eigentumsähnlichen Stellung. Da sein Urheberrecht nicht verkehrsfähig ist, da es mit einer Person untrennbar verknüpft ist, kann nur ein Nutzungsrecht am geschöpften Gut eingeräumt werden. Ähnlich verhält es sich mit patentrechtlichen Nutzungsverhältnissen.

1.2.3.3   Arbeit

Arbeit ist jede Tätigkeit, die auf Einkommenserzielung oder auf Güterherstellung ausgerichtet ist. Unter Arbeit[21] versteht man die Auseinandersetzung des Menschen mit der Natur, die ihm, indem sie ihn als Mängelwesen ausstattete, die aktive Überwindung der Mittelknappheit zur Aufgabe gemacht hat. Arbeit dient somit in erster Linie der physischen Reproduktion, geht aber mit steigendem Wohlstand immer mehr in die psychische und kulturelle Reproduktion über. Arbeit entspricht daher einer zielgerichteten und zweckmäßigen Tätigkeit, die einerseits der Sicherung des Lebensunterhalts dient, zum anderen einen sehr starken gesellschaftlichen Bezug aufweist.

Unter dem Produkt der Arbeit verstehen wir das dabei erzielte Einkommen, das aber genauso in der Form eines sonstigen Gegenwerts auftreten kann. In der Regel jedoch besteht dieses Einkommen innerhalb des modernen marktwirtschaftlichen Systems aus Geld. Der Arbeiter erhält Lohn, der Angestellte Gehalt, der Versicherungsagent eine Provision, der Dozent ein Honorar, der Manager einen Bonus, der Fließbandarbeiter einen Akkordzuschlag etc. Dieses Einkommen muss aber nicht notwendigerweise entgeltlichen Charakter aufweisen. Es mag in einem subsistenzwirtschaftlichen Kontext, also ohne Tausch- und Geldbeziehungen, in der Form eines selbst hergestellten Guts erscheinen, so wenn z. B. der Ureinwohner fischen geht oder die Bäuerin die Kuh melkt. In diesem Fall findet Arbeit als Auseinandersetzung des Menschen mit der Natur sehr direkt statt. In der nächst höheren Stufe, der Tauschwirtschaft weitet sich dann der Rahmen. Gewünschte Güter müssen nicht mehr ausschließlich selbst produziert werden, sondern können in Tauschgeschäften erworben werden.

Zum Bereich Arbeit gehört natürlich auch die (Arbeits-)Zeit, die wir verwenden, um Mittel einzusetzen bzw. auszuwählen. Beabsichtigt man den Kauf eines Rasenmähers (Sachgut), wird man sich im Vorfeld über Marken, Qualitäten und Preise informieren, bevor man dann in das Fachgeschäft geht, um den Gegenstand zu holen. Die Zeit, die wir damit zubringen, stellt natürlich ebenfalls eine knappe Ressource dar (es ist also nicht der Freizeit zuzurechnen). Gleiches gilt, wenn wir eine Wohnung mieten wollen und uns vorher einige Angebote ansehen. Oder wenn wir uns Gedanken über eine lukrative Geldanlage oder preisgünstige Autoversicherung machen. Auch die Zeit, die wir für unseren täglichen Weg zur Arbeit brauchen, ist wirtschaftlich relevant.

Bezieht sich Arbeit nicht auf die eigene Arbeitszeit, sondern auf die von Anderen, spricht man von Dienstleistungen. Darunter versteht man jede Arbeit (gegen Entgelt oder Ressourceneinsatz), die Menschen für andere ausführen. Dienstleistungen dienen wie der eigene Arbeitseinsatz dem Ziel, Einkommen zu schaffen. Sie bezeichnen eine Leistung, die einem anderen Wirtschaftssubjekt durch ein bestimmtes Werk oder bestimmte Tätigkeit erbracht wird. Dienstleistungen sind im Gegensatz zu anderen Wirtschaftsmitteln nicht lagerbar, kaum übertragbar und Erzeugung und Verbrauch fallen zeitlich zusammen (Uno-actu-Prinzip). Der Dienstleistungssektor (tertiärer Sektor) macht rund 65 Prozent der deutschen Wirtschaftsleistung aus und trägt zu 20 Prozent zum Welthandel bei. Typische Branchen sind: Versicherungen, Banken, Handel etc.[22]

Arbeit macht nicht nur Kummer, sondern zum Teil auch Freude. Arbeit kann als Notwendigkeit interpretiert werden, seinen Lebensunterhalt zu verdingen. In diesem Fall spricht man von einer extrinsischen Arbeitsmotivation. Arbeit kann auch Spaß machen und der Selbstverwirklichung dienen. Dann besitzt Arbeit einen Eigenwert, man spricht von intrinsischer Motivation. Die Frage stellt sich nun, ob wir in beiden Fällen von Materialität sprechen können oder nicht. Wenn jemand nur deshalb seinen Garten beackert, um sich den Kauf von Obst und Gemüse im Supermarkt zu ersparen (extrinsisch), handelt es sich eindeutig um Arbeit im materialen Sinn. Hat jemand jedoch ausschließlich nur Freude an dieser Tätigkeit, weil er sich z. B. gern im Freien aufhält oder weil es Entspannung verschafft (intrinsisch), dann handelt es sich trotzdem um Arbeit im materialen Sinn, da dadurch der Gegenstandsbereich von knappen Sachgütern (Obst und Gemüse) betroffen ist. Also ist die extrinsische wie die intrinsische Arbeitsmotivation dem materialen Bereich zuzuordnen.

1.2.3.4   Geld

Während beispielsweise Brot das Nahrungsbedürfnis stillt, der Frisör den Schönheitswunsch erfüllt, stellt sich die Frage, ob auch Geld irgendein wirtschaftliches Anliegen zur Vollendung bringt. In einer reinen Tausch- oder Subsistenzwirtschaft wäre dies zu verneinen, denn Geld ließe sich dort weder in nützliche Dinge umtauschen, noch essen oder irgend sonst sinnvoll gebrauchen. In diesem Fall stellte es also kein Mittel zur Bedürfnisbefriedigung dar. Anders sieht es hingegen in einer arbeitsteiligen Geldwirtschaft aus, die vom gegenseitigen Tausch lebt. Hier fungiert Geld als ein allgemeines Tauschmittel, das wirksam die Transformation in Bedürfnis stillende Wirtschaftsmittel zu ermöglichen vermag – und zwar zu jedem Zweck, zu jeder Zeit und an jedem Ort. Geld stellt als Tauschwert das universelle Wirtschaftsmittel schlechthin dar, obwohl es keinen Nutzwert aufweist. Geld ist die Quintessenz knapper Mittel. Wer Geld hat, kann sich automatisch Sachmittel, knappe Arbeitszeit, Dienstleistungen und Nutzungsrechte leisten. Ermöglicht wird dies dadurch, dass Geld drei wesentliche Funktionen aufweist: erstens Zahlungsmittel, zweitens Wertübertragungsfunktion, drittens Werterhaltungsfunktion. Geld ermöglicht somit auch die Bewirtschaftung von Zeit. Kapital ist nichts anderes als nicht verbrauchtes Geld in der Vergangenheit. Der Kredit ist nichts anderes als noch nicht einbehaltenes, zukünftiges Geld.

An dieser Stelle scheint mir für philosophisch Interessierte der Hinweis auf ein besonderes Werk nicht nur angebracht, sondern geradezu notwendig zu sein. Die von Georg Simmel im Jahr 1900 herausgebrachte „Philosophie des Geldes" kommt einem wahren Schatzkästchen gleich, wenn es um die Frage geht, was „die moderne Geldwirtschaft aus den Menschen und der Gesellschaft, aus ihren Beziehungen und Einrichtungen gemacht hat" (Gustav Schmoller). Hundert Jahre nach Simmel sehen wir, wie Recht er hatte. Geld gewinnt immer mehr Einfluss bei Individuen, in Familien, Politik und Gesellschaft. Den zahlreichen Vorteilen des Geldes steht das fundamentale Problem gegenüber, dass Geld immer mehr zum Selbstzweck wird und das Selbstwertgefühl des Menschen bestimmt. Simmels Kritik, dass das absolute Mittel Geld allmählich zum absoluten Zweck erhoben werden könnte, gipfelt in dem Vergleich, dass Geld Gott wird. Dies ließe sich leicht auch daran erkennen, dass Banken größer und mächtiger als die Kirchen geworden seien und diese aus den Mittelpunkten der Städte verdrängt hätten. Aus Simmels Sicht darf Geld aber gerade nicht dazu führen, dass das kulturelle, religiöse, geistige und künstlerische Menschsein immer mehr zurückgedrängt wird.

1.2.4   Der materiale Wirtschaftsbegriff

▷ **Definition**   Wirtschaften ist der eigennützige, bedürfnis- und effizienzorientierte Umgang mit bestimmten knappen Mitteln (Sachgüter, Rechte, Arbeit, Geld).

1.2.4.1   Einige Beispiele

In der materialen Definition dürften nunmehr alle sechs Kategorien versammelt sein, die den Begriff wirtschaften in seinem Innersten zusammenhalten. Ich möchte diese an Hand von einigen grundlegenden Beispielen vorführen.

Beispiel 1

Herr Maier erledigt seinen Wocheneinkauf im Supermarkt.

1. Eigennutz: Die eingekauften Lebensmittel sind für seinen eigenen Konsum gedacht.
2. Effizienz: Herr Maier gibt für seine Einkaufsliste 100,– Euro aus, Herr Schulz für die identische Liste und unter sonst gleichen Bedingungen nur 85,– Euro, weil er sich Preisunterschiede besser merken kann. Herr Schulz wird dadurch auf Dauer mehr Bedürfnisse befriedigen und einen höheren Wohlstand erzielen können als Herr Maier.
3. Umgang: konsumtiv, Herr Maier kauft etwas.
4. Mittel: Herr Maier erwirbt Sachgüter (Lebensmittel) und im Prinzip Dienstleistungen (Verkäuferin an der Käsetheke, Kassiererin etc.).
5. Knappheit: Die Lebensmittel haben alle einen Preis.
6. Bedürfnis: Hunger und Durst.

Beispiel 2

Herr Huber vermietet eine Eigentumswohnung.

1. Eigennutz: Er vermietet, um zu seinem Vorteil Mieteinnahmen zu generieren.
2. Effizienz: Herr Huber erzielt für seine 90-m²-Wohnung 450,– Euro monatliche Miete, Herr Schmidt nur 400,– Euro, weil er sich weniger über die Unterschiede informiert oder weil er weniger Geschäftssinn hat etc. Herr Huber wird einen höheren Wohlstand erzielen können als Herr Schmidt.
3. Umgang: produktiv, Herr Huber vermietet etwas.
4. Mittel: Wenn Herr Huber einem Mieter seine Wohnung zur Verfügung stellt, erteilt er ihm ein Nutzungsrecht. Eigentümer bleibt er selbst.
5. Knappheit: Das Nutzungsrecht an der Wohnung kostet Miete und ist nicht umsonst.
6. Bedürfnis: Rendite zu erzielen.

Beispiel 3

A studiert an einer Universität.

1. Eigennutz: A baut sein eigenes Wissen aus, bildet eigenes Humankapital.
2. Effizienz: Student A braucht für ein Zweierexamen acht, Student B zehn Semester, weil er unkonzentrierter oder weniger wirkungsvoll lernt etc.
3. Umgang: produktiv, A erwirbt eine Berufsausbildung.
4. Mittel: an der Universität arbeiten Professoren, er nutzt die Bibliothek und die Mensa (alles Dienstleistungen).
5. Knappheit: Die Ausbildung kostet A's Lebensunterhalt plus das entgangene Einkommen durch Arbeit, die A, weil er studiert, nicht verrichten kann.
6. Bedürfnis: Ausbildung, Qualifikation.

Beispiel 4

C nimmt einen Bankkredit auf.

1. Eigennutz: Das Geld nützt ausschließlich C bei der Haus- oder Autofinanzierung.
2. Effizienz: C muss 5 Prozent p. a. für den Kredit bezahlen, B nur 4,8 Prozent, weil er sich genauer über Preisunterschiede informiert hat.
3. Umgang: konsumtiv, C finanziert damit seinen Haus- oder Autokauf.
4. Mittel: Das Mittel ist Geld, das C dem Haus- oder Autoverkäufer zukommen lässt.
5. Knappheit: Der Kredit kostet Sollzinsen (gemäß Zeitpräferenz).
6. Bedürfnis: Finanzierungsbedarf decken.

Beispiel 5

B montiert seine Winterreifen selbst.

1. Eigennutz: B selbst will sicher durch den Winter kommen.
2. Effizienz: Der Geschickte braucht dafür 15 Minuten, der Ungeschickte 60 Minuten, der dadurch 45 Minuten seiner produktiven Zeit verloren hat.
3. Umgang: produktiv, B arbeitet handwerklich.
4. Mittel: Es handelt sich um das Mittel Arbeit.
5. Knappheit: Es kostet B entweder Arbeitszeit, die nicht mehr für andere produktive Zwecke zur Verfügung steht oder B muss dafür einen Dienstleister beauftragen, der ein Entgelt verlangt.
6. Bedürfnis: sicheres Autofahren im Winter.

Natürlich bezieht sich wirtschaften im täglichen Leben nicht nur auf ein Mittel allein, sondern oft auf mehrere zugleich. Wir müssen dann das für uns beste Mittel auswählen. Zwar erhöhen sich dadurch die Anforderungen an eine gelungene Entscheidung für uns, aber der Vorgang an sich entspricht weiter unserer materialen Definition von wirtschaften.

Beispiel 6

Manager C ist mit einem Geschäftswagen und viel Zeitdruck unterwegs, um einen wichtigen Termin bei einem Großkunden wahrzunehmen.

1. Eigennutz: Der Erfolg des Treffens fällt auf C zurück.
2. Effizienz: Entweder verbraucht C viel Benzin, weil er schnell fahren muss, oder er verbraucht viel kostbare Arbeitszeit, falls er langsam fährt. In diesem Fall scheint das schnelle Fahren effizienter zu sein, um den Großkunden nicht zu vergraulen.
3. Umgang: produktiv, C arbeitet.
4. Mittel: Es geht um zwei Mittel, Sachgut (Benzin) und Arbeit (Arbeitszeit).
5. Knappheit: Beide Mittel, Benzin und Arbeitszeit, kosten Geld.
6. Bedürfnis: Das erfolgreiche Treffen mit dem Großkunden sichert den Arbeitsplatz und die weitere Verdienstmöglichkeit von C.

Und natürlich bezieht sich wirtschaften nicht auf eine einzige Zeitebene pro Mittel, sondern auf mehrere. Beispiel Stromversorgung: Zuerst sammelt man Informationen, welche Stromanbieter zu welchen Preisen anbieten. Diese Suchkosten kosten Zeit und Geld. Dann schließt man den Vertrag ab, was automatisch die Zahlung einer Grundgebühr nach sich zieht. Dann muss man entscheiden, wie sparsam oder verschwenderisch man mit Strom umgehen möchte. Wir stoßen auf mindestens drei zeitliche Vorgänge, die sich auf ein einziges wirtschaftliches Mittel beziehen.

1.2.4.2   Rationalität und Irrationalität

Normalerweise verhalten sich Wirtschaftssubjekte zweckrational, d. h. sie bringen ihre Ziele und die relevanten Mittel in einen solchen Zusammenhang, dass ein möglichst großer Vorteil entsteht. Einige halten sich dabei ganz eng am ökonomischen Prinzip und werden damit effizientere Ergebnisse erzielen als andere, die sich nur bedingt oder sporadisch daran ausrichten. Insgesamt zählen aber alle Rationalitätsgrade zum materialen Ansatz.

Die Erfahrung zeigt nämlich, dass sich Menschen zum Teil unbewusst, verschwenderisch und irrational verhalten. So kann es passieren, dass wir in einem Geschäft aus einer Laune heraus etwas anderes kaufen als das, was wir eigentlich wollten und brauchen. Oder wir kaufen ein Produkt, wovon wir im Vorfeld durch einen Test der Stiftung Warentest bereits wissen, dass es nicht sein Geld wert ist. Oder wir lassen uns von der Werbung zu einem Kauf hinreißen, den wir danach bitter bereuen. Bei der Rationalitätsfrage kommen regelmäßig die Ergebnisse der Wirtschaftspsychologie zum Tragen: Danach „bricht überall das Irrationale durch" (Wiswede 1995, S. 10). Natürlich stoßen wir vor allem bei Firmen auf starke Rationalitätsmuster. Zugleich aber finden dort unerklärbare Konflikte, Intrigen, Machtspiele, Prestigeaktionen, Statusstreben, Koalitionsbildungen statt. Hinzu kommt, dass auf der kognitiven Ebene eine einseitige Informationssuche/ -verarbeitung, selektive Wahrnehmung, Vorurteile, Fehlurteile, unlogische Schlussfolgerungen etc. zu sehen sind. Affektiv begleiten uns Gefühle, Empfindungen, Stimmungen und Gewohnheiten, die der Rationalität oft zuwiderlaufen.

Die Frage stellt sich, ob auch irrationales Verhalten dem materialen Ansatz zugeordnet werden darf. Dies ist zu bejahen, da wir dort davon ausgehen, dass sich wirtschaften nicht an irgendeinem Erfolg festmacht, sondern ausschließlich an einem Gegenstandsbereich. Auch wirtschaftlich weniger rationale Menschen kaufen Lebensmittel und gehen einer bezahlten Arbeit nach. Wir werden sehen, dass der formale Ansatz an dieser Stelle ganz anders verfährt.

1.2.4.3   Eigennutz und Altruismus

> *„Eigenliebe ist das Instrument unserer Selbsterhaltung."*
> Voltaire

Eigennutz zählt zum Bereich der Wirtschaft. Reiner und unreiner Altruismus gehören je nach Fall teils zum Bereich der Moral, teils zum Bereich der Wirtschaftsmoral.

Wirtschaften setzt Eigennutz (Selbstinteresse, -liebe) voraus. Die Eigennutzannahme droht aber ins Wanken zu geraten, wenn altruistisches Verhalten ins Spiel kommt. Altruismus definiert sich als willentliche Verfolgung der Interessen anderer bzw. als Fremdnutz. Kann man z. B. noch von eigennützigem Wirtschaften reden, wenn man einem Bettler auf der Straße Geld zusteckt, wenn ein Betrieb eine Stiftung einrichtet, wenn man dem nahen Verwandten die Zweitwohnung unentgeltlich zur Verfügung stellt oder man sich ehrenamtlich betätigt? Bei derartigen Fragen treten mindestens zwei Unschärfen auf.

Erste Unschärfe Welchem Gebiet ist ein reines altruistisches Verhalten zuzuordnen, also ein Handeln, das vollständig frei von eigennützigen Motiven ist? Stellen wir uns den seltenen Fall vor, dass jemand aus purem Fremdnutzinteresse, also vollkommen selbstlos, für irgendeinen guten Zweck Geld spendet. Und zwar so, dass er die Spende anonym leistet, er niemandem davon erzählt und er sie auch nicht von der Steuer absetzt. In einem solchen Fall können wir gar nicht von einem rein wirtschaftlichen Vorgang sprechen. Denn wenn *jedes* Verhalten, also auch altruistisches, nur weil es an den materialen Gegenstandsbereich der Ökonomie geknüpft ist, wirtschaftlich wäre, wären moralisches und wirtschaftliches Verhalten identisch. Das aber würde eine systematische Nicht-Unterscheidbarkeit nach sich ziehen, was empirisch nun gar nicht nachvollziehbar ist. Denn gerade die Polarität beider Lebensbereiche fordert unser Denken heraus, „Versöhnungsformen" zwischen beiden zu finden. Im umgekehrten Fall würde nämlich gelten, dass der barmherzige Samariter dem homo oeconomicus gleichgestellt wäre und umgekehrt, was objektiv und logisch gesehen keinen Sinn macht. Im Fall des reinen Altruismus sehen wir, dass ein nichtwirtschaftliches, eigentlich zur Moral gehöriges Phänomen (z. B. Spende, Wohltätigkeit), wenn es ausschließlich mit wirtschaftlichen Mitteln (Geld) erzielt wird, dem Bereich der Wirtschaftsmoral zugeordnet werden muss. Auch von einer anderen Warte leuchtet dies ein. Wirtschaften entspricht etymologisch einem Werte schaffen. Eine Geldspende von A nach B schafft keinen wirtschaftlichen Wert, denn es wird ja nur etwas umverteilt. Dass dadurch ein gesellschaftlicher oder moralischer Wert geschaffen wird, ist zwar zu bejahen, aber in materialer Hinsicht irrelevant.

Haben wir es hingegen mit einem rein altruistischen Verhalten zu tun, das überhaupt keine Verbindung zum materialen Gegenstandsraum der Ökonomie aufweist, muss das Phänomen vollständig dem Reich der Moral zugeordnet werden. Dies wäre beispielsweise der Fall, wenn ein Wanderer dem anderen den Weg erklärt oder wenn jemand während seiner Freizeit einer älteren Dame über die Straße hilft etc. Solche Fälle werden uns in diesem Buch nicht weiter beschäftigen.

Zweite Unschärfe Eine ähnliche Problemlage finden wir beim unreinen Altruismus vor. Man versteht darunter eine Situation, in der zu einem vordergründig uneigennützigen Verhalten immer auch einen Teil Eigennutz hinzutritt. Eine solche Situation ist gegeben, wenn jemand wie in obigem Bettler-Beispiel öffentlich als Wohltäter wahrgenommen werden will oder man eine Spende von der Steuer absetzt. Oder wenn man durch Geschenke die Hilfsbereitschaft anderer sichern möchte oder wenn man über ein Ehrenamt soziale Anerkennung oder Macht anstrebt. Alle diese Fälle werfen die Frage auf, ob unreines altruistisches Handeln der Sphäre der Wirtschaft, Moral oder Wirtschaftsmoral zugerechnet werden muss. Darf etwa bei einem solchen gemischten Verhalten der Altruismusanteil maximal 10 Prozent oder 50 Prozent betragen oder kann er auch bei 75 Prozent oder mehr liegen?

Die Antwort hängt von den zu treffenden Annahmen und Bedingungen ab, also ob der Begriff Eigennutz an die Materialität oder an den wirtschaftenden Menschen gekoppelt wird. Nehmen wir obiges Bettler-Beispiel und unterstellen, dass der Wohltäter dadurch soziale Anerkennung von der Öffentlichkeit erheischen will. Binden wir den Eigennutz an den Gegenstandsraum des materialen Ansatzes, wäre das Beispiel wirtschaftlich irrelevant, da der Nutzen ansonsten ebenfalls material sein müsste. Da soziales Ansehen aber nicht zu diesem vorher definierten Gegenstandsbereich zählt, haben wir es mit einer rein moralischen Angelegenheit zu tun. Da aber die Spende ihrerseits wiederum materialer Art war, fällt der Vorgang letztlich doch wieder der Wirtschaftsmoral zu. Verknüpfen wir den Eigennutz hingegen nicht mit dem Gegenstandsraum des materialen Ansatzes, sondern mit dem handelnden Menschen, erhält der mit einem wirtschaftlichen Gut vergleichbare, hergestellte Nutzen (soziales Ansehen) wirtschaftliche Relevanz. Folglich haben wir es mit einem wirtschaftsmoralischen Phänomen zu tun, da es sich aus einem wirtschaftlichen Element (soziales Ansehen) und einem zweiten, moralischen Element (Geldspende) zusammensetzt. Gleiches gelte übrigens auch für den Fall, dass eine Spende von der Steuer abgesetzt wird, da die Steuererstattung, also Geld, Teil des materialen Gegenstandsraumes ist (vgl. Tab.1.1).

Tab. 1.1 Zugehörigkeit Altruismusformen

Reiner Altruismus		Unreiner Altruismus			
Materialer Bezug	Kein materialer Bezug	Materialer Bezug		Kein materialer Bezug	
Kein materialer Eigennutz	Kein materialer Eigennutz	Materialer Eigennutz	Kein materialer Eigennutz	Materialer Eigennutz	Kein materialer Eigennutz
z. B. selbstlose Geldspende, selbstloses Sachgeschenk	z. B. selbstlos einer Seniorin den Weg erklären	z. B. von der Steuer eine Geldspende absetzen	z. B. Geldspende bringt soziale Anerkennung	Aufwandsentschädigung bei einem Ehrenamt	z. B. ein Ehrenamt bringt soziale Anerkennung
Wirtschaftsmoral	Moral	Wirtschaftsmoral	Wirtschaftsmoral	Wirtschaftsmoral	Moral

Wir erkennen, dass sich weder der reine noch der unreine Altruismus auf rein wirtschaftliche Kategorien zurückführen lassen. Hier stößt die Ökonomie an Grenzen, weil sie es plötzlich mit ganzheitlichen Situationen zu tun hat. Im Rahmen dieser Unschärfen bemerken wir also, dass solche Grenzfälle über den materialen Ansatz und generell über den Wirtschaftsbereich hinausweisen. Wir befinden uns bei derartigen Fragen schon mitten auf dem „Hoheitsgebiet" der Wirtschaftsmoral.

Das problematische Verhältnis zwischen Eigennutz und Altruismus ist nicht nur ökonomisch von Bedeutung, sondern zieht sich durch die gesamte Sozialwissenschaft. Der Grund dafür liegt darin, dass unterschiedliche Ziel-, Motivations-, Analyse- und Handlungsebenen aufeinandertreffen, die ein breites Kombinationsgeflecht aufweisen. So geht z. B. moralischer Altruismus von einem prinzipiengeleiteten Verhalten aus, während

Sympathie-Altruismus auf Motiven wie Dankbarkeit, Mitleid, Wohlwollen beruht. Der rationale Altruismus stellt dagegen das bewusste Kalkulieren von Vor- und Nachteilen in den Analysemittelpunkt, besonders der „Rational-choice-Ansatz" der Ökonomie gehört in diese Rubrik.

1.3   Der formale Ansatz der Ökonomik

> *„Ökonomie ist die Wissenschaft, die menschliches Verhalten als*
> *Beziehung zwischen Zielen und knappen Mitteln mit*
> *alternativen Nutzungsmöglichkeiten untersucht"*
> Lionel Robbins 1962

1.3.1   Formalität

Formalität ist das auf Handlungsalternativen und einen möglichst hohen Nutzeffekt ausgerichtete Abwägen von Kosten und Nutzen, das im Prinzip auf jede beliebige Entscheidungssituation und jeden beliebigen Lebensbereich bezogen werden kann.

Die mit den verschiedenen Begriffen Ökonomie, Ökonomik und Ökonomismus bezeichneten Konzepte stehen für die einzelnen Analyseebenen der Wirtschaftswissenschaft. Während die (traditionelle) Ökonomie vor allem dem materialen Ansatz verbunden ist, basiert die Ökonomik (vor allem Grenznutzenschule, Österreichische Schule, Neoklassik) auf dem formalen Ansatz. Im Gegensatz zum materialen Ansatz, der auf einem Gegenstandsbereich aufbaut, bezieht sich der formale Ansatz auf eine bestimmte Verhaltensart. „Ökonomik ist der Versuch, menschliches Verhalten dadurch zu erklären, dass man unterstellt, dass sich die einzelnen Individuen ‚rational' verhalten" (Kirchgässner, S. 2).

Die Ökonomik geht davon aus, dass die Individuen „aus den ihnen zur Verfügung stehenden Möglichkeiten eine rationale Auswahl treffen" (ebenda). Dieses Verhaltens- bzw. Entscheidungsmuster, das natürlich auch hier von einem Knappheitsproblem bestimmt wird, basiert auf der Abwägung von Kosten und Nutzen einer Entscheidung mit dem Ziel, sich dabei möglichst gut zu stellen. Da dieses Muster unabhängig von einem vorher festgelegten Gegenstandsbereich ist, kann es auf jeden menschlichen Lebensbereich angewandt werden. Es wird also angenommen, dass sich Menschen bei privaten, beruflichen, sozialen oder politischen Problemen genauso verhalten wie bei wirtschaftlichen Dingen. „Ökonomik als Methode und Ökonomie als Gegenstandsbereich der Wirtschaftswissenschaft sind zwei verschiedene Dinge" (ebenda).

Im Zentrum des formalen Ansatzes steht das Verhältnis von Präferenzen und Restriktionen. Die Präferenzen enthalten die gesamten Wertvorstellungen des Entscheidungsträgers. Gesamt heißt, dass prinzipiell alles, also jedes vorstellbare materielle wie immaterielle Gut bewertet werden kann, somit sowohl die materielle Eigenschaft eines Gutes wie auch seine ästhetische, kulturelle, soziale, ökologische oder moralische Qualität.

Unter Restriktionen versteht man die freie Wahlmöglichkeit einschränkenden Hindernis-
se wie ein begrenztes Einkommen, ein Zeitraum oder unvollkommene Informationen.
Gemäß den Präferenzen wägt der wirschaftende Mensch die Handlungsalternativen so
ab, dass das Ergebnis am besten zu den Präferenzen passt. Dieses Kalkül läuft im Prinzip
auf eine Nutzenmaximierung unter Nebenbedingungen und unter Unsicherheit hinaus.
Wir ziehen mit Hartmut Kliemt den Schluss: „Alles intentionale menschliche Verhalten
ist als präferenzgeleitetes, individuelles Anpassungsverhalten zu erklären" (Kirchgässner, S. 18). Das gilt für alle Subjekte der Wirtschaft, also für Nutzen maximierende
Haushalte, Gewinn maximierende Unternehmen und den die nationale Wohlfahrt maximierenden Staat.

1.3.2   Modelle der Rationalität

Eine zentrale Rolle im formalen Ansatz spielt der Begriff der Rationalität. Bei manchen
Autoren geht das so weit, dass die Bedeutung des Rationalitätsprinzips für die Sozialwissenschaften mit der Wichtigkeit des Kausalitätsprinzips für die Naturwissenschaften
gleichgesetzt wird. Das Spektrum reicht dabei von perfekter Rationalität (homo oeconomicus) bis zu den verschiedenen Formen begrenzter Rationalität.

1.3.2.1   Vollkommene Rationalität (homo oeconomicus)[23]

Das Konzept des homo oeconomicus repräsentiert das idealtypische Verhaltensmodell
vor allem des neoklassischen Ansatzes. Dabei transportiert es nicht, wie so oft kolpor-
tiert, das (normative) Menschenbild der Wirtschaftswissenschaften, sondern fungiert als
heuristische Fiktion. Fiktiv heißt, dass kein real existierender Entscheidungsträger je die
idealtypischen Voraussetzungen eines homo oeconomicus vorfinden wird, derselbe nie
in der Wirklichkeit vorkommen wird. Heuristisch bedeutet, dass man dieses Konzept
nicht als empirische Basis für die ökonomische Forschung verstehen darf, sondern als
Methode, neue wissenschaftliche Erkenntnisse zu generieren (Heuristik ist die Lehre von
den Methoden zur Auffindung neuen Wissens). Dieses neue Wissen, um das es dabei
geht und das auf eben der Annahme perfekter Rationalität beruht, führt uns direkt in die
Schatzkammer der Ökonomie. Nämlich zu dem schwer vorstellbaren und schwer vermittelbaren Idealzustand von Effizienz, von höchstmöglicher Wirtschaftlichkeit, von Maxi-
maleffekten und von Pareto-Optima.

Die Grundvoraussetzung dieses auch als rational-choice-approach bekannten Ansatzes stellt das Axiom der vollständigen Information dar. Um vollkommen rational handeln zu können, muss der homo oeconomicus sämtliche Handlungsalternativen, sämtliche Nutzwerte dieser Alternativen und natürliche sämtliche dabei auftretenden Restriktionen kennen. Und zwar unabhängig davon, ob der Akteur ein Nachfrager, Anbieter
oder der Staat ist. Praktisch heißt dies, dass er alle Güter, alle Güterqualitäten, alle Preise, alle Anbieter, alle Nachfrager, eben alles weiß, was man benötigt, um aus einer Entscheidung das Maximale herauszuholen. Im Prinzip stellt der homo oeconomicus nichts

anderes dar als einen wandelnden Großrechner, der mit allen relevanten Daten gefüttert wird, um blitzschnell das Nutzen maximierende Ergebnis auszuspucken[24].

Im Rahmen der experimentellen Wirtschaftsforschung wurde das methodische Konstrukt des homo oeconomicus eingehend geprüft. Fazit: Manchmal kann es als geeignete Prognose für menschliches Verhalten herangezogen werden, in zahlreichen anderen Versuchen hingegen wurden die damit verbundenen Verhaltenshypothesen nicht bestätigt. Aus empirischer Sicht spielt dieses Konzept keine große Rolle. Philosophie, Anthropologie und Sozialwissenschaft weisen das ökonomische Modell als eindimensional zurück, weil es unter anderem gänzlich auf die Beeinflussung durch gesellschaftliche Normen und Werte verzichtet. Es hilft lediglich dabei, das gesuchte ökonomische Finalziel, nämlich Wirtschaftlichkeit, besser zu begreifen. Der Wunsch, letztere befriedigend zu operationalisieren, dürfte auch in absehbarer Zukunft unerfüllt bleiben. Die Suche danach gleicht der der Stecknadel im Heuhaufen. Millionen suboptimaler Kombinationsmöglichkeiten stehen einer einzigen, effizienten gegenüber. Wir würden diesen optimalen Zustand nicht einmal bemerken, selbst wenn wir ihn erreicht hätten, denn auch dafür müssten wir vollständig informiert sein.

1.3.2.2   Eingeschränkte Rationalität

Auch wenn der homo oeconomicus nach wie vor als das dominante Verhaltensmodell in der Ökonomik angesehen werden muss, hat die Kritik an dessen idealtypischen Voraussetzungen zu neuen Ansätzen geführt, die alle von einer unvollkommenen Rationalität ausgehen und die dadurch dem Ruf nach mehr Realitätsnähe nachgekommen sind. Inzwischen befassen sich insbesondere die experimentelle Ökonomie und die Evolutions- und Verhaltensökonomik mit beschränkt rationalen Verhaltensmustern.

Bounded rationality

Den Begriff bounded rationality (eingeschränkte Rationalität) hat der US-amerikanische Ökonom Herbert A. Simon (1916–2001) 1957 geprägt, der dafür 20 Jahre später mit dem Nobelpreis für Wirtschaftswissenschaft ausgezeichnet wurde. Simon unterstellt, dass jede Entscheidungssituation durch unvollkommene Information und begrenzte Rationalität gekennzeichnet ist. Letztes bedeutet, dass Menschen aufgrund kognitiver Beschränkungen niemals optimale Ergebnisse erzielen können, weil sie z. B. unter Zeitdruck stehen, logische Denkfehler aufweisen oder einfach eher emotional agieren. Hinzu kommt, dass Menschen oftmals die Suche nach Alternativen beenden, sobald sie der Meinung sind, dass ein Niveau erreicht ist, das akzeptabel ist (satisficing statt maximizing), obwohl ein höheres Niveau möglich gewesen wäre.

Hinter dem Konzept Simons steht überdies die Überlegung, dass Entscheidungsalternativen nicht einfach vorliegen, sondern dass sie ermittelt und kostenintensiv herausgearbeitet werden müssen. So kann in solchen Situationen eben nicht von rationalen Entscheidungsalgorithmen ausgegangen werden (z. B. nach dem Muster: Grenzkosten der Suche = Grenzertrag der Suche), da für diese Abschätzung ja gerade die nicht vorhandenen Informationen nötig wären. Simon kritisiert, dass die Herkunft der in die Nutzen-funktion eingehenden Präferenzen, beim homo oeconomicus ungeklärt bleibt: „Im besten Fall zeigt uns dieses Modell, wie man über Tatsachen und Wertprämissen vernünftig nachdenkt; es sagt nichts darüber aus, woher sie kommen" (Simon, S. 33).

RREEMM

Das RREEMM-Modell, das auf den Soziologen Siegwart Lindberg zurückgeht, ergänzt den neoklassischen Verhaltensansatz des homo oeconomicus um sozialpsychologische Faktoren. Darunter sind diejenigen natürlichen Vorgaben (vgl. conditio humana) zu verstehen, welchen jedes Handeln unterworfen ist. Als derartige Vorgaben kommen z. B. natürliche (die physischen und psychischen Fähigkeiten, die Bedürftigkeit, die verfüg-bare Lebenszeit) und soziale Begrenzungen (Moral, Tradition, Rechtsnormen) in Frage.

Die Abkürzungen, aus denen sich der Modellname RREEMM ableitet, stehen für re-sourceful, restricted, evaluating, expecting, maximizing, man. Restricted bedeutet, dass der individuelle Entscheidungsträger in seinen Handlungsmöglichkeiten immer auf Be-schränkungen trifft, auf die er aber zugleich immer durch eigene Mittel, also resourceful, reagieren kann. Da er unter Unsicherheit handelt, ist er auf subjektive Schätzungen an-gewiesen (expecting), um Optionen für sich rational bewerten und vergleichen (evaluat-ing) und um die Option mit dem maximalen Gesamtnutzen auswählen zu können (ma-ximizing). Daneben gibt es noch eine ganze Reihe weiterer Ansätzen[25].

1.3.3   Ökonomik und Ökonomismus

> *„Ökonomie ist die Kunst, das Beste aus dem Leben zu machen."*
> George Bernard Shaw

Am Beginn seiner „Karriere" wurde das homo-oeconomicus-Konzept in erster Linie auf den materialen Gegenstandsbereich angewendet. Das heißt, dass die an der Gleichge-wichtstheorie orientierte Grenznutzenschule (Pareto, Walras) versuchte, die idealtypi-schen Bedingungen einer vollkommen effizienten, materialen Volkswirtschaft zu model-lieren. An dieser historischen Stelle fand sozusagen der erste Übergang von der traditio-nellen Ökonomie zur modernen Ökonomik statt. Parallel dazu sprach man immer weni-ger von Nationalökonomie/Politischer Ökonomie, sondern von Volkswirtschaftslehre/ Wohlfahrtsökonomik.

Als nächste Entwicklungsstufe dieses weit reichenden Prozesses orten wir die Aus-weitung der „ökonomischen Analyse auf nicht-wirtschaftliche Beziehungen" (Kirch-gässner, S. 3). In dieser Phase etablieren sich die auf dem Homo-oeconomicus-Modell basierenden Forschungsgebiete wie die Umweltökonomik, Bildungsökonomik, Rechts-ökonomik, public choice (ökonomische Theorie der Politik etc.). In der darauffolgenden Phase vollzog sich dann der Übergang von der Ökonomik zu einem ökonomistischen Denken, das aber nur bestimmte Gebiete der Wirtschaftswissenschaften erreichte. Das formale Verhaltensmodell schrie förmlich danach, auf weitere, nicht-wirtschaftliche Bereiche ausgedehnt zu werden. Der Grund lag dabei auf der Hand: Warum sollten sich Menschen grundsätzlich anders verhalten, nur weil sie nicht wirtschaftliche, sondern soziale, politische, berufliche oder private Probleme lösten? Damit war der Ökonomismus geboren (Ökonomismus ist übrigens kein feststehender Begriff in der ökonomischen Wissenschaft).

Die Tendenz, Ökonomik als eine universelle Methode einer allgemeinen Lebensoptimierung zu verstehen, begann übrigens schon Mitte des 19. Jahrhunderts. Schon 1854 schrieb Heinrich Gossen, dass die Nationalökonomie zu einer allgemeinen „Genusslehre" auszubauen sei. Der Zweck seiner Lehre, die auch als Diätetik der Seele oder als allgemeine Hedonistik bezeichnet werden kann, war es, „den Menschen zur größten Summe des Lebensgenusses zu verhelfen" (zitiert nach Sombart, S. 4). Ähnlich argumentierte der Soziologe Georg Simmel (1858–1918): „Jede Wechselwirkung aber ist als Tausch zu betrachten: jede Unterhaltung, jede Liebe (auch wo sie mit andersartigen Gefühlen erwidert wird), jedes Spiel, jedes Sichanblicken" (zitiert nach Kirchgässner, S. 8). Der deutsche Ökonom H. von Gans-Ludassy behauptete am Beginn des 20. Jahrhunderts sogar, dass „die Ökonomik die Wissenschaft vom menschlichen Glück sei …, eine moderne Eudämonologie", die mehr und mehr an die Stelle der Philosophie treten müsse (vgl. Sombart, S. 5).

Durch diese Denkart hat sich die Ökonomik neben dem traditionellen Gegenstandsbereich der Ökonomie immer weitere Forschungsgebiete einverleibt. Dieser Entwicklung voran steht der amerikanische Ökonom Gary S. Becker, der für die Ausweitung des ökonomischen Ansatzes 1992 den Nobelpreis für Wirtschaftswissenschaften erhielt. Mittlerweile gibt es kaum mehr einen Lebensbereich, der nicht unter der Prämisse eines rationalen, Nutzen maximierenden Kalküls betrachtet wird: Entscheidungen über die Wahl des Ehepartners, über die Anzahl der Kinder (Familienökonomik), Entscheidungen über die Verteilung der Zeit auf Arbeit, Freizeit, Schlaf und Wachzeit (Zeitökonomik), Entscheidungen darüber, ob man zur Kirche geht oder nicht, ob man spendet oder nicht, ob man sich an die moralischen Werte der Gesellschaft hält oder sie zum eigenen Nutzen ablehnt (Moralökonomik), ob man gegen Gesetze verstößt oder nicht, ob man ein Verbrechen begehen oder unterlassen soll (Kriminalitätsökonomik), ob man Drogen nehmen soll oder nicht, und so weiter und so fort.

Die Verfolgung des Rational-choice-Ansatzes endet im Ökonomismus, also in dem Prozess, wie sich das Prinzip Markt der Lebenswelt bemächtigt, wie marktorientierte Tauschbeziehungen auf nicht-marktorientierte Bereiche ausgeweitet werden bzw. Nicht-Tauschbeziehungen durch Tauschbeziehungen ersetzt werden (Thielemann, S. 5 ff.). Beim Ökonomismus handelt es sich somit nicht mehr um das Verständnis von wirtschaftlichen Bereichen, sondern es geht um die Analyse der Merkmale einer typisch- und allgemein-menschlichen Verhaltensweise, nämlich rationale Vorteils-Nachteils-Abwägung mit dem Ziel Nutzenmaximum. Spätestens an der Stelle verdeutlicht sich der oft und zu Recht kritisierte Imperialismus dieses Ansatzes. Ökonomik wird zur Lebensphilosophie, wird zur Ethik und zur Ontologie zugleich, indem sie uns sagt, wie wir

Einkommen optimieren. Auf die Spitze getrieben hätten wir es folglich mit wirtschaftlichen Phänomenen zu tun, wenn der Kunstmaler die Farbe blau statt rot auswählt, wenn
sich der Dichter für das Wort Straße statt Pfad entscheidet, wenn der Komponist G-Dur
statt E-Moll setzt, wenn der Profifußballer eine bestimmte von mehreren Schusstechni-
ken anwendet, der Sportlehrer eine bestimmte Übung anordnet, der Liebhaber eine bestimmte Kussvariante einsetzt etc.

1.3.4   Eigennutz und Altruismus

Das formale Verhaltensmodell geht, wie der materiale Ansatz auch, vom Eigennutzaxiom aus. Dieses besagt, dass die Individuen ausschließlich ihren eigenen Interessen und
Präferenzen entsprechend handeln. Zugleich gilt der methodologische Individualismus,
also die Tatsache, dass sich kollektive Entscheidungen im Gegensatz zu sozialwissenschaftlichen Theorien aus der Aggregation individueller Entscheidungen ergeben, da
Kollektive niemals eigenständig und präferenzorientiert handeln können. Der homo
oeconomicus ist laut Francis Edgeworth „auf seinen eigenen Vorteil bedacht", was als
„erstes Prinzip der Ökonomie" gilt (vgl. Kirchgässner, S. 46).

Aus empirischer Sicht wissen wir, dass Menschen nicht nur ihren eigenen Präferenzen folgen, sondern zum Teil auch den Interessen anderer dienen. Das ist zu beobachten,
wenn sie sich kooperativ oder altruistisch (also auch moralisch) verhalten. Wie aber
kommt diese Verknüpfung zwischen eigeninteressiertem und moralischem Verhalten zu
Stande? Ausgangspunkt ist die Nutzenfunktion des Individuums, wo jeder Handlungsalternative ein Wert zugeordnet wird. Da jede Handlungsoption auch das Wohlergehen
anderer beinhalten kann, gehen moralische Werte mit in die Nutzenfunktion ein. Technisch gesprochen findet hier lediglich die logische Anbindung der Mittel an die Präferenzen des Individuums statt. Moralisches Verhalten wird dadurch zu einer Funktion des
Eigennutzes. Praktisch gesprochen heißt das, dass Menschen nur moralisch handeln,
wenn sie sich einen individuellen Vorteil davon versprechen. Moral wird einzig auf
egoistische Motive zurückgeführt. Moral als vernünftige Einsicht, aus Religiosität, aus
Gewissenhaftigkeit kommt in diesem Kalkül nicht vor.

Demzufolge kommt im formalen Verhaltensmodell weder reiner, noch unreiner Altruismus vor. Alles, was geschieht, geschieht aus individuell vorteilhaften Nutzenerwä-
gungen heraus. Das Unternehmen gründet eine Stiftung, um seine Reputation zu erhöhen. Der Arzt hält tolle Magazine im Wartezimmer vor, um die Kundenanzahl zu erhöhen. Der Arbeitnehmer gibt eine korrekte Steuererklärung ab, weil er nicht bestraft werden möchte. Der Millionenerbe verschenkt sein gesamtes Vermögen, damit er endlich
spirituell leben kann. Die Konsequenz des formalen Ansatzes ist somit: Moralisches
(Schein-)Verhalten findet nur statt, wenn es sich lohnt[26].

1.3.5 Knappheit und Zeit

„Zeit ist Geld."
Benjamin Franklin

Der formale und der materiale Knappheitsbegriff unterscheiden sich in mehrfacher Hinsicht: Während der materiale Begriff absolute Knappheit zulässt (Wasser in der Sahara für einen Verdurstenden), geht erster ausschließlich von relativer Knappheit aus. Das heißt, dass Knappheit keine Gütereigenschaft darstellt, sondern aus einer subjektiven Erwartungshaltung oder subjektiven Interpretation herrührt. Zweitens gilt, dass Mittel zur Erreichung bestimmter Ziele zwar vorhanden sind, letztlich aber nur ein einziges davon in Frage kommt, um das Nutzenniveau zu maximieren. Materiale Knappheit kann überwunden werden (Ernährungssicherheit in Industrieländern), formale Knappheit hingegen nie. Das Problem besteht darin, dass, Entscheidungsalternativen vorausgesetzt, immer nur eine davon ausgewählt werden kann. Je mehr Alternativen zur Auswahl stehen, umso mehr können davon nicht gewählt werden, umso höher ist der dadurch entgangene Nutzen[27].

Ein weiterer Unterschied betrifft die Reichweite der jeweiligen Knappheitsbegriffe. Im materialen Sinn sind Sachgüter, Rechte, Arbeitszeit und Geld knapp. Jedoch in formaler (ökonomistischer) Hinsicht ist jede Form von Knappheit zulässig, also auch solche Dinge wie Weisheit, Liebe, Glück, Freundschaft, Ausgeglichenheit, Tapferkeit, Lebenssinn, Intelligenz und natürlich Zeit.

Die Ressource Zeit nimmt hinsichtlich ihrer Knappheit eine besondere Rolle ein, da sie immer im Einsatz sein kann. Ein Handy-Kauf verursacht nicht nur Kommunikationskosten (Telefon/Internet) oder Reisekosten (Kauf im Fachgeschäft), sondern er kostet auch Zeit. Während sich im materialen Ansatz die Kosten für Zeit lediglich auf den Umgang mit bestimmten Mitteln beziehen (Sachgüter, Arbeit, Nutzungsrechte, Geld), ist der Zeiteinsatz im formalen Ansatz universell. Der viel zitierte Satz „Zeit ist Geld" von Benjamin Franklin in seinem „Ratschlag an einen jungen Geschäftsmann" aus dem Jahr 1748 bringt diesen Umstand perfekt zum Ausdruck. Dahinter verbirgt sich die Vorstellung, dass aus jedem Quäntchen Zeit ein Nutzen oder Profit zu ziehen ist. Müßiggang lohnt nicht, denn in dieser Zeit könnte gearbeitet und Geld verdient werden. Auch hier springt uns das Konzept der Opportunitätskosten entgegen. Konsequent zu Ende gedacht, bedeutet dies, dass die gesamte einem Menschen zur Verfügung stehende Lebenszeit unter dem Gesichtspunkt einer effizienten Zeitallokation steht. Der Zeit wird kein Eigenwert zugebilligt oder eine sonstig geartete Wertdimension. Ihr Sinn wird auf ihre wirtschaftliche Nützlichkeit reduziert.

Die Ökonomisierung der Zeit hat kein anderer so radikal betrieben wie Nobelpreisträger Becker[28]. Zeit wird nicht mehr wie im materialen Ansatz aufgeteilt in Arbeit und Freizeit, sondern jede Entscheidung stellt sich als Problem effizienter Zeitallokation dar. Der Preis der Zeit, die wir privat zu Hause verbringen, entspricht seinen Opportunitätskosten, also dem Preis der Erwerbsarbeit, also dem Lohnsatz. Steigt dieser Lohnsatz, steigen die Opportunitätskosten der Freizeit. Es wird dann immer mehr zum Luxus, freie Zeit zu haben[29]. „Je mehr wir haben, desto mehr haben wir zu wenig" (Rinderspacher, S. 24).

Im Zusammenhang von Zeit und den Opportunitätskosten möchte ich noch auf ein besonderes Phänomen aufmerksam machen, der modernen Zeitnot und dem Gefühl von Hetze. Eigentlich müsste mit steigendem Wohlstand ja mehr frei disponible Zeit einhergehen. Das Auto bringt uns blitzschnell wohin, die Mikrowelle wärmt das Gericht in Sekunden, das Internet versorgt uns in Windeseile mit Informationen. Und trotzdem haben wir permanent das Gefühl, dass die Zeit viel zu knapp ist. Der Grund dafür liegt darin, dass wir unsere Zeit auf immer mehr Handlungsalternativen aufteilen können. In der Zeit, wo wir joggen, könnten wir auch Tennis, Fußball, Handball spielen, Judo machen etc. Die Anzahl der Sportmöglichkeiten ist so groß wie nie zuvor. Und was im Bereich Sport gilt, gilt auch für Hobbys, Freizeitaktivitäten, Urlaub, Kultur etc. Dass bestimmte Kinder immer weniger schulische Leistungen bringen, dass sie Zeichen von Verwahrlosung und Desorientierung zeigen, hängt oft damit zusammen, dass die Opportunitätskosten der Zeit für Erziehung und kulturelle Bildung seitens der Eltern gestiegen sind. Natürlich zieht sich dieses Phänomen durch alle Lebensbereiche.

1.3.6   Der formale Wirtschaftsbegriff

▶ **Definition** Wirtschaften ist der eigennützige, zweckrationale Umgang mit jeder Form von auf Alternativen beruhender Knappheit zum Zweck der Nutzenmaximierung. Dazu einige Beispiele:

Beispiel 1

A kauft ein Sofa XY.

1. Eigennutz: Das gekaufte Sofa stellt sich A in sein eigenes Wohnzimmer.
2. Alternativen: A hat die Anzahl auf 30 begrenzt.
3. Rationalität: A hat 30 Sofas in fünf Geschäften miteinander verglichen (satisfizierend).
4. Knappheit: A hat auf das zweitbeste Sofa (und alle anderen) verzichtet.
5. Nutzenmaximum: Sofa XY erfüllt am besten A's Präferenzen.

Beispiel 2

Ein Schüler erhält 50 € für das Zeugnis von seinen Eltern. Er spart das Geld.

1. Eigennutz: Das Geld wandert auf sein eigenes Sparkonto.
2. Alternativen: Er hätte das Geld verkonsumieren, verspielen oder spenden können.

3. Rationalität: Der Schüler wägt alle vier Alternativen laut seinen Präferenzen ab.
4. Knappheit: Er kann das Geld nicht zugleich für Sparen und Konsum (zweitbeste Wahl) einsetzen. Der entgangene Konsum sind seine Opportunitätskosten.
5. Nutzenmaximum: Sparen stiftet den größten Nutzeffekt für ihn.

Beispiel 3

A schenkt seiner Frau zum Geburtstag eine von A verabreichte Massage.

1. Eigennutz: A freut sich, dass sie sich freut bzw. dass er selbst irgendetwas Angenehmes von seiner Frau zurückbekommt.
2. Alternativen: A hatte auch an ein Wellness-Wochenende im Allgäu für sie oder an eine digitale Fotokamera gedacht.
3. Rationalität: A hat alle drei Optionen gründlich miteinander verglichen. Einmal auf der Ebene der Präferenzen: Wie wird vermutlich die Beschenkte die drei Optionen bewerten? Zum zweiten auf der Ebene der Restriktionen: haben wir zurzeit mehr Zeit oder mehr Geld zur Verfügung?
4. Knappheit: A kann es sich zurzeit nicht leisten, alle drei Optionen zu schenken.
5. Nutzenmaximum: A glaubt, dass die Massage das treffende Geschenk ist (A maximiert unter Unsicherheit, da A die tatsächliche Präferenz der Frau nicht kennt).

Beispiel 4

A geht nach der Arbeit joggen.

1. Eigennutz: A tut es für seine eigene Fitness.
2. Alternativen: Mountainbiken, squashen, schwimmen.
3. Rationalität: A hat Kosten und Nutzen aller vier Optionen genau miteinander verglichen und kennt seine (heutigen) Präferenzen genau.
4. Knappheit: A muss auf das Rad fahren (zweitbeste Wahl) verzichten.
5. Nutzenmaximum: Joggen bringt A heute am meisten, da A am Wochenende einen Halbmarathon laufen wird.

Beispiel 5

A trinkt zum heutigen Abendessen Wein.

1. Eigennutz: Der Wein landet in A's Magen.
2. Alternativen: Bier, Wasser, Radler, Limonade, Schorle.
3. Rationalität: A vergleicht Kosten und Nutzen aller sechs Getränkearten.
4. Knappheit: A muss auf Bier (zweitbeste Wahl) verzichten.
5. Nutzenmaximum: Wein passt einfach am besten zu pasta.

1.3.7   Die wirtschaftsmoralische Irrelevanz des formalen Ansatzes

Bevor wir uns den Gründen zuwenden, warum sich der formale Ansatz nicht als Grundlage für eine Wirtschaftsmoral eignet, möchte ich beide Ansätze tabellarisch gegenüberstellen (vgl. Tab. 1.2).

Tab. 1.2 Vergleich materialer und formaler Ansatz

Ansatz	Material (Ökonomie)	Formal (Ökonomik)
Untersuchungsgebiet	Gegenstandsbereich	Verhaltensweise
Forschungsart	Empirisch orientiert	Theoretisch orientiert
Geltungsbereich	Sachgüter, Nutzungsrechte, Arbeit(-szeit), Geld	Jede Entscheidungssituation, jeder Lebensbereich
Entscheidungsträger	Methodischer Individualismus, Eigennutz, Bedürfnisorientiert	Methodischer Individualismus Eigennutz, Effizienzorientiert
Informationsverarbeitungskapazität	Alle Rationalitätsgrade inklusive Irrationalität	Vollkommene und satisfizierende Rationalität
Knappheit	Absolute und relative	Relative
Knappheitsmessung	Preisorientiert	Opportunitätskostenorientiert

Im weiteren Verlauf dieses Buches werde ich auf den formalen Ansatz verzichten. Damit soll nicht zum Ausdruck gebracht werden, dass dieser unbrauchbar wäre. Im Gegenteil, denn von einem rationalistischen Seinsverständnis ausgehend birgt der Ansatz durchaus Vorteile, vor allem in theoretischer und erkenntnisoperativer Sicht. So spielen selbstverständlich auch bei unmoralischem Handeln rationale Verhaltensweisen zum eigenen Vorteil eine Rolle. Insofern widerspricht der formale Ansatz nicht grundsätzlich dem Wesen des Wirtschaftens[30], aber es überwiegen in letzter Konsequenz die Negativfaktoren, ist unser Ziel die Fundierung wirtschaftsmoralischer Phänomene.

1. Das formale Konzept kann insofern als quid pro quo, als Missverständnis, angesehen werden, als Wirtschaft (der Gegenstandsbereich) mit Wirtschaftlichkeit (Rationalität) gleichgesetzt wurde. Man kann durchaus darüber reflektieren, wie eine effiziente oder nutzenmaximale Steuerhinterziehung aussehen würde. Aus wirtschaftsmoralischer Sicht erweckt diese Fragestellung allerdings nur sekundäres Interesse.

2. Das formale Konzept stellt mehr eine (sozial-)wissenschaftliche Methode dar als einen determinierten Wissenschaftsbereich. Eines der Hauptanliegen der Wirtschaftsmoral ist aber gerade, das Gebiet der Wirtschaftsmoral durch Darstellung seiner konkreten, tatsächlichen Ausprägungsformen von anderen Phänomenen abzugrenzen. So mag es von Bedeutung sein, Steuerhinterziehung als Kosten-Nutzen-Kalkül zu sehen. Zentral ist jedoch die Frage, ob Steuerhinterziehung überhaupt eine wirtschaftsmora-

lische Angelegenheit widerspiegelt und wie sich mit solchen Fällen konstruktiv und sinnvoll umgehen lässt.

3. Der formale Ansatz ist letztlich empirisch gehaltlos, da jeder letztlich immer irgendetwas maximiert. Mit der Nutzenmaximierungshypothese unter Nebenbedingungen und bei Unsicherheit kann, je nach Annahmen, das Verhalten des ehrlichen Steuerzahlers wie das des Steuerhinterziehers erklärt werden. Insofern greift außerdem der Vorwurf, der formale Ansatz sei tautologisch, da letztlich der Nutzen durch etwas, das nützlich ist, erklärt wird. Bei der Bedürfnisorientierung im materialen Ansatz besteht dies Problem nicht.

4. Der formale Ansatz mündet in einen Ökonomismus. Das heißt, die Ökonomie wird zu einer universellen Verhaltenswissenschaft, die sich nur um das menschliche Handeln, unabhängig vom Wissensbereich, kümmert. Dieser zu Recht erhobene Vorwurf wiegt schwer, da er die Konstituierung des wirtschaftsmoralischen Erkenntnisbereichs unmöglich macht. Wenn jedes Kosten-Nutzen-Kalkül, also auch das moralische, als ökonomisches verstanden wird, dann geht jedes Verhalten, also das soziale, moralische, politische, familiäre, berufliche im wirtschaftlichen auf. Gesellschaft, Religion, Ethik, Demokratie, Freiheit etc. verlieren ihre Eigenständigkeit, weil sie ausschließlich als untergeordnete Funktion eines bestimmten Maximierungsbestrebens interpretiert werden müssen.

Nimmt man das ökonomistische Konzept ernst, vergrößert sich der Erkenntnisbereich der Wirtschaftsmoral erstens schlagartig und unermesslich, zweitens würde er zu seltsamen Forschungsgegenständen führen. Ein Beispiel: Ein Ehemann geht nach der Arbeit noch ins Fitness-Studio, obwohl er weiß, dass heute sein 10. Hochzeitstag ist und seine Ehefrau irgendeine Geste erwartet. Er hat seine Entscheidung vorher rational abgewogen, also die Vorteile des Fitness-Besuchs (Fitness, Kumpel treffen, Bierchen trinken) den Nachteilen (Vorwürfe seiner Frau, schlechte Stimmung für einige Zeit, die Kinder kritisieren den Vater) gegenübergestellt. Er hat wirtschaftlich gehandelt. Wenn es zugleich eine Moralnorm wäre, solche Tage zeitweise gemeinsam und gebührend zu begehen, dann würde der Ehemann dagegen verstoßen. Die Folge wäre, dass Wirtschaftsmoral im Rahmen ihres wissenschaftlichen Selbstverständnisses derartige Fälle thematisieren und Lösungen dafür entwickeln müsste, was natürlich weder empirisch angemessen noch Ziel führend wäre.

Anmerkungen zu Kapitel 1

1   Lionel Robbins „Economics is the science which studies human behavior as a relationship
    between ends and scarce means that have alternative uses." G. Bernhard Shaw: „Economy is
    the art of making the most of life." Gary S. Becker: „The combined assumptions of maximiz-
    ing behavior, market equilibrium, and stable preferences, used relentlessly and unflinchingly,
    form the heart of the economic approach." R. Posner: „Economics explores and tests the impli-
    cations of assuming that man is a rational maximizer of his ends in life, his satisfactions – what
    we shall call his self-interest." Robert Solow: „Economics becomes the study of the conse-
    quences of greed, rationality and equilibrium." Karl Polanyi: „Though human society is
    naturally conditioned by economic factors, the motives of human individuals are only excep-
    tionally determined by the needs of material want-satisfaction". John M. Keynes: „The theory
    of economics does not furnish a body of settled conclusions immediately applicable to policy.
    It is a method rather than a doctrine, an apparatus of the mind, a technique of thinking, which
    helps it possessors to draw correct conclusions." Alfred Marshall: „Economics is a study of
    mankind in the ordinary business of life; it examines that part of individual and social action
    which is most closely connected with the attainment and with the use of the material requisites
    of wellbeing." Jacob Viner: „Economics is what economists do." WWWebster Dictionary:
    „Economics is a social science concerned chiefly with description and analysis of the produc-
    tion, distribution, and consumption of goods and services." Duesenberry: „Economics is all
    about how people make choices. Sociology is about why there isn't any choice to be made."
    John Maurice Clark's: „An economist is a man with an irrational passion for dispassionate ra-
    tionality." Knaur: „Wirtschaft ist der Inbegriff aller Einrichtungen und planvoller Tätigkeiten,
    die die Knappheit der für die Befriedigung menschlicher Bedürfnisse zur Verfügung stehender
    Mittel verringern sollen." Meyers Handlexikon: „Gesamtheit aller Einrichtungen und Maßnah-
    men menschlicher Daseinsgestaltung, die sich auf Konsum und Produktion knapper Güter be-
    ziehen." Paul Samuelson: „Die Wirtschaftswissenschaft beschäftigt sich mit den Entscheidun-
    gen, die die Mitglieder einer Gesellschaft hinsichtlich der Verwendung knapper Ressourcen
    mit alternativer Verwendbarkeit treffen, wie sie diese zum Zweck der Produktion verschiede-
    ner Güter einsetzen und sie für den gegenwärtigen und zukünftigen Konsum unter die einzel-
    nen Wirtschaftssubjekte oder Gesellschaftsgruppen verteilen." Winkel H.: „Wirtschaften heißt,
    nach bestimmten Kriterien zwischen alternativen Verwendungsmöglichkeiten wählen und
    durch planmäßigen Einsatz von knappen Gütern die menschlichen Bedürfnisse möglichst opti-
    mal zu befriedigen." M. Streissler: „Wirtschaftliche Entscheidungen sind bestmöglicher Ein-
    satz von Mitteln für gegebene Ziele."

2   Exemplarisch soll Rosa Luxemburg (1871–1919) mit ihrer eigenen Art zu Wort kommen: „Die
    Nationalökonomie ist eine merkwürdige Wissenschaft. Die Schwierigkeit und der Streit der
    Meinungen beginnt schon bei dem ersten Schritt, den man auf ihr Gebiet tut, der aller-
    elementarsten Frage: Was ist der eigentliche Gegenstand dieser Wissenschaft? Der einfache
    Arbeiter, der nur eine ganz vage Vorstellung davon hat, was die Nationalökonomie lehrt, wird
    seine Unklarheit der eigenen mangelhaften allgemeinen Bildung zuschreiben. Doch teilt er
    sein Missgeschick diesmal in gewissem Sinn mit vielen gelehrten Doktoren und Professoren,
    die über die Nationalökonomie dick bändige Werke schreiben und Vorlesungen für die
    studierende Jugend an den Universitäten halten. So unglaubwürdig es klingt, so ist es
    Tatsache, dass die meisten Fachgelehrten der Nationalökonomie einen sehr verschwommenen
    Begriff davon haben, was der wirkliche Gegenstand ihrer Gelehrsamkeit ist." (Einführung in
    die Nationalökonomie; in: Gesammelte Werke, Band 5, 524–525; Berlin/Ost, 1975, zitiert
    nach: www.mlwerke.de/lu/lu05/lu05_524.htm).

3 Mit rund 250 Jahren zählt die Ökonomie zu den relativ jungen Wissenschaften. Sie hat sich in diesem Zeitraum rasch entwickelt und vergrößert. Dieser Trend unter anderem der Verselbstständigung hält unvermindert an und führt dazu, dass der Erkenntnisbereich der Wirtschaftswissenschaft durch neue Methoden ergänzt und auf neue Gebiete ausgeweitet wird. Die damit verbundene Ökonomisierung trägt ihr vor allem von Seiten der Philosophie und anderen Sozialwissenschaften die Kritik ein, imperial die eigenen Grenzen zu überschreiten und damit zu einer Verengung des (sozial-)wissenschaftlichen Blickwinkels beizutragen. Aus Sicht der Einzelwissenschaft Ökonomie hingegen gilt das Gegenteil: je expansiver, umso breiter der Blickwinkel, aber umso größer die Gefahr, durch diese Ausweitung zu verwässern, Profil zu verlieren und in immer weitere Teildisziplinen zu zerfallen.

4 Die Ökonomie steht vor dem Problem, ob Wirtschaft als eine autonome, unabhängig vom Lebensganzen zu sehende Angelegenheit aufzufassen ist oder ob sie einer ganzheitlichen Lebensperspektive als einer von mehreren Teilaspekten untergeordnet werden muss. Dieser Dualismus zwischen (sozial- und moralfreier) Eigenständigkeit einerseits und dem Eingebettetsein in Moral, Gesellschaft und Politik andererseits, hat einen sehr tiefen Graben durch die ökonomische Wissenschaft gezogen und wird wohl auch künftig zu (methodischen wie inhaltlichen) Abspaltungen unterschiedlichen Ausmaßes führen.

5 Dadurch, dass die Ökonomie als Teil der Sozialwissenschaften nicht zu den exakten Wissenschaften zählt (leider!) wie z. B. die theoretischen und angewandten Naturwissenschaften, befindet sie sich ständig auf der Suche nach neuen und exakteren Methoden. Vor allem vor dem Hintergrund, dass sie auf keine so ideale Grundlage zurückgreifen kann wie die Naturwissenschaft auf die Mathematik und Experimente. Diese methodische Offenheit anderen Disziplinen gegenüber resultiert dabei nicht aus der Toleranz der Ökonomie, sondern stellt sich schlicht als fortschrittsnotwendig heraus. Gemäß des (durchaus umstrittenen) Credos des „anything goes" des österreichischen Wissenschaftstheoretikers Paul Feyerabend, zeigt sie sich aufgeschlossen, die Zweckmäßigkeit anderer und neuer Methoden zu überprüfen und eventuell zu adaptieren. Diese Offenheit spiegelt die Ökonomie in ihrem breit gefächerten Erkenntnisbereich deutlich wieder. Er zeichnet sich aus durch einen hohen Grad an Interdisziplinarität (Wirtschaftspsychologie, -soziologie, -ethik, -philosophie, -recht, -geschichte, -pädagogik etc.) und an Intradisziplinarität (Klassische Schule, Historische Schule, Grenznutzenschule, Österreichische Schule, Stockholmer Schule, Institutionalismus, Behaviorismus, Neoklassik, Keynesianismus, Monetarismus etc.).

6   – *Sozial- bzw. Sozioökonomie*
untersucht wirtschaftliche Prozesse und deren Verhältnis zu gesellschaftlichen Entwicklungen, um daraus die soziale Wirklichkeit zu erklären. Als interdisziplinäre Forschungsrichtung greift sie dabei auf eine Vielzahl von Methoden und Theorien verschiedener Wissenschaften zurück, so der Ökologie, Anthropologie, Philosophie, Soziologie, Ethnologie, Psychologie, Pädagogik, Politologie, Geschichtswissenschaft, Jurisprudenz. Die Sozial- bzw. Sozioökonomie gilt als „Scharnierwissenschaft", die bruchstückhaft und eher lose soziale und wirtschaftliche Muster aufdeckt. Hintergrund des Ansatzes ist die kritische Feststellung, dass die Ökonomie erstens mit realitätsfernen Prämissen arbeitet, dass sie zweitens bestimmte Phänomene mit ihren reduzierten, mechanistischen Methoden nicht erklären kann und dass zum dritten der Mensch als Ganzes gesehen werden muss und nicht künstlich in Teile (homo oeconomicus, homo politicus, homo sociologicus) zerlegt werden kann. Gemeinsame Grundlage dieser Ansätze ist laut Swedberg die Kritik an der Neoklassik: „Socio-economics, in brief, is a reaction against todays neoclassical economics as well as an attempt to go beyond it" (vgl. Granvogl, S. 12). Als Vorläufer der Sozialökonomie gilt die Historische Schule (hpts. 1850–1930). Nachbarn der Sozioökonomie sind Disziplinen wie die Wirtschaftssoziologie oder Wirtschaftspsychologie.

– Institutionalismus

nennt sich eine Strömung, die auf den us-amerikanischen Ökonom Thorstein Veblen (1857–1929) zurückgeht. Sie kritisiert den statischen Charakter, das isolierte Selbstverständnis und die empirische Irrelevanz der neoklassischen Ökonomie. Grundlage dieses Ansatzes ist der Begriff Institution. Darunter sind alle Normen und Einrichtungen zu verstehen, die menschliches Zusammenleben konstituieren, d. h. wirtschaftliche Institutionen (wie Privateigentum, Berufsfreiheit, Koalitionsfreiheit, Vertragsfreiheit und so weiter) und soziale Institutionen (Demokratie, Rechtsstaatlichkeit, Religion, Kirche, Familie, Moral etc). Der Institutionalismus geht von folgenden Annahmen aus: Wirtschaft und Gesellschaft bilden laut Dugger eine Einheit, Macht, Konflikt und soziale Ungleichheit stellen bedeutsame Phänomene für die wissenschaftliche Erkenntnis dar, wirtschaftliche Entwicklungen gehen evolutionär von statten, wissenschaftliche Methoden müssen sozialwissenschaftlichen Kriterien genügen. „Institutionalism is not the economics of static efficiency and market equilibrium. It is the economics of cultural evolution and social provisioning. Institutionalism is a processual paradigma" (vgl. Granvogl, S. 27).

– Kommunitarismus

nennt sich eine liberalismuskritische Strömung, die der Zunahme von Entsolidarisierung, Wertezerfall und Sinnkrise ein Gesellschaftsmodell entgegenstellt, das auf einer gemeinsamen Wert- und Moralvorstellung beruht. Im Gegensatz zum Liberalismus ist der Mensch nicht qua Vernunft Teil einer Gemeinschaft, sondern als sozial Abhängiger in sie hineingeboren. Seine individuelle Entfaltung wird zwar bejaht, aber nur wenn sie sich sozialverträglich äußert. An Stelle von Individualismus, Rationalität und Nutzenmaximierung wird soziale Gerechtigkeit, Verantwortung und Kultur gesetzt, an die Stelle von Selbstverwirklichung, Markt und Macht kommt die Rückbesinnung auf Bürgertugend und Gemeinwohlstreben. Modellgrundlage ist die Domestizierung des Egoismusprinzips und die gemeinschaftliche Konzeption des Guten. Bekanntester Vertreter ist Amitai Etzioni (vgl. Maurer, Andrea (Hrsg.): Handbuch der Wirtschaftssoziologie, S. 152–160).

– Ethische Ökonomie bzw. Wirtschaftethik

sind als interdisziplinärer Versuch aufzufassen, ökonomische Rationalität und philosophisch-ethische Vernunft systematisch miteinander zu verbinden. Je nach Strömung wird hier davon ausgegangen, dass entweder Ethik bestimmte wirtschaftliche Fehlentwicklungen korrigieren muss (Primat der Ethik) oder ethisches Verhalten in das ökonomische Entscheidungskalkül integriert werden muss (Primat der Ökonomie, funktionaler Ansatz). Über Wirtschaftsethik wird in Teil 1 noch genauer zu sprechen sein.

7   Das Märchen vom Schlaraffenland: Ich weiß ein Land, dahin mancher gern ziehen möchte, wenn er wüsste, wo es liegt. Dieses schöne Land heißt Schlaraffenland. Da sind Häuser gedeckt mit Eierkuchen, die Türen sind von Lebzelten und die Wände von Schweinebraten. Um jedes Haus steht ein Zaun, der ist aus Bratwürsten geflochten. Aus allen Brunnen fließt süßer Wein und süßer Saft. Wer den gern trinkt, braucht nur den Mund unter das Brunnenrohr zu halten, und der süße Saft rinnt ihm nur so hinein. Auf den Birken und Weiden, da wachsen frischgebackene Semmeln, und unter den Bäumen, da fließen Milchbäche. Die Semmeln fallen in sie hinein und weichen sich selbst ein. Die Fische schwimmen im Schlaraffenland oben auf dem Wasser. Sie sind auch schon gebacken oder gesotten und schwimmen ganz nahe am Ufer. Wenn aber einer gar zu faul ist und ein echter Schlaraff, der darf nur bst! bst! rufen – und die Fische kommen aufs Land herausspaziert und hüpfen dem Guten in die Hand, dass er sich nicht zu bücken braucht. Ihr könnt es ruhig glauben, die Vögel fliegen dort gebraten in der Luft herum, die Gänse, Enten und Hühner, die Truthähne und die Tauben. Und wem es zu viel Mühe macht, die Hand darnach auszustrecken, dem fliegen sie schnurstracks in den Mund hinein. Die Spanferkel laufen gebraten umher, das Messer steckt ihnen schon im Rücken,

damit, wer will, sich ein frisches, saftiges Stück abschneiden kann. Käse liegt im Schlaraffen-land wie Steine, groß und klein umher. Die Steine selbst sind lauter gefüllte Pastetchen. Im Winter, wenn es regnet, regnet es lauter Honig in süßen Tropfen. Da kann einer lecken und schlecken, dass es eine Lust ist. Und wenn es schneit, so schneit es Staubzucker, und wenn es hagelt, so hagelt es Würfelzucker, vermischt mit Feigen, Rosinen und Mandeln.

Das Geld kann man von den Bäumen wie gute Kastanien schütteln. Jeder mag sich das Beste herunterschütteln, das mindere lässt er liegen. In dem Land, da gibt es auch große Wälder. Da wachsen im Buschwerk und auf den Bäumen die schönsten Kleider, Röcke, Mäntel, Hosen, Westen in allen Farben, Schwarz, Grün, Gelb, Blau und Rot. Wer ein neues Gewand braucht, geht in den Wald, wirft es mit einem Stein herunter. Auf der Wiese wachsen schöne Damen-kleider aus Samt und Seide, die Grashalme sind bunte Bänder. Die Wacholderstöcke tragen Broschen und goldene Nadeln, und die Beeren sind nicht schwarz, sondern echte Perlen. An den Tannen hängen Armbanduhren. Auf den Stauden wachsen Stiefel und Schuhe, Sommer- und Winterhüte und allerlei Kopfputz. Dieses edle Land hat auch ein Jungbad. Alte und kranke Leute baden darin drei Tage oder vier, und sie werden gesund und jung und schmuck und sehen wie siebzehn oder achtzehn aus. Auch mancherlei Spaß und Kurzweil gibt es in dem Schlaraffenland. Wer zu Hause kein Glück hat, der hat es dort bestimmt. Beim Spielen wird er immer gewinnen, beim Schießen wird er immer ins Schwarze treffen. Wer die Leute am besten necken und aufziehen kann, bekommt jedes Mal ein Goldstück. Für die Schlafsäcke und Faulpelze, die bei uns durch ihre Faulheit arm werden und betteln gehen müssen, ist das Schlaraffenland gerade das richtige Land. Jede Stunde Schlafen bringt dort ein Silberstück ein und jedes Mal Gähnen ein Goldstück. Wer gern arbeitet, das Gute tut und das Böse lässt, der wird aus dem Schlaraffenland vertrieben. Wer nichts kann, nur schlafen, essen, trinken, tanzen und spielen, der wird zum Grafen ernannt. Und der Faulste wird König im Schlaraffenland.

Nun wisst ihr, wie es im Schlaraffenland zugeht. Und wer gern hinreisen will, aber den Weg nicht weiß, der frage einen Blinden. Auch ein Stummer wird ihm keinen falschen Weg sagen. Aber der Weg dahin ist weit für die Jungen und für Alten, denen es im Winter zu heiß und im Sommer zu kalt ist. Noch dazu ist um das ganze Land herum eine berghohe Mauer aus Reis-brei. Wer hinein oder heraus will, muss sich da erst mal durchessen (aus: Gebrüder Grimm: Kinder- und Hausmärchen, 1819).

8 Sozusagen mit der christlich überlieferten Vertreibung aus dem Garten Eden bzw. dem grie-chisch-mythologischen Öffnen der Büchse der Pandora beginnt unser „Leidensweg" des Wirt-schaften-Müssens.

9 Nach Konrad Lorenz, dem weltbekannten Verhaltensforscher, sind z. B. Mensch und Tier durch vier instinktive Bedürfnisse miteinander verbunden: Nahrungserwerb, Fortpflanzung, Flucht und Aggression (vgl. www.biologie-online.eu/verhaltensbiologie/verhalten-tier-mensch.php).

10 Beispiele für Bedürfnisarten (sie weisen fließende Übergänge auf und müssen soziokulturell gelesen werden):
   – materielle Bedürfnisse (PC, Auto, Fernseher, Kühlschrank, Reichtum)
   – immaterielle Bedürfnisse (Gesundheit, Sicherheit, Wissen)
   – Grund- und Existenzbedürfnisse (Nahrung, Schlaf, Kleidung, Wohnung)
   – Kulturbedürfnisse (z. B. in Deutschland) (Reisen, Kommunikation, Bildung, Sport)
   – Luxusbedürfnisse (z. B. in Deutschland) (Weltreise, Designer-Gegenstände, Privatjet)
   – Individualbedürfnisse (Sauna, Familie, Wohnhaus, Taucheranzug)
   – Kollektivbedürfnisse (Nationale Sicherheit, Sozialversicherung)
   – offene Bedürfnisse (Gesundheit, Zeitung, Soziale Anerkennung)
   – latente Bedürfnisse (Weltumseglung, Reichtum, Muße)
   – einmalige Bedürfnisse (Schlossbesitz, Flugzeugkauf, Ausbildung)
   – wiederkehrende Bedürfnisse (Nahrung, Sexualität, Unterhaltung)

11 Maslow Bedürfnispyramide (vgl. www.business-wissen.de/uploads/pics/Beduerfnispyramide_
    Maslow.png)

5. Stufe: Selbstverwirklichung
Individualität, Talententfaltung, Güte, Gerechtigkeit

4. Stufe: Soziale Anerkennung
Status, Anerkennung, Macht, Geld, Karriere, Auszeichnungen etc.

3. Stufe: Soziale Bedürfnisse
Kommunikation, Partnerschaft, Liebe, Freundschaft, Gruppenzugehörigkeit

2. Stufe: Sicherheit
Materielle/berufliche Sicherheit, Wohnen, Gesetze, Versicherungen, Gesundheit etc.

1. Stufe: Grundbedürfnisse (Physiologische Bedürfnisse)
Nahrung, Schlafen, Sexualität, Wärme

12 Güterarten
    Sachgüter (Herd, WC, Bett, Flugzeug, Hammer, Brille), Dienstleistungen (Reisebüro, Steuer-
    beratung, Krankenpflege), Rechte (Miete, Wertpapiere, Patente, Markenschutz), Konsumgüter
    (Besuch Freizeitpark, Kinokarte, PC-Spiel), Produktionsgüter (Geschäftswagen, Büroaus-
    stattung, Fabrik), Gebrauchsgüter (langlebige Konsumgüter) (Fernseher, Auto, Klavier, HiFi-
    Anlage), Verbrauchsgüter (kurzlebige Konsumgüter) (Getränke, Nahrungsmittel, Strom, Öl),
    Private Güter (Nutzung nur durch Käufer) (Zahnbürste, Unterhemd, Sofa, Brille), Öffentliche
    Güter (Nutzung durch jeden) (Straßen, Schulen, Krankenhäuser, Stadtbäder), Basisgüter (Nah-
    rungsmittel, Strom, Zahnbürste, TV), Luxus-güter (Goldene Uhr, Diamanthalskette, Ferrari)

13 Produktionsfaktoren
    – Boden: Anbauboden (Weizen, Kartoffeln, Zuckerrüben, Äpfel)
    – Abbauboden (Kohlebergbau, Erzbau, Mineralöl, Kies)
    – Standortboden (Fabriken, Öffentliche Straßen, Einzelhandel)
    Arbeit:
    – Selbstständige Arbeit (Steuerberater, Rechtsanwalt, Unternehmer)
    – Unselbstständige Arbeit (Verkäuferin, Banker, Finanzbeamter)
    – Geistige Arbeit (Professor, Politiker, Jurist, Künstler)
    – Körperliche Arbeit (Möbelpacker, Müllmann)
    Kapital:
    – Finanzkapital (Aktien, Gesellschafteranteile, Kredite)
    – Realkapital (Fräsmaschine, Geschäftswagen, Büro)
    – Humankapital (Wissen/Qualifikation von Fachkräften)
    – Sozialkapital (Schulen, Straßen, Sozialversicherung)

14 Wenn z. B. ein Beamter (fünffacher Vater) eines armen afrikanischen Entwicklungslandes, der
    ein minimales und teils ausbleibendes Gehalt bezieht, durch Bestechungsgelder versucht, sein
    Salär aufzubessern (was sicher illegal, nicht unbedingt aber unmoralisch wäre), dann wäre
    dieser Fall sicher anders einzuschätzen wie wenn ein deutscher Staatssekretär (hohe soziale
    Sicherheit, hohes Einkommen/Altersversorgung) Schmiergelder annimmt.

15 Ökonomisches Prinzip
    – *Maximalprinzip:* mit einem gegebenen Input (Mittel) einen maximalen Output (Ziel) er-
    reichen.
    Beispiele: Aus einem bestimmten Monatsgehalt den größtmöglichen Nutzen an Konsum-
    gütern ziehen. In zwei Arbeitsstunden die größtmögliche Menge an Akten durcharbeiten.

Aus einem Anlagebetrag von 100.000 Euro die größtmögliche Rendite erwirtschaften. Aus einem Liter Benzin die größtmögliche Reichweite eines Autos erzielen. Aus zwei Wochen Urlaub die größtmögliche Erholungswirkung herausziehen.

– *Minimalprinzip:* einen bestimmten Output (Ziel) mit einem minimalen Input (Mittel) erreichen.

Beispiele: Ein Monatseinkommen von 5.000 Euro mit dem kleinstmöglichen Arbeitseinsatz erzielen. Einen professionellen Haarschnitt mit dem kleinstmöglichen Zeitaufwand durchführen. Eine Risikolebensversicherung über 100.000 Euro mit dem kleinstmöglichen Monatsbeitrag abschließen. Eine Distanz von 10.000 Flugkilometern mit dem kleinstmöglichen Kerosineinsatz zurücklegen. Eine Prüfung mit dem kleinstmöglichen Lernaufwand (gerade noch) bestehen.

16 Da nur knappe Mittel einen Wert besitzen, bedeutet das im Umkehrschluss, dass die Sonne wertlos ist? Natürlich nicht, sie wärmt uns (physischer Wert), sie erheitert uns (psychischer Wert), sie erzeugt das Abendrot (ästhetischer Wert). Aber ökonomisch stellt sie insofern keinen Wert dar, da ihre Nutzung keinerlei Aufwand mit sich bringt.

17 Ohne Theaterhäusern, Galerien, Jazzclubs, Konzerthallen, Bibliotheken ist Kulturleben kaum undenkbar. Ohne Schulen, Universitäten, Bücher, Internet, Medien ist Bildung kaum möglich. Ohne Skalpell, Nadel, Faden, Geräte der Intensivmedizin, einem OP-Saal sind moderne Operationen nicht durchzuführen. Ohne Öl, Benzin, Gas, Strom lässt sich kein Haus beheizen, kein Auto bewegen. Diese Liste von, wie man sieht, elementaren bis luxuriösen Gütern könnte beliebig verlängert werden.

18 Alfred Marshall 1920.

19 Auch öffentlich-rechtliche Nutzungsrechte gehören unter der Voraussetzung hierzu, dass der Staat nur in seiner Platzhalterfunktion betrachtet wird.

20 *Arten von Nutzungsrechten:* zivilrechtliche Nutzungsrechte (Miete, Pacht, Leihe), Musikwerke (Kompositionen, Arrangements, Liedertexte, Theaterinszenierungen), Werke der bildenden Künste, (Gemälde, Drucke, Radierungen, Skulpturen, Fotografien), Sprachwerke (Bücher, Zeitschriftenaufsätze, Reden, Zeitungsartikel), Film- und Funkwerke (Kinofilme, Fernsehserien, Dokumentationen, Werbeclips, Werbespots), Wissenschaftliche/technische Darstellungen (Zeichnungen, Pläne, Karten, Tabellen, Datenbanken), Computerprogramme (Microsoft, Adobe, Computerspiele), Erfindungen und Herstellungsverfahren (Patente, Lizenzen, Gebrauchsmuster, Geschmacksmuster, Franchisesystem), Zeichen/Namen (Warenzeichen, Markenzeichen, Gütesiegel, Prüfsiegel, Domainnamen) etc.

21 *Arten von Arbeit:* Selbstständige Arbeit (Unternehmer, Rechtsanwalt, Steuerberater), Unselbstständige Arbeit (Bankangestellter, Beamter, Verkäuferin), Geistige Arbeit (Richter, Büroleiter, Informatiker, Arzt), Körperliche Arbeit (Maurer, Reinigungskraft, Profisportler), Leitende Arbeit (Bundeskanzler, Vorstandsvorsitzender), Ausführende Arbeit (Handwerksgeselle, Sekretärin, Au pair), Schöpferische Arbeit (Künstler, Musiker, Schriftsteller, Architekt)

22 *Dienstleistungsbranchen:* Versicherungsgewerbe (Rentenversicherung, Kfz-Versicherung, Lebensversicherung, Haftpflichtversicherung), Kreditinstitute (Kredite für Immobilien, Konsumgüter etc. Wertpapieranlage, Devisen, Kontoführung), Groß- und Einzelhandel (Supermärkte, Modeboutiquen, Schuhgeschäfte, Elektronikgeschäfte etc.), Öffentlicher Dienst (Polizei, Bundeswehr, Ausländeramt, Einwohnermeldeamt, Kfz-Zulassungsstelle), Gesundheitswesen (Krankenpflege, Geburtshilfe, Orthopädie, Pharmazie, Krankengymnastik etc.), Verkehrswesen (Öffentlicher Nahverkehr, Eisenbahn, Taxis, Speditionen, Fluggesellschaften etc.), Energieversorgung (Gasanschlüsse, Stromversorgung etc.), Gastronomie/Hotellerie (Restaurants, Imbiss, Kneipe, Gaststätte, Hotel, Motel, Camping, Pensionen etc.), Unterhaltungsindustrie (Kinos, Theater, Oper, Kabarett, Konzerte, Happenings, Diskotheken, Fernsehen etc.), Erzie-

hung und Bildung (Kindergärten, Schulen, Universitäten, Seminare, Volkshochschulen etc.), Tourismus (Reisebüros, Reiseanbieter, Kreuzfahrten, Bildungs-/Erlebnisreisen etc.)

23 Der Begriff „economic man" tauchte übrigens das erste Mal 1888 in John Kells Ingrams „A History of Political Economy" auf. Vermutlich Vilfredo Pareto benützte den Begriff „homo oeconomicus" 1906 zum ersten Mal. Der geistige Vater des Konzepts ist wieder Adam Smith (vgl. www.cyclopaedia.de/wiki/Economic-man).

24 Ein kurzes Beispiel soll das Phänomen demonstrieren: Angenommen, der homo oeconomicus ist auf der A7 aus Richtung Norden kommend ins Allgäu unterwegs. Die Zeit drängt, denn die Frau vom homo oeconomicus wird in den nächsten Stunden ihr erstes Kind entbinden. Ohne Missachtung der Geschwindigkeitsbegrenzungen könnte es sein, dass der werdende Vater die Geburt verpasst. Tausend Gedanken schießen ihm jetzt durch den Kopf: Wie schnell soll ich fahren? Wie hoch ist die Wahrscheinlichkeit, geblitzt zu werden? Kann ich mir noch Punkte in Flensburg leisten? Gibt es ab einer Tempoüberschreitung von mehr als 40 oder von mehr als 50 km/h ein Fahrverbot? Wo sind fest installierte Radarfallen? Wie hoch ist das Risiko, wegen der hohen Geschwindigkeit einen Unfall zu verursachen? Wie sicher ist mein Auto bei einem Unfall? Hätte ich nicht schon früher eine Risikolebensversicherung abschließen sollen? Wie kann ich Kontakt zu meiner Frau halten, um zu erfahren, wie oft die Wehen mittlerweile einsetzen? Was mache ich, wenn ich in einen Stau gerate? Und so weiter und fort. Wir wissen zwar noch immer nicht, wie die konkrete Taktik bzw. Fahrt des homo oeconomicus aussehen wird. Aber immerhin erahnen wir ansatzweise, wie man sich die wandelnde Kalkülmaschine homo oeconomicus vorstellen muss.

25 Beispielsweise das REMM-Modell von William Meckling, der Ansatz X-Inefficiency von Harvey Leibenstein, der homo sociologicus von Ralf Dahrendorf, der homo politicus, self-actualizing man, complex man und viele weitere Verhaltensmodelle.

26 Dieser Doktrin hat sich übrigens auch Karl Homann, einer der führenden Wirtschaftsethiker Deutschlands, verschrieben. Mit dem Trick, in die Präferenzfunktion von homo oeconomicus „moralische Zielsetzungen" (Homann) … als mögliche Ausprägungen einzufügen, soll also unter der Hand dessen formale Selbstbehauptungsrationalität mit den Weihen des Legitimen ausgestattet werden, nach dem Motto: „Ihr wollt mehr Ethik? Dann müsst ihr mehr Ökonomik betreiben." Das ist die Botschaft Homanns (Thielemann, S. 16).

27 Diese Sichtweise basiert auf dem Opportunitätskostenkonzept. Danach ermittelt sich der Wert (Ausdruck der Knappheit) einer Alternative an dem Wert der zweitbesten, nicht gewählten Alternative. Gibt man 2 Euro für eine Käsesemmel aus, dann misst sich ihr Wert an dem entgangenen Nutzen der Wurstsemmel, die nicht gewählt wurde. Opportunitätskosten des Putensteaks, das wir im Restaurant verspeisen, sind das Wiener Schnitzel als zweite Wahl. Die Opportunitätskosten, wenn wir als IT-Professor arbeiten, ist das entgangene Einkommen, das wir als Leiter der Forschungs- und Entwicklungsabteilung bei z. B. SAP verdient hätten.

28 Exkurs für formal Interessierte (vgl. Becker, S. 5):
Allgemeine Gleichgewichtsbedingung erster Ordnung für die optimale Zeitallokation:

$$\frac{\partial U}{\partial Z_i} = \lambda \frac{\partial ti}{\partial Z_i} = \frac{\lambda}{\partial Z_i / \partial ti} \; ; \text{mit } Z_i = f_i(t_i), \sum ti = t, U = \max U (Z_1 \ldots Z_m)$$

U ist der Gesamtnutzen, Z_i ist das i-te Gut, f_i ist die Produktionsfunktion für Z_i, t_i ist die für die Produktion von Z_i aufgewandte Zeit, λ ist der Grenznutzen der Zeit. Im Optimum ist die Grenzproduktivität der Zeit bei allen Gütern gleich hoch.

29 Folglich gilt: Je höher der Lohnsatz, desto weniger Kinder gibt es, da die Opportunitätskosten der Kindererziehung mit steigendem Einkommen auch steigen. Interessanterweise zeigt sich dieses Verhalten auch in der Wirklichkeit. Auf 100 Frauen mit Universitätsabschluss kommen

in Deutschland 114 Kinder. Auf 100 Frauen ohne Berufsausbildung kommen hingegen 175 Kinder. „Zunehmende Produktivität bringt nicht nur eine Verdichtung der Erwerbszeit mit sich, sondern begünstigt auch systematisch die Verdichtung der sonstigen Zeiten" (Rinderspacher, S. 24).

30 **Das Wesen des Wirtschaftens: ein konkretes Haben-Wollen bestimmter Mittel.** Somit sind die Grundlagen für eine Wesensbestimmung des Wirtschaftens gelegt. Sie setzen sich aus vier Kernelementen zusammen: Konkretheit, Wille, Besitz (Haben), Mittel (vgl. weiter unten). Wirtschaften ist konkret, d. h. es bezieht sich vorwiegend auf den Einzelfall. Wenn wir z. B. entscheiden, mehr zu sparen, dann konkretisiert sich diese Entscheidung auf zweierlei Weise: Erstens mündet sie in ein konkretes Handeln, indem wir zur Bank oder einem Berater gehen, zweitens in eine konkrete Sparanlageform, für die wir letztlich optieren. Wirtschaften heißt zweitens wollen. Wir wollen etwas zu essen, weil wir nicht sterben wollen. Wir wollen etwas zu anziehen, damit wir nicht frieren. Später wollen wir ein Auto, damit wir mobil sind, eine Reise, um etwas Neues zu sehen. Noch später wollen wir eine Villa und nicht mehr arbeiten müssen. Irgendwann später wollen wir Freiheit, Autonomie, Unabhängigkeit, wir wollen anders oder besser als andere leben, wir wollen uns selbst verwirklichen etc. In diesem Wollen steckt eine ungeheure Kraft. Tagtäglich können wir sie beobachten, wie sie im Arbeits- wie Privatleben wirkt. Die Frage, woher sie kommt, verdient ein eigenes Buch. Wir können an dieser Stelle nur konstatieren: Dieses Wollen ist da, es scheint kein Ende zu haben, es erfindet sich immer wieder neu und es stellt eine Urgewalt im Menschen dar. Wirtschaften bedeutet drittens ein Haben-Wollen. Das Wollen ist auf ein Haben ausgerichtet. Dieses Wollen kann nur, und das auch nur zeitweise, besänftigt werden, wenn es sich in einen Besitz transformieren konnte. Erst wenn der Traum vom ersten Auto wahr geworden ist, erst wenn zum ersten Mal die eigenen vier Wände bezogen werden, erst wenn die erste Million verdient ist, aber auch erst wenn man sich die Zeit für ein Aussteigen oder ein meditatives Leben genommen hat, zieht sich dieses Wollen mehr oder weniger lang zurück. Das, was wir besitzen oder mehren möchten, ist genauso unterschiedlich wie die Menschen untereinander. Was es aber letztlich auch ist, was wir haben wollen, wir müssen es besitzen können, damit wir zumindest eine Zeit lang von unserem Wollen erlöst sind. Wirtschaften heißt viertens, bestimmte Mittel haben wollen. Im materialen Ansatz wollen wir viel Geld und/oder viele knappe Sachgüter und/oder viele knappe Nutzungsrechte und/oder viele Dienstleistungen haben (also Arbeit, die andere für uns verrichten). Gefragt, warum wir selbst arbeiten, antworten wir, weil wir, Intrinsisches außen vor, Geld haben wollen. Diese Mittel, die wir fortan wirtschaftliche Mittel nennen, werden uns also in diesem Buch weiter begleiten. Von den anderen Mitteln, die im formalen Ansatz gelten, werden wir uns hingegen verabschieden. Auch wenn wir solche Dinge wie Weisheit, Glück, Lust, Moral, Zufriedenheit, Sexualität, seelisches Gleichgewicht, Kinder, Ansehen etc. ebenso haben wollen wie die wirtschaftlichen Mittel und auch wenn diese Form des Haben-Wollens ebenfalls faszinierend und für das menschliche Leben vielleicht sogar wichtiger ist, so fällt es trotzdem aus dem wirtschaftlichen Rahmen heraus. Die Gründe dafür müssten durch die gründliche Vorarbeit der letzten Abschnitte mittlerweile geläufig sein.

Erinnern Sie sich noch an die Beispiele im Abschnitt 1.2.4.1? Wenn wir diese erneut hernehmen, können wir die Parallelen zwischen der materialen Definition und der Wesensbestimmung von wirtschaften gut erkennen. Danach setzt sich das Wollen aus der Bedürftigkeit und dessen Umsetzung zusammen, das Haben als dem Erfolg dieser Umsetzung aus dem zweckrational bewirkten und eigennützigen Besitz und die Mittel aus der Knappheit bestimmter Güter und Faktoren.

Beispiel 1: Herr Maier erledigt seinen Wocheneinkauf im Supermarkt.

Wollen: Das Bedürfnis nach Lebensmitteln führt Herrn Maier in den Supermarkt.

Haben: Mehr oder weniger geschickt, aber zielorientiert, bringt Herr Maier die Lebensmittel in seine Verfügungsgewalt.

Mittel: Die erworbenen Sachgüter werden mit Geld bezahlt.

Beispiel 2: A studiert an einer Universität.

Wollen: Das Bedürfnis nach Qualifikation veranlasst A, sich an der Universität einzuschreiben und sich dort regelmäßig aufzuhalten.

Haben: Mehr oder weniger geschickt, aber zielorientiert, erwirbt er ein Diplom.

Mittel: A nutzt eine Dienstleistung, die Geld kostet (Studiengebühren, Kosten der Lebenshaltung, Wert des entgangenen Einkommens aus einer bezahlten Arbeit).

Beispiel 3: C nimmt einen Bankkredit für einen Autokauf auf.

Wollen: C will ein Auto, für das er zurzeit kein Geld hat. Deshalb geht er in eine Bank und stellt einen Kreditantrag.

Haben: Mehr oder weniger geschickt, aber zielorientiert, handelt er die Konditionen aus und steckt das geliehene Geld in seine Geldbörse.

Mittel: Er kauft ein Sachgut mit dem geliehenen Geld.

In diesen drei Beispielen kam bisher nur die Konsumperspektive eines Privathaushalts zum Ausdruck. Passt obige Formel auch auf unternehmerisches Handeln? Konsum und Produktion sind zwei Seiten der Medaille wirtschaften. In subsistenzwirtschaftlichen System fallen beide Seiten zusammen. Wollte man Fleisch (Konsum), musste man sich zuerst Waffen bauen und mit viel Geduld zur Jagd gehen (Produktion). In der heutigen, arbeitsteiligen Geldwirtschaft trifft man beide Seiten zwar erneut an, sie sind aber durch geldliche Tauschprozesse stärker getrennt. Der Arbeiter bei BMW geht in sein Unternehmen, nicht um BMWs herzustellen, sondern um Einkommen zu erzielen, von dem er sich unter anderem auch einen BMW kauft. Als Produzent strebt er also Einkommen an, im Gegenzug gibt er seine Arbeitskraft. Als Konsument dreht sich dieses Verhältnis um. Er will ein Sachgut oder Dienstleistung haben und gibt im Gegenzug Geld. Hier kann man erneut recht schön sehen, dass wirtschaften eine permanente Zweck-Mittel-Relation darstellt.

Beispiel 4: Ein Unternehmen liefert Bremssysteme an verschiedene Autohersteller.

Wollen: Das Bedürfnis nach Einkommen und Gewinn konstituiert das Unternehmen.

Haben: Mehr oder weniger geschickt, aber zielorientiert, erzielt es beides.

Mittel: Das Unternehmen erwirtschaftet Geld, das es mit dem Einsatz von Arbeit und Sachgütern „bezahlt".

Ähnlich sieht es bei staatlichem Handeln aus. Betrachtet man den Staat als Produzenten von öffentlichen Gütern (Schulen, Straßen etc.), so übt er diese Funktion nur als Stellvertreter für die Unternehmen aus. Da bei öffentlichen Gütern wegen des Nichtausschlussprinzips und der Nichtrivalität im Konsum der Markt versagt, springt der Staat nur in die Bresche (Beispiel 5). Würde man den Staat hingegen als Konsumenten betrachten (Beispiel 6), der im Auftrag der Bürger für öffentlichen Konsum sorgt, dreht sich die Logik aus Beispiel 5 einfach um.

Beispiel 5: Der Bund baut eine neue Autobahnstrecke.

Wollen: Das Bedürfnis nach Einnahmen führt ihn dazu, Baufirmen zu beauftragen.

Haben: Mehr oder weniger geschickt, aber zielorientiert, wird die Straße eröffnet.

Mittel: Der Bund erwirtschaftet Geld (Steuern), das er mit dem Einsatz von Arbeit und Sachgütern „bezahlt".

Beispiel 6: Der Bund konsumiert eine neue Autobahnstrecke.

Wollen: Das Bedürfnis nach Bereitstellung öffentlicher Straßen lässt ihn Baufirmen beauftragen.

Haben: Mehr oder weniger geschickt, aber zielorientiert, erwirbt er die Straße.

Mittel: Der Bund erhält (in Stellvertretung der Bürger) ein Sachgut, das er mit Geld (Steuermitteln) bezahlt.

Die inhaltliche Bestimmung des Moralbegriffs 2

„Moral predigen ist leicht, Moral begründen schwer."
Arthur Schopenhauer

Was für den Wirtschaftsbegriff gilt, gilt ebenso für den Moralbegriff: Er lässt sich weder ganz eindeutig noch einheitlich bestimmen. Deshalb müssen wir uns erneut auf die Suche machen, um zu einem möglichst grundlegenden und plausiblen Moralbegriff zu gelangen, der in der Lage ist, die Basis für alle Formen von Moral (deutsche Moral, amerikanische Moral, katholische Moral, hinduistische Moral, bürgerliche Moral, Arbeitermoral, öffentliche Moral, private Moral etc.) zu bilden. Dabei gehe ich erneut phänomenologisch (nicht im Sinn des Gründers der Phänomenologie Husserl) vor, d. h. ich versuche das Phänomen Moral so zu erklären, wie es sich in der Regel zeigt. Dabei stoßen wir auf ein weiteres Phänomen. Moral zeigt sich zunächst immer kulturbezogen und vermittelt sich durch die jeweilige Sozialisation (Familie, Freunde, Schule). Wenn man anfängt, über Moral nachzudenken, beginnt man mit der eigenen und der aus seiner gesellschaftlichen Erfahrung bekannten moralischen Realität, um alsbald ernüchtert festzustellen, wie relativ dieser Moralstandpunkt zuweilen sein kann. Aus Mangel an einem archimedischen Punkt versuchen wir zwar immer wieder über objektivierende Verfahren Halt zu finden. Und dabei können wir das freie Fragen auch tatsächlich mehr und mehr erlernen. Letzten Endes aber werden wir weder zu einem objektiven Moralverständnis gelangen noch können wir uns ganz von unserer eigenen Moralität loslösen. Dieser Umstand liegt in der Natur der moralischen Sache selbst begründet und bleibt sicher auf immer mit dem Phänomen Moral verbunden. Außerdem zeigt es, wie tief verwurzelt die Moral in uns ist.

Doch trotz und gerade wegen dieses Umstands gilt es, einen möglichst nachvollziehbaren und allgemeinen Moralstandpunkt zu finden, der möglichst jeder wissenschaftli-

© Springer Fachmedien Wiesbaden GmbH, ein Teil von Springer Nature 2019
S. Knischek, *Grundlagen der Wirtschaftsmoral*,
https://doi.org/10.1007/978-3-658-23623-6_2

chen Überprüfung Stand hält. Es geht weder darum, zu moralisieren oder zu indoktrinie-
ren, sondern Moralwissenschaft soll argumentativ erhellen, soll Moralkompetenz vermitteln und soll angeben, warum, wo und wodurch Moralität eine unverzichtbare Qualität
für das menschliche Leben darstellt. Noch geht es darum, irgendeinen bestehenden Moralbegriff einfach zu übernehmen. Ich gehe folglich weder von einem christlichen oder
sonstigen religiösen Moralbegriff aus, noch von einem liberalistischen oder marxisti-
schen oder einem, der aus dem System irgendeines großen Philosophen stammt. Nicht
einmal die gängigen Moralprinzipien, der sogenannte „universelle Standpunkt der Moral" oder die „Goldene Regel" sollen am Anfang stehen. Warum dieses Vorgehen?

Erstens, weil die Funktionszusammenhänge zwischen Wirtschaft und Moral möglichst objektiv, sachorientiert und systematisch analysiert werden sollen. Zweitens, weil
eine Grundlagenschrift neben der Darstellung maßgeblicher Positionen vor allem Pro-
blembewusstsein vermitteln sollte. Drittens, weil weder ideologische noch normative
Barrieren den klaren Blick für eine möglichst wissenschaftliche Perspektive der Wirtschaftsmoral trüben sollen.

Zuerst ist zu sagen: Moral entsteht aus sozialer Interaktion und besteht aus Normen
und Werten. Robinson Crusoe, auf einer menschenleeren Insel gestrandet, lebt zunächst
in einem überwiegend normfreien Zustand. Er kann im Prinzip machen, was er will. Er
ist niemandem Rechenschaft schuldig, er muss keine Regeln einhalten, keine Rücksich-
ten nehmen, keine Pflichten erfüllen. Er ist höchstens sich selbst gegenüber verantwortlich. Doch diese Verantwortung stellt weniger eine moralische, sondern eher eine persönliche Einstellung bestimmten Verhaltensweisen gegenüber dar, da sie sich ausschließlich auf ihn und niemand sonst bezieht. Wenn Robinson seinen Körper mit Fell-
kleidung bedeckt, dann nicht, um ein öffentliches Ärgernis zu vermeiden (Moral), sondern um sich vor Hitze oder Kälte zu schützen (persönliche Einstellung).

Moralische Überlegungen werden erst dann zum Thema, nachdem Freitag und andere
Ureinwohner die Insel betreten. Wem gehört die Insel eigentlich und wer darf sie wie
nutzen? Darf Robinson Freitag in der Nacht anketten, weil er nicht weiß, ob dieser ihn
bestehlen oder überfallen wird? Darf er die Ureinwohner, die Menschenfleisch essen,
töten, wenn diese ihn verspeisen wollen? Darf Freitag Robinson verraten, damit die
Ureinwohner ihm wohl gesonnen sind? Moralisches Denken beginnt immer erst dann,
wenn mindestens zwei Menschen betroffen sind. Dementsprechend spricht man von
sozialen Verhaltensnormen.

Moral entspringt somit der Wirklichkeit menschlichen Zusammenlebens. Diese äußert
sich in vielfältigster Form, in Partnerschaft, Ehe, Familie, Freundschaften, Vereinen,
Arbeitsstätten, in Schulen, Geschäften, Ämtern, Verkehr, Arztpraxen, Kirchen, Verbänden, Gewerkschaften, Nachbarschaften, Gemeinden, Städten, Ländern, Staaten, letztlich
in der Weltgemeinschaft. Bei den dabei permanent auftretenden Interaktionen bleibt es
naturgemäß nicht aus, dass es zu Reibereien, Unstimmigkeiten, Streitereien, Benachtei-
ligungen, gegenseitigen Verletzungen, Konflikten kommt. Um diese zu vermeiden und
um ein möglichst friedliches Miteinander hervorzubringen, hat der Mensch ein System

von Regeln entwickelt. Dieses hilft ihm dabei zu vermeiden, dass „der Mensch dem Menschen ein Wolf" ist[1] bzw. dass „der Krieg aller gegen alle" herrscht[2].

Der Begriff Moral stammt aus dem Lateinischen (mos, mores) und bedeutet so viel wie Sitte, Ordnung, Brauch, Gewohnheit. Moral kann aufgefasst werden als eine „Sammelbezeichnung für die der gesellschaftlichen Praxis zugrundeliegenden und als verbindlich akzeptierten ethisch-sittlichen Normen des Handelns und der Werturteile"[3] (weitere Definitionsbeispiele finden sich in den Anmerkungen[4]). Lebt ein Mensch diesen Moralvorstellungen entsprechend, verhält er sich moralisch bzw. gut. Sein Verhalten basiert dann auf Moralität, also moralischer Einsicht und Überzeugung. Entspricht sein Verhalten nicht diesen Vorstellungen, handelt er unmoralisch bzw. amoralisch, wenn die Moralvorstellungen überhaupt keinen Einfluss auf sein Verhalten ausüben.

Der Ruf nach der Moral wird vor allem beim Vorhandensein von sozialen Konflikten laut, die natürlich ganz unterschiedliche Ursachen aufweisen können. So kommt es z. B. vor, dass die Konfliktparteien bei der Beurteilung von Verhaltensweisen von unterschiedlichen Werten ausgehen oder dass sie uneins darüber sind, wie eine vernünftige Lösung ihres Streits überhaupt aussehen könnte. Oder sie sind von negativen Gefühlen wie Wut oder Hass erfüllt, die jegliche Kooperationsbereitschaft im Keim ersticken. Oder sie beharren auf ihren Positionen, weil sie keine Schwäche vor anderen zeigen wollen. Oder sie lieben es einfach, Macht auszukosten etc.

Aus welchen Gründen Konflikte auch immer entstehen, ihre Folgen sind fast immer mit Schäden verbunden. So führen Lügen dazu, dass Kommunikation unter immer schwierigeren Bedingungen stattfindet, weil man dann nie weiß, wie vertrauensvoll der aktuelle Gesprächspartner einzustufen ist. Oder wenn es sich einbürgert, dass über andere und hinter deren Rücken schlecht gesprochen wird, sinkt die Bereitschaft, sich offen mitzuteilen, weil man anderen keine Angriffsfläche mehr bieten möchte. Extrem schwerwiegende Schäden entstehen vor allem dann, wenn Bürgerkriege oder internationale Konflikte mit Waffengewalt ausgetragen werden. Die Konsequenzen sind Tote, Waisen, Vergewaltigte, Traumatisierte, Invalide, Zerstörung, Armut etc.

Vor allem in hochkomplexen, arbeitsteilig organisierten, modernen Volkswirtschaften wie der unseren, wo jedes Rädchen in das andere greift, ziehen derartige Auseinandersetzungen hohe Kosten nach sich. Nehmen wir den Konflikt zwischen den Lokführern und der Deutschen Bahn im Herbst 2007. Durch diesen Arbeitskampf (die Lokführer wollten bis zu 31 Prozent mehr Gehalt) kamen Hunderttausende von Pendlern zu spät zur Arbeit, erreichten Touristen ihre Destinationen nur mit Verspätung, warteten Unternehmen tagelang auf säumige Frachten, die zu Produktionsausfällen führten. Hätten sich die Konfliktparteien sofort geeinigt, wäre allen vieles erspart geblieben. Das Deutsche Institut für Wirtschaftsforschung schätzte damals, dass ein flächendeckender Streiktag einen volkswirtschaftlichen Schaden von einem dreistelligen Millionenbetrag nach sich zieht.

Um solche Schäden zu vermeiden, haben sich im Lauf der Zeit so gut wie überall auf der Erde allgemeine Lösungsmuster, sprich moralische Verhaltensansätze herausgebildet. Mittlerweile können wir auf umfangreiche Moralkataloge zurückgreifen. Sie manifestieren sich z. B. im Christentum, dem rund zwei Milliarden Menschen zuzurechnen sind, durch die zehn Gebote[5]. Oder im Humanismus durch die abgewandelte und aktualisierte Version der zehn Gebote[6]. Natürlich stoßen wir auch in den anderen Weltreligionen auf derartige Kompendien. Darüber erreicht der Islam[7] 1,3 Milliarden Menschen, der Hinduismus eine Milliarde, das Judentum rund 400 Millionen, der Buddhismus[8] 900 Millionen. Der vielleicht wesentlichste weltliche Moralkatalog steht uns in Form der Erklärung der Menschenrechte der Vereinten Nationen[9] gegenüber.

Zusammenfassend können folgende Hauptfunktionen der Moral aufgestellt werden:

1. Sicherung eines dauerhaften, friedlichen Zusammenlebens der Menschen. (Moral: soziale Institution zur Minimierung anthropogener Übel bzw. Kompensation der Begrenztheit wechselseitiger Sympathie, vgl. Bayertz, S. 40)
2. Gewährung einer individuellen Orientierungshilfe in normativen Fragen
3. Entlastung von Menschen, indem man den täglichen Entscheidungsdruck mildert
4. Schaffung einer menschenwürdigen Gesellschaft
5. Ausgleich von Freiheit (so viel wie möglich) und Verantwortung (so viel wie nötig)
6. Vorbeugung gegenüber sozialen Konflikten

2.1   Soziale Verhaltensnormen

Soziale Verhaltensnormen sind kollektive Sollensforderungen und soziale Handlungsansprüche. Damit die Gesellschaft durch einen Teil, der sich sozial zerstörerisch verhält, nicht in ihrer Existenz gefährdet wird, müssen Regeln aufgestellt und nötigenfalls durchgesetzt werden. Normen sind, wie der Name sagt, normativ, sie drücken ein unmissverständliches Sollen aus, eine Verpflichtung. In diesem Sinn stellt Moral ein Ansinnen dar, das den Mensch vor dem Menschen schützen soll und das aus der anthropologischen Einsicht stammt, dass der Mensch niemals den Abgrund zwischen Anspruch und Wirklichkeit aufzuheben im Stande sein wird. Moral ist als ein Sollen aufzufassen, das einem individuellen Wollen, nicht prinzipiell, aber immer wieder faktisch, gegenübersteht.

Individuelle Normen sind Normen, die das Individuum an sich selbst stellt bzw. nur auf sich selbst bezieht. Ein Beispiel dafür wäre, wenn sich jemand, der ein Musikinstrument erlernt, ein tägliches Pensum des Übens von 45 Minuten auferlegt oder wenn sich jemand vornimmt, jeden dritten Tag die Wohnung zu saugen. Diese Form von Normen, genauso wie technische Normen, zählen nicht zum Gegenstandsbereich der Moral.

Sobald Normen von außen, von anderen an ein Individuum oder Kollektiv herangetragen werden bzw. wenn individuelles Handeln Rücksicht auf das Sein anderer Individuen nehmen muss, dann spricht man von sozialen Normen. Soziale Normen sind Verhaltensanforderungen, die ein anderer, eine bestimmte Gemeinschaft (Nachbarschaft, Arbeitskollegen etc.) oder die Gesellschaft als solche an uns stellt. Jede soziale Interaktion ist potenziell normgebunden. Normen definieren den Radius sozial akzeptierter Verhaltensmöglichkeiten, meist innerhalb konkreter Situationen. Sie sind in Anlehnung an Max Weber „auf einer legitimen Ordnung basierende Handlungsorientierungen, die ihrem von den Handelnden gemeinten Sinn nach auf das Verhalten anderer bezogen sind"[10]. Der Normbegriff stammt aus dem Lateinischen (norma) und bedeutet so viel wie Richtschnur, Maßstab, Anspruch, Bitte, Regel, Befehl, Vorschrift, Imperativ, Standard, Aufforderung. Eine Norm sagt, was zu tun (Gebot) bzw. zu lassen ist (Verbot).

Sozialnormen sind historisch, ändern sich also von Zeit zu Zeit. Und sie sind kulturbezogen. Mit dem Begriff Kultur (lat. cultus = Pflege) ist die Gesamtheit der geistigen, künstlerischen und praktischen Lebensäußerungen von bestimmten Personengruppen gemeint. Der Begriff der Kultur darf also nicht nur auf Nationen oder Länder bezogen werden, sondern findet sich auf allen Ebenen, wo soziale Interaktion stattfindet. Kulturelle Identitäten und Differenzen treten somit überall auf, wo Gemeinschaften sind: zwischen Bundesländern, Volksgruppen, Städten, Berufsgruppen, Schulen, Vereinen, Familien, Partnerschaften etc.

Die hier behandelten Normen beziehen sich auf menschliches Verhalten und Handeln. Darunter ist zum ersten das tatsächliche Verhalten gemeint, also nicht irgendein gewünschtes, als verbindlich gedachtes oder subjektiv erwartetes Verhalten. Zum zweiten bezieht sich der Verhaltensbegriff nicht nur auf ein bewusstes Handeln, sondern im Prinzip auf jede Form menschlicher Äußerung. Der begriffliche Unterschied zwischen Verhalten als äußeres, unbewusstes Tun (Behaviorismus) und Handeln als inneres, bewusstes Tun spielt hier eine untergeordnete Rolle. Zum dritten kann ein Handeln bzw. Verhalten sowohl ein Tun wie ein Unterlassen sein. Zum vierten kann es sowohl sprachlich wie nonverbal (in Form von Gesten, Bekleidung etc.) erfolgen. Fünftens können sich Normen auch mittelbar auf das Entscheidungsverhalten von Institutionen beziehen. Wenn wir in der Marktwirtschaft (vollkommenen) Wettbewerb anstreben, dann bringen wir normativ unseren Wunsch damit zum Ausdruck, dass niemand viel Einfluss haben soll, dass alle Marktteilnehmer gleichgestellt sind, dass sich jeder bemühen muss, dem Konkurrenzdruck stand zu halten. Derartige institutionelle Normen, die uns mittelbar in unserem Handeln beeinflussen, gibt es mehrere. Zum Beispiel führt die Existenz von Kirchen und Religionen dazu, dass wir uns gemeinschaftlich zu Gottesdiensten einfinden und uns gut gegenüber unseren Mitbrüdern und -schwestern verhalten. Die Institution der Ehe fordert uns mittelbar dazu auf, den Partner gut zu behandeln, für ihn im Notfall zu sorgen, ihn nicht zu hintergehen etc. Warum sind soziale Normen überhaupt nötig, welche Funktionen erfüllen sie?

- **Orientierungsfunktion:**
  Würde menschliches Zusammenleben immer friedlich verlaufen und bestünde Harmonie und Kooperation zwischen den Menschen, wären allgemeine Verhaltensstandards überflüssig. Die Wirklichkeit sieht oft anders aus, wenn wir stehlen, betrügen, unterschlagen. Normen setzen genau hier an, indem sie uns als Anhaltspunkte für ein angemessenes Handeln dienen.

- **Selektionsfunktion:**
  Normen als Handlungsanweisungen reduzieren die Entscheidungskomplexität, indem aus der Vielzahl möglicher Verhaltensweisen nur solche ausgewählt werden, die sozi-

alverträglich sind bzw. sozial sinnvoll erscheinen. Diese Funktion ist besonders wichtig, da der Mensch als ein nicht festgelegtes (instinktarmes) und weltoffenes (reizüberflutetes) Wesen eine große Entlastung erfährt.

▪ **Stabilisierungsfunktion:**
Wenn Individuen davon ausgehen können, dass Normen allgemein befolgt werden, entsteht Vertrauen. Vertrauen ermöglicht eine zuverlässige Abschätzung des Verhaltens der anderen und stabilisiert so die gegenseitigen Verhaltenserwartungen der Interaktionspartner. Auf diese Weise werden sowohl Unsicherheit wie Entscheidungskosten reduziert.

▪ **Koordinationsfunktion:**
Die Entstehung und Veränderung von Normen setzt soziale Kommunikation voraus. Dadurch, dass über Sinn und Zweck von Normen diskutiert wird, tritt eine Koordination individueller Bedürfnisse und Vorstellungen ein.

2.1.1   Die Klassifizierung von Sozialnormen

Im praktischen Alltagsleben stoßen wir auf eine Vielzahl unterschiedlicher Normen. Damit wir damit wissenschaftlich arbeiten können, müssen wir sie ordnen und klassifizieren. In Tab. 2.1 finden sich wichtige Klassifizierungsebenen (vgl. Bellebaum 1983, Fischer/Wiswede 1997).

2.1.2   Die Hierarchisierung von Sozialnormen

Da die einzelnen Verhaltensnormen nicht alle die gleiche gesellschaftliche Wichtigkeit haben, müssen sie durch mehr oder weniger konsistente Schemata hierarchisiert werden. Danach gilt: je wichtiger eine Norm für das Zusammenleben, desto größer die Anstrengungen, um ihr Geltung zu verschaffen bzw. desto gravierender die Sanktionen. Derartige Hierarchisierungen bringen also nicht nur gesellschaftliche Wertunterschiede zum Ausdruck, sondern sie leisten zudem einen bedeutenden Beitrag zur Lösung regelmäßig vorkommender Normkonflikte. Durch die Dominanz oberer Hierarchieebenen über untere lassen sich die meisten moralischen Entscheidungssituationen entschärfen. Ein Beispiel: Normalerweise darf ein Autofahrer das mitternächtliche Rotlicht nicht missachten. Wenn er dadurch aber einen Schwerverletzten schneller ins Krankenhaus bringen kann (ohne sich und andere in Gefahr zu bringen), kann die Normabweichung (Devianz) bezogen auf die untere Hierarchieebene durch die Normerfüllung der oberen Ebene toleriert werden. Das Problem derartiger Hierarchisierungen besteht darin, zum einen Konsistenz, zum anderen sozialen Konsens herzustellen. Doch dazu später mehr. Hierarchisierungen folgen meist dem Muss-Soll-Kann-Schema (vgl. Bellebaum, vgl. Fischer/Wiswede).

Tab. 2.1 Klassifizierungsebenen von Sozialnormen[11]

Klassifizierungskriterium	Klassifizierungsebene	Beispiel
Normabsender:	Einzelpersonen	Ein Radprofi ächtet Doping
Wer gibt die Norm aus?	Kollektive	Verdi fordert Mindestlohn
	Institutionen	Bundestag beschließt Gesetz
Normadressat:	Allgemeine Sozialnormen	Tötungsverbot gilt für alle
Für wen gilt die Norm?	Partikulare Sozialnormen	Kein Tötungsverbot Notwehr
Normbegründung:	Recht und Gesetz	Steuererklärung abgeben
Warum ist jemand konform?	Tugend und Sitte	Verschulden ehrlich zugeben
	Brauch und Gewohnheit	Per Handschlag begrüßen
Normspielraum:	Vollzugsnorm	Führerscheinprüfung ablegen
Wie ist die Norm	Qualitätsnorm	Müll trennen
auszuführen?	Gestaltungsnorm	Geburtstagsgeschenk wählen
Normherkunft:	Profane Sozialnormen	Fairness im Sport
Woher stammen die Normen?	Religiöse Sozialnormen	Kirchliche Eheschließung
Normmotivation:	Koordinationsnorm	Rechtsfahrgebot im Verkehr
Motiv der Norm?	Kooperationsnorm	Keine Graffitis auf Häuser
Normgattung:	Gebotsnorm	Nächstenliebe
Welche Form hat die Norm?	Verbotsnorm	Keinen Menschen töten
Normverwirklichung:	Idealnorm	Immer kundenfreundlich sein
Wird die Norm erreicht?	Praktische Norm	Oft kundenfreundlich sein

2.1.2.1   Muss-Normen

> *„Je mehr Gesetze, desto mehr Diebe"*
> Laotse

Muss-Normen sind zwingend erforderliche Verhaltensanforderungen. In moralischer Hinsicht verkörpern sie sich meistens in der Form von Geboten und Verboten, wie z. B. „Du sollst nicht töten", „Liebe deinen Nächsten wie dich selbst" etc. Bei den Muss-Normen ist mit einer relativ rigiden Sanktionskonsequenz zu rechnen. Darüber hinaus werden Muss-Normen als moralische Institutionen wegen ihrer Priorität und Wichtigkeit oft in den Status von Rechtsnormen überführt. Deren Einhaltung wird von einer staatli-

chen Sanktionsinstanz mit spezifischen Zwangsmitteln garantiert. Vor allem Rechtsnormen, die am stärksten formalisiert sind, gelten als Instrument für soziale Kontrolle und
normative Steuerung. Das Recht und die Gesetze stehen in der Hierarchie an oberster
Stelle. Diese Normen werden von der Gesellschaft als die wichtigsten erachtet, die von
jedem ausnahmslos und unbedingt einzuhalten sind. Diese Wichtigkeit zeigt sich an den
Folgen, die sich ergeben, wenn jemand gegen das Recht verstößt. Es zieht Sanktionen
nach sich, die zum einen unausweichlich für den Betroffenen sind und zweitens, zumindest in einigen Ländern, bis zur Todesstrafe reichen können. Da der Geltungsanspruch
des Rechts ein hoher ist, werden Gesetze in der Regel schriftlich fixiert und somit kodifiziert. Zwar besteht zwischen Moral- und Rechtsnormen eine großflächige Ähnlichkeit,
eine Identität besteht hingegen nicht. Die Differenzierung der beiden Normarten wird im
Abschnitt 2.1.3. vorgenommen. Die Hierarchisierung der Rechtsnormen finden Interessierte in Anmerkung[11a].

2.1.2.2   Soll-Normen

„Ohne Tugenden werden wir nicht in Frieden miteinander leben."
Altkanzler Helmut Schmidt

„Die Sitten sind die Menschen, aber das (moralische) Gesetz
ist die Vernunft eines Landes."
Immanuel Kant

Bei Soll-Normen handelt es sich um Imperative, die zwar nicht legalistisch geahndet
werden können, die aber einem informellen Gericht unterliegen, nämlich dem Ansehen
und der Macht der öffentlichen Meinung, die jedermann ins moralische Kreuzfeuer der
Kritik nehmen kann. Tugenden sind sicher die Verhaltensnormen, die von den meisten
Menschen am stärksten mit der Moral assoziiert werden. Sie nehmen auch in diesem
Buch eine bedeutende Stellung ein. Unter Tugend (lat. virtus) versteht man in formaler
Hinsicht die Tauglichkeit und Tüchtigkeit, sich mit innerer Überzeugung moralisch zu
verhalten. Sie stellt eine Kraft dar, sich und sein Handeln freiwillig in den Dienst der
Sittlichkeit zu stellen, um das Gute zu verwirklichen. Sie weist somit insofern eine starke
anthropologische Akzentuierung auf, indem sie sich auf den Charakter eines Menschen
bezieht. Man nennt einen solchen dann tugendhaft, wenn er gute Eigenschaften auf sich
vereint. Das Gegenteil von Tugend heißt Laster, das sich am Bösen, Schädlichen orientiert. Ein lasterhafter Mensch ist demzufolge jemand mit vielen schlechten Merkmalen.
Tugenden in materialer Hinsicht beziehen sich auf konkrete, situationsbezogene Charak-
tereigenschaften, die Tugendhaftigkeit als solche bezieht sich in abstrakter Hinsicht auf
das Gute als solches.

Tugenden stellen innere statt äußere, affektive statt kognitive Zustände dar. Sie bezie-
hen sich nicht auf einzelne Handlungsmotive, sondern auf grundlegende Dispositionen,
folglich der Neigung, nicht impulsiv, sondern auf Basis einer gefestigten, durchdachten
Geisteshaltung zu reagieren. Kant sprach in diesem Zusammenhang von der moralischen
Kraft des menschlichen Willens bei der Erfüllung seiner Pflicht, gerade bei egoistischen
Tendenzen.

Tugenden sind wissenschaftlich nicht exakt von Normen und Werten abzugrenzen. Da sie der Zeit unterliegen und immer wieder aufs Neue Interpretationsspielräume aufweisen, neigen sie zu Ungenauigkeit, Relativität, Verselbstständigung. Nehmen wir eine Primär- bzw. Kardinaltugend, die Gerechtigkeit. Was wurde und wird nicht alles in dieses bedeutende Konzept hineininterpretiert, je nach einzelnem Anspruch, Situation, Zeitgeist, Kulturkreis, Gesellschaftsform etc. Hinzu kommt, dass der Tugendbegriff historisch schwankt. Brauchte das Individuum der Antike die Tugend als charakterliche Voraussetzung zur Glückseligkeit, geht es im neuzeitlichen Sinn um die moralische, reziproke Anerkennbarkeit von Normen. Überhaupt unterlag der philosophische Tugendbegriff einer kontinuierlichen Veränderung. So ist die Tugend im Wesentlichen als Weisheit (Sokrates) aufgefasst worden, als Vernünftigkeit (Aristoteles), als höchstes Gut überhaupt (Stoiker), als das richtige Abwägen zwischen Lust und Unlust (Epikur), als Liebe gegen Gott (Augustinus), als das der menschlichen Natur Entsprechende (Spinoza), als Kraft, die uns zur Ausführung des Rechten führt (Leibniz), als vernünftige Einsicht des Rechten und als ein pflichtgemäßes Handeln (Kant), als Mischung aus Einsicht und Charakter (Hegel) etc.

Mittlerweile kennen wir viele Tugendkataloge bzw. Tugendarten, die auf sehr unterschiedliche Weise kategorisiert und hierarchisiert werden können. So werden Klugheit, Gerechtigkeit, Tapferkeit, Mäßigung als Kardinaltugenden bezeichnet, Stärke, Aufrichtigkeit, Bescheidenheit, Verlässlichkeit als Rittertugenden. Während Ordnungsliebe, Sparsamkeit, Fleiß, Reinlichkeit und Pünktlichkeit zu den Bürgertugenden zusammengefasst werden, gelten Bescheidenheit, Gehorsam und Pflichtbewusstsein als preußische Tugenden. Christliche Tugenden verkörpern primär Liebe, Hoffnung, Friedfertigkeit, Gerechtigkeit, Glaube, Barmherzigkeit. Weibliche Tugenden werden öfter mit Häuslichkeit, Sanftheit, Sparsamkeit, Keuschheit, Treue, Rechtschaffenheit, Fleiß und Einfühlsamkeit gleichgesetzt, männliche mit Durchsetzungsvermögen, Entscheidungsstärke, Willenskraft, Ehrgeiz und Kameradschaft in Verbindung gebracht. Die Liste der Tugenden, die eigentlich adjektiviert dargestellt gehören, weil sie sich auf Charakterzüge beziehen, lässt sich stark verlängern. In den Anmerkungen habe ich eine überschaubare Auswahl zusammengestellt[12].

Während Tugenden ausgesprochen charakter- und gesinnungsbezogen, innerlich sind, weisen Sitten eher äußerliche Merkmale auf. Oft werden sie mit Nationen (deutsche Sitten), Volksgruppen (bayerische Sitten), Schichten (aristokratische Sitten) oder Situationen (Tischsitten) in Verbindung gebracht. Sitte im Singular wird oft mit Moral gleichgesetzt, was uns aber nicht weiter beschäftigen soll. Hier geht es um die Sitten im Plural, also um einzelne Normen, die zum ersten oft mehr aus Anstand als aus innerer Überzeugung erfüllt werden, die zweitens mehr einen kulturellen als einen individuellen Bezug aufweisen und die drittens in der Regel weniger stark sanktioniert werden als Untugenden. Das bekannte Sprichwort „andere Länder, andere Sitten"[13] bringt gut zum Ausdruck, dass Sitten stark geographisch und historisch geprägt sind. Selbst wenn sie einem Fernreisenden sonderbar erscheinen, so sind sie zumindest teilweise mehr von Interesse als dass sie moralische Empörung auslösen könnten.

Sitten unterliegen wie andere Normen ebenfalls dem sozialen Wandel. Sie sind alt oder neu, gut oder schlecht, streng oder locker. Wer oder was gegen sie verstößt, heißt sittenwidrig. Die Sittenwächter sind diejenigen, die oft vor dem Verfall der Sitten warnen. Man mahnt bessere Sitten vor allem im Straßenverkehr (Verkehrssitten) an, weil sich dort immer mehr Rowdys tummeln. Oder man stemmt sich gegen den sexuellen Sittenverfall. Hier zeigt sich die rechtliche Dimension der Sitten. Der § 138 im Bürgerlichen Gesetzbuch (BGB) regelt „sittenwidrige Rechtsgeschäfte" und den „Verstoß gegen die guten Sitten".

2.1.2.3   Kann-Normen

> *„Konvention heißt Übereinstimmung in Worten und*
> *Handlungen ohne Übereinkommen des Gefühls."*
> Friedrich Nietzsche

Bräuche und Konventionen sind gesellschaftlich erwartete, soziale Normen, die auf einer sehr niedrigen moralischen Hierarchiestufe rangieren. Sie sind weniger zwingend als Sitten, so wie Gepflogenheiten, Umgangsformen, Manieren, und sie lassen sich nur mit großem Aufwand genau voneinander unterscheiden. Konventionen (lat. conventio, Übereinkunft) sind wenig aufwändig fixierte Regeln, die auf Absprache beruhen. Der damit verbundene Konsens kann stillschweigend oder ausgehandelt worden sein. Das Adjektiv konventionell bedeutet, dass jemand zugunsten von Konventionen auf Originalität und Individualität verzichtet. Als Beispiele für Konventionen könnte man anführen: Rechtsfahrgebot statt Linksfahrgebot im Straßenverkehr, rechts vor links als Vorfahrtskonvention, die persönliche Anrede mit Herr oder Frau, anlassorientierte Kleidung (Smoking zum Galaabend, Frack zur Preisverleihung). Konventionen sind oft innerhalb sozialer Mikrostrukturen anzutreffen, ihr moralischer Gehalt ist gering, sie dienen dem gesellschaftlichen Zweck, organisatorische/technische Vereinheitlichungen und Erleichterungen herbeizuführen.

Bräuche (altdt. bruh, Nutzen) sind soziale Verhaltensweisen mit Wiederholungscharakter. Sie enthalten verschiedene Elemente und erfüllen diverse Funktionen für das Zusammenleben. So dienen sie der Stiftung von Sinn, Identität und Integration. Handlungsorientiert bringen sie Zeichen und Symbole hervor. Verwandte Begriffe für Bräuche sind Brauchtum, Traditionen, Ritus (sozial-religiös), soziale Gewohnheiten (nüchtern, zweckmäßig), Zeremonien. Ich führe einige Beispiele für Bräuche aus unserem Kulturkreis auf:

- Jahreslauf (Silvester, Karneval, Aprilscherz, Sommersonnwende, Wintersonnwende)
- Religion (Dreikönig, Ostern, Pfingsten, Fronleichnam, Erntedank, Allerheiligen, Weihnachten)
- Staatliche Feiertage (1. Mai Tag der Arbeit, Nationalfeiertag)
- Lebenslauf (Geburt, Geburtstage, Namenstage, Schulabschluss, Verlobung, Hochzeit, Tod)

Konventionen und Bräuche entstehen durch einen Prozess der Gewöhnung. Gewohnheiten sind regelmäßige, gleichartige, selbstverständliche Verhaltensmuster in bestimmten sozialen Situationen. Sie sind weit verbreitet und genießen eine zwar allgemeine, aber meist doch sehr oberflächliche Anerkennung.

Die vier soeben dargestellten Normkategorien sind erstens nicht trennscharf. Zweitens können sie je nach Anspruch und Anschauung einmal vollständig, das andere Mal partiell zum Moralbereich hinzugezählt werden. Folgt man der Auffassung von Thomas Hobbes, so spielen die Sitten, Gebräuche, Konventionen und Traditionen eine nur untergeordnete Rolle: „Unter Moral verstehe ich hier nicht geziemendes Betragen, z. B. wie man einen anderen grüßen, in Gesellschaft den Mund wischen oder die Zähne stochern soll, oder andere Regeln der Anstandslehre, sondern diejenigen Eigenschaften der Menschheit, die ihr Zusammenleben in Frieden und Eintracht betreffen.“[14] Während Muss- und Soll-Normen im Vordergrund dieser Arbeit stehen werden, sind Kann-Normen als zweitrangig einzustufen.

2.1.3 Die Abgrenzung von Moral und Recht

2.1.3.1 Die Unterscheidung von Moral und Recht

> *„Was das Gesetz nicht verbietet,*
> *verbietet der Anstand.“*
> Seneca

Obwohl sich Recht und Moral in vielem ähneln, weisen sie nicht unbeträchtliche Differenzen auf. Ihr Verhältnis ist insofern ein schwieriges, als es im Prinzip eine nichtidentische Identität darstellt. Einerseits ist Recht ohne Moral auf Dauer nicht denk- und haltbar, d. h. beide haben normative Wurzeln. Andererseits findet der Umgang mit dieser Normativität auf ziemlich unterschiedliche Weise statt. Insgesamt lässt sich festhalten, dass Moral, als das umfassendere Konzept, das Recht, mit einigen Ausnahmen, weitestgehend miteinschließt. Es gilt, dass Moral ohne Gesetze auf Dauer möglich ist. Das Gegenteil, dass nämlich Recht ohne Moral (sogenannter Rechtspositivismus) auskommt, ist hingegen unmöglich. Bezüglich der Unterscheidung zwischen Moral und Recht beginne ich mit den *Gemeinsamkeiten* (vgl. Waibl 2001, auch bezüglich Abschnitt 2.1.3.2).

Recht und Moral sind beide normativ

Beiden gemeinsam ist ihre Präskriptivität[15], d. h. beide basieren auf Sollensforderungen, die das Verhalten der Menschen derart beeinflussen sollen, dass egoistische Handlungsmuster in den Hintergrund und sozialverträgliche in den Vordergrund treten können. Ausgangspunkt von beiden ist die Vorstellung, dass der Mensch mit großem Freiheitsdrang sein individuelles Leben zu verwirklichen sucht und dabei immer wieder die Grenzen zu seinen Mitmenschen verletzt. Um diese Verletzungen zu vermeiden, helfen Normen, die, da sie allerdings die menschliche Freiheit einschränken, einen äußerst ausgeprägten Sollens-Charakter aufweisen müssen. Das Verbot „Du sollst nicht töten" findet sich sowohl im Recht wie in der Moral wieder. Das Gleiche gilt für die Würde. Ihre moralische Fundierung wird vom Bundesverfassungsgericht explizit durch den Artikel 1 bestätigt, wenn es sagt: „Es widerspricht der menschlichen Würde, den Mensch zum bloßen Objekt im Staat zu machen."[16]

Beide Bereiche bringen Allgemeingültigkeit und Wechselseitigkeit hervor

Damit Rechts- und Moralnormen nachhaltig wirken, müssen sie allgemeinverbindlich sein. Das bedeutet, dass sie dadurch, dass sie von jedermann befolgt werden sollen, eine gewisse Objektivität erhalten. Die Bereitschaft für diese Allgemeinverbindlichkeit wird dabei dadurch geweckt, dass die Normen jeden gleichermaßen betreffen. Sozusagen ohne Ansehen der Person wird eine Norm an ein bestimmtes Verhalten geknüpft. Die daraus resultierende wechselseitige Verpflichtung bezüglich einer Regel, letztlich also ihre Form, schafft auf diese Weise zumindest teilweise die Akzeptanz für dieselbe und somit für ihren Inhalt. Das Tötungsverbot, ausgenommen in Fällen von Notwehr, gilt z. B. für jeden.

Beide Bereiche wurzeln im Guten

Zwar hat es in der Menschheitsgeschichte immer wieder Beispiele gegeben, dass sich das Recht den moralischen Wertvorstellungen der Bürger widersetzte (z. B. im National-sozialismus oder in anderen Diktaturen). Doch deren gewalttätige und zuweilen auch friedliche Abschaffung hat gezeigt, dass ein Rechtssystem ohne moralischen Bezug auf Dauer keinerlei Überlebenschance hat. Wenn Unrecht nicht mehr Strafbarkeit nach sich zieht, hat es die moralische Negation leicht. Moral stellt die essentielle Geltungsbedin-gung für das Recht dar. Wo „Gerechtigkeit nicht erstrebt wird, wo die Gleichheit, die den Kern der Gerechtigkeit ausmacht, bei der Setzung positiven Rechts bewusst ver-leugnet wurde, da ist das Gesetz nicht etwa nur ‚unrichtiges Recht', vielmehr entbehrt es überhaupt der Rechtsnatur. Denn man kann Recht, auch positives Recht, gar nicht anders definieren denn als eine Ordnung und Satzung, die ihrem Sinn nach dazu bestimmt ist, der Gerechtigkeit zu dienen."[17] Dieser Zusammenhang galt schon in der Antike z. B. bei Aristoteles: „Das Gesetz hat zwingende Gewalt: Es ist ein Ordnungsprinzip, das auf sittlicher Einsicht und Vernunft beruht."[18]

Auch heute noch gilt meistens, dass Rechtsgrundsätze von moralischen Werten ge-prägt sind. Wenn wir in der deutschen Verfassung davon reden, dass „die Würde des Menschen unantastbar" ist, dass der Mensch „das Recht auf freie Entfaltung seiner Per-sönlichkeit" etc. hat, dann wird genau jene moralische Affinität des Rechts zum Aus-druck gebracht. Bei bestimmten Rechtstatbeständen wird sogar explizit auf den morali-schen Ursprung verwiesen, so z. B. auf die „guten Sitten" im Paragraf 228 des Strafge-setzbuchs oder in den Paragraphen 138, 817 und 819 des Bürgerlichen Gesetzbuchs.

Beide Bereiche beruhen auf Werten

Moralische Sollensforderungen wie Rechtsnormen verdanken ihre Existenz dem Vorhandensein von Werten. Man soll nicht stehlen, weil der Wert des Privateigentums, sofern dieses rechtmäßig erarbeitet oder erworben wurde, dann der Nichtigkeit preisgegeben würde. Man soll nicht lügen, weil der Wert, der sich im gegenseitigen Vertrauen und seinen Vorteilen ausdrückt, dann mehr und mehr in seiner Existenz gefährdet wäre. Der Wert ist der Zweck, während Moral- und Rechtsnorm in der Regel die Mittel dazu sind.

Trotz dieser Gemeinsamkeiten gibt es zugleich eine Reihe grundlegender Unterschiede zwischen beiden Bereichen, die für uns an dieser Stelle noch wichtiger sind als die Gemeinsamkeiten.

Moral stellt eine auch innere Verpflichtung dar (Moralität), Recht nur eine äußere (Legalität)

Gesetze stellen Normen dar, die faktisch in einem Gemeinwesen bestehen, die allgemein anerkannt sind und die effektiv durchgesetzt werden können. Gesetze sind somit in dem Sinne objektiv, dass bestimmte (geschehene oder unterbliebene) Handlungen die Grundlage für ein allgemeines Urteil bilden. Moral hingegen orientiert sich nicht nur an den Handlungen selbst, sondern hinterfragt auch die Gesinnung, die Absicht derselben. „Sofern sie [die Gesetze der Freiheit] nur auf bloße äußere Handlungen und deren Gesetzmäßigkeiten gehen, heißen sie juridisch; fordern sie aber auch, dass sie die Bestimmungsgründe der Handlungen sein sollen, so sind sie ethisch, und alsdann sagt man: Übereinstimmung mit den ersten ist die Legalität, die mit den zweiten die Moralität der Handlung" (Immanuel Kant[19]). Es reicht hinsichtlich des moralisch Guten somit nicht aus, dass etwas dem Normativen gemäß ist, es muss auch um desselben willen geschehen. „Die Forderung nach moralischem Handeln geht also über die Forderung nach rechtmäßigem Handeln deutlich hinaus."[20] Recht betrifft damit ausschließlich wirkliche Handlungen, Moral auch hypothetische. Das Recht funktioniert auch ohne Gesinnung, für die Moral hingegen ist sie fundamental.

Nehmen wir den Fall des Ex-Vorstandsvorsitzenden von DaimlerChrysler Jürgen Schrempp. Obwohl die von ihm durchgeführte Fusion mit Chrysler sowohl dem Unternehmen wie auch den Aktionären immense Verluste beschert hatte, billigte ihm der Aufsichtsrat eine große Abfindung zu. Dieser Vorgang war zwar legal, die Mehrheit der Menschen hielt ihn jedoch für unmoralisch.

Wenn also jemand moralisch handelt, dann aus einer inneren Achtung für das Gute, unabhängig davon, ob dieses Gute tatsächlich, nur vermeintlich oder nur als Phantom existiert. Diese innere Gebundenheit resultiert ihrerseits aus einem Prozess der Konditionierung, die, ein Kaspar Hauser ausgenommen, vor allem im Rahmen der Familie im frühkindlichen Alter und intensiv beginnt und im hohen Alter und extensiv endet. Zur frühkindlichen Moralprägung sei an dieser Stelle auf die Arbeiten von Lawrence Kohlberg und Jean Piaget verwiesen. Legalität hingegen kommt ohne diese Innerlichkeit und

Konditionierung aus. Hier kann sich auch ein amoralischer Mensch normkonform verhalten.

Wenn jemand in einer 30er-Zone 30 km/h fährt, weil er keine Geldstrafe zahlen, keine Punkte in Flensburg bekommen, keinerlei Ärger deswegen haben will, handelt er legalistisch. Fährt er 30 km/h, weil er die Bewohner, vor allem spielende Kinder, nicht gefährden will, weil er möglichst geräuscharm das Wohnviertel passieren möchte etc., handelt er moralisch. Allgemein gesprochen: Wenn jemand aus reinen Klugheits- oder Nützlichkeitserwägungen heraus handelt, kann man nie von Moralität sprechen.

Rechtsnormen sind einklag- und erzwingbar, moralische nicht

Ein weiterer Unterschied tritt uns in Gestalt der Konsequenzen auf. Während Verhalten, das gegen geltendes Recht verstößt, bis hin zur Todesstrafe sanktioniert werden kann, bleibt unmoralisches Handeln teils ohne Folgen oder es führt nur zu begrenzten Reaktionen. Einer, der bei rot über die Ampel fährt, wird über ein Bußgeld und einen temporären Führerscheinentzug zur Rechenschaft gezogen. Einer, der sein Auto äußerlich als martialisches Kriegsgerät herrichten würde, erntete ein Kopfschütteln und den einen oder anderen kritischen Kommentar, der ihn vielleicht irgendwann einmal ein schlechtes Gewissen bekommen lässt. Während Gesetze somit über Sanktionsmacht verfügen, kann Moral zwar verpflichten, aber nicht zwingen. Das Recht kann als ein äußerer Zwang definiert werden, der sich auch von außen durchsetzen lässt. Moral kann als ein von außen kommender Appell, eine Aufforderung definiert werden, die auf eine innere moralische Offenheit und Bereitschaft trifft, die in der Lage ist, das eigene Verhalten zu beeinflussen.

Die Kluft zwischen „Innerlichkeit und Ohnmacht der Moral auf der einen, Äußerlichkeit und Macht des Rechts auf der anderen Seite"[21] führt zu einem Interaktionsprozess zwischen beiden Bereichen, der mehrere Kombinationen zulässt. Moral kann sich positiv auf das Recht (z. B. Korrektur einer Diktatur) oder negativ auswirken (z. B. die Verrohung der Sitten führt zur Rechtsverschlechterung). Umgekehrt kann positives Recht moralisches Fehlverhalten korrigieren (z. B. das eines unsozialen Monarchen), es kann aber ebenso Anreize zu unmoralischem Verhalten setzen (z. B. das Mitmachen in einem Unrechtsstaat).

Recht hat einen begrenzten Geltungsanspruch, Moral einen unbegrenzten

Die Geltung des Rechts ist in mehrfacher Hinsicht begrenzt. Es bezieht sich in der Regel auf ein definiertes Gemeinwesen, eine Gemeinde, ein Bundesland oder einen Staat. Außerhalb dieser Grenzen verliert es seine Gültigkeit. Darüber hinaus bezieht es sich nur auf einen Teilausschnitt gesellschaftlicher Wirklichkeit. Das Lebensganze der Menschen und ihr Verhalten zueinander kann durch ein Rechtssystem allein weder vollständig erfasst noch strukturiert bzw. kontrolliert werden. Überdies setzte dies ein extrem mechanisches und automatisiertes Menschenbild voraus, das so sicher nicht haltbar wäre.

Moralische Ansprüche hingegen sind unbegrenzt. Hier wird angenommen, dass das sittlich Gute menschlichen Denkens und Handelns eigentlich überall angetroffen und verwirklicht werden kann, unabhängig von Ort und Zeit. Somit steht der Grenzenlosigkeit der Moral die limitierte Reichweite des Rechts gegenüber. Zudem bleiben moralische Ansprüche nicht auf bestimmte Lebensbereiche beschränkt, sondern finden auf allen Ebenen des gesellschaftlichen Lebens ihren Niederschlag. So wie das Recht die Hauptverkehrsadern eines Landes symbolisiert, steht die Moral für das gesamte Straßennetz, für jede Straße und für jedes Sträßchen, selbst für den kleinsten Feldweg.

Recht ist gesetzt, Moral entsteht

Rechtsnormen gelten ab dem Zeitpunkt, indem sie von den staatlichen Autoritäten eingesetzt werden. Sie werden im Rahmen einer politischen Beschlussfassung zur Geltung gebracht und beziehen sich auf Ge- und Verbote. Gesetztes, positives Recht erzeugt insofern Homogenität, als dass dadurch eine einzige Rechtsordnung begründet wird, die recht eindeutig und objektiv die Normen für das soziale Zusammenleben festlegt. Im Gegensatz zu dieser Vorgehens- und Entstehungsweise versteht sich Moral nicht als ein bewusster, institutioneller, politischer Akt, sondern als das aus der Sozialpraxis gewonnene Destillat gesellschaftlicher Erfahrung. Diese Resultate kulturgeschichtlicher Auseinandersetzungen werden nicht autonom und extern in Kraft gesetzt, sondern sie entstehen sozusagen „von unten", direkt aus den Erfordernissen menschlichen Zusammenlebens heraus. Aus diesem Grund ist Moral kein homogenes Gebilde. Das sittlich Gute ist immer in Bewegung. Zwar weist es durchaus einen Kernbereich auf, doch an den Rändern scheinen Moralordnungen in aller Regel weniger stabil und homogen als Rechtsordnungen zu sein. Dass sich Moralauffassungen überlappen oder widersprechen können, zeigt sich daran, dass Teile der Gesellschaft von religiös geprägten Moralvorstellungen ausgehen, während andere weltliche, postmoderne oder sogar nihilistische Standpunkte eingenommen haben. Hinzu kommt, dass Moral im Inneren nicht von Normen als objektiven, verbindlichen Handlungsanweisungen zusammen gehalten wird, sondern von gemeinsamen Werten, die eine deutlich größere psychische Reichweite zulassen als Normen. Diese gelten absolut, Werte sind hingegen subjektiv geteilte Präferenzen. Die Gesetze sind schriftlich fixiert und können verjähren, moralische Normen folgen ungeschriebenen Ansprüchen und haben kein „Ablaufdatum".

Rechtsverstöße lösen vorher festgelegte Sanktionsfolgen aus, Moral vorher nicht festgelegte

Wenn ein Obdachloser einem anderen Obdachlosen den Schlafsack stiehlt, dann findet, sofern der Diebstahl zur Anzeige gebracht und nachgewiesen werden kann, ein Gerichtsprozess statt, der bei einer Verurteilung dazu führt, dass der Dieb eine Geldstrafe bezahlen und als Wiederholungstäter vielleicht sogar ins Gefängnis gehen muss. Auf der moralischen Ebene sind die Sanktionsfolgen nicht festgelegt. Es kann dazu führen, dass er von den anderen Obdachlosen gemieden oder ganz ausgeschlossen wird, dass man schlecht über ihn spricht, dass man ihm als Gegenmaßnahme etwas, das er selbst nutzt, wegnimmt etc. Im Fall der Moral existiert kein Sanktionsautomatismus, trotz moralischer Verfehlung ist es möglich, dass eine Sanktion komplett ausbleibt. Zweitens existiert kein Sanktionsformalismus, d. h. es bleibt in der Regel für den moralischen Täter unklar, mit welcher bzw. mit welchen Sanktionen er konfrontiert werden wird.

Tab. 2.2 Unterschiede der moralischen und rechtlichen Perspektive

Moral	Recht
Gefühl der inneren (Gesinnung) und äußeren Verpflichtung (Verhalten)	Bezogen nur auf die äußere Verpflichtung (Verhalten)
Moralität (subjektiv)	Legalität (objektiv)
Mehrere Moralordnungen nebeneinander	Eine einzige staatliche Rechtsordnung
Entstehung aus dem Zusammenleben (Ausnahme religionsgestiftet)	Gesetzt durch den Gesetzgeber (Ausnahme Gewohnheitsrecht)
Regelung des Gesamtbereichs menschlichen Zusammenlebens	Regelung von Teilbereichen menschlichen Zusammenlebens
Sanktionierung über externe (Ausgrenzung) und interne Mechanismen (Gewissen, Schuld)	Sanktionierung über externe Mechanismen, Rechtsnormen sind einklagbar und erzwingbar
Sanktionsfolgen sind vorher nicht festgelegt	Sanktionsfolgen sind vorher festgelegt
Unbegrenzter Geltungsanspruch	Begrenzter Geltungsanspruch
Beruht auf Freiheit	Beruht auf Zwang
Orientierung an Appellen	Orientierung an Gesetzgebungsgewalt
Autonomie	Heteronomie
Moralansprüche sind zeitlos	Rechtsansprüche können verjähren
Mündlich Verankerung	Schriftliche Verankerung

2.1.3.2   Was kann Moral, was das Recht nicht kann?

> *„Wenn auf Erden die Liebe herrschte,*
> *wären alle Gesetze zu entbehren."*
> Aristoteles

Moral erreicht den ganzen Menschen, Recht nur dessen äußeres Verhalten

Moralische Normen werden vor allem in der Kindheit verinnerlicht. Durch den beständigen und lebensnotwendigen Austausch des Kindes mit seiner Umwelt (anfangs in erster Linie den Eltern) nimmt es Werte und Normen auf, die sich, jedenfalls bei einer geglückten Sozialisierung, seelisch verankern. Das Kind, das vom Wohlwollen seiner Umwelt abhängt, reagiert auf Lob und Tadel und konditioniert sich auf diese Weise selbst. Erst in der Pubertät findet mit diesen Werten und Normen ein Prozess der Auseinandersetzung statt. Diese Verinnerlichung zeigt sich am besten daran, wenn Menschen nach einem Fehlverhalten ein schlechtes Gewissen bekommen. In einem solchen Fall wird deutlich, dass der Mensch von bestimmten Werten nicht getrennt werden kann, es liegt eine Einheit zwischen äußerem Handeln und innerer Haltung vor. Im Fall der Rechtsnormen zählt hingegen nur das nach außen sichtbare Verhalten. Wenn jemand seine Steuererklärung korrekt ausfüllt, handelt er legal. Ob er in seinem Inneren seine Steuerlast jedoch als gerecht empfindet, ob er die mit den Steuern getätigten Staatsausgaben gutheißt oder nicht, spielt hier keine Rolle.

Moral regelt Zusammenleben nicht partiell, sondern umfassend

Da menschliches Zusammenleben auf sehr vielen Ebenen und in sehr vielen Bereichen stattfindet, weist Moral notwendigerweise eine große Breite auf. Sie regelt den gesamten Normenkatalog, also von der einfachen Konvention des sich Begrüßens bis hin zum Tötungsverbot. Das Recht kann diesen Bogen nicht spannen, da es immer nur auf Ausschnitte desselben bezogen bleibt. Das heißt, dass vor allem in komplexen Gesellschaften wie den heutigen der Regelungsbedarf zwangsläufig und permanent hinter den Regelungsmöglichkeiten zurückbleibt. Gesetze, die den freundlichen Umgang mit anderen oder eine gewisse Kleiderordnung vorschreiben, wird es auf absehbare Zeit wohl nicht geben. Generell gilt, dass Moral als universelle Basis menschlichen Zusammenlebens angesehen werden kann, weil unter ihrer Obhut Gemeinschaft meist fruchtbar gedeihen kann.

Moral beugt der Reaktivität des Rechts vor

Gesetzlicher Regelungsbedarf wird oft erst erkannt, wenn ein Problem auftritt oder ein Schaden bereits eingetreten ist. Das Umweltrecht z. B. entstand erst, nachdem die Umweltverschmutzung ein bestimmtes Ausmaß erreicht hatte. Moral wirkt hier präventiv und mäßigend. Wenn nämlich alle erkennen, dass die Natur unsere Lebensgrundlage darstellt, dass sie deswegen geschützt werden muss, dann gibt es erst gar keine Umweltzerstörung so wie wir sie heute erleben. Der Gau von Fukushima hat die Energiewende in Deutschland ermöglicht bzw. beschleunigt und zu einem neuen Energierecht geführt.

Moral verhindert legalistisches Schlupfloch-Denken[22]

Das Recht ist weder quantitativ noch qualitativ in der Lage, auf sämtliche in der Wirklichkeit vorkommenden Handlungsmöglichkeiten der Menschen zu reagieren. Das Leben ist wie ein Wasserstrahl, der nie ganz von zwei Händen aufgefangen werden kann. Wenn eine Reederei ihre Öltanker unter der Flagge Panamas laufen lässt, um dadurch den gründlichen Kontrollen, den hohen Auflagen und den teuren Sicherheitsstandards in Deutschland zu entgehen, dann ist dies legal, nicht unbedingt aber moralisch verantwortungsbewusst. Wenn Trabantenstädte in der Nähe von Großstädten EU-Fördermittel kassieren, weil die Vergabekriterien nicht das Pro-Kopf-Einkommen, sondern die Wirt-

schaftsleistung berücksichtigen, dann ist dies zwar ebenfalls legal, wenngleich ein moralisches Fragezeichen übrigbleibt. Dem legalistischen Denken, das getreu dem Motto
„was nicht verboten ist, ist erlaubt" funktioniert, wirkt Moral systematisch entgegen.
Moral gewährleistet, dass man auch im Fall von Gesetzeslücken, die dazu führen können, dass der eine einen Schaden durch den anderen erleidet, auf das Gute im Mensch
zählen kann. Moral garantiert, dass man bei seinem Gegenüber gut aufgehoben ist.

Moral stützt das Recht, wenn die Exekutive ohnmächtig ist

Wenn sich Menschen gesetzestreu verhalten, nicht aber weil sie moralisch davon überzeugt sind, sondern weil sie Angst vor Strafen haben, dann hängt die Normbefolgung
von der Normkontrolle ab. Sollte diese nur unzuverlässig funktionieren, beugt die Moral
dem Normkontrollversagen vor. Wenn die Antarktis befischt wird, obwohl dies verboten
ist, dann nur, weil sich diese illegalen Piratenfischer sicher sein können, von keinem
Polizeiboot gesehen und erwischt zu werden. Moral setzt dem Sprichwort „Wo kein
Kläger, da kein Richter" eine Alternative entgegen. Moral kommt dadurch mit deutlich
weniger Kontrolle aus als das Recht. Sie kommt nicht „von oben", sondern „von unten",
den sozial Aktiven zu Stande. Eine solche Gruppe, die sich als Wertgemeinschaft versteht, tritt homogener auf als bloße Rechtsgemeinschaften.

Moral erweitert und korrigiert das Recht

Gegen bestehende Gesetze zu verstoßen kann mitunter moralisch durchaus gerechtfertigt
sein. So war Rassendiskriminierung während des Apartheid-Regimes in Südafrika legal,
moralisch aber sicher verwerflich. Kinderarbeit ist nicht überall auf der Welt verboten,
nichtsdestotrotz moralisch inakzeptabel. Gleiches gilt für das Versenken der Ölplattform
„Brent Spar", das insofern legal war, als zum damaligen Zeitpunkt keine eindeutige
Gesetzeslage herrschte. Die Moral verfügt somit immer wieder über die Kraft, das Recht
zu hinterfragen und, falls nötig, zu korrigieren. Erneut stellen wir fest, dass Moral das
Regulativ des Rechts ist. Umgekehrt gilt dieser Satz hingegen nicht.

Was bedeutet diese Gegenüberstellung von Moral und Recht nun für unser wirtschaftsmoralisches Definitionsproblem? Zählen Rechtsnormen zur Moral? Die Antwort
fällt differenziert aus. Sie lautet „ja", wenn Recht und Moral substanziell und inhaltlich
betrachtet werden, wenn das Was und Warum von Bedeutung sind. Solange in Rechtsnormen das moralisch Gesollte aufgefunden wird, solange die moralischen Wertvorstellungen ihren Niederschlag finden, stellen Recht und Moral eine Einheit dar. Dies dürften
intakte Rechtsstaaten in 80 bis 90 Prozent der Fälle gewährleisten. Das Gebot „Du sollst
nicht stehlen" war die meiste Zeit seiner Existenz vermutlich lediglich eine moralische
Norm. Irgendwann wurde sie im Rahmen eines Gesetzbuchs verschriftlicht, was sie auch
zu einer Rechtsnorm machte. Ab diesem Zeitpunkt war sie beides, Rechts- und Moralnorm. Die Antwort ist weiter „ja", da jede Rechtsnorm potenziell moralisch ist, auch
wenn sie es faktisch nicht ist. Beide Bereiche sind innerlich so verwoben, dass ihre Inhalte operativ nicht voneinander getrennt werden können.

Für den weiteren Verlauf dieser Arbeit lautet die Antwort auf oben genannte Frage jedoch „nein", wenn es um die formale Dimension, also um das Prozedere geht. Dies ist der Fall, sobald Normen kodifiziert, in institutioneller Hinsicht legalisiert, im exekutiven Sinn sanktioniert sind. Hier erfolgt eine deutliche Trennung. Rechtsnormen sind einklagbar, somit objektiv zwingend gültig und mit einem von vornherein eindeutigen Sanktionsbezug belegt. Moralnormen sind im Gegensatz dazu nicht einklagbar, nicht objektiv zwingend gültig und existieren ohne eindeutige Sanktionsaussage. Jemand, der sich an das Recht hält, muss nicht moralisch sein, es reicht, ein Egoist zu sein. Jemand, der sich an die Moral hält, muss nicht gesetzestreu sein. Das Trennende wiegt hier schwerer als das Verbindende.

Gehen wir nochmals zurück zu dem Beispiel „Du sollst nicht stehlen". Als Rechtsnorm ist dieses Gebot einklagbar und die festgelegten Sanktionen können in den einschlägigen Paragrafen des Strafgesetzbuches nachgelesen werden. Als Moralnorm jedoch ist dieses Gebot nicht einklagbar und die Sanktionen können unterschiedlich ausfallen: Man ächtet den Dieb, man lässt ihn in der Gemeinschaft links liegen, man hilft ihm nicht mehr, man boykottiert sein Geschäft oder gibt ihm keine Chance als Angestellter zu arbeiten etc. An der Stelle, wie man Fehlverhalten sanktioniert, finden wir vermutlich den größten Unterschied zwischen Rechts- und Moralnormen. Ein weiterer Grund, auf die Einbindung von Rechtsnormen im weiteren Verlauf zu verzichten, ergibt sich aus folgender Einsicht: wenn man sich vorstellt, dass der Titel dieses Buches nicht „Grundlagen der Wirtschaftsmoral", sondern „Grundlagen des Wirtschaftsrechts" geheißen hätte. Beim zweiten Buchtitel hätte jeder irgendwann Abhandlungen zum Aktienrecht, zum Handelsgesetzbuch, zum Wirtschaftsstrafrecht, zum Urheberrecht etc. erwartet. Da diese Abhandlungen in diesem Buch aber definitiv und aus gutem Grund nicht stattfinden, stellen wir fest, dass formal Rechtsnormen und Moralnormen keine Identität bilden.

Wie vorher schon erwähnt, stellen Moral und Recht eine nichtidentische Identität dar. Genau in diesem Umstand ist die Schwierigkeit zu suchen, dass Moral und Recht nie perfekt voneinander zu trennen sind. Dies haben auch schon viele Rechts- und Moralphilosophen feststellen müssen. Für das weitere Vorgehen bleibt festzuhalten, dass die Art der Normativität, um die es hier geht, davon geprägt ist, dass sie den Menschen als psycho-physische Ganzheit betrifft, dass er sich ihr freiwillig zuwendet, dass sie von Subjektivität durchdrungen ist und dass die Konsequenzen ihrer Nicht-Befolgung unklar sind.

2.1.4 Allgemeine Anerkennung

Moral, verstanden als soziale Gewohnheit und Übung, muss, soll sie überhaupt ihre allgemeine Wirkung entfalten, von der Mehrheit einer Gemeinschaft anerkannt worden sein. Sobald nämlich Normen an Geltung verlieren, laufen sie Gefahr, dass sie eines

Tages nur noch von einigen Menschen akzeptiert werden, sodass sie schließlich komplett hinfällig werden. Die Existenz einer moralischen Norm setzt also ihre Anerkennung voraus.

Dabei kann diese Anerkennung auf sehr unterschiedliche Weise zustande kommen. Sie kann über Erziehung und Sozialisation erfolgen, indem der junge Mensch über Elternhaus, Schule etc. an bestimmte moralische Verhaltensweisen gewöhnt wird. Sie kann über psychologische Mittel in Gang gesetzt werden, indem z. B. das Kleinkind den Anordnungen der Eltern folgt, weil es deren Zuneigung nicht verlieren möchte. Sie kann aber genauso über die Schiene der Vernunft entstehen, indem die Vorteile der Moral bewusst gemacht und somit rationalisiert werden. Dabei können die Motive, moralische Normen zu akzeptieren, sehr unterschiedliche Quellen aufweisen. Der eine kennt sie an, weil sie ihm Sicherheit und Vorteile verschaffen, der andere, weil er deren sittlichen Wert erkennt, der dritte, weil es immer schon so war etc. Allerdings ist an dieser Stelle kritisch anzumerken, dass auch moralisches Fehlverhalten sozialisiert oder rationalisiert sein kann.

Der Zusammenhang zwischen den Begriffen Norm und normal ist kein zufälliger. Normal ist der Mittelwert, der im Rahmen der Standardabweichung am häufigsten vorkommt (Median), der eine statistische Durchschnittlichkeit anzeigt. Es ist auch in heutigen Zeiten immer noch normal, seine Rechnungen zu bezahlen, auch wenn dies nicht alle tun. Es ist normal, niemanden umzubringen, auch wenn es immer wieder Mord und Totschlag gibt. Natürlich kann Normalität nicht immer exakt gemessen werden, aber sie bringt in ihrer vagen Form zum Ausdruck, dass etwas von der Mehrheit getragen wird. Genauso funktioniert die Anerkennung moralischer Normen.

Im Gegensatz zum Recht, das äußerlich verpflichtet, stellt die moralische Anerkennung einen inneren Vorgang dar. Wir sehen ein, dass es Sinn macht, Normen einzuhalten. Wir halten sie freiwillig ein, selbst wenn dadurch unser Freiheitsraum kleiner wird. Freiheit in dieser Hinsicht meint die Bedingung, dass manches nur erreichbar ist, wenn man sich einschränkt. Jeder ist in modernen und arbeitsteiligen Gesellschaften auf fremde Hilfe angewiesen. Ein Ja zur Moral ist ein Akt der Freiheit, da Kultur und Zivilisation auf Kooperation beruhen. Im Prinzip gilt sogar das Gegenteil. Moralische Normen institutionalisieren den Kampf gegen eine falsch verstandene Freiheit. Damit ist eine Freiheit gemeint, die auf Kosten anderer geht, die bei irgendjemand Schäden hinterlässt. Normen erfüllen hier die Funktion von allgemeiner Verlässlichkeit. Weil nämlich niemand gern Opfer von Übergriffen sein möchte, haben alle Menschen ein persönliches und vitales Interesse, diese Übergriffe zu vermeiden. Dieses Interesse geht eben so weit, dass Individuen auf Teile ihrer Freiheit verzichten und sich Normen unterordnen. Moral bedeutet somit die berechtigte individuelle Hoffnung, dass man das Verhalten, das andere von einem erwarten, selbst von anderen ebenfalls erwarten darf. Das ist der Grund, warum Normen von der Mehrheit anerkannt werden. So gibt man eine Fundsache dem Eigentümer zurück, weil man selbst im Verlustfall den Gegenstand ebenso zurückbekommen möchte.

Die Anerkennung moralischer Normen erfolgt über einen Verinnerlichungsprozess, der in der Kindheit intensiv beginnt und sich durch das gesamte Leben durchzieht. Besonders als Kind übernehmen und reiben wir uns an den Werten unserer Umwelt. Die Werte unserer Eltern und unserer nächsten Umgebung werden zumindest partiell irgendwann unsere eigenen, mit welchen wir uns identifizieren, die wir verteidigen, die uns Gewissensbisse machen, wenn wir gegen sie verstoßen. Eine besondere Rolle spielt die frühkindliche Verinnerlichung von Normen. Dieser Thematik haben sich vor allem Kohlberg und Piaget angenommen, auf deren Arbeiten an dieser Stelle explizit verwiesen sei.

Da Menschen keine Maschinen sind und Normen sowohl der Veränderung wie der Subjektivität unterliegen, kann in einem Sozialsystem weder von einer vollkommenen Normbefolgung noch von einer vollkommenen Normanerkennung ausgegangen werden. Sowohl der Grad der Befolgung wie jener der Anerkennung wird selten 100 Prozent erreichen. Abweichendes Normverhalten, soziale Devianz, stellt somit einen „normalen" Vorgang dar. Solche Abweichungen sind laut Dürkheim ein integrativer Bestandteil nicht pathologischer Gesellschaften. Würde statt dieser Normabweichung nur noch Konformität bestehen, müsste die soziale Gesundheit ernsthaft in Frage gestellt werden. Devianz kann sowohl als Lackmustest für die Allgemeingültigkeit von Moral wie als Indikator für den normativen Wandel herangezogen werden kann. Natürlich darf der Wirkungsgrad von Normen nicht dauerhaft unter eine bestimmte Marke fallen. Solange die Mehrheit einer Gesellschaft aber zu bestimmten Normen steht, ist ihre Ablösung durch die Entstehung neuer Normen kein Thema. Das Gleiche gilt für die Normanerkennung. Solange Normen mehrheitlich befürwortet werden, bilden sie die sogenannte „herrschende Moral", die den Charakter der Allgemeinverbindlichkeit aufweist.

Soziale Verhaltensnormen haben per definitionem kollektive Geltung, sind allgemeinverbindlich. Träte der Fall ein, dass Sozialnormen, aus welchen Gründen auch immer, ihre Bedeutung und somit ihre Geltung verlören, verlören sie zugleich ihre Funktionalität, soziale Prozesse zu strukturieren, zu organisieren, zu steuern und zu kontrollieren. Würde die Norm, Sozialabgaben zu leisten, ihre Allgemeingültigkeit verlieren, würde sich niemand mehr daran gebunden fühlen. Die Institution Sozialversicherung würde mit ihren gemeinschaftsbildenden Zweckmäßigkeiten hinfällig werden. Würde das Verbot, andere zu töten, seine allgemeine Gültigkeit verlieren, wären Mord und Totschlag an der Tagesordnung. Wir halten also fest, dass Normen ohne Allgemeinverbindlichkeit nichtig sind und der mit ihnen verbundene Sinn, menschliches Zusammenleben zu koordinieren, obsolet wird.

Damit die Allgemeinverbindlichkeit von Sozialnormen auf Dauer gewährleistet werden kann, müssen einige Voraussetzungen erfüllt sein. Erstens müssen Normen kategorisch gelten. Das heißt, sie müssen zuerst unbedingt und ausnahmslos befolgt werden, unabhängig davon, ob sie individuell von Vorteil oder von Nachteil sind, ob sie mit großen oder kleinen Sanktionen verknüpft sind, ob sie Zwecken oder Interessen der Akteure entsprechen oder nicht. Erst wenn diese Bedingung erfüllt ist, können Ausnahmen begründet werden. So gilt das Tötungsverbot nicht (kategorisch), falls jemand in

Notwehr handeln muss. Während Muss- und Soll-Normen kategorisch beachtet werden müssen, lassen Kann-Normen einen gewissen Spielraum. Zwar können sich Normen lediglich auf ausgewählte Personen (Familien, Vereinsmitglieder etc.) oder Situationen beziehen, ihr kategorialer bzw. prinzipieller Anspruch bleibt davon jedoch unberührt.

Das Kriterium des Kategorischen bringt den Verpflichtungscharakter der Moral zum Ausdruck. Das Gebot „Du sollst nicht stehlen" fordert jeden dringlich dazu auf, anderen Menschen keine materiellen Güter wegzunehmen. Vor allem Immanuel Kant hat auf den Verpflichtungscharakter der Moral hingewiesen, wenn er in seinem berühmten Satz sagt: „Pflicht ist die Notwendigkeit einer Handlung aus Achtung fürs Gesetz". Mit dem Begriff des Gesetzes ist das Moralgesetz, in seinem Fall der kategorische Imperativ gemeint. Das Allgemeingültigkeitskriterium entspricht formal einem kategorischen Konzept. Relativ ist es lediglich hinsichtlich seiner Anwendung. Im Zusammenhang mit der öffentlichen Moral umfasst Allgemeingültigkeit jedes Staatsmitglied während es im Rahmen der privaten bzw. halböffentlichen Moral nur z. B. die Familien-, die Vereins-, die Verbandsmitglieder betrifft.

Zum zweiten müssen Normen auf Wechselseitigkeit beruhen. Indem Normen intersubjektive Gültigkeit beanspruchen, müssen die daraus resultierenden Rechte, Pflichten und Forderungen wechselseitig ineinandergreifen. Wenn eine Person A davon profitiert, dass ihr die verlustige Geldbörse zurückgegeben wird, muss eine Person B in der gleichen Situation ebenfalls davon profitieren. Und beide müssen im umgekehrten Fall, wenn sie es also sind, die eine Fundsache finden, sie dem Eigentümer zurückgeben. Fordert jemand mehr Rechte ein, als ihm zustehen, nimmt das soziale Normsystem irgendwann Schaden. Allgemeingültigkeit lässt sich somit in der Regel nur aufrechterhalten, wenn die soziale Symmetrie zwischen den Akteuren gewahrt ist.

Das Postulat der Allgemeingültigkeit basiert zum dritten nicht auf der Wirklichkeit (faktisch), sondern auf einem Anspruch (kontrafaktisch). Die Allgemeingültigkeit der Schulpflicht wird nicht dadurch außer Kraft gesetzt, dass es immer wieder zu Fällen von Schulverweigerung kommt. Die Allgemeinverbindlichkeit, bei durchgezogener Linie nicht zu überholen, wird nicht dadurch bezweifelt, dass manche Autofahrer sich nicht daran halten. Andererseits ist auch klar, dass sich Anspruch und Wirklichkeit nicht allzu weit voneinander entfernen dürfen, soll die Basis der allgemeinen Zustimmung zu einer Norm nicht ernsthaft angegriffen werden. Wir folgern, dass „faktisches Verhalten in keiner Weise über die normative Gültigkeit einer Regel oder Norm entscheiden kann".[23]

Nicht zu vergessen ist zum vierten, dass Allgemeinverbindlichkeit Allgemeinverständlichkeit voraussetzt. Damit jeder überhaupt normtreu handeln kann, muss er die Normen kennen und verstehen. Dies ist beispielsweise im deutschen Steuerrecht nicht der Fall. Selbst Akademiker müssen zugeben, dass sie von vielen Normen noch nie etwas gehört haben und dass sie das Juristendeutsch, in dem die Normen verfasst sind, nur nach mehrmaligen Lesen einigermaßen nachvollziehen können. Ich erinnere nur an das Halbeinkünfteverfahren. Generell gilt, dass die Allgemeingültigkeit leidet, je mehr Normen es gibt und je komplizierter sie sind.

2.1.5 Institutionelle Normen

Während soziale Verhaltensnormen unmittelbar auf ein Verhalten abzielen, gibt es auch Normen, die mittelbar auf das Verhalten einwirken. In diesem Fall spricht man von institutionellen Normen. Nehmen wir das Beispiel der Haftung bzw. der Haftpflicht, die im Prinzip jede Person betrifft. Die Norm besagt also, dass wenn man anderen Schaden zufügt, dass man dafür sorgen muss, dass die geschädigte Person entschädigt wird. Von der Norm selbst geht eine einzige Handlungsanleitung direkt aus, nämlich, dass anderen zugefügte Schäden zu regulieren sind. In erster Linie aber wirkt diese institutionelle Norm nur indirekt bzw. mittelbar auf unser Verhalten ein. Da wir haftpflichtig sind, gehen wir dadurch vorsichtiger, rücksichtsvoller, weniger aggressiv, defensiver, bewusster, reflektierter und letztlich sozial verträglicher mit anderen Menschen bzw. dem Eigentum anderer Menschen um.

Institutionelle Normen repräsentieren somit Regelsysteme, die individuelles Verhalten indirekt kanalisieren und soziale Interaktionsmuster prophylaktisch strukturieren. Es findet im Prinzip eine Folgen bezogene normative Habitualisierung statt. Eine einzige Norm institutioneller Art ist somit in der Lage, ein ganzes Bündel an verschiedenen sozialen Verhaltensnormen auszulösen. Greifen wir diesmal auf ein wirtschaftliches Beispiel zurück, die institutionelle Norm des Wettbewerbs auf Märkten. Dadurch, dass wir meinen, dass Wettbewerb gut für die Erreichung und Sicherung von Wohlstand ist, machen wir ihn zur institutionellen Norm. Aus dieser Art Metanorm resultieren nun viele einzelne Verhaltensnormen: Um der Metanorm entsprechen zu können, sind wir in unserem Wirtschaftsleben zuverlässig, pünktlich, fleißig, erfinderisch, kulant, flexibel, leistungsbereit, kooperativ etc. Dazu in den Teilen 3 und 4 noch mehr.

2.2 Das Gute als soziale Normbegründung

> *„Um dessentwillen, was den Menschen ein Gut ist, tun alle alles.“*
> Aristoteles

Auf die Frage, warum Menschen soziale Normen einhalten, antworten sie meist mit „guten" Gründen. Man hilft der alten Dame über die Straße, weil sie gehbehindert ist. Man hilft dem Nachbarn, weil man eine gute Nachbarschaft will. Man trennt den Müll, weil es gut für die Umwelt ist. Man ist freundlich zu den Arbeitskollegen, weil das gut für das Arbeitsklima ist. Man feiert Weihnachten mit den Großeltern, weil das gut für den Familienzusammenhalt ist. Vor allem wenn Normen umstritten sind, zeigt sich die Bedeutung des Guten, wenn nämlich jeder versucht, die noch besseren Gründe für die Rechtfertigung seines moralischen Tuns zu finden. Der eine Elternteil hält harte Strafen in der Erziehung in manchen Fällen für angemessen, weil sie disziplinieren. Der andere lehnt sie ab, da es besser sei, an die reifende Vernunft des Heranwachsenden zu appellieren. Das Gute, was immer es auch ist, stellt den universellen Rechtfertigungsgrund für normatives Verhalten dar.

Normen für sich betrachtet sind somit weitestgehend sinn- und zwecklos. Sie sind wie Autos ohne Räder, Sänger ohne Stimmen, Vögel ohne Flügel. Sie erhalten erst dadurch einen Sinn, indem ihnen ein Kontext oder ein Inhalt oder eine fundamentale Zuordnung zu Grunde gelegt wird, die in der Lage ist, Zielrichtung und Zweckmäßigkeit von Normen aufzuzeigen und zu verdeutlichen. Diese Aufgabe erfüllt im Allgemeinen das Gute. Das Gute gibt dem Tun eine Bindung und gibt dem Sollen Halt und ein Gesicht. Das Gute sorgt dafür, dass menschliches Handeln begreifbar, nachvollziehbar wird, damit Zufall, Willkür, Macht so weit wie möglich ausgeschlossen werden. Das Gute begründet Normativität und Normativität operationalisiert das Gute bzw. die Werte. Im Zusammenspiel von Normen und dem Guten stellt zweites den Zweck dar, während die Normen lediglich die Rolle der Mittel für die Zwecke übernehmen, die selbst kein Eigenleben aufweisen, sondern ihre Erfüllung in der Verwirklichung des Guten finden. Ohne das Gute laufen Normen ins Leere. Wenn ein Menschenleben nicht mehr als Gut bewertet wird, macht auch das Tötungsverbot von Menschen keinen Sinn mehr. Wenn Gerechtigkeit nicht mehr dem Guten zugerechnet wird, ist es zwecklos von Steuerzahlern zu erwarten, dass sie pünktlich und ehrlich Steuern und Abgaben zahlen. Wenn Pünktlichkeit nicht mehr erstrebenswert erscheint, kann niemand ernsthaft das Einhalten von Terminen einfordern etc. So wie das Gute die Begründung von Normen enthält, enthalten Normen die Begründung für ein Handeln. Damit schließt sich die Kette zwischen Handlungsgrund (das Gute) und der Handlung selbst.

Dabei ist selbstverständlich das moralisch Gute vom außermoralischen, instrumentellen Guten zu trennen. Gut in instrumenteller Hinsicht bedeutet, dass etwas um etwas anderen willen gut ist. Die Reise ist gut, weil sie Erholung, Kurzweil und Unterhaltung gewährleistet. Der Frisör ist gut, weil er moderne Frisuren kreiert. Die Waschmaschine ist gut, weil sie wenig Wasser und Strom benötigt etc. Moralisch gut heißt hingegen etwas, wenn es seine Güte in sich selbst trägt, wenn etwas für sich betrachtet gut ist. Wenn es Ziel ist, nicht Weg für etwas.

Werte gehen Normen ontologisch voraus. Sie sind vom Sinnhorizont primär. In begrifflich-konzeptioneller Hinsicht aber sind Normen höherstehender, da Werte nur durch Substantive, Normen durch komplexe Sätze und Aussagen ausgedrückt werden. Dabei lässt sich erkennen, dass in der Regel mehrere Normen einem Wert zugeordnet werden, was zum Ausdruck bringt, dass die Anzahl der Normen deutlich größer ist als die der Werte. Ein einziger Wert kann durch mehrere Normen äquivalent „übersetzt" werden. Nehmen wir das Beispiel der Wahrheit. Wenn jemand dieser verpflichtet ist, ist anzunehmen, dass er nicht lügt, nicht schwindelt, nichts verdreht, nichts unterschlägt, nichts beschönigt, nichts hinzudichtet etc. Werte als allgemeine Zielvorstellungen einer Gesellschaft stellen die Voraussetzungen, Leitlinien, das Fundament für soziale Regeln dar. Ohne Wertekonsens gibt es auch keinen dauerhaften Normenkonsens.

Warum müssen wir uns auf den folgenden Seiten relativ ausführlich und kritisch mit dem „Guten" auseinandersetzen? Wir werden dabei sehen, dass jede Rechtfertigungsform Schwächen aufweist, dass jede Begründung des Guten am Ende relativ ist, dass sich das absolut Gute nicht konsistent und endgültig denken lässt, dass sich deswegen moralische Normen und Werte immer in Bewegung befinden und ihre Existenz und Angemessenheit immer wieder neu bestätigt werden muss.

2.2.1 Moralische Begründungsformen

Die Basis für moralische Begründungen des Guten stellt die menschliche Alltagspraxis dar. In dieser geschehen immer wieder moralische Handlungen, die unterschiedlich beurteilt werden. Der eine hält das Rauchverbot in öffentlichen Gebäuden für richtig, der andere für falsch. Der eine hält die Lohnforderungen der Gewerkschaften für gut, der andere für schlecht. Damit ein moralisches Urteil überhaupt gebildet werden kann, wird immer wieder Bezug auf „gute" Gründe genommen. Solche Gründe, die sich zur moralischen Rechtfertigung von vor allem singulären, konkreten Ereignissen bestens eignen, lassen sich laut Pieper (1985) und Bayertz (2006) in den folgenden Begründungsklassen zusammenfassen.

2.2.1.1 Der Bezug auf ein Faktum

„Die häufigste und typischste Form einer moralischen Begründung bedient sich zur Stützung eines singulären normativen (Wert-)Urteils eines bestimmten Faktums, dessen Objektivität die Rechtmäßigkeit der Handlung garantieren soll" (Pieper, S. 108). So hilft z. B. ein Mann einer Frau, weil diese von zwei Betrunkenen belästigt wird. Der Fahrer eines Lastkraftwagens leistet erste Hilfe, weil er als erster an den Unfallort gelangt. In allen diesen Fällen kommt das Gute insofern zum Tragen, als mit bestimmten Ereignissen Normen verbunden sind. Wenn darüber Konsens besteht, erzeugt das Vorhandensein einer Situation automatisch ein moralisches Urteil, dem eine moralische Verpflichtung folgt. Danach muss allgemeinverbindlich belästigten Frauen und Unfallverletzten geholfen werden. Aus Sicht der Wirtschaftsmoral kann diese Bezugsform des Guten z. B. bedeuten, dass der erwachsene Sohn seine 70-jährige Mutter aus dem Faktum heraus finanziell unterstützt, weil ihre Rente so niedrig ist oder weil sie den Eigenanteil einer nötigen Operation selbst nicht bezahlen kann.

Hier wird das Gute auf die Objektivität der Wirklichkeit zurückgeführt, somit auf etwas, das unabhängig von unseren individuellen Wünschen und Urteilen besteht. Erwachsene greifen ein, wenn Kinder sich gegenseitig Spielzeug wegnehmen, unabhängig davon, ob wir dies subjektiv für gerechtfertigt halten oder nicht. Die Realität wird zur Legitimationsgrundlage der Moral. Man kann somit durchaus in Anlehnung an den bekannten Ausspruch sagen, dass Moral der normativen Kraft des Faktischen entspringt. Wir sollen etwas tun, weil wir damit etwas objektiv Gutes verwirklichen. Aus der realen

Struktur der Welt und ihrer Menschen bildet sich der Geltungsanspruch normativer Regeln des Zusammenlebens. So nachvollziehbar die Bezugnahme auf die Faktizität auch sein mag, so wirft sie erhebliche Probleme auf:

1. Empirische und moralische Erkenntnis differieren. Wenn jemand vorschlägt, heute das Vereinsfest abzuhalten, weil der Himmel blau ist (Faktum), lässt sich dies leicht durch einen Blick nach oben überprüfen. Die Begründung, dass man die Wahrheit zu sagen hat, weil die Polizei einen Fall ermittelt (Faktum), gestaltet sich weitaus schwieriger. Es ist nämlich zu fragen, wer in welcher Situation aus welchem Grund mit welchen Folgen die Wahrheit sagen muss. Wenn jemand im Nationalsozialismus einen Juden versteckt und auf Nachfrage der SS (Faktum) behauptet, er verstecke niemanden, um so den Juden vor dem Tod zu bewahren, kann Normativität unmöglich auf Faktizität gegründet werden.

2. Wenn das Faktum nicht Ausdruck eines allgemeingültigen Zusammenhangs, sondern nur der eines Vorurteils ist, kann Normativität ebenfalls nicht faktisch gerechtfertigt werden. Die Begründung der Verbrennung von Büchern im Dritten Reich, nur weil es sich in einem bestimmten Zeitraum um jüdische handelte (Faktum), gibt nicht wirklich Aufschluss über die moralische Qualität einer Handlung. Stattdessen könnte jedoch das Verbrennen Gewalt verherrlichender Bücher durchaus allgemein als gut gelten. Die Problematik ergibt sich aus der Unterscheidung zwischen allgemein anerkanntem Urteil und dem Vorurteil.

3. Rein logisch ist die Zuordnung von Sein und Sollen unzulässig, weil das entscheidende Bindeglied fehlt. Das Faktum, dass der Staat Gesetze beschließt, heißt noch lange nicht, dass dieselben gut sind. Erst dadurch, dass ein Faktum (offen oder verdeckt) mit einem Urteil bzw. Werturteil belegt wird, entfaltet es normative Kraft. Und genau dieses Urteil ist moralisch kritikwürdig. Moral und Realität beruhen nicht auf einer Natur-Weltordnung, sondern fallen aus diesem Schema der Naturgesetze heraus. Die Erdanziehungskraft z. B. bringt keinen normativen Wertmaßstab hervor. Dem Evolutionsprinzip „survival of the fittest" stellt der Mensch das Sozialprinzip durch institutionalisierte Moralregeln entgegen. Dieser nicht auflösbare Widerspruch, wie aus Sein ein Sollen wird, ist in der Literatur als naturalistischer Fehlschluss bekannt und geht auf Hume und Moore zurück.

4. Ein vierter Einwand bezieht sich auf die kulturspezifische Interpretation von Fakten. Reden wir über die der Mormonen, Indianer, Juden oder Christen? Welche davon ist die maßgebliche? Soll aus Sein ein Sollen werden, bedarf es des Wollens. Der Wille basiert jedoch auf Subjektivität.

2.2.1.2 Der Bezug auf Gefühle

„Die Vernunft formt den Menschen, das Gefühl leitet ihn."
Jean-Jacques Rousseau

Eine weitere Rechtfertigungsebene des Guten tritt uns in Form von Gefühlen gegenüber. Wir übernehmen eine Patenschaft, weil uns im Fernsehen die Bilder von verhungernden Kindern in Afrika oder verwahrlosten Straßenkindern in Rio anrühren. Wir retten Welpen, die jemand am Straßenrand ausgesetzt hat, weil wir ihr Jaulen nicht ertragen können. Wir spenden Geld, weil wir die politischen Folterungen in Diktaturen für zutiefst unmenschlich halten. In solchen Fällen haben wir die unterschiedlichsten Gefühle. So hadern wir mit der Ungerechtigkeit der Welt, sind wütend, deprimiert, verzweifelt, traurig, entsetzt, begehren auf, rufen nach Unterstützung oder Vergeltung. Jedem Menschen sind solche Gefühle bekannt. Schon Immanuel Kant stellte in seiner Metaphysik der Sitten fest, dass „ohne alles moralische Gefühl kein Mensch ist"[24].

Der emotionale Drang, anderen beizustehen, speist sich aus mehreren Quellen. So leiden wir über unser Einfühlungsvermögen (Empathie) mit anderen mit, indem wir uns in ihre missliche Lage hineinversetzen. Wir empfinden Zuneigung und Liebe zu ihnen, dass wir jedes Unrecht, das sie erleiden, auf uns beziehen. Wir verspüren in (Not-)Situationen ein Gefühl der Pflicht, einzugreifen. Wir bekommen Gewissensbisse, wenn wir etwas Falsches tun oder etwas Richtiges unterlassen. Aber wir haben auch positive Gefühle. Wenn wir jemandem aus einer schwierigen Lage geholfen haben, sind wir froh und zufrieden. Wenn wir eine Stiftung gründen, sind wir stolz darauf. Wenn wir gute Werke tun, begleiten uns Begeisterung, Selbstbewusstsein, Glückseligkeit und viele andere positive Gefühle.

Die Rückführung des Guten auf Gefühle hat in der Philosophie Tradition: Gewissensbisse in den Dialogen Gorgias und Politeia bei Sokrates und Platon, das Mitleiden bei Schopenhauer, das Gefühl der mitmenschlichen Einheit bei Mill, das Mitempfinden bei Hume, die Sympathie bei Adam Smith, eine Art instinktiver emotionaler Verbundenheit bei Bergson etc. Die zurzeit wichtigste Strömung der Philosophie nennt sich diesbezüglich Emotivismus. Er geht davon aus, dass Moralurteile keinen objektiven Gehalt aufweisen, sondern lediglich als semantisches Resümee eines subjektiven Gefühls gewertet werden müssen. Wenn wir z. B. die Ausbeutung von Menschen verurteilen, dann vor allem, weil wir unser Gefühl der Abscheu zum Ausdruck bringen wollen. Der Emotivismus, der stark in den USA vertreten ist, kann hinsichtlich der Begründung des Guten aber ebenfalls nicht wirklich überzeugen:

1. Gefühle sind absolut im Subjekt verankert. Sollen daraus allgemeingültige, objektive Moralstandards gewonnen werden, müssten die Emotionen aller Menschen homogenisiert und sozusagen gleichgeschaltet werden. Dies würde bedeuten, dass man Individuen vorschreiben müsste, welche Gefühle sie haben sollten bzw. welche nicht, was absurd ist.

2. Als problematisch stellt sich das Motiv und die Authentizität der Gefühle heraus. Was, wenn wir aus strategischen Gründen bestimmte Gefühle nur vorspielen, wenn wir uns über manches Gefühl selbst noch nicht im Klaren sind oder wenn wir mit anderen nur deshalb mitleiden, um unserem eigenen Leiden vorzubeugen? „Wer aus Pflichtgefühl fremdnützig handelt, kommt damit nur seinen eigenen Gewissensbissen zuvor."[25]

3. Gefühle unterliegen der Veränderung. Mal sind sie schwächer, mal stärker, mal dauern sie länger, mal kürzer, manchmal verschwinden sie sogar. Das Gute ergäbe sich dann aus allen möglichen Gemüts- und Stimmungsschwankungen. Solche Rechtfertigungen wären nicht nur extrem subjektivistisch, sondern zugleich extrem instabil.

4. Ein weiterer Einwand betrifft die Zirkelhaftigkeit von Gefühlen. Gefühle sind untrennbarer Bestandteil der menschlichen Natur. Diese bringt ihrerseits jedoch alle Arten von Gefühlen hervor, auch die gegensätzlichen wie Wohlwollen und Egoismus, Solidarität und Missgunst, Liebe und Hass. Die menschliche Natur verweist auf potenziell gegensätzliche Gefühle und umgekehrt. Das Problem ist, dass es eben kein Gefühl gibt, das ohne sein Gegenstück auskommt. Die Folge davon wiederum ist, dass der eben genannte Zirkel nicht durch ein Gefühl durchbrochen werden kann. Das geschieht bestenfalls durch eine andere Dimension, beispielsweise der rationalen.

2.2.1.3   Der Bezug auf mögliche Folgen

Eine dritte Form der Rechtfertigung des Guten bezieht sich auf die positiven oder negativen Folgen eines Handelns. So begründet z. B. der Vorstandsvorsitzende den Abbau von 5.000 Stellen damit, dass ansonsten das Unternehmen nicht mehr wettbewerbsfähig wäre bzw. in eine existenzielle Krise stürzen würde. Der Finanzminister begründet seinen harten Sparkurs damit, dass kommende Generationen nicht weiter belastet werden dürfen. Der Vater verzichtet auf seinen Skatabend, um mit dem Sohn auf die nächste Englischprüfung zu lernen. Die Lehrerin lädt den Schüler zu einer nachmittäglichen Nacharbeit ein, damit er seine großen Wissenslücken füllen kann. Der Bademeister ermahnt die Kinder, im Schwimmbad nicht zu rennen, da sich sonst jemand verletzen könnte. Auch diese Begründungsklasse des Guten wirft Probleme auf:

1. Auf wen muss sich der Nutzen einer Handlungsfolge beziehen, damit er Moralansprüchen genügen kann? Nehmen wir obigen Fall, in dem 5.000 Stellen abgebaut werden. Dadurch sind die Konsequenzen für 5.000 Menschen und ihre Angehörigen negativ, während diese für die im Betrieb Verbliebenen, den Aktionären und deren jeweiligen Angehörigen eher positiv sein dürften.

2. Gibt es Situationen, in denen es aus Gründen der Moralität generell verboten ist, die Folgen einer Handlung überhaupt als Beurteilungskriterium in Erwägung zu ziehen? Betrachten wir den Fall, dass eine Gruppe von Verbündeten mit dem Tod bedroht wird, wenn sie nicht ein bestimmtes Gruppenmitglied ausliefert. Um sich zu retten,

liefert sie ihn gegen seinen Willen aus, obwohl die Verbündeten wissen, dass der Ausgelieferte vollkommen unschuldig ist. Man erkennt dadurch sofort, dass nicht nur die Folgen, sondern auch die Mittel einer zweckorientierten Handlung moralisch relevant sind.

3. Lassen sich die Folgen eines Handelns immer ausreichend exakt abschätzen? Sohn A soll nach dem Willen des verstorbenen Firmengründers die Firma übernehmen, da er glaubt, dass sich dieser am besten dafür eignet. Nach Jahren übernimmt Sohn B die Firmenleitung, da Sohn A kläglich gescheitert war. Dadurch, dass die erwarteten Folgen nicht wirklich von den moralischen Entscheidungsträgern vorhergesagt werden können, können dieselben auch nicht als ultimatives Moralkriterium herangezogen werden.

2.2.1.4 Der Bezug auf Gott

> *„Wenn Gott tot ist, ist alles erlaubt."*
> Fjodor M. Dostojewski

Trotz vermehrter Kirchenaustritte in Europa, gibt es Milliarden von Menschen, die an einen Gott glauben. Moralregeln erhalten dabei dadurch Geltung und Verbindlichkeit, weil angenommen wird, dass eine externe Instanz oder eine übernatürliche Autorität Vorschriften erlassen hat, die der Mensch einhalten muss. Der christliche Gott fordert im Neuen Testament z. B. dazu auf, seinen Nächsten zu lieben wie sich selbst, die jüdische Überlieferung schreibt vor, nicht mit verbotenen Dingen Geschäfte zu betreiben. Der Islam mahnt im Koran die Gläubigen, keinen der Mitmenschen in seinen geistigen und seelischen Möglichkeiten zu überfordern, die Veden im Hinduismus gebieten, kein Lebewesen zu töten.

Der in diesem Denken als allmächtig und allwissend geltende Gott hat den Menschen nicht nur erschaffen, sondern ihm zugleich die Anleitung für ein gerechtes und friedliches Leben vermittelt. Er beruft sich dabei meist nicht auf die Einsichtsfähigkeit des Menschen, sondern auf seine unwiderstehliche Gewalt, die sich ihren Weg notfalls auch mit Hilfe von Strafen bahnt. Im Alten Testament (Micha 6,8) heißt es z. B.: „Es ist dir gesagt, Mensch, was gut ist, und was der Herr von dir fordert." Man soll deswegen moralisch sein, da dies dem göttlichen Willen entspricht. Auch die göttliche Legitimierung von Moral stößt auf Widerstände:

1. Viele Menschen, und man hat den Eindruck, dass es eher mehr als weniger werden, glauben nicht (mehr) daran, dass es einen Gott gibt. Das hängt unter anderem damit zusammen, dass die Existenz von Gott bzw. von Göttern unbeweisbar ist, ihre Annahme somit nicht verallgemeinert werden kann.

2. Auch wenn manche Inhalte über das moralisch Geforderte in den einzelnen Religionen übereinstimmen (nicht töten, lügen oder stehlen etc.), so klaffen in anderen Bereichen große Lücken. Diese Unterschiede rühren meist daher, dass Menschen ver-

schiedene Erfahrungen gemacht und Religionen entwickelt haben. Da es keinen Ur-
gott, keinen absoluten Gott gibt, kann es auch keinen einheitlichen religiös initiierten
Moralkodex geben.

3. Ebenfalls problematisch ist die Tatsache, dass sich Menschen nie ganz sicher über die
   göttlichen Vorschriften sein können. Es taucht immer wieder die Frage auf, ob diese
   Gebote, so wie sie überliefert sind, auch tatsächlich von Gott gewollt sind. Es kommt
   hinzu, dass die Überlieferungen teils so formuliert sind, besonders in Ergänzung zu
   anderen Stellen in der Überlieferung, dass sie unterschiedlich ausgelegt werden
   können.

4. Während einige Gläubige ihr Verhalten tatsächlich moralisch begründen, also in dem
   Sinne, dass sie als Geschöpfe Gottes, voller Liebe, Dank und Gehorsam dessen Gebote befolgen, gibt es andere Gläubige, die nur deshalb moraltreu handeln, weil sie
   die negativen Folgen unmoralischen Handelns in Form der dann greifenden göttlichen
   Strafen (vor allem die im Jenseits) scheuen. Hier speist sich das moralische Verhalten
   offensichtlich nicht aus der Quelle der Einsicht in das Gute, sondern aus jener des
   Selbstinteresses, eines subkutanen Egoismus sozusagen.

2.2.1.5   Der Bezug auf einen Moralkodex

Eine weitere Form, Moral zu begründen, ist der Rekurs auf einen existenten Normkata-
log bzw. auf die „moralische Kompetenz bestimmter, als Autoritäten anerkannter Personen oder Instanzen"[26]. Dementsprechend sehen die Argumentationsmuster aus. Man sagt
die Wahrheit, weil Ehrlichkeit eine Tugend ist. Man behandelt andere würdevoll, da dies
die Verfassung vorschreibt. Der Schüler säubert das Klassenzimmer, da es die Schul-
ordnung vorsieht. Das Kind eignet sich gute Manieren an, weil dies Teil der Familiensit-
ten ist. Der Arbeiter fährt eine Sonderschicht, weil dies in der Firma schon immer in
bestimmten Situationen so war. Anbei einige wichtige Einwände gegen diese Rechtferti-
gungsart.

1. Man kann weder allein von der Existenz, noch von der Verbindlichkeit und Gültigkeit
   eines bestehenden Moralkodexes auf seine normative Richtigkeit schließen. Falls dem
   so wäre, wäre die Menschheitsgeschichte mit einem einzigen Kodex ausgekommen.
   In Wirklichkeit zeigt die meist evolutionäre Entwicklung der globalen Moralsysteme
   sehr deutlich, dass nichts Bestand hat außer der Wandel.

2. Zwar gelten Moralnormen im Prinzip kontrafaktisch, d. h. die mit ihnen verbundenen
   Verhaltenserwartungen bleiben auch bestehen, wenn gegen sie verstoßen wird. Dass
   aber gegen sie verstoßen wird, ist als untrüglicher Beweis dafür anzusehen, dass sie
   nur bedingt gelten, auch wenn der Hauptgrund dafür ein anthropologischer zu sein
   scheint.

3. Nach katholischer Auffassung gilt der Papst, der Vertreter Gottes auf Erden, in seiner
   moralischen Urteilsfähigkeit als unfehlbare Instanz. Da viele Menschen allerdings der

Meinung sind, dass weder Inquisition, noch Hexenverbrennung, Kreuzzüge, Exzesse der Macht etc. normative Perspektiven bieten, ist dadurch die Glaubwürdigkeit dieses Amtes stark beschädigt worden. Moralische Kompetenz ist immer relativ.

2.2.1.6   Der Bezug auf das Gewissen

> *„Gewissen ist das Bewusstsein eines*
> *inneren Gerichtshofes im Menschen."*
> Immanuel Kant

Moralisches Handeln über das Gewissen zu rechtfertigen bedeutet, sich von einer inneren und den meisten Mitmenschen akzeptierten Letztinstanz leiten zu lassen. Das Gewissen als innere Stimme drückt am stärksten die individuelle Internalisierung sozialer Normen aus. Das heißt, dass bei manchen Menschen schon kleinste Verstöße zu Gewissensbissen führen können, die das normative Selbstverständnis und die persönliche Integrität ins Wanken bringen können. Das Gewissen verkörpert einen subjektiven Fixpunkt, „es ist die Gegenwart eines absoluten Gesichtspunkts in einem endlichen Wesen"[27].

Rechtfertigungen dieser Art finden wir z. B. in der allgemeinen Wehrpflicht. Wenn einer das Töten von Menschen nicht mit seinem Gewissen vereinbaren kann, darf er stattdessen einen Ersatzdienst leisten. Ein ehrlicher Finder bringt die gefundene Geldbörse zum Fundamt, weil es ihm ein inneres Bedürfnis ist. Bei einem Bewerbungsgespräch wird die im zweiten Monat schwangere Bewerberin gefragt, ob sie schwanger sei. Aus ihrem Gewissensanspruch heraus bejaht die Bewerberin die Frage, obwohl sie rechtlich nicht dazu verpflichtet wäre. Natürlich wirft die Berufung auf das Gewissen erneut Schwierigkeiten hervor.

1. Das durch das Gewissen Ver- bzw. Gebotene deckt sich seinem Inhalt nach nicht bei allen betroffenen Menschen. Während der „normale" Bürger ein schlechtes Gewissen bekommt, wenn er stiehlt, empfindet der jugendliche Serienstraftäter keine Spur davon.

2. Wie hat sich ein Gewissen gebildet? Stammte es direkt von einem Gott, wäre es in sich gut und stimmig zu nennen. Ist es hingegen das Resultat eines ideologischen Dressuraktes irgendeiner fanatischen Familie oder menschenverachtenden Staates, so kommt es kaum als moralische Legitimation in Frage.

2.2.1.7   Der Bezug auf soziale Koexistenz

Der Mensch lebt naturgemäß nicht allein, sondern mit anderen Menschen zusammen. So lebt er in Partnerschaften, Familienverbänden, Dörfern, Städten, Staaten. Er trifft sich in Parteien, Vereinen, kulturellen Veranstaltungen, auf Reisen etc. Vor allem als arbeitendes Wesen einer arbeitsteiligen Wirtschaft kommt er in seinem Beruf permanent mit Menschen in Berührung. Da daher jeder vom anderen in irgendeiner Weise abhängt, sind

alle darauf angewiesen, dass möglichst alle möglichst kooperativ sind, damit das Ge-
meinwesen funktionieren kann. Denn jeder entwickelt Wünsche, die in Einklang mit den
Wünschen anderer gebracht werden müssen. Jeder erwartet vom anderen ein bestimmtes
Verhalten und umgekehrt. Dabei spielen zwei Motive eine bedeutende Rolle.

Im ersten Fall wird Moral auf die Schutzwürdigkeit des Individuums zurückgeführt.
Als einer der ersten hat Thomas Hobbes (1588-1679) diese Position in seinem Werk
„Leviathan" systematisch durchleuchtet. Hobbes geht von einem Naturzustand aus, in
dem Menschen chaotisch ohne Gesetz und Staat zusammenleben. Es herrscht „Krieg
aller gegen alle", wo der „Mensch dem Menschen ein Wolf " ist, weil jeder in diesem
Rohzustand seine Interessen rigoros durchzusetzen versucht. Weil kein Gesetz existiert,
wird skrupellos auf jedes Mittel zurückgegriffen, also auch auf Betrug, Diebstahl, Mord
etc. In einer solchen Welt lebt jeder in Angst und Schrecken und jeder entwickelt Argwohn, Misstrauen und präventive Selbstverteidigungsmittel, um sein Leben und Hab und
Gut zu verteidigen. Um dieses animalische Stadium zu überwinden, etabliert der Mensch
den Staat (den Leviathan als „sterblichen Gott"), der als übergeordnete, souveräne Instanz Sicherheit und Schutz bietet und moralische Werte durch Gesetze fixiert. Der Preis
von sozialer Koexistenz, also eines friedlichen Nebeneinanders, ist natürlich die Einschränkung der Freiheit.

Das zweite Motiv, auf das vor allem der Schotte David Hume (1711–1776) hingewiesen hat, basiert auf der allgemeinen Vorteilhaftigkeit von Moral. Da die individuellen
Bedürfnisse weit über das hinausgehen, was einer allein zu schaffen vermag, liegt der
Vorteil für das Individuum darin, wechselseitig mit anderen bedürftigen Menschen zu
kooperieren. Selbst wenn diese Kooperation persönliche Einschränkung verlangt, bleibt
letzten Endes ein Vorteil übrig. Ohne Arbeitsteilung, Marktwirtschaft und Rechtsstaatlichkeit wären große Teile der Weltbevölkerung niemals so wohlhabend geworden, wie
sie es zurzeit sind. Damit allerdings Kooperation zustande kommt, bedarf es der Sicherheit, dass sich alle an Vorgaben und Regeln halten. Moral, auf Selbstinteresse basierend,
fungiert als die Grundvoraussetzung für ein System gegenseitiger Vorteilserwartung.

Soziale Koexistenz verlangt somit nach Regeln und institutionalisierten Verhaltensweisen, damit sie sich im Rahmen der divergenten, intersubjektiven Abstimmungspro-
zesse Geltung verschaffen kann. Die Etablierung allgemeingültiger, vorteilhafter Normen trifft natürlich auf unterschiedliche Dringlichkeiten. Der Wunsch etwa, von anderen
nicht getötet zu werden, nimmt eine höhere Wertigkeit ein als jener, andere mögen sich
immer gut gekleidet und frisiert in der Öffentlichkeit zeigen. Entscheidend ist hierbei der
Punkt, dass Moral auf ein wechselseitiges Vorteilsstreben gegründet wird: „Das Sollen
für die einen ist demgemäß stets die Kehrseite, das Pendant des fremden Wollens, des
Wollens der jeweils anderen, und umgekehrt."[28]

1. Problematisch an dieser Form der Moralbegründung ist die Tatsache, dass wir nicht
   genau wissen, was ein gemeinsamer Vorteil bzw. ein akzeptabler Schaden für den anderen ist. Ist es ein Vorteil, wenn ich einen Selbstmörder rette, indem ich ihn aus dem
   Wasser ziehe oder wenn der Staat für Parlamentsabgeordnete extrem großzügige Pen-
   sionszahlungen vorsieht? Wenn jemand bestohlen wird, ist der Schaden objektivier-

bar. Was aber, wenn Wettbewerb zu Firmenpleiten führt, wenn Menschen genetisch verändert, Embryonen geklont werden? Während die Euthanasie im Dritten Reich für die Nationalsozialisten moralisch begründet war, da für die Allgemeinheit von Vorteil, stieß sie beim Rest der Welt auf Ablehnung, da sie nicht vorteilhaft war. Das Problem sozusagen der Operationalisierung von sozialen Vorteilen bzw. Schäden mündet erneut in den Problemzusammenhang von Objektivität und Subjektivität. Moral als Ausdruck menschlicher Existenz bleibt wesenhaft subjektbezogen. „Moralisches Sollen existiert weder in Gestalt natürlicher noch in Gestalt überempirischer Entitäten, sondern in Gestalt institutionalisierter wechselseitiger Verhaltensanforderungen der Menschen untereinander."[29]

2. Daran anknüpfend folgt ein zweites Problem, das der Messbarkeit. Wenn uns jemand um die Uhrzeit bittet, sagen wir sie ihm in der Regel. Wenn uns jemand auf der Straße um fünf Euro bittet, verweigern wir ihm diesen Wunsch in aller Regel. Wir scheinen den Vorteil von einem Verhalten mit dem Nachteil desselben, bewusst wie unbewusst, in Relation zu setzen. Dabei kreuzen sich regelmäßig die Ebenen von individuellem und sozialem Vorteilsstreben, und zwar derart komplex und verwoben, dass wir nicht zu erkennen vermögen, welches Verhalten nun sowohl mir als auch der Gemeinschaft einen Vorteil sichert. Führen folglich solche moralischen Abwägungsprozesse zu unerwünschten Ergebnissen, dann eben nicht nur deshalb, weil ein Mensch gegen die gängige Moral verstößt, sondern, weil ein richtiges Handeln Voraussetzungen verlangt, über die Menschen im Allgemeinen und in speziellen Situationen nicht verfügen.

3. Drittens wissen wir nicht, ob jede zweiseitige Vorteilserlangung automatisch auch einen Vorteil für den Rest der Gemeinschaft darstellt und unter Umständen moralisch somit gar nicht gerechtfertigt wäre bzw. ob die Aufteilung in einen individuellen Anteil und einen sozialen Anteil bzw. deren Wertquantitäten und -qualitäten irgendeine Rolle spielen. Wenn zwei Diebe kooperieren, steht dem dadurch bewirkte Vorteil der Nachteil des Diebstahls in Form sozialer Kosten entgegen.

In den alltäglichen Situationen und Diskussionen über das moralisch Gute vermischen sich oft mehrere der sieben vorgestellten, voneinander verschiedenen Begründungsebenen. Wie auch immer sie miteinander kombiniert werden, so enden sie entweder damit, dass die Diskutanten zu einer Übereinstimmung (Konsens) gelangen. Das ist der einfache, erfreuliche Fall. Oder es findet eben keine Harmonisierung (Dissens) der Begründungen über das Gute statt. In diesem Fall wird oft nach einer neuen oder höherwertigen Legitimationsebene gesucht. Diese Suche führt uns auf das Gebiet der Ethik. Auf die ethischen Begründungsformen des Guten möchte ich an dieser Stelle jedoch nicht näher eingehen, da der Fokus auf den moralischen Begründungszusammenhängen liegt. Interessierte Leser und Leserinnen können sich aber am Buchende im Kapitel 19 „Exkurs" informieren.

2.2.2   Die Abgrenzung von Moral und Ethik

2.2.2.1   Die Unterscheidung von Moral und Ethik

Moral liefert Tatsachenwissen, Ethik Orientierungswissen

Obwohl Ethik und Moral fakultativ Schwestern sind, tun sich viele Menschen schwer, die beiden zu unterscheiden. Es wird oft weder inhaltlich noch begrifflich präzise differenziert. Innerlich verbunden sind Ethik und Moral zwar durch ihr gemeinsames Erkenntnisobjekt, ein bestimmtes Gut-sein-sollen, dabei werden allerdings prinzipiell zwei ganz unterschiedliche Analyseebenen angesprochen. Am deutlichsten tritt diese Zerrissenheit zu Tage, wenn Menschen für normative Sachverhalte mehr oder weniger automatisch den Doppelbegriff „moralisch-ethisch" gebrauchen. Diese Unsicherheit bringt zwei Dinge auf den Punkt. Erstens, dass Moral und Ethik irgendwie zusammengehören, man jedoch nicht genau weiß wie. Zum anderen, dass die Grenzen de facto nicht trennscharf zu ziehen sind. Die folgende Abgrenzung gibt einige Unterschiede zwischen Moral und Ethik wieder.

Moral ist deskriptiv-empirisch, Ethik reflexiv-theoretisch

Moralische Untersuchungen beziehen sich auf das faktische Vorhandensein von Regeln und Normen. Diese werden beschrieben, erklärt, kategorisiert und oftmals in ein ganzheitliches Verhaltenskonzept des Menschen integriert. Als Beispiel für eine solche Herangehensweise ist folgender Satz zu verstehen: In der Volkswirtschaft a ist zum Zeitpunkt t die Mehrzahl der Wirtschaftssubjekte davon überzeugt, dass Steuerhinterziehung nur ein Kavaliersdelikt darstellt, also legitim ist. Es geht der Moralanalyse somit in erster Linie um das Aufdecken der sittlichen Verhältnisse in einer Gesellschaft und deren Folgen. Dabei spielen menschliche Bedürfnisse und soziale Bedingungen eine große Rolle. Die Frage, ob die vorhandenen Sitten, in obigem Fall die Steuerhinterziehung, aus wissenschaftlicher Sicht moralisch richtig oder falsch sind, bleibt der Ethik überlassen.

Ethische Untersuchungen zielen somit vor allem auf die Reflexion vorhandener Sitten oder Normen ab. Dabei geht es regelmäßig um die Frage, ob empirisch vorhandene Regeln und Überzeugungen tatsächlich anerkannt werden können und sollen oder ob sie aus bestimmten Gründen abgelehnt werden müssen. Eine solche Analyse führt dann zu folgenden Sätzen: Steuerhinterziehung muss generell abgelehnt werden, da sie gegen die Gleichbehandlung der Steuerzahler verstößt. Oder, weil sie Diebstahl an der Allgemeinheit bedeutet. Unter gewissen Umständen könnte sie jedoch auch als ethisch erlaubt gelten, wenn das Steuersystem für sich genommen gegen ein anderes, evt. höherwertiges Ethikprinzip verstößt. Dies wäre denkbar, wenn z. B. die Steuerlast ungerecht verteilt oder ausbeuterisch hoch wäre.

Ethik hinterfragt also den moralischen Wert von Normen, kritisiert und bewertet ihn, bringt ihn in Relation zu übergeordneten Verhaltensprinzipien und bestätigt oder verwirft letztlich bestimmte moralische Ge- oder Verbote. Ethik als Nachdenken über die sittliche Ausrichtung vom Leben und Handeln des Menschen propagiert nicht eine rein subjektive Überzeugung von Moral, sondern sucht die Allgemeingültigkeit von Normen nachzuweisen. Sie versucht in ihrem Bemühen, Distanz zum eigenen moralischen Standpunkt herzustellen, ihn bei durchaus geeigneten Argumenten zur Disposition zu stellen, die moralischen Ansprüche anderer als gleichberechtigt anzusehen und niemand in diesem Erkenntnisprozess auszuschließen. Moral setzt sich aus Überzeugungen und Verhaltensweisen zusammen, die in ein Raster von gut und böse gebracht werden, während Ethik Kriterien entwickelt, um die Gültigkeit dieses Rasters zu überprüfen. Während die Ethik rational ausgerichtet ist, befasst sich die Moral auch mit nicht kognitiven, affirmativen Reaktionen.

Moralische Normen sind konkret und praxisorientiert, ethische Prinzipien abstrakt

Moral spiegelt diejenigen Überzeugungen, Wertvorstellungen und Verhaltensweisen wieder, die sich tagtäglich in der zwischenmenschlichen Wirklichkeit beobachten lassen. So gilt es als gut, wenn man sich richtig zu Tisch benehmen weiß, wenn man einer alten und gebrechlichen Dame seinen Sitzplatz im Bus anbietet, wenn man dem Nachbarn hilft, die neue Tiefkühltruhe in den Keller zu tragen, wenn man beim Zug fahren ein gültiges Ticket gelöst hat, wenn man ehrlich zugibt, dass man deshalb zu spät zur Arbeit gekommen ist, weil man verschlafen hat und man keine unwahren Ausreden erfindet, wenn man an einen Unfallort kommt und erste Hilfe leistet, wenn man zu einem verein-barten Termin pünktlich und zuverlässig erscheint etc. Alle diese Fälle sind konkret, d. h. jeder versteht sofort, um was es geht und welches Verhalten von ihm erwartet wird. Es muss nicht lange gerätselt werden, was zu tun ist, denn moralische Normen sind meistens von früh auf erlernt und schon sehr häufig selbst praktiziert oder bei anderen beobachtet worden.

Im Gegensatz dazu steht die abstrakte Ebene der Ethik (griechisch ethos). Zwar be-zieht sich diese ebenfalls auf Sitten, Bräuche, Werte, Gewohnheiten und somit wesens-gemäß das Sollen. Der Blick ist aber nicht auf den Einzelfall gerichtet, also nicht auf den sittlichen Gehalt konkreter moralischer Regeln, sondern auf diejenigen allgemeingülti-gen Prinzipien, die in Form des Guten an sich als Beurteilungsmaßstab für moralisches Verhalten herangezogen werden können. Ethik kann mehr als Legitimationsgrundlage betrachtet werden denn als Handlungsanleitung, da sie wegen ihres formal-abstrakten Charakters wenig zur Praxis der Moral beiträgt. Moral fordert zu einem bestimmten Verhalten auf, Ethik nicht, da sie nur den Maßstab zur Beurteilung moralischer Normen liefert. Moral zeigt Lösungsvorschläge auf, die sich auf singuläre Fälle anwenden lassen, Ethik nicht, weil sie keine eigenen Moralurteile kennt. Ethik ist ein Kompass, der zwar nicht den Weg vorgibt, aber angibt, wie der richtige Weg zu ermitteln ist.

Nehmen wir den kategorischen Imperativ von Kant: „Handle nur nach derjenigen Maxime, durch die du zugleich wollen kannst, dass sie ein allgemeines Gesetz werde." Die meisten Menschen werden zu Recht fragen, was eine Maxime ist, was den Unter-schied zwischen wollen und wollen können ausmacht, welche Eigenschaften ein allgemeines Gesetz hat. Im Zweifelsfall müssten sie Kants fast tausendseitiges Werk „Kritik der reinen Vernunft" zu Rate ziehen, um dann, weil ihr Denken dabei zusehends an Grenzen stößt, mit Hilfe hundertfacher Sekundärliteratur den genauen Sinn zu erfassen. Wer sich mit Ethik befasst, wird zusätzlich bemerken, dass es mittlerweile eine sehr große Anzahl von ethischen Prinzipien gibt, was das Ansinnen fast unmöglich macht, ein konkretes Handeln abzuleiten.

Moral ist historisch, Ethik nomologisch

Moralische Normen unterliegen einem gesellschaftlichen Wandel. Es gibt keinen einzigen Staat, kein einziges Gemeinwesen, das ohne sittliche Veränderung auskommt. Denken wir an den Luther zugeschriebenen Spruch „Warum furzet und rülpset ihr nicht, hat es euch nicht geschmacket?", der in dieser Form heute unmöglich wäre. Oder: noch vor gut 100 Jahren existierte die Sitte, die Eltern zu siezen. Heute ist dies kaum mehr vorstellbar. Moralische Normen nehmen also von Zeit zu Zeit immer wieder neue Formen an, sie sind zeit- und ortsgebunden. Diese Veränderlichkeit rührt daher, dass sich Menschen weiterentwickeln, dass der technische Fortschritt neue Moralbereiche mit sich bringt, dass das Leben generell von Bewegtheit geprägt ist. Ein weiterer Grund dafür ist darin zu sehen, dass die Suche nach der richtigen Moral zum ersten niemals zum Stillstand kommt, da ein absolutes Moralprinzip im Sinne eines archimedischen Punktes unableitbar ist und dass zweitens eine solche „richtige" Moral selbst einem historischen Prozess unterliegt.

Die Ethik hingegen bezieht ihr Denken aus möglichst zeitlosen, ortlosen, universell auf den Menschen bezogenen, allgemeinverbindlichen, kurz möglichst gesetzmäßigen (nomologischen) Verhaltensprinzipien. Ihr geht es um die Begründung von Kriterien, die im Prinzip von allen Bevölkerungsgruppen und allen Nationen und Kulturen akzeptiert und geteilt werden können. Ethik als Wissenschaft von der Moral geht dabei wie jede andere Wissenschaft dergestalt vor, dass sie die Gesetzmäßigkeiten ihres Untersuchungsgebietes möglichst objektiv und logisch aufzudecken versucht. Diesem Prozess ist es zu verdanken, dass wir mittlerweile auf eine große Anzahl an ethischen Gesetzmäßigkeiten zurückblicken können. Eine der bekanntesten ist die Goldene Regel. Sie ist das wohl am stärksten im Volksmund verbreitete Moralgesetz, da es auf Gegenseitigkeit (Reziprozität) beruht und somit eine Grundvoraussetzung für die potenzielle Universalisierbarkeit von Normen darstellt: „Behandle andere so, wie du von ihnen behandelt werden möchtest". Das, was für Person A gilt, muss auch für Person B gelten und umgekehrt. Die Goldene Regel ist ein formales Gesetz, das im Prinzip auf jede Situation angewandt werden kann. Es tritt oft auch in folgenden Formen auf: „Wie man in den Wald hineinruft, so ruft es heraus" oder „Wie du mir, so ich dir" oder „Was du nicht willst, das man dir tut, das füg auch keinem anderen zu".

Moral ist kategorienbezogen, Ethik prinzipienbezogen

Um mit der Vielzahl der moralischen Einzelphänomene überhaupt einigermaßen fertig zu werden, müssen sie geordnet und klassifiziert werden. Dies geschieht mittels Kategorien. Kategorien sind Grundmerkmale bzw. -dimensionen von Erkenntnisobjekten. Je nach Erkenntnisbereich (Sozial-, Natur-, Geisteswissenschaft) gibt es unterschiedliche und unterschiedlich viele Kategorien. So ist z. B. optische Wahrnehmung von Dreidimensionalität geprägt (Länge, Breite, Höhe), während Kant 16 Kategorien[30] als Voraussetzung menschlicher Erfahrung unterscheidet. Kategorisierungen und die sich daraus ergebende Systematik (Thesaurus), ermöglichen Abstraktion, Begriffsbildung und somit wissenschaftlichen Fortschritt.

Die Kategorien der Moral sind weder zahlenmäßig noch von ihren Eigenschaften so erforscht, dass man sie als endgültig abgeschlossen bezeichnen könnte. Ansätze von Kategorisierungen können wissenschaftsspezifischer Natur sein (anthropologisch, psychologisch, soziologisch, politologisch, philosophisch etc.), erkenntnisspezifischer Natur (Wahrnehmung) oder auch kognitiver Natur (Informationsverarbeitung, Bildungsgrad, Intelligenz etc.). Generell gilt, dass je dichter das Kategorienraster ist, umso genauer Moral präzisiert werden kann.

Genau das Gegenteil gilt für die Ethik (vgl. Tab. 2.3). Je mehr Prinzipien es dort gibt, was ja meist bedeutet, dass sich diese widersprechen oder sogar gegenseitig ausschließen können, umso verwirrender sind die Ergebnisse. Prinzipien sind Gesetzmäßigkeiten, Grundsätze oder Leitlinien, die anderen Gesetzen oder Regeln übergeordnet sind, somit an oberster Stelle stehen. So bedeutet z. B. das Prinzip der staatlichen Subsidiarität, dass bei bestimmten zu lösenden Aufgaben zuerst und im Zweifel die untergeordnete Instanz dafür zuständig ist. Sollte diese damit überfordert sein, wird die nächst höhere Instanz eingeschaltet. Alle konkreten Maßnahmen, die dann getroffen werden, müssen nach diesem Prinzip erfolgen. In der Philosophie gilt ein Prinzip als der letzte Grund, als Urgrund, als Ursprung, als Ausgangspunkt für alles Weitere.

Tab. 2.3 Vergleich der moralischen und der ethischen Analyseperspektive

Moral	Ethik
konkret (bezogen auf Lebenspraxis)	abstrakt (wissenschaftsbezogen)
deskriptiv	reflexiv
empirisch	theoretisch
kategoriengeleitet	prinzipiengeleitet
positive Begründung moralischer Normen	normative Begründung moralischer Normen
bezogen auf einzelne moralische Werte	bezogen auf das Gute als höchstem Wert
historisch	nomologisch

Aus der Unterscheidung des Guten zwischen moralischer Normbegründung einerseits und der ethischen Begründung andererseits lassen sich, zumindest für diese Arbeit, mindestens drei Schlussfolgerungen ziehen. Erstens gibt es wirkliche Unterschiede zwischen der moralischen und der ethischen Betrachtungsweise, zweitens sind die Übergänge zwischen beiden, bezogen auf die Moralpraxis, fließend und wenig trennscharf, drittens scheitern beide am Anspruch, das Gute ultimativ zu begründen.

Zu erstens: Das Gute, das moralisch zur Begründung einer sozialen Verhaltensnorm verwandt wird, ist situativ, konkret, deskriptiv und praxisorientiert. Wenn jemand ein Kind vor dem Ertrinken rettet, dann wird dieses Handeln damit begründet (vgl. Abschnitt 2.2.1), dass das Kind so klein war und noch nicht schwimmen konnte (Faktum), dass die Hilferufe so herzzerreißend waren (Gefühle), dass das Kind sonst gestorben wäre (Folgen), dass sich das einfach so gehört (Moralkodex), dass der Retter, wenn er nicht geholfen hätte, sich ewig Vorwürfe gemacht hätte (Gewissen) oder dass man sich als Teil einer Gesellschaft immer auch für andere einsetzen muss (soziale Koexistenz). Die ethische Begründung, die besonders in Prozessen der Güterabwägung zum Zug kommt, setzt prinzipieller an. Ergänzen wir obiges Beispiel, indem wir annehmen, dass das Kind zusammen mit seiner 80-jährigen Großmutter unterwegs war und dass beide zu ertrinken drohten. Wem sollte dann geholfen werden? In diesem Fall könnte die Antwort lauten, dass es vernünftiger ist, das Kind zu retten, da es sein Leben noch vor sich hat (Vernunft), dass das Kind einen größeren Nutzen für die Gesellschaft hat (Utilitarismus), dass nur die Kindsrettung den Verallgemeinerungstest besteht (Deontologie), dass nur dieselbe gerecht ist (Kontraktualismus), dass nur dieselbe den ewigen Werten entspricht (Wertethik), dass nur dieselbe tugendhaft ist (Tugendethik).

Zu zweitens: Für die moralische Praxis spielt die Begründungsproblematik des Guten, also ob sie moralisch oder ethisch erfolgt, letztlich keine Rolle. Es ist nämlich unerheblich, wie der Retter sein Handeln begründet. Solange nachvollziehbar ist, dass das Gute, irgendein Gutes, unabhängig von seiner Ausprägung, Auslöser für das Handeln ist, solange kann es als Basis für moralisches Handeln herangezogen werden. Natürlich macht es keinen Sinn, wenn der Retter sagt, er hat nur gerettet, weil Freitag war oder weil er sowieso schwimmen gehen wollte. Hier muss die Ethik zu Hilfe kommen, indem sie Kriterien für das schlechthin Gute entwickelt und anbietet. Die Ethik bringt hier ihre Funktion gekonnt ein, wenn sie hinterfragt, abwägt, reflektiert, abstrahiert, kontrolliert etc. Da die moralische Praxis selten ohne ethische Anbindung vonstatten geht, ist die Wahrscheinlichkeit, das Gute in der Praxis zu verfehlen, sowieso kaum gegeben. Das „Böse" ist selten Konsequenz von Dummheit oder Naivität, aber meist von Fahrlässigkeit oder Vorsatz. Für das moralische Definitionsproblem bedeutet dies, dass zunächst jeder Begründungsversuch des Guten moralisch relevant ist, sofern er von diesem selbst motiviert war und nachvollziehbar ist. Bei Kant liest sich das so: „Moralität ist das Verhältnis der Handlungen zur Autonomie des Willens …" (vgl. Grundlegung zur Metaphysik der Sitten, S. 64).

Zu drittens: Weder moralische noch ethische Begründungsversuche dem Guten gegenüber sind auf Dauer, im absoluten Sinn und ultimativ, von Erfolg gekrönt. Der darin enthaltene Subjektivismus lässt sich nie ganz überwinden.

2.2.2.2 Was kann Moral, was Ethik nicht kann?

Moral bringt Handlungssicherheit

Da ethische Aussagen und Urteile prinzipiengeleitet bzw. formalistisch verankert sind und sie sich daher auf einem hohen Abstraktionsniveau bewegen, wird in Entscheidungssituationen oft nicht klar, welches konkrete Verhalten als das tatsächlich angemessene und erwünschte zu verstehen ist. Moralische Regeln hingegen geben mehr Sicherheit, weil sie eindeutig oder zumindest eindeutiger sind. Ehrlichkeit heißt, die Wahrheit zu sagen, Mäßigung heißt, sich zurückzunehmen. Moral ist pragmatisch und zugleich dafür ausgelegt, Handeln passend auszuführen, auch und gerade unter den Bedingungen eines immer komplexer werdenden Alltags. Moralische Normen sind ungleich leichter zu operationalisieren als ethische.

Moral schafft Praxisnähe

Moralisches Handeln, soll es im Alltag reibungslos funktionieren, muss zum weitaus größten Teil selbstverständlich erfolgen. Es muss uns in Fleisch und Blut übergegangen sein, muss Bestandteil unseres Ichs, unserer Identität geworden sein. Erst als zweite Natur, so Kant, kann Moral de facto wirksam werden. Da Moral im Gegensatz zum Recht aus unserem Inneren stammt, stellt es den praktischen und verbindlichen Bezugspunkt zwischen Einzelnem und Gemeinschaft dar. Erst die gefühlte und gelebte Sittlichkeit der Individuen vermag es, die Kraft der gesellschaftlichen Integration zu aktivieren. Ethik bleibt solange zahnlos, bis sie von dem „guten Willen" erfasst und in die Realität transformiert wird. Ethik ist eine soziale Fiktion, Moral eine soziale Wirklichkeit.

Moral zieht Konsequenzen nach sich

Da Ethik im Denken stattfindet, bleibt es praktisch weitestgehend folgenlos, wenn jemand schlecht denkt oder unzureichend über das prinzipiell Gute reflektiert. Anders bei der Moral. Wenn hier jemand gegen wichtige Normen verstößt, sind Sanktionen die Folge. Das heißt, Fehlverhalten wird geahndet und führt zu Konsequenzen, die zum einen eine ganz praktische, normative Kraft entfalten und zweitens künftiges Handeln steuern und leiten. Wenn jemand ohne Fahrkarte beim Zug fahren erwischt wird und der Schaffner lautstark Ärger macht, dann schämen wir uns vor den anderen. Sie strafen uns unter Umständen mit bösen Blicken oder sprechen uns sogar direkt auf unser Fehlverhalten an. Der Schaffner kassiert außerdem ein Strafgeld. Beim nächsten Mal werden wir uns vermutlich sofort eine Fahrkarte besorgen.

Moral realisiert das Gute

Moral ist Praxis, Ethik Theorie dieser Praxis. Ethik bringt somit kein praktisches Verhalten hervor, sondern nur die Reflexion darüber. Ihr Ziel, die Realisierung von Freiheit und des Guten, liegt dadurch außerhalb ihrer Reichweite. Ethik ist insofern auf Moral angewiesen, als sie zweite notwendigerweise zu ihrer Erfüllung braucht. Erst das gerechte, ehrliche oder angemessene Verhalten bringt die dahinterstehenden ethischen Prinzipien zur Geltung. Ethische Ansprüche hängen in der Luft, wenn sie nicht durch Moral vollendet werden. Moral setzt an die Stelle von machtgestützter Heteronomie persönliche Autonomie. Ethik sinniert, Moral realisiert, die eine wird gedacht, die andere gelebt.

Moral konkretisiert und systematisiert Verhaltensnormen

Ethik stellt keine Supermoral dar, d. h. sie stellt keinen materialen, konkret ausführbaren Katalog von Normen auf, der alle richtigen, für die Menschheit verbindlichen Regeln umfasst. Diese Aufgabe fällt der Moral zu. Diese gibt die „praktischen Regeln der Selbstbeschränkung von Freiheit um der Freiheit aller willen vor; sie geht aus wechselseitigen Anerkennungsprozessen in einem Lebenskontext hervor".[31] Damit Moral ihre operative Kraft entfalten kann, muss sie die normativen Standards benennen, sie hierarchisch anordnen, immer wieder Ausnahmeregelungen definieren, auf Veränderungen reagieren und dergleichen mehr. Ethik hingegen kann lediglich die Aufgabe erfüllen, den oder die Maßstäbe zur Verfügung zu stellen, die zur Beurteilung materialer, konkreter Normen nötig sind. Sie kann diese Aufgabe nur durch auf Formalität aufbauenden Prinzipien erfüllen. Ethik abstrahiert, während Moral konkretisiert und systematisiert.

Moral ist kasuistisch

Ethik stellt Orientierungswissen her und trägt damit dazu bei, dass die handelnden Subjekte moralische Kompetenz erwerben können. Dies erreicht sie, wie gesagt, durch die Reflexion und Ableitung formaler Kriterien und Prinzipien, die weder praxisorientiert noch operativ zu verstehen sind. Ganz anders die Moral, die kasuistisch, also einzelfallbezogen angelegt ist. Ausschließlich die Moral stellt jene Instanz dar, die hinsichtlich der vorhandenen Normen vorgibt, was in bestimmten Einzelfällen und Situationen richtigerweise zu tun ist. Und sie differenziert dabei eben sehr wohl, wer in welcher Situation und in welchem Kontext welche Entscheidung zu treffen hat. Gerade darin liegt ihre Stärke, dass sie eine Handlungsanweisung aussprechen kann, die auf die Vielfalt von Lebenslagen und Situationen eine angemessene Antwort zu geben vermag.

Moral macht Menschen moralischer

Ethik klärt den Handelnden zwar über die Bedingungen des moralischen Handelns auf, indem sie ihm geeignete Argumente liefert, sie immer wieder an seine Vernunft appelliert und ihn an seine Verantwortung erinnert, die einem zur (gedanklichen) Freiheit fähigen Wesen zukommt. Einen anderen Zwang als diesen kennt sie jedoch nicht. Anders die Moral, die beständig durch ihre Sanktionsgebundenheit auf die Willensbildung der Individuen Einfluss nimmt und so die von ihnen erwünschte Moralität einfordert. Zwar liefert die Ethik Methoden, um das Gute zu erkennen, aber dies nützt wenig, wenn es schlussendlich nicht auch getan wird. Moral äußert sich in dem Willen, Gutes zu tun und dies in die Tat umzusetzen. Jesus, natürlich ein ausgeprägter Moralist, hat den dafür sehr zutreffenden Satz geprägt, dass man die wirklich guten Menschen an ihren Taten und an nichts anderem erkennt. Und wenn sich jemand trotzdem für das Böse entscheidet, nimmt die Gemeinschaft dies nicht einfach hin, sondern reagiert, indem sie über bestimmte Institutionen einen Prozess in Gang setzt (Schuld, Sühne, Sanktion, Wiedergutmachung, Verzeihung etc.), der dem Gestrauchelten die Möglichkeit der moralischen Reintegration verschafft. Moral erzieht zum Guten. Während der Moralist wenig über Ethik wissen muss, um gut zu sein, kann der ethische Spezialist durchaus in moralischer Hinsicht versagen.

Die hier aufgeführten Unterschiede zwischen Ethik und Moral gelten prinzipiell auch für das Paar Wirtschaftsethik und Wirtschaftsmoral.

2.3   Grunddimensionen von Moral

2.3.1   Der Horizont von Moral

Moralische Auseinandersetzungen, sollen sie zu fruchtbaren Ergebnissen führen, müssen vom gleichen Horizont ausgehen. Hierbei stehen sich zwei Extreme gegenüber. Zum einem stoßen wir auf den Maximalbezug, also die ganzheitliche Perspektive, dass Moral Ausdruck des, wie auch immer gearteten, guten Lebens als solchem ist. Vor allem religiös geprägte Moralformen sind hier anzutreffen. Auf der anderen Seite stoßen wir auf den Minimalbezug, der Moral nur unter dem Blickwinkel betrachtet, dass soziale Interaktionen möglichst konfliktfrei verlaufen sollen. Sinn- und Wertfragen bleiben weitestgehend ausgeklammert.

2.3.1.1   Maximalmoral (Idee des guten Lebens)

Im Rahmen dieser Auffassung erfüllt Moral die Funktion, den allgemeinen Leitfaden für die persönliche Lebensführung bereitzustellen. Moralfragen dieser Art stellen sich jedem, der sein Leben zu bewerkstelligen hat und der diesen Prozess konzeptionell organisieren muss. Diese Maximalmoral gibt den Individuen eine meistens schon kritisch reflektierte Anleitung an die Hand, wie Sein und Welt verstanden werden können und sie erläutert ihnen, worauf es im menschlichen Leben als einem ganzheitlichen Entwurf tatsächlich ankommt[32].

Ausgangspunkt dieser Perspektive ist die Erfahrung des Menschen, dass sein Wohlergehen keine Selbstverständlichkeit ist, sondern dass erst die Orientierung an mehreren, miteinander verwobenen Faktoren und Werten ein Leben in der Regel gelingen lässt. Während religiöse Moralvorstellungen den Fokus bezüglich des guten Lebens auf die

Überwindung des Leids, Entdeckung von Heil und den Bezug zum Jenseits legen, setzt die Philosophie diesseitig an. Das gute Leben orientiert sich primär am individuellen, sekundär zugleich aber am sozialen Wohlergehen und sucht Krankheit, Unglück, Tod, Krieg, Gewalt zu vermeiden. Nach einer Studie der OECD[33] können folgende Kriterien für Lebensqualität herangezogen werden: Gesundheit, Persönlichkeitsentfaltung durch Erziehung, Beschäftigung, Qualität des Arbeitslebens, Freizeit, Verfügung über Dienstleistungen und Güter, intakte Umwelt, angemessenes Wohnen, persönliche Sicherheit, Teilnahme am sozialen Leben, Rechtsstaatlichkeit, Chancengleichheit.

Die Ansprüche, die an eine Maximalmoral gestellt werden, sind natürlich ungleich höher als im Fall der Minimalmoral. Das zeigt sich regelmäßig an einer erschwerten Konsensbildung. Darüber, dass ältere Arbeitslose einige Monate länger Arbeitslosengeld I erhalten als jüngere, lässt sich relativ leicht Übereinkunft erzielen. Die Debatte z. B. über den Mindestlohn gestaltet sich schwieriger, denn sie wirft zum einen die Frage auf, ob jemand, der in Vollzeit arbeitet, so wenig verdienen darf, dass er ergänzend Sozialhilfe beantragen muss, um sich über Wasser zu halten (dies war 2008 bei 1,2 Millionen Deutschen der Fall), zum anderen, ob Geringqualifizierte in einer Leistungsgesellschaft subventioniert werden sollen.

Im Laufe der Geschichte hat sich die Gewichtung zwischen Maximal- und Minimalmoral deutlich verschoben. Die Maximalmoral herrschte vor allem in der Antike (Platon, Stoa, Aristoteles, Epikur) und im Mittelalter (Augustinus, Thomas von Aquin). Der erste größere Differenzierungsprozess setzte mit der Renaissance ein. Doch die Idee des guten Lebens setzte sich philosophisch bis ins 20. Jahrhundert fort. Noch für Nietzsche zählte „die ganze Erziehung und Pflege der Gesundheit, die Ehe, die Heilkunst, der Feldbau, Krieg, das Reden und Schweigen, der Verkehr untereinander und mit den Göttern"[34] zur Moral. Laut Wittgenstein geht es darum, „den Sinn des Lebens zu erkunden, zu untersuchen, was das Leben lebenswert macht, oder zu erforschen, welches die rechte Art zu leben ist"[35].

Moral im weiteren Sinn bedeutet also, dass in moralischen Fragen nicht nur beurteilt wird, ob das Konfliktpotenzial gesenkt, die Zahl der Auseinandersetzungen reduziert wird, sondern ob soziale Verhaltensnormen zugleich den Ansprüchen an ein menschliches, menschenwürdiges, gutes Leben gerecht werden. Normatives Verhalten wird somit nicht an die Bedürfnisse und Befindlichkeiten der Akteure gekoppelt, sondern an einen allgemeinen Begriff ihrer Existenz. Maximalmoralische Fragen stehen in einem sehr engen Zusammenhang mit der Sinnfrage.

2.3.1.2   Minimalmoral (Idee des fairen Zusammenlebens)

Während sich die Maximalmoral mit dem guten Leben beschäftigt, setzt die Minimalmoral weniger fundamental an, nämlich beim fairen Umgang miteinander. Es geht nicht um Orientierungshilfe für die persönliche Lebensführung, nicht um Fragen nach Sinn und Zweck des Lebens, sondern um Grenzen und Bedingungen individueller Freiheitsausübung im Rahmen sozialer Interaktion. Im Sinne allgemeinverbindlicher Minimalanforderungen gibt Minimalmoral, also Moral im engeren Sinn, nicht Ziele, sondern bestimmte Vorschriften und Anweisungen vor. „Ihrem Inhalt nach beziehen sich diese Vorschriften auf den Schutz derjenigen Menschen, die vom Handeln eines Individuums betroffen sind. Sie (die Moral im engeren Sinn) erscheint als eine soziale Institution zur Minimierung anthropogener Übel; sie wirkt dem spontanen Egoismus der Individuen entgegen und kompensiert die Begrenztheit ihrer wechselseitigen Sympathie; sie schützt die Interessen der jeweils anderen."[36] Auf dem Gebiet der Minimalmoral sind somit Handlungen Hauptgegenstand moralischer Urteile, nicht Personen, Lebenskonzeptionen oder Sinnfragen.

Die Spannung zwischen Minimal- und Maximalmoral lässt sich praktisch gut verdeutlichen. So treffen wir in Deutschland auf Menschen, deren Lebensführung sich voneinander unterscheidet. Die einen verehren Jesus, die anderen Mohammed, wieder andere gar keinen Gott. Die einen leben in einer christlichen Heilslehre, die anderen in einer muslimischen, andere in einer nihilistischen oder esoterischen. Und trotzdem müssen wir unser Zusammenleben auf deutschem Boden gerecht gestalten, indem wir uns auf bestimmte moralische Normen im Rahmen einer Minimalmoral verständigen. Wir grüßen uns, wenn wir uns persönlich begegnen, wir helfen uns in Notsituationen, wir bestehlen uns nicht, wir wählen demokratisch eine Regierung etc.

Sicher ist die Behauptung nicht falsch, dass sich im Rahmen der Postmoderne der Schwerpunkt von der Maximal- zur Minimalmoral verlagert hat[37]. Diese Entwicklung hat mehrere Gründe. Erstens ist das Leben individueller geworden. Man ist zwar zu einer moralischen Konsensbildung bereit, will sich zugleich aber nicht sein Leben vorschreiben lassen. Die Folge ist, dass wir mehr Toleranz gegenüber den Lebensentwürfen der Mitmenschen aufbringen müssen. Die meisten akzeptieren, dass in Berlin und Hamburg homosexuelle Ministerpräsidenten regierten, solange sie eine gute Politik machten. Viele von uns akzeptieren, dass Spitzensportler aus steuerlichen Gründen in die Schweiz gezogen sind, um so dem deutschen Fiskus Millionenbeträge vorzuenthalten, solange sie einen fairen Sport auf höchstem Niveau abliefern. Zweitens ist das Leben pluralistischer geworden. Wir akzeptieren, dass man auch auf der Grundlage ganz unterschiedlicher Werte und Auffassungen miteinander leben kann, ohne dass sich dabei eine Instanz anmaßen muss, definitiv zu entscheiden, welche davon nun richtig oder falsch ist. Drittens ist das Leben durch den technischen Fortschritt komplexer, globaler und anonymer geworden. Viele von uns haben immer mehr mit der Ihnen zur Verfügung stehenden Zeit Mühe, ihre eigenen Angelegenheiten zu regeln und zugleich große Sinndebatten zu führen. Viele haben weder Zeit noch Lust, über den Lebenswandel anderer nachzudenken.

Aufgrund dieser Entwicklungen bietet die Minimalmoral gewichtige Vorteile. Dadurch, dass nur ein Minimum an normativen Standards gefordert wird, sind Regeln einfacher einzuhalten und der Grundkonsens wird leichter erzielt. Minimalansprüche setzen die kognitiven Voraussetzungen, die an moralische Normen geknüpft sind, deutlich herab. Dadurch, dass sie in Anzahl und Ausmaß begrenzt sind, kann ihnen leichter zugestimmt werden und sie sind praktikabler.

Es ist nicht Aufgabe dieses Buches, für oder gegen eine Maximal- bzw. Minimalmoral zu votieren. Es geht vielmehr darum zu erkennen, wie die Grundlagen wirtschaftsmo-

ralischer Entscheidungen von diesen beiden Konzepten beeinflusst werden und dabei die
Vor- und Nachteile abzuwägen. Von daher dürfen wir die beiden Grunddimensionen nie
ganz aus den Augen verlieren. Generell lässt sich feststellen, dass sich das moralische
Diskussionsspektrum differenziert hat. Der Diskurs über die Ebene moralisch versus
außermoralisch wird verstärkt durch den Diskurs über die Ebene minimal- versus maximalmoralisch geführt.

2.3.2   Das Spektrum der Moral

2.3.2.1   Universalismus

Ausgangspunkt des moralischen Universalismus ist das erkenntnistheoretische Postulat,
dass die Art und Weise, wie die Menschen Welt erkennen, letztlich für alle gleich ist.
Insofern ist es jedem nicht nur prinzipiell möglich, gut und böse zu unterscheiden, sondern die höchste Moralwahrheit zu erkennen, von der die ganze Welt durchdrungen ist.
Auf diese Weise werden Moral und Moralität kulturübergreifend und zeitinvariant, indem Vergangenheit, Gegenwart und Zukunft verschmelzen. Moralische Erkenntnis kann
somit von allen Menschen ausgeübt werden. Sie ist für alle gleich und damit universell.
Vereinfacht gesagt bedeutet das, dass beispielsweise Mord, Totschlag, Diebstahl, Erpressung etc. überall auf der Welt und zu jeder Zeit als moralische Sackgassen erkannt
werden können. Aus universalistischer Sicht ist jedem selbstverständlich einsichtig, dass
Mutter Theresa moralischer gehandelt hat als Hitler, dass Frieden besser ist als Krieg.

Laut Hume liegt dieser universellen Erkenntnisfähigkeit Emotionalität zugrunde:
„Der Begriff der Moral schließt ein allen gemeinsames Gefühl ein, das den selben Gegenstand der allgemeinen Zustimmung empfiehlt und das alle oder die meisten Menschen veranlasst, sich davon die gleiche Meinung zu bilden oder darüber die selbe Entscheidung zu treffen … Der Moralist muss auf ein allgemeines Prinzip der menschlichen
Natur einwirken und eine Saite anschlagen, die bei allen Menschen harmonisch wider-
klingt."[38] Diese idealistische Haltung, dass identische menschliche Handlungen aus
emotionalen Gründen in gleicher Weise beurteilt werden müssen, haben wir schon in
Abschnitt 2.2.1.2 kennengelernt und im Sinn einer moralischen Letztbegründung zu-
rückgewiesen.

Im Prinzip fordert der Universalismus dazu auf, Moralgesetze als Naturgesetze anzusehen, obwohl sie es objektiv nicht sind. Naturgesetze benötigen für ihre Gültigkeit
keinen personellen Bezug, moralische Gesetze hingegen schon. Universalistische Ansätze sind meist apriorisch verankert, d. h. ihre Ableitung findet metaphysisch, also vorempirisch, statt. Moralische Wahrheit findet sich in der Welt, unabhängig davon, ob der
Mensch existiert oder nicht.

Eine verwandte Position zum Universalismus nimmt der Realismus ein. Er geht davon aus, dass moralische Werte insofern wahr sind als sie real in der Welt und in den
Gesellschaften vorkommen, unabhängig davon, ob der Mensch sie als wertvoll oder
wertlos ansieht. Solche Werte sind Friede, Gerechtigkeit, Freiheit etc., die objektiven

Charakter haben und so zum Wohl der Menschheit beitragen. Dahinter steht die Annahme, dass das Sein das Bewusstsein prägt. Die Wirklichkeit, z. B. Verbrechen, löst im Menschen Reaktionen aus, die zu normativen Anstrengungen und moralischen Standards führen. Erst die philosophische Reflexion zieht diese Kausalität zwischen Wirklichkeit und Bewusstsein in Zweifel.

Dass z. B. Frieden als universeller Wert objektiv existiert, wird daran deutlich, dass man über die Mittel (Auf- oder Abrüstung) seiner Erreichung diskutiert. Auch wenn einige dagegen verstoßen, so zeigt die Realität immer wieder, dass fast alle Eltern auf der Erde die Fürsorgepflicht ihren Kindern gegenüber ernst nehmen. Eines ist dabei jedoch zu beachten. Das Vorhandensein universeller, realer Werte ist von der Relativität der Umsetzung der Werte zu unterscheiden. Um der elterlichen Fürsorgepflicht gerecht zu werden, gibt es bei uns die Babyklappe, falls sich jemand außer Stande zur Kindeserziehung sieht. Ist beim Eipo-Stamm (Papua-Neuguinea) die Versorgung eines Säuglings nicht sichergestellt, wird er aus Fürsorge sofort nach der Geburt getötet. Der Wert für sich darf nicht verwechselt werden mit seiner Umsetzung.

Am Universalismus zu kritisieren ist, dass er die Kontextualität lokaler Moralkultur komplett erstickt. Moralische Vielfalt läuft durch die universalistische Dogmatisierung sofort Gefahr, sich selbst zu zerstören. Zweitens muss man konstatieren, dass die Kriege der Vergangenheit oft im Namen widerstreitender universeller Prinzipien zustande gekommen sind. Zum dritten begründet der Universalismus insofern kritikfähige Hierarchieverhältnisse, als er moralischen Werten und Urteilen eine prinzipiell höhere Verbindlichkeit zuschreibt als rein subjektiven Werten und Urteilen. Viertens ist er durch seinen fundamentalistischen Anspruch nicht liberal zu nennen. Zum fünften weist der Universalismus eine gewisse Nähe zum moralischen Rigorismus auf.

2.3.2.2 Relativismus

Der Relativismus geht davon aus, dass eine wahre und höchste Erkenntnis von Sein und Welt unmöglich ist und dass letztlich nur graduelle Unterschiede zwischen objektivem Wissen und subjektiver Meinung bestehen. Wahrheit ist bedingt, was bedeutet, dass jedwede Aussage auf Bedingungen beruht, deren Wahrheit wieder bedingt ist und so weiter. Jede Moralauffassung baut auf Axiomen auf, die objektiv nicht beweisbar sind, sie hängen vom Betrachter ab. Die Geltung von Aussagen hängt von Voraussetzungen ab, die selbst keine allgemeine Geltung beanspruchen können. Welt ist nicht das, was an sich existiert, sondern was von den begrenzt erkenntnisfähigen Menschen danach konstruiert wird. Wahrheit zerfällt tatsächlich in Wahrheiten, deren Gültigkeiten von Gemeinschaft zu Gemeinschaft, von Mensch zu Mensch verschieden sind. Moralische Normen und Werte sind danach inkommensurabel und keine Weltanschauung kann wirklich den Anspruch begründen, die objektiven und absolut richtigen Moralmaßstäbe zu kennen. Jede Kultur entwickelt ihre eigenen Moralprinzipien, die weder auf andere Kulturen übertragbar sind noch miteinander verglichen werden können. Denkt man den Relativismus konsequent zu Ende, landet man unter Umständen beim Nihilismus bzw. Amoralismus.

Dem Relativismus verwandt sind Subjektivismus und Skeptizismus. Laut Subjektivismus sind moralische Phänomene ausschließlich durch das jeweilige Subjekt, dem Individuum geprägt. Das liegt an der Subjektgebundenheit menschlicher Wahrnehmung, die René Descartes mit seinem berühmten Zitat „Cogito ergo sum" („Ich denke, also bin ich") auf den Punkt gebracht hat. Das Ich ist danach Träger allen belebten Seins. Kant ergänzte diese Position insofern, als er die „Dinge an sich" unerkennbar nannte, auch wenn er daraus andere Schlussfolgerungen zog als Descartes. Moralisch betrachtet tendiert der Subjektivismus dazu, die intersubjektive Gültigkeit normativer Werte zu verneinen. Der direkte Gegenbegriff zum Subjektivismus ist der Objektivismus, der eine Spielart des Universalismus ist. Der Skeptizismus vertritt ebenso die Auffassung, dass absolute Wahrheit nicht gewonnen, Gegenständige nicht so beschrieben werden können wie sie unabhängig von unserer Vorstellung wirklich sind. Zum allerhöchsten Prinzip des Denkens wird deshalb der Zweifel erhoben, „an allem ist zu zweifeln" (lat. „de omnibus dubitandum"). Die Gegenpositionen zum Skeptizismus sind Fundamentalismus und Dogmatismus.

Der relativistischen Moralposition werden oft folgende Kritikpunkte entgegengehalten. Zum ersten ist sie selbst universalistisch verankert, da sie von der universellen Unerkennbarkeit von Sein und Welt ausgeht. Zweitens dürfen aus der empirischen Tatsache, dass Menschen heutzutage immer liberaler und toleranter werden, keine moralischen Geltungsansprüche abgeleitet werden. Drittens birgt der Relativismus die Gefahr, dass Kulturen und Gesellschaften immer mehr in Richtung Nihilismus abdriften, was im schlimmsten Fall zu einer kulturellen Selbstzerstörung führen könnte. Viertens verhindert der Relativismus, dass überhaupt eine moralische Argumentationsgrundlage aufgebaut werden kann. Nehmen wir das Beispiel der Genitalverstümmelung von islamischen Frauen in einigen Ländern Afrikas. Wenn der Relativist dies moralisch verwirft, widerspricht er seinem eigenen Dogma. Es bleibt ihm also nur die Akzeptanz dieser menschenverachtenden Praxis. Nimmt sich der Relativist somit ernst, darf er nur ausschließlich zustimmende Moralurteile über andere abgeben, was für sich betrachtet ziemlich bizarr anmutet.

Moral spielt sich letztlich immer zwischen Universalismus und Relativismus ab, auch wenn sich beide Systeme wissenschaftslogisch ausschließen. Ohne Universalismus geht es nicht, denn damit in pluralistischen, interkulturellen und internationalen Gesellschaften überhaupt eine kooperative und möglichst konfliktfreie Interaktion stattfinden kann, bedarf es eines Minimums an Regeln, die ausnahmslos von allen Beteiligten akzeptiert werden. Ohne z. B. den universalistischen Grundsatz „pacta sunt servanda" (Verträge sind einzuhalten) wäre auf wirtschaftlichem Gebiet kein Handel, keine Fusion, kein Kaufvertrag, kein Arbeitsvertrag, keine internationale Zusammenarbeit möglich. Selbst potenziell verfeindete Moralgemeinschaften finden auf diese universalistische Art einen gemeinsamen Weg. Ohne Relativismus geht es jedoch auch nicht. Denn solange Wahrheit nicht absolut ist, sie also weder objektiv noch ultimativ begründet werden kann, solange besteht das subjektive Recht und die Notwendigkeit der (kontroversen) Suche nach einer solchen Wahrheit.

Nehmen wir z. B. die universalistisch verankerten Menschenrechte (alle Menschen sind gleich, alle haben das Recht auf körperliche und seelische Unversehrtheit, auf gleichen politischen Zugang, auf wirtschaftliche Chancengleichheit und dergleichen mehr). Eigentlich gelten sie kulturübergreifend, doch empirisch stellen wir das Gegenteil fest. Wichtig dabei ist der Fakt, dass sich dieser Unterschied nicht einfach mit dem Hinweis abtun lässt, dass die mangelnde Achtung solcher Rechte nichts an der generellen Gültigkeit derselben ändert. Wir müssen akzeptieren, dass in vielen Kulturen die Konzeption von Menschenrechten völlig anders gesehen wird. Dies betrifft sowohl die Gleichberechtigung der Frau wie die Gleichheit vor dem Gesetz unabhängig von Rasse, Hautfarbe, Geschlecht, Alter, sozialer Herkunft etc. Das Kastenwesen in Indien beinhaltet, dass manche Menschen weniger Rechte besitzen als andere, weil sie eben einer niedrigeren Schicht angehören. Dort existiert ein anderes Menschenbild, dem explizit offenbar eine andere Konzeption von Menschenrechten zugrunde liegt. Zwischen Universalismus und Relativismus besteht ein komplementäres Bedingungsverhältnis. Freiheit, Individualität, Partikularität sind untrennbar mit einer allgemeinen Moral verbunden, die die Verbindlichkeit des unbedingten Respekts gegenüber den menschlichen Interaktionsbedingungen zum Ausdruck bringt. Halten wir das Dilemma fest: Moral ist nicht universalisierbar, also nicht über alle Menschen hinweg gleichschaltbar, aber der Relativismus löst keine moralischen Probleme, da er Gleichgültigkeit, Beliebigkeit, Nihilismus, Zynismus hervorruft[39].

2.3.3 Der Querschnitt der Moral

Moralnormen lassen sich von ihrem Abstraktionsgrad auf zwei verschiedenen Ebenen vorfinden. Sie können sehr konkret sein (beim Mittagessen mit Messer und Gabel zu essen) und sie können zweitens eher abstrakt sein (z. B. die Goldene Regel). Wenn die erste Ebene aus irgendwelchen Gründen nicht vorhanden ist oder nicht verwendet werden kann, greifen wir oft auf die zweite Ebene zurück. Dies ist der Fall, wenn ein normativer Dissens über ein bestimmtes, erforderliches Verhalten besteht, der mit den vorhandenen Moralnormen nicht gelöst werden kann. Dies kommt oft in Situationen von neuen, besonders technisch bedingten Entwicklungen vor. Moralprinzipien helfen zudem, Moralkriterien abzuleiten, so ist die Erforschung und Nutzung von Stammzellen nur erlaubt, wenn sie möglichst wenig (für andere Zwecke) missbraucht werden kann.

2.3.3.1 Konkrete Verhaltensnormen

Die meisten moralischen Forderungen, die in der sozialen Wirklichkeit vorkommen, sind konkreter Natur. Konkret heißt, dass die Regeln so formuliert sind, dass sie anschaulich, verständlich, leicht vorstellbar, sinnfällig, gut umsetzbar sind, sodass sie auf diese Weise möglichst viele Menschen erreichen und diese angemessen darauf reagieren können. Auch bei den bedeutsamen zehn Geboten weiß jeder sofort, was Sache ist. So muss bei

dem Verbot „Du sollst nicht töten" niemand ernsthaft darüber nachdenken, was von ihm
verlangt wird, da jeder den Unterschied zwischen Leben und Tod kennt.

Dass die konkrete Form von Sollensforderungen den Kernbereich der Moral ausmacht, hängt unter anderem damit zusammen, dass Moral möglichst praktikabel sein
soll. Sie soll uns den Weg im Dschungel eines funktionsgebundenen Miteinanders weisen. Sie soll, da sie sich über fast alle Lebensbereiche erstreckt, alltagstauglich sein, was
folgende Beispiele gut zeigen: Wir sollen dem Rollstuhlfahrer die Tür öffnen, damit
auch er leichter mobil sein kann. Wir sollen erste Hilfe bei einem Unfall leisten, damit
der Verletzte gerettet wird. Moralische Regeln sind situationsgebunden. Des Weiteren ist
Moral von einfachsten Zweck-Mittel-Zuordnungen gekennzeichnet. Wenn man gähnt,
hält man sich die Hand vor den Mund. Wenn man eine Rechnung erhält, überweist man
den Betrag innerhalb der vereinbarten Frist. Das konkrete Wesen der Moral verhindert,
dass wir vor allem kognitiv überfordert werden. Andernfalls müssten wir ständig darüber
nachdenken, was von uns nun genau verlangt wird. Damit Normen außerdem überhaupt
ihre Geltung entfalten können, damit sie sozusagen beim Menschen ankommen, müssen
sie so plausibel wie möglich sein.

Die exakte Grenze, wo Moralnormen einerseits noch konkret und material, andererseits aber schon abstrakt und formal sind, lässt sich nur schwer ziehen. Selbst wenn
dieses Unterfangen von Erfolg gekrönt wäre, dann nur in einer eigenen Abhandlung, die
hier nicht zu leisten ist. Halten wir an dieser Stelle fest, dass je konkreter eine Norm ist,
sie umso häufiger vorkommt und sie dadurch meist höhere empirische Relevanz erhält.

2.3.3.2   Moralprinzipien

Ein Prinzip ist ein letzter Maßstab, ein hierarchisch an oberster Stelle stehendes Urteil,
das in der Regel als Instrument zur Letztbegründung von Sollensanforderungen herangezogen wird. Solche „Metanormen" oder „regulativen Ideen" finden sich vor allem im
wissenschaftlichen, z. B. im ethischen Bereich. Als Kristallisationspunkte, die der Verallgemeinerung normativer Aussagen dienen, sind Prinzipien meist extrem formalisiert.
Aus diesem Grund spielen sie für die Moral eine untergeordnete Rolle. Sie finden in
erster Linie in der normativen Ethik ihre Anwendung. In den Anmerkungen ist eine
Reihe von mittlerweile bekannten Ethik-Prinzipien zusammengestellt[40].

Der Unterschied zwischen Ethik- und Moralprinzipien liegt darin, dass erste reflexive
Axiome zur Rechtfertigung des höchsten Gutes darstellen, während zweite zur faktischen Legitimation von sozialen Handlungen herangezogen werden. Das sicher bekannteste Moralprinzip, das wir in der Wirklichkeit sozialer Interaktion immer wieder vorfinden, ist die Goldene Regel: „Was du nicht willst, das man dir tu', das füg auch keinem
anderen zu". Dieses Prinzip ist formaler Natur, da es auf jede denkbare Situation bezogen werden kann. Indem es Solidarität vermittelt, erfüllt es die Voraussetzung von Prinzipien, dass diese verallgemeinerbar (universalisierbar) sein müssen. „Moral, verstanden
als Lehre vom richtigen Verhalten, gibt die Bedingungen an, unter denen der Anspruch
eingelöst wird, dass eine Handlungsweise relativ richtig zu einem Prinzip ist, das für alle
Akteure ohne Ansehen ihrer besonderen Person gültig ist, d. h. wenn eine Pflicht allge-

meingültig ist".[41] Außerdem macht es einen Moralanspruch geltend, weil es keine material bestimmbare Zweckdienlichkeit repräsentiert. Es bleibt durch seine inhaltliche Inter-
pretationsbedürftigkeit vage und wenig praxisorientiert, aber es kommt in Moralkonflik-
ten immer wieder zur Anwendung, vor allem wenn konkrete Sollensanforderungen nicht
vorhanden sind oder man in Normkonflikte verstrickt ist.

Prinzipien werden oft zur Überprüfung der normativen Gültigkeit von bereits bestehenden oder neuen Moralnormen herangezogen. Sie nehmen dann als Moralkriterien den
Rang von universellen Grundsätzen ein, die trotz eines bestehenden Abstraktionsgrades
den jeweiligen Kontext eines Handelns mitberücksichtigen. Kriterien sind formale Urteile, die eine praktisch relevante Orientierungshilfe leisten sollen. Den Moralkriterien
verwandt sind Moralmaximen. Sie sind Ausdruck persönlichen Strebens nach Vernunft
und Verallgemeinerung. Nach Kant ist eine Maxime ein „subjektives Prinzip des Wollens"[42], nach dem man wirklich handelt. Beide Handlungsregeln stellen somit Leitsätze
dar, die zugleich pragmatische Qualitäten aufweisen. Beispiele dafür sind: Gemeinwohl,
Personalwohl, Solidarität, Subsidiarität, Menschenwürde, Gerechtigkeit, Freiheit, Friede,
Partizipation etc.

2.3.4 Die Ebenen der Moral

Moral findet auf unterschiedlichen Ebenen, an unterschiedlichen Orten statt. Bei Themen, die alle Mitglieder einer Gesellschaft betreffen, spricht man von öffentlicher Moral.
Bei Themen, die nur die Mitglieder von sehr kleinen Gemeinschaften (wie z. B. Familien) betreffen, handelt es sich um private Moral.

2.3.4.1 Makroebene: Öffentliche Moral

Öffentlichkeit bedeutet, dass es Bereiche gibt, die für die Allgemeinheit bestimmt sind
und die über den relativ begrenzten Raum des Persönlichen hinausgehen. Öffentlichkeit
wird meist über die Massenmedien (Fernsehen, Radio, Zeitungen) hergestellt und führt
zu öffentlichen Meinungen und sozialer Kontrolle. Öffentlichkeit spinnt ein „Netz für
die Kommunikation von Inhalten und Stellungnahmen, das sich nach der Kommunikati-
onsdichte, der Organisationskomplexität und Reichweite der Ebenen differenziert, von
der episodischen Kneipe … bis zur abstrakten, über Massenmedien hergestellten Öffentlichkeit"[43]. Öffentlichkeit findet folglich immer dort statt, wo der Einzelne restriktions-
frei am Leben der Gesamtheit teilhaben kann.

Praktisch findet Öffentlichkeit trotzdem nicht immer als Totalität statt, sondern meist
partiell. Ein sehr hoher Grad an Öffentlichkeit findet sich z. B. in Regierungen, Parla-
menten, Parteien, Politik, Gewerkschaften, Verbänden, Gerichten, Polizei (Exekutive),
Schulen, Hochschulen, Behörden, Rundfunkanstalten, privaten Medien, im Internet, in
generell allen Anstalten öffentlichen Rechts etc. Da an diesen „Orten" die größte Öffent-
lichkeitsrelevanz vorhanden ist, entsteht hier primär die sogenannte öffentliche Meinung,

die sich über moralische Grundsatzentscheidungen und über Festlegung moralischer Grundwerte letztlich in der Form von Gesetzen und rechtlichen Vorgaben niederschlägt.

Dadurch, dass die öffentliche Moral im öffentlichen Raum mit entsteht, modifiziert und gelebt wird, kommt ihr aus Sicht der Wirtschaftsmoral sicher eine größere Rolle zu als der privaten Moral. Die öffentliche Moral ist insofern die eigentliche Moral, da dort die Kriterien der Moral Hierarchie, Allgemeingültigkeit und gesellschaftliche Anerkennung von sozialen Verhaltensnormen am stärksten zum tragen kommen. Veränderungen der öffentlichen Moral deuten immer darauf hin, dass sich Mehrheiten verändern aufgrund von gesellschaftlichem Wertewandel. Typische Beispiele für öffentliche Moralfragen sind: Soll das Wahlalter von 18 auf 16 Jahre reduziert werden? Muss jeder Autofahrer eine Haftpflichtversicherung besitzen? Soll die Bundeswehr in Afghanistan eingesetzt werden? Soll jedes Kind der Schulpflicht unterliegen?

2.3.4.2   Mikroebene: Private Moral

Der Begriff privat bezeichnet soziale Normen, die nicht mehr der Allgemeinheit zuzurechnen sind, sondern welche sich auf einzelne Personenpaare oder Personengruppen beziehen, die meist in einem engeren Verhältnis zueinanderstehen. Im ursprünglichen Sinn ist damit der Haushalt bzw. die Familie gemeint. Privatsphäre als Unterform der allgemeinen Persönlichkeitsrechte hat mittlerweile Einzug in die verfassungsgemäßen Schutzrechte des Menschen in Deutschland gehalten (Artikel 2) und soll ihm einen Raum garantieren, in dem er sich frei und ungezwungen verhalten darf. Ergänzt wird das Recht auf Privatsphäre durch das Recht der Unverletzlichkeit der Wohnung oder das des Post- und Fernmeldegeheimnisses.

Das Einräumen des Rechts auf Privatsphäre schließt den Bereich der Moral natürlich mit ein. So hat z. B. jedes Ehepaar in Deutschland die Entscheidungsfreiheit, ob in sexueller Hinsicht eine offene Zweierbeziehung stattfinden soll oder nicht. Eltern können entscheiden, ob sie ihre Kinder Computerspiele spielen lassen oder nicht, ob diese im Haushalt mithelfen müssen oder nicht.

2.3.4.3   Mesoebene: Halb-öffentliche Moral

Viele Moralbereiche sind in der Wirklichkeit vermischt, halb-privat bzw. halb-öffentlich. Der Aufsichtsrat einer Aktiengesellschaft kann z. B. entscheiden, wen er in den Vorstand beruft oder wie hoch dessen Bezüge sein sollen. Zum anderen muss er zusammen mit dem Vorstand für Publizität sorgen, indem er einen Jahresabschluss, eine Schlussbilanz, einen Lagebericht absegnet, der dem öffentlichen Interesse nach Wahrheit und Klarheit gerecht wird. Unternehmerische Freiheit steht den öffentlichen Belangen nach moralisch einwandfreien Produktionseinheiten gegenüber. Vereine und Stiftungen haben Gestaltungsmöglichkeiten, solange sie sich an das Vereins- bzw. Stiftungsrecht halten. Der Wirtschaftsverband kann seine Lobbyarbeit nach innen größtenteils selbstständig organisieren, nach außen erwartet man allerdings von ihm, dass er nicht zu unfairen Mitteln wie Bestechung oder ähnlichem greift. Befreundete Musiker können entscheiden, ob sie sich ehrenamtlich für ein Benefizkonzert engagieren. Nachbarn können entscheiden, ob sie gemeinsam ein Straßenfest feiern, um den Zusammenhalt zu stärken. Die spendenfreudige Kirchengemeinde entscheidet, ob sie das Geld für afrikanische Aids-Waisen oder brasilianische Straßenkinder verwendet.

2.4   Das Wesen der Moral: Das autonome Wollen eines Gut-Sein-Sollens

Moral spiegelt menschliche Autonomie wider. Der Mensch als das einzige wertende Geschöpf überhaupt entscheidet in einem selbstgesetzgeberischen Prozess über moralische Dinge, also über eine von ihm erschaffene Welt, die durch Sein oder Nichtsein von Normen gekennzeichnet ist. Diese Autonomie, die letztlich von der individuellen Persönlichkeit der Menschen getragen wird, mündet allerdings zugleich in einen Subjektivismus, da jeder auf seine Weise diese Autonomie spürt, denkt und lebt. Moral ist somit immer als eine zutiefst ambivalente, von Zerrissenheit geprägte Angelegenheit anzusehen.

Moral ist in ihrem Kern auf ein Gut-Sein-Sollen ausgerichtet. Das heißt, sie ist normativ, weil etwas allgemeinverbindlich und im gegenseitigen Einvernehmen gesollt werden soll. Und die damit verbundene Verhaltensanforderung soll aus einer Kategorie abgeleitet sein, die soziale Interaktion begründen kann, funktionieren lässt und die dem Anspruch menschlicher Kultur gerecht zu werden vermag: einem ultimativ nicht begründbaren, aber sozial angemessenen und intersubjektiv vermittelbaren Guten.

Das Gesollte wird dabei im Rahmen eines lebenslangen Lernprozesses nicht nur passiv, duldend adaptiert, sondern es wird, mal mehr, mal weniger, zu einem Wollen. Es wird zur zweiten Haut des Menschen, die soziale Verletzbarkeit gebend wie nehmend erfahren hat. Moral als das spezielle Gemisch, das über die Vergesellschaftung Individualität ermöglicht, das über Freiheitsentzug zur Freiheit führt, wölbt etwas Inneres nach außen, weil das Außen dem Inneren Raum gibt. Wir sind jetzt soweit, eine solide Definition von Moral ableiten zu können.

▶ **Definition**   Moral kann definiert werden als mehrdimensionales, hierarchisches, autonomes System nicht legalistischer, kultur- und praxisbezogener, allgemein anerkannter, sozialer Verhaltensnormen, die aus einem ultimativ nicht begründbaren, aber intersubjektiv vermittelbaren „Guten" abgeleitet werden.

Anmerkungen zu Kapitel 2

1   Thomas Hobbes, „homo hominis lupo". Als einer der ersten hat Hobbes (1588–1679) diese Position in seinem Werk „Leviathan" systematisch durchleuchtet. Hobbes geht von einem Naturzustand aus, in dem Menschen chaotisch ohne Gesetz und Staat zusammenleben. Es herrscht „Krieg aller gegen alle", wo der „Mensch dem Menschen ein Wolf " ist, weil jeder in diesem Rohzustand seine Interessen rigoros durchzusetzen versucht. Weil kein Gesetz existiert, wird skrupellos auf jedes Mittel zurückgegriffen, also auch auf Betrug, Diebstahl, Mord etc. In einer solchen Welt lebt jeder in Angst und Schrecken und jeder entwickelt Argwohn, Misstrauen und präventive Selbstverteidigungsmittel, um sein Leben und Hab und Gut zu verteidigen. Um dieses animalische Stadium zu überwinden, etabliert der Mensch den Staat (den Leviathan als „sterblichen Gott"), der als übergeordnete, souveräne Instanz Sicherheit bietet und moralische Werte durch Gesetze fixiert. Der Preis eines friedlichen Nebeneinanders, ist natürlich die Einschränkung der Freiheit.

2   Thomas Hobbes, „bellum omnium contra omnes".

3   Der große Brockhaus zum Stichwort „Moral" (vgl. www.humanisten freiburg.de/sites/default/files/pdf/MoralEthikReligion_Gedankensplitter_OA_240511.pdf).

4   „Gesamtheit von ethisch-sittlichen Normen, Grundsätzen, Werten, die das zwischenmenschliche Verhalten in einer Gesellschaft regulieren, die von ihr als verbindlich akzeptiert werden" (Duden Fremdwörterbuch), „Jede Moral ist ein System von Regeln, und der Kern jeder Sittlichkeit besteht in der Achtung, welche das Individuum vor diesen Regeln empfindet" (Jean Piaget 1932), „Der Begriff der Moral umfasst alle…aus wechselseitigen Anerkennungsprozessen hervorgegangenen Ordnungs- und Sinngebilde (Regelsysteme), die in Form eines Katalogs materialer Normen und Wertvorstellungen zum einen Bedürfnisbefriedigung einer menschlichen Handlungsgemeinschaft regeln, zum anderen in dem, was von dieser allgemein als verbindlich (Pflicht) erachtet wird, Auskunft über das Freiheitsverständnis der Gemeinschaft geben" (Pieper S. 31), „Moralische Normen regeln ein soziales Zusammenleben, indem sie zu bestimmten Handlungsweisen und Unterlassungen von Handlungsweisen kategorisch und wechselseitig verpflichten" (Wingert, S. 23), „Es ist klar, dass sich die Ethik nicht aussprechen lässt" (Ludwig Wittgenstein). Wie zirkulär übrigens die meisten Definitionsversuche auf moralischem Gebiet sind, zeigt das folgende Zitat von dem bekannten Soziologen Ferdinand Tönnies (Die Sitte, 1908). Danach ist Sitte der „auf Tradition und Gewohnheit beruhende, durch moralische Werte und Regeln bedingte, … verbindlich geltende Wertkanon". Sitte verweist somit auf Moral, und Moral, die, wie wir wissen, „die Sitten betrifft" auf die Sitte.

5   1. Du sollst an einen Gott glauben. 2. Du sollst den Namen Gottes nicht verunehren. 3. Du sollst den Tag des Herrn heiligen. 4. Du sollst Vater und Mutter ehren, damit du lange lebst und es dir wohl ergehe auf Erden. 5. Du sollst nicht töten. 6. Du sollst nicht Unkeuschheit treiben. 7. Du sollst nicht stehlen. 8. Du sollst kein falsches Zeugnis geben. 9. Du sollst nicht begehren deines Nächsten Frau. 10. Du sollst nicht begehren deines Nächsten Gut.

6   1. Du sollst nicht töten. 2. Du sollst keine Schmerzen verursachen. 3. Du sollst niemanden unfähig machen. 4. Du sollst niemandem seine Freiheiten oder Chancen entziehen. 5. Du sollst niemandem seine Rechte beschneiden. 6. Du sollst nicht stehlen. 7. Du sollst Deine Versprechen halten. 8. Du sollst nicht täuschen oder betrügen. 9. Du sollst dem Gesetz gehorchen. 10. Du sollst Deine Pflicht tun, vgl. Gert Bernard, zitiert nach: Birnbacher, Dieter: Analytische Einführung in die Ethik, S. 82, in: books.google.de/books?isbn=3110194422.

7   1. Setze Allah keinen anderen Gott zur Seite. 2. Dein Herr hat bestimmt, dass man die Eltern gut behandeln soll. 3. Lass Deinem Verwandten sein Recht zukommen, ebenso dem Bedürftigen und dem Reisenden. 4. Tötet nicht Eure Kinder aus Furcht vor Verarmung. 5. Nähert

Euch nicht der Unzucht. 6. Tötet nicht den Menschen. 7. Nähert Euch nicht dem Besitz des Waisenkindes, 8. Erfüllt eingegangene Verträge. 9. Verfolge nicht das, wovon Du kein Wissen hast. 10. Wandle nicht hochmütig auf Erden umher, in: www.glaubenskurs.net/themen/ at/dekalog/texte/zehn_gebote_im_islam.

8   Lehre vom achtfältigen Pfad: 1. rechtes Glauben, 2. rechtes Wollen, 3. rechtes Reden, 4. rechtes Tun, 5. rechtes Leben, 6. rechtes Streben, 7. rechtes Gedenken, 8. rechtes Sich-Versenken, in: www.cai.org/de/bibelstudien/islam-hinduismus-und-buddhismus.

9   Artikel 1: Alle Menschen sind frei und gleich an Würde und Rechten geboren. Sie sind mit Vernunft und Gewissen begabt und sollen einander im Geiste der Brüderlichkeit begegnen. Artikel 2: Jeder hat Anspruch auf alle in dieser Erklärung verkündeten Rechte und Freiheiten, ohne irgendeinen Unterschied, etwa nach Rasse, Hautfarbe, Geschlecht, Sprache, Religion, politischer oder sonstiger Anschauung, nationaler oder sozialer Herkunft, Vermögen, Geburt oder sonstigem Stand. Des Weiteren darf kein Unterschied gemacht werden auf Grund der politischen, rechtlichen oder internationalen Stellung des Landes oder Gebietes, dem eine Person angehört, gleichgültig ob dieses unabhängig ist, unter Treuhandschaft steht, keine Selbstregierung besitzt oder sonst in seiner Souveränität eingeschränkt ist. Artikel 3: Jeder hat das Recht auf Leben, Freiheit und Sicherheit der Person. Artikel 4: Niemand darf in Sklaverei gehalten werden; Sklaverei und Sklavenhandel in allen ihren Formen sind verboten. Artikel 5: Niemand darf der Folter oder grausamer, unmenschlicher oder erniedrigender Behandlung oder Strafe unterworfen werden. Artikel 6: Jeder hat das Recht, überall als rechtsfähig anerkannt zu werden. Artikel 7: Alle Menschen sind vor dem Gesetz gleich und haben ohne Unterschied Anspruch auf gleichen Schutz durch das Gesetz. Alle haben Anspruch auf gleichen Schutz gegen jede Diskriminierung, die gegen diese Erklärung verstößt, und gegen jede Aufhetzung zu einer Diskriminierung. Artikel 8: Jeder hat Anspruch auf einen wirksamen Rechtsbehelf bei den zuständigen innerstaatlichen Gerichten gegen Handlungen, durch die seine ihm nach der Verfassung oder nach dem Gesetz zustehenden Grundrechte verletzt werden. Artikel 9: Niemand darf willkürlich festgenommen, in Haft gehalten oder des Landes verwiesen werden. Artikel 10: Jeder hat bei der Feststellung seiner Rechte und Pflichten sowie bei einer gegen ihn erhobenen strafrechtlichen Beschuldigung in voller Gleichheit Anspruch auf ein gerechtes und öffentliches Verfahren vor einem unabhängigen und unparteiischen Gericht. Artikel 11: (1) Jeder, der einer strafbaren Handlung beschuldigt wird, hat das Recht, als unschuldig zu gelten, solange seine Schuld nicht in einem öffentlichen Verfahren, in dem er alle für seine Verteidigung notwendigen Garantien gehabt hat, gemäß dem Gesetz nachgewiesen ist. (2) Niemand darf wegen einer Handlung oder Unterlassung verurteilt werden, die zur Zeit ihrer Begehung nach innerstaatlichem oder internationalem Recht nicht strafbar war. Ebenso darf keine schwerere Strafe als die zum Zeitpunkt der Begehung der strafbaren Handlung angedrohte Strafe verhängt werden. Artikel 12: Niemand darf willkürlichen Eingriffen in sein Privatleben, seine Familie, seine Wohnung und seinen Schriftverkehr oder Beeinträchtigungen seiner Ehre und seines Rufes ausgesetzt werden. Jeder hat Anspruch auf rechtlichen Schutz gegen solche Eingriffe oder Beeinträchtigungen. Artikel 13: (1) Jeder hat das Recht, sich innerhalb eines Staates frei zu bewegen und seinen Aufenthaltsort frei zu wählen. (2) Jeder hat das Recht, jedes Land, einschließlich seines eigenen, zu verlassen und in sein Land zurückzukehren. Artikel 14: (1) Jeder hat das Recht, in anderen Ländern vor Verfolgung Asyl zu suchen und zu genießen. (2) Dieses Recht kann nicht in Anspruch genommen werden im Falle einer Strafverfolgung, die tatsächlich auf Grund von Verbrechen nichtpolitischer Art oder auf Grund von Handlungen erfolgt, die gegen die Ziele und Grundsätze der Vereinten Nationen verstoßen. Artikel 15: (1) Jeder hat das Recht auf eine Staatsangehörigkeit. (2) Niemandem darf seine Staatsangehörigkeit willkürlich entzogen noch das Recht versagt werden, seine Staatsangehörigkeit zu wechseln etc., zitiert aus: www.un.org/depts/german/menschen rechte/aemr.pdf.

10 Max Weber, zitiert in: Technische Normen – Soziale Normen? in: Soziale Welt, 40 (1/2), 1989, 242–258, zitiert aus: www2000.wzb.eu/alt/met/pdf/techsoz_normen.pdf.

11 Als weitere Ebenen kommen in Frage: Grad der Norminstitutionalisierung, d. h. geht es um formelle oder informelle Normen? Grad der Norminternalisierung, inwieweit ist die Norm Teil einer Persönlichkeit geworden? Nutznießung der Norm, d. h. konjunkte Normen nützen dem, der sich normkonform verhält (wer im Straßenverkehr rechts fährt, erleidet weniger Unfälle), diskunkte Normen nützen ihm nicht (bei einer Fahrspurverengung fährt der eine vorschrifts-mäßig (Reißverschlussverfahren) bis zur Verengung, wird dort aber von den anderen Ver-kehrsteilnehmern nicht auf die rechte Spur gelassen).

11a Da das Rechtssystem mehrere Bereiche ausdifferenziert hat, die möglichst widerspruchsfrei sein sollen, muss es ebenfalls hierarchisch geordnet sein. Danach steht national an erster Stelle die Verfassung/Grundgesetz eines Landes. Dieses bindet Gesetzgebung (Legislative), vollzie-hende Gewalt (Exekutive) und Rechtsprechung (Judikative). Es enthält Werte, die Normen fundieren (z. B. „die Würde des Menschen ist unantastbar"). Danach kommen die vom Parla-ment erlassenen Gesetze, die, abstrakt und allgemein, typische soziale Sachverhalte regeln (Sozial-, Arbeits-, Bürgerliches Recht, Handels-, Straf-, Öffentliches Recht etc.). Danach schließen sich Verordnungen an. Verordnungen sind bindende Normen, die von der Exekutive, nicht von den Gesetzgebungsorganen verabschiedet werden, z. B. die Straßenverkehrsordnung. Danach folgen Satzungen, Rechtssätze also, die von Körperschaften des öffentlichen Rechts erlassen werden, Gemeinden, Regierungsbezirken, Universitäten, Anwaltskammern. Darauf folgen noch Gewohnheits- und Richterrecht, die jeweils nicht schriftlich vorliegen. Das Ge-wohnheitsrecht bezieht sich auf Normen, die über einen längeren Zeitraum praktiziert wurden und von den Beteiligten als verbindlich eingestuft wurden. Richterrecht ist auch ungeschrie-benes Recht, das auf der richterlichen Autorität basiert und vor allem in „Gesetzeslücken" ihre Anwendung findet. Einen Spezialfall stellt das internationale bzw. das supranationale Recht dar. Danach bricht nach Auffassung des Europäischen Gerichtshofs Europarecht jeweiliges nationales Recht, was vom Bundesverfassungsgericht so nicht geteilt wird. Das Völkerrecht hingegen entfaltet keine unmittelbare Rechtswirkung, sondern bedarf der Zustimmung des deutschen Gesetzgebers.

12 Achtsam sein, anständig sein, aufmerksam sein, ausdauernd sein, besonnen sein, diszipliniert sein, beständig sein, dankbar sein, duldsam sein, echt sein, ehrlich sein, humorvoll sein, ehr-fürchtig sein, fair sein, freundschaftlich sein, entschlossen sein, gelassen sein, gemütlich sein, großmütig sein, gütig sein, loyal sein, maßvoll sein, mitfühlend sein, mitleidend sein, mutig sein, objektiv sein, offen sein, taktvoll sein, vernünftig sein, ordnungsliebend sein, ruhig sein, sachlich sein, selbstbeherrscht sein, solidarisch sein, tolerant sein, standhaft sein, unmittelbar sein, ursprünglich sein, verschwiegen sein, vertrauenserweckend sein, weise sein, zuverlässig sein etc.

13 In Frankreich ist es verboten, einem Schwein den Namen „Napoleon" zu geben, sich im Zug zu küssen. In Israel ist das Züchten von Schweinen unter Strafe gestellt und für einen Mann namens Cohen gibt es keinen legalen Weg, eine geschiedene Frau zu heiraten. In Uruguay kann ein Ehemann, der seine Frau mit einem anderen im Bett erwischt, bei der Bestrafung richtig zuschlagen. Er kann seiner Frau die Nase abschneiden und den Liebhaber kastrieren. In Siena ist es allen Frauen, deren Vorname „Maria" ist, verboten, als Prostituierte zu arbeiten. Ein tasmanisches Gesetz verlangt es von Witwen, den abgeschnittenen Penis ihres Mannes um den Hals zu tragen. Das Tennisspielen ist auf den Straßen von Cambridge in Großbritannien verboten. In Schottland ist man so lange schuldig, bis die Unschuld bewiesen ist. In Singapur bringt das Kaugummi-Ausspucken auf die Straßen ein Bußgeld bzw. Gefängnis mit sich. Da es als Pornographie angesehen wird, die in Singapur verboten ist, darf man in seinem Haus nicht nackt herumlaufen. Ein saftiges Bußgeld kassiert der, der eine öffentliche Toilette in Singapur

nach dem Benutzen nicht korrekt spült. In Schweden ist die Prostitution legal, die Dienste einer Prostituierten in Anspruch zu nehmen, ist jedoch illegal. In der Schweiz ist es gesetzlich verboten, die Toilette noch nach 10 Uhr abends zu spülen, wenn man in einem Apartment wohnt. Wer in der Schweiz seine Autoschlüssel im Auto lässt, ohne abzuschließen, muss mit Bußgeld rechnen. In Saudi-Arabien ist es illegal, einen Fremden zu küssen, Frauen dürfen kein Auto fahren, vgl. www.gastrotopconsult.ch, www.123recht.net.

Laut einigen Reiseführern müssen aus ausländischer Sicht Nichtdeutsche bei uns mit folgenden Sitten rechnen: sich nie gegen ein fremdes Auto lehnen, da Autos in Deutschland heilig sind, den Müll sorgfältig voneinander trennen, sich nie mit Badehose in die Sauna setzen, niemanden zwischen 20.00 und 20.15 Uhr während der Nachrichten anrufen, nicht überschwänglich freundlich sein, was Misstrauen wecken kann, nicht mit vollem Mund sprechen und während des Essens das Messer in der Hand behalten, melden Sie sich beim telefonieren mit ihrem Namen, nicht nur mit einem hallo, Händeschütteln ist üblich, wenn Sie Bekannte oder Kollegen treffen, verwenden Sie in der Regel das „Sie" und nur bei Freunden, guten Kollegen etc. das „Du", trocknen Sie niemals sonntags die Wäsche im Freien, im Büro sind Sakko, Hose und Halbschuhe üblicher als T-Shirt, Jeans und Turnschuhe, seien Sie generell pünktlich.

14 Vgl. Bayertz, S. 44.

15 Präskiptivität ist ein Begriff, der vor allem im Werk des englischen Moralphilosophen Richard Mervyn Hare eine große Rolle spielt. Danach muss jede Sollensforderung von dem, der sie postuliert, selbst auch gewollt und eingehalten werden.

16 Schachtschneider, Karl Albrecht: Sittlichkeit und Moralität, in: Aufklärung und Kritik 2/2004, S. 9, in: www.gkpn.de/schachtschneider_moralitaet1.pdf, S. 9.

17 Radbruch, Gustav: Gesetzliches Unrecht und übergesetzliches Recht, GRGA 3, S. 83 ff., zitiert aus Klein, Martin: Demokratisches Denken bei Gustav Radbruch, Berlin, S. 115.

18 Aristoteles, Nikomachische Ethik, 1991, X, 10; 1180a 15-16.

19 zitiert nach Eisler, Rudolf: Kant-Lexikon, www.textlog.de, vgl. auch die Selbstzweckformel des Kategorischen Imperativs: „Handle so, dass du die Menschheit, sowohl in deiner Person wie in der Person eines jeden anderen, jederzeit zugleich als Zweck, niemals bloß als Mittel brauchest."

20 Borsche, S. 152.

21 Borsche, S. 153.

22 Vgl. Waibl, S. 10 ff.

23 Pieper 1985, S. 37.

24 zitiert nach Eisler, Rudolf: Kant-Lexikon, www.textlog.de, Stichwort: Moralisches Gefühl.

25 Bayertz, S. 206.

26 Pieper 1985, S. 113.

27 Spaemann, S. 75.

28 Krämer 1992, S. 47.

29 Bayertz, S. 121.

30 Quantität, Qualität, Relation, Modalität, Einheit, Realität, Substanz/Akzidenz, Möglichkeit, Vielheit, Negation, Ursache/Wirkung, Existenz, Allheit, Limitation, Wechselwirkung, Notwendigkeit, zitiert nach: www. Philosophie-wörterbuch.de/online-woerterbuch, Begriff: Kategorien.

31 Pieper 1985, S. 106.

32 Bayertz, S. 34 ff.

33 Zitiert nach Ruh, S. 15.

34 Stäblein 1996, S. 9.

35 Bayertz, S. 34 ff.

36 Bayertz, S. 37.

37 „In der zweiten Hälfte des vergangenen Jahrhunderts … hat sich ein Wandel von einem eher rigiden, religiös oder naturrechtlich fundierten Moralverständnis hin zu einer flexibel prinzipiengeleiteten Minimalmoral vollzogen … Zunehmend tritt an die Stelle von Über-Ich-Kontrollen (Kants Selbstzwangmodell) oder einer präreflexiven Habitusprägung (Krämers Überforderungsmodell) eine ich-syntone, flexibel an das moralische Urteilsvermögen zurück gebundene Motivstruktur" (Nunner-Winkler, zitiert in: Priddat, S. 10).

38 David Hume: Untersuchung über die Prinzipien der Moral, Abschnitt 9, Teil 1. Stuttgart 1984, S. 200 f.

39 „Zynismus ist das aufgeklärte falsche Bewusstsein" (Peter Sloterdijk, Kritik der zynischen Vernunft, Frankfurt 1983, S. 37 f.). Der Zyniker hält wider sein besseres Wissen an der Idee der Relativität aller Werte fest, um damit seinen eigenen Opportunismus zu rechtfertigen.

40 „Die Tugend ist ein Verhalten der Entscheidung, begründet in der Mitte im Bezug auf uns. Die Mitte liegt aber zwischen zwei Schlechtigkeiten, dem Übermaß und dem Mangel" (Aristoteles, „Nikomachische Ethik"). „Das größte zu erreichende Ziel ist das größtmögliche Glück für die größtmögliche Zahl" (Jeremy Bentham, Begründer des Utilitarismus). „Handle so, dass der Verbleib der Menschen auf dieser Erde nicht in Frage gestellt wird" (Hans Jonas, „Das Prinzip Verantwortung"). „Du sollst deinen Nächsten lieben wie dich selbst" (Neues Testament, Röm. 13/9). „Handle so, dass die Maxime deines Willens jederzeit zugleich als Prinzip einer allgemeinen Gesetzgebung gelten könne" (Immanuel Kant, „Grundlegung zur Metaphysik der Sitten"). Jede gültige Norm muss der Bedingung genügen, „dass die Folgen und Nebenwirkungen, die sich jeweils aus ihrer Befolgung für die Befriedigung der Interessen eines jeden Einzelnen (voraussichtlich) ergeben, von allen Betroffenen akzeptiert werden können" (Habermas, Moralbewußtsein und kommunikatives Handeln, S. 75 f.). „Jedermann soll gleiches Recht auf das umfangreichste System gleicher Grundfreiheiten haben, das mit dem gleichen System für alle anderen verträglich ist. Soziale/wirtschaftliche Ungleichheiten sind so zu gestalten, dass a) vernünftigerweise zu erwarten ist, dass sie zu jedermanns Vorteil dienen, und b) sie mit Positionen und Ämtern verbunden sind, die jedem offenstehen" (John Rawls, „Eine Theorie der Gerechtigkeit").

41 Wingert, S. 31.

42 Kant, GMS, S. 19.

43 Habermas: Strukturwandel der Öffentlichkeit, in: http://glossare.wordpress.com/2008/06/16/offentlichkeit-3/.

Eine Definition von Wirtschaftsmoral

Nachdem wir einen langen Weg hinter uns bringen mussten, ist es endlich soweit, dass wir uns einen einigermaßen differenzierten Begriff von der Wirtschaftsmoral machen können. Er ist nicht der einzige, nicht der letzte, nicht allumfassend, aber sicherlich einer, der die wesentlichsten wirtschaftsmoralischen Kategorien beinhaltet.

▶ **Definition** Wirtschaftsmoral ist jede integrative Form zwischen Moral und Wirtschaft(en), also dem mehrdimensionalen, hierarchischen, autonomen System nicht legalistischer, kultur- und praxisbezogener , allgemein anerkannter, sozialer Verhaltensnormen, die aus einem ultimativ nicht begründbaren, aber intersubjektiv vermittelbaren „Guten" abgeleitet werden und dem eigennützigen, bedürfnis- und effizienzorientierten Umgang mit bestimmten knappen Mitteln (Sachgüter, Dienstleistungen, Rechte, Arbeit, Geld).

Will man obige Definition, die von einer sichtbaren Komplexität geprägt ist, auf eine Kurzformel bringen, dann geht es der Wirtschaftsmoral um die Frage, wie sich in einem sozialen Kontext auf anständige Weise mit materieller Knappheit umgehen lässt bzw. wie man mit einem guten Gewissen seine materiellen Bedürfnisse als Mitglied einer Gruppe befriedigen kann. Auch der berühmte, auf die soziale Marktwirtschaft gemünzte Spruch von Ludwig Erhard „Wohlstand für alle" kann als Verkürzung obiger Definition genommen werden. Der Begriff Wohlstand steht für die wirtschaftlichen Belange, das Wort „alle" für die moralischen Belange. Im Folgenden drei Beispiele zur Veranschaulichung obiger Definition:

© Springer Fachmedien Wiesbaden GmbH, ein Teil von Springer Nature 2019
S. Knischek, *Grundlagen der Wirtschaftsmoral*,
https://doi.org/10.1007/978-3-658-23623-6_3

Beispiel 1

Unbestechlichkeit

Die Mehrheit in Deutschland verurteilte Siemens, weil das Unternehmen Unsummen für Bestechungsgelder ausgegeben hatte, um an internationale Großaufträge zu gelangen.

1. Soziale Verhaltensnorm: Im Umgang mit Mitmenschen, anderen Unternehmen und anderen Staaten soll man sich keine ungerechtfertigten Vorteile verschaffen.
2. Kulturorientiert: Bestechung findet in Deutschland selten statt und ist verboten, während es in einigen anderen Ländern regelmäßig zur Wirtschaftspraxis dazugehört.
3. Praxisorientiert: Die Norm ist auf den täglichen Umgang mit Unternehmen, Amtsträgern, Managern, Kunden, Entscheidungsträgern etc. ausgerichtet.
4. Allgemein anerkannt: Die Deutschen halten mehrheitlich Unbestechlichkeit für eine anerkennenswerte Verhaltensnorm, die im Prinzip für jeden gilt.
5. Hierarchisch: Schlimmer als Bestechung wird die organisierte Wirtschaftskriminalität in Deutschland gesehen, weniger schlimm gelegentliche Geschenke (z. B. Flasche Wein).
6. Mehrdimensional: Die Norm der Unbestechlichkeit fällt überwiegend in die Kategorien: universalistisch, Minimalmoral, konkrete Verhaltensnorm, Mesoebene.
7. Nicht legalistisch: Es interessiert hier nicht die strafrechtliche Dimension der Bestechung, sondern ausschließlich die moralische.
8. Das Gute: Gleichheitsgrundsatz, Gerechtigkeit.
9. Ultimativ nicht begründbar: Es gibt keine absolute Gerechtigkeit.
10. Eigennütziger Umgang: Siemens wollte für sich selbst Großaufträge an Land ziehen.
11. Bedürfnisorientiert: Die Siemensmitarbeiter sichern sich so Umsätze, die Einkommen generieren und Bedürfnisbefriedigung ermöglichen.
12. Knappe Mittel: Siemens zahlte Geld.
13. Autonom: Deutschland hat sich freiwillig, unabhängig gegen Bestechung ausgesprochen, Siemens hat sich im Ausland freiwillig, unabhängig dafür entschieden.

Beispiel 2

Steuerehrlichkeit

Der Trend, Steuern zu hinterziehen, hielt auch bei uns in Deutschland lange an.

1. Soziale Verhaltensnorm: Jeder soll seinen entsprechenden Anteil zur Finanzierung des Gemeinwesens und von öffentlichen Aufgaben ehrlich beitragen.
2. Kulturorientiert: Die Ansprüche an Steuersystem und Steuermoral differieren von Land zu Land, von Volksgruppe zu Volksgruppe, von Familie zu Familie.
3. Praxisorientiert: Steuertabellen geben die Steuerlast auf Heller und Pfennig an. Der Lohnsteuerjahresausgleich lässt sich mit Hilfe von Software wahrheitsgetreu durchführen.

4. Allgemein anerkannt: Die Deutschen halten Steuerehrlichkeit für eine anerkennenswerte Verhaltensnorm, der sich jeder, der Einkommen generiert, unterzuordnen hat.

5. Hierarchisch: Steuerverkürzung wird weniger schlimm als Steuerhinterziehung erachtet, systematische Steuerhinterziehung im großen Stil für schlimmer befunden.

6. Mehrdimensional: Steuerehrlichkeit ist tendenziell universalistisch, minimalistisch, konkret und betrifft die Mesoebene.

7. Nicht legalistisch: Es interessiert hier nicht die steuerrechtliche Dimension des Vergehens sondern ausschließlich die moralische.

8. Das Gute: Gerechte Lastenverteilung.

9. Ultimativ nicht begründbar: Es gibt keine absolute Gerechtigkeit.

10. Eigennütziger Umgang: Wer Steuern zahlt, will dadurch öffentliche Güter nutzen.

11. Bedürfnisorientiert: Nutzen öffentlicher Güter und Dienstleistungen.

12. Knappe Mittel: Steuern werden mit Geld bezahlt.

13. Autonom: Deutschland hat freiwillig und unabhängig ein Steuersystem aufgebaut, der Steuerzahler kann sich freiwillig und unabhängig dafür entscheiden, ob er Steuern zahlt oder hinterzieht.

Beispiel 3

Spendenbereitschaft

Die Deutschen sind nach wie vor offen für Spenden und für die Gründung von Stiftungen.

1. Soziale Verhaltensnorm: Jeder soll entsprechenden seinen individuellen Einkommens- und Vermögensverhältnissen Arme und Bedürftige finanziell unterstützen.

2. Kulturorientiert: So finanzieren sich karitative Einrichtungen z. B. in den USA viel stärker über Spenden, in Deutschland über staatliche Zuwendungen.

3. Praxisorientiert: Jeder weiß, dass man mit Bargeld (Bettler auf der Straße) oder mit Überweisungen (an karitative Institutionen) jederzeit, problemlos, direkt helfen kann.

4. Allgemein anerkannt: Die Deutschen halten Spendenbereitschaft mehrheitlich für eine anerkannte Verhaltensnorm, der jeder im Rahmen seiner Möglichkeiten folgen sollte.

5. Hierarchisch: Eine eigene Stiftung zu gründen wird als eine höhere Norm angesehen als zu spenden, an Sparlotterien (Aktion Mensch) teilzunehmen als eine niedrigere Norm.

6. Mehrdimensional: Zuordnung der Spendentätigkeit: relativistisch, maximalmoralisch, konkret, meist Mikroebene.

7. Nicht legalistisch: Es gibt kein Gesetz, das das Spenden gebietet, von daher kann es nur moralisch motiviert sein.

8. Das Gute: Solidarität.

9. Ultimativ nicht begründbar: Es gibt keine absolute Rechtfertigung für Solidarität.

10. Eigennütziger Umgang: Das gespendete Geld gehört dem, der es erhält.
11. Bedürfnisorientiert: Mit dem gespendeten Geld kann sich jemand etwas Nützliches kaufen.
12. Knappe Mittel: Spenden werden mit Geld bezahlt.
13. Autonom: Jeder kann sich frei und unabhängig dafür entscheiden, ob er spendet oder nicht.

Die vorher getroffene Definition von Wirtschaftsmoral ist relativ komplex, was für den Fortgang der vorliegenden Arbeit eine große Belastung darstellt, da damit ein sehr hoher und permanenter Differenzierungsaufwand verbunden ist. Um diesen zu reduzieren, möchte ich die Definition von Wirtschaftsmoral durch Weglassen einiger Merkmale vereinfachen und mich auf die wesentlichen Merkmale beschränken, ohne natürlich die dabei auftretende Komplexität zu ignorieren.

▶ **Definition Wirtschaftsmoral** (reduzierte Form) Unter Wirtschaftsmoral versteht man jede integrative Form (Vereinbarkeit) zwischen dem System allgemein aner- kannter, sozialer Verhaltensnormen und dem eigennützigen Umgang mit knappen Mitteln (Sachgüter, Dienstleistungen, Rechte, Arbeit, Geld).

Teil 2
Das Zwei-Welten-Problem

„ Wenn ich den Nationalökonomen frage: Gehorche ich den ökonomischen
Gesetzen, wenn ich aus der Feilbietung meines Körpers an fremde Wollust
Geld ziehe ..., so antwortet mir der Nationalökonom:
Meinen Gesetzen handelst Du nicht zuwider;
aber sieh Dich um, was Frau Base Moral sagt.
Wem soll ich nun mehr glauben, der Nationalökonomie oder der Moral? "
Karl Marx[*]

Nachdem die beiden wichtigsten Begriffe dieser Untersuchung, zum einen das Wirtschaften und zum anderen die Moral, für sich betrachtet einigermaßen exakt definiert sind, stellt sich nunmehr die Frage nach ihrem Verhältnis zueinander. Ist dieses in erster Linie durch Unterschiedlichkeit oder durch Ähnlichkeit und Überschneidung geprägt? Im Folgenden wende ich mich zuerst den Unterschieden zu, die oftmals den Charakter einer grundlegenden Gegensätzlichkeit aufweisen. Diese bezieht sich vor allem auf die jeweiligen Legitimationen, die jeweiligen Zielsetzungen, die jeweiligen Motivationen und die jeweiligen Bewertungsformen. Ist dieser Schritt getan, sind die Ähnlichkeiten zu erörtern, also wie bzw. unter welchen Bedingungen diese beiden Welten miteinander harmonieren können bzw. wo die gemeinsame Schnittmenge liegt.

---

[*] Vgl. Vorwort, in: Zsifkovits 1994.

Das Legitimationsproblem

4

In der wirtschaftsmoralischen Interaktion kommt es immer wieder zu divergierenden Auffassungen und Konflikten. Dies erfordert, über die jeweilige Meinung hinaus, eine einheitliche, verlässliche Basis, die in der Lage ist, intersubjektive Ansprüche und Gegensätze auf einer allgemeingültigen Ebene zu begründen und zu behandeln. Es stellt sich somit die Frage nach der Legitimation von Wirtschaftsmoral. Dabei ist im Vergleich zu Abschnitt 2.2.1 zu beachten, dass die hier gedachte Legitimation in doppelter Hinsicht über die subjektive Moralbegründung hinausgeht. Sie bezieht sich nicht auf den Inhalt eines singulären Ereignisses, sondern die grundlegende Rechtfertigung. Sie lässt zudem den subjektiven Standpunkt hinter sich, indem sie den Fokus auf Intersubjektivität und Verallgemeinerbarkeit von Begründungen legt.

Der Begriff Legitimation stammt aus dem Lateinischen (lex, legis, Gesetz). Er bedeutet so viel wie Rechtfertigung, Berechtigung, Ermächtigung und bezieht sich in aller Regel auf ein Handeln. Der, der die Legitimation für ein Handeln erhalten hat, darf dementsprechend agieren, ohne Angst haben zu müssen, dass irgendjemand Einspruch gegen dieses Handeln einlegen könnte, da es ihm von der dementsprechenden Gruppe im Vorfeld ja zugebilligt wurde. Der Priester ist auf diese Weise zur Taufe oder letzten Salbung legitimiert. Eine Vollmacht legitimiert den Bevollmächtigten juristisch. Die Polizei ist legitimiert, staatliche Gewalt auszuüben. Das Abitur legitimiert zur Aufnahme eines Studiums. Der Vorsitzende ist dazu legitimiert, die Sitzung zu beenden. Dass wirtschaftliches bzw. moralisches Handeln überhaupt legitimierungsbedürftig ist, hängt mit der Tatsache zusammen, dass Handeln keine naturgesetzliche Regelmäßigkeit, sondern eine zwischenmenschliche, immer wieder neu zu vereinbarende Angelegenheit darstellt.

Wie wir gleich sehen werden, entsprechen die Legitimationsgrundlagen der Moral nicht jenen der Wirtschaft. Zwar decken sie sich partiell, doch in den meisten Fällen und Situationen müssen wir feststellen, dass sich ein unüberwindbarer Abgrund zwischen

© Springer Fachmedien Wiesbaden GmbH, ein Teil von Springer Nature 2019
S. Knischek, *Grundlagen der Wirtschaftsmoral*,
https://doi.org/10.1007/978-3-658-23623-6_4

den beiden Welten auftut. Aus dieser Disparität heraus entsteht das wirtschaftsmoralische Legitimationsproblem. Es ruft im Prinzip nach geeigneten Lösungen, die ihren
Beitrag zur Harmonisierung der verschiedenen Legitimationsbasen von Wirtschaft und
Moral leisten können. Es gipfelt in der Frage, wie Moral und Wirtschaft, als innere Einheit, legitimiert werden können.

4.1   Wirtschaftliche Legitimationsansätze

Die Grundfrage, die sich im Rahmen der wirtschaftlichen Legitimation stellt, lautet: Was
berechtigt jeden einzelnen Menschen dazu, auf eigennützige Weise seiner Bedürfnisbefriedigung mit Hilfe von Wirtschaftsgütern nachzukommen? Unproblematisch ist,
dass der Mensch Bedürfnisse hat, die er mit einer bestimmten Art von Gütern befriedigt.
Das Problem liegt vor allem auf dem Wort eigennützig, denn hier stoßen wir auf das
größte Konfliktpotenzial zur Moral, die ja bekanntlich versucht, den negativen Folgen
von Eigennutz entgegenzuwirken. Eigennütziges Verhalten tritt dabei natürlich in verschiedenen Kontexten auf. Einmal als Daseinssicherung, vgl. das Konzept der Grundbedürfnisse, zum anderen als Daseinsgestaltung, als Konzept der Selbstverwirklichung,
das über die reine Existenzsicherung weit hinausreicht. Die Unterschiede der beiden
Formen werden im kommenden Kapitel 5 „Das Zielproblem" genauer behandelt.

Selbstverständlich gibt es mehrere Möglichkeiten, wirtschaftliches Handeln zu legitimieren. Die Frage, welche davon der wahren, richtigen oder besten Legitimation am
nächsten kommt, ist in erster Linie Aufgabe der Wirtschaftsethik. Die Wirtschaftsmoral
als solche kümmert sich nämlich nur darum, die verschiedenen Legitimationsansätze in
ihrer empirischen und inhaltlichen Vielfalt vor allem deskriptiv darzustellen. Da eine
umfassende Darstellung jedoch den Rahmen sprengen würde, greife ich stellvertretend
vier Ansätze heraus, die aus meiner Sicht gut nachvollziehbar sind: Der anthropologische Ansatz fragt nach den grundsätzlichen Gründen für eigennütziges Handeln, der
psychologische Ansatz fragt nach den seelischen Dispositionen, der biologische Ansatz
fragt nach den vor allem physiologischen Bedingungen für Eigennutz, der philosophische Ansatz fragt nach den ontologischen und transzendentalen Voraussetzungen für
eigennütziges Sein.

4.1.1   Anthropologie

Der anthropologische Ansatz basiert auf der Annahme, dass das Eigennutzstreben des
Menschen in direktem Zusammenhang mit seiner Natur und seinem Wesen steht. Es
wird erörtert, was die dem Menschen vorgegebene Form bzw. das „Ewige" an ihm ist.
So ist der Mensch dementsprechend angelegt, dass Eigennutz die notwendige Folge
dieser Anlage darstellt. Sein Dasein ist qua Natur durchdrungen von Selbstbezug und

Eigenentwurf. Dabei besteht die anthropologische Sichtweise natürlich nicht aus einem einzigen Ansatz, sondern sie verästelt sich in mehrere Stränge, z. B. der historischen, philosophischen, theologischen, kybernetischen, Kultur- und Sozialanthropologie. Ich beschränke mich auf einen Ansatz der philosophischen Anthropologie.

Arnold Gehlen[1]: Mängelwesen Mensch

Ins Zentrum seines Ansatzes stellt Gehlen den Begriff der Handlung. Typisch am Mensch ist, im Gegensatz zum Tier, dass er überwiegend nicht instinktiv reagiert, sondern meist bewusst handelt. Ausgangspunkt dabei ist die einzigartige Mängelnatur des Menschen. Morphologisch bestimmt sich der Mensch vor allem gegenüber den höheren Säugern durch Mängel, also negativ. Ihm fehlt das schützende und wärmende Haarkleid, ihm fehlen natürliche Angriffsorgane, er wird von den meisten Tieren hinsichtlich der Schärfe der Sinne deutlich übertroffen, er zeichnet sich durch einen geradezu lebensgefährlichen Mangel an echten Instinkten aus, er bedarf einer ungleich langfristigen Schutzbedürftigkeit als Säugling und Kleinkind. Er stellt eigentlich einen „Sonderentwurf" dar, einen „Irrtum" der Natur, eine biologische Mittellosigkeit.

Die Unspezifizierung des Menschen äußert sich außerdem dadurch, dass er nicht umweltbezogen lebt. Er benötigt also nicht wie der Eisbär das Umweltmilieu des polaren Klimas und nicht wie der Parasit die Haut der Warmblüter, sondern er ist in der Lage, überall zu existieren. Aber genau diese Unspezifizierung entspricht seiner Spezialisierung. Diese erlaubt nur ihm als einzigem Lebewesen Weltoffenheit, was bedeutet, dass er im Gegensatz zum Tier keinem konkreten Umweltausschnitt hinsichtlich seiner Organbeschaffenheit angepasst ist. Auf Grund seines „Nichtfestgestelltseins", seines „Unfertigseins" ist der Mensch nun gezwungen zu handeln, um seine natürlichen Mängel zu kompensieren, sprich zu überleben. Da Handeln aber nicht instinktiv von statten geht, wird sich der Mensch selbst zur Aufgabe, wird die bloße Existenzfähigkeit zu seinem Grundproblem, was für das Tier eine reine Selbstverständlichkeit ist. Das Handeln wird somit zur Lösung für das Problem des menschlichen Überlebens.

Die Weltoffenheit, die die Spezialisierung des Menschen bedeutet, bringt zugleich aber eine große Belastung mit sich. Im Gegensatz zum Tier steht ihm nicht eine Umwelt von limitierter, instinktiv gekoppelter Reize gegenüber, sondern er unterliegt einer „Reizüberflutung", einem ständigen „Überraschungsfeld" unvorhergesehener Ereignisse und Strukturen. Aus dieser Überflutung kann sich der Mensch nur somit entlasten, indem er „die Mängelbedingungen seiner Existenz *eigentätig* in Chancen seiner Lebensfristung umarbeitet"[2]. Er kann nur dadurch überleben, indem er die Natur in eine „Ersatznatur" verwandelt. Diese zweite Natur nennt Gehlen Kultur, was sozusagen dem tierischen Instinkt entspricht. Gemäß Gehlen bildet jede Kultur aus der Vielheit der möglichen menschlichen Verhaltensweisen Verhaltensmuster heraus, auch Institutionen genannt. Derartige Institutionen, die als erlernte, ständig wiederholte Automatismen wie eine Art Instinkt wirken, entlasten den reizüberfluteten, weltoffenen Menschen. Gemäß Gehlen ist eine dieser Institutionen das Privateigentum von wirtschaftlichen Gütern. Dieses wiederum impliziert Eigennutz, denn ohne denselben ist Privateigentum undenkbar.

Privateigentum sichert individuelle Nutzungsrechte an wirtschaftlichen Gütern, es fördert die Entwicklung individuellen Vermögens, zudem führt es zur Entscheidungsbefugnis über knappe Mittel, es entfaltet individuelle Macht und Anerkennung. Der Mangel-
charakter zwingt den Menschen dazu, eigentätig zu handeln und legitimiert so zunächst
das Individuum, später die Gemeinschaft, eigennützig zu wirtschaften.

4.1.2   Psychologie

Der psychologische Ansatz zieht die im Innersten des Menschen vorhandenen Kräfte
heran, um eigennütziges Verhalten zu erklären. Das Innerste, das sich oft in der Form
des Unbewussten und des Triebhaften offenbart, wird als das verstanden, was sich jenseits des beobachtbaren Verhaltens abspielt, was sozusagen bestimmte Verhaltensweisen
überhaupt erst auslöst und den Blick unter die psychische Oberfläche freilegt.

Sigmund Freud[3]: Das Es

Nach dem berühmten Begründer der Psychoanalyse Freud lässt sich die menschliche
Psyche in drei Teile zerlegen: das Es, das Über-Ich und das Ich. Das Es „drückt die eigentliche Lebensabsicht des Einzelwesens aus. Sie besteht darin, seine mitgebrachten
Bedürfnisse zu befriedigen"[4]. Das Es als die eigentliche seelische Urkraft verkörpert sich
durch die Triebe, die genetisch vorgegeben sind. Die Vielfalt der Triebe lässt sich in
zwei Grundtrieben bündeln. Das Ziel des ersten Triebs, der Libido, besteht darin, dass
sich ein Individuum mit seiner Umwelt verbindet. Das Ziel des zweiten Triebs, der De-
struktionstrieb, dient dazu, sich von seiner Umwelt zu lösen, sie zu zerstören. Beide
Triebe spielen zusammen. So ist der Akt des Essens eine Zerstörung des Objekts mit
dem Ziel, sich mit dem Leben weiter zu verbinden. Aus dem Mit- und Gegeneinander
der beiden Grundtriebe ergibt sich die ganze Fülle der Lebenserscheinungen. Krankhafte
Züge nimmt dies Zusammenspiel oft dann an, wenn sich ein Missverhältnis einstellt,
wenn also beispielsweise der Liebhaber zum Vergewaltiger wird.

Dem Es entgegen steht das Über-Ich, die Instanz, die das Lustprinzip des Es begrenzt.
Durch Werte und Normen, moralische Ge- und Verbote sorgt das Über-Ich dafür, dass
ein Gewissen entsteht. Es wird durch die Erziehung und Sozialisation vor allem der
Eltern vermittelt und dient im Rahmen eines Kultivierungsprozesses dazu, dass sich ein
Individuum durch die Herrschaft über seine Triebe sozialverträglich entwickeln kann.

Dem Ich fällt die Aufgabe zu, zwischen den Ansprüchen des Es und des Über-Ichs in
der Weise zu vermitteln, dass psychische und soziale Konflikte entweder vermieden oder
konstruktiv aufgelöst werden können. Das Ich gewinnt nach innen die Herrschaft über
das Es, indem es entscheidet, ob Triebe gar nicht oder doch, jetzt oder später befriedigt
werden sollen. Das Ich transformiert das Lustprinzip zum Realitätsprinzip, indem es
durch Bewusstseinsleistungen (wahrnehmen, erinnern, denken) zu einem Selbstbild,
einem gesunden Selbstbewusstsein führt. Beim Versuch des Ich, Es und Über-Ich zu
versöhnen, strebt es dennoch nach der Lust, einer begrenzten und kontinuierlichen

Grundlust. Aus dieser Lust nährt sich der Ich- oder Selbsterhaltungstrieb. Dieser beabsichtigt, das Individuum am Leben zu erhalten, das immer wieder versucht, die günstigste und gefahrloseste Art der Befriedigung mit Rücksicht auf die Außenwelt herauszufinden.

Psychoanalytisch verstanden vermag sich das Individuum zwar von seinen Trieben zu lösen, doch letztlich bleiben sie die Grundlage individuellen Handelns. Vor allem auf der empirischen Ebene der Grundbedürfnisse lässt sich die Triebdominanz bzw. der instinktive Selbsterhaltungstrieb gut beobachten. Treten bestimmte Reize wie großer Hunger, großer Durst, großes Kälteempfinden, große Gefahr, schwere Krankheit und dergleichen auf, aktiviert das Individuum instinktiv sofort solche, im Prinzip aggressiven Verhaltensweisen, die geeignet sind, sein Überleben zu sichern. In solchen Situationen lügen, betrügen, stehlen, verletzen, töten Menschen. Bezüglich der Frage, inwieweit dieses Aggressionspotenzial vom Bewusstsein gesteuert werden kann, antwortet Freud, dass der Mensch nicht wirklich Herr seiner selbst, sondern primär Diener seiner Triebe ist. Laut psychoanalytischer Theorie gleicht das Bewusste dem sichtbaren Teil eines imaginären Eisbergs, während das Unbewusste den unter Wasser liegenden Hauptteil bildet. Laut Freud wird somit der Großteil des Verhaltens über unbewusste Einflüsse gesteuert. Die letzten Endes narzisstische Triebsteuerung des Menschen muss von daher als psychologische Urgewalt angesehen werden, die zwar reduziert werden kann, die aber am Schluss doch eigennütziges Verhalten zum Programm hat.

4.1.3 Biologie

Die biologische Perspektive setzt an den naturwissenschaftlichen, physischen und chemischen Voraussetzungen menschlicher Lebensentwicklung an. Sie fragt nach den ererbten und genetischen Grundlagen, nach den Bedingungen der Entwicklung von Arten und Gattungen, nach allen unseren verhaltensbiologischen Wurzeln. Aus der Vielzahl der Ansätze stelle ich kurz den bekanntesten vor, den darwinistischen.

Charles Darwin: Survival of the fittest

Ausgangspunkt für Darwins Evolutionstheorie ist die Bevölkerungslehre von Robert Malthus, die besagt, dass wegen des potenziell exponentiellen Wachstum menschlicher Populationen (mit mehr als sieben Milliarden Menschen leben so viele wie noch nie zuvor auf der Erde) und den begrenzten verfügbaren Ressourcen sozusagen ein permanenter „Kampf ums Dasein" von statten geht. Dieser knappheitsorientierte „struggle for life" führt zu einem natürlichen Ausleseprozess, den nur die überleben, die am stärksten oder am besten an die Umweltbedingungen angepasst sind. Am Ende dieses Prozesses steht das „survival of the fittest", ein Ausdruck, der auf den britischen Soziologen und Philosophen Herbert Spencer zurückgeht.

Gemäß Darwin sind drei aufeinander folgende Faktoren an der Evolution beteiligt: Reproduktion, Variabilität und Selektion. Um die Überlebenschancen wegen der knap-

pen Ressourcen zu erhöhen, müssen sich die Arten überproportional vermehren, da ein
Teil der Nachkommenschaft dem Kampf ums Dasein ja zum Opfer fällt. Übrig bleibt im
Rahmen der Arterhaltung der resistentere Teil, der nun die neue Reproduktionstätigkeit
aufnehmen und so die Stellung der Art verbessern kann. Die auf diese Weise gewonnene
Nachkommenschaft unterliegt einer gewissen Variabilität. Darunter ist zu verstehen,
dass sich die Individuen durch genetische Veränderung (Mutationen) im Laufe der Zeit
genotypisch voneinander unterscheiden, sie unterschiedliche Stoffwechsel, Körperauf-
bauten, Aussehen etc. aufweisen. Im Rahmen einer natürlichen Selektion werden diejenigen Individuen aus dem Fortpflanzungskreislauf ausgesondert, deren Erbgut sich nicht
als so überlebensfähig zeigt wie das anderer. „Überlebenstüchtiges" Erbgut vererbt sich
also mit einer höheren Wahrscheinlichkeit. Selektion bedeutet somit nicht, dass ein Individuum physisch stirbt, sondern dass es sich genetisch nicht fortsetzt.

Folge des Selektionsprozesses, der von Knappheit ausgeht, ist Konkurrenz. Darunter
ist vor allem in Anlehnung an die Verhaltensbiologie der erfolgreiche Kampf um Nahrung, die Verteidigung des Lebensraums, die Bildung von Hierarchien, die Sicherung der
Nachkommenschaft zu verstehen. Wir kennen diese Form der Konkurrenz durch die
Fernsehbilder von Tierdokumentationen. So darf nur der kampfstärkste Löwe, Bulle oder
Bock seine Gene weitergeben. Oder bei anderen Gattungen werden nur Alpha-Weibchen
befruchtet. Da Individuen die reproduktiven Einheiten des natürlichen Selektionsprozesses darstellen, haben wir es immer auch mit Individualselektion zu tun. Aus Sicht des
Zoologen Ernst Haeckel sind folglich „die Sitten durch Anpassung der sozialen Säuge-
tiere an die natürlichen Existenzbedingungen erworben, also auf die physischen Gesetze
zurückzuführen"[5]. Im Kampf ums Dasein entwickelt der ursprünglich nur triebhafte,
egoistische Mensch altruistische Formen des kulturellen Zusammenlebens.

Natürlich ist die Übertragung der Prinzipien des Überlebenskampfes von Darwin auf
menschliche Gesellschaften nicht unproblematisch. Jedoch bleibt das Faktum bestehen,
dass gestern wie heute, regional wie global, Menschen um knappe Ressourcen konkurrieren, um Wasser, Nahrungsmittel, Arbeitsplätze, Ausbildungsplätzen etc. Diesen
Kampf um wirtschaftliche Bedürfnisbefriedigung nannte Hobbes „Krieg aller gegen
alle", Marx „Klassenkampf", Nietzsche „Willen zur Macht". In der Natur eines solchen
konkurrenzorientierten Überlebenskampfes, der empirisch gesehen täglich und milliar-
denfach stattfindet, spielt der Eigennutz natürliche eine große Rolle. Ohne ihn wäre die
genetische Individualselektion unmöglich.

4.1.4   Ontologie

Die Ontologie als Zweig der Philosophie setzt im Gegensatz zur Anthropologie nicht am
Menschen an, sondern an dessen Seinsbedingungen. Aus diesem großen Bereich möchte
ich kurz den Ansatz von Heidegger darstellen.

Martin Heidegger[6]: Dasein, dem es in seinem Sein um dieses selbst geht

Für den Philosophen Martin Heidegger, der in „Sein und Zeit" eine existenzialistische Ontologie in einer ureigenen Sprache entwirft, ist die Sorge das Sein des Daseins. Ein sehr zentraler Satz lautet: „Dasein ist Seiendes, dem es in seinem Sein um dieses selbst geht"[7]. Was bedeutet das? Heidegger geht von einer Vierteilung aus: Dasein, Sorge, Nichts, Sinn von Sein.

Seiendes ist, was unverborgen, im Lichte stehend, in Erscheinung getreten ist und sich dem „Da" seines Seins bewusst geworden ist. Damit ist der Mensch gemeint. Das Sein ist der dazu gehörige Vorgang, die „Lichtung" des Seienden, also der Prozess des sich Gewahrwerdens des Menschen. Dabei ist Dasein im wesentlichen Existenz. Danach existieren weder Gott noch die Tiere, weil der Mensch das einzige Lebewesen ist, das die Möglichkeit hat, es selbst zu sein (sich zu gewinnen) oder es nicht selbst zu sein (sich zu verlieren). Der Mensch „ist" somit seine Möglichkeit, sein Selbstseinkönnen. Dieses Dasein vollzieht sich in der Umwelt, die allerdings im Gegensatz zum Tier nicht räumlich, sondern als ein In-der-Welt-sein zu verstehen ist. Welt ist das „Um-zu" des Zeugs, also der Zweckcharakter der Dinge, die den Menschen umgeben. Diese Welt hat sich der Mensch nicht ausgesucht, sondern er ist in sie geworfen, ist ihr ausgeliefert. Der Begriff der Sorge wird dabei nicht von der Idee des Menschen abgeleitet, sondern vom Sein als Urgrund des Daseins.

Dasein ist Seinkönnen (Existenzialität), Geworfenheit (Faktizität) und ein inneres Selbstverständnis (Verfallensein). Alle drei Elemente ergeben zusammen den Begriff der Sorge. Dasein ist Sorge um sich, insofern es ihm um sein Sein als In-der-Welt-sein geht. Im Aufspüren dieses Seins kommt der Angst eine wichtige Rolle zu. Im Gegensatz zur Furcht bezieht sie sich nicht auf einen konkreten Gegenstand, sondern allgemein auf das Geworfensein in die Welt: Das Wovor der Angst ist das „In-der-Welt-sein als solches"[8]. Die Angst enthüllt dem Dasein die Unheimlichkeit seines Seins, seine Haltlosigkeit, sein in sich gefangenes Außer-sich-sein. Zugleich offenbart sie die Möglichkeit von Eigentlichkeit und Uneigentlichkeit.

Die Angst zeigt das Nichts, die mögliche und drohende Uneigentlichkeit. Sie zeigt, dass das Dasein als geworfener Entwurf der Grund seiner eigenen Nichtigkeit ist. Der Mensch „ist" nicht einfach, er hat sich nicht, sondern er muss erst zu sich selbst werden. Die Angst drückt aus, dass das Sein dem Nichtsein verfallen kann, dass es ein Nichtzuhause-sein bedeutet, dass es unausweichlich mit dem Tod verknüpft ist, dass das Dasein „ins Nichts hineingehalten" ist. Zugleich aber bringt die Angst das Frei- und Selbstsein des Menschen zum Ausdruck, die Möglichkeit die Uneigentlichkeit zu überwinden. Die Sorge, die nicht mit Besorgnis verwechselt werden darf, äußert sich ontologisch im Wollen und Wünschen eines sich selbst entwerfenden innerweltlichen Seienden. Die Bedingung dieses Selbstentwurfs ist Zeitlichkeit, Zeit als Horizont des Seins. „Zeitlichkeit enthüllt sich als der Sinn der eigentlichen Sorge"[9]. Hier schließt sich der Kreis, wenn wir wirtschaftlich auf Eigennutz stoßen: So wie es dem Dasein um sein Sein als solches als In-der-Welt-sein geht, so geht es dem wirtschaftenden Menschen um seine Bedürfnisbefriedigung in einer Welt der Knappheit.

Die vier soeben aufgeführten Legitimationsansätze sind weder vollständig noch genügen sie in ihrem Anspruch absoluten Maßstäben. Jedoch zeigen sie, dass sie weit über die individuelle Begründung eigennützigen Handelns hinausreichen und somit einen entscheidenden Beitrag zur legitimatorischen Konsensbildung leisten. Menschliches Eigennutzstreben ist von verschiedenen Perspektiven her tief mit dem menschlichen Wesen verknüpft und darf unter keinen Umständen als eine Nebenerscheinung des Menschen missinterpretiert werden, will man ihm gerecht werden.

4.2   Moralische Legitimationsansätze

Moralisches Handeln basiert wesensgemäß auf dem Anspruch des Sollens. Warum, so fragt sich der Mensch, soll er überhaupt etwas sollen? Was sind die Gründe, dass er sich in seiner Freiheit einschränken soll? Warum soll er sich zu einem Verhalten verpflichten, das nicht unbedingt in seinem unmittelbaren Interesse liegen muss? Warum soll er sich bei der Befriedigung seiner Bedürfnisse beschneiden? Da moralische Regeln weder aus den Naturgesetzen noch dem Zufall entspringen, müssen sie als das (kulturelle) Produkt des Menschen angesehen werden. Und dieses bringt es mit sich, dass der Mensch dann sein Handeln dauerhaft an moralischen Regeln ausrichtet, er bewusst auf persönliche Handlungsfreiheit verzichtet, wenn er diese Regeln als rationales und zweckorientiertes Wesen nachvollziehen kann. Diese Einsicht in eine solche Einschränkung zeigt er nur, wenn er den Sinn von Moral erkennt, es also entweder objektiv oder subjektiv irgendwelche guten Gründe dafür gibt. Und hier beginnt auch schon das erste große Problem der Moral: Da der Mensch, global betrachtet, auf unterschiedliche Weise lebt, haben sich über die Kontinente und die Jahrtausende hinweg mehrere Ansätze herausgebildet, wie Moral begründet werden kann. Am Ende dieses Abschnitts werden wir leider ernüchtert feststellen müssen, dass es sogar Menschen gibt, die Moral ganz ablehnen, weil sie in ihr mehr Nach- als Vorteile sehen. Zunächst aber möchte ich die wichtigsten Legitimationsansätze der Moral darlegen, wobei ich ganz besonders auf das Buch von Kurt Bayertz (Warum überhaupt moralisch sein?) hinweisen möchte.

4.2.1   Soziologie

Die Soziologie legitimiert allgemeingültige Moralnormen mit gesellschaftlicher Notwendigkeit. Wollen Gesellschaften auf Dauer funktionieren, wollen sie die vielfältigen individuellen Wünsche koordinieren, wollen sie das permanente Aufeinandertreffen von Individuen zweckorientiert und konstruktiv organisieren, wollen sie die gemeinsamen Vorteile weiter genießen, dann sind Regeln und moralische Normen unabdingbar für jedes soziale Handeln. Aus der Menge der soziologischen Ansätze greife ich den von Durkheim heraus.

Emile Durkheim: „Der Zwang zur Moral"[10]

Der Ausgangspunkt für Durkheim ist die moderne Gesellschaft des 20. Jahrhunderts, die auf einem hohen Grad an Arbeitsteilung beruht. Um von der Arbeitsteilung profitieren zu können, ist jedes Individuum zwangsläufig auf andere Individuen angewiesen. Wenn der Bäcker nicht ordentliches Brot bäckt, kann der Lehrer auch nicht ordentlich den Bäckersohn unterrichten, weil er hungrig ist. Bleibt der Bäckersohn ohne Unterricht, kann er später nicht die väterliche Bäckerei übernehmen. Verzichteten wir auf Spezialisierung und verharrten in einem Zustand der Selbstversorgung, säßen wir vermutlich noch heute in Höhlen, ohne technischen Fortschritt und den damit verbundenen Wohlstand. Die Mitglieder der Gesellschaft müssen dementsprechend zusammenwirken, um etwas zu realisieren, was sie alleine nicht erreichen können und für dessen Verwirklichung sie die Hilfe und Kooperationsbereitschaft der anderen Mitglieder benötigen.

Der mit der Arbeitsteilung verbundene regelmäßige Verkehr der Menschen untereinander bringt es mit sich, dass jeder das Ganze, also die kollektiven Interessen, mit im Auge behalten muss. Dabei entwickelt jeder im Lauf der Zeit ein Gefühl dafür. Mehr und mehr bezieht das Individuum dieses Gefühl in sein Verhalten ein und bindet sich so an die Gesellschaft. Diese Bindung überschreitet die Möglichkeiten des Individuums insofern, als es zu einer Unterordnung des Einzel- unter das Gesamtinteresse führt. Diese Unterordnung, die Durkheim Solidarität nennt, stellt die eigentliche Quelle der Moral dar. „Wir können also sagen, dass die Moral ein System von Handlungsregeln ist, die das Verhalten bestimmen. Sie bestimmen, wie man sich in bestimmten Fällen verhalten muss: Gut handeln heißt, gut gehorchen."[11]

Moral als Bindemittel verhindert, dass die Individuen orientierungslos und ängstlich werden. Sie hilft ihnen, die sozial ausgewogene Grenze ihrer individuellen Autonomie und Selbstbestimmung dauerhaft zu finden. Moral reguliert Sozialverhalten, indem es die gegenseitige Erwartungshaltung verfestigt. Moral bedeutet, „Verhaltensformen aufzuzeigen, die der Mensch befolgen soll, und die aufzuzeigen, von denen er sich abwenden soll"[12]. Für Durkheim ermöglicht Moral dem Individuum ein Handeln, das sich primär an den sozialen und eben nicht an den eigenen Bedürfnissen orientiert. Dass dabei moralische Normen relativ, also abhängig von der jeweiligen Gesellschaft und somit nie universal sind, darauf weist Durkheim explizit hin. Soziologisch relevant ist nur die Tatsache, dass sich zu bestimmten Gesellschaftstypen bestimmte Moraltypen hinzugesellen (moralsoziologische Evolution), die irgendwie zueinander passen. Moral wird von Durkheim als Kraft verstanden, die uns zu jener Zurückhaltung der Wünsche bringt, die uns tatsächlich glücklich werden lässt. Erst die Fähigkeit, seine Neigungen zu bremsen und sich selbst zu widerstehen, bringt jene Persönlichkeit hervor, die durch ihre Willenskraft und Disziplin in der Lage ist, zu wahrer Freiheit zu gelangen. Zwar setzt Moral den Handlungsoptionen Einzelner immer wieder Grenzen, doch nur aus dem Grund, um die Kontingenz und Komplexität des Zusammenlebens zu reduzieren.

Obwohl man meinen müsste, dass das Eigeninteresse der Individuen in Form des gemeinsam zu erzielenden Vorteils zur Motivierung normkonformen Handelns ausreichen sollte, bedarf es laut Durkheim letztlich doch eines gewissen Zwanges. Er stützt sich dabei auf zwei anthropologische Annahmen. Erstens ist der Mensch kognitiv begrenzt. Er ist nicht in der Lage, der Komplexität, die sich zwischen eigenem und kollektivem Interesse auftut, mit den Möglichkeiten des Bewusstseins Herr zu werden. Um nicht orientierungslos die Organisation der Gesellschaft zu gefährden, ist er auf die Moral angewiesen. Zweitens ist der Mensch triebgesteuert, was es ihm erschwert, einen überindividuellen Standpunkt einzunehmen. „Die Gesamtheit der Moralregeln bildet wirklich um jeden Menschen eine Art idealen Schutzwall, an dem sich die Wellen der menschlichen Leidenschaften brechen und nicht weitergehen können. Aus der Tatsache heraus, dass sie gezügelt werden, wird es möglich sie zu befriedigen."[13] Moral verhindert, dass „unsere Tätigkeit spontan ihrer natürlichen Neigung folgt"[14]. Erst diese durch die Moral bewirkte Triebregulierung ermöglicht eine friedliche Kooperation. Natürlich ist auch der Durkheimsche Mensch zu rationaler Einsicht fähig, doch diese Kraft steht ständig in Konflikt zu seiner kognitiven und sozialen Begrenztheit. Die Phrase „gut handeln heißt, gut gehorchen" deutet darauf hin, dass der Mensch, obwohl er ein Sozialwesen ist, zu seinem Glück gezwungen werden muss. Den Prozess der Internalisierung von Normen nennt Durkheim Sozialisation.

4.2.2   Systemtheorie

Die soziologisch geprägte Systemtheorie untersucht, wie sich die Gesellschaft aus funktional differenzierten Subsystemen zusammensetzt und wie die daraus entstehenden Strukturen das Handeln von Menschen, folglich auch moralisches Handeln, beeinflussen. Neben dem Ansatz von Talcott Parsons ist vor allem jener von Luhmann erwähnenswert.

Niklas Luhmann: Moral als „Kommunikation" zwischen Systemen

Nach Luhmann ist Gesellschaft kein homogenes Konzept, sondern ein Gebilde, das sich aus vielen Teilen, Systeme genannt, zusammensetzt. Diese Systeme sind nach ihrer Funktion ausdifferenziert. Das bedeutet, dass jedes Teilsystem bestimmte gesellschaftliche Aufgaben übernimmt und dabei seine eigene Logik, binärer Code genannt, entwickelt. Das Rechtssystem sagt, was Recht und was Unrecht ist, die Wissenschaft sagt, was wahr und was falsch ist, die Wirtschaft sagt, was knapp ist und was nicht, die Religion sagt, was immanent und was transzendent ist, die Kunst sagt, was schön und was hässlich ist, die Politik sagt, wer Macht hat und wer nicht. Die Systeme entstehen nicht durch Handlungen zwischen Menschen, sondern durch Operationen in und zwischen ihnen, und zwar in ihrer Rolle als strukturelle Funktionsträger der Gesellschaft. Die Gesamtheit sozialer Beziehungen und Interaktionen in diesen Systemen wird als Struktur bezeichnet.

Die Operationen, in denen Systeme entstehen, nennt Luhmann Kommunikation. Kommunikation ist nötig, damit die unterschiedlichen gesellschaftlichen Funktionen aufrechterhalten und gesteuert werden können. Diese systemübergreifenden Absprachen geschehen entweder über Sprache oder über verallgemeinerte Medien wie Geld, Wahrheit, Macht, Liebe. Während Wirtschaft und Politik vor allem über die Medien Geld und Macht kommunizieren, tauschen sich Kunst und Religion vor allem über Wahrheit und Liebe aus. Diese Art Kommunikation kommt zunächst ohne moralischen Rückgriff aus. Sie orientiert sich weniger an einem personalen Handeln, sondern an funktionalen Ansprüchen von Systemen. Durch Kommunikation kommt nicht Vernunft zum Ausdruck, sondern die unterschiedlichen Inhalte der Codes und Programme der funktional ausdifferenzierten Systeme wie Politik, Wirtschaft, Religion, die zwar für sich betrachtet selbstständig sind, letztlich aber doch voneinander abhängen. Kommunikation (bestehend aus Information, Mitteilung und Verstehen) ermöglicht, Differenzen zwischen Systemen zu klären und Annäherungen vorzunehmen.

Moral im traditionellen Sinn spielt bei Luhmann eine untergeordnete Rolle, da Kommunikation vor allem zwischen Systemen, weniger zwischen Menschen stattfindet. Wenn der Wirtschaftsberater aus Gründen der Effizienz für die Abschaffung einer Sozialleistung plädiert und die Regierung aus Gründen der Machterhaltung für deren Verbleib votiert, dann geht es nicht in erster Linie um Werte und Persönliches, sondern um die systematische Kopplung zweier Systeme mit unterschiedlichen Codes, unterschiedlichen Programmen (Knappheit versus Ideologie), unterschiedlichen Funktionen (materielle Reproduktion versus Herstellung kollektiv bindender Entscheidungen). Kommunikation reduziert durch ihr Operieren die Komplexität und Abstraktion sozialer Systeme. Dazu ist Moral im traditionellen Sinn eher hinderlich als förderlich. Laut Luhmann schickt sie sich an, die Systeme in ihrem jeweiligen Code zu schwächen, indem sie deren Funktionsmechanismus bei der Arbeit störe. Moralisieren ist Luhmann zu Folge eine fieberhafte Immunreaktion der Gesellschaft auf unlösbare Probleme. Es macht daher im Rahmen der Wirtschaftsmoral keinen Sinn, an das Gute im Menschen zu appellieren.

Doch auch Luhmann kommt nicht ganz ohne Moral aus. Allerdings nimmt sie bei ihm eine andere Form als sonst üblich an: „Eine Kommunikation nimmt moralische Qualität an, wenn und soweit sie menschliche Achtung oder Missachtung zum Ausdruck bringt."[15] Moral taucht somit als eine Art Sonderfunktion auf, die zwar kein eigenes System abgibt, die aber den menschlichen Faktor in den Operationen zwischen den Systemen anzeigt. Der Moralcode liegt im binären Gegensatzpaar gut und böse, indem er Achtung und Missachtung bezogen auf Personen, die funktionsspezifischen Logiken folgen, ausdrückt. Moral ist als eine Art Konditionierung anwendbar, wenn ein Operieren mit personaler Achtung verbunden ist und ihre Missachtung zu Sanktionen führt. Kern der Moral bleibt die Wechselseitigkeit der Achtung. Moral hilft auf dieser besonderen Ebene, die einzelnen Systeme aneinander zu koppeln und so eine Verstärkung bzw. Rückbindung zu ermöglichen, die dem gemeinsamen Aufbau eines sozialen Systems dient (zwischenmenschliche Interpenetration). Interpenetration heißt, dass zwei Systeme über die moralische Ebene wechselseitig ihre Struktur für das andere System zur Verfügung stellen. Anders gesagt: Die Moral folgt bei Luhmann der Logik, die Kommunikation zwischen den Systemen aufrechtzuerhalten. Moral soll nicht dazu beitragen, dass Systeme verwässern, sondern dass die Funktionstüchtigkeit der Systeme gefördert wird. Laut Luhmann wird nicht mehr das Gute geachtet, sondern das Geachtete wird, weil es funktionstüchtig ist, als gut angesehen. Auch wenn der Luhmannsche Moralbegriff recht gewöhnungsbedürftig ist, so eignet er sich prinzipiell dennoch zur moralischen Legitimierung.

4.2.3 Politologie

Die Politikwissenschaft und darin die politische Philosophie gehen der Frage nach, inwieweit die Moral zur Bildung eines Staatswesens bzw. zur Etablierung eines Rechtssystems von Nöten ist. Ich begrenze mich dabei auf die Darstellung des kommunitaristischen Ansatzes. Hauptvertreter dieses Ansatzes sind Charles Taylor, Alasdair MacIntyre, Michael Walzer, Amitai Etzioni.

Kommunitarismus

Der Kommunitarismus ist als Gegenreaktion zur liberalistischen Auffassung zu verstehen, speziell jener John Rawls. Ihm wird vorgeworfen, dass er zum ersten von universell gültigen Grundsätzen der Gerechtigkeit ausgeht, die zweitens auf dem Gesellschaftsvertrag freier und gleicher Individuen beruhen (vgl. Exkurs Punkt 4.). Die Kommunitaristen gehen im Gegensatz dazu von ganz anderen moralischen Voraussetzungen aus. Demnach ist der Mensch ein Wesen, das sprachlich, ethnisch, kulturell, religiös oder sonst wie in eine Gemeinschaft eingebettet ist. Der Mensch ist somit nicht in der Lage, universell über die Grundsätze der Gerechtigkeit zu befinden, sondern er ist von den in seiner Gemeinschaft vorherrschenden, den miteinander gelebten Wert- und Moralvorstellungen, der gemeinschaftlichen Konzeption des Guten abhängig. Der Mensch gehört der Gemeinschaft nicht durch Vernunft und freier Zustimmung an, sondern er wird in sie hineingeboren. Er ist von daher auf die Gemeinschaft angewiesen, zeigt sich in seinen Grundzügen als soziales Wesen, während im Liberalismus von der prinzipiellen Autonomie des Individuums ausgegangen wird.

Ohne gemeinsame Wert- und Moralvorstellung lässt sich nach Auffassung des Kommunitarismus kein Staatswesen begründen. Ohne Moral finden Entsolidarisierung, Identitätskrisen, Werteverfall und Sinnkrisen statt, welche ihre Ursachen alle in einem übersteigerten Individualismus haben, der zu Lasten des Gemeinwohls geht. Ohne Moral läuft die Gesellschaft Gefahr, in eine Atomisierung zu geraten, in der nicht Vernunft, sondern die Macht des Marktes regiert. Moral bedeutet, dass sich die Bürger für den Staat engagieren, dass sie sich auf die Tugenden des Republikanismus besinnen, dass ihnen lokale Selbsthilfe vor wohlfahrtsstaatlicher Hilfe geht, sie Gemeinwohl Privatinteresse vorziehen und dass jeder jedem verpflichtet ist, weil „keiner eine Insel ist".

Erst durch Etablierung einer öffentlichen Moral ist es einem politischen Gemeinwesen möglich, auf Dauer zu existieren. Dabei sind zwei Legitimationsquellen voneinander zu unterscheiden. Erstens der Mensch als solcher, der in Vereinzelung, isoliert von anderen nicht leben kann. An dieser Stelle schließt sich der Kreis zur Philosophie der griechischen Antike, wo Aristoteles den Menschen als zoon politikon begreift, der naturgemäß auf Gemeinschaft angewiesen ist[16]. Zweitens der Staat, der als Netzwerk sozialer Beziehungen das Instrument zur Erreichung gemeinsamer Ziele darstellt. Dabei darf der vorkommende Moralbegriff natürlich nicht platt interpretiert werden. Etzioni geht im Rahmen seines Konzepts der Verantwortungsgesellschaft selbstverständlich davon aus, dass die Autonomievorstellungen des Einzelnen berücksichtigt gehören, jedoch unter der Vorherrschaft der Erfordernisse der sozialen Ordnung. Es geht nicht um das Aufdrängen willkürlicher Moralideen, sondern um das Schaffen einer gemeinsamen Wertgrundlage. Erst wenn diese über Prozesse der Kommunikation hergestellt ist, kann politische Konsensbildung gelingen. Da dieselbe moralischen Kriterien unterliegt, ist gemeinsames Wertschaffen ohne Moral undenkbar. Die gesellschaftliche Integration glückt nur dann, wenn Wertekonsens als moralische Infrastruktur und als öffentliches Gut angesehen wird.

4.2.4 Philosophie

Der Moral legitimierende Standpunkt der Philosophie ist jener der Vernunft. Er zieht sich durch die gesamte Geschichte der Philosophie, von der griechischen Antike bis heute, wenngleich schillernd in seiner Ausgestaltung. Das berühmteste Beispiel für den Vernunftstandpunkt der Philosophie ist die „Goldene Regel" („Was du nicht willst, das man dir tu', das füg auch keinem anderen zu"), das mittlerweile vorherrschende Universalisierungsprinzip der Ethik.

Der Vernunftstandpunkt der Ethik

Den antiken griechischen Philosophen verdanken wir die Vernunft, so wie wir sie bis heute kennen, als ein Konzept, das das Wesen des Menschen elementar mitbestimmt. Schon in den Anakreonteen heißt es: „Die Natur gab den Stieren Hörner, den Pferden Hufe, den Hasen Schnelligkeit, aber den Männern den Gedanken."[17] Dabei sind zwei Formen der Vernunft zu unterscheiden. Während die theoretische das Wissen um seiner selbst willen sucht, also auf Erkenntnis ausgerichtet ist, geht es bei der praktischen Vernunft um die Frage, wie der Mensch sich verhalten, wie er mit den anderen zusammenleben, welche Vorschriften er beachten soll. Damit waren Ethik und Moral geboren: Man soll dasjenige Gute tun, das auch dem kritischen Blick der Vernunft standhält. Moralität ist somit als eine rein menschliche Angelegenheit zu sehen, die auf der anthropologischen Besonderheit der Vernunft beruht. Vernunftgemäß handeln heißt, einer umfassenden, sinnorientierten Einsicht der Dinge zu gehorchen und sein Handeln danach auszurichten.

Bei so einem Begriff wie dem der Vernunft bleibt es natürlich nicht aus, dass er sich immer wieder wandelt. In der Stoa bringt Vernunft Autarkie, bei Aristoteles die „Reinigung der Leidenschaften" hervor. Bei Descartes bringt Vernunft die menschliche Seinsweise zum Ausdruck, für Hegel drückt sie das Wirken des „Weltgeistes" aus, bei Kant führt sie zur Herrschaft über die sinnliche Neigung des Menschen. Natürlich besteht der

Mensch auch aus Gefühlen und Instinkten. Der Dualismus, in dem er ständig lebt und der ihn zum „Bürger zweier Welten" (Kant, Schiller) macht, ist auch schon in der Antike erkannt worden. Im Rahmen des damaligen Idealismus und Rationalismus wurde die Vernunft zum höchsten Seinsprinzip auserkoren.

Die Vernunft bringt mehrere Leistungen im Menschen hervor. Er kann dadurch die Begriffe logisch miteinander verknüpfen, er kann vom Einzelfall auf den allgemeinen Fall schließen (Vermögen zur Abstraktion), er kann Wesentliches von Unwesentlichem trennen, er kann sich systematisch Wissen erschließen etc. Und, wie schon erwähnt, kann er vor allem in moralischer Hinsicht über Vernunft sein Verhalten steuern. Da er ein Sozialwesen ist, lebt er notwendigerweise in Gemeinschaft. Nach Aristoteles ist der, der außerhalb jeder Gemeinschaft steht, kein Mensch, sondern „entweder Tier oder Gott"[18]. Als Vernunftwesen lebt er als gleichzeitiges Kulturwesen immer in Sozialverbänden. Diese Lebensform bringt ein permanentes Mit- und Füreinander mit sich. Um soziale Interaktion zu organisieren, gesellschaftliche Koexistenz zu ermöglichen und ein Moralsystem abzuleiten, muss der Mensch seine Vernunft einsetzen. Ohne diese kommt er als Sozialwesen nicht weiter. Was nun speziell vermag die Vernunft dabei zu leisten?

Zuallererst vermag Vernunft die in moralischen Disputen regelmäßig auftretende Subjektivität zwar nicht zu überwinden, aber zumindest zu relativieren. In moralischen Situationen, in welchen sich subjektive Meinungen über Werte und Zwecke oft gegenüberstehen, tritt sie uns als ein Werkzeug gegenüber, das insofern zur Objektivierung von Sachverhalten beiträgt, indem es Distanz schafft zwischen uns und unserem Verhalten. Vernunft lässt uns von uns selbst abrücken, damit wir uns und unser Verhalten mit anderen, unbeteiligten Augen betrachten können. Je mehr wir über unser (Fehl-)Verhalten und das anderer vernunftorientiert nachdenken, umso leichter fällt es uns, einen übergeordneten, über uns hinausweisenden Standpunkt einzunehmen und uns zu verhalten.

Je mehr wir z. B. darüber nachdenken, welche Konsequenzen es hat, wenn wir auf der Arbeit „blau machen", nämlich dass unter Umständen die Kollegen unsere Arbeit mit erledigen müssen oder der Arbeitgeber dadurch in Zeitdruck gerät oder die Kollegen selbst verstärkt „blau machen", umso deutlicher wird uns die Unvernunft eines solchen Verhaltens. Die „Goldene Regel", verstanden als Moralprinzip, ist somit der Versuch, über den Gebrauch eines vernunftorientierten Standpunkts moralische Normen abzuleiten und zu begründen. Vernunft als Suche nach Unparteilichkeit und Objektivität soll bewirken, dass der Mensch realisiert, „dass er nur eine Person unter vielen anderen handelnden Personen ist und dass es keinen objektiven Grund gibt, dem Interesse der anderen ein geringeres Gewicht zuzuschreiben als seinem Interesse"[19].

4.3 Wirtschaftsmoralische Legitimation zwischen Individualismus und Kollektivismus

Das fundamentale, wesentliche wirtschaftsmoralische Legitimationsproblem besteht somit darin, die *eine* Legitimationsgrundlage zu finden, die die *gleichzeitige* Rechtfertigung von Wirtschaft und Moral ermöglicht. Wir haben es also mit einem typischen Dualismusproblem zu tun. Entweder gehen wir von der einen fakultativen Grundlage oder von der anderen fakultativen Grundlage aus oder es sind Verknüpfungen, Verschränkungen und Vermischungen zwischen den beiden möglich. Während wirtschaftliche Ansätze individualistisch geprägt sind, setzen die moralischen Ansätze kollektivistisch an. Uns bleiben drei Wege offen: entweder wir wählen den individualistischen, den kollektivistischen oder einen aus beiden kombinierten Ansatz. Die Antwort auf diese Frage wird Teil 3 geben („Das Integrationsproblem"), weil wir auf diese Dualität nicht nur bezogen auf die Legitimation von Wirtschaftsmoral stoßen, sondern auch bezogen auf die unterschiedlichen Ziele, die unterschiedlichen Motivationen, die unterschiedlichen Bewertungsprozesse von Moral und Wirtschaft. Zuerst möchte ich einige Unterschiede zwischen dem Individualismus und dem Kollektivismus deutlich machen.

Zuerst halten wir fest, dass fast alle wirtschaftlichen Legitimationsansätze naturwissenschaftlich orientiert sind, alle auf einer individualistischen Perspektive basieren. Diese geht davon aus, dass jede Form von Gemeinschaft nicht als solche, sondern als die Zusammensetzung von Individuen zu verstehen ist. In Anlehnung an J. J. Rousseau entspricht Gemeinschaft dem „Modell einer freien Übereinkunft, zu der sich Personen, die über sich und einiges andere verfügen können, zu einem bestimmten, gemeinsam zu erreichenden Zweck gefunden haben"[20]. Selbst falls ein solcher Vertrag nicht explizit existiert, basiert Gemeinschaft immer auch implizit auf einer solchen Übereinkunft. Als Argumente für individualistisches Denken werden oft ontologische (die Lehre vom Sein) und ethische (die Lehre vom Guten) herangezogen. Das ontologische Argument besagt, dass Realität, und zwar alle Realität individuell ist. Das heißt, dass jedes soziale Sein immer nur als Folge eines individuellen Seins in Erscheinung treten kann. So wie das individuelle Sein das ursprüngliche ist, so ist das gesellschaftliche Sein sekundär, weil davon abgeleitet. Das ethische Argument besagt, dass aus dem Katalog von Werten der Personenwert den höchsten Rang einnimmt, was heißt, dass jeder ursprüngliche Verfügungsrechte über sich selbst, keiner aber ursprüngliche Verfügungsrechte über andere hat (Ausnahme Elternrecht). Folglich „kommen Verfügungsrechte anderer über mich dadurch zu Stande, indem ich einen Teil meiner eigenen Rechte zur Selbstverfügung frei an sie abtrete"[21].

Der Kollektivismus geht hingegen von der Annahme aus, dass ein Ganzes nicht aus seinen Teilen zu verstehen ist, sondern nur als ein Ganzes. Das Ganze liegt den Teilen immer schon voraus. Als zu Grunde liegendes Modell könnte man als Beispiel das des Organismus anführen. Man kann den Menschen nicht durch seine Teile erklären, also Venen, Gelenke, Muskeln etc., sondern nur als Einheit aller irgendwie zusammenspielender Teile. Auch hier beim Kollektivismus stoßen wir auf ein ontologisches und ethisches Argument. Das erste besagt: „Was eine eigene Formgesetzlichkeit hat, hat ein eigenes Sein; wie die Formgesetzlichkeit nicht aus der Form der isolierten Individuen abgeleitet werden kann, so auch das Sein der Gemeinschaft nicht aus dem Sein der Individuen."[22] Das zweite Argument lautet: Erst wenn der Mensch auf eine Gemeinschaft trifft, kann er zu einer persönlichen Erfüllung finden, indem er sein geistig-moralisches Potenzial zur Entfaltung bringt. Das Sein der Gemeinschaft beeinflusst das Sein des Individuums und nicht umgekehrt. Ethisch gesprochen heißt das, dass Gemeinwohl generell Vorrang vor Eigennutz genießen muss und dass die Interessen des Individuums denen der Gemeinschaft untergeordnet werden.

Zusammenfassend lässt sich sagen, dass der Individualismus ein soziales Muster ausdrückt, das aus lose verbundenen Individuen besteht, welche vorrangig durch ihre eigenen Bedürfnisse motiviert werden und ihren persönlichen Zielen einen höheren Stellenwert einräumen als den Zielen anderer. Der Kollektivismus entspricht demgegenüber einem sozialen Muster, das aus sehr eng verbundenen Individuen besteht, welche vorrangig durch soziale Normen und Pflichten motiviert werden und den Zielen des Kollektivs einen höheren Stellenwert beimessen als den persönlichen Zielen. In der Wirklichkeit liegen beide Ansätze natürlich nicht in Reinform vor, sondern in Abstufungen bzw. in situationsgebundenen Ausdifferenzierungen. Auch kulturell liegen selbstverständlich Unterschiede vor. So verbinden wir mit dem Abendland eine primär individualistische, mit dem Morgenland eine überwiegend kollektivistische Tendenz[23].

Natürlich lässt sich ein moralisches Sollen auch individualistisch legitimieren, z. B. wenn man sagt „Wie du mir, so ich dir": Hilfst du mir jetzt, helfe ich dir später, leihst du mir jetzt Geld, leihe ich es dir später etc. Eine individualistische Rechtfertigung von Moral stößt aber wieder an die uns bereits bekannten Grenzen. Zum ersten handelt man dann aus Nützlichkeitsgründen oder Klugheitserwägungen heraus, was der Definition von Moralität widerspricht, da hier das Gute um seiner selbst willen und nicht aus einem anderen Zweck heraus verfolgt wird. Zum zweiten ist dann keine Unterscheidung mehr möglich zwischen Wirtschaften und Moral, die wir aber rein faktisch täglich feststellen können.

Halten wir letztlich folgendes Ergebnis an dieser Stelle fest: Wirtschaft und Moral weisen deutlich unterschiedliche Legitimitätsmuster auf, eine spezifisch wirtschaftsmoralische Legitimität lässt sich dabei weder erkennen noch ableiten.

Anmerkungen zu Kapitel 4

1   Arnold Gehlen: Der Mensch – seine Natur und seine Stellung in der Welt, 1940.

2   Arnold Gehlen: Gesamtausgabe, Teilband 1, Verlag Vittorio Klostermann, 1993, S. 35, in: books.google.de/books/about/Der_Mensch.html?hl=de&id=xgQY8vwlFSkC.

3   Sigmund Freud: Abriss der Psychoanalyse. Das Unbehagen in der Kultur. Frankfurt 1972, vor allem S. 9–14.

4 Ebenda, S. 12/13, Beginn des 2. Kapitels „Trieblehre".

5 Vgl. Streithofen, S. 110.

6 Vgl. Franz Zimmermann: Einführung in die Existenzphilosophie, Darmstadt 1992.

7 Heidegger, Sein und Zeit, S. 191.

8 Heidegger, Sein und Zeit, S. 186.

9 Heidegger, Sein und Zeit, S. 326.

10 Kron, Thomas/Reddig, Melanie: Der Zwang zur Moral und die Dimension moralischer Autonomie bei Durkheim. in: http://nbn-resolving.de/urn:nbn:de:0168-ssoar-197389.

11 Dürkheim, Emile (1999): Erziehung, Moral und Gesellschaft. Frankfurt/Main, zitiert nach Kron/Reddig, S. 7.

12 Dürkheim, Emile (1986): Einführung in die Moral. In: Bertram, Hans (Hrsg.): Gesellschaftlicher Zwang und moralische Autonomie. Frankfurt/Main, S. 33–53, zitiert nach Kron/Reddig, S. 4.

13 Durkheim, Emile (1999): Erziehung, Moral und Gesellschaft. Frankfurt/Main, zit. nach Kron/Reddig, S. 11.

14 Ebenda.

15 Luhmann, Niklas: Gesellschaftsstruktur und Semantik, Bd. 3, Frankfurt 1993, S. 360 f.

16 Aristoteles, Politik (1253a2f): „… dass der Staat zu den naturgemäßen Gebilden gehört und dass der Mensch von Natur ein Staaten bildendes Lebewesen ist".

17 Landmann, S. 87.

18 Ebenda, S. 187.

19 Bayertz, S. 227.

20 Haeffner, S. 62.

21 Ebenda.

22 Ebenda.

23 Nach Hofstede, Geert: Interkulturelle Zusammenarbeit 1997, S. 70–71 nehmen folgende Länder folgende Individualismus-Ränge ein: 1. USA, 2. Australien, 3. Großbritannien, 4. Kanada, 5. Niederlande, 6. Neuseeland, 7. Italien, 8. Belgien, 9. Dänemark, 10. Schweden, 11. Frankreich, 12. Irland, 13. Norwegen, 14. Schweiz, 15. Deutschland, 16, Südafrika, 17. Finnland, 18. Österreich, 19. Israel, 20. Spanien, 21. Indien, 22. Japan, 23. Argentinien, 24. Iran, 25. Jamaika, 26. Brasilien, 27. Arabien, 28. Türkei, 29. Uruguay, 30. Griechenland, 31. Philippinen, 32. Mexiko, 33. Ostafrika, 34. Slowenien, 35. Portugal, 36. Malaysia, 37. Hongkong, 38. Chile, 39. Westafrika, 40. Singapur, 41. Thailand, 42. El Salvador, 43. Südkorea, 44. Taiwan, 45. Peru, 46. Costa Rica, 47. Pakistan, 48. Indonesien, 49. Kolumbien, 50. Venezuela.

Das Zielproblem

5

*Der (oft kolportierte) Ratschlag an einen wirtschaftsmoralisch
interessierten Studenten: Er möge sich entweder für Ökonomie
oder Ethik entscheiden; beides zusammen ginge nicht.*

Das Zielproblem entspringt der gleichen Quelle wie das Legitimationsproblem auch, nämlich der prinzipiellen Andersartigkeit bzw. Dualität von Wirtschaft und Moral.

5.1 Wirtschaftliche Ziele

Mit Wirtschaften ist nicht ausschließlich ein Ziel verbunden, sondern es können mehrere, je nach Ebene, unterschieden werden. Auf der Mikroebene lautet das Hauptziel Nutzenmaximierung, d. h. jeder Haushalt versucht, mit seinem Einkommen die nützlichsten Güter zu kaufen. Auf der Mesoebene lautet das Hauptziel Gewinnmaximierung, d. h. Unternehmen versuchen, ihre Produkte möglichst lukrativ zu veräußern. Auf der Makroebene, die die gesamte Volkswirtschaft inklusive Staat umfasst, gibt es mehrere Ziele. Ich möchte die wesentlichen kurz erwähnen, um zu zeigen, welches Ziel als gemeinsames Oberziel angesehen werden kann.

- **Stabilisierungsziele**
  Das Stabilitätsgesetz von 1967 führt vier maßgebliche Ziele auf (vgl. magisches Viereck). Erstens wird ein stetiges, angemessenes Wirtschaftswachstum genannt. Darunter versteht man, dass immer mehr Güter und Dienstleistungen (vgl. Bruttoinlandsprodukt) hergestellt werden. Zum zweiten wird der Zustand der Vollbeschäftigung angestrebt, was bedeutet, dass möglichst wenig Arbeitslosigkeit herrscht. Drittens soll

© Springer Fachmedien Wiesbaden GmbH, ein Teil von Springer Nature 2019
S. Knischek, *Grundlagen der Wirtschaftsmoral*,
https://doi.org/10.1007/978-3-658-23623-6_5

Preisniveaustabilität vorhanden sein, d. h. die Verbraucherpreise dürfen im Schnitt maximal mit 2 Prozent pro Jahr steigen, damit die Kaufkraft erhalten bleibt. Viertens soll ein außenwirtschaftliches Gleichgewicht mit dem Ausland bestehen.

■ **Ordnungsziele**
Die Ordnungsziele beziehen sich auf die gesetzlichen Rahmenbedingungen des Wirtschaftssystems. Auch hier liegen mehrere Ziele vor. So stoßen wir im Rahmen der Sozialen Marktwirtschaft auf das Freiheitsziel (Gewerbefreiheit, freie Berufswahl, Koalitionsfreiheit), das Eigentumsziel (Erwerb von Privatvermögen), das Wettbewerbsziel (möglichst viel Konkurrenz), das Sozialziel (soziale Sicherung) etc.

■ **Strukturziele**
Bei den Strukturzielen geht es um die Problematik der jeweiligen Zusammensetzung. So strebt man das Ziel einer Ausgeglichenheit zwischen Ökonomie und Ökologie, zwischen einzelnen Branchen, zwischen einzelnen Sektoren, zwischen einzelnen Regionen etc. an.

■ **Umverteilungsziele**
Umverteilung bedeutet, dass man Marktergebnisse, die sozialpolitisch unerwünscht sind, korrigiert. Aus diesem Grund streben wir das Ziel der Existenzsicherung (Sozialhilfe, Hartz IV) an, das Ziel der Gerechtigkeit, das der individuellen Förderung (Subventionen, Transfers etc.).

■ **Allokationsziele**
Allokative Ziele beziehen sich auf den Einsatz der Produktionsfaktoren Arbeit, Boden und Kapital. Dabei wird vor allem das Effizienzziel ins Visier genommen. Die Ressourcen sollen so kombiniert werden, dass dadurch möglichst viele Güter und Dienstleistungen hergestellt werden können.

Auch wenn alle diese Ziele ihre Existenzberechtigung haben, so sind sie dennoch nur sekundär zu nennen, weil sie von einem gemeinsamen Oberziel abgeleitet sind, nämlich der Befriedigung von Bedürfnissen. Je stärker die Wirtschaft wächst, umso mehr Bedürfnisse können befriedigt werden. Würden dabei aber keine Bedürfnisse befriedigt, wäre das Wachstumsziel hinfällig. Man kann es auch anders ausdrücken: Ohne Bedürfnisse keine Wirtschaft. Gleiches gilt für die anderen Ziele. Vollbeschäftigung macht keinen Sinn, wenn sie nicht in Bedürfnisstillung mündet. Wir arbeiten, um zu leben. Der umgekehrte Satz, wenngleich von sogenannten „Workaholics" in die Praxis umgesetzt, verkehrt Ursache und Wirkung. Preisniveaustabilität sichert Kaufkraft, welche uns Güter erwerben lässt, um Bedürfnisse zu stillen. Wenn wir das Effizienzziel verfolgen, dann nicht als Selbstzweck, sondern um über Rationalisierungseffekte mehr konsumieren zu können.

Wodurch wird nun aber die Bedürfnisbefriedigung hergestellt? Durch Wirtschaftsgüter, also durch in erster Linie materielle Güter wie Sachgüter (Autos, Möbel, Telefone, Kleidung, Kühlschränke, Häuser, Nahrungsmittel) und Dienstleistungen (Frisör, Arzt. Rechtsanwalt). Wirtschaften ist somit auf Erzielung von Wohlstand bzw. auf materielle Werte ausgerichtet. Je mehr Wohlstand, umso mehr Bedürfnisse können befriedigt werden. Bei der Erzielung von Wohlstand lassen sich jedoch mehrere Ebenen in der Wirklichkeit beobachten. Manche Menschen orientieren sich, freiwillig und auch unfreiwillig, an der Befriedigung der Grundbedürfnisse. Andere, die Mehrheit, versuchen, die Knappheit immer weiter zu überwinden und immer mehr Wohlstand zu erzeugen. Beiden Ebenen der Bedürfnisbefriedigung gemeinsam ist allerdings eines: Bedürfnisbefriedigung stellt primär eine individuelle Angelegenheit dar. Von daher bezieht sich das Ziel des Wirtschaftens immer auf den individuellen Wohlstand, auf den individuellen Reichtum. Im Folgenden stelle ich die beiden Ebenen der Bedürfnisbefriedigung kurz dar.

5.1.1 Materielle Daseinssicherung: Befriedigung von Grundbedürfnissen

Nach Angaben der Vereinten Nationen leben mehr als 2,8 Milliarden Menschen, 40 Prozent der Weltbevölkerung, von weniger als 2 $ pro Tag. Fast eine Milliarde sind Analphabeten, die Hälfte davon hat keinen Zugriff zu sauberem Wasser. Etwa ein Drittel der Kinder unter fünf Jahren leidet unter Unterernährung. Das wirtschaftliche Ziel dieser Menschen, die täglich mit Daseinssicherung beschäftigt und von der Sorge ihrer Selbsterhaltung getrieben sind, liegt einzig in der Befriedigung ihrer Grundbedürfnisse. Oftmals geht es tatsächlich ums nackte Überleben.

Auch wenn die Grenze zwischen Grund- und anderen Bedürfnissen fließend ist und die Ansichten darüber auseinandergehen, werden Grundbedürfnisse allgemein wie folgt zusammengefasst. Zur Klasse der materiellen Sachgüter zählen Nahrungsmittel, Trinkwasser, Kleidung, Wohnen, Güter der Gesundheit. Damit kann zumindest das physische Leben erhalten werden, doch ein Leben in Würde ist damit noch nicht gegeben. Aus diesem Grund haben die Vereinten Nationen im Jahre 1995 auf dem Weltgipfel zur Sozialen Entwicklung weitere Güter genannt. In diese Kategorie der materiellen Grunddienstleistungen fallen demnach Bildung, Ausbildung, persönliche Sicherheit, Rechtssicherheit, Recht auf Arbeit, Mitbeteiligung am gesellschaftlichen und kulturellen Leben und Eliminierung von Diskriminierung.

5.1.2 Wohlstandsmehrung: Befriedigung von Kultur- und Luxusbedürfnissen

Sind die Grundbedürfnisse befriedigt, kommen wir nicht ans Ende des Wirtschaftens, sondern wir gelangen auf höhere Ebenen. Waren die Deutschen nach dem 2. Weltkrieg froh, überhaupt etwas zu essen zu haben, sind heute die Regale in den Supermärkten voll von Nahrungsmitteln, die nicht wirklich nötig für eine ausreichende Ernährung sind: Gänseleberpastete, Kaviar, Süßigkeiten etc. Der Mensch, der seine Grundbedürfnisse gestillt hat, wendet sich immer weiteren Bedürfnissen zu. Wir erfüllen uns, die wir in Industrieländern leben, Kulturbedürfnisse. Wir gehen ins Kino oder Theater, fahren ein Auto, machen jedes Jahr ein oder zwei Reisen, telefonieren mit dem Handy, wir surfen durchs Internet etc. Einige von uns sind mittlerweile sogar in der Lage, Luxusbedürfnisse zu stillen. Wir fahren mit der Jacht über die Ozeane, fliegen im Privatjet von Ort zu Ort, wohnen in Villen oder Schlössern mit Dienerschaft.

Wirtschaften heißt somit immer auch, sein Dasein zu gestalten und sich mit Selbstverwirklichung zu beschäftigen. Während bei der Selbsterhaltung der Aspekt der Bedürftigkeit im Vordergrund steht, ist es im anderen Fall die Freiheit, die dominiert. Menschen begnügen sich oft nicht mit dem Erreichten, sondern wünschen mehr. Die Ökonomie spricht dann von Nutzenmaximierung, d. h., dass der wirtschaftende Mensch versucht, immer mehr Wohlstand und somit Unabhängigkeit zu erzeugen. Aber unabhängig davon, ob wir Grund- oder Luxusbedürfnisse stillen, wir erreichen diesen Zweck nur über materielle Mittel. Das Ziel des Wirtschaftens ist materieller Wohlstand, also das möglichst grenzenlose Verfügen über knappe Sachgüter und Dienstleistungen.

5.2   Moralische Ziele

Ausgangspunkt für die moralische Zielfindung ist der Moralbegriff. Dieser besagt, dass sich Moral durch die allgemeine Anerkennung von sozialen Verhaltensnormen äußert, welche den Bezug zu einem Gut-sein aufweisen. Gemessen daran kann das Ziel der Moral aus verschiedenen Richtungen angepeilt werden. Es kann darin bestehen, dass sich der Mensch dem vernünftigen Handeln öffnet, dass er seine Göttlichkeit zum Ausdruck bringt, dass er zu Wohlfahrt für alle gelangt, dass er sich als Sozialwesen vervollkommnet, dass er Egoismus und Altruismus sinnvoll verbindet, dass er das gute Leben fördert etc. Der Grundunterschied zwischen wirtschaftlichen und moralischen Zielen ist der, dass erste nur auf die eigenen Bedürfnisse bezogen sind, während zweite auch die Bedürfnisse anderer berücksichtigen. Ausgehend von der Minimalmoral möchte ich das moralische Zielproblem auf zwei Konzepte beschränken: das der eher subjektiven Solidarität und das des eher objektiven sozialen Friedens.

5.2.1   Solidarität

Solidarität betrifft die Gefühlsebene, indem sie uns gewahr werden lässt, dass wir nur ein Mensch unter vielen sind, dass wir uns in die Lebenssituationen anderer hineinversetzen können und dass wir auf gleicher Augenhöhe mit anderen zusammenleben müssen. Wir treten füreinander ein und unterstützen uns, weil wir ein soziales Bewusstsein entwickelt haben, indem wir uns im anderen wiederentdecken. Auch wenn sich Solidarität auf mehreren Ebenen abspielt, z. B. der familiären oder kollegialen, so bezieht sie sich letztlich darauf, dass wir uns als gleichberechtigte, voneinander abhängige Lebewesen empfinden. Solidarität ist „die Gesinnung einer Gemeinschaft mit starker innerer Verbundenheit" und „das Zusammengehörigkeitsgefühl, das praktisch werden kann und soll"[1]. Solidarität ist der Ausdruck, dass der Mensch sich als einer unter vielen Gleichberechtigten erkennt. Die allgemeine Bestimmung des menschlichen Verhaltens folgt dem Motto: Jeder will sein Begehren befriedigen. Die solidarische Variante lautet: Befriedigung der Begehren von allen. „Die möglichste Befriedigung der Begehren für alle ist der Zweck der Moral, und die Normen für die Beschränkung der Begehren zugunsten der Erreichung der primären Ziele sind das Mittel dafür."[2]

Solidarität kennt viele Gesichter. Bei Christen tritt sie als Nächstenliebe auf, bei den Proletariern z. B. als gemeinsamer Arbeitskampf gegen kapitalistische Ausbeutung. All diesen Formen der Solidarität liegt die moralische Urform zu Grunde, das Wir-Gefühl, ohne das Gemeinschaft auf Dauer nicht auskommt. Solidarität hebt Konkurrenz, Vereinzelung und soziale Ausgrenzung auf, fördert Mitverantwortung und Empathie. Dabei stellt Solidarität als Moralziel vor allem auf die subjektive Ebene ab. Jeder soll am Ende nicht nur mental, sondern auch emotional am Wohlbefinden anderer teilnehmen. So hat jeder die sozialen Verhaltensnormen verinnerlicht, dass er gesinnungsgemäß handelt und lebt.

5.2.2 Sozialer Friede

Im Vergleich zum Moralziel Solidarität stellt der soziale Friede die ergebnisbezogene, objektive Variante dar. Zwar ist er weniger auf die Gesinnung ausgerichtet, ist aber dennoch als ihr Resultat anzusehen. Sozialer Friede, also die Abwesenheit von sozialen Spannungen und Konflikten, lässt sich dabei auf vielfältige Weise operationalisieren. Er liegt beispielsweise vor, wenn in einem Land wenig gestreikt wird, wenn niedrige Kriminalitätsraten vorherrschen, wenn kaum Gerichtsprozesse geführt werden müssen, wenn menschenfeindliche politische Parteien wenig Chancen haben, wenn die Fahnder der Finanzämter selten eingesetzt werden etc. Wenn sozialer Friede erreicht worden ist, liegt die Vermutung nahe, dass die moralischen Akteure Regeln aufgestellt und anscheinend auch befolgt haben.

5.3 Wirtschaftsmoralische Zielsuche zwischen Materialismus und Idealismus

> *„Die Haben-Orientierung ist charakteristisch für den Menschen der westlichen Industriegesellschaft, in welcher die Gier nach Geld und Ruhm und Macht zum beherrschenden Thema des Lebens wurde."*
> Erich Fromm[3]

Erneut zeigt sich somit die duale Struktur der Wirtschaftsmoral. Die wirtschaftlichen Ziele in Form von Wohlstand (Geld, Sachgüter, Dienstleistungen) stehen den moralischen Zielen in der Form von Solidarität und sozialem Frieden gegenüber. Letztlich lässt sich die moralische Zielfindung auf den Dualismus zwischen Materialismus (Wirtschaft) und Idealismus (Moral) zurückführen. Wir stoßen also erneut auf das Grundproblem, dass sich beide Positionen in Reinform relativ einfach definieren lassen, dass sich ihre Kombination jedoch ungleich schwerer bewerkstelligen lässt. Zuerst gehe ich den beiden Reinformen nach. Da Wirtschaftsbedürfnisse nur über materielle Güter zu befriedigen sind, sind Wirtschaftsziele fest in einem materialistischen Denken verankert. Drei Grundformen können dabei unterschieden werden.

Der erkenntnistheoretische bzw. ontologische Materialismus

Der erkenntnistheoretische und in der Folge ontologische Materialismus gehen davon aus, dass alle Vorgänge, Phänomene, Gesetzmäßigkeiten, also die Wirklichkeit, auf das Vorhandensein von Materie zurückgeführt werden müssen. Der Urgrund allen Erkennens und allen Seins liegt im Materiellen, alle daraus abgeleiteten Seinsformen sind zweitrangig. Gedanken, Ideen, Geist, soziale Werte, Normen sind alles Erscheinungsformen der Materie. Ausschließlich die physische Existenz des Gehirns macht Denken und alle daraus resultierenden Leistungen möglich. Nur wer Arme und Beine hat, kann jemand anderem zu Hilfe kommen. Auf den wirtschaftenden Menschen übertragen heißt dies, dass der physischen und, da der Mensch eine Leib-Seele-Einheit darstellt, psychischen Reproduktion oberste Priorität eingeräumt werden muss. Sie stellt die Grundlage für alles Folgende dar, somit auch für alle sozialen Errungenschaften wie Recht, Staat, Moral, Kunst und Kultur. Ohne Bedürfnisbefriedigung ist menschliches Sein auf Dauer unmöglich. Der ontologische Materialismus sagt im Prinzip aus, dass sich jede potenzielle Dimension menschlichen Seins aus der materiellen ergibt. Diese Form des Materialismus spielt für die Wirtschaftsmoral kaum eine Rolle.

Der historische/ökonomische Materialismus

Nach Karl Marx, dem Begründer des historischen Materialismus, ist die Geschichte der Menschheit die Geschichte des Klassenkampfs, also eines Kampfes, der zwischen Gruppen mit verschiedenen materiellen Ausstattungen ausgefochten wird. Am Anfang stand die Urgemeinschaft, die archaisch und mit minimaler Arbeitsteilung noch weitgehend in der Ordnung des Kollektiveigentums lebte. Mit fortschreitender Entwicklung der Produktivkräfte entstand eine erste Phase des Überflusses und damit war die ländlich geprägte und vorantike Klassengesellschaft geboren. Die sich anschließende Sklavenhaltergesellschaft zeigte die deutlichsten Herrschaftsspuren. Besitzlose waren den Besitzern untertan, so wie wir das aus den antiken Kulturzentren Griechenlands und Roms kennen. Es schloss sich die Feudalgesellschaft an, die zu heftigen Auseinandersetzungen zwischen Grundbesitzern und Lehnsherren, Gilden und Zünften zum einen, Bauern, Leibeigenen und Handwerkern zum anderen führte. Seit rund 200 Jahren kämpfen nun die Kapitalisten (Bourgeoisie) gegen die Arbeiterklasse (Proletarier), die durch Landflucht, Armut, Krankheit, fehlender Bildung und Perspektivlosigkeit sich selbst entfremdet sind.

   Wichtig ist, dass der Materialismus nicht zufällig besteht, sondern er einem „naturgeschichtlichen Prozess" gleicht, einem mechanistischen Bewegungsgesetz, das der Methodik des Experiments in der Naturwissenschaft analog ist. Wenn die existierenden Produktivkräfte in Widerspruch zu den Produktionsverhältnissen geraten, dann zeigt sich in Form von Revolutionen, wie stark sich die materiellen Triebkräfte realisieren. Die Folge sind gesellschaftliche Änderungen und Änderungen in den Eigentumsverhältnissen. Die materiellen Unterschiede zwischen Menschen implizieren ganz ursächlich nicht-materielle Folgen. Das Entwicklungsgesetz der Produktion muss als die letzte gesellschaftliche Instanz genommen werden, nicht die geographische Herkunft oder das Wachstum der Bevölkerung, wie so oft von verschiedener Seite vorgetragen.

Der historische Materialismus vertritt folglich die These, dass sowohl die menschliche Geschichte wie Gesellschaft das Urprodukt materieller Triebkräfte sind. Es gilt der Primat des Materiellen über das Ideelle. Dadurch, dass der bedürftige Mensch der Natur ausgesetzt ist und er gezwungen ist, zu arbeiten, zu produzieren und die dabei hergestellten Produkte gegen andere Güter zu tauschen, um mehr davon besitzen zu können, entsteht soziale Interaktion. Darüber geht er die gesellschaftlichen Beziehungen ein. Nicht die platonischen Ideen oder der Hegelsche „Weltgeist" treiben Gesellschaft und Kultur voran, sondern handfeste materielle Interessen und Konflikte. Nicht veränderte Ideale oder die Suche nach absoluter Wahrheit führen zu sozialer Entwicklung, sondern Klassenkampf, da jede Klasse immer wieder versucht, ihre materielle Situation zu verbessern. Für den überzeugten Marxisten war deshalb der Irakkrieg der Amerikaner gegen Saddam Hussein nicht in erster Linie moralisch, sondern wegen der dortigen Ölquellen ökonomisch motiviert.

Natürlich geht Marx in seinem Werk über das Materielle als wirtschaftliche Zielsetzung hinaus. Mit Hilfe der dialektischen Methode wird eines Tages die Herrschaft des Proletariats erreicht, für ihn der Inbegriff des (geschichtsmetaphysischen) Zustands der klassenlosen Urgesellschaft. Doch viel wichtiger ist, dass Marx an dieser Stelle mit den beiden Begriffen Basis und Überbau arbeitet. Die Basis des Sozialen hat einen materiellen Anfangspunkt: „In der gesellschaftlichen Produktion ihres Lebens gehen die Menschen bestimmte, notwendige, von ihrem Willen unabhängige Verhältnisse ein, Produktionsverhältnisse. Die Gesamtheit dieser Verhältnisse bildet die ökonomische Struktur der Gesellschaft, die reale Basis."[4] Darauf baut sich dann der Überbau auf. „Die Produktionsweise des materiellen Lebens bedingt den sozialen, politischen und geistigen Lebensprozess überhaupt. Es ist nicht das Bewusstsein der Menschen, das ihr Sein, sondern umgekehrt ihr gesellschaftliches Sein, das ihr Bewusstsein bestimmt."[5] Unabhängig davon, zu welchen Ergebnissen Marx letztlich gelangt, Dreh- und Angelpunkt und das damit verknüpfte Ziel ist und bleibt das Materielle, das sich durch den Klassenkampf täglich zum Ausdruck bringt.

Konsumismus als ethischer Materialismus

Unter dem Begriff ethischer Materialismus versteht man die Lebenseinstellung, die auf das Streben nach Konsum, Besitz, Wohlstand, Reichtum ausgerichtet ist. Umgangssprachlich ist hierbei oft vom Konsumismus die Rede. Danach ist das höchste Gut im Erwerb materieller Güter zu suchen. Der Konsumist identifiziert sich ganz und persön-

lich mit seinen Besitzgütern, er macht sein Selbstwertgefühl davon abhängig. Nicht
selten erhebt er das Materielle zu einer Ersatzreligion, die ihm Glück und Wahrheit verspricht. Zwar spielt auch für ihn die Bedürfnisbefriedigung eine wichtige, primäre und
maßgebliche Rolle, doch dadurch, dass er den materiellen Gütern einen fast schon spiri-
tuellen Wert beimisst, verliert sie im Rahmen seiner exzentrischen Weltanschauung
mehr und mehr an Bedeutung. Der Zweck des Wirtschaftens mutiert zum Selbstzweck.
So spiegelt die Zigarette nicht nur das Gut wider, das aus dem Bedürfnis Entspannung
und Genuss entspringt, sondern es vermittelt zugleich Lebensstil und Freiheit.

Manche sehen im Konsumismus sogar die postmoderne Form der globalen Befrie-
dung. Konsum als das genaue Gegenteil von Gewalt zähme die politischen Leidenschaften. Der friedliche Handel der Völker sei an die Stelle von Kriegen getreten. Außerdem
eigne er sich hervorragend, jede Form von Fundamentalismus im Keim zu ersticken,
indem er als Opium für Fanatiker wirke. Selbst wenn ein solches Denken mit guten Argumenten entkräftet werden kann, bleibt immerhin festzuhalten, dass der Konsum tatsächlich große Teile der Menschheit erfasst hat. Obwohl mittlerweile schon mehrere
Generationen mit solchen Büchern wie jenem von Erich Fromm „Haben und Sein" aufgewachsen sind, nimmt die Zustimmung zur Lebenshaltung, sein Glück im Wohlstand,
im Haben zu suchen, immer weiter zu. Die Verselbstständigung und Psychologisierung
der menschlichen Bedürftigkeit zeigt sich unter anderem daran, dass sich Jugendliche
immer stärker verschulden, um „in" zu sein, dass die Werbeetats der Unternehmen immer größer werden, dass Menschen ihre Existenz in Kasinos oder beim Pokern durch die
Aussicht auf schnelles Geld aufs Spiel setzen etc. Das Motto dieser zeitgenössischen
Auffassung, das nicht mehr nur Jugendliche anzieht, lautet schlicht: Wer etwas hat, ist
wer.

Dem materialistischen Ansatz, der natürlich wie jeder andere Ansatz auch kritisierbar
ist[6], steht der idealistische, der auf Moral bezogene Ansatz gegenüber. Unsere beiden
Moralziele, Solidarität und sozialer Friede, können ihrer Natur nach nur über nicht-
materielle Mittel verwirklicht werden. Ihr weltanschaulicher Kern liegt im Glauben an
das Wahre, das Gute, das Schöne, also an Dinge, die weit über materielle Interessen
hinausgehen. Man kann Solidarität und sozialen Frieden zwar mit Hilfe des Einsatzes
wirtschaftlicher Mittel erreichen, aber ihr Eigenwert, ihre Urmotivation ist in der Haltung, der Lebenseinstellung der handelnden Menschen Wert- und Sinnfragen gegenüber
zu suchen.

Der erkenntnistheoretische bzw. ontologische Idealismus[7]

Dieser Denkansatz geht davon aus, dass den materiellen Erscheinungen der Welt nur
scheinbar eine eigene Existenz zukommt. In Wirklichkeit ist das Sichtbare der Welt von
dahinterstehenden Ideen geprägt. Die Grundbedingung allen Seins ist nicht die Materie
oder der Stoff, sondern Geist, Seele oder Wille. Erkenntnis ist nur auf Grund der Übereinstimmung von menschlichem Bewusstsein und transzendentalen Ideen möglich. Solidarität und sozialer Friede sind somit apriori, d. h. sie sind immer schon da, müssen
lediglich erkannt und realisiert werden. Beide treten in unterschiedlichen, veränderbaren

Formen auf, doch aus idealistischer Sicht zählt nur deren unveränderbares Wesen. Moralziele müssen folglich idealistischer Art sein, da sie auf dem Begriff und Konzept des Guten beruhen. Das Gute mag sich in seiner faktischen Ausprägung durchaus mannigfaltig äußern: als finanzielle Unterstützung (materiell), als praktische Hilfeleistung (jemandem sein Fahrrad leihen), als Ratschlag (ideell) etc. Am Ende kommen wir aber immer wieder zu dem Punkt zurück, dass das Wesen des Guten eine Idee und somit geistiger Natur ist.

Der dialektische Idealismus[8]

Für den Philosophen Hegel, einem der Vordenker des dialektischen Idealismus, ist das sich stets verändernde Sein geprägt von einem Kampf der Gegensätze, vom Widerspruch der Polaritäten. Im Gegensatz zeigt sich dabei nicht nur die Form einer Negation oder Destruktion, sondern eine Logik, eine tiefe, schwer nachvollziehbare Einheit, in welcher Verschiedenes zusammengehört. Die Einheit oder Dialektik kennt drei Momente. Zuerst setzt der Verstand etwas als seiend, er begreift die Welt.

Danach erkennt der Verstand die Einseitigkeit seiner Setzung. Es entsteht ein Widerspruch, indem sich zwei gegensätzliche Begriffe gegenseitig aufheben (Negation). In einem dritten Schritt ist die Vernunft nunmehr in der Lage, den Widerspruch aufzuheben, indem sie aus These und Antithese eine Synthese gewinnt. Dieses letzte positive und spekulative Moment hebt die Gegensätze zwar auf, zugleich aber bewahrt sie dieselben. Aus der Negation der Negation entsteht nach Hegel die Affirmation.

In diesem Prozess, der den Gang des Geistes in seiner Selbsterfassung beschreibt, tritt uns etwas Absolutes, etwas Ideales entgegen, die „Identität der Identität und der Nichtidentität". Das bedeutet, dass das Absolute als eine Wahrheit begriffen werden muss, die das Andere immer in sich trägt und die sich daher auf eine höhere Ebene hinbewegen muss, will sie weiter als Wahrheit gelten. Diese ist also nicht nur das wirkliche Ganze, sondern sie umfasst zugleich ihr Werden. Am Ende dieses dialektischen Prozesses finden wir das „absolute Wissen", den „Weltgeist". Dieser ist Methode und Ergebnis in einem, Denken und Sein in einem. Sein idealistischer Gehalt wird daran deutlich, dass er weit über das empirische Wissen hinausgeht und letztlich stark metaphysische Züge trägt. Der Weltgeist repräsentiert den sich in Stufen entwickelnden Geist, der zuletzt nichts anderes ist als der objektive, zum Weltprozess verabsolutierte Denkprozess. Die Moral und ihre Ziele Solidarität und sozialer Friede stammen aus diesen Prozessen.

Der ethische Idealismus

Diese idealistische Ausprägung geht davon aus, dass dem Streben nach dem Guten, dem Wahren, dem Schönen und Idealen die Vorrangstellung hinsichtlich menschlicher Entwicklung eingeräumt werden muss. Nicht die Suche nach dem eigenen Vorteil und Materiellem soll im Vordergrund stehen, sondern ausschließlich die nach geistigen Idealen und Werten. Nur ein solches Vorgehen garantiert ein gesellschaftlich erfolgreiches und individuell glückliches Leben. Der typische Idealist zeichnet sich daher durch eine starke Ausrichtung auf übergeordnete Ziele aus, er ist bereit, sich persönlich zurückzunehmen und selbstdiszipliniert an sich zu arbeiten, er strebt nach sehr hohen sittlichen Ansprüchen und sucht beständig nach Seelenverwandten. Besonders wichtig ist ihm als Moralist die Bereitschaft zu altruistischem Verhalten. Solidarität und sozialer Frieden sind auf Dauer nur erreichbar, wenn jeder auch zurückzustehen gelernt hat. Selbstverständlich stellt auch der Altruismus ein ausgesprochen idealistisches Konzept dar. Häufig ist der Idealist zugleich recht anfällig für ideologische Verirrungen und systematischen Stursinn, weil er sich von der Fixierung an bestimmten Idealen nicht freimachen kann.

5.4   Wirtschaftsmoralische Mittelsuche zwischen Zweckrationalität und Wertrationalität

Die Art und Weise bzw. die Mittel, mit welchen Ziele verwirklicht werden können, unterscheiden sich im Fall von Wirtschaft und Moral ebenfalls. Um materiell Bedürfnisse zu befriedigen, greift Wirtschaft auf ein zweckrationales Verfahren zurück, während Moral jenem der Wertrationalität folgt. Beide Rationalitätskonzepte gehen auf den Sozialwissenschaftler Max Weber zurück.

Zweckrationalität

„Zweckrational handelt, wer sein Handeln nach Zweck, Mitteln und Nebenfolgen orientiert und dabei sowohl die Mittel gegen die Zwecke, wie die Zwecke gegen die Nebenfolgen, wie auch die verschiedenen möglichen Zwecke gegeneinander rational abwägt."[9] Zur Verdeutlichung folgendes Beispiel: Ein Radprofi möchte seine Leistung steigern, um berühmter zu werden (Zweck bzw. sein erstes Bedürfnis) und um mehr Geld zu verdienen (Zweck bzw. zweites Bedürfnis). Dies lässt sich mit verschiedenen Mitteln realisieren, durch einen besseren Trainer (knappe Dienstleistung) oder durch Doping (knappes Sachgut). Die Nebenfolgen des Trainers sind höhere Kosten und erhöhter körperlicher Verschleiß, die des Dopings ein höheres Gesundheitsrisiko, das Risiko einer Sperre, eines Gerichtsverfahrens, eines Imageverlustes. Der Profi kann nun abwägen. Er kann die Mittel gegeneinander abwägen (Doping oder Trainer?), Mittel gegenüber Zweck (ist Doping wirklich eine ernstzunehmende, Ziel führende Option?), Mittel gegen Nebenfolge (der Trainer kostet mehr, bringt aber ein viel geringeres Risiko mit sich), Zweck gegen Zweck (ist der Ruhm oder das Geld wichtiger?).

Wirtschaften folgt der zweckrationalen Logik. Wir bemühen uns, in der Regel, effizient zu handeln, also unseren Bedürfnissen diejenigen Mittel zuzuordnen, die den höchsten Nutzwert erzielen. Je effizienter wir handeln, umso mehr Bedürfnisse können wir erreichen, umso wohlhabender können wir werden. Dabei geht es in der Reinform des Wirtschaftens nie darum, Ziele bzw. Bedürfnisse in Frage zu stellen oder ihre Sinnhaftigkeit zu ermitteln. Ziele und Mittel liegen vor und müssen nur nach dem Kriterium der Effizienz ausgewählt werden. Zweckrationalität basiert somit weitgehend auf einem geschlossenen System. In der Folge verlassen wir, wenn wir wirtschaften, nicht wirklich den subjektiven Bereich. Es sind immer wir, die wir unsere Bedürfnisse definieren und wir, die die dazu passenden Mittel auswählen. Zweckrationalität nutzt im Prinzip eine bestimmte Denkstruktur zur Verwirklichung individueller Zwecke. Diese Logik ist ausschließlich erfolgsorientiert.

Gemessen an einem universellen Vernunftbegriff arbeitet das Konzept der Zweckrationalität stark limitiert. Dadurch, so der Soziologe und Philosoph Max Horkheimer, dass wir Vernunft lediglich auf eine Zweck-Mittel-Relation beziehen, haben wir es nur mit einer instrumentellen Vernunft zu tun. So wie wir ein Handy zum Telefonieren und nicht als Fahrzeug benutzen können, genauso können wir instrumentelle Vernunft nicht zur Lösung von vor allem gesellschaftlichen Wertfragen heranziehen. Sie reicht nicht hin zu Fragen des Seins, des Sinns von Sein, des guten Lebens, des schönen Lebens, des gerechten Lebens etc.

Wertrationalität

„Rein wertrational handelt, wer ohne Rücksicht auf die vorauszusehenden Folgen im Dienst seiner Überzeugung von dem handelt, was Pflicht, Würde, Schönheit, religiöse Weisung, Pietät oder die Wichtigkeit einer ‚Sache‘ gleich welcher Art, ihm zu gebieten scheint. Stets ist … wertrationales Handeln ein Handeln nach Geboten oder gemäß Forderungen, die der Handelnde an sich gestellt glaubt."[10] Nehmen wir zur Verdeutlichung erneut voriges Beispiel des Radprofis. Hier besteht kein Zweifel, wie die Entscheidung zu treffen ist. Da im Sport das Ethos der Fairness gilt und das Motto „der Bessere gewinne" vorherrscht, scheidet die Option Doping automatisch aus. Wertrationalität folgt der Logik, dass diejenige Alternative auszuwählen ist, die dem zu Grunde liegenden Wert am meisten entspricht. In obigem Beispiel müssen also bessere Trainingsmethoden eingesetzt oder ein besserer Trainer engagiert werden. Der jeweilige Wert, um den es geht, kann dabei unterschiedlich interpretiert werden, somit auch wie in unserem Fall als Einhaltung moralischer Normen. Wichtig in diesem Zusammenhang ist die Tatsache, dass Wertrationalität von einem stärkeren objektiven Sinnbezug ausgeht als Zweckrationalität.

Wertrationalität bedeutet weiter, dass die Ziele bzw. Bedürfnisse nicht einfach vorgegeben sind und als hingenommen gelten, sondern dass diese im Licht von Normen und Werten auf ihre Richtigkeit hin überprüft werden. So fragt sich unser Radprofi vielleicht eines Tages selbst, ob die Ziele Ruhm und Reichtum tatsächlich von so großer Bedeutung sind, wie dies zurzeit bei ihm der Fall zu sein scheint. Zudem liegt bei wertrationalem Handeln der Schwerpunkt nicht auf dem Mittelcharakter einer Handlung, sondern auf ihrem Eigenwert. Handlung und Handlungsfolge werden sozusagen eins. Jemand hilft dem Nachbarn in einer Notlage nicht, damit ihm in der gleichen Lage ebenfalls geholfen wird, sondern weil die Hilfsbereitschaft zum Kanon der menschlichen Werte zählt. Das wertrationale Agieren trägt außerdem stark gesinnungsorientierte Züge, d. h. der Drang, nach bestimmten Werten zu leben, kommt nicht von außen, sondern stammt aus einer inneren Haltung. Aus den beiden Charakterzügen des Eigenwerts einer Handlung und ihrer Gesinnungsbezogenheit folgt, dass wertrationales Handeln als Akt einer

Autonomie angesehen wird, die meistens jedoch nicht von allen Beteiligten in bestimmten Situationen geteilt wird. Gerade die Tendenz, nach dem Motto „Der Zweck heiligt die Mittel" zu verfahren, ist zwar wertrational nachvollziehbar, führt oft aber zu großen Auseinandersetzungen.

Ich will noch einige Beispiele zur Unterscheidung von zweck- und wertrationalem Handeln geben. Jemand, der sein Geld spendet, um sein (schlechtes) Gewissen zu beruhigen, handelt zweckrational. Jemand, der das Gleiche aus reiner Nächstenliebe macht, handelt wertrational. Wie man sieht, liegt der Unterschied nicht darin, dass beide Rationalitätsformen zu ihrer Realisierung Mittel benötigen, sondern darin, dass sich Zwecke stärker auf die individuelle, subjektive Ebene beziehen als Werte. Die beiden Formen lassen sich natürlich auch institutionell unterscheiden. Während Gebilde wie der ADAC oder eine Behörde der Zweckrationalität zuzurechen sind, repräsentieren die Kirchen oder die Friedensbewegung den wertrationalen Ansatz. Oder nehmen wir den Fall des Altkanzlers Helmut Kohl. Er hat sich im Rahmen der CDU-Spendenaffäre geweigert, die Namen der Spender (falls es diese überhaupt gegeben hat) zu nennen, da er ihnen Stillschweigen versprochen hatte. Er hatte sich somit dem Wert verpflichtet, kein Ehrenwort zu brechen, unabhängig von den Folgen, also unabhängig, ob ihm die CDU die Ehrenmitgliedschaft entzieht oder nicht bzw. ob damit ein Gerichtsverfahren auf ihn zukommt oder nicht. Zweckrational wäre gewesen, wenn er die Namen der Spender genannt hätte, um Schaden von sich und seiner Partei abzuwenden. Denkbär wäre natürlich auch gewesen, dass er die Namen nennt, weil er dem Wert des Parteiengesetzes genüge leisten wollte. Letztlich befand er sich in einem Wertekonflikt, den er zugunsten der ursprünglichen Verpflichtung den Spendern gegenüber auflöste. Das Versprechen gegenüber den Spendern ist vor dem Hintergrund des Parteienfinanzierungsgesetzes natürlich nicht nachvollziehbar.

5.5   Wirtschaftsmoralische Zielverfolgung zwischen Maximierung und Optimierung

Da der wirtschaftende Mensch in aller Regel effizienzorientiert agiert, er also möglichst viele seiner (unendlichen) Bedürfnisse zu befriedigen sucht, ist er in einer permanenten Aufwärtsspirale. Je mehr Sachgüter und Dienstleistungen er sich leisten kann, umso höher sind sein Lebensstandard und sein Wohlstand. Das wirtschaftliche Beurteilungskriterium orientiert sich somit am „Mehr" von Gütern (Maximierung). Anders moralisches Handeln, das sich auf ein „Besser" (Optimierung) fokussiert. Da hier das Gute noch nicht vorliegt wie im wirtschaftlichen Bereich, kann es nicht einfach nur mengenmäßig vergrößert werden, sondern es muss als Verwirklichung bestimmter Werte erreicht werden. Hier geht es z. B. nicht darum, in quantitativer Sicht ehrlicher als vorher zu werden, sondern überhaupt ehrlich zu sein, eine bestimmte Qualität von Handeln zu erreichen.

Maximierung

Maximierung im wirtschaftlichen Bereich bedeutet, immer mehr Güter anzuhäufen, um dadurch immer mehr Bedürfnisse stillen zu können. Sie ist identisch mit dem Streben, sich immer weitere wirtschaftliche Wünsche erfüllen zu können. Die Ökonomie spricht dann von Nutzenmaximierung, also dem Versuch, mit gegebenen Mitteln (z. B. dem Einkommen) so viel Nutzeffekt wie möglich zu erzielen. Dieses Maximum wird rein summativ bestimmt. Dies bedeutet, wir addieren nur den Nutzen auf, den uns bestimmte Mengen, aber auch Qualitäten von Wirtschaftsgütern vermitteln. Ob dieser Zustand, also die maximale Ausstattung mit wirtschaftlichen Gütern, auch in moralischer Hinsicht gut, besser oder optimal für uns ist, bleibt völlig außen vor. Mehr Wirtschaftsgüter zu haben (quantitativ wie qualitativ), führt automatisch zur Realisierung des wirtschaftlichen Ziels des Wohlstands.

Natürlich gibt es Menschen, die sich dem Maximierungsstreben entziehen, indem sie als Mönche, Einsiedler, Buddhisten, Philosophen etc. leben und teils extrem kritisch mit ihren Bedürfnissen umgehen. Natürlich gibt es Menschen, die schnell gesättigt sind und insofern leicht auf weitere Maximierungsschritte verzichten können. Doch trotz der Existenz dieser Gruppen scheint das Maximierungsstreben im genetischen, historischen und kulturellen Programm des Menschen ziemlich deutlich verankert zu sein. Schon Henry Ford, Gründer einer Autodynastie, hat mit den Worten seines berühmten Freundes Thomas Alva Edison festgestellt: „Mr. Edison hat mit Recht gesagt, dass die Bedürfnisse eines Menschen, sobald er genug zu essen hat, unbegrenzt werden."[11] Wissenschaftlich gesprochen: Die Ursache für die Maximierung ist darin zu suchen, dass es auf wirtschaftlichem Gebiet weder biologisch-natürliche Begrenzungen (wie im Tierreich) noch systemische Schranken gibt (zweites gilt vor allem für die uns betreffende Marktwirtschaft).

Diese Einsicht, die wir automatisch mit dem (post-)modernen Konsumismus verbinden, lässt sich heute so genau beobachten wie nie zuvor. Noch nie in der Geschichte der Menschheit gab es einen solchen materiellen Überfluss, noch nie gab es so viele, unterschiedliche und irrwitzige Produkte und Dienstleistung, noch nie wurden so viele menschliche Bedürfnisse entwickelt und gestillt. Von der philosophischen Anthropologie (Scheler, Gehlen, Plessner) wissen wir von der Weltoffenheit des Menschen, die immer wieder dazu führt, dass er sich zum einen universell anpassen muss, dass er dadurch aber zugleich höhere Stufen der Selbstverwirklichung erreichen kann. Die Natürlichkeit der Bedürfnisse weicht mehr und mehr der Künstlichkeit. Durch die potenzielle Unendlichkeit der Bedürfnisse lernt der Mensch zunehmend, über sich als Naturwesen hinauszugehen und, wenn man so will, Gott bzw. dem Teufel näher zu kommen. Aus der Psychologie wissen wir, dass der Mensch dazu neigt, sich selbst zu entgrenzen und zu expandieren, im Notfall durch Macht oder mit Süchten. Erich Fromm hat eine ganze Generation mit seinem Buch „Haben und Sein" begleitet. Er arbeitete darin heraus, dass der Mensch der Überflussgesellschaft sein Glück immer mehr im Anhäufen von Gütern sucht, dass er dabei allerdings zunehmend Gefahr läuft, in einen Zustand von Langeweile, innerer Leere, Überdruss und Depressivität zu geraten. In der Folge treten die Möglichkeiten des Konsumierens an die Stelle von Selbstwertgefühl, Status und Erfolg. So deutlich wie ab den 60er Jahren ist das Maximierungsstreben, vor allem natürlich ein Phänomen der Industrieländer, noch nie zu Tage getreten.

Optimierung

Während beim Wirtschaften das „Mehr" regiert, ist das entscheidende Kriterium in der Moral das „Beste". Zwar kann ein wirtschaftliches Mehr durchaus einem moralischen Optimum entsprechen, wenn z. B. jeder an diesem Mehr beteiligt wird (Pareto-Optimum). Genauso aber kann es sein, dass ein wirtschaftliches Weniger einer moralischen Verbesserung entspricht, wenn z. B. eine Bank auf hochriskante Geschäfte verzichtet, damit zugleich ihre Existenz und die ihrer Angestellten sichert. Ohne „Maximalismus" der Banken, der sich zur globalen Wirtschaftskrise 2008 auswuchs, wären uns viele Firmenpleiten, Arbeitslose, Staatsschulden und zusätzliche Steuern erspart geblieben.

Unter einem Optimum (lateinisch optimus: der Beste, der Hervorragende) bzw. Ideal versteht man „Musterbilder, Vollkommenheitsbegriffe, die als Ziele eines Wollens fungieren. Ein in seiner Vollkommenheit, d. h. dem Zweckwillen absolut angemessener Seinsweise vorgestelltes, gedachtes, erhofftes erstrebtes Objekt (Person, … Eigenschaft, Zustand, Verhältnis, Beziehung) ist ein Ideal, ein höchstes, letztes Willensziel. Logisches Ideal ist die absolute Wahrheit, ethisches Ideal die vollkommene Sittlichkeit …"[12]. Sofort scheinen die Unterschiede zwischen Optimalitäts- und Maximierungskonzept durch. Das Erste ist umfassender. Das Optimalitätsprinzip beinhaltet das Maximierungsprinzip. Der umgekehrte Satz gilt aber nicht, da die Vergrößerung von etwas nicht automatisch mit der Verbesserung von etwas gleichgesetzt werden kann. Viele im Volksmund würden sogar eher vom Gegenteil ausgehen: Je reicher z. B., umso sozial kälter. Zweitens ist es ganzheitlicher. Es bezieht neben dem Bereich der Wirtschaft auch andere ein, wie jene der Politik, der Gesellschaft, der Psychologie, der Philosophie, der Ethik etc. Zum dritten weist dadurch das Optimum einen höheren Komplexitätsgrad auf, da es verschiedene Kriterien („Parameter") miteinander verbinden und kompatibel machen muss. Zum vierten muss das Optimum mehreren Funktionsansprüchen gerecht werden. Wie sieht eine ideale Erkenntnistheorie aus? Die Offenheit des Relativismus vermeidet Dogmatismus, der Utilitarismus ermöglicht die Quantifizierbarkeit von Nutzwerten, der Konstruktivismus deckt die grundlegenden Denkstrukturen auf, der Solipsismus den Bezug zur sozialen Umwelt, der Perspektivismus räumt mit der Illusion einer Erkenntnis der Totalität auf etc. Erst durch Berücksichtigung der Stärken aller Denkrichtung kommt etwas Optimales heraus.

Die fundamentale Dichotomie zwischen Optimierung (Moral) und Maximierung (Wirtschaft) kommt besonders in einem für Eingeweihte essentiellen Konzept zur Geltung, dem Pareto-Prinzip, welches im Rahmen der neoklassischen Wohlfahrtstheorie eine zentrale Rolle einnimmt. Es besagt, dass jede Maßnahme, die *einen* am Marktprozess Beteiligten besserstellt, also einem mehr Güter und Dienstleistung verschafft, effizient ist. Im Pareto-Optimum kann folglich kein Beteiligter mehr bessergestellt werden,

ohne dass ein anderer dafür eine Verschlechterung hinnehmen muss. Zum einen repräsentiert das Pareto-Konzept zunächst nur ein reines Maximierungsprinzip, weil als das
entscheidende Kriterium der Zuwachs von knappen Sachgütern und Dienstleistungen
herangezogen wird. Andererseits repräsentiert es das Optimalitätsprinzip, weil der Anspruch *aller* Beteiligter auf mehr Wohlstand zum Ausdruck gebracht wird. Doch in
ethisch-moralischer Hinsicht versagt das Pareto-Prinzip, weil es auf das Wirtschaftliche
begrenzt bleibt. Erst wenn z. B. die Erstausstattungen von Lebensmitteln aller Beteiligter
berücksichtigt werden, kann ein Moralprinzip daraus werden, da Verteilungsfragen primär moralische Inhalte transportieren. Nehmen wir folgenden Fall: Ein Entwicklungsland mit einer großen Hungersnot finanziert über eine Weltbankhilfe Lebensmittel, die
kostenlos an alle Beteiligten und gleichmäßig auf alle Köpfe verteilt werden. Laut Pareto
haben wir es mit einer Besserstellung von allen zu tun. Da aber die Ausgangsverteilung
der Lebensmittel und das Menschenrecht auf Unversehrtheit der Person unberücksichtigt
sind, kann es als Konzept im Sinne des „Optimalismus" nicht in Frage kommen. Trotz
Lebensmittelverteilung kann es nämlich immer noch dazu kommen, dass die Ärmsten
der Armen zwar einige Körner mehr zur Verfügung haben als zuvor, dass sie aber trotzdem an Unterernährung sterben. Optimal wäre gewesen, wenn ihnen eine größere Ration
und den Reichen gar keine Ration zugeteilt worden wäre.

Oder anders formuliert: Eigentlich kann man nur ehrlich, wahrhaft, zuverlässig, liebevoll etc. sein. Ehrlicher, wahrhaftiger, zuverlässiger, liebevoller zu sein, entspricht
nicht der moralischen Idee von Optimalität. Optimal ist es eben, wenn der Verkäufer
dem Käufer alle Informationen über das Produkt zur Verfügung stellt, die aus Käu-
fersicht wichtig sind. Der Verkäufer, der mehr informiert als der andere Verkäufer, ist
zwar ehrlicher. Angestrebt wird aber die Ehrlichkeit in ihrer Reinheit und Vollständigkeit. Zu lieben heißt z. B., jemand komplett und grundsätzlich zu bejahen. Jemand mehr
zu lieben, ergibt keinen Sinn, denn eine Steigerung einer kompletten Bejahung ist nicht
möglich.

5.6   Wirtschaftsmoralisches Handlungsziel zwischen Effizienz
und höchstem Gut

Effizienz

Wenn wir im Wirtschaftsbereich zu maximieren versuchen, folgen wir dem Handlungsziel der Effizienz. Aus Teil 1 eins wissen wir, dass effizient zu handeln der Fähigkeit
entspricht, Zielen (Bedürfnissen) die jeweils in Frage kommenden Mittel (Güter) adäquat und konsistent zuzuordnen. Und zwar so, dass dabei ein möglichst großer individueller Vorteil/Erfolg entsteht. Wirtschaftliche Effizienz wird an zwei Ausprägungen
festgemacht, dem Maximalprinzip (mit gegebenem Input einen maximalen Output erzielen) und dem Minimalprinzip (einen bestimmten Output mit einem minimalen Input
erreichen).

Wenn wir uns also bei unserem wirtschaftlichen Tun von dem Effizienzkonzept leiten lassen, dann denken wir ausschließlich in Ziel-Mittel-Zusammenhängen, die uns einen möglichst großen Nutzen bescheren sollen. Wir informieren uns zuerst, bei welchem Reisebüro die Reise am billigsten ist (gleiche Qualität vorausgesetzt), bevor wir sie buchen. Wir vergleichen vergleichbare Handytarife und wählen dann den für uns günstigsten. Wenn wir derart handeln, folgen wir folgendem Muster:

- *formalistisch*, d. h. wir abstrahieren vom Inhalt des konkreten Wirtschaftsaktes
- adaptiv, ändert sich ein Parameter, z. B. Preis, Qualität oder Bezugskosten, adaptieren wir diese Änderung und integrieren sie in unser Entscheidungskalkül
- *reduktionistisch*, nicht wirtschaftlich relevante Entscheidungskriterien werden ausgeblendet
- *automatisch*, das Ergebnis unseres Kalküls leitet sich, soweit alle Handlungsvoraussetzungen vorhanden sind, ohne jede weitere denkerische oder sinnkritische Bearbeitung ab

Höchstes Gut

Das handlungsleitende Ziel im Fall der Moral ist im Gegensatz dazu nicht die Effizienz, sondern die Suche und Ausrichtung auf das höchste Gut, den höchsten Wert hin. Das höchste Gut (summum bonum) ist der Wert, dem sich alle anderen Werte unterordnen. Es ist das Gut, um dessentwillen alle anderen Güter angestrebt werden. Es ist der letzte Zweck, das absolute Fixum, an das sich alles andere anpasst. Da das höchste Gut der Idee einer Idee entspringt, ist es zwar in vielfältiger Form praktisch benannt worden, seinen theoretischen und absoluten Ansprüchen konnte es jedoch nie gerecht werden. Das ist auch der Grund, warum die Philosophie sozusagen „viele höchste Güter" kennt. Anbei eine Auswahl: Bedürfnislosigkeit und Tugend (Kyniker), das Gute (Sokrates, Platon), Wohlgemutheit (Demokrit), Lust/hedonè (Epikur), Glückseligkeit (Aristoteles), die Harmonie der Seele mit sich selbst (Seneca), Selbstgenügsamkeit (Mark Aurel), Anschauung Gottes (Thomas von Aquin), der gute Wille (Kant), das in sich Vollkommene (Ferguson), Nützlichkeit (Bentham), das Schöne (Ästhetiker), Übereinstimmung eines vernünftigen Wesens mit sich selbst (Fichte). Einer (Schopenhauer) war sogar der Ansicht, dass es überhaupt kein höchstes Gut gibt, da alle Güter relativ sind.

Dementsprechend richtet sich die moralische Suche nach dem höchsten Gut nicht nach denselben Merkmalen wie im Fall der Effizienz, sondern sie folgt im Prinzip den gegensätzlichen. Danach ist das moralische Handlungsmotiv material, nomologisch, holistisch und exaministisch:

- *material*, d. h. wir abstrahieren nicht vom Inhalt einer Handlung oder einer Moralnorm, sondern wir erklären genau umgekehrt den Inhalt einer Handlung oder Norm zum Kriterium derselben
- *nomologisch*, d. h. wir reagieren nicht in unserem moralischen Tun auf die Veränderung von Handlungsparametern, sondern suchen nach festen, unveränderbaren Gesetzmäßigkeiten, die wir zur Grundlage unseres normativen Handelns machen können

- *holistisch*, d. h. wir blenden nicht selektiv andere Lebensbereiche aus, sondern gehen in unserem moralischen Handeln von dem Lebensganzen, der Totalität unseres Seins aus, indem wir einzelne Lebensbereiche zu einem Gesamtkomplex integrieren
- *exaministisch*, d. h. wir lassen unser Handlungsprogramm nicht immer wieder nach dem gleichen Schema ablaufen, sondern stellen dieses immer wieder sinnkritisch in Frage und überprüfen seinen normativen Gehalt auf praktische Gültigkeit

Wie auf jedem wirtschaftsmoralischen Teilbereich, gibt es auch bezüglich des Gegensatzpaares von Effizienz und höchstem Gut ausreichendes, praktisches Anschauungsmaterial. Wenn beispielsweise eine Gesellschaft beschließt, dass bestimmte Operationen (Herzschrittmacher, Hüftgelenke etc.) für Menschen über 90 Jahre aus Kostengründen nicht mehr über die gesetzliche Krankenversicherung abgerechnet werden können, folgt sie dem Leitmotiv Effizienz. Beschließt sie hingegen, dass jeder Mensch bis zu seinem Lebensende den uneingeschränkten Zugang zu Gesundheitsgütern erhalten können muss, weil die menschliche Würde „unantastbar" ist, dann verfolgt sie das Handlungsziel des höchsten Gutes. Das bedeutet somit, dass die Würde ein auf jeden Fall höheres Gut darstellt als die Opportunitätskosten der Gesundheitsversorgung.

Anmerkungen zu Kapitel 5

1 Soziologe A. Vierkandt 1969, zitiert nach: www.dunant-wissen.ch/ARCHIV/Textfassungen/Solidaritaet.doc

2 Vgl. Kraft 1968, S. 121.

3 Vgl. Holztrattner 2004, S. 12.

4 Karl Marx/Friedrich Engels – Werke, (Karl) Dietz Verlag, Berlin. Band 13, 7. Auflage 1971, Vorwort.

5 Ebenda.

6 Der Materialismus reduziert den Menschen auf die Befriedigung materieller Bedürfnisse und er verfehlt damit das Wesen des Menschen. Der Materialismus vernachlässigt die Suche des Menschen nach physisch-psychischer Einheit. Der historische Materialismus betont die Rolle gesellschaftlicher Faktoren über und die Rolle von Persönlichkeiten, Idealen, Weltanschauungen und Utopien unter. Er verführt die Wissenschaften zum Mechanismus.

7 Vgl. die Ideenlehre und das Höhlengleichnis von Platon und Lehren von Plotin, Leibniz, Fichte, Hegel, Schelling.

8 Vgl. www.philosophie-woerterbuch.de/online-woerterbuch/hegel.

9 Weber, Max: Soziologische Grundbegriffe, Stuttgart 1984, S. 44 ff.

10 Ebenda.

11 Gehlen, A./Samson, L.: Einblicke, S. 30, Volltext in www.books.google.de/books?isbn=34650 12526.

12 Eisler, Rudolf: Wörterbuch der philosophischen Begriffe, in: http://www.textlog.de/3993.html.

Das Motivationsproblem 6

Hinter jedem Ziel steht immer auch eine Kraft, dieses Ziel erreichen zu wollen. Diesen Antrieb, der ein bestimmtes Handeln in Gang setzt, umschreiben wir mit den Begriffen Motiv bzw. Motivation. Stammt das Motiv von außen, das ist z. B. der Fall, wenn Falschparken mit einer Geldbuße belegt wird, spricht man von extrinsischer Motivation. Stammt das Motiv von innen, z. B. wenn jemand ein Interesse an einem bestimmten Hobby entwickelt, spricht man von intrinsischer Motivation. Das Fundament bzw. die Basis von Motiven kann kognitiver und emotionaler Art sein. So wissen wir zwar, dass Tapferkeit im Krieg einen Wert darstellt (kognitiv), trotzdem laufen aus Todesangst (emotional) einige im Ernstfall weg. Die empirisch am besten erforschten Motive sind Leistungs-, Macht- und Anschlussmotive. Jede Motivation weist in der Regel vier Merkmale auf: Aktivierung (Prozess des in Gang-Setzens eines Verhaltens), Richtung (Orientierung des Handelns auf ein Ziel hin), Intensität (schwache/starke Ausprägung des Verhaltens), Ausdauer (Beständigkeit des Verhaltens). In der Wirklichkeit lässt sich eine Vielzahl an Motiven beobachten. Ich werde daraus nur eine möglichst treffende Auswahl nehmen, sie dem wirtschaftlichen Bereich einerseits und dem moralischen Bereich andererseits zuordnen. Ausgangspunkt sind die 16 Basismotive, die Steven Reiss empirisch ermittelt hat[1]. Wir werden dabei in diesem Abschnitt auf den prinzipiellen Konflikt zwischen Wirtschaft und Moral stoßen.

6.1   Wirtschaftliche Motivationsformen

Aus der Mehrzahl von Motivationsformen, die wirtschaftliches Handeln in Gang setzen, habe ich, auch wenn es in Wirklichkeit mehr gibt, fünf typische ausgewählt: Reichtum, Sicherheit, Macht, Unabhängigkeit und sozialer Status.

© Springer Fachmedien Wiesbaden GmbH, ein Teil von Springer Nature 2019
S. Knischek, *Grundlagen der Wirtschaftsmoral*,
https://doi.org/10.1007/978-3-658-23623-6_6

6.1.1   Reichtum

Reich werden und danach reich bleiben ist eine der größten Triebfedern des Wirtschaftens. Viele Menschen stehen nur deshalb jeden Tag um sechs Uhr auf, um hart zu arbeiten, weil sie von der Aussicht auf Reichtum motiviert werden. Andere geben ihren sicheren Job als Angestellte nur auf, weil sie sich von einer bestimmten Geschäftsidee großen Wohlstand versprechen. Fortbildung unter teils hohem finanziellen und zeitlichen Aufwand ist für viele nur deshalb attraktiv, weil sie in erster Linie die damit verbundenen Einkommenssteigerungen sehen. Das vor allem amerikanische Motto „vom Tellerwäscher zum Millionär" zieht nach wie vor viele Menschen in seinen Bann und diktiert auf diese Weise deren gesamte Lebensentwürfe. Dabei riskiert so mancher, dass dieses Vorhaben zu Lasten seiner Gesundheit oder zur Vernachlässigung anderer Werte (Freundschaft, Ehe, Familie etc.) geht.

Wo immer auch Reichtum genau anfängt und wie nah oder fern Wohlstand davon letztlich entfernt sein mag, Umfragen bestätigen immer wieder, dass Reichtum und Wohlstand für die meisten von uns erstrebenswerte Dinge darstellen. Die Gesellschaft für Konsumforschung (GfK) in Nürnberg ist den umgekehrten Weg gegangen. Sie hat Bundesbürger danach befragt, auf was diese neidisch sind und hat im Umkehrschluss darauf hingewiesen, dass man ja nur auf etwas neidisch sein kann, was man selbst nicht hat und was man aber als einen großen persönlichen Wert ansieht[2]. Danach steht für jeden Dritten das Neidobjekt Reichtum an oberster Stelle (31,1 Prozent). Auf den Rängen folgen mit Abstand Reisen und Freizeit (24,8 Prozent), beruflicher Erfolg (20,3 Prozent), Haus und Auto (18,8 Prozent), Talent (15,2 Prozent), Schönheit (11,7 Prozent), Beliebtheit (11,6 Prozent) und eine glückliche Familie (7,5 Prozent).

6.1.2   Materielle Sicherheit

Das Sicherheitsmotiv taucht bei Reiss in der Form des Spar- und Sammelmotivs auf. Seit Anbeginn der Evolution war der Mensch auf das Horten von Nahrungsmitteln und lebensnotwendigen Dingen ausgerichtet, um für den Fall schlechter Zeiten gewappnet zu sein. Auch heute noch treffen wir auf dieses Motiv, wenn wir beobachten, dass Menschen sparen, also auf heutigen zu Gunsten künftigen Konsums verzichten. Sie legen ihre Überschüsse an, heutzutage meist in Form von Geld, damit sie in Fällen wie Krankheit, Arbeitslosigkeit, Unfällen, Alter etc. darauf zurückgreifen können.

Wenn wir sparen, versuchen wir, unnötige Ausgaben zu vermeiden, die Dinge so lang wie möglich zu nutzen, nichts zu vergeuden, alte Sachen zu recyclen, selbstgenügsam statt opulent zu leben. Wir sammeln beim Einkaufen Treuepunkte, um uns dann, wenn das Heftchen voll ist, die versprochene Prämie abzuholen. Wir kaufen vorzugsweise bei Diskountern ein und warten die üblichen Zeiten für Rabatte und Schnäppchen ab. Wir sparen auf speziellen Konten für unsere Kinder jeden Monat Geld an oder sammeln Goldmünzen, damit wir ihnen irgendwann etwas hinterlassen können. Wir geben ihnen

Taschengeld, damit auch sie eines Tages Sparsamkeit erlernt haben. Natürlich wollen die meisten Menschen nicht, dass Sparsamkeit im Extremfall in Geiz umschlägt, doch oft ist ihnen das lieber als ein freizügiges, verschwenderisches oder extravagantes Verhalten.

Sparen und sammeln drücken im Prinzip den Wunsch nach Besitz und Eigentum aus. Vor allem das Eigentum, verstanden als rechtliche Herrschaft über Gegenstände, stiftet Sicherheit und Vertrauen. Eigentum verhindert, dass wir uns unvorbereitet und ausgeliefert gegenüber den Wechselfällen des Lebens fühlen müssen. Eigentum ist wie ein doppelter Boden eines Gefäßes, in dem sich Wasser befindet, auf das wir auf unserem Marsch durch die Wüste dringend angewiesen sind. Das Motiv nach materieller Sicherheit speist sich immer aus instinktiven und psychologischen Quellen. Vor allem zweite spielt im heutigen Wirtschaftsleben eine bedeutende Rolle. Unabhängig davon, ob wir die vielen Versicherungen, die wir für uns und unsere Angehörigen abgeschlossen haben, jemals brauchen werden oder nicht. Allein ihr Vorhandensein gibt uns ein sicheres und angenehmes Lebensgefühl.

6.1.3 Macht

Eine dritte Motivationsquelle für wirtschaftliches Handeln stellt die Macht dar. Der evolutionäre Zusammenhang ist in der Tatsache zu finden, dass dominante Lebewesen schon immer leichteren Zugang zu den lebensnotwendigen Ressourcen hatten als nicht dominante. So wie sich bei vielen Gattungen die Reihenfolge der Beuteverteilung nach der Rangordnung richtet, so überleben auf der anderen Seite bei Trockenheit oder anderen Krisen die Alpha-Tiere meist am häufigsten. Dieses Schema lässt sich auch auf die Verhältnisse der modernen Wirtschaftswelt übertragen. Betrachten wir diejenigen Berufsgruppen, welchen eine große Affinität zur Macht nachgesagt wird, also den Unternehmern, Managern und Politikern. Wir stellen fest, dass sie zur Gruppe der Spitzenverdiener gehören und ihnen dadurch größere wirtschaftliche Möglichkeiten offenstehen. Umgekehrt gilt, dass je weniger Macht jemand besitzt, er ein deutlich höheres Risiko aufweist, weniger Bedürfnisse befriedigen zu können als jener, der Macht und Einflussmöglichkeiten sein Eigen nennt.

Reiss versteht unter Macht das Streben nach Überlegenheit, Dominanz, Erfolg, Leistung. Der, der nach Macht strebt, hat kein Problem damit, anderen seinen Willen aufzuzwingen. Im Gegenteil, er liebt es andere anzuleiten, weist einen oft autoritären, autokratischen Führungsstil auf und schreckt nicht davor zurück, andere zu manipulieren oder auszubeuten. Bei extrem ambitionierten Menschen artet Macht meist in Tyrannei aus, wie z. B. bei Napoleon oder Julius Cäsar. Gemäß dem Psychoanalysten Alfred Adler steckt aber in Ansätzen in jedem von uns ein solcher Feldherr. Wer sich durch Macht motivieren lässt, ist meist leistungsbereit und ambitioniert. Andererseits gilt aber auch, dass der, der bereits reich und mächtig ist, seine Leistungsgrenzen nicht mehr ausreizen muss.

Wirtschaftliches Vermögen und Macht bilden in diesem Kontext eine Einheit. Wird jemand arbeitslos, trifft ihn dies kaum, da er von den Früchten seines Vermögens leben kann. Benötigt jemand eine teure, lebenserhaltende Operation, die die Krankenkasse nicht bezahlt, so kann er sie sich leisten und weiterleben. Ist jemand gezwungen, teure und lange Gerichtsprozesse zu führen, so kann sich diese der wirtschaftlich Mächtige leisten, während der Machtlose chancenlos bleibt.

6.1.4 Unabhängigkeit

Laut Steven Reiss ist Unabhängigkeit als Streben nach Selbstständigkeit und persönlicher Freiheit zu verstehen. Der Unabhängige liebt die Autonomie, hasst die Abhängigkeit von anderen. Am liebsten verlässt er sich auf sich selbst und scheut Situationen, wo er auf fremde Hilfe angewiesen ist. Sehr autonome Typen laufen dabei Gefahr, sich zu isolieren und zu vereinsamen oder der Egozentrik zu verfallen. Da Freiheit ihnen alles ist, haben sie oft Schwierigkeiten, sich dauerhaft zu binden. Beim Ablöseprozess der Kinder von den Eltern spielt dieses Motiv eine große, weil prägende Rolle. Oft geht der Unwille, andere um Unterstützung zu ersuchen, so weit, dass sich der Unabhängige vieles autodidaktisch beibringt und Projekte bevorzugt, die man im stillen Kämmerlein konzipieren und eventuell sogar ausführen kann (z. B. ein Buch schreiben, ein Musikstück komponieren). Wenn er im Alter auf fremde Hilfe angewiesen ist, zeigt er sich gern von seiner schlechten Seite, um seine Abneigung dem Helfenden gegenüber adäquat auszudrücken. Um nicht ins Altersheim zu müssen, erträgt er alles, nur um zu Hause bleiben zu können. Für Menschen, die weniger Freiheitsdrang verspüren, wirken unabhängige Menschen ziemlich kompromisslos, stur und arrogant.

Die Evolutionswissenschaftler führen das Verhaltensmotiv der Unabhängigkeit auf das Streben der Lebewesen zurück, das ihnen zur Verfügung stehende Territorium beständig zu vergrößern, um die Nahrungssuche und den Fortpflanzungserfolg zu optimieren. Auf das moderne Wirtschaftsleben übertragen äußert sich dieses Motiv in vielfältiger Weise. Exemplarisch dafür stehen die Forscher und Wissenschaftler, die global versuchen, neue Verfahren und Produkte zu entwickeln. Aus diesen Bemühungen heraus entstanden innovative Produkte, die einen unglaublichen Reichtum und Ruhm (z. B. Nobelpreis) für diese Leute mit sich brachte. Eine zweite Gruppe ist die der Unternehmer. Oft haben sie Haus und Hof verkauft, um ihre neuen Ideen verwirklichen zu können. Viele sind daran zwar gescheitert, doch andere wurden berühmt und steinreich, denken wir an Bill Gates, Gottlieb Daimler, Alfred Krupp, die SAP-Gründer. Solche Pioniere der Innovation arbeiten anfangs selten in Teams, sie verkriechen sich lieber in Garagen oder Kellerlabore. Sie schwimmen gern gegen den Strom und ignorieren dabei konventionelle Wahrheiten. Sie sind meistens gut organisiert, sehr stark eigenmotiviert, kreativ, am liebsten ihr eigener Chef, hassen bürokratische Beschränkungen. Eine weitere Berufsgruppe, zu der dieses Schema der Unabhängigkeit passt, sind Börsenspekulanten, Wertpapierprofis und Investmenttycoons wie George Soros oder Warren Buffett.

Bezieht sich das Motiv der Unabhängigkeit auf den Konsumbereich, ist oft damit die Vorstellung verbunden, dass jemand so viel Vermögen erworben oder geerbt hat, dass er autonom, d. h. ohne arbeiten und Geld verdienen zu müssen, existieren kann.

6.1.5 Sozialer Status

Unter sozialem Status versteht Reiss den Wunsch nach Prestige, öffentlichem Ansehen, Rang, mit Einschränkung auch Berühmtheit. Dieses Motiv gilt in besonderem Maß für Menschen, die überall einen guten Eindruck hinterlassen möchten, deren Gemütslage nicht selten von ihrem „guten Ruf" abhängt und die andere von ihren persönlichen Vorzügen überzeugen, beeindrucken wollen. Diese Menschen nehmen sich selbst für gewöhnlich sehr wichtig, erklimmen gern Hierarchien, wollen zur Oberschicht gehören, legen großen Wert auf (ihr) Äußeres, zeigen sich mehr elitär als egalitär und verhalten sich nicht selten wie Snobs. Gerne heiraten sie untereinander. Auch nach ihrem Ableben lieben sie es pompös, indem sie sich durch Grab- und Denkmäler verewigen. Das Kastensystem in Indien steht in besonderem Maß für eine statusaffine Gesellschaft. In jenem System entscheidet die Angehörigkeit zu einer Kaste, welchen Job, welchen Ehepartner, welche Freunde man hat. Reiss sieht den evolutionären Urgrund von Statusverhalten in der Frühphase der Aufzucht der Jungtiere. Dadurch, dass einige durch ihr „Geschrei" die Aufmerksamkeit der Eltern stärker erwecken als die Geschwister, erhöht sich nachweislich die Wahrscheinlichkeit, die Nestzeit zu überleben.

Der wirtschaftliche Lebensbereich mit seinen immensen Möglichkeiten (Reichtum, Erfolg, Macht) eignet sich wie kein anderer, um sich eine große Reputation in der Öffentlichkeit aufzubauen. Der, der sich solche Statusobjekte leisten kann wie eine Villa, Designer-Kleidung, Yachten, Juwelen, Nobelkarossen, einen Privatjet etc., kann sich mit recht großer Wahrscheinlichkeit der Privilegien der Oberschicht erfreuen. Solche Privilegien können sein, dass man spezielle Kontakte zum Adel, zu Prominenten, zur high society, zu Spitzenpolitikern und -managern aufweisen kann, dass sich Türen, die sonst verschlossen sind, mit Leichtigkeit auftun, dass man sozusagen auch in Notfällen immer relativ weich fällt. Angeblich wurde einigen Passagieren der Titanic der Zugang deshalb zu den Rettungsbooten vor allen anderen ermöglicht, weil sie 1. Klasse gebucht hatten. Ganz typische prestigeträchtige Dinge sind z. B., ob man in einem kleinen oder großen Büro sitzt, ob man einen Dienstwagen fährt oder nicht, ob man einen Titel trägt (senior vice-president) oder nicht, ob man einen angesehenen Beruf ausübt oder nicht, ob man ein hohes Gehalt bezieht oder nicht, ob man in einer exklusiven Wohngegend wohnt oder nicht.

6.2   Moralische Motivationsformen

Von der Vielzahl prinzipiell möglicher moralischer Motivationsformen habe ich die
folgenden fünf aus den Untersuchungen von Steven Reiss ausgewählt: Religiosität, sozialer Kontakt, Idealismus, Ehre und soziale Anerkennung.

6.2.1   Religiosität

Das Motiv der Religiosität beruht auf dem Streben, den göttlichen bzw. überirdischen
Heilsplan zu erkennen und diesem gemäß zu leben. Religiöse Menschen glauben an eine
Urkraft oder eine nicht rational beweisbare Kausalität, die für das Vorhandensein von
Leben überhaupt verantwortlich zu machen ist. Sie sind von dem Glauben durchzogen,
dass die Befolgung der göttlichen Vorschriften zu einem besonders erstrebenswerten
Zustand führt. Die Christen sprechen von Paradies, die Juden von der Erlösung durch
Jahwe, die Buddhisten vom Nirvana. Religiöse Personen handeln äußerst wertorientiert,
stehen modernen und dynamischen Entwicklungen eher skeptisch gegenüber und ordnen
ihr Tun überindividuellen Vorgaben unter. Das Motiv der Religiosität zählt von daher
sicher zu den fundamentalsten, um moralisches Verhalten zu erklären. Der Grund liegt
darin, dass in Gott alles eins wird und dies auf menschlichem Gebiet nur durch die Harmonisierung von Handeln, also Moral, bewerkstelligt werden kann. Emile Durkheim
bezeichnete die Religion als Ausdruck des Sozialen schlechthin.

Religiosität spielt auch im wirtschaftlichen Leben eine herausragende Rolle. Die katholische Kirche ist unter anderem deshalb so außergewöhnlich, unermesslich reich
geworden, weil viele Menschen ihr Teile oder ihr ganzes Vermögen vererbt haben. Die
Kirche wiederum versucht mit diesem Geld ihre Funktion als Wohlfahrtsinstitution zu
erfüllen, indem sie sich um soziale Randgruppen und in Not geratene Personen kümmert.
Krankenhäuser als zivile Stellen, so wie wir dies heute kennen, gab es im Altertum
kaum. Damals wurden diese von Mönchen und Nonnen im Rahmen christlicher Barmherzigkeit betrieben. Religiösen Menschen ist es zudem zu verdanken, dass durch den
Bau von Kirchen und Kathedralen Baukunst, Malerei, Bildende Kunst und die Musik
neue Impulse erhielten und so das Kulturleben bereicherten. Fromme und spirituelle
Menschen sind in so gut wie allen Berufen zu finden.

6.2.2   Sozialer Kontakt

Nach Reiss streben alle Menschen, in unterschiedlichem Maß natürlich, nach sozialen
Kontakten, also nach Freundschaft, Kameradschaft, nach Gesellschaft mit Gleichgesinnten. Sie suchen diesen Kontakt, um ihren Wunsch nach Freude, Fröhlichkeit und Spaß,
der sich im Zusammensein mit anderen meist ergibt, auszuleben ("geteilte Freude ist
doppelte Freude"). Ihrer Disposition nach Eingebundenheit entsprechend, gehen sie gern
auf andere zu und suchen die Nähe derer, die meist ebenfalls sozial aufgeschlossen sind.

Sie sind oftmals auf Partys, Festen und geselligen Treffen zu finden. Als freundliche, kongeniale, extrovertierte, kaum schüchterne und lebensfrohe Zeitgenossen lieben sie es, ihre soziale Offenheit auszukosten. Oft weisen sie ein ausgesprochen starkes Interesse für die Belange ihrer Mitmenschen auf. Ihre soziale Verträglichkeit rührt meist aus einer intensiven Sozialisierung her. Sie sind relativ selten allein, verreisen vorzugsweise in Gruppen und benötigen wenig Privatsphäre. Menschen, die stark privat ausgerichtet sind, nehmen sie oft als oberflächlich und aufgesetzt wahr.

Als evolutionäre Basis dieses Motivs nennt Reiss den „tierischen Herdentrieb". So wie Elefanten es lieben, durch gegenseitiges Nassspritzen oder herumtollen, ihren Spaß zu vermehren, so ziehen es Kleinkinder ebenfalls vor, lieber mit anderen Kleinkindern zu spielen als allein mit sich. Außerdem hat die Psychologie schon früh erkannt, dass soziale Isolation schneller zu Depression, Autismus oder Schizophrenie führt als Geselligkeit. Menschen mit starkem Zugehörigkeitsgefühl finden wir in Jobs mit großem Interaktionspotenzial, im Verkauf, im Gastgewerbe, in Kindergärten, Schulen etc. Da sie sich bevorzugt in Gruppen aufhalten, sind sie von einem ausgesprochen starken Gefühl der Zusammengehörigkeit geprägt und von daher schnell bereit, die sozialen Regeln einzuhalten, um den sozialen Zusammenhalt nicht zu gefährden. Das Motto „Einer für alle und alle für einen" ist ihnen recht bekannt und meistens haben sie es internalisiert. Menschen mit diesem Motiv finden wir auch in Institutionen wie Kirche und Vereinen, wo das Miteinander gepflegt wird und soziale Netzwerke geknüpft werden. Zudem legen diese Menschen einen großen Wert auf das Leben in der Familie.

6.2.3 Ehre

Das Motiv Ehre führt dazu, dass sich Menschen loyal verhalten. Loyalität bedeutet, dass sie sich gewissenhaft und verantwortungsbewusst anderen gegenüber zeigen. So halten sie das Ansehen der Eltern in Ehre und pflegen ihr Erbe. Ihren Kindern sind sie Vorbilder, ihren Ehepartnern stehen sie treu und zuverlässig zur Seite. In ihrer Schulzeit verinnerlichen sie den Geist ihrer Erziehung, im späteren Arbeitsleben gelten sie als pflichtorientiert. Typische Berufe, die sie ergreifen, sind z. B. Geistliche, Polizisten, Soldaten, Feuerwehrleute und Ärzte. Ihr Handeln ist von einer recht großen Prinzipienverbundenheit getragen, welche ein ziemlich hohes Maß an Selbstdisziplin und Charakterstärke erfordert. Wenn sie gegen ihre Pflichten verstoßen, schämen sie sich. Wenn sie gegen ihre Prinzipien verstoßen, fühlen sie sich schnell schuldig. Auf andere Menschen wirken sie zum Teil selbstgerecht und anmaßend, leicht greifen sie zu sanktionierenden Verhaltensweisen.

Die Ehre stellt den Paradefall für moralisch motiviertes Handeln dar. Personen mit einem starken Ehrmotiv lassen sich an hohen Zielen messen, legen großen Wert auf ein tugendhaftes Wesen und agieren sehr oft aus einem religiösen Grundverständnis heraus. Ihre Loyalität ist sehr oft mit einer tiefen Moralität verknüpft. So agiert der ehrenhafte Mensch in der Regel nach dem für ihn gültigen Moralkodex, also der Christ nach der

Bibel, der Mohammedaner nach dem Koran etc. Gerade auch die ethnische und nationale Zugehörigkeit spielen in diesem Weltbild eine große Rolle. Der Jude richtet sein politisches Tun meist auf dem Hintergrund des Holocausts aus, der Patriot feuert ohne chauvinistischen Hintergedanken seine Landsmänner und -frauen bei der Olympiade an. Die Frage der Ehre ist somit immer eine Frage der Kultur, was eine gewisse Traditionsverbundenheit zum Ausdruck bringt. Die evolutionäre Grundlage für das Ehrmotiv sieht Reiss im Schamgefühl, das sich bei sozial abweichendem Verhalten einstellt, zugleich so aber wieder die Eingliederung in die Obhut der Herde ermöglicht.

6.2.4   Idealismus

Reiss versteht unter Idealismus das Streben nach sozialer Gerechtigkeit und dem fairen Umgang mit anderen. Dieses Motiv bringt Menschen dazu, sich für das Wohl der Menschheit und allgemein einer besseren Welt einzusetzen. Idealistische Personen können sich gut in die zum Teil prekären Situationen anderer einfühlen (Empathie) und entwickeln ein starkes Gefühl des Mitleidens. Ihr ausgeprägter Gerechtigkeitssinn und ihre tiefe Wertverbundenheit machen selbst vor Erreichung visionärer Ziele nicht Halt, weshalb sie von anderen oft als träumerisch und unrealistisch abgetan werden. Es macht ihnen selten etwas aus, dass ihr altruistisches Handeln unter der Bedingung einer großen persönlichen Opferbereitschaft stattfindet. Wird unser Wunsch nach Idealismus befriedigt, fühlen wir uns als „Gleiche unter Gleichen". Bleibt er unbefriedigt, entsteht leicht das Gefühl von Leere und Sinnlosigkeit.

Das Motiv des Idealismus führt uns zu erstaunlichen Verhaltensweisen. So widmete z. B. Mutter Teresa ihr gesamtes Leben der Hilfe von Kranken und Bedürftigen. Warren Buffett, der zweitreichste Mensch der Erde, stiftete 35 Milliarden Dollar, zwei Drittel seines Vermögens. Der ehemalige amerikanische Vizepräsident Al Gore setzt sich unermüdlich für den globalen Erhalt der Umwelt ein, anstatt seine komfortable Pension zu verkonsumieren. Aber auch nicht prominente Leute engagieren sich sozial oder politisch. Ein Rechtsanwalt verteidigt nur ganze arme Klienten, eine Abiturientin bestreitet ein freiwilliges soziales Jahr, ein pensioniertes Ehepaar baut Schulen in Afrika, ein Lehrer betreut ehrenamtlich ein Schüleraustauschprogramm, eine Unternehmergattin organisiert einen Wohltätigkeitsball, ein gut situiertes Paar adoptiert Waisenkinder, eine Kleinstadt nimmt Bürgerkriegsflüchtlinge auf etc. Idealistische Leute arbeiten oftmals als Entwicklungshelfer, Krankenschwester, Sonderschullehrer, Sozialarbeiter, Künstler, in der Kirche, in Kindergärten etc.

6.2.5   Soziale Anerkennung

Soziale Anerkennung meint das Streben, von seiner sozialen Umwelt akzeptiert und angenommen zu werden. Es drückt den Wunsch aus, zu den anderen dazuzugehören. Es motiviert die Menschen, Kritik und Zurückweisung an ihrer Person zu vermeiden. Wird das Streben nach Anerkennung befriedigt, stärkt es das Ich. Bleibt es hingegen unbefriedigt, ist Unsicherheit im Verhalten und vor allem in sozialen Situationen die Folge. Akzeptanz erfahren ist eine wichtige Voraussetzung dafür, dass sich Heranwachsende gut entwickeln, Selbstvertrauen und ein positives Selbstbild aufbauen und ein gesundes Selbstwertgefühl zur Entfaltung bringen können. Die Zurückweisung von Eltern kann Kindern lebenslange Probleme bereiten. Menschen, die sich selbst schätzen, ergreifen oftmals Berufe, wo sie, weil sie im öffentlichen Rampenlicht stehen, einer starken Kritik ausgesetzt sind, so z. B. als Politiker, Autor, Schauspieler, Musiker oder Wissenschaftler. Leute mit wenig Selbstvertrauen suchen hingegen Arbeitsstellen, wo sie mit weniger Kritik rechnen müssen, indem sie z. B. bei einem sehr sozial eingestellten Arbeitgeber anheuern (bei der Kirche, einem Wohlfahrtsverband, der Caritas etc.).

Die moralischen Implikationen des Motivs der Anerkennung sind zwar deutlich vorhanden, jedoch etwas ambivalent. Je weniger Akzeptanz jemand erfährt, umso anfälliger wird er gegenüber Kritik und umso bereiter zeigt er sich in der Einhaltung von (moralischen) Regeln. So lässt sich zeigen, dass wenig anerkannte Schüler zwar kaum den Unterricht stören, dass sie dafür aber einen Grad an Zurückhaltung entwickelt haben, der weit über das normale und gesunde Maß hinausgeht. Wenn gewisse Kollegen auf eine schon überzogene Art die strikte Einhaltung der Regeln am Arbeitsplatz einfordern, dann buhlen sie nicht nur um die Gunst des Chefs, sondern zeigen oft damit auch, dass sie nicht wirklich Anschluss ans Kollegium gefunden haben. Wenn es dem von Versagensängsten geplagten Ehemann ein wichtiges Anliegen ist, von seiner Frau akzeptiert zu werden, hält er nicht nur die getroffenen Regeln des Zusammenlebens ein, sondern er unterwirft sich ihnen regelrecht.

6.3 Wirtschaftsmoralische Motivationssuche zwischen Eigeninteresse und Gemeininteresse

Grundlage einer Motivation ist immer ein Interesse. Darunter versteht man wissenschaftlich eine „Triebveranlagung des Menschen, die auf Grund der Wertschätzung für etwas zum Streben danach veranlasst wird"[3]. Man kann das Interesse aber auch anders fassen. Nehmen wir den lateinischen Ausdruck „inter esse". Dahinter verbirgt sich ein Zustand des „Dazwischen seins", also etwas, das noch nicht entschieden, sondern offen und im Werden begriffen ist und das uns irgendwie in seinen Bann zieht. Sollen Reichtum oder Gerechtigkeit uns Menschen tatsächlich motivieren, müssen sie in uns zuvor ein Interesse geweckt bzw. einen Reiz entfacht haben, wollen sie unsere Energie auf ein bestimmtes Handeln konzentrieren.

Über das Interesse und seine Ausprägungen ist in der Geistesgeschichte eine Unmenge geschrieben worden. Viele (z. B. T. Hobbes) waren der Meinung, dass das Eigeninteresse die einzige Triebfeder menschlichen Verhaltens sei. Wenige erblickten im Gemeinwohlinteresse bzw. im Altruismus das ausschlaggebende Moment. Die meisten wählten den Ansatz, in dem beide Formen des Interesses ihren Platz fanden (z. B. Thomas von Aquin, Shaftesbury, Hutcheson, Hume, Adam Smith etc.). Für uns soll es im Folgenden nicht darum gehen, welche Sichtweise die Richtige ist (darum muss sich nämlich die Wirtschaftsethik kümmern). Wir wollen wissen, worin die grundlegenden Unterschiede zu suchen.

Dabei ist die grundsätzliche Aufteilung klar. Die wirtschaftlichen Motive wie Reichtum, Sicherheit, Macht, Unabhängigkeit und sozialer Status sind Ausdruck des Eigeninteresses, während moralische Motive wie Religiosität, sozialer Kontaktwunsch, Ehre, Idealismus, soziale Anerkennung Hinweise darauf sind, dass jemand nicht nur am eigenen Vorteil, sondern auch am Gemeinwohl interessiert ist.

Eigeninteresse ist persönlich, Gemeininteresse überpersönlich orientiert

Eigeninteresse drückt, wie der Name schon sagt, ein Interesse an sich bzw. seinen Nächsten oder seinen Angehörigen aus. Bei eigennütziger Motivation herrscht der persönliche Gesichtspunkt der eigenen Interessen vor. Es geht in erster Linie um die Durchsetzung eigener Begehren, d. h. der Handelnde selbst will angesehen, reich, mächtig, unabhängig etc. sein. In dem Verhältnis von Existenzsicherung (Lust) und der Gefahr, durch andere geschädigt zu werden (Unlust), dominiert das Lustmotiv. Bei Eigeninteresse findet und definiert sich der Handelnde durch sich selbst.

Beim Gemeinwohlinteresse tritt dem persönlichen Gesichtspunkt ein überpersönlicher gegenüber. Jener begründet sich durch die intellektuelle wie emotional vermittelte Einsicht, dass jeder Mensch dadurch, dass er seelische und körperliche Begehren hat, im Prinzip als gleichrangig angesehen werden muss. Aus der Gleichrangigkeit leitet sich die prinzipielle Gleichheit der Menschen ab. Jeder will seine Begehren zwar befriedigen, aber keiner ist dabei ein Einziger, sondern einer unter vielen. Im Verhältnis von Existenzsicherung (Lust) und der Gefahr, durch andere geschädigt zu werden (Unlust), dominiert das Motiv der Unlust. Beim Gemeininteresse findet und definiert sich der Handelnde durch den bzw. die Anderen. Gemeininteresse drückt das Interesse aus, dass es allen gut gehen soll (inklusive einem selbst).

Eigeninteresse ist primär, Gemeininteresse sekundär begründbar

Das, was ein Interesse darstellt, ist wegen seiner tiefenpsychologischen Herkunft und somit seinem Ursprung nach nur über die einzelne Person erfahr- und lebbar. Das heißt sowohl Erkenntnisbasis wie Wahrnehmungsquelle ist die Person. Aus der entwicklungspsychologischen Forschung wissen wir, dass sich das Interesse des Säuglings erst dann auf seine Umwelt nachhaltig konzentrieren kann, wenn er seine Eigeninteressen, vor allem Nahrungsaufnahme und Schlaf, ausgelebt hat. Das Gemeininteresse kann deshalb nur bedingt begründet werden, da es ein Eigeninteresse voraussetzt. Erst wenn das Individuum gelernt hat, wie sich ein Interesse „anfühlt", welche Zwecke es erfüllt, welche Schwierigkeiten es aufwirft und welche Chancen es bietet, kann es dieses Interesse auf Situationen und Fälle anwenden, die außerhalb seiner selbst, also in seiner sozialen Umwelt liegen. Die Möglichkeit der Begründung von Eigeninteresse geht der Möglichkeit der Begründung von Gemeininteresse immer voraus.

Dieses Wissen war bereits im Altertum und im Mittelalter bekannt. Aristoteles verdeutlichte es am Beispiel der Freundschaft. Seine Grundfrage lautete, ob man sich selbst oder einen anderen mehr lieben sollte: „... der beste Freund ist der, der dem, dem er Gutes wünscht, dieses um des anderen willen wünscht ... Dies trifft aber am meisten im Verhältnis des Einzelnen zu sich selbst zu, und so auch alles andere, wodurch der Freund bestimmt wird ... Der Einzelne ist sich selbst am meisten Freund und so soll man sich auch selbst am meisten lieben."[4] Thomas von Aquin argumentierte einige Jahrhunderte später ähnlich, als er sagte, dass die Selbstliebe den Menschen darüber belehre, was die Nächstenliebe fordere. Den genauen Wortlaut findet der Leser in den Anmerkungen.[5] Und auch im biblischen Spruch „Liebe deinen Nächsten wie dich selbst" schimmert die Selbstliebe als normativer Maßstab für Fremdliebe durch. Selbst Kant, der dem Eigeninteresse kritisch gegenüber stand, befand, dass es nicht mit der Würde des Menschen vereinbar sei, wenn er gegen seine eigenen vitalen Interessen verstoßen soll.

Eigeninteresse ist inhärent rational, Gemeininteresse härent rational

Inhärenz bezeichnet allgemein ein Innewohnen oder ein Anhaften. Danach besteht z. B. ein inniger Zusammenhang zwischen einer Eigenschaft (schwer) und dem Träger der Eigenschaft (dem Elefanten), denn jeder Elefant ist schwer, hat also die inhärente Eigenschaft. Demzufolge bedeutet inhärent rational, dass sich der eigeninteressierte Akteur, weil er sein Handeln ausschließlich an der Erfüllung seiner subjektiven Präferenzen ausrichtet, automatisch rational verhält. Er versucht, sein Wollen durch Auswahl geeigneter Mittel wahr werden zu lassen. Diesem Vorgehen wohnt eine zielorientierte Verstandestätigkeit inne, ohne die kein sachliches Ergebnis zu Stande kommen kann. Rationalität in diesem Sinn ist ein nicht mehr hintergehbares Entscheidungskriterium. Nützlichkeit gehört somit zum Eigeninteresse wie die Frucht zum Baum.

Da rein gemeininteressiertes Handeln nicht Klugheitsüberlegungen folgt und nicht an subjektive Präferenzen gebunden ist, sondern offen ist für Sollensforderungen und für Begriffe wie Pflicht und Verantwortung, haben wir es nicht mit einer inhärenten Rationalität zu tun. Aus Moralität heraus zu handeln, kann bedeuten, sich für einen persönlichen Nachteil zu entscheiden und dennoch mit sich und seiner Gesinnung im Reinen zu sein. Im Gegensatz zum Eigeninteresse ist dieser Zustand der Harmonie kein intellektueller, sondern vor allem ein emotionaler. Gemeininteresse bewegt sich auf einer anderen Ebene von Rationalität. Als Suche nach dem für alle Guten fällt es unter die Rubrik Vernunft, deren Definition umfassender ist als die der Rationalität. Während der Eigeninteressierte rational aus Alternativen wählt, realisiert der Gemeinwohlinteressierte Überzeugungen. Während Erster einer qualitätslosen, formalen Konstruktionsvorschrift folgt, wendet sich Zweiter sehr wohl einer Qualität, d. h. einem Inhalt, einem Wert zu. Begriffe wie Zweck-Mittel-Schema, Nützlichkeit, Brauchbarkeit und dergleichen entziehen sich dem Wesen des Gemeininteresses.

Eigeninteresse führt zu stark operativem Vorteilsstreben, Gemeininteresse zu schwach operativem

Die Zweckgebundenheit von Moral führt unter anderem dazu, dass sie den Menschen, die sich ihr verpflichten, Vorteile verschafft. In diesem Punkt sind das Eigeninteresse und das Gemeininteresse identisch, da beide ein Vorteilsstreben zum Ausdruck bringen. Der Unterschied liegt in der Art und Weise, wie dieses Streben vollzogen wird. Der eigeninteressierte Mensch versucht, sein Verhalten so auszurichten, dass seine Absicht möglichst unmittelbar in ein Ergebnis mündet. Der Dieb weiß, wann und wo ein Wertgegenstand zu ergaunern ist, d. h. er hat ausreichend Information, damit eine Kausalität ihren Lauf nehmen kann. Der eigeninteressierte Mensch ist stark ergebnisorientiert, weil er ein Ziel fixiert, das er bis zu seiner Verwirklichung nicht aus den Augen verliert.

Der gemeinwohlinteressierte Mensch geht zwar ebenfalls von einem Vorteilsstreben aus, aber eben anders. Einerseits ist er sich als Teil der Allgemeinheit durchaus bewusst, dass er als solcher immer auch an den Vorteilen der Allgemeinheit partizipieren wird. Der Unterschied liegt allerdings darin, dass er nie genau weiß, wann und wo seine moralische Absicht in einen Vorteil mündet. Er ist nicht im Stande, eine rationale und praktikable Zuordnung zwischen seiner moralischen Absicht und ihrem Eintreten zu erstellen. Im Gegenteil, eine solche Zuordnung liegt gänzlich außerhalb seines Einflussbereichs. Wenn ein Arbeiter brav seine Lohnsteuer bezahlt, damit das Arbeitslosengeld II finanziert werden kann, weiß er eben nicht, ob er selbst jemals Hartz IV-Empfänger sein wird oder nicht. Aber falls er es wird, wird auch er diese finanzielle Unterstützung erhalten. Eltern, die Zeit und Geld einsetzen für die Bildung ihrer Kinder, sehen durchaus die Vorteile ihres Handelns, alsodass sich ihre später einkommensstarken und moralisch verantwortungsvollen Kinder liebevoll und finanzstark um sie selbst kümmern werden, wenn sie alt und vielleicht krank geworden sind. Aber natürlich wissen auch diese Eltern nicht, wann und ob jemals überhaupt dies so eintreten wird. Der gemeinwohlinteressierte Mensch weiß somit niemals exakt, ob seine Intention Früchte tragen wird oder eben nicht. Was im Kleinen gilt, gilt auch im Großen: die anonymen Austauschbeziehungen globaler Märkte verhindern die genaue Abschätzung etwaiger Handlungsfolgen. Gemeininteresse bringt zum Ausdruck, dass Moral für den Handelnden insgesamt vorteilhaft sein kann, ohne dass sie es im Einzelfall ist.

Damit ist zugleich klar geworden, dass Gemeinnützigkeit nicht mit Fremdnützigkeit gleichgesetzt werden darf. Ein gemeinwohlinteressierter Mensch nimmt bewusst in Kauf, dass andere durch sein moralisches Handeln profitieren. Aber als Teil dieser Gemeinschaft profitiert er ebenfalls. Anders im Fall der Fremdnützigkeit, die den Vorteil einer Handlung ausschließlich bei allen anderen sieht, außer bei dem, der sich moralisch verhält. Wenn jemand Steuern zahlt, damit alle Kinder in die Schule gehen können, also auch die eigenen, dann liegt eine Form von Gemeinnützigkeit vor. Falls jemand Steuern zahlt, damit alle Kinder in die Schule gehen können außer die eigenen, dann liegt eine Form der Fremdnützigkeit vor, da hier jemand zu seinem eigenen Nachteil verzichtet.

6.4 Wirtschaftsmoralische Reagibilität zwischen Anreiz und Gesinnung

Menschen reagieren, wenn sich Situationen ändern. Der Koch ruft zwischendurch den Großhändler an, um 10 Kilogramm Tomaten zu bestellen, da ihm seine Tomaten unerwartet schlecht geworden sind. Der Manager entlässt Personal, nachdem das Unternehmen in die Verlustzone eingetreten ist. Ein Bekannter der Familie schickt eine Beileidskarte, nachdem er vom Tod eines Onkels in dieser Familie erfahren hat. Der Auslöser für alle diese Aktionen war zwar immer ein anderer, doch lassen sich zwei grundlegende Arten von Auslösern unterscheiden: Anreize und die Gesinnung.

Anreize

Anreize sind Dinge, die unsere Motive in der Weise aktivieren, dass sie ein Handeln auslösen, das geeignet ist, unsere individuellen Bedürfnisse zu erfüllen. Anreize setzen an unserer persönlichen Vorteilsnahme an, sie stellen uns eine Verbesserung in Aussicht, die in erster Linie uns selbst zu Gute kommt. Sie tauchen als Möglichkeit für unsere Selbstverwirklichung auf und begleiten uns bei dem Vorhaben, Individualität zu entwickeln. Wenn uns ein Unternehmen ein hohes Gehalt bzw. einen großen Bonus anbietet, dann nutzt es unsere monetäre Reizbarkeit sozusagen aus, indem es so über unsere erhöhte Leistungsbereitschaft zu mehr Gewinn gelangt. Der Verfall der Aktienkurse und der gleichzeitige Anstieg des Goldpreises reizen uns an, dass auch wir Gold kaufen, da unsere Kapitalanlage möglichst rentabel sein soll. Die zahlreichen steuerlichen Abschreibemöglichkeiten für Selbstständige erhöhen zwar die Bereitschaft zur Selbstständigkeit, der dahinterstehende Auslöser ist aber das Kalkül eines größeren Einkommenspotenzials etc. Anreize aktivieren eine auf unsere Bedürfnisstruktur abgerichtete Verhaltenssteuerung. Anreize stellen für unser Ego Verführung und Appell zugleich dar.

Anreize, vor allem monetäre, spielen eine große Rolle im Wirtschaftsleben. Erinnern Sie sich an die Finanzkrise 2008 und das von der Bundesregierung beschlossene Konjunkturpaket? Dadurch, dass Handwerkerrechnungen verstärkt von der Einkommensteuerlast abgezogen werden konnten, sollten die Haushalte dazu gebracht werden, mehr Aufträge an Handwerker zu vergeben. Oder, wer sich 2008 bzw. 2009 einen Neuwagen kaufte, musste zwei Jahre lang keine Kraftfahrzeugsteuer zahlen. Ausgehend von den diversen Motivationsformen lassen sich Anreize durch drei Merkmale kennzeichnen: Sie sind primär, meist extrinsisch und bewusst. Primär, weil Anreize vor allem mit jenen Bedürfnissen korrespondieren, die unser Überleben sichern, sie uns quasi angeboren sind. Extrinsisch, da sie unsere Antriebskraft von außen steuern, z. B. durch Einkommensmöglichkeiten, Auszeichnung, Machterhalt, Zwang, Anerkennung, soziale Kontakte etc. Extrinsisch motivierte Handlungen werden somit oft nicht um ihrer selbst Willen ausgeübt (Freude oder Sinn einer Handlung als Selbstzweck), sondern stehen im Dienst irgendeines Zweckes (Unabhängigkeit, Wohlstand etc.). Der Beweggrund der

Handlung liegt außerhalb ihrer selbst. Anreize sind drittens eher bewusste Motivationsformen, weil man sich über ihre Folgen, z. B. der Erreichung eines Zieles, meist sehr genau im Klaren ist.

Gesinnung

Im Gegensatz zu Anreizen liegt dem „Gesinnungshandeln" eine durch Werte und Normen bedingte Denkweise bzw. Basiseinstellung zu Grunde. Mit der Gesinnung eines Menschen kommt dessen Willenshabitus, dessen Grundhaltung zum Ausdruck, seine Verhaltensmotive in erster Linie am Guten und Sittlichen anstatt am persönlichen Vorteilsstreben auszurichten. So reiht sich traditionell der Engländer ordentlich in die Warteschlange vor dem Bus ein, auch wenn damit verbunden ist, dass nicht er, sondern andere einen bequemen Sitzplatz ergattern. Warren Buffett hat sich weder durch die New Economy noch durch die Möglichkeiten von hochriskanten Hedgefonds in seinem Investitionsverhalten beeinflussen lassen. Langfristige und damit auch indirekt gesellschaftliche Solidität waren ihm immer wichtiger gewesen als kurzfristige Renditemaximierung.

Gesinnung bzw. Weltanschauung sind in aller Regel charakterlich tief in uns Menschen verankert, da sie von früh auf durch den Familienverbund erworben und durch die Religion vermittelt werden. Oft lassen sie sich nur schwer ändern, da damit eine Änderung des Menschenbilds oder Charakters verbunden ist. Gesinnungen bleiben trotz ihrer sittlichen Affinität subjektiv gefärbt und äußern sich nicht selten in einem ideologischen oder dogmatischen Gehabe. Im Unterschied zu Anreizen reißt allerdings der Bezug zum sittlichen Allgemeinwert nie ab. Die Gesinnung lässt sich in Anlehnung an vorige Unterscheidung der Anreize ebenfalls durch drei Merkmale kennzeichnen: Sie stellt eine sekundäre, meist intrinsische und eher unbewusste Motivationsform dar. Sekundär, da sie sich nicht aus uns, sondern unserem sozialen Umfeld und unseren gesellschaftlichen Lebensumständen heraus entwickelt. Sie korrespondiert mit sekundären Bedürfnissen wie soziale Sicherheit, Anerkennung. Die Gesinnung ist oftmals unbewusst in uns verwurzelt, weil sie einem sehr langen und intensiven Sozialisationsprozess entspringt, der wie eine verhaltensbiologische Konditionierung wirkt. So denken wir bei bestimmten Handlungsmustern (Begrüßung, Verabschiedung, Trauersituationen) nicht lange nach, wenn wir sie ausführen, sondern sie sind uns sozusagen in Fleisch und Blut übergegangen. Die Gesinnung drückt zum Dritten eine eher intrinsische Motivationskausalität aus. Intrinsisch bedeutet, dass wir aus eigenem Antrieb heraus, selbstbestimmt agieren, uns mit unseren Überzeugungen in Einklang befinden. Wir sehen die Dinge weniger zweckgebunden, sondern tun sie um ihrer selbst willen (z. B. aus Freude, aus persönlichem Interesse, aus Genuss, Glücksgefühl, Neugierde). Wir fühlen uns gut, wenn wir etwas Gutes tun, und dieses Gefühl ist uns dann Lohn genug (Genuss) oder es stärkt unser Zusammengehörigkeitsgefühl mit der Gemeinschaft, mit der wir innerlich verbunden sind.

Anmerkungen zu Kapitel 6

1   Macht, Unabhängigkeit, Neugier, Anerkennung, Ordnung, Sparen, Ehre, Idealismus, Beziehungen, Familie, Status, Rache/Wettkampf, Eros, Essen, körperliche Aktivität, emotionale Ruhe. Diese 16 Grundmotive stammen aus Studien mit 6000 Männern und Frauen in den USA, Kanada und Japan. Aus diesen 16 Grundmotiven lassen sich zwei Billionen individuelle Persönlichkeitsprofile erstellen, was zeigt, dass fast jeder Mensch relativ einzigartig zu nennen ist. Alle Motive (außer dem von Idealismus und Anerkennung) sind angeboren und stehen in einer Relation zueinander. Reiss erteilt bisherigen und absoluten, monokausalen Motivmustern (hedonistisches Glücksstreben, Freuds Libido, Adlers Machttrieb, Selbstverwirklichung Maslow) somit eine Absage, da z. B. Glück nicht Motiv, sondern nur Nebenprodukt eines Handelns ist, das auf der Kenntnis der ureigenen Motive beruht. Glück fällt an, wenn wir erreichen, was wir konkret wollen. Dieses wollen wir, um glücklich zu sein, nicht umgekehrt.

2   GfK-Umfrage im Auftrag Apothekenmagazin „Senioren Ratgeber", Nachrichtenmagazin Focus 23.10.2010.

3   J. Messner in: Zsifkovits S. 46.

4   Aristoteles: Nikomachische Ethik, München 1991, S. 320 (1168b1).

5   Thomas von Aquin: Summe der Theologie, Stuttgart 1985, S. 128: „Denn, wie vorhin gesagt, liebt man Gott als die Urheit von Gut, auf die sich das gern haben aus Teuerliebe gründet; der Mensch hat sich nun aber aus Teuerliebe gern gemäß dem Berede, unter dem er des genannten Gut teilhaftig ist; den Nächsten liebt man gemäß dem Berede des Zusammengehörens (societatis) in jenem Gut. Die Vergesellung ist nun aber Liebensgrund gemäß einer gewissen Einung in Hinordnung auf Gott. Gerade wie daher die Einheit mehr wert ist als die Einung, so ist auch, dass der Mensch selber das göttliche Gut zuteil bekommt, ein wichtigerer Liebensgrund, als dass der andere ihm in dieser Teilhabe beigesellt wird. Somit schuldet der Mensch, sich aus Teuerliebe mehr zu lieben als den Nächsten."

Das Bewertungsproblem

Im Reich der Zwecke hat alles entweder einen Preis oder eine Würde.
Was einen Preis hat, an dessen Stelle kann auch etwas anderes als
Äquivalent gesetzt werden; was dagegen über allen Preis erhaben ist,
mithin kein Äquivalent verstattet, das hat eine Würde.
(Immanuel Kant)[1]

Die Dinge und Phänomene, die den Menschen umgeben, die sein Selbstverständnis prägen und die seine Entwicklung maßgeblich mit beeinflussen, tragen ihren Wert nicht apriori in sich, sondern sie erhalten ihn durch menschliche Bewertungsvorgänge. Ein Fahrrad z. B. als wirtschaftliches Gut weist keinen Eigenwert auf, d. h. es ist ohne menschliches Dazutun im Prinzip ohne Wert. Erst dadurch, dass es dem Menschen einen Nutzen verspricht und dadurch, dass er es unter Einsatz seiner Arbeitskraft herstellt, kommt es zu einer Wertbildung.

Gleiches gilt für moralische Güter. Ehrlichkeit oder Treue stellen keine Werte an sich dar, sie sind keine Dinge, die ohne menschliches Zutun Wert entfalten könnten. Auch diese Güter hängen vom Urteil ab, das der Mensch über sie fällt. Natürlich gab und gibt es immer wieder Strömungen vor allem in Philosophie und Religion, die der Moral einen Eigenwert zuordnen. So geht jede Form von Idealismus im Prinzip von einer Ideenwelt aus, in der Güter wie Ehrlichkeit und Treue etc. Werte sind, die von Gott oder einem sonstigen überirdischen, übermenschlichen Seinsprinzip abstammen und die vom Menschen als solche und in ihrem Eigenwert nur entdeckt und übernommen werden müssen. Diese Auffassung wird hier nicht weiterverfolgt. Moralische Güter sind hier genauso wie wirtschaftliche Güter im Rahmen einer instrumentellen Wertbetrachtung weder als Eigen- noch als absolute noch als Endwerte zu sehen.

Im Folgenden ist zu klären, welche Bewertungsformen der Mensch für Wirtschaftsgüter einerseits und Moralgüter andererseits entwickelt hat und ob dabei womöglich Unter-

© Springer Fachmedien Wiesbaden GmbH, ein Teil von Springer Nature 2019
S. Knischek, *Grundlagen der Wirtschaftsmoral*,
https://doi.org/10.1007/978-3-658-23623-6_7

schiede erkennbar sind. Hierbei geht es allerdings noch nicht um die Frage, wie groß der Wert eines Gutes ist bzw. wie sich Wertunterschiede generell messen lassen, sondern es geht darum, welche Kategorien verwendet werden, um Werte zu erklären bzw. wodurch Werte überhaupt entstehen.

7.1   Wirtschaftliche Wertkriterien

7.1.1   Arbeitswert

Das sicher bekannteste Konzept der wirtschaftlichen Wertbegründung ist die Arbeitswertlehre. Sie stammt aus dem 18. und 19. Jahrhundert (Klassik) und ist verbunden mit den Ökonomen William Petty[2], Adam Smith, David Ricardo, Karl Marx. Der Arbeitswertlehre zu Folge stehen Arbeit und Warenwert insofern in einem direkt proportionalen Verhältnis zueinander, als der Wert eines jeden Wirtschaftsguts ausschließlich durch den Einsatz von Arbeit bestimmt wird. Am offensichtlichsten tritt der Gehalt der Arbeitswertlehre zu Tage, wenn Dienstleistungen betrachtet werden. Der Wert eines Haarschnitts hängt direkt mit dem Arbeitseinsatz des Frisörs zusammen. Das Gleiche gilt für Ärzte, Lehrer, Händler etc.

Auch die anderen Produktionsfaktoren stehen in direktem Zusammenhang zum Arbeitseinsatz. So erhält der Faktor Boden (Öl, Metalle, Gold, Silber etc. als Abbauboden, Getreide, Gemüse, Obst etc. als Anbauboden) nur dadurch Wert, dass er über die menschliche Arbeitsleistung gewonnen wird. Zwar geht damit zugleich ein Verbrauch der Natur einher, der aber gemessen am Urzustand zunächst nicht der Knappheit unterworfen ist[3]. Erst in den letzten Jahrhunderten wurde Umwelt zur knappen Ressource, was sich an höheren Preisen und der Existenz von Umweltsteuern deutlich ablesen lässt. Während das Gold im Erdboden noch relativ wertlos ist, kann es als geschürftes Gold zu Reichtum verhelfen. Das Gleiche gilt für die Ressource Kapital. Wird Sachkapital in Form von Maschinen, Computern, Fahrzeugen verwendet, so stammt der damit verbundene Wert erneut und primär aus dem Einsatz der Arbeit, da diese Produktionsmittel das Resultat von körperlicher und geistiger Tätigkeit sind. Kapital ist laut Marx nichts anderes als vergangene, vergegenständlichte Arbeit, die im Rahmen seiner Kapitalismuskritik immer auch entrechtete und gestohlene Arbeit ist. Wenn nämlich der Wert der Arbeit von genau der Arbeit abhängt, die zur Aufrechterhaltung bzw. Reproduktion ihrer selbst nötig ist, dann wird der Arbeit der Mehrwert entzogen, der sich durch den Einsatz von Kapital erzielen lässt.

Reich ist laut Smith nicht jener, der viel Geld hat, sondern jener, der sich viel fremde Arbeitsmenge leisten kann. Wert ist nichts anderes als der Ausdruck der Anstrengung und Mühe durch Arbeit. Er behauptet, dass der Preis eines Guts proportional der darin aufgewendeten Arbeit entspricht und er schwankt um seinen Wert so wie Ebbe und Flut um den mittleren Meeresspiegel. Der Wert stellt das Gravitationszentrum der Preise dar.

Der Arbeitswert einer Ware lässt sich somit durch die darin enthaltene Arbeitszeit feststellen. Dabei stellt sich die Tatsache als problematisch heraus, dass die Arbeit verschiedene Qualitäten aufweisen kann. Eine Stunde putzen, wofür keine Ausbildung nötig ist, kann nicht mit einer Stunde operieren, was eine sehr große Qualifikation erfordert, gleichgesetzt werden. Man muss folglich zweierlei tun, um eine Vergleichbarkeit herbeizuführen. Um eine bestimmte Arbeit erstens ausführen zu können, bedarf es bestimmter Voraussetzungen. Diese Voraussetzungen müssen zweitens mit dem dafür nötigen Arbeitseinsatz zusätzlich gemessen werden. Das Operieren ist demnach aus diesem Grund wertvoller als putzen, weil es mehr Vorarbeit in Form eines Abiturs und eines Hochschulstudiums erfordert als das Putzen.

7.1.2 Tauschwert

Nach dem Tauschwertkonzept entspricht der Wert eines Gegenstandes oder einer Dienstleistung dem Wert von Gegenständen und Dienstleistungen, die man im (Geld-)Tausch dafür erhalten kann. Der Wert einer Ware bestimmt sich also nach der Kraft, in welchem Verhältnis andere Waren dafür eingetauscht werden können. Für einen Liter Milch lassen sich vier Äpfel tauschen, für eine Frisur muss der Bäcker fünf Brote hergeben, eine Eigentumswohnung kann durch zwei Luxusfahrzeuge ersetzt werden etc. Das Besondere dabei ist, dass der Tauschwert nicht durch den darin enthaltenen Arbeitswert entsteht, sondern durch Angebot und Nachfrage. Das heißt, unabhängig davon, was die Herstellung einer Ware gekostet hat, wenn sie an der Nachfrage, den Bedürfnissen der Menschen vorbeigeht, ist sie deutlich weniger wert als das, was an Arbeitswert in ihr steckt. Die Tauschwerte basieren somit auf Nachfrage- und Angebotsmengen beruhenden Austauschrelationen, die stark vom natürlichen Preis im Rahmen der Arbeitswertlehre abweichen können. Der Tauschwert drückt eine Wertäquivalenz aus, die auf einer quantitativen Proportionalität beruht. Er wird nicht umsonst auch Verkehrswert genannt, was darauf hindeutet, dass hinter ihm kein abstraktes Verfahren steht, sondern der Wunsch nach möglichst objektiven und praktikablen Tauschbedingungen.

Gemäß der Logik des Tauschwertes setzt dieser zwar subjektive Bewertungsvorgänge seitens der Anbieter wie Nachfrager voraus. Doch objektiviert sich der Tauschwert immer dadurch, dass er faktisch den Tausch ermöglicht, indem die Waren die Besitzer wechseln. Der Tauschwert bringt die Deckungsgleichheit zweier unterschiedlicher subjektiver Wertvorstellungen zu Stande. Handelt es sich um den Markt mit vielen Anbietern und Nachfragern, dann objektiviert der Marktpreis den Tauschwert über die jeweiligen Mengenverhältnisse von Angebot und Nachfrage.

Durch diese Logik kann es aus Sicht der Arbeitswertlehre zu recht ungewöhnlichen Wertbildungen kommen. Der Tauschwert eines Gemäldes von Picasso kann unter Umständen fünf Villen an der Mittelmeerküste entsprechen, obwohl die Arbeitskosten der Villen weit über denen des Gemäldes liegen. Nach dem zweiten Weltkrieg konnte man in Deutschland mit einer Stange Zigaretten auf dem Schwarzmarkt so viele Lebensmittel tauschen, damit eine Familie sich eine Woche lang satt essen konnte. In Zeiten hoher Inflation kann der Tauschwert von Gold in die Höhe schießen, weil die Menschen nach einem objektiven, wertstabilen Anker suchen. Ein Verdurstender in der Wüste wird Trinkwasser einen sehr hohen Tauschwert zumessen. Wir erkennen, dass die Knappheit eines Guts dadurch zur dominanten und objektiven Wertkategorie wird. Wert hat demnach nur das, was knapp und tauschbar ist.

Der soeben beschriebene Tauschwert darf begrifflich aber nicht mit dem aus der Arbeitswertlehre stammenden und besonders von Marx weiterentwickelten Tauschwert verwechselt werden. Dort tauschen sich genau diejenigen Güter, die die gleichen Mengen an Arbeit beinhalten. Hinzu kommt folgender Unterschied: Marx geht davon aus, dass Werte gesellschaftliche Verhältnisse zur Arbeit zum Ausdruck bringen und also die Versorgung der Gesellschaftsmitglieder mit nützlichen Gütern bezwecken. Der hier verwendete Tauschwertbegriff geht hingegen davon aus, dass Werte nur der Privatisierung dieser gesellschaftlichen Arbeitsverhältnisse dienen und so auf die Vermehrung von individuellem Wohlstand ausgerichtet sind.

7.1.3   Gebrauchswert

Laut Gebrauchswertlehre wird der Wert eines Wirtschaftsguts von der Summe der Mittel bestimmt, die aufgewendet werden müssen, damit das Gut seine Eigenschaften entfalten und seine Funktion bzw. seinen Zweck erfüllen kann. Die stoffliche, physikalische Natur eines Stuhles beispielsweise ist, dass man darauf sitzen kann. Die Funktion eines MP3-Players ist, dass man viele Musikstücke speichern und anhören kann. Die Eigenschaft eines Flugzeugs ist, dass man fliegen kann etc. Damit man fliegen kann, braucht man Tragflächen, einen Rumpf, Räder, einen Motor, das Wissen eines Konstrukteurs, die Qualifikation des Piloten etc. Der Gebrauchswert, der auch Nutzwert genannt wird, stellt somit den Warenwert dar, der sich aus der Gebrauchsfähigkeit bzw. Nützlichkeit ergibt. Erst dadurch, dass man mit einem Gut „etwas anfangen" kann, wird es wertvoll. Es versteht sich von selbst, dass die Ansprüche an die Gebrauchsfähigkeit eines Flugzeugs deutlich größer sind als jene, die man an einen Stuhl stellt. Deshalb auch ist das Flugzeug wertvoller als der Stuhl.

Der Gebrauchswert wird in der Ökonomie öfters subjektivistisch interpretiert. Sie geht davon aus, dass die Nützlichkeit einer Sache von Individuum zu Individuum in aller Regel unterschiedlich ist. Das ist zwar plausibel, doch es wird dabei übersehen, dass sich dieser subjektive Vorgang nicht auf die Herstellung einer bestimmten Eigenschaft eines Gutes bezieht, sondern auf die Bewertung der Eigenschaft als solchen. Damit ein Flug zwischen München und Hamburg überhaupt stattfinden kann, bedarf es eines bestimmten Werteinsatzes, unabhängig davon, ob man Fliegen als etwas sehr Nützliches oder eher Schädliches empfindet. Dadurch, dass ein bestimmter Werteverzehr nötig ist, um eine bestimmte Funktionalität von Waren und Dienstleistungen ins Leben rufen zu können, erhält der Gebrauchswert seinen objektiven Gehalt.

Der Gebrauchswert in der subjektivistischen Lesart und der Tauschwert stehen in einem paradoxen Verhältnis zueinander. Versteht man unter erstem den individuellen Bezug zur Eigenschaft eines Gutes und unter dem zweiten den Bezug zur Tauschkraft eines Gutes, kann es zu Ungereimtheiten kommen. Waren ohne Gebrauchswert können einen hohen Tauschwert haben und umgekehrt. So muss man Wasser einen hohen Gebrauchswert, jedoch nur einen kleinen Tauschwert beimessen. Umgekehrt gilt, dass der Gebrauchswert von Gold relativ niedrig ist, während sein Tauschwert gewöhnlich ein hoher ist. Hier stoßen wir auf einen Doppelcharakter bei gewissen Gütern. Fassen wir den Gebrauchswert hingegen objektivistisch auf, stellen wir kein paradoxes Verhältnis fest. Der Gebrauchswert eines Sportwagens, also die Eigenschaft, mit 350 km/h und zugleich sicher über die Straße zu fegen, ist kostspielig herzustellen und deckt sich mit dem hohen Tauschwert von diesem Gefährt. Die individuelle Bewertung dieser Eigenschaft bleibt, wie gesagt, eine subjektive Sache.

Wirtschaftliche Werte nehmen erstens nie nur eine Höhe ein, sondern verändern sich mit der Zeit. Zweitens lassen sich Überlappungen zwischen Arbeits-, Tausch- und Gebrauchswerten beobachten. Stundenlöhne sind einerseits flexibel, andererseits hängen sie teils von mehreren Kriterien zugleich ab. Generell gilt, dass die Stundenlöhne für Akademiker höher sind als die für Menschen mit Real- oder Mittelschulabschluss, da Akademiker mehr Arbeit und Zeit investieren mussten. Trotzdem kann es passieren, dass ein Facharbeiter mehr verdient als ein Germanist oder Ethnologe, weil es wenige von diesem, aber viele von jenen gibt. Der Gebrauchswert der Arbeit ist ihr Produkt, so drechselt z. B. der Drechsler ein Tischbein gekonnt. Zwar bestimmt sich dadurch der Wert des Tischbeins nach der Schönheit (Gebrauchswert) und nach der Qualifikation des Drechslers (Arbeitswert). Wenn aber immer mehr Möbel industriell und ohne Drechslerarbeiten nachgefragt werden, dann geht der Tauschwert für diese Arbeiten automatisch nach unten.

7.2   Moralische Wertkriterien

Während sich das moralische Begründungsproblem mit der Frage beschäftigt hat, warum jemand ein bestimmtes Handeln ausüben soll, z. B. zuverlässig, ehrlich, treu etc. sein, geht es beim Bewertungsproblem darum, wie Zuverlässigkeit, Ehrlichkeit, Treue etc. überhaupt zu einem Wert werden können. Was sind die grundlegenden Kategorien, die determinieren, dass aus bestimmten Handlungsweisen moralische Wertigkeit entspringt? Dabei ist zu beachten, dass alle folgenden Wertkriterien immer nur relative Konzepte verkörpern.

7.2.1 Wahrheit

Dinge, die wir für wahr halten, finden relativ leicht unsere Zustimmung, sie moralisch für wertvoll zu erachten. Wenn wir es richtig finden, dass die Bankmanager, die 2007 die globale Finanzkrise ausgelöst haben, zur Rechenschaft gezogen werden, so bringen wir gleichermaßen zum Ausdruck, dass uns Verhaltensweisen wie Mäßigung, Ehrlichkeit, Besonnenheit etc. wichtig sind. Oder wenn wir es für richtig halten, dass die Vermögenssteuer wieder eingeführt wird, dann zeigen wir, dass Verteilungsgerechtigkeit einen wichtigen sozialen Wert für uns darstellt. Wenn wir Deutschland am Hindukusch verteidigen, so, weil wir an die Wahrheit glauben, dass der Terrorismus nur an seinem Entstehungsort erfolgreich bekämpft werden kann. Wenn wir Studiengebühren an den Hochschulen verlangen, dann steht dahinter die Erkenntnis, dass sich nur dadurch die Studiendauer senken und das akademische Bildungsniveau erhöhen lässt. Der moralische Wert eines Handelns ergibt sich somit aus seinem Wahrheitsgehalt. Auf den Punkt gebracht: Das Gute und das damit verbundene Sollen entspringen aus dem Wahren. Je größer die Wahrheit, die in einem Handeln steckt, umso größer dessen moralischer Wert.

Das, was unter Wahrheit inhaltlich alles verstanden werden kann, streut naturgemäß sehr weit. Der Idealismus z. B. unterscheidet ontologisch die wahre Welt (Ideen, Wesenhaftigkeiten) von der Welt der Erscheinungen (Realität, konkrete Wirklichkeit). Wahr ist demnach nicht das Äußere der Dinge, sondern sind ihre inneren Gesetzmäßigkeiten. Klassisch betrachtet ist Wahrheit somit in der Übereinstimmung von Erkenntnis und Wirklichkeit bzw. Übereinstimmung von Erkenntnis und ihrem Gegenstand (Kant) zu suchen. Da wir wissen, dass ein Stein, den wir von einer Brücke fallen lassen, durch die Erdanziehungskraft beschleunigt wird, sprechen wir von Wahrheit. Da wir wissen, dass Mord und Totschlag oft in eine mit hohen sozialen Kosten verbundene Gewaltspirale münden, halten wir das Aufstellen von Gesetzen für ein wahrhaftes Vorgehen. Wahrheit entsteht folglich immer aus der Dichotomie von Schein und Sein, von bloßer Meinung und allgemeiner Gültigkeit, von Veränderbarkeit (Werden) und Konstanz, von Wahrnehmung und Gesetzmäßigkeit, Pluralität und Einheit, von Willkür und Logos. Ganz anders wieder Nietzsche. Da nichts in der menschlichen Welt ohne Zweck ist, also auch nicht die Wahrheit, ist Wahrheit immer in ihrem Bezug zu den damit verbundenen Werten zu sehen[4]. Für den Aktieninvestor, der „long" geht, ist der Anstieg der Kurse wahr, weil er seine eigene Entscheidung bestätigt. Für den kritischen Aktienanalysten ist er hingegen nicht wahr, da er fundamentale, betriebs- und volkswirtschaftliche Entwicklungen unberücksichtigt lässt und somit ins Gegenteil verkehrt. Heidegger dagegen versteht unter Wahrheit das phänomenologische Hervorscheinen einer Sache aus der Verborgenheit ins Unverborgene.

Auch im Rahmen der Dogmengeschichte hat der Zusammenhang zwischen Wahrheit und Moral zu umfangreichen Überlegungen geführt. Laut Sokrates ist Wissen der Schlüssel zur Moral. Erst wenn sich der Verstand geschärft hat, vermag er das Gute vom Bösen zu unterscheiden und kann so zur moralischen Wertbildung beitragen. Die Stoa vertrat die Auffassung, dass die Wahrheit der Moral immer schon vorhanden sei, der

Mensch müsse sie nur freilegen. Thomas von Aquin vertrat die Ansicht, moralisch kann nur sein, was auf einer Vernunftordnung gründet. Immanuel Kant befand, dass nur die Wahrheit in Frage komme, damit überhaupt verallgemeinerbare Aussagen, also auch moralische, getroffen werden können. Nietzsche aber argumentiert, dass der Zweck der Wahrheit, das Gute, nicht objektiv ist, sondern als menschliche Setzung verstanden werden muss. Zwar bleibt dadurch eine nur subjektive Wahrheit über, die dennoch ausreicht, um eine moralische Wertbildung vorzunehmen. Moral wird auf diese Weise über eine subjektive, zweckorientierte Wertbasis zu einem Ausdruck des „Willens zur Macht".

Der Wahrheitsbegriff der Moral zeichnet sich im Gegensatz zum ontologischen (Übereinstimmung einer Sache mit ihrem Wesen, ihrer Idee) und logischen Wahrheitsbegriff (Übereinstimmung einer Sache mit ihrer rationalen Erkenntnisstruktur) dadurch aus, dass er sich als Übereinstimmung eines sozialen Handelns mit der zweckorientierten Erkenntnis der damit verbundenen Folgen zeigt. Wenn wir erkennen (Erkenntnis), dass Ehrlichkeit, Treue und Integrität (soziales Handeln) dazu führen, dass menschliches Zusammenleben gelingt und Vertrauen und Eintracht entstehen (Folge) und wir genau dieses friedliche Zusammenleben anstreben (Zweck), dann sprechen wir von Wahrheit. Ist etwas wahr, dann hat es moralisch auch Wert, weil es einen Zweck erfüllt. Ein weiteres Beispiel: Da wir wissen (Erkenntnis), dass Steuerehrlichkeit (soziales Handeln unter der Bedingung nicht maßloser Steuersätze) zu geringeren Kontrollkosten und mehr Wohlstand führt (Folge), und wir Wohlstand als unser Ziel ansehen, begründet sich der Wert der Steuerehrlichkeit durch ihren Wahrheitsgehalt.

7.2.2 Vernunft

Eine weitere moralische Bewertungskategorie finden wir in Form der Vernunft. So setzen wir den Wert der Besonnenheit hoch an, weil wir es für vernünftig halten, in einer hitzigen Debatte einen kühlen Kopf zu bewahren. Wir bewerten die Selbstbeherrschung als moralisches Gut sehr positiv, weil es für das zwischenmenschliche Zusammenleben vernünftig zu sein scheint, die persönlichen Grenzen zu kennen und sie einzuhalten. Wenn jemand vor einer roten Ampel regelgetreu mit dem Fahrzeug anhält, zeigt sich die Vernunft in der damit verbundenen Vermeidung von Unfällen. Der Vater verzichtet auf die Bestrafung seines Sohnes, der schlechte Zensuren in der Schule erhalten hat, weil er es für vernünftiger erachtet, ihn stattdessen kontinuierlich bei den Hausaufgaben zu unterstützen. Umgekehrt gilt, dass bestimmten Verhaltensweisen und -normen kein oder sogar ein negativer Wert beigemessen wird, weil sie unvernünftig sind. Trunkenheit am Steuer weist einen negativen Moralwert auf, weil das Vorschubleisten von Verkehrsunfällen keine vernünftige Sache sein kann.

Erneut stoßen wir auf das Faktum, dass die inhaltliche Bestimmung des Begriffs der Vernunft weit streut. Die Aufgabe der Vernunft besteht z. B. laut Wirtschaftsethiker Peter Ulrich darin, dass sie die „Lebensdienlichkeit" und den „menschlichen Sinnzusammenhang" wieder in den Mittelpunkt der Wirtschaft stellt[5]. Vernunft weist somit

weit über den eingeengten Begriff der Rationalität als allgemein-formale Verhaltenslo-
gik hinaus. Vernunft als eine praktisch-moralische Sinnrationalität ist auf eine Werterkenntnis ausgerichtet, die die universellen Zusammenhänge menschlichen Seins in ihren
Fokus nimmt. Der konventionelle, aus der Aufklärung stammende Vernunftbegriff hingegen legt den Schwerpunkt auf die Autonomie und zudem Kritikfähigkeit menschlichen
Denkens. Danach liegen die Grundvoraussetzungen der Vernunft in der Autonomie und
Mündigkeit des auf Freiheit angelegten Menschen begründet (Kant). Ein anderer möglicher Standard sieht Vernunft als ein formallogisches Verfahren, das wie ein Algorith-
mus den Verstand anleitet, inhaltslos zu denken. Der postmoderne Standpunkt der Vernunft setzt hingegen an dem prinzipiellen Versagen der Vernunft an. Da diese in ihrem
Anspruch auf Universalisierbarkeit und Letztbegründung politisch-historisch gescheitert
ist, kann Vernunft nur noch der Aufgabe einer unendlichen regulativen Idee nachkommen, die sich um die Konsensbildung unterschiedlicher, intersubjektiver Ansprüche
kümmert. Diese Aufzählung an unterschiedlichen Vernunftbegriffen könnte noch fortge-
führt werden.

Genauso, wie es mehrere Möglichkeiten gibt, Vernunft zu definieren, genauso vielfältig kann der Zusammenhang zwischen Vernunft und moralischem Wert einer Handlung
betrachtet werden. So äußert sich dieser Zusammenhang für Aristoteles darin, dass die
Mitte zwischen zwei extremen Verhaltensweisen die moralisch wertvolle, weil vernünftige sei: „Die Tugend ist also ein Verhalten der Entscheidung, …, eine Mitte, die durch
Vernunft bestimmt wird."[6] In seiner Nikomachischen Ethik weist er darauf hin, dass
z. B. die Tapferkeit die Mitte zwischen Furcht und Mut ist, die Großzügigkeit die Mitte
zwischen Kleinlichkeit und Verschwendung, die Liebenswürdigkeit die Mitte zwischen
Streitsucht und Gefallsucht ist. Für Kant ist jenes Verhalten vernünftig, das sich dadurch
auszeichnet, dass es verallgemeinerbar ist und sich so als Grundlage für eine allgemeine
Gesetzgebung eignet (kategorischer Imperativ). Einem Gehbehinderten beim Aussteigen
aus dem ICE zu helfen, stellt eine vernünftige und somit universalisierbare Handlung
dar, weil jeder es im Prinzip gut finden muss, der sich in der gleichen Situation befindet,
dass ihm geholfen wird. Gerät jemand in die Lage einer durch Überschuldung verursachten Zahlungsunfähigkeit und übersteigen die Schulden seine finanziellen Möglichkeiten,
so ist ihm und eben allen Menschen, die in dieser Lage sind, zuzumuten, dass er sein
Fehlverhalten insofern büßt, dass er eine bestimmte Zeit lang auf Sozialhilfeniveau leben
muss, bis man ihm seine Restschulden erlässt (vgl. privates Insolvenz-Verfahren). Die
Norm, dass jeder zur Rechenschaft gezogen werden soll, aber nur im Rahmen des Möglichen, ist vernünftig, da verallgemeinerbar (natürlich unterliegt auch die Verallgemeinerung dem zeitlichen Wandel und möglichen Dilemmatastrukturen).

7.2.3   Freiheit

Verhaltensweisen, die den Menschen zu mehr Freiheit verhelfen, können ebenfalls herangezogen werden, um moralische Wertigkeiten zum Ausdruck zu bringen. So halten

wir beispielsweise die Ehrlichkeit für wertvoll, weil sie uns ermöglicht, dass wir keine teuren Alarmanlagen kaufen, keine kostspieligen Versicherungen abschließen, nachts keine Angst vor Einbrechern haben müssen und dass wir verlustige Gegenstände immer umgehend zurückbekommen etc. Wenn wir solidarisch teilen, gewinnen wir die Freiheit, dass wir ohne materielle Existenzängste leben können. Wenn wir uns gegenseitig vertrauen können, entfällt die Notwendigkeit, uns zu kontrollieren. Wenn sich alle an die Gesetze halten, brauchen wir kein Geld mehr für Rechtsanwälte und Richter ausgeben. Mit dem Eingesparten können wir stattdessen unseren Wohlstand erhöhen.

Der Freiheitsbegriff, der hierbei zu Grunde gelegt wird, darf nicht mit der trivialen, empirisch oft im Alltag zu beobachtenden Ausprägung von Freiheit verwechselt werden. Freiheit wird nicht in diesem Sinn mit Willkür, Beliebigkeit, kurzfristiger Vorteilsnahme, Grenzenlosigkeit gleichgesetzt. Auch geht es nicht um Freiheit, die um ihrer selbst willen existiert und nur um sich selbst kreist. Ginge es tatsächlich um diese Freiheit, würde jede Form von Moral individuelle Unfreiheit nach sich ziehen und hätte bald ausgedient. Gemeint ist hier vielmehr die in einer tieferen Dimension wurzelnde Freiheit, die aus einer religiösen, philosophischen, weltanschaulichen, aber in jedem Fall überindividuellen Auffassung stammt. Eine solche grundsätzliche Freiheit umfasst immer auch ihr Gegenteil, Einschränkung und Restriktion, ohne dass sie dabei ihren Freiheitscharakter aufgeben müsste. Moral strebt von daher nicht nach Freiheit, sondern Freiheit ermöglicht insofern Moral, als sie ihrem Zweck, sozialem Frieden und Solidarität, dient.

Kant nennt diese Form der Freiheit Autonomie: „Was kann die Freiheit des Willens sonst sein als Autonomie, d. h. die Eigenschaft des Willens, sich selbst ein Gesetz zu sein?"[7] Der Mensch ist als einziges Lebewesen in der Lage, sich durch die Einnahme eines intelligiblen Standpunkts über die ihn bestimmenden Bedingungen hinaus selbst denken zu können und Dinge unabhängig von den Naturgesetzen zu erschaffen. Dieser transzendente Mensch, ausgestattet mit Vernunft, erfindet und begründet Prinzipien, wenn er sich auf einen umfassenden, Kultur schaffenden Prozess einlässt, an dessen Ende Phänomene wie Politik, Gesellschaft, Wirtschaft, Kunst, Moral, Erziehung etc. stehen. Er ist autonom, gibt sich seine Gesetze also selbst.

Dadurch, dass der vernunftbegabte Mensch Handlungen nicht grundlos, sondern nach bestimmten Gesetzmäßigkeiten ausführt, wird eine Verbindung zwischen Handeln und der Moral hergestellt. In moralischer Hinsicht als gut kann nur der Wille genannt werden, der der Autonomie des Menschen gerecht wird, indem er dessen Kompetenz zur Selbstgesetzgebung in den Dienst derselben stellt. Böse ist hingegen jedes Handeln, das mit dem Gesetz dieser Autonomie unvereinbar ist. Natürlich stellt der Zusammenhang zwischen Freiheit und Moral keine Kausalität im wahren Sinn des Wortes dar. Da das ultimative Verbindungsstück zwischen Ursache (Moral) und der Wirkung (Freiheit) – der menschliche Wille, dem ja keine (natur-)gesetzmäßige Determination zu Grunde liegt – fehlt, haben wir es lediglich mit einer Art von Kausalität zu tun. Laut Kant ist der Wille eine Vorstellung, sein Handeln von bestimmten Gesetzen bestimmen zu lassen, nie aber eine praktische Garantie. Damit ist das Verhältnis zwischen Freiheit und Moral aber

bestimmt: „Mit der Idee der Freiheit ist der Begriff der Autonomie unzertrennlich verbunden, mit diesem aber das allgemeine Prinzip der Sittlichkeit."[8] Da man nur das wollen kann, was autonom macht, und Autonomie das Verhältnis eines subjektiven Entscheidungsträgers zu einer allgemeinen Selbstgesetzgebung markiert, kann man nur gut
sein, wenn der Wille diese allgemeine Gesetzgebung zum Gegenstand hat. Über Kant
hinaus existieren natürliche noch andere Konzepte, Freiheit und Moralität zusammen zu
denken.

7.2.4   Gerechtigkeit

Wenn man sagt, es ist richtig, dass jemand das Sorgerecht für die Kinder zugesprochen
bekommen hat oder es ist richtig, dass der Staat die Sozialhilfe erhöht hat oder es richtig,
dass der Diebstahl bei der Polizei angezeigt wurde, dann bringt man zum Ausdruck, dass
diese Handlungen in moralischer Hinsicht wertvoll sind, weil sie gerecht sind. Umgekehrt gilt, dass ein ungerechtes Handeln in der Regel nicht als Grundlage für eine moralische Wertbildung in Frage kommt. So hält man es für falsch, wenn sich der Ehemann
eine Geliebte hält, wenn jemand alkoholisiert Auto fährt, wenn der Arzt nicht erbrachte
Leistungen mit der Krankenkasse abrechnet etc. Richtig ist somit, was gerecht ist, und
was gerecht ist, besitzt moralischen Wert.
    Während sich die Ethik in erster Linie mit der Herausarbeitung des besten Gerechtig-
keitsbegriffs beschäftigt, kümmert sich die Moral um die Beschreibung der in der Wirklichkeit vorkommenden Formen der Gerechtigkeit. Chancengerechtigkeit meint im
Rahmen einer liberal-demokratischen Auffassung, dass jeder Mensch die gleichen Möglichkeiten haben soll, um am gesellschaftlichen und wirtschaftlichen Leben teilzunehmen und um sich selbst zu verwirklichen. In Anlehnung daran spricht man von Verfahrensgerechtigkeit, wenn bei sozialen und politischen Prozessen Verfahren zum Einsatz
kommen, die eine Gleichbehandlung aller gewährleisten. Verteilungsgerechtigkeit bedeutet, dass Ungleichheiten zwischen z. B. arm und reich, je nach Gerechtigkeitsvorstel-
lung, existieren dürfen oder aber abgebaut werden müssen. Leistungsgerechtigkeit geht
davon aus, dass Grundlage der Gerechtigkeit Leistungsvermögen und – bereitschaft des
Einzelnen sind, während es im Fall der Bedarfsgerechtigkeit die Bedürftigkeit ist. Zu
Leistungs-/Bedarfprinzip als Kriterien der Gerechtigkeit treten weitere Formen: Vertragsprinzip, Gleichheitsprinzip, Maximin-Prinzip, Prinzip der Nachhaltigkeit, Zufalls-
prinzip etc. Unter kontributiver Gerechtigkeit versteht man, dass jeder als Teil einer
Gemeinschaft zwar Rechte zur Mitbestimmung haben soll, welchen jedoch zugleich
Pflichten der Mitwirkung gegenüberstehen.
    Trotz dieser Unterschiedlichkeit der Konzepte drückt Gerechtigkeit im Kern ein Ver-
hältnis aus, das einerseits zwischen Subjekten besteht, das andererseits aber intersubjektive Gültigkeit beansprucht. Besagtes Verhältnis verkörpert ein Prinzip, das sich nach
einer bestimmten Gleichheit und Relation bemisst, z. B. „jedem das Seine" (Platon,
Cicero), Vertragsübereinkunft zum gegenseitigen Vorteil (Rousseau, Locke), Vereini-

gung der Willkür des einen mit der Willkür des anderen unter dem Dach eines allgemeinen Gesetzes der Freiheit (Kant), „das größte Glück der größten Zahl" (Bentham), „jeder
nach seinem Bedürfnis" (Marx) etc. Unabhängig von dem Wahrheitsanspruch des jeweiligen Gerechtigkeitsprinzips erzeugen alle diese Prinzipien ihre moralische Wertigkeit
dadurch, dass sie eine intersubjektive Grundlage für das friedliche Zusammenleben der
Menschen bereitstellen. Da in bestimmten Situationen ein bestimmtes Verhältnis zur
Anwendung gebracht wird, welches für alle gleichermaßen gilt und welches somit einer
universellen Entscheidungsstruktur gleicht, bildet sich eine allgemeine Akzeptanz von
Verfahrens- bzw. Verhaltensweisen heraus, die im Sinne der Moral und ihrer Ziele normative Gültigkeit erlangen.

7.2.5 Schönheit

Die Schönheit wird von vielen sicher nicht automatisch mit der Konstituierung moralischer Werte in Verbindung gebracht. Doch wenn wir uns so manche Aussage näher
ansehen, wird deutlich, dass der Zusammenhang durchaus besteht. So finden es Eltern
z. B. schön, dass die Kinder so ausdauernd und ohne Streit miteinander gespielt haben.
Der Lehrer findet es schön, dass kein Schüler den Unterricht gestört hat. Der Trauzeuge
findet es schön, dass das von ihm begleitete Paar die Ehekrise gemeistert hat. Der, der
etwas Wertvolles verloren hat, findet es schön, dass es der ehrliche Finder zurückgegeben hat. Die Kinobesucher finden es schön, wenn der Gute am Ende gegen den Bösen
gewinnt und sie vor lauter Rührung einige Tränen vergießen.

In allen diesen Fällen begründet sich der moralische Wert mitunter durch das Gefühl
des Schönen. Was macht dieses Gefühl aus? Kant nennt Schönheit ein „interesseloses
Wohlgefallen", d. h., es bringt etwas zum Glänzen und Funkeln in uns, ohne dass wir
dabei sofort an einen bestimmten praktischen Vorteil für uns denken müssen. Wenn wir
beobachten, wie ein 17-jähriges Mädchen zwei Grundschülerinnen hilft, über die viel
befahrene Straße zu gelangen, sind wir erstens ohne eigenes Interesse (es handelt sich
nicht um unsere oder bekannte Kinder) und zweitens finden wir es schön (weil uneigen-
nützige, freiwillige Hilfsbereitschaft stattfindet). Das Gefühl der Schönheit schlägt sozusagen eine Brücke zwischen dem Sein und dem Guten. Wenn ein moralisches Handeln,
das irgendwo und irgendwann stattfindet, in der Lage ist, unser Inneres so zum Klingen
zu bringen, dass wir ein starkes Wohlgefallen daran finden, dann scheint es sich um eine
wichtige, menschliche Angelegenheit, wozu man die Moral getrost zählen darf, zu handeln. Kurzum: aus Ästhetik entsteht Normativität. Da ein Handeln als schön empfunden
wird und dieses Gefühl andauern soll, soll jeder diesem Handeln gemäß agieren.

Schönheit weist eine große Affinität zum Licht auf. Wenn sie da ist oder unerwartet
zu uns kommt, hellt sie etwas in uns auf, sodass uns etwas einleuchtet. Wenn wir etwa
sehen, wie ein Paar einen Konflikt wohlwollend und humorvoll austrägt, erkennen wir
über die Schönheit den moralischen Wert dieses Handelns. Das Schöne mit seiner
Ebenmäßigkeit und seinem Ordnungssinn stellt jene Harmonie her, die es uns auf mora-

lischem Gebiet erleichtert, Gegensätze auszugleichen. Als Lust bereitende Offenbarung weitet sie sich auf das gesamte Leben des Menschen aus, der mehrheitlich in der Sehnsucht nach ganzheitlicher Harmonie verwurzelt ist. Schönheit inspiriert uns dazu, den tieferen Sinn von Sein zu hinterfragen und uns ihm anzunähern. Laut Heidegger enthüllt Schönheit, übrigens genauso wie Wahrheit, die Seinsstrukturen, indem sie eine bestimmte Stimmung und eine Gelassenheit entstehen lässt, die das Offenwerden für tiefere Seinsgeheimnisse ermöglicht und den Sinn für Moral erschließt. Sich einzulassen auf Schönheit heißt sich einzulassen auf die Wertigkeit der Moral.

Zwar hat die Verbindung des Schönen und des Guten Tradition, doch oftmals wird darunter etwas Unterschiedliches verstanden. Für Platon bestand der Zusammenhang darin, dass uns die Schönheit hilft, in einem stufenartigen Prozess zur Wahrheit der übergeordneten, und damit auch moralischen Ideen des Seins zu gelangen. Anders Aristoteles. Für ihn ist Schönheit Ausdruck der Existenz einer moralischen Weltordnung. Jemand, der ein moralisches Regelwerk ins Leben rufe und dieses auch noch befolge, erzeuge automatisch Schönheit. Friedrich Schiller orientiert sich dann wieder mehr an Platon, wenn er sagt, dass ein moralischer Mensch schön sei, weil er von einer „schönen Seele" durchdrungen sei. Ähnlich Papst Benedikt. Er erblickt im Schönen ein Siegel der Wahrheit, in der sich die göttlichen Moralwerte durch die Schönheit der Schöpfung zeigen. Die Schönheit der Liebe führe ins Zentrum jeden moralischen Empfindens und Befindens. Ganz anders wiederum Friedrich Nietzsche. Für ihn stellt jedes Urteil, jede Erkenntnis eine „Geschmacksache" dar. Wahrheit wird dadurch zur subjektiven, persönlichen Angelegenheit, die nichts anderes vergegenwärtige als ein ästhetisches Empfinden, welches triebhaften und unbewussten Ursprungs sei. Die Wahrheit an sich oder absolute bzw. objektive Wahrheit gebe es nicht. Der Zusammenhang zur Moral besteht laut Nietzsche darin, dass diese nur auf die Uniformierung der Geschmäcker bzw. ästhetischer Regung hinausläuft. Indem Moral nach außen Toleranz und Menschlichkeit vorspiele, sie aber nach innen dadurch Macht ausübe, indem sie individuelle Bedürfnisbefriedigung verhindere, wird das Schöne, also auch der moralische Geschmack, lediglich zum „Normalgeschmack" umfunktioniert. Hier ist der Zusammenhang zwischen Moral und Schönheit im Gegensatz zu den anderen Ansätzen eher ein negativer.

Da natürlich das Schönheitsgefühl von jedem anders empfunden wird, kann es auch dazu kommen, dass jemand es schön findet, andere Menschen zu quälen. Wir stoßen an dieser Stelle erneut auf das (unüberwindbare) Problem der Subjektivität. Kant gemäß sind alle verwendbaren Begriffe, die das Schöne beschreiben, unbestimmt, leer und besitzen daher keine Objektivität, weswegen Ästhetik als subjektiv-rationales Verfahren tendenziell immer unter dieser Einschränkung leiden wird. Wenn man über die Schönheit einer Sache oder eines Verhaltens urteilt, bezieht sich dieses Urteil nie auf einen Verstandesbegriff, sondern auf ein subjektives Gefühl. Gleiches lässt sich im Prinzip auf alle anderen moralischen Wertkriterien übertragen. Wahrheit, Vernunft, Freiheit und Gerechtigkeit sind in letzter Konsequenz nicht als absolute, sondern als relative Konzepte zu verstehen.

7.3   Wirtschaftsmoralische Wertdetermination zwischen Objektivismus und Subjektivismus

Objektivismus

Der Objektivismus verkörpert die Anschauung, dass zumindest Teile der Wirklichkeit mit all ihren Strukturen und Gesetzmäßigkeiten überindividuell erkannt werden können. Überindividuell heißt, dass etwas ohne subjektive Filterung und ohne subjektives Vermeinen erfasst wird. So gelten z. B. die Naturgesetze für jeden gleich und keiner kann behaupten, dass die Erdanziehungskraft für ihn nicht existiert. Gleichermaßen gilt, dass wenn der Bundestag die Erhöhung des Kindergelds beschließt, niemand ernsthaft das Gegenteil behaupten kann. Bekannte Philosophen, die der Art der objektivistischen Ansicht nahestanden, waren unter anderem Aristoteles, Leibniz, Kant, Scheler, Hartmann. Unter ihnen sticht die relativ extreme Position Platons heraus. Er vertrat die Lehre, dass es ewige, unveränderbare Weltgesetze und ein übersinnliches Reich der Ideen gibt, das objektiv existiert, unabhängig davon, ob wir es erkennen können oder nicht. Zum Glück kommen wir hier im Rahmen der Analyse der wirtschaftlichen und moralischen Wertdetermination weitgehend ohne metaphysische Voraussetzungen aus.

Die Frage stellt sich nunmehr, ob die moralische Wertbildung nach einem objektivistischen Muster abläuft oder ob dies eher für die wirtschaftliche Wertbildung zutrifft. Vieles spricht für zweites. So weist denn auch die Arbeitswertlehre eine eher objektivierende Tendenz auf. Jeder akzeptiert z. B., dass ein Motorölwechsel rund 15 Minuten der Zeit eines Kfz-Mechanikers in Anspruch nimmt und dass sich der damit verbundene Wert durch die objektiv nachweisbare Arbeitsmenge bemisst. Der Wert dieser Dienstleistung ist somit für jeden allgemein nachvollziehbar, unabhängig davon, ob man diese Dienstleistung selbst nachfragt oder nicht, ob sie in Nigeria oder Deutschland erbracht wird, welcher Stundenlohn ihr zu Grunde gelegt wird etc. Nach der selben Logik bemisst sich der Wert unterschiedlicher Stundenlöhne. Der Ingenieur erhält pro Arbeitsmengeneinheit mehr als der Techniker, weil mehr Arbeit in Form eines Abiturs und eines Studiums aufgewendet werden musste, damit die Tätigkeit des Ingenieurs ausgeübt werden kann. „The real price of every thing, what every thing really costs to the man who wants to acquire it, is the toil and trouble of acquiring it."9

Eine ähnliche, objektivierende Tendenz stellen wir beim Gebrauchs- und Tauschwertkonzept fest. Laut Tauschwert entsteht der Wert durch Angebot und Nachfrage. Der Wert (ceteris paribus) steigt, wenn sich das Angebot verknappt bzw. die Nachfrage erhöht, er nimmt ab, wenn sich das Angebot erhöht bzw. die Nachfrage sinkt. Die Tauschlogik, der natürlich subjektive Präferenzen zu Grunde liegen, wandelt sich durch das Entstehen eines Marktes zu einem objektivistischen Verfahren. Der Markt bringt nämlich die *allgemeinen Austauschrelationen aller* Marktteilnehmer zum Ausdruck. Sie sind allgemein, weil sie weder von den einzelnen Individuen beeinflusst werden können noch identisch mit den individuellen Präferenzen der einzelnen Marktteilnehmer sind. Die subjektiven und zahlreichen Bewertungsvorgänge objektivieren sich dadurch, dass sie sich auf einen einzigen Bewertungsprozess beziehen, der das Kalkül aller Teilnehmer widerspiegelt. Zweitens objektiviert die Marktlogik Werte, indem Märkte immer vor dem Hintergrund größtmöglicher Tauschmengen gesehen werden müssen. Demnach ergibt sich der Wert eines wirtschaftlichen Gutes immer an dem Punkt, wo die Austauschmengen von Anbietern und Nachfragern am größten sind. Der Wert ist demnach etwas Inhärentes, d. h. er haftet dem Gut in seinen allgemeinen Austauschrelationen objektiv an.

Ähnlich verhält es sich mit dem Gebrauchswert. Die Nützlichkeit eines Gutes hängt zwar von der subjektiven Nützlichkeitserwägung ab, die diesbezüglich getroffen wird. Doch auch diese findet ihre Grenze an der objektiven Gebrauchsfähigkeit eines Guts. Unabhängig von den jeweiligen Essgewohnheiten der Menschen gilt, dass die Vollwertkost wertvoller ist als fast food, weil ihr Gebrauchswert, also ihr Vermögen, dem Körper Nahrhaftes zuzuführen, größer ist. Teure Autos weisen in der Regel deshalb einen höheren Gebrauchswert auf, weil man sie vielfältiger, länger und mit höheren Qualitätsansprüchen nutzen kann. Während ein Mercedes auf eine Lebensdauer von 18 Jahren im Schnitt kommt, erreicht ein Fiat deutlich weniger. Die Gebrauchsdauer repräsentiert ein objektives Wertkriterium. Weitere objektive Wertkriterien finden sich in der Anzahl und der Art von Eigenschaften und Beschaffenheiten von Gütern.

Umgekehrt gilt, dass wirtschaftliche Wertkriterien kaum subjektiv relevant sind. Die in einem Gut auffindbare Arbeitsmenge hängt nicht vom Betrachter ab. Gleiches gilt für den Gebrauchs- und Tauschwert. Weder die Eigenschaften eines Gutes noch dessen Knappheit sind letztlich abhängig vom Standpunkt des Betrachters.

Subjektivismus

Im Gegensatz dazu stoßen wir im Fall von moralischen Bewertungsvorgängen auf eher subjektive Strukturen. Unter Subjektivismus fassen wir alle vor allem erkenntnistheoretischen Auffassungen zusammen, die davon ausgehen, dass alle Erkenntnisse, Gesetzmäßigkeiten und Urteile Produkte individueller Wahrnehmungsprozesse sind. Der dem Vorsokratiker Protagoras zugesprochene Satz, dass „der Mensch das Maß aller Dinge" sei, bringt dies treffend zum Ausdruck. Und auch der sehr berühmte Satz von René Descartes „Ich denke, also bin ich" zeigt an, dass jede Objekterkenntnis das Ergebnis der Wahrnehmung eines Subjektes ist, denn denken kann man zwar gemeinsam, aber in letzter Konsequenz wird es immer wieder auf den Einzelnen, das Ich zurückbezogen. Gemäß Subjektivismus kann es Objektivität nicht geben. Erstens findet Erkenntnis kategorial in Raum und Zeit statt, also subjektiv bedingt. Zweitens gibt es keinen archimedischen Punkt, also keine absolute Grundlage der Erkenntnis, von der aus alle weiteren Erkenntnisse abgeleitet werden könnten. Zum dritten kann der menschliche Geist nie auf der Grundlage vollkommenen Wissens agieren. Dieses bruchstück- und lückenhafte Vorgehen bleibt auf ewig auf die subjektive Vorstellungskraft von Sein angewiesen. Menschliche Erkenntnis gleicht oft einer Schöpfung, bis sie dann und wann zur Entdeckung wird. Als subjektivistische Denker gelten Epikur, Voltaire, Schopenhauer, Nietzsche, Sartre.

Im Gegensatz zu einer zeitlich und somit objektiv bestimmbaren Arbeitsmenge oder den objektiven Eigenschaften eines Wirtschaftsguts lassen sich Begriffe wie Wahrheit, Gerechtigkeit, Schönheit, Vernunft oder Freiheit nicht im gleichen Maß homogen und uniform definieren. So unterscheiden wir positive von negativer Freiheit, absolute von relativer Freiheit, Handlungs- von Willensfreiheit. Ebenso differenzieren wir unterschiedliche Konzepte von Gerechtigkeit und Vernunft. Am Beispiel der Schönheit vergegenwärtigt sich der moralische Wertsubjektivismus sicher am deutlichsten. Die einen bejahten und begrüßten den Einmarsch der US-Truppen unter Präsident Bush in den Irak, die anderen lehnten ihn, scharf verurteilend, ab. Oder: für die einen war der Einmarsch Ausdruck von Wahrheit, Gerechtigkeit und Freiheit, für andere von Unwahrheit, Ungerechtigkeit und Unfreiheit. Dadurch, dass Bewertungsprozesse immer eine individuelle Affinität des Menschen zu einer Sache, Handlung oder Menschen voraussetzen, liegt Subjektivität fundamental in der Natur moralischer Werte.

Nehmen wir den Fall des im objektivistischen Sinne gescheiterten Vernunftkonzepts. Vernunft als Reflexion menschlichen Tuns und dessen Folgen tritt uns als ein Werkzeug gegenüber, das insofern zur Objektivierung von Sachverhalten beiträgt, indem es eine Distanz schafft zwischen uns und unserem Verhalten. Sie lässt uns von uns selbst abrücken, damit wir uns und unser Verhalten mit anderen, unbeteiligten Augen betrachten können. Je mehr wir über unser Verhalten und das anderer vernunftorientiert nachdenken, umso leichter fällt es uns, eine allgemeine, sozial vorteilhafte, über uns hinausweisende Einsicht zu gewinnen und moralgerecht zu handeln. Vernunft als Suche nach Objektivität soll bewirken, dass der Mensch realisiert, „dass er nur eine Person unter vielen anderen handelnden Personen ist und dass es keinen objektiven Grund gibt, dem Interesse der anderen ein kleineres Gewicht zuzuschreiben als seinem Interesse"[10]. Das vermutlich berühmteste Konzept der Moral, die „Goldenen Regel", stellt somit nicht anderes dar als den Versuch, über die Einnahme eines vernunftorientierten Standpunkts moralische Normen universell abzuleiten und zu begründen. Nur haben dies zugleich viele Philosophen und ohne „objektiven" Erfolg versucht: Vernunft als Wesensschau, Erkennen von Ideen (Platon), Vernunft als das Instrument der praktischen Ethik (Aristoteles), Vernunft als Standpunkt des unparteiischen Beobachters (Adam Smith), Vernunft als Überprüfungsinstanz verallgemeinerbaren Maximen (Kant) etc.

Warum scheitert jede Form der Vernunft an dem Anspruch nach vollkommener Objektivität? Zum ersten weist Vernunft keinen archimedischen Fixpunkt auf. Es gibt keinen objektiven, absoluten Ausgangspunkt für das vernünftige Denken, der für alle nachvollziehbar und akzeptabel wäre. Die Vernunft stellt uns zwar ein objektivierendes Instrument zur Verfügung, allerdings nur mit dem Vorbehalt, dass Vernunft von Subjekten erschaffen und nur von diesen mit Leben, Sinn ausgestattet werden kann. Zum zweiten liegt der Absicht, vernünftig und moralisch zu handeln, bereits immer eine bestimmte Motivation zu Grunde. Da der Mensch kein reines Geistwesen darstellt, sondern er zugleich den Naturgesetzen unterliegt, er somit Bedürfnisse unterschiedlichster Art hat, kann seine Motivation zu handeln, nie rein geistiger Art sein. Soll Moral durch Vernunft prinzipiell legitimiert werden, setzt dies die absolute Dominanz des Geistigen über das

Natürliche voraus. Die Vernunft müsste der Erfahrung und dem Sein vorausgehen, d. h. Denken müsste apriori sein, also ohne ein menschliches Gehirn in der Welt vorhanden sein. Da sich das nunmehr definitiv nicht beweisen ließ, sind alle bisherigen moralischen Versuche des Idealismus als gescheitert anzusehen. Drittens, und dies ist ein Argument von Nietzsche, ist die Vernunft eine Instanz, die alles in Frage stellen kann – außer sich selbst. Stellt sie sich nämlich in Frage und nimmt so eine relative Position ein, dann kann sie kein objektives, moralisches Wertkriterium sein, da es dann ja noch etwas Letzteres, etwas „Absoluteres" geben muss, das noch nach ihr kommt. Stellt sie sich nicht in Frage, setzt sie sich somit als etwas Absolutes voraus, zerstört sie sich insofern selbst, als sie sich realiter in ihrer Bedingtheit in Form von nicht absolut vernünftig handelnden Menschen selbst erkennen muss.

Am Ende gelangt man immer zum gleichen Punkt: die Subjektivität des Menschen auf dem Weg zu einer objektiven Bestimmung moralischer Werte wie Wahrheit, Vernunft, Gerechtigkeit, Schönheit etc. lässt sich nicht vollkommen überwinden. Moral lässt sich durchaus bewerten, mit guten und mit weniger guten Kriterien, nie aber mit letzten Gründen. Denn der vermeintlich letzte Grund stellt sich entweder nicht als der letzte in der gesamten Reihe der Gründe heraus oder aber er basiert auf Annahmen, die nicht rein objektiver Natur sind, was folglich für jede Annahme zutrifft. Dasselbe Problem zeigt sich bei den anderen moralischen Wertkriterien, bei der Wahrheit, der Gerechtigkeit, der Freiheit und der Schönheit.

7.4   Wirtschaftsmoralische Wertdetermination zwischen Wertrelativismus und Wertabsolutismus

Relativismus

Allgemein kann behauptet werden, dass wirtschaftliche Werte tendenziell relativer Natur sind und moralische Werte einen starken Einschlag zu einer universellen und absoluten Betrachtungsweise aufweisen. Der Begriff „absolut" darf dabei nicht in metaphysischer oder ontologischer Hinsicht inhaltlich überhöht werden[11]. Mit dem Begriff absolut ist hier nicht gemeint, dass moralische Werte ideellen Wesenheiten (Platon) entsprechen, die unabhängig von den wertenden Personen zu betrachten sind. Ebenfalls ist nicht gemeint, dass moralische Werte ewige, unabänderliche, apriori vorhandene Werte sind, die unabhängig von der Existenz des Menschen bestehen. Absolut heißt hier, dass moralische Werte einen viel tieferen Bezug zum Mensch aufweisen, weil sie sein Sein als Ganzes und unmittelbar betreffen. Moralische Wertprozesse erfordern ein ungleich höheres Maß an anthropogener Teilhabe als wirtschaftliche Wertprozesse. Die Unterscheidung von relativ/absolut kann natürlich auf verschiedenen Ebenen vorgenommen werden. Exemplarisch möchte ich sie am Begriffspaar Verdinglichung – Entdinglichung aufzeigen.

Wirtschaftliche Werte sind dingliche Werte. Ein dinglicher Wert ist relativ, weil er nicht aus sich selbst heraus entstehen kann, sondern davon abhängig ist, dass er von einem externen Schöpfer „erschaffen" wird. Demzufolge entspringt der Wert eines Wirtschaftsgutes nicht aus sich selbst, sondern entweder aus dem dafür nötigen (und wertvollen) Arbeitseinsatz oder aus dem daraus resultierenden Gebrauchswert oder aus der vorhandenen Tauschfähigkeit des Gutes. Dabei hängen alle drei Wertdeterminanten von der externen Bewertung des Menschen ab. Wenn z. B. jemand einen Schrank zimmert, so ergibt sich der Wert nicht aus dem Schrank als diesem, sondern aus der wertvollen Arbeitszeit des Zimmerers, aus der Nützlichkeit, die der Schrank für die Nutzer hat oder aus der relativen Knappheit des Schranks, die sich durch die unterschiedlichen Nachfrage- und Angebotsmengen ausdrückt. Dinge sind aber nicht nur physisch, auch Dienstleistungen sind Dinge. Ein Haarschnitt wird genauso bewertet wie ein Schrank. Ding heißt, es handelt sich um etwas Eigenes, in sich Abgeschlossenes, essentiell außerhalb des Menschen Stehendes. Eine Bewertung in wirtschaftlicher Hinsicht bedeutet somit immer, dass eine Verdinglichung stattfindet.

Absolutismus

Moralische Werte hingegen sind nicht-dingliche Werte. Sie beziehen sich nicht auf Dinge, sondern auf Gefühle, Wünsche, Hoffnungen, Sehnsüchte, im Prinzip das gesamte Seelenleben und den mit diesem assoziierten Verhaltensweisen. Nicht-dingliche Werte sind untrennbar mit ihrem Schöpfer, dem Menschen, verbunden. Das Vorhandensein der moralischen Werte zeugt von der Nach-Außen-Kehrung des menschlichen Inneren. Ein moralischer Wert greift immer das Menschsein als Ganzes ab, was zu einer Entdinglichung der Werte führt. Der Mensch hat nicht Moral, sondern er ist sie. Er soll nicht bestimmte Sozialnormen erfüllen, sondern er will sie erfüllen, weil er sie so in sich spürt. Absolut daran ist, dass sich der Mensch wertend zu sich selbst verhält. Diese Erkenntnis führt zwar noch nicht dazu, dass die Welt besser wird. Aber dadurch sind wir in der Lage, sowohl das Verhalten des Heiligen wie das des überzeugten Verbrechers zu erklären.

Diese Zusammenhänge sind der Grund dafür, dass moralische Werte wie Gerechtigkeit, Freiheit, Treue, Liebe, Ehrlichkeit, Klugheit, Wahrheit etc. nicht verdinglicht und verwirtschaftlicht werden können. Der Mensch per se und die von ihm begründeten, sich am Guten orientierenden Normen und Werte können nie als Preise wiedergegeben werden, da dem Menschen und seiner Normativität Würde zukommt, so Kant. Der Mensch ist letztlich nie Mittel, sondern Zweck. Natürlich gab es im Rahmen der utilitaristischen Lehre immer wieder Versuche, Moral irgendwie als Preis zu messen. Und auch in der Wirklichkeit sind immer wieder Phänomene zu beobachten, die in diese Richtung gehen, wenn z. B. eine verarmte Mutter in Kalkutta ihr Neugeborenes zu einem bestimmten Preis an ein kinderloses Ehepaar verkauft. Dieser Vorgang ist jedoch nicht als Versuch zu verstehen, das menschliche Leben messbar zu machen, sondern er stellt die (meist verzweifelte) Verdinglichung eines Kindes im Rahmen eines wirtschaftlichen Bewertungsaktes dar. Das Baby wird zur Ware, die Mutter, ohne ihren familiären oder sonstigen Hintergrund zu thematisieren, zur Kinderproduzentin. Dadurch, dass die Mutter ihr Kind verkauft, verdinglicht sie es, um einen wirtschaftlichen Wert zu begründen, mit dem aus Sicht der meisten Personen ein moralischer Wertverlust einhergeht. Würde die Mutter das Kind aus Liebe zu ihm und ohne Erwerbsabsicht in fürsorgliche Elternhände geben, würde sie das Kind entdinglichen bzw. verinnerlichen, entstünde ein moralischer Wert, dem ein wirtschaftlicher Wertverlust entgegenstünde. Hier deutet sich eine konfliktgeladene Zielbeziehung zwischen Wirtschaft und Moral an, die in Teil 3 näher behandelt werden wird. Jener Konflikt wurde übrigens schon vor tausenden von Jahren ausgetragen, wenn in der Bibel zu lesen ist: „Was nützt es dem Menschen, wenn er die ganze Welt gewinnt, an seiner Seele aber Schaden leidet?"

Wertrelativismus bedeutet also, dass wirtschaftliche Werte nicht für sich allein stehen, sondern dass sie zueinander in Relation gesetzt werden können. Moralische Wert können nicht auf diese Weise miteinander verknüpft werden, sie stehen für sich allein. Die Aussage, dass die Wahrheit halb so viel wert ist wie die Freiheit oder die Schönheit, macht keinen Sinn.

Anmerkungen zu Kapitel 7

1   Kant, Immanuel: Grundlegung der Metaphysik der Sitten, Werke IV, S. 68, hrsg. von Weischedel.

2   William Petty: „Die Arbeit ist der Vater und das aktive Prinzip des Wohlstands, so wie der Boden seine Mutter ist.", in: Bontrup, Heinz-Josef: Volkswirtschaftslehre, 2004, S. 5, in: books. google.de/books/about/Volkswirtschaftslehre.html?id=kfuMuVq3Vt4C.

3   Für die vorklassische Physiokratie stellte noch der Boden den eigentlichen, Wert bildenden Faktor dar, weswegen damals vor allem Landwirtschaft und Handwerk prächtig gediehen.

4   „Die Frage der Werte ist fundamentaler als die Frage der Gewissheit: letztere erlangt ihren Ernst erst unter der Voraussetzung, dass die Wertfrage beantwortet ist.", in: Heidegger, Martin: Gesamtausgabe, Band 87 Nietzsche, S. 299, 2004.

5   Ulrich 1997, S. 11, 207 ff.

6   Aristoteles: Nikomachische Ethik, München 1991, S. 141 (1106b36).

7   Kant, Immanuel: Grundlegung zur Metaphysik der Sitten, 1965, Felix Meiner Verlag, S. 71.

8   Ebenda, S. 79.

9   Adam Smith, Wealth of Nations, zitiert nach: Officer, Lawrence/Williamson, Samuel: Better measures of worth, S. 2, in: www.econ.upf.edu/docs/seminars/williamson.pdf.

10 Bayertz, S. 227.

11 Vgl. Nicolai Hartmann: „Werte sind als ideale Wesenheiten an sich seiend und bedürfen der ‚Setzung' durch ein Subjekt nicht. Aber im Realen genügt dieses An-sich-sein nicht. Hier bedarf es zur Aktualisierung des von ihnen ausgehenden Seinsollens einer ‚Setzung'." (zitiert aus Bayertz, S. 94).

Das Wertmaßstabsproblem

Werte können mit geeigneten Mitteln bzw. Methoden messbar gemacht werden. Im Hinblick auf die wirtschaftliche Sphäre übernehmen diese Aufgabe die in Geldeinheiten ausgedrückten Preise. Der Preis eines Wirtschaftsguts schwankt in einer Marktwirtschaft um seinen Wert, welcher als Gravitationszentrum im Sinn eines natürlichen Preises fungiert. Der Preis eines Gutes kann über oder unter seinem Wert liegen, er findet sich aber immer in der Regel in dessen Nähe. Das Messen moralischer Werte gestaltet sich schwieriger, weil es nur auf indirektem Weg möglich ist. So erhalten wir Auskunft über die Wichtigkeit moralischer Werte, indem wir Umfragen machen, indem wir beobachten, indem wir den Grad der Normabweichung ermitteln.

8.1 Wirtschaftliche Wertmaßstäbe

Der Preis, den wir für etwas bezahlen oder erhalten, ist der in Geldeinheiten gemessene Wert dafür. Er misst das Austauschverhältnis zwischen Gütern. Wenn ein Liter Milch 70 Cent und ein Ticket für den Bus 3,50 Euro kostet, dann besteht der Faktor 5 zwischen beiden Gütern. Man muss auf 5 Liter Milch für ein weiteres Busticket verzichten. Der Preis misst somit die relative wie absolute Knappheit von Gütern.

8.1.1 Marktpreise

Marktpreise stellen in den heutigen Volks- und Marktwirtschaften die häufigste Preisform dar. Sie deuten auf die Knappheit (objektiv) bzw. Wünschbarkeit (subjektiv) von Gütern hin. Dabei gilt der Bewertungsgrundsatz: Je höher der Preis, umso knapper, kos-

© Springer Fachmedien Wiesbaden GmbH, ein Teil von Springer Nature 2019
S. Knischek, *Grundlagen der Wirtschaftsmoral*,
https://doi.org/10.1007/978-3-658-23623-6_8

tenintensiver und/oder beliebter ist das Gut. Das Geld übernimmt somit die Aufgabe eines allgemeinen Wertmaßstabs.

Marktpreise sind Preise, die von Angebot und Nachfrage abhängen. Angebot und Nachfrage treffen sich auf einem Markt, d. h. an einem bestimmten Ort, an dem ein bestimmtes Gut zu einem bestimmten Zeitpunkt gehandelt wird. Stimmen Nachfrage- und Angebotsmengen überein, kommt es zum Gleichgewichtspreis. Bei diesem Preis bzw. Austauschverhältnis kann die größtmögliche Menge zwischen Anbietern und Nachfragern getauscht werden, der Markt gilt als geräumt. Erhöht sich die Nachfrage nach einem Gut (z. B. durch Einkommenssteigerungen), steigt auch der Preis. Reduziert sie sich, sinkt der Preis. Erhöht sich das Angebot für ein Gut (z. B. durch sinkende Input-preise, Rationalisierung oder neue Anbieter), sinkt der Preis, reduziert es sich, steigt der Preis.

Kommt der Preis durch einen Prozess zu Stande, dem viele Anbieter und Nachfrager angehören, läuft diese polypolistische Preisbildung sehr effizient ab. Gibt es hingegen nur wenige Anbieter bzw. wenige Nachfrager, spricht man von einer oligopolistischen Marktstruktur. Gibt es nur einen einzigen Anbieter bzw. einzigen Nachfrager, haben wir es mit einem Monopol zu tun. Im Oligopol und Monopol werden in der Regel höhere Preise als bei Marktpreisen erreicht.

Dadurch, dass der Wertbildungsprozess ständig in Bewegung bleibt, ändern sich die Marktpreise permanent. Angetrieben wird diese dynamische Gleichgewichtssuche von mehreren Faktoren. Nachfragemengen ändern sich, weil sich die Einkommen, das Spar-verhalten oder die Präferenzen ändern. Angebotsmengen ändern sich, weil sich Roh-stoffpreise, Arbeitspreise, Steuern etc. ändern. Innerhalb dieses Prozesses übernehmen Preise verschiedene Aufgaben. Sie führen erstens einen Mengenausgleich zwischen Angebot und Nachfrage herbei (Koordinationsfunktion), sie teilen den Marktteilnehmern die Veränderungen der relativen Güterknappheiten mit (Informationsfunktion), sie sor-tieren diejenigen Anbieter und Nachfrager aus, die den Marktpreis nicht akzeptieren wollen oder können (Selektionsfunktion) und sie lenken die unterschiedlichen Produk-tionsfaktoren in ihre effiziente Verwendung (Allokationsfunktion).

8.1.2   Administrierte Preise

Administrierte Preise sind keine durch Angebot und Nachfrage verursachten Preise, sondern es sind meist hoheitlich festgesetzte Wertrelationen. Dadurch, dass auf bestimm-ten Gebieten kein Markt zustande kommt, z. B. weil es der Staat so will, ist der Staat in Form von Behörden und Ministerien gezwungen, geeignete Austauschverhältnisse vor allem bei öffentlichen Gütern zu schaffen. Wenn die Kommune die Bürger mit Wasser und Strom versorgt, dann verlangt sie eine Gebühr statt eines Marktpreises, um ihre Produktionskosten zu decken. Das Gleiche gilt für die städtische Müllabfuhr, den städti-schen Friedhof, das Passamt etc. Wenn der Staat z. B. die Einkommen vor allem im Niedriglohnbereich für zu niedrig hält, setzt er sozusagen per Dekret eine untere Grenze, einen Mindestlohn fest. Da Gesundheit und die Versorgung im Alter aus hoheitlicher Sicht für besonders wichtig erachtet werden, bezahlt der Bürger keine Marktpreise dafür, sondern einen allgemeinen, prozentual bemessenen Beitrag zur Kranken- bzw. Rentenversicherung.

Zwar unterscheidet sich der Wertentstehungsprozess bei politischen Preisen deutlich von jenem bei Marktpreisen. Doch die Meßmethode läuft identisch über das Geld bzw. die Geldeinheiten ab. Die Gebühr für eine 70 Liter Mülltonne mag durchaus über dem Preis liegen, der durch das freie Spiel der Marktkräfte zustanden gekommen wäre, aber er ist genauso anwendbar und praxistauglich wie der Marktpreis. Der einzige, wirkliche Unterschied zwischen beiden Preisen besteht darin, dass sie unterschiedliche Einflussfaktoren aufweisen. Zwar gehen auch administrierte Preise von den ihnen zu Grunde liegenden Kosten aus, doch ist der Spielraum für staatlich bedingte Preisspielräume deutlich größer als im Fall privater Güter. Neben der Abweichung der Marktpreise von den Kosten neigen administrierte Preise auch zu Fehlallokationen, Fehlanreizen und einem Überangebot. Unter anderem führten gerade solche Phänomene dazu, dass die ehemals planwirtschaftlichen Länder sich dem marktwirtschaftlichen System öffneten.

8.1.3 Weitere Preisformen

Neben Markt- und administrierten Preisen gibt es noch eine Reihe weiterer Formen, wirtschaftliche Werte zu messen. Verrechnungs- bzw. Transferpreise sind Preise für innerbetrieblich produzierte Güter oder innerbetrieblich erstellte Dienstleistungen. Dies ist z. B. der Fall, wenn die Muttergesellschaft dem Tochterbetrieb eine Maschine zur Verfügung stellt, wenn die Holding eine Lizenz erworben hat und diese von allen zugehörigen Einzelunternehmen genutzt wird, wenn in einem Genossenschaftsverbund gegenseitige Qualitätsprüfungen stattfinden etc. Derartige Werte können exakt wie alle anderen Preise auch in Geldeinheiten ausgedrückt werden. Sie werden meist in Anlehnung an vergleichbare Marktpreise abgerechnet.

Monopolpreise richten sich zwar nach Angebot und Nachfrage, jedoch fällt immer einer Seite eine große Marktmacht zu. Im Angebotsmonopol gibt es nur einen einzigen Anbieter (Deutsche Bahn bei Langstreckenzügen), im Nachfragemonopol nur einen einzigen Nachfrager (Bundeswehr). Das Monopol führt meist zu einem höheren Preis als es im Fall des Marktpreises im Polypol wäre. Wir kennen einige Beispiele für Monopole bzw. Quasimonopole: Beförderung von Briefen, Herstellung von Branntwein (Staatsmonopol), Bereitstellung von Strom und Wasser etc. Eine Unterform des Monopolpreises wären die Richtpreise der OPEC. Die OPEC-Staaten als Ölkartell streben je nach Lage bestimmte Preise für das Barrel Öl an. Doch auch Monopolpreise sind Preise, d. h. sie werden in exakt messbaren Geldeinheiten ausgedrückt.

Schattenpreise gelangen meist nur dann zur Anwendung, wenn eine direkte Wertmessung schwer möglich ist. Wie ist der wirtschaftliche Wert zu messen, wenn ein Vater seinen Kindern Nachhilfe gibt, wenn die Mutter Wintersachen strickt, wenn sich Nachbarn gegenseitig bei Reparaturen am Haus helfen, wenn ein Unternehmen ein Gebäude selbst nutzt anstatt es zu vermieten, wenn einer ein Ehrenamt in einem Sportverein ausübt etc.? Schattenpreise bzw. Opportunitätskosten messen nicht den Wert, um den es geht, sondern messen ihn an den dadurch entstandenen Alternativkosten. Hierunter ist der Entgang von Nutzen oder Erlösen verstehen, die dadurch entstehen, dass man sich nur für eine Alternative entscheiden kann und auf die zweitbeste Alternative verzichten muss. Der Preis der väterlichen Nachhilfe bemisst sich daran, dass er in dieser Zeit z. B. nicht arbeiten kann. Dann entspricht der Preis der Nachhilfe dem Stundenlohn des Vaters, den dieser als Angestellter oder Selbstständiger erwirtschaften könnte. Das selbst genutzte Bürogebäude entspricht dem Preis, der erzielt werden könnte, wenn man es vermietet. Auch Schattenpreise sind exakt in Geldeinheiten zu messen. Eine weitere Form der Wertmessung stellt die Kosten-Nutzen-Analyse dar.

In archaischen Gesellschaften erfolgte der Gütertausch über Sachwerte. Als Maßstab fungiert z. B. Schmuck in Neu-Guinea, Muscheln oder Vieh in Afrika, Steine in Asien, Weizen bis 1950 in Tibet. In modernen Tauschringen werden z. B. Dienste ausgetauscht. Der eine bringt dem anderen eine Fremdsprache bei, dafür mäht ihm dieser den Rasen etc. Hier kann alles Mögliche als Wertmesser herangezogen werden. Unabhängig, ob dies ein durchschnittlicher Stundenlohn oder Tauschpunkte sind, der eingesetzte Wertmesser kann meist relativ genau in Geldeinheiten übersetzt werden. Diese Art der wirtschaftlichen Wertmessung spielt eine untergeordnete Rolle in der modernen Wirtschaft.

8.2   Moralische Wertmaßstäbe

So wie der Preis den Wertmaßstab für wirtschaftliche Güter bildet, so stellt, ungleich schwieriger, der Mensch den Maßstab für moralische Werte dar. Der Satz des Protagoras, dass der Mensch das Maß aller Dinge sei, bewahrheitet sich hier treffend aufs Neue. Wie vorher schon angedeutet, ist die moralische Wertbildung Ausdruck menschlichen Daseins. Mäßigung, Toleranz, Freundlichkeit etc. erlangen ohne menschliches Zutun keinen Wert. Diese Wertbildung, die auf der Leib-Körper-Dualität des Menschen fußt, speist sich aus emotionalen, seelischen und rationalen Quellen. Dabei sind alle drei Dimensionen untrennbar miteinander verwoben, was den Prozess der Wertbildung analytisch kompliziert. Doch das soll nicht das Thema sein.

Jeder Mensch bewertet moralische Güter individuell, je nach seinen emotionalen, seelischen und intellektuellen Erfahrungen und Möglichkeiten. Diese Tatsache führt zum mehrfach diskutierten Subjektivismusproblem. Es nützt also nichts, den Einzelnen bei der moralischen Wertbildung zu betrachten, sondern wir müssen möglichst alle Mitglieder einer Gemeinschaft bzw. Gesellschaft berücksichtigen. Ausgehend von einer öffentlichen Moral, die auf allgemeiner Anerkennung und Allgemeinverbindlichkeit beruht, müssen wir somit herausfinden, was die Mehrheit für moralisch wertvoll hält. Dies können wir auf verschiedenen Wegen erreichen. Wir können Menschen dazu befragen, sie beobachten, Experimente durchführen, ihre vielfältigen privaten und öffentlichen Mitteilungen erforschen und Norm abweichendes Verhalten erfassen.

Dabei können wir vor allem auf die Werkzeuge der empirischen Sozialforschung zurückgreifen, die Umfrage, die Beobachtung, das Experiment, die Inhaltsanalyse, die Statistik. Die Ausgangsfragen, die sich uns dabei also stellen, lauten etwa folgendermaßen: Wie kann man die Werthöhen von z. B. Ehrlichkeit, Zuverlässigkeit, Freundlichkeit, Treue, Disziplin etc. messen? Wie lassen sich solche Moralwerte vergleichen? Ist es z. B. den Deutschen wichtiger, tierlieb oder kinderlieb zu sein? Bevorzugen Sie es, hart und viel zu arbeiten oder wollen sie mehr Freizeit haben? Engagieren sie sich mehr oder weniger als die Franzosen oder Italiener ehrenamtlich? Ist ihnen die Freiheit wichtiger oder Gerechtigkeit, geht individueller Wohlstand allgemeinem vor oder umgekehrt? Ist es wichtiger, eine Karriere zu machen oder ein intaktes Familienleben aufzubauen etc.? Um derartige Fragen beantworten zu können, müssen Basisdaten vorliegen, also ausreichendes, aussagekräftiges Informationsmaterial. Unter dem Begriff „Daten" verstehen wir die „systematisch erhobenen Aspekte gesellschaftlicher Wirklichkeit"[1]. Ich zähle hier die üblichsten allgemeinen Verfahren der empirischen Sozialforschung auf.[2]

8.2.1 Umfragen

Umfragen stellen eine nicht wegzudenkende Methode dar, moralische Wertunterschiede deutlich zu machen. Eine Befragung ist eine „Kommunikation zwischen zwei oder mehreren Personen. Durch verbale Stimuli (Fragen) werden verbale Reaktionen (Antworten) hervorgerufen. Dies geschieht in bestimmten Situationen und wird geprägt durch gegenseitige Erwartungen."[3] Umfragen eignen sich in explorativer Hinsicht weniger, wenn sie sich auf wirtschaftsmoralische Fälle beziehen, die ein großes Verdunklungspotenzial aufweisen wie bei Betrug, Raubmord etc. Im Gegensatz dazu eigenen sie sich aber besonders gut, wenn sie Werte, Haltungen und Einstellungen abbilden sollen. So informiert uns die Frage „Soll Schwangerschaftsabbruch erlaubt sein?" über die moralische Grundeinstellung der Menschen. Die Frage „Haben Sie schon einmal einen Abbruch vornehmen lassen bzw. wären Sie dazu bereit?" informiert uns also über das retro-/prospektive Denken der Menschen. Die Frage „Soll beim Thema Schwangerschaftsabbruch das Recht der werdenden Mutter oder das des ungeborenen Kindes im Vordergrund stehen?" informiert über die moralische Wertigkeit der beiden Alternativen. Generell eignen sich Umfragen bezüglich Fragen zu Lebensglück, Lebenszielen, Wohlstand, Verantwortung, Freiheit, Partnerschaft, Familie, Beruf, Geld, Tugenden, Pflicht etc.

Natürlich lassen sich viele Formen von Umfragen unterscheiden: Die Befragung kann persönlich, telefonisch, schriftlich, kombiniert oder per Internet erfolgen. Sie kann mehr einem informellen Gespräch oder einem bis ins letzte Detail durchdachten Interview entsprechen. Sie kann sich auf Individuen oder Gruppen, auf Laien oder Experten beziehen. Sie kann deskriptiv auf die Analyse von Häufigkeiten, Durchschnittswerten und Merkmalsverteilungen ausgerichtet sein. Wenn sie auf Ursachenforschung, Erklärung und Hypothesenüberprüfung abzielt, heißt sie explorativ. Wird der Kreis der Befragten nur einmalig befragt, spricht man von einem Querschnittsdesign. Bei einem Trenddesign werden „(a) die Werte der gleichen Variablen (b) zu mehreren Zeitpunkten mit (c) jeweils unterschiedlichen Stichproben erhoben"4. Das Paneldesign entspricht dem Trenddesign, nur wird die identische Stichprobe verwendet. Die Auswahl der Befragten kann zufällig oder nach bestimmten Merkmalen erfolgen (Quotenverfahren), sie kann die Struktur der Gesellschaft kaum oder sehr stark wiedergeben (repräsentativ). Wenn die gestellten Fragen dem Befragten einen Spielraum lassen, spricht man von offenen Fragen, sind die Antworten hingegen vorgegeben, hat man es mit geschlossenen Fragen zu tun etc.

8.2.2 Beobachtung

Bei der Beobachtung basieren die Untersuchungsergebnisse nicht auf subjektiven Auskünften, die bisweilen sogar gelogen sein können, sondern auf objektivierten Fakten. Ein Beispiel: Während bei einer Befragung 98 Prozent der Befragten angeben, dass sie sich bei einem Autofahrer bedanken, wenn dieser anhält und sie freundlicherweise die Straße überqueren lässt, so kommt die Beobachtung nur auf einen tatsächlichen Satz von 18 Prozent (vgl. Diekmann 1995). Beobachtung kann man definieren als „systematisches Erfassen, Festhalten, Deuten sinnlich wahrnehmbaren Verhaltens zum Zeitpunkt seines Geschehens"5. Systematisch bedeutet, dass man nicht unspezifiziert, also ins Blaue hinein vorgeht, sondern dass man gezielt und strukturiert anhand bestimmter Hypothesen oder Theorien dem Forschungsgegenstand zu Leibe rückt. Sinnlich wahrnehmbar heißt, dass die Phänomene zu sehen, hören, riechen sind. Im Rahmen der wissenschaftlichen Durchführung von Beobachtungen wird speziell darauf Wert gelegt, dass im Vorfeld das Beobachtungsfeld (in welchem räumlichen und/oder sozialen Bereich soll die Beobachtung stattfinden?) und zweitens die Beobachtungseinheit (welcher Teilbereich des Geschehens soll konkret beobachtet werden?) geklärt sind.

Natürlich lassen sich wieder eine Vielzahl von Beobachtungsformen unterscheiden: bei der aktiven Beobachtung nimmt der Beobachter an der zu untersuchenden Situation teil, bei der passiven Form bleibt er außen vor. Bei der offenen Beobachtung wissen die Beobachteten, dass und zu welchem Zweck sie beobachtet werden, bei der verdeckten Form wissen sie es nicht. Bei der standardisierten Beobachtung wird genau vorgegeben, welche Verhaltensweisen mit welchen Messskalen analysiert werden müssen, bei der freien Beobachtung kann der Beobachter seine Merkmale und Messdesigns frei auswählen. Bei der Feldbeobachtung werden „natürliche" Situationen beobachtet, z. B. das Gruppenverhalten von Jugendgangs, bei der Laborbeobachtung wird eine künstliche Situation hergestellt, z. B. eine spezielle Gruppendiskussion arrangiert. Bei der Selbstbeobachtung beobachtet sich der Beobachter selbst, bei der Fremdbeobachtung beobachtet er andere.

Wirtschaftsmoralisch findet die Beobachtung seltener auf jenen Gebieten statt, die durch ein großes Verdunklungspotenzial geprägt sind wie im Fall von Steuerhinterziehung, Korruption, Schmuggel, Unterschlagung, unerlaubten Preisabsprachen, Diebstahl, Betrug, Fälschung etc. Solche Dinge sind nur äußerst selten beobachtbar. Hingegen gute Resultate liefert die Beobachtung, wo Öffentlichkeit präsent ist. In Geschäften decken Kaufhausdetektive mittels Kameraüberwachung Ladendiebe auf, in bestimmten Stadtteilen lässt sich Drogenhandel und illegale Prostitution beobachten, die OPEC zeigt ihre moralisch inakzeptablen Ölpreisabsprachen sogar im Fernsehen, die Arbeitnehmer eines Großunternehmens streiken gegen die geplanten Entlassungen etc.

8.2.3 Experimente

Unter einem Experiment versteht man in empirischer Hinsicht eine „wiederholbare Beobachtung unter kontrollierten Bedingungen; dabei werden eine bzw. mehrere unabhängige Variablen so manipuliert, dass eine Überprüfungsmöglichkeit der zugrundeliegenden Hypothesen, d. h. der Behauptung eines Kausalzusammenhanges, in unterschiedlichen Situationen gegeben ist"[6]. Die Vorteile gegenüber Beobachtung/Befragung liegen darin, dass bestimmte Prozesse durch die Künstlichkeit jederzeit reproduzierbar sind, dass zweitens Extremsituationen konstruierbar sind, dass zum dritten Hypothesen unter äußerst strengen Prüfbedingungen getestet werden können, dass viertens Experimente, nach Vorbild der Naturwissenschaften, zu den wohl sichersten Methoden der empirischen Sozialforschung gehören[7].

Auch hier stoßen wir wieder auf verschiedene Formen. Das Feldexperiment wird in der natürlichen Umgebung des Untersuchungsgegenstands durchgeführt, das Laborexperiment unter künstlichen Bedingungen. Bei simultanen Experimenten werden zwei oder mehrere Gruppen gleichzeitig, bei sukzessiven wird eine Gruppe vor und nach der Reizeinwirkung analysiert. Durch Simulationen, die zusehends im mathematischen Zweig der Verhaltenswissenschaft eingesetzt werden, sind keine echten Akteure mehr erforderlich, sondern nur noch deren (reduziert komplexen) Verhaltensmuster. In Planspielen wird genau das Gegenteil erforscht, wie sich nämlich in simulierten Situationen Verhaltensmuster herausbilden. In der wirtschaftsmoralischen Forschung spielen Experimente zurzeit eine noch sehr untergeordnete Rolle. Ihr stärkster Einsatz findet zurzeit auf den Gebieten der Moralpsychologie und Moralsoziologie statt. Man kann z. B. erforschen, wie weit Mitarbeiter in Außendienstschulungen gehen, wenn sie zweifelhafte moralische Strategien einsetzen, um ihre Produkte an den Mann bringen. Es lassen sich diverse Rollenspiele konstruieren, z. B. zwischen Arbeitgeber und Arbeitnehmer, Prinzipal und Agent, Wähler und Politiker etc.

8.2.4   Inhaltsanalyse

Die Inhaltsanalyse beschäftigt sich mit der systematischen Erfassung bzw. Analyse von Mitteilungen. Unter einer Mitteilung versteht man alle kommunikativen Äußerungsformen wie z. B. Texte, Bilder, Filme, Werbeanzeigen, Fernseh- und Radiosendungen, Heiratsannoncen, Interviews, Leserbriefe, Bücher, Zeitungsartikel, Unternehmensberichte, Parteienprogramme etc. Aber auch sprachliche Formen wie Reden, Vorträge oder Erklärungen können behandelt werden. Der Vorteil der Inhaltsanalyse gegenüber anderen sozialempirischen Verfahren ist darin zu suchen, dass sie unabhängig von der Kooperationsbereitschaft von Versuchspersonen und der Zeit ist, dass sie sich für große Datenmengen eignet, dass sie das Untersuchungsobjekt nicht verändert und dass sie fast beliebig reproduzierbar ist.

Ziel der Inhaltsanalyse ist, die Schlüsselbegriffe zu extrahieren und die Hauptinhalte zu benennen. Der formale Ansatz orientiert sich an äußeren Mitteilungsmerkmalen, der diagnostische Ansatz an den Motiven und Entstehungsbedingungen der Mitteilung, der prognostische Ansatz daran, wie die Mitteilung auf den Empfänger wirkt. Frequenzanalysen beziehen sich deskriptiv auf die Häufigkeit von Worten, Valenzanalysen auf die positive oder negative Wertung der Mitteilung. Der induktive Ansatz subsumiert die Mitteilungsinhalte in Kategorien, der explizierende Ansatz versucht, unklare Inhalte verständlich zu machen, der strukturierende Ansatz hebt die spezifischen Aspekte heraus. Die Ergebnisse der Inhaltsanalyse werden mit Hilfe statistischer Verfahren wie Multidimensionale Skalierung, Varianzanalyse, Clusteranalyse etc. aufbereitet.

Die Inhaltsanalyse wird sozialwissenschaftlich vielfältig angewendet. So untersucht die Politologie Wahlprogramme oder Parlamentsdebatten, die Sozialpsychologie Tagebucheinträge, die Pädagogik Deutschaufsätze, das Marketing Werbetexte. Die Inhaltsanalyse eignet sich auch in moralischer Hinsicht. Polizeiberichte geben Auskünfte über charakterliche Defizite, Rechtsurteile bringen den Gesellschaftsprozess moralischer Güterabwägung zum Ausdruck, in Regierungserklärungen oder Parlamentsansprachen finden sich die wichtigsten sozialen Grundwerte etc.

8.2.5   Sammlung Norm abweichenden Verhaltens

Viele Verhaltensweisen lassen sich nicht direkt beobachten, sie können meist aber nachträglich und indirekt erfasst und gesammelt werden. So ermittelt z. B. das Statistische Bundesamt Zahlen über Ehescheidungen in einem Land, die statistischen Landesämter informieren uns über die Anzahl der ausgeübten Ehrenämter, das Finanzministerium über Fälle von Steuerhinterziehung, Behörden über die Zahl der Ausbürgerungen, die Zollverwaltung über Schmuggeldelikte, das Bundeskriminalamt über Wirtschaftskriminalität. Zu diesen amtlichen Datenquellen kommen weitere, nicht amtliche hinzu. Greenpeace sammelt Daten über Ölverklappungen, Transparency über Korruption, Food watch über gepanschte Lebensmittel. Wirtschaftsverbände decken Firmen mit illegal

Beschäftigten auf, Gewerkschaften Betriebe mit untertariflicher Entlohnung. Die Kirche registriert Ein- und Austritte, Pro Familia listet die Zahl der Schwangerschaftsabbrüche auf etc.

Da nie alle sozialen Phänomene, nie die Gesamtheit sozialer Realität erfasst werden kann, muss man sich mit Ausschnitten zufrieden geben. Hierbei liegt das Schwergewicht der Datensammlung auf Norm abweichendem Verhalten, weil dieses in der Regel seltener vorkommt und somit weniger aufwändiger nachzuweisen ist als das „normale" Verhalten. Wir kümmern uns nicht um die, die brav ihre Steuern zahlen oder die ihre Kinder gut erziehen, sondern um die Abweichler, also die, die Steuern unterschlagen oder ihre Kinder misshandeln. Dabei lassen sich folgende Rückschlüsse auf die moralischen Bewertungsprozesse ziehen: Je stärker, je häufiger Menschen von der Norm abweichen (unter der Bedingung der freien Anerkennung von Normen), umso weniger Wert scheint einer Moralnorm zuzukommen. Und umgekehrt: Je stärker und je häufiger sie Normen entsprechen, umso wichtiger und wertvoller scheinen ihnen diese Werte zu sein. Außerdem können mit dieser Methode der moralischen Wertmessung die relativen Trends und Veränderungen von Moralstandards gut aufgezeichnet werden.

8.3 Wirtschaftsmoralischer Wertmaßstab zwischen Kommensurabilität und Inkommensurabilität

Kommensurabilität

Der Begriff Inkommensurabilität stammt aus dem Lateinischen (mensura, das Maß) und bedeutet, dass unterschiedliche Güter „nicht zusammen messbar" bzw. „ohne gemeinsames Maß" sind. Im Gegensatz dazu meint Kommensurabilität, dass zwei unterschiedliche Güter einen gemeinsamen Maßstab haben, weswegen sie problemlos miteinander verglichen werden können. Die Messung wirtschaftlicher Werte erfolgt somit in kommensurabler Manier, während jene moralischer Werte durch das inkommensurable Schema gekennzeichnet ist. Das Problem der Inkommensurabilität liegt in verschiedenen Bereichen vor, so in der Physik als Unvergleichbarkeit bestimmter Größen, in der Metaphysik als Nichtproportionalität zwischen Endlich- und Unendlichkeit, in der Theologie als Kluft zwischen Zeitlichkeit und Ewigkeit, in der Wissenschaftstheorie als Nichtübersetzbarkeit wissenschaftlicher Begriffe von der einen zur anderen Wissenschaft.

Der allgemeine und allgemein anerkannte Wertmaßstab der Wirtschaft ist das Geld. Dadurch, dass fast die komplette Zahl wirtschaftlicher Güterwerte in Geldeinheiten, also auf zwei Kommastellen genau, ausgedrückt werden kann, lassen sich im Prinzip alle Preise exakt miteinander vergleichen. Wirtschaftliche Werte bzw. Preise sind somit tangibel („berührbar"), d. h. prinzipiell messbar. Moralische Werte sind hingegen im Prinzip intangibel, also prinzipiell nicht oder schwer messbar, da ein allgemeiner bzw. allgemein anerkannter Maßstab fehlt.

Inkommensurabilität

Natürlich ist es möglich, den Wert von z. B. Freundlichkeit festzustellen. Freundlichkeit untereinander macht das Leben leichter. Doch womit messen wir jene Größe? Machen wir sie an einer dadurch erhöhten wirtschaftlichen Produktivität fest, so messen wir sie letztlich doch wieder in Geld, also wirtschaftlich. Machen wir sie an den dadurch möglichen gesellschaftlichen Vorteilen fest, können wir sie wieder in Geld oder an ihrer Güte, ihrem Gut-Sein messen, das wiederum von den subjektiven Wertkategorien wie Schönheit, Wahrheit, Freiheit, Gerechtigkeit etc. abhängt. Der Maßstab des Guten ist aber, im Sinne eines absoluten Maßstabs apriori, nirgends gegeben, sondern muss durch den Menschen immer wieder gesucht und mit Inhalt gefüllt werden. Somit landen wir bei der moralischen Maßstabssuche immer wieder beim Homo-mensura-Satz von Protagoras (490–411 v.Chr.): „Der Mensch ist das Maß aller Dinge, der Seienden, dass sie sind, der Nichtseienden, dass sie nicht sind." Der fühlende und denkende Mensch ist in moralischer Hinsicht der Maßstab des Guten. Dieser Mensch fühlt und denkt nun aber unterschiedlich und im Zeitablauf verschieden, weswegen sich die Maßstabssuche seit Jahrtausenden in einer Flut politischer, wirtschaftlicher und ethischer Versuche äußert.

■ **Kriterium Vergleichbarkeit**

Die monetäre Wertmessung ermöglicht eine perfekte Vergleichbarkeit von Wirtschaftsgütern. Der Wertunterschied zwischen einer Dose Mais (1 Euro) und einem PC (499 Euro) lässt sich nach allen mathematischen Regeln darstellen. Der PC ist 499-mal so teuer wie der Mais, der so teuer ist wie der 499te Bruchteil des PCs. Moralgüter lassen sich demgegenüber nur eingeschränkt vergleichen. Für Individuum A sei z. B. die Mäßigung wertvoller als die Klugheit, während Individuum B genau umgekehrt wertet. Es gibt keinen gemeinsamen Maßstab, da Menschen unterschiedlich fühlen und denken. Aber selbst wenn beide Individuen die gleiche Wertung abgäben, so lässt sich der Abstand zwischen beiden Werten weder als Proportion noch als Faktor darstellen.

■ **Kriterium Austauschbarkeit**

Ob jemand 499 Dosen Mais oder einen PC besitzt, spielt wertmäßig keine Rolle, denn beide Werte entsprechen sich. Dementsprechend können beide Gütermengen perfekt gegeneinander getauscht werden. Anders im moralischen Fall. Es lassen sich wertmäßig nicht z. B. drei Teile Klugheit gegen zwei Teile Mäßigung tauschen, da moralische Güter nicht der quantitativen, sondern qualitativen Logik folgen. Moralgüter können generell nicht wirklich gegeneinander „verrechnet" werden.

■ **Kriterium Tangibilität**

Wirtschaftliche Werte sind prinzipiell messbar, sie tangieren sich. Der Preis eines Wirtschaftsgutes setzt sich aus Herstellungspreisen, Vermarktungskosten, Steuern, Abgaben und der Gewinnspanne zusammen. Auf jeder Stufe kann mit exakten Größen (2 Kommastellen) gerechnet werden. Anders die intangiblen Moralgüter. Mäßigung und Klugheit stellen zwei unterschiedliche Konzepte dar, die unterschiedlichen

Gesetzen, Eigenschaften und Kategorien folgen. Sie sprechen eine prinzipiell andere Sprache, auch wenn sie dem gleichen Zweck dienen. Moralische Werte wie Gerechtigkeit, Gleichheit, Freiheit oder Wahrheit sind weder mit einem allgemeinen, noch allgemein anerkannten, noch objektiven Maßstab zu bewerten.

Wir stoßen an dieser Stelle auf eine zweifache Disparität. Zum ersten lassen sich moralische Wertunterschiede nur bedingt messen, zweitens lassen sich moralische und wirtschaftliche Werte nur äußerst eingeschränkt miteinander vergleichen, weil die Maßstäbe Geld auf der einen Seite und fühlender und denkender Mensch auf der anderen Seite grundverschieden sind. Zwar gibt es immer wieder Versuche und Situationen, beide Maßstäbe zusammenzubringen. Doch gelingt dies nicht wirklich. Wenn z. B. ein Familienvater ermordet wird, dann führt es oft dazu, dass die bestehende Lebensversicherung und die gesetzliche Sozialversicherung die wirtschaftlichen Folgen insofern abfedern, dass bestimmte Geldbeträge an die Hinterbliebenen überwiesen werden. Denkbar wäre auch, dass der Mörder selbst finanziell in Regress genommen wird. Doch diese Summen können wertmäßig nicht das ausgleichen, was die Kinder und die Frau an Wert verloren haben, was sie an Trauer, Wut, Verlassensein etc. durchleiden müssen. Es herrscht hier eine Art Sprachlosigkeit vor zwischen wirtschaftlicher und moralischer Welt. Der Wert eines Menschen lässt sich weder in Geld noch durch einen anderen exakten Maßstab adäquat zum Ausdruck bringen. Der amerikanische Moralphilosoph Michael Sandel hat sich in seinem Buch „Was man für Geld nicht kaufen kann" genau mit dieser Problematik näher beschäftigt.

8.4   Wirtschaftsmoralische Wertmaßstäbe zwischen Kardinalität und Ordinalität

Kardinalität

Die Wertbestimmung von Wirtschaftsgütern durch Preise bzw. Geldwerte erfolgt über kardinale Messverfahren. Kardinalität bedeutet, dass sich Werte unterschiedlicher Güter perfekt miteinander vergleichen lassen. Grundlage dieser absoluten Vergleichbarkeit ist die Mathematik, die diverse Methoden zur Berechnung von Wertunterschieden ermöglicht. Anbei wesentliche Eigenschaften von kardinaler Wertermittlung.

- **Messung absoluter Größen**
  Die Geldwerte wirtschaftlicher Güter werden in absoluten Zahlengrößen ausgedrückt. So kostet ein bestimmtes Fahrrad 550,00 Euro, ein Liter Milch 0,68 Euro, 100 Büroklammern 1,29 Euro etc. Der Gewinn eines Unternehmens beträgt 25 Millionen Euro bei einem Umsatz von 188 Millionen Euro. Weitere kardinale Größen finden wir bei Gewichtseinheiten (Gramm, Kilogramm, Zentner, Tonne etc.), bei Entfernungseinheiten (Millimeter, Zentimeter, Dezimeter, Meter, Kilometer etc.), bei der Messung von Temperaturunterschieden (Celsius, Fahrenheit) oder in der Zeitmessung (Sekunden, Minuten, Stunden, Tage, Wochen etc.).

■ **Messung rein quantitativer Größen**

Bei kardinalen Messverfahren wird einem Merkmal einer Sache, hier also dem Preis eines Gutes, eine reelle Zahl zugeordnet. Auf qualitative Kriterien wie hoch/tief, dick/dünn, breit/schmal etc. kann verzichtet werden.

■ **Perfekte Messbarkeit von Preisunterschieden**

Die für kardinale Verfahren typische metrische Skalierung ermöglicht es, dass Wertunterschiede perfekt messbar sind. Wenn eine zweiwöchige All-inclusiv-Reise in den Bayerischen Wald 600 Euro kostet und die auf die Malediven 2.700 Euro, dann ist zweite Reise 4,5 Mal teurer als erste. Wenn die Pizza bei Aldi 1,10 Euro kostet und die gleiche Pizza bei Lidl 0,99 Euro, dann ist sie bei Lidl um das 0,1-Fache billiger.

■ **Ermittlung von Durchschnittspreisen und anderen statistischen Größen**

Preise können problemlos als Durchschnittsgrößen dargestellt werden. So verdiente der deutsche Angestellte im Jahr 2008 durchschnittlich etwa 2.500 Euro brutto im Monat. Ein Auto kostete im Schnitt rund 20.000 Euro etc. Neben dem arithmetischen Mittel können weitere statistische Größen berechnet werden. Der Median gibt den Merkmalswert an, der die kleineren 50 Prozent von den größeren 50 Prozent trennt. Der Modus gibt den Wert mit der größten Häufigkeit an, z. B. wenn der Rabatt beim Autokauf am häufigsten 9,5 Prozent beträgt.

Ordinalität

Die Wertbestimmung von moralischen Gütern, die über Umfragen, Beobachtungen, Experimente, Inhaltsanalysen etc. erfolgt, läuft nach einem ordinalen Schema ab. Ordinalität bedeutet, dass Werte nicht perfekt miteinander verglichen, sondern bestenfalls in eine Reihenfolge oder Rangordnung gebracht werden können.

■ **Messung relativer Größen**

Werte moralischer Güter lassen sich nicht in absoluten Größen, sondern nur in relativen messen. So lässt sich der Wertunterschied von z. B. Ehrlichkeit, Treue und Zuverlässigkeit lediglich in Form einer Reihenfolge messen. Man kann sagen, dass Ehrlichkeit am wichtigsten und Zuverlässigkeit am unwichtigsten ist (jede andere Abstufung ist natürlich ebenso möglich). Denkbar ist ebenfalls, dass zwei Moralgüter gleichwertig sind, also auf der gleichen Wertstufe stehen. Nicht möglich ist jedoch eine kardinale Wertmessung. Der Ehrlichkeit kann nicht der Wert 17,22 und der Treue 7,56 zugeordnet werden, da weder eine natürliche noch eine sinnvolle künstliche Skale diesbezüglich besteht.

■ **Messung rein qualitativer Größen**

Dadurch, dass moralische Güter nur durch das Schema „besser, schlechter, gleich" bewertet werden können, macht eine quantitative Messung keinen Sinn. Wenn ein Moralgut A Rang 8 belegt und ein anderes Moralgut B Rang 2, dann lässt sich nicht ableiten, dass die beiden Güter durch den Faktor 4 miteinander verbunden sind. Die Aussage, dass Moralgut A viermal so wertvoll ist wie Moralgut B ist unzulässig, weil dieser Aussagegehalt, ordinal betrachtet, sinnlos ist. Wertunterschiede von Moralgütern kommen letztlich dadurch zustande, dass den Gütern unterschiedliche Qualitäten, also unterschiedliche Eigenschaften beigemessen werden. Und da diese Eigenschaften heterogen sind, kann ein rein quantitativer Zusammenhang nicht geschlossen werden.

■ **Keine perfekte Messbarkeit von Wertunterschieden**
Ordinale Skalen sind Messkonzepte, die Skalenwerte nach dem Kriterium „gleich und verschieden" ableiten. Dadurch ist es nicht möglich, die Abstände zwischen den Rängen bzw. die Unterschiede in der Reihenfolge exakt zu messen. Beispiele für nominale Skalierungen sind Nationalität, Dienst-, Bildungsgrade, Studienfächer, Branchenzugehörigkeiten, Blutgruppen, Religionszugehörigkeiten etc. Auf die gleiche Problematik stoßen wir in moralischer Hinsicht. Wir wissen aus Umfragen, dass für die meisten Deutschen Familie und Partnerschaft wichtiger sind als beruflicher Erfolg. Wir sind jedoch nicht in der Lage, die Rangunterschiede exakt zu bestimmen, was dazu führt, dass Wertvergleiche zwischen Moralgütern nur bedingt möglich sind.

■ **Keine perfekte Messbarkeit von Durchschnitts- und anderen statistischen Werten**
In der Folge führt die ordinale Messproblematik dazu, dass Werte nicht statistisch aufbereitet und weiterverwendet werden können. Wir können nicht die durchschnittliche Ehrlichkeit oder Toleranz von Menschengruppen bestimmen. Es lässt sich nicht messen, dass der Wert der Nächstenliebe im vergangenen Jahr um 12,5 Prozent zugenommen hat und dass damit der Abstand zu anderen moralischen Werten um einen bestimmten Prozentsatz ab- oder zugenommen hat.

Anmerkungen zu Kapitel 8

1   Atteslander, S. 12.

2   Daten im empirischen Sinn müssen übrigens folgenden vier Ansprüchen gerecht werden: Faktizität bedeutet, dass etwas rein „Gegebenes" existiert. Das heißt, dass etwas da ist, bevor eine Sprachlichkeit bzw. Begrifflichkeit darüber existiert. Objektiv ist, „worauf man nicht diese oder jene Meinung/Neigung haben kann, sondern was man zur Kenntnis nehmen muss" (Krüger, S. 1). Empirische Daten müssen intersubjektiv nachprüfbar sein. Reliabilität bedeutet, dass alle wissenschaftlich zulässigen Ausdrücke kompatibel mit diesem „Gegebenen" sein müssen (Krüger, S. 15). Es muss gelten, dass aus gleichen Rahmenbedingungen gleiche Messwerte gewonnen werden können (Reliabilität bedeutet Zuverlässigkeit). Unter Validität ist die Forderung zu verstehen, dass die Daten das messen, was sie messen sollen, d. h., dass sie Gültigkeit besitzen müssen.

3   Ebenda, S. 101.

4   Diekmann, S. 267.

5   Atteslander, S. 67.

6   Zimmermann, S. 37.

7   Atteslander, S. 166.

Wirtschaftliches Verhalten als moralischer Eigenwert?

In den Kapiteln 4 bis 8 haben wir bisher gesehen, dass das Verhältnis zwischen Wirtschaften und Moral ausschließlich von Unterschiedlichkeit bzw. Gegensätzlichkeit geprägt ist. Nunmehr ist zu fragen, ob es dabei auch Parallelen oder sogar eine Identität zwischen den beiden Bereichen gibt. Und tatsächlich stoßen wir auf eine (kleine) Schnittmenge, die wir im Folgenden zuerst aus der Sicht der Moral, dann aus der Sicht der Ökonomie erörtern werden.

Bevor obige Grundfrage erörtert werden kann, müssen zunächst zwei weitere Fragen beantwortet werden. Erstens, ob das Wirtschaften bzw. die Moral irgendeinem Zweck dienen. Zweitens, ob das Wirtschaften bzw. die Moral in irgendeinem Interesse stehen (Eigen- oder Gemeininteresse). Die Antwort auf die erste Frage lautet ja. Wirtschaften dient der materiellen Daseinssicherung und der Verbesserung des Lebensstandards, Moral der Strukturierung und Ordnung von sozialen Prozessen und der Sicherung von sozialem Frieden. Beide Bereiche sind folglich zweckorientiert, allerdings weisen sie unterschiedliche Zwecke auf. Wir kaufen nicht Brot des Brotkaufs wegen, sondern weil wir Hunger haben (Wirtschaft). Sobald wir wirtschaften und eigennützig handeln, geht es uns danach materiell besser. Insofern besteht hierbei eine materielle Nützlichkeit. Zum anderen grüßen wir einander nicht, weil der Gruß ein überirdisch-göttliches Prinzip verkörpert, sondern da er als Konvention unser Zusammenleben erleichtert (Moral). Hier besteht der Vorteil in einer sozialen Nützlichkeit[1]. Beide Bereiche, der der Wirtschaft wie der der Moral sind zweckorientiert. Jedoch ist der moralische Zweck umfassender, der wirtschaftliche spezifisch. Da das Wirtschaften nicht notwendigerweise eine individuelle Angelegenheit ist, sondern es, sogar mehrheitlich in modernen Volkswirtschaften, eine soziale Veranstaltung darstellt, beinhaltet der moralische Zweck zugleich, jedoch

© Springer Fachmedien Wiesbaden GmbH, ein Teil von Springer Nature 2019
S. Knischek, *Grundlagen der Wirtschaftsmoral*,
https://doi.org/10.1007/978-3-658-23623-6_9

nicht vollständig, den wirtschaftlichen Zweck. Wir sind also nicht ehrlich der Ehrlichkeit wegen, sondern weil es nicht nur den sozialen Frieden (Moral) fördert, sondern zugleich den sozialen Frieden im kollektiven Wirtschaften. Darauf hat zu Recht der Wirtschaftsethiker Karl Homann hingewiesen: „Menschen befolgen moralische Normen im Normalbetrieb moderner Gesellschaften dann und nur dann, wenn sie davon – zwar nicht im Einzelfall, aber in der Sequenz von Einzelfällen – individuelle Vorteile erwarten (können)."[2] Fazit: Wirtschaft und Moral sind zweckorientierte Gebilde, die individuelle Vorteile bieten.

Die zweite Frage der Interessensgebundenheit ist ebenfalls mit Ja zu beantworten. Wirtschaften ist dem Eigeninteresse, Moral dem Gemeininteresse zugeordnet. Wirtschaften ist, wie wir bereits wissen, in seiner Reinform dem Eigennutz verbunden. Wir sind eigennützig, weil wir von einem Eigeninteresse geprägt sind, das sich ausschließlich auf uns bezieht. Das Interesse bei der Moral ist hingegen auf dem Gemeininteresse aufgebaut. Indem wir pflichtgemäß die Normen einhalten, dienen wir dem Gemeininteresse bzw. der Aufrechterhaltung der sozialen, öffentlichen Ordnung. Diese Funktionsfähigkeit gesellschaftlicher Prozesse kommt aber auch wieder dem moralisch agierenden Individuum zu Gute, selbst wenn ein gewisser Schleier des Nichtwissens darüberliegt, wann und wie stark der individuelle Moralvorteil dann wirkt. Dadurch, dass das Gemeininteresse Vorteile für alle in einer Gemeinschaft bringt und das Individuum ja ein Teil dieser Gemeinschaft ist, ist die Moral an das Gemeininteresse gebunden, welches seinerseits das Eigeninteresse mit berücksichtigt. Die Moral integriert, wenngleich in einer nicht dominanten und reinen Form, den Eigennutz in das Gemeinwohl. Fazit: Wirtschaft und Moral dienen dem Eigeninteresse, wenngleich in unterschiedlicher Ausprägung, d. h. die Wirtschaft komplett und die Moral indirekt.

Wenden wir uns der Grundfrage aus Sicht der Moral zu: Ist an der Moral etwas Wirtschaftliches? Hat die Befolgung sozialer Verhaltensnormen, die dem Guten verpflichtet sind, etwas zu tun mit materiellem Eigennutz? Diese Frage kann sowohl mit Ja wie mit Nein beantwortet werden. Für das Ja steht, dass wir, wenn wir moralisch handeln, zu einer eigeninteressierten, wirtschaftlichen Nützlichkeit gelangen (siehe oben). Für das Nein steht, dass wir im Fall der Wirtschaft nur zu einer *ausschließlich* eigeninteressierten, wirtschaftlichen Nützlichkeit gelangen, während wir aus Sicht der Moral zu einer *nicht ausschließlich* eigeninteressierten, wirtschaftlichen Nützlichkeit kommen (vgl. Tab. 9.1). Für ein zweites Nein steht, dass sich somit wahre Moralität auch am Gemeininteresse orientiert und dieselbe reines Eigennutzstreben, sofern es gegen Moralwerte verstößt, korrigiert. Bevor wir uns diesem Dilemma mit einer Ja- und zwei Nein-Antworten zuwenden, möchte ich obige Grundfrage aus Sicht der Wirtschaft besprechen. Vielleicht ergibt sich dort ein ähnliches Bild wie soeben.

Stellen wir die obige Grundfrage aus Sicht des wirtschaftlichen Eigennutzes: Weist eigennütziges, effizienzorientiertes Verhalten einen moralischen Eigenwert auf bzw. ist Wirtschaften für sich allein betrachtet schon normativ durchdrungen? Auch diese Frage kann man mit Ja und Nein beantworten. Für das Ja steht, dass aus dem Eigennutzstreben der Wirtschaftsakteure heraus viele Vorteile resultieren *können*, die den Anspruch, der an das Gemeininteresse gestellt wird, erfüllen: Eigennützige Akteure *können* eigenverantwortlich handeln, d. h. sie fallen also niemandem wirtschaftlich zur Last. Eigennützige Akteure *können* neue Produkte erfinden, die sie persönlich sehr reich werden lassen, die zugleich aber segensreich für die Allgemeinheit sind. Eigennützige Akteure *können* effizient mit Ressourcen umgehen, sie arbeiten jeder Form der Verschwendung entgegen, was sich auch für die Öffentlichkeit positiv auswirkt. Eigennützige Akteure *können* hohe Summen an Steuern zahlen, womit die Bereitstellung öffentlicher Güter finanziert werden kann, die die Öffentlichkeit nutzen kann. Eigennützige Akteure *können* anderen Menschen als Angestellten Beschäftigungs- und Verdienstmöglichkeiten geben etc.

Tab. 9.1 Unterschiede zwischen Gemeininteresse und Eigeninteresse als Handlungsmotiv

Gemeininteresse (Moralität)	Eigeninteresse (Eigennutz)
Handeln zum wechselseitigen, nicht stetigen Vorteil	Handeln zum einseitigen, möglichst stetigen Vorteil
Keine Unmittelbarkeit und Kalkulierbarkeit des Vorteils	Unmittelbarkeit und Kalkulierbarkeit des Vorteils
Langfristige Interessensabwägung	Kurzfristige Interessensabwägung
Stabilisierung der wechselseitigen Verhaltenserwartungen	Destabilisierung der wechselseitigen Verhaltenserwartungen
Nähe zum Altruismus	Nähe zum Egoismus
Handeln aus dem Bewusstsein der Verpflichtung und eines allgemeinen Sollens	Handeln aus dem Bewusstsein des Wollens und eines individuellen Könnens
Bereitschaft gegen sein kurzfristiges persönliches Interesse zu verstoßen	Keine Bereitschaft gegen sein kurzfristiges persönliches Interesse zu verstoßen
Verbundenheitsgefühl gegenüber anderen (Empathie), vermittelt durch Sozialisation	Verbundenheitsgefühl gegenüber sich selbst, vermittelt durch Instinkte und Gene
Der Anspruch einer Person auf Würde wird unbedingt geachtet	Der Anspruch einer Person auf Würde wird nicht unbedingt geachtet
Personen werden nicht als Mittel zum Zweck instrumentalisiert	Personen werden als Mittel zum Zweck instrumentalisiert
Funktion des Über-Ichs (Sigmund Freud)	Funktion des Realitätsprinzips im Ich (Sigmund Freud)
Folgen bei Verstoß gegen Moralität: schlechtes Gewissen, Schuldgefühl, Reue	Folgen bei Verstoß gegen Eigeninteresse: Unzufriedenheit, Unausgeglichenheit, Gefühl von „zu kurz gekommen sein"

Für ein Nein steht, dass eigennützige Akteure zugleich aber auch der Allgemeinheit finanzielle Belastungen auferlegen *können*, wenn sie z. B. eigennützig Sozialsysteme missbrauchen, wenn sie eigennützig Steuern hinterziehen, eigennützig Arbeitnehmer

entlassen. In der Realität lässt sich sogar primär feststellen, dass das Eigeninteresse un-
zweifelhaft als das entscheidende und dominante Handlungsmotiv für unmoralisches
Verhalten angesehen wird. Die These, dass die Menschen aus dem Gemeininteresse
heraus andere bestehlen, betrügen, belügen oder erpressen etc. ist weder empirisch noch
theoretisch haltbar. Folglich muss der Eigennutz die Ursache für den Ruf nach der Moral
sein. Dieselbe muss also über das Eigeninteresse hinausgehen, was sie in Form des Gemeininteresses ja auch tut. Wäre Eigennützigkeit ein moralischer Wert an sich, hätten
wir es mit einer formallogischen Inkonsistenz zu tun: Der Eigennutz kann nicht zum
einen als dominantes Handlungsmotiv für Norm abweichendes Verhalten herangezogen
werden und im gleichen Atemzug als Handlungsmotiv für normgetreues Verhalten genannt werden. Fazit: Aus Eigennutz kann sowohl „gutes" wie „böses" Handeln entstehen.

Aber, so werden überzeugte Marktwirtschaftler sagen, mit Hilfe von „guten" Institutionen wie dem Wettbewerb, lässt sich „böses", weil nur eigennütziges Handeln neutralisieren und korrigieren. Der Wettbewerb zwingt die Akteure zu einem normtreuen Verhalten. Doch in Wirklichkeit ergeben sich dadurch erneute, unlösbare Probleme: Erstens
hängt ein moralisches Verhalten von einer Bedingung (dem Wettbewerb) ab, die sich nie
ganz vollkommen in der Realität erfüllen lässt. Zum zweiten widerspricht der Wettbewerbsdruck der Annahme, dass gutes Handeln nicht aus einem Klugheitskalkül stammen
kann, sondern immer aus einer Überzeugung, einer Gesinnung stammen muss.

Für ein weiteres Nein spricht folgende Schwierigkeit, die sich uns in den Weg stellt:
Wie lässt sich ein von Moralität geprägtes Handeln empirisch überhaupt erkennen? An
dieser Stelle taucht ein psychologisches Problem auf, denn da sich Motive „innerlich"
abspielen, man aber nicht in die Menschen hineinschauen kann, lässt sich nie definitiv
sagen, was ein bestimmtes moralisches Tun letzten Endes bewirkt und ausgelöst hat.
Wenn z. B. ein Lebensretter in die Fluten springt, um ein Kind vor dem Ertrinken zu
retten, sehen wir das moralisch einwandfreie Handeln eines verantwortungsvollen Erwachsenen. Wir wissen nicht, ob der Retter aus Gemeininteresse gehandelt hat (er will,
dass auch sein Kind in einer ähnlichen Situation von einem Erwachsenen gerettet wird)
oder aus Eigennutz (ihm trägt die Rettungsaktion einen Orden ein oder verschafft ihm
ein höheres Ansehen oder bringt ihm eine hohe Geldsumme ein, da das Kind der Nachwuchs eines Millionärs war und der Retter dies auch wusste). Empirisch können wir
somit nie definitiv beurteilen, ob ein moralisches Handeln einem individuellen Vorteilsstreben oder der moralischen Pflicht entsprungen ist. Gleiches gilt für den Fall, dass der
Einzelhändler dem fünfjährigen Mädchen das Wechselgeld korrekt retour gibt. Wir wissen nicht, ob er es aus Anstand macht oder ob er seinen guten Ruf und somit seine Ge-
schäftaussichten nicht aufs Spiel setzen möchte[3]. Schlussfolgerung: Man kann die Handlungsfolgen nicht als Beurteilungskriterium für moralische Handlungsmotive heranziehen. Die einzige Ausnahme ist, wenn die Handlungsfolgen zu einem erkennbaren wirtschaftlichen Nachteil für den Akteur geführt haben. Wenn die Tochter ihre verarmten
Eltern ständig finanziell unterstützt, sind das Handeln aus Pflicht und die moralische
Gesinnung deutlich sichtbar.

Wenn die Handlungsfolgen als moralische Beurteilungskriterien nicht herangezogen werden können, kommt nur noch die Gesinnung einer Handlung in Frage. Hier stoßen wir auf das gleiche Problem. Da sich die Gesinnung im Inneren des Menschen befindet, können wir sie nicht direkt einsehen. Wir können dieselbe nur dann feststellen, wenn der Akteur keinen Vorteil erwirkt, sondern einen wirtschaftlichen Nachteil erleidet hat. Erneut lässt sich nicht erkennen, ob jemand aus persönlichen Vorteilsgründen oder aus seiner moralischen Pflicht heraus moralisch handelt. Nehmen wir an, ein Mensch mit einem Koffer voller Geld liegt bewusstlos in einem Wald. In Situation 1 ist das Waldstück absolut menschenleer, in Situation 2 kommen immer wieder einige Passanten in der Nähe vorbei. Der von Moralität geprägte Mensch wird sich in jeder der beiden Situationen gleich verhalten. Er wird einen Notarzt für den Bewusstlosen und die Polizei für den Geldkoffer rufen. Der eigennützige Mensch hingegen wird nur in Situation 2 das Gleiche tun, da er sich nicht sicher sein kann, dass er von irgendjemandem beobachtet wird. Befindet er sich hingegen in Situation 1, wird er den Geldkoffer nehmen und sich rasch aus dem Staub machen. An dem Beispiel erkennt man relativ leicht, dass der vollständig eigennützige Mensch sich immer nur dann moralisch verhält, wenn es ihm nützt. Nützt ihm ein Handeln nicht, zeigt er sofort sein wahres Gesicht, indem er sich normuntreu verhält. Der Eigeninteressierte ist entweder immer ein moralischer Opportunist (Amoralismus), d. h. er verhält sich moralisch, wenn es ihm nützt. Oder er ist ein moralischer Intrigant (Immoralismus), d. h. er verhält sich nur moralisch, weil er damit nicht sich, sondern anderen schadet.

Zur soeben besprochenen psychologischen Problematik (Motivforschung) tritt eine weitere hinzu. In der Wirklichkeit können Sein und Nichtsein zugleich, also simultan vorkommen, weshalb wir drei Fälle unterscheiden müssen. Im ersten Fall verhält sich ein Akteur zu 100 Prozent eigennützig (totales Eigeninteresse), im zweiten Fall über 0 Prozent und unter 100 Prozent (Gemeininteresse), im dritten Fall zu 0 Prozent eigennützig (Fremdinteresse). Der erste Fall wäre, wenn der Erfinder der Antibabypille nur den damit möglichen Profit im Auge hat. Der zweite Fall wäre, wenn er zugleich Gewinn machen und vielen Familien und Frauen etwas Gutes tun möchte. Der dritte Fall wäre, wenn er den Gewinn für irgendeinen sozialen Zweck spendet und nur aus Moralität seine Erfindung der Allgemeinheit überlässt.

Resümee: Sobald ein Wirtschaftsakteur durch sein freies Handeln bewusst einen wirtschaftlichen Nachteil erleidet, kann er nicht rein eigennützig, sondern muss moralisch gehandelt haben. In diesem Fall erkennen wir im Rückschluss, dass der Eigennutz keinen moralischen Wert darstellt. Das Gleiche gilt für jemand, der nicht aus Neigung (Eigennutz), sondern aus Pflicht (Moral) handelt. Bei dem, der aus Neigung handelt, *kann* dies zu normativen Vorteilen führen, bei dem, der aus Pflicht handelt, wird es *sicher* zu normativen Vorteilen kommen.

Vorausgesetzt, wir könnten die inneren Motive, die Gesinnung erkennen und ein Akteur würde einen wirtschaftlichen Vorteil erwirken, gilt Folgendes bezogen auf obige Fallunterscheidung: Im Fall des Fremdinteresses (0 Prozent Eigennutz) stellt sich die Grundfrage nicht, da überhaupt kein Eigennutz vorhanden ist. Im Fall des reinen Eigeninteresses (100 Prozent Eigennutz) wäre es evident, dass ein Handeln nicht aus Moralität, sondern aus Eigennutzstreben resultierte. Hier ist zu folgern, dass Eigennutz ebenfalls keine normative Kategorie darstellt. Im Fall des Gemeininteresses (mehr als 0 Prozent und unter 100 Prozent Eigennutz) wären Eigennutz und Moralität simultan vorhanden. Nur auf diesen einzigen Fall bezieht sich die oben genannte Schnittmenge zwischen Wirtschaft und Moral. Damit landen wir am Ende aber wieder an dem Punkt, wonach sich erst dann von einem wirtschaftsmoralischen Handeln sprechen lässt, wenn es von einem von der Pflicht geleiteten Gemeininteresse getragen ist. Folglich kann reiner Eigennutz niemals der Ausgangspunkt für die Realisation moralischer Werte und Normen sein.

Mit diesem Ergebnis mag sich vielleicht nicht jeder anfreunden. Am Ende bleibt es aber dabei, dass dem auf Eigennutz gegründeten Wirtschaften keine moralische Absolution erteilt werden kann. Zwar *kann* eigennütziges Verhalten unter bestimmten Bedingungen (vgl. das Marktsystem eines Adam Smith) positive normative Implikationen nach sich ziehen. Dann sprechen wir von einer Moral, die sich nicht auf die Akteure selbst (bei Homann Spielzüge genannt), sondern auf die Wirtschaftsordnung bzw. Institutionen einer Gesellschaft bezieht (bei Homann Spielregeln oder Handlungsbedingungen genannt). Doch letztlich erfordert auch die Ableitung der Spielregeln eine moralische Gesinnung bzw. ein normatives Pflichtgefühl.

Das wirtschaftsmoralische System der Marktwirtschaft von Adam Smith

Adam Smith hat mit seinem System der Markt- bzw. Konkurrenzwirtschaft behauptet, dass das (moralisch eben nicht unproblematische) eigennützige Handeln (Selbstinteresse) sowohl dem Eigeninteresse (individueller Wohlstand) wie dem Gesamtinteresse (allgemeiner Wohlstand) dient. Smith gibt sozusagen eine Anleitung, wie sich aus „bösen" Wirtschaftsakteuren „Wohlstand für alle" herstellen lässt. Hierzu sind folgende Anmerkungen zu machen.

Erstens ist die teleologische Ausprägung des Moralbegriffs bei Smith zu kritisieren. Bei ihm kann der Wirtschaftsakteur ohne Beschränkung selbstbezogen agieren. Durch den Wettbewerbsdruck entsteht aus dem Eigeninteresse immer ein Gesamtinteresse. Diese hängt aber vom Begriff und der Realisation des Wettbewerbs ab. Ohne vollkommenen Wettbewerb bricht das Lehrgebäude von Smith in sich zusammen, da dessen Agenten auch ohne Wettbewerb ihrem Eigennutzstreben folgen. Bei Smith hängt die moralische Güte von etwas ab, das außerhalb des Einflussbereichs des Menschen steht. Es fehlt somit die moralische Grundvoraussetzung der Kategorie des guten Willens bzw. die (deontische) Anbindung des Guten an den Menschen.

Zum zweiten widerspricht der institutionalisierte Moralbegriff von Adam Smith jeder intuitiven Herangehensweise. Ein gutes Verhalten basiert in der Regel auf einem Gutsein einer Person, was insgesamt zu guten Konsequenzen führen kann. Bei Smith führt ein eigentlich ungutes Handeln (Selbstinteresse!) über eine externe gute Institution (Wettbewerb), die weder ein Gewissen noch eine Gesinnung noch eine Pflicht kennt, zu guten Konsequenzen (allgemeiner Wohlstand). Hier hat Smith den moralischen Bereich verlassen und ist auf den anreizorientierten ökonomischen bzw. rechtlichen Weg einge-schwenkt. So wie die Strafe in rechtlicher Hinsicht abschreckt, schreckt der Wettbewerb durch potenzielle Verluste in wirtschaftlicher Hinsicht ab. Hier findet die Verlängerung des Rational-choice-Ansatzes statt, der mit der intuitiven Vorstellung autonomer, ver-nunftfähiger Moralwesen nichts zu tun hat. Bei Smith fungiert der Wettbewerb als Dis-ziplinmaßnahme genauso wie die Rute des Vaters für den frechen Sohn, der keinerlei überindividuelle Einsicht zeigt. „Moderne" Wirtschaftsethiker wie Homann bringen ein solches Moralsystem auf den Punkt, wenn sie sagen, dass der systematische Ort der Moral die Rahmenbedingungen der anonymen (Markt-)Wirtschaft seien. Aber es bleibt dabei: Sobald die Rahmenbedingungen partiell oder vollständig versagen, versagt diese Form des Moralsystems, da es nicht auf dem guten Willen, sondern auf dem Eigennutz gründet. Vor allem der korrektive Ansatz der Wirtschaftsethik, der auf Moralität beruht, widerspricht einer solchen „modernen" Anschauung: „Sollen für die einen ist demgemäß stets die Kehrseite, das Pendant des fremden Wollens, des Wollens der jeweils anderen, und umgekehrt."[4]

Drittens führt eine solche Marktwirtschaft zwar zu allgemeinem Wohlstand. Dieser Wohlstand steht allerdings auf tönernen Füßen, indem der Staat ständig in die Pflicht genommen werden muss, um unmoralische Marktergebnisse zu korrigieren und Umver-teilungsprozesse in Gang zu setzen. Der Staat, sozusagen als Substitut einer Moralins-tanz, stopft die Löcher, die der Markt gerissen hat. Zudem ist dieser Wohlstand immer teuer erkauft, indem der soziale Friede einer Gesellschaft durch soziale Ungleichheit vor eine Zerreißprobe gestellt wird und immer wieder zu Spannungen führen kann, die in der Folge der allgemeinen Wohlfahrt zuwiderlaufen. Hinzu kommt, dass Smith von einem Nachtwächterstaat ausgeht, der an dieser Stelle vollkommen überfordert wäre.

Viertens geht der Moralbegriff weit über den Wohlstandsbegriff von Smith hinaus, da er das gesamte Zusammenleben der Gesellschaft berücksichtigt. Wohlstand für alle ist nur eine Zielgröße von mehreren. Ziele wie Gerechtigkeit, Frieden, Sicherheit, Freiheit, Würde etc. werden von Smith vernachlässigt oder bleiben ganz außen vor.

Für die Effizienz gilt im Prinzip das Gleiche wie für den Eigennutz: Effizienz ist iso-liert für sich betrachtet keine moralische Kategorie, da sie nicht interesselos sein kann. Da das Interesse beim Wirtschaften ein Eigeninteresse ist, kann die wirtschaftliche Effi-zienz keine moralische Kategorie sein, da sie nicht per se zugleich dem Gesamtinteresse dient. Wenn es wegen eines Großauftrags effizient ist, einen neuen Mitarbeiter einzustel-len, dann bildet diese Effizienz nichts weiter als das Eigennutzstreben in modifizierter Form ab, denn auf diese Weise verdient der Arbeitgeber am Mehrertrag seines neuen Mitarbeiters. Oder: wenn wir sagen, dass der innovative und fleißige Unternehmer den Menschen durch sein effizient hergestelltes Produkt eine Konsummöglichkeit bietet, die deren Wohlbefinden und Lebensstandard erhöht, so repräsentiert der dabei erzielte Ge-winn nichts anderes als das Eigeninteresse des Unternehmers.

Insgesamt lässt sich feststellen, dass Smith mit seinem System die beiden Welten der Wirtschaft und der Moral erstens wenig ausgewogen, d. h. zu Lasten der Moralseite, verbindet und zweitens diese Verbindung nur einen Teil, den des wirtschaftlichen Wohlstands, betrifft, statt die gesamte Wirklichkeit des Menschen mitzudenken. Somit stellt der Ansatz von Smith nur eine von mehreren Möglichkeiten dar zur Integration von Wirtschaft und Moral. Die Frage nach weiteren Formen der Integration thematisiert der folgende Teil 3.

Anmerkungen zu Kapitel 9

1   Selbst eine menschenunwürdige Moral, die wir vor allem in religiös fundamentalistischen Kulturen vorfinden, erfüllt den Zweck, über eine in Zweifel zu ziehende Gottgefälligkeit in die Ewigkeit einzugehen. Besonders in den aufgeklärten Gesellschaften gilt, dass Moral ihren Sinn nur dadurch erfährt, dass wir sie als intelligente Wesen für unser freiheitliches und friedliches Zusammenleben instrumentalisieren. Moral an sich gibt es nicht (es ist kein „Ding an sich", kein transzendentalphilosophisches Apriori des sozial Guten), sie steht immer in einem bestimmten Verhältnis zu uns, unserem Sein und unserem Wesen. Moral erfüllt somit menschliche Zwecke und dient menschlichen Interessen, genau wie die Wirtschaft auch.

2   Vgl. Homann, zitiert aus Nietsch-Hach, S. 64.

3   Einzelfallbezogen muss man konstatieren, dass die These, Moral basiere auf Eigennutz, weder generell verifiziert noch falsifiziert werden kann. Zwar ist in vielen Fällen zu vermuten, dass es so ist, die gesamte Marktwirtschaft funktioniert nach diesem Prinzip. Doch letzte wissenschaftliche Gewissheit erhalten wir nur durch die Verfahren der Motivationsforschung, durch bewusstes Setzen von auf Eigennutz basierenden Rahmenbedingungen (Demokratie, Sport, Wirtschaft) oder dadurch, dass uns die Betroffenen ehrlich Auskunft über ihre wahren Beweggründe geben.

4   Krämer 1992, zitiert nach Ulrichs Integrative Ethik, S. 47.

Teil 3

Das Integrationsproblem

Fassen wir den bisherigen Wissensstand zusammen: Wir haben in Teil 1 („Definitions-problem") unseren Untersuchungsgegenstand der Wirtschaftsmoral zwar nicht erschöp-fend, aber zumindest in seinen Grundzügen geklärt. Demnach verstehen wir unter Wirt-schaftsmoral das mehrdimensionale, hierarchische, autonome System kulturbezogener, praxisorientierter, allgemein anerkannter, sozialer Verhaltensnormen, welche aus einem ultimativ nicht begründbaren, aber intersubjektiv vermittelbaren „Guten" abgeleitet werden und welche in einem systematischen Zusammenhang zu dem eigennützigen, bedürfnis- und effizienzorientierten Umgang mit knappen Mitteln (Sachgüter, Rechte, Arbeit, Geld) stehen.

Wir haben in Teil 2 („Zwei-Welten-Problem") erfahren, dass Wirtschaft und Moral, isoliert voneinander betrachtet, sehr unterschiedlichen Entwicklungsgesetzen und Logi-ken folgen, was die Frage aufwirft, wie diese Kluft in der Realität geschlossen werden kann. Die Antwort darauf gibt Teil 3 (Integrationsproblem). Hier geht es um die Darstel-lung, welche unterschiedlichen funktionalen und hierarchischen Ebenen diese beiden unterschiedlichen Welten eingehen können, wie sie zusammenkommen und zusammen-spielen, wie sie sich ergänzen bzw. ausschließen, wann die interdisziplinäre Identität funktioniert bzw. wann sie grundsätzlich in Frage gestellt wird etc. Kurz gesagt: Das Integrationsproblem geht der Frage nach, wie das Gegensatzpaar Wirtschaft und Moral versöhnt und harmonisiert werden kann.

Damit sich Wirtschaftsmoral überhaupt als solche konstituieren kann, ist sie notwendigerweise auf das simultane Vorhandensein sowohl der wirtschaftlichen wie der moralischen Ebene angewiesen. Fehlt eine der beiden Dimensionen, kann nicht mehr von Wirtschaftsmoral gesprochen werden, da sie dann schlicht wieder in ihre einzelnen Bestandteile, also Wirtschaft und Moral, zerfällt. Damit Wirtschaft und Moral eine Verbindung eingehen können, sind mindestens vier Dinge nötig: Es muss erstens ein Integrationsträger vorhanden sein, der zweitens in einer Entscheidungssituation auf das drittens simultane und strukturelle Vorhandensein von wirtschaftlichen und moralischen Ansprüchen trifft, welches sich jedoch viertens auf verschiedenen Ebenen vollzieht.

10.1   Vorhandensein eines Integrationsträgers

Eine wirtschaftsmoralische Integration findet nur statt, wenn Entscheidungträger vorhanden sind. So lässt sich beispielsweise die Frage, ob man aus Karrieregründen auf Kinder verzichten soll, nur beantworten, wenn sie erstens überhaupt jemanden betrifft und zweitens der Betroffene über die notwendige Entscheidungsfähigkeit verfügt. Ohne handelndes Subjekt, Individuum oder Gruppe, ist Wirtschaftsmoral nicht möglich.

10.1.1 Individuum

Zuallererst kommen Einzelpersonen als wirtschaftsmoralische Integrationsfiguren in Betracht. Die Mutter entscheidet, ob sie dem Kind einen Apfel oder Süßigkeiten als Pausenbrot mit in die Schule geben soll. Der pensionierte Single entscheidet, ob er einen

© Springer Fachmedien Wiesbaden GmbH, ein Teil von Springer Nature 2019
S. Knischek, *Grundlagen der Wirtschaftsmoral*,
https://doi.org/10.1007/978-3-658-23623-6_10

Aktivurlaub in Europa bucht oder als Sextourist nach Asien fliegt. Der Kleinunternehmer überlegt, ob er den neuen PC seiner Tochter steuerlich als abschreibungsfähiges Betriebsvermögen deklarieren soll. Die Sekretärin weiß nicht, ob sie die Firmensoftware zu privaten Zwecken nutzen darf. In allen diesen Fällen kommt es auf die Entscheidung einer Einzelperson an. Unabhängig davon, wie diese entscheidet, kommt ohne Entscheidungsträger keine wirtschaftsmoralische Integration zu Stande.

10.1.2 Gruppe

Statt einer Einzelperson können auch mehrere Personen am Integrationsprozess von Wirtschaft und Moral beteiligt sein. Vier Gruppen lassen sich unterscheiden: Mehrpersonenhaushalte, Firmen, der Staat mit seinen diversen Gebietskörperschaften und sonstige soziale Institutionen. So diskutiert die Familie darüber, ob die Mithilfe der Kinder in Haus und Garten entlohnt werden oder unentgeltlich erfolgen soll. Der Vorstand der Deutschen Bank erörtert die Frage, ob man zugunsten des Ziels der Eigenkapitalrendite von 25 Prozent Angestellte entlassen darf. Die Regierung und der zuständige Wirtschaftsminister suchen nach einem Rettungsplan für einen angeschlagenen Autohersteller unter Berücksichtigung der widerstrebenden Interessen von Kapitaleignern, Beschäftigten und den Steuerzahlern. Die Führung eines Sportvereins debattiert darüber, ob man eine sehr kostenintensive Abteilung für Behindertensport gründen soll. In einer Gesellschaft wird die Frage erörtert, ob die Wirtschaftsordnung mehr in Richtung Markt- oder Planwirtschaft gehen soll.

Dadurch, dass der Komplexitätsgrad bei Gruppen deutlich höher ist als im Fall von Einzelpersonen, dauern solche Prozesse der Entscheidungsfindung zwar viel länger. Die Entscheidung als solche ist ihrer Art und Wirkung nach jedoch identisch mit einer individuellen Entscheidung (vergleiche den methodologischen Individualismus). Ein großer Unterschied besteht allerdings darin, dass die Entscheidungen von Gruppen ganz anders von Macht-, Hierarchie- und Sozialprozessen abhängen als im Fall von Individuen, was jedoch an dieser Stelle nicht weiter thematisiert werden soll.

10.2   Entscheidungssituation

Wie nahezu alles, das in einem sozialwissenschaftlichen Kontext erscheint, ist auch die integrative Leistung der Wirtschaftsmoral vom Vorhandensein einer Situation abhängig. Dies hat zumindest zwei Gründe. Ohne bestimmte, die Integration maßgeblich beeinflussende Rahmenbedingungen, kann zum einen Wirtschaftsmoral faktisch nicht in Kraft treten. Wirtschaftsmoral ohne konkrete und empirische Basis entspricht einem leeren Fleck auf einer Landkarte. Die geprellte Zeche ist nie zuallererst und vorrangig Abstraktion und Idee, sondern immer handfeste Realität, die immer einen praxisorientierten

Rückschluss zulässt. Zweitens beeinflusst die Situation die Bewertungsgrundlage einer wirtschaftsmoralischen Integration. Wenn jemand die Zeche prellt, weil er als Reicher einen gewissen „Kick" sucht, ist der Fall ganz anders zu beurteilen wie bei dem, wo jemand das Gleiche tut, um zu überleben. Ohne situativen Bezug fehlt der Wirtschaftsmoral die praktische Grundlage.

Unter dem Begriff Situation wird „ein Ausschnitt aus der objektiven Wirklichkeit"[1] verstanden, der in Bezug zum Handeln eines Integrationsträgers steht. Darin finden sich die Umstände, unter denen Akteure ihre Entscheidungen zu treffen haben[2]. Eine Situation stellt eine spezielle Konstellation von Faktoren dar, die Handlungen steuern. Die Situation bezeichnet immer eine bestimmte Lage, die an einen bestimmten Ort, eine bestimmte Zeit und sonstige bestimmte Gegebenheiten gebunden ist. Das heißt man findet bestimmte Akteure und Mitakteure vor, die in einem bestimmten Bezug zueinanderstehen. Man findet bestimmte Interessen der Akteure über bestimmte Ressourcen vor (Güter und Eigenschaften aller Art). Man findet bestimmte psychische Zustände der Akteure vor (Machtstreben, persönliche Eigenschaften, Motivationsstruktur etc.). Man findet bestimmte soziale Strukturen vor (Hierarchie, Gruppenbildung etc.) vor. Und natürlich findet man unterschiedliche und bestimmte Handlungsalternativen vor. In Situationen verdichten sich bestimmte Sachverhalte, Funktionen und Subjekte zu einem soziokulturellen, praxisorientierten und wirtschaftsmoralischen Lebensganzen. Dass Situationen, durch sehr viele Merkmale beschreibbar, regelmäßig das Problem der Komplexität aufwerfen, ist genauso klar wie die Einsicht, dass die situativen Merkmale von Vernetzung, Intransparenz, Unbestimmtheit, Dynamik geprägt sind. Ohne das Vorhandensein von Situationen ist menschliches Entscheiden, Handeln bzw. Nichthandeln nicht denkbar. Situationen ermöglichen und erzwingen zum Teil dasselbe.

Wenn z. B. ein Unternehmen Löhne unter Tarifniveau bezahlt, dann hängt die Beurteilung durch die Wirtschaftsmoral von der situativen Analyse ab. Ist dem so, weil der Betrieb rote Zahlen schreibt oder weil das Management extreme Gewinnabsichten hat? Oder ist dem so, weil dadurch Entlassungen vermieden werden können oder weil die Ohnmacht der Gewerkschaftsseite offenbart werden soll. Ist dem so, weil man im Rahmen der Globalisierung und Branchenzugehörigkeit mit Niedriglohnländern konkurriert oder weil man die Belastung durch die heimischen Beiträge zur Sozialversicherung niedrig halten möchte. Man erkennt an diesem Beispiel gut die Wichtigkeit der situativen Faktoren für die wirtschaftsmoralische Bewertung. Zugleich zeigt es eine der praktischen Schwierigkeiten der Wirtschaftsmoral: Jedes wirtschaftsmoralische Phänomen muss als Einzelfall betrachtet werden, was aus Sicht der Wissenschaft große Schwierigkeiten bereitet.

Entscheidung und Entscheidungssituation sind inhaltlich natürlich nicht das Gleiche. Während die Entscheidungssituation durch die Bedingungen gekennzeichnet ist, die ihr zugeordnet sind, ist die Entscheidung ein erst innerer Prozess, der sich später in einem äußeren Verhalten niederschlägt. Es kann ohne Probleme passieren, dass eine identische Entscheidungssituation durch unterschiedliche Entscheidungen von unterschiedlichen Integrationsträgern geprägt ist. Entscheidungen finden somit immer auch unter unter-

schiedlicher Unsicherheit statt, was zugleich die Unterschiedlichkeit der Entscheidungs-
folgen betrifft. Da jede Wirtschaftsmoral letztlich einzelfallbezogen ist, ist sie kasuistisch zu nennen.

Ein wichtiger Faktor in Entscheidungssituationen stellt das Vorhandensein institutioneller Normen dar. Die Einzelnorm, im Geschäftsleben innovativ zu sein, hängt stark
vom institutionellen Design ab. Arbeitet ein Produzent unter marktwirtschaftlichen
Wettbewerbsbedingungen, ist er sehr stark von seiner Innovationsfähigkeit abhängig,
damit er dem Konkurrenzdruck auf Dauer standhalten kann. Arbeitet er unter planwirtschaftlichen Bedingungen, unterliegt er einem relativ niedrigen normativen Innovations-
druck, da es in diesem Fall ausreicht, dass er die ihm gemachten Auflagen zuverlässig
und pünktlich erledigt, ohne dass kreatives Mitdenken von ihm erwartet wird.

10.3   Simultanität von wirtschaftlichem und moralischem Bereich

Damit Wirtschaft und Moral miteinander verknüpft werden können, müssen beide Lebensbereiche nicht nur vorhanden sein, sondern sie müssen gleichzeitig vorhanden sein.
Ansonsten kann sich die auf Interdisziplinarität beruhende Wirtschaftsmoral nicht konstituieren. Denn wenn Wirtschaft ohne Moral „da" ist, handelt es sich ausschließlich um
den wirtschaftlichen Bereich. Tritt die Moral ohne wirtschaftliche Relevanz auf, haben
wir es ausschließlich mit Moral zu tun. Erst das gleichzeitige Auftreten beider Wirklich-
keiten bzw. Ansprüche leitet sozusagen die Geburt der Wirtschaftsmoral ein. Simultanität heißt somit Gleichzeitigkeit von wirtschaftlichem und moralischem Anspruch. Und
sie bedeutet zugleich die Absage an jede reine, unvermischte Form von Wirtschaft und
Moral, die so mancher Theoretiker zu entdecken geglaubt hatte.

10.3.1 Nicht-simultane Bereiche

Nicht-simultane Bereiche kennzeichnen sich dadurch, dass entweder nur der wirtschaftliche oder nur der moralische Bereich oder eben keiner von beiden vorliegt. Die folgende
Tabelle 10.1 gibt einen beispielhaften Überblick.

Der außermoralische und außerwirtschaftliche Bereich

Dieser Bereich weist weder wirtschaftliche noch moralische Merkmale auf. Er umfasst
einen relativ kleinen Lebensbereich des Menschen, da er die gesamte soziale Dimension
und die eigennützige Knappheitsbewältigung vollständig ausklammert. Er beschränkt
sich auf die Privatsphäre und kommt in sozialen Institutionen (Unternehmen, Staat etc.)
so gut wie nicht vor. In Anlehnung an Teil 1, in welchem wir die Bereiche Wirtschaft
und Moral relativ exakt abgegrenzt haben, können wir den außermoralischen und außerwirtschaftlichen Bereich an Hand einiger Beispiele verdeutlichen:

Tab. 10.1 Simultanität bzw. Nicht-Simultanität von Wirtschaft und Moral

Bereich	Nicht moralisch	Moralisch
Nicht wirtschaftlich	Außermoralisch/-wirtschaftlich (keine Simultanität) z. B. im Feierabend, ohne weitere soziale Verpflichtungen zu haben, allein einen Spaziergang machen	Moral (keine Simultanität) z. B. bei einer Bergtour in der Freizeit einem Verletzten beim Gehen helfen
Wirtschaftlich	Wirtschaft (keine Simultanität) z. B. ein Fischer bessert nach dem letzten Fang sein löchriges Fischernetz aus	Wirtschaftsmoral (Simultanität) z. B. die jährliche Steuererklärung wahrheitsgetreu anfertigen

- Im Feierabend ein geschenktes Buch lesen. (Sieht man stattdessen eine Fernsehsendung an, ist es ein Wirtschaftsvorgang, der Strom kostet. Liest man das Buch an seinem Hochzeitstag und der Ehepartner sitzt vernachlässigt und schmollend in der Ecke, ist der moralische Bereich betroffen.)
- Zu Hause an einem Feiertag das Bücherregal sortieren. (Macht das Gleiche eine Angestellte in einer Bibliothek, ist es wirtschaftlich relevant. Sortiert man ungefragt das Bücherregal von jemand, bei dem man gerade zu Besuch ist, haben wir es mit dem Moralbereich zu tun.)
- In der Freizeit ein Musikstück auf seiner Trompete üben. (Findet das Üben um ein Uhr in der Nacht in einem Hochhaus statt, ist es moralisch relevant. Findet es als Übung eines Musiklehrers statt, ist es wirtschaftlich relevant.)

Der rein wirtschaftliche Lebensbereich

Dieser Bereich ist im Vergleich zum vorigen deutlich größer. Allerdings verzichtet er weitgehend auf die soziale Dimension menschlichen Seins, in der Normen die ständigen Interaktionsprozesse gestalten. Beispiele für diesen Lebensbereich sind:

- Allein ein Duschbad nehmen, das Wasser kostet. (Findet die Dusche unter einem Wasserfall statt, zählt es weder zum wirtschaftlichen noch zum Moralbereich. Findet es unter einem öffentlichen Wasserfall statt zusammen mit anderen (nackten?) Touristen, ist der Moralbereich angesprochen.)
- Am Wochenende allein in die Heimsauna gehen, was Strom kostet. (Sauniert man zusammen mit anderen als Gast, ist der Moralbereich betroffen. Hat man die Sauna inklusive Unterhaltskosten in einem Preisausschreiben gewonnen und nutzt sie allein, ist der außermoralische/- wirtschaftliche Bereich betroffen. Geht man in eine öffentliche Sauna, zahlt Eintritt und muss die Saunaregeln einhalten, läuft es auf den Bereich der Wirtschaftsmoral hinaus. Erst hier im letzten Fall läge dann Simultanität vor.)

- Die selbstständige, komplett auf sich gestellte Tätigkeit als Komponist. (Findet das Komponieren als gemeinsame Tätigkeit im Rahmen einer Hobbyband statt, ist der Moralbereich aktiviert. Pfeift man eine neue, unbekannte Melodie während eines Spaziergangs, den man alleine durchführt, hat man es weder mit dem moralischen noch mit dem wirtschaftlichen Bereich zu tun.)

Der rein moralische Lebensbereich

Dieser Bereich ist relativ groß. Er reduziert sich aber stark durch den Wegfall der wirtschaftlichen Dimension, da jede Form materialer Knappheit, bezogen auf Geld, Sachgüter, Arbeit und Rechte, ausgeschlossen ist. Beispiele für diesen Lebensbereich sind:

- Liebevoll mit seinen Kindern umgehen. (Wird die Kindererziehung durch eine Gouvernante ausgeübt, ist ein wirtschaftliches Handeln erkennbar. Zeigt sich die Liebe der Eltern in Form eines Gutscheins für einen Kinobesuch, befinden wir uns auf wirtschaftsmoralischem Gebiet.)
- Im Alltag einen freundlichen Umgangston mit dem Lebenspartner pflegen. (Belegt man zu diesem Zweck einen Knigge-Kurs bei der Volkshochschule, weil man seinen Umgangston verbessern will, ist ein wirtschaftlicher Vorgang erkennbar. Pflegen wir einen guten Umgangston mit den Kollegen auf der Arbeit, sind Wirtschafts- und Moralbereich gleichzeitig vorhanden, d. h. wir befinden uns auf wirtschaftsmoralischem Gebiet.)
- Ein gut befreundetes Ehepaar bei seiner Trennung/Scheidung beraten und begleiten. (Tun wir dies als Rechtsanwalt gegen Entgelt, wirtschaften wir. Tun wir dies als Freunde, die ihr italienisches Ferienhaus kostenlos zur Verfügung stellen, damit das Paar die Trennungsabsicht nochmals überdenken kann, liegt Simultanität von Wirtschaft und Moral vor.)
- Ein Ehrenamt in einem gemeinnützigen Verein ausüben. (Üben wir die gleiche Tätigkeit bezahlt in einer Firma aus, wirtschaften wir. Erhalten wir für das Ehrenamt eine finanzielle Entschädigung, ist der wirtschaftsmoralische Bereich betroffen.)
- Einem Ortsfremden auf der Straße den Weg erklären. (Erklären wir den Weg als Straßenpolizist, liegt reines wirtschaftliches Handeln vor. Erklären wir den Weg und geben dem Ortsfremden einen aus unserem Besitz stammenden Stadtplan mit, ist der wirtschaftsmoralische Bereich betroffen.)

10.3.2 Simultane Bereiche

Der wirtschaftsmoralische Bereich

In diesem Bereich treffen nun eigennützige Knappheitsbewältigung und soziale Verhaltensnormen gleichzeitig zusammen. Dies ist in folgenden Beispielen, bezogen auf Deutschland, der Fall (zum Verhältnis von Moral und Recht sei an dieser Stelle an Teil 1 erinnert):

- Ein Restaurantbesuch kostet nicht nur Geld (Wirtschaft). Es wird zudem auch erwartet, dass man sich ordentlich in den Gasträumen aufführt (Moral).

- Bei der Erstellung der Bilanz einer Aktiengesellschaft (Wirtschaft) muss gleichzeitig nach dem GoB-Grundsatz[3] der Wahrheit (Moral) verfahren werden.

- Das Rindfleisch, das im Handel angeboten wird (Wirtschaft), muss BSE-frei, also gesundheitlich unbedenklich sein (Moral).

- Die Haushaltshilfe (Wirtschaft) muss im Rahmen ihres Minijobs sozialversichert (Moral) werden.

- Der Präsident der Bundesbank (Wirtschaft) darf sich und seine gesamte Familie nicht von einer Geschäftsbank zu einem Luxusaufenthalt im Berliner Hotel Adlon einladen (Moral) lassen.

- Es ist aus Sicht der meisten Bürger die Aufgabe der Politik, für ein menschenwürdiges (Moral) Mindesteinkommen (Wirtschaft) zu sorgen.

- Die Gehälter der Manager (Wirtschaft) dürfen aus Sicht der meisten Bürger in Deutschland nicht ins Unermessliche steigen (Moral).

- Angestellte (Wirtschaft) dürfen nicht ausgebeutet werden (Moral).

- Kraftfahrzeuge (Wirtschaft) mit hohem Benzinverbrauch bzw. hohem CO_2-Ausstoß sollen stärker besteuert werden als schadstoffarme Fahrzeuge (Moral).

- Eine Flasche Saft für einen Euro durch Geldeinwurf (Wirtschaft) und nicht mit Gewalt (Moral) aus dem Getränkeautomat ziehen.

- Ein Redakteur (Wirtschaft) soll seinen Artikel nicht manipulativ, sondern nach besten Wissen und Gewissen (Moral) verfassen.

- Ein Schreiner, der bei seiner Kundschaft Fenster einsetzt (Wirtschaft), soll nicht schlecht über andere Schreiner reden (Moral).

- Der Koch in einem Restaurant (Wirtschaft) soll nicht Lebensmittel verwenden, deren Datum der Haltbarkeit schon überschritten ist (Moral).

- Wer den Ölwechsel bei seinem Auto selbst durchführt (Wirtschaft), darf das Altöl nicht einfach im benachbarten Wald entsorgen (Moral).

- Die Autovermietung (Wirtschaft) darf nur Mietwagen anbieten, die den Sicherheitsstandards auch wirklich entsprechen (Moral).

- Die Zapfanlagen bei Tankstellen (Wirtschaft) müssen geeicht sein (Moral).

- Der Verlag (Wirtschaft) zahlt die Autorenhonorare nach den tatsächlich verkauften Exemplaren aus (Moral).

10.3.3 Zeitliche Ereigniskongruenz

Das zeitliche Aufeinanderbezogensein von Wirtschaft und Moral geht von einer Ereigniskongruenz aus, der Deckungsgleichheit zweier Ansprüche in zeitlicher Hinsicht. Ein Ereignis ist ein Vorfall, ein bestimmtes Geschehen, das Eintreten einer bestimmten Situation. Ein wirtschaftsmoralisches Ereignis ist ein Geschehen, in dem sich Wirtschafts- und Normbereich zeitlich vereinigen. Dabei bezieht sich die Ereigniskongruenz vor allem auf die Simultanität von Ansprüchen verschiedener Bereiche, welchen Handlungen sowohl vorausgehen wie nachfolgen können. Ein Beispiel aus dem Arbeitsleben. Wenn jemand acht Stunden pro Tag arbeitet, dann wirtschaftet er im Prinzip acht Stunden lang, da er eigennützig und bedürfnisorientiert (er sorgt für Einkommen) mit knapper (und auch beliebig teilbarer) Zeit (Arbeit) umgeht. Nehmen wir an, er arbeitet eine Stunde lang mit einer Fräse seines Arbeitgebers. Dann ist er aus Sicht der Moral für diese eine Stunde verpflichtet, sorgsam mit der Fräse umzugehen, damit sie nicht unnötig kaputtgeht und Kosten verursacht. Es liegt somit eine Ereigniskongruenz vor zwischen wirtschaftlichem Bereich (Betätigung einer Fräse, die einem nicht gehört, während der Arbeitszeit) und normativem Anspruch (fremdes Eigentum muss sorgsam behandelt werden). Wenn ein befreundeter Handwerker von einer anderen Firma die Fräse für 10 Minuten ausleihen will, dann sollte der Arbeiter seinen Arbeitgeber fragen, ob dies so in Ordnung ist. Erneut liegt dann die zeitliche Kongruenz zweier unterschiedlicher Bereiche vor.

Aber auch wenn Handlungen zeitlich auseinanderliegen, besteht eine Ereigniskongruenz. Wenn Verkäufer V und Käufer K vereinbaren, dass der Kaufpreis erst zehn Tage nach Übergang der Sache bezahlt werden soll, weil K erst dann die Geldsumme zur Verfügung steht, liegt die Handlung zwar in der Zukunft. Dennoch besteht eine Ereigniskongruenz, weil aus der Sicht von V im Moment der Vereinbarung das moralische Ereignis (V kann den vereinbarten, künftigen Zahlungstermin von K akzeptieren) und das wirtschaftliche Ereignis (V will Einnahmen erzielen) koinzidieren. Zehn Tage später, wenn der Preis zu bezahlen ist und er auch tatsächlich bezahlt wird, entsteht eine erneute Ereigniskongruenz. Im ersten Fall besteht die Ereigniskongruenz aus einer Entscheidung (einem Nicht-Handeln), im zweiten Fall aus einer Handlung.

In welchem Zusammenhang steht die Ereigniskongruenz zu extremen ideologischen Positionen wie Immoralismus, Amoralismus, Moralismus und Ökonomismus? Wir werden sehen, dass alle vier Positionen die formale Voraussetzung der Ereigniskongruenz nicht erfüllen. Ich beginne mit dem Immoralisten, der radikal die Existenzberechtigung der Moral ablehnt. Für ihn verkörpert diese eine „grundsätzliche Sinnlosigkeit, Verkehrtheit, Schädlichkeit"[4], da sie den Lauf der Dinge hemmt und die Gesetze des Lebens außer Kraft zu setzen versucht. Der Immoralist agiert unmoralisch um des Unmoralischseins willen, weswegen er einen äußerst starken Bezug zur Irrationalität aufweist. Er handelt auch dann moralwidrig, selbst wenn seine eigenen Interessen dadurch obsolet werden[5]. Im Fall des Immoralisten stellen wir somit fest, dass keine Ereigniskongruenz bestehen kann, da die grundsätzliche Negation einer Ebene das zeitliche Zusammentreffen mit einer anderen Ebene nicht möglich macht. Ähnlich der Amoralist. Das ist einer, der die moralischen Regeln kennt, der die moralische Erkenntnisfähigkeit nicht generell leugnet, der für sich allerdings keinen hinreichenden Grund sieht, sich an diese Regeln zu halten. Konsequent verfolgt er nur die eigenen Interessen. Wenn sich diese mit den Moralnormen decken, verhält er sich moralisch, wenn nicht, dann nicht[6]. Der Amoralist handelt somit opportunistisch, weil sein einziges Handlungsmotiv der Befriedigung der eigenen Bedürfnisse dient. Insofern steht auch er ganz außerhalb der Moral, ohne dabei ein besonders negatives Moralverhältnis aufzuweisen. Sobald Normen seine persönliche Freiheit einschränken, verlieren sie ihre Gültigkeit. Insofern führt auch hier die Negation der Moralebene zur generellen Unmöglichkeit einer Ereigniskongruenz.

Das Gleiche gilt im Prinzip für den Ökonomisten. Effizienz, Knappheitsbewältigung und eigener wirtschaftlicher Vorteil stehen ausschließlich auf der Agenda. Diese Ziele sollen unbedingt erreicht werden, also auch, wenn es eben nicht anders als um den Preis der Moral geht. Bleibt der Moralist, der alles durch die moralische Brille sieht und die Geltungsansprüche anderer Fakultäten zwar nicht kategorisch negiert, sie aber nur als zweit- oder drittrangig einstuft. Ein Moralist ist nicht in der Lage, wirtschaftliche Ansprüche als ebenbürtig in sein Verhalten zu integrieren. Es gilt einzig die Dominanz des Sozialen. Zweckmäßigkeit von Knappheitsüberwindung, Wohlstand und Effizienz spielen eine untergeordnete Rolle für ihn. Auch dieser Vertreter schafft es nicht, wirtschaftliche und normative Ansprüche gleichzeitig zu akzeptieren.

An dieser Stelle wird nochmals ganz deutlich, dass Wirtschaftsmoral in ihrem Wesenskern immer ein Zweifaches darstellt, entweder die „Quadratur des Kreises" in der Negativformulierung oder die „untrennbare Einheit zweier Gegensätze" in der Positivformulierung. Wirtschaftsmoral ist nichts anderes als die Kunst, den widerstrebenden Ansprüchen von Wirtschaft und Moral Harmonie zu verleihen.

10.3.4 Strukturelle Ereigniskongruenz

Simultanität von Wirtschaft und Moral bedeutet nicht nur zeitliche Ereigniskongruenz, sondern dass innerhalb dieser Struktur ein Aufeinanderbezogensein der beiden Ansprüche, ein gegenseitiges Aufeinanderverweisen stattfindet. Darunter ist zu verstehen, dass Wirtschaft und Moral nicht nur zufällig, unbedingt, beliebig aufeinandertreffen dürfen, sondern dass sie eine Bewusstseinseinheit bilden. Wenn Wirtschaftsmoral grundlegend aus jeder prinzipiellen Möglichkeit bzw. prinzipiellen Nicht-Unmöglichkeit von Wirtschaft und Moral entstehen könnte, würde sie ihrem integrativen Selbstanspruch nicht gerecht werden. Im Grunde funktioniert Wirtschaftsmoral nach dem Licht-Schatten-Modell. Sobald Licht entsteht, entsteht zugleich Schatten. Beide hängen kausal zusammen und sind als Ereignis untrennbar voneinander zu betrachten. Licht und Schatten implizieren sich gegenseitig. Diese Gegenseitigkeit wiederum ist keine Einbahnstraße, sondern kann von beiden Seiten aus gedacht und erlebt werden.

So kann es vorkommen, dass aus einem wirtschaftlichen Vorgang (Licht) ein normativer Anspruch hervorgeht (Schatten). Herr X geht in einen Juwelierladen, um einen Diamanten für Frau X zu kaufen. Genau in dem Moment, wo er den Laden betritt (Licht), ist ihm klar, dass von ihm erwartet wird, dass er sich in den Verkaufsräumen ordentlich, korrekt, freundlich etc. (Schatten) verhält. Genau in dem Moment, wo er einen Diamanten in seiner Hand hält, um ihn genauer zu betrachten (Licht), erwarten alle Beteiligten, dass er denselben nicht einfach in seine Tasche steckt und aus dem Geschäft rennt (Schatten). Entsteht der moralische Anspruch aus einem wirtschaftlichen, so spricht man vom Funktionalisierungsmodell, welches auf den folgenden Seiten zuerst behandelt werden wird. Entsteht hingegen ein wirtschaftlicher Anspruch aus einem normativen Anspruch, spricht man vom Normierungsmodell, welches im Anschluss an das Funktionalisierungsmodell thematisiert werden wird. Hat Herr X z. B. als Kind und Jugendlicher gelernt, dass man in der Regel freundlich und ehrlich ist (Licht) und lebt Herr X auch danach, dann wird er bei jedem wirtschaftlichen Akt (Schatten) freundlich und ehrlich sein, unabhängig davon, ob er etwas kauft, einen Kreditvertrag abschließt, etwas mietet, vermietet, leiht, verleiht etc. Im Unterschied zum obigen Fall stammt das Licht hier von der Moral und der Schatten überzieht den wirtschaftlichen Bereich. In beiden Fällen wirkt diese Licht-Schatten-Kausalität.

Naturgemäß zeigt sich die Licht-Schatten-Kausalität von Fall zu Fall unterschiedlich. Von einem Firmeninhaber (Wirtschaft/Licht) wird erwartet, dass er seine Angestellten sozialversichert (Moral/Schatten). Der dabei auftretende Sachbezug besteht darin, dass dauerhafte Arbeitsverhältnisse eine Absicherung gegen Alter, Arbeitslosigkeit, Unfall und Krankheit umfassen sollen. Von einem Wertpapierberater einer Bank (Wirtschaft/Licht) wird erwartet, dass er seine Anlageprodukte kennt und auf etwaige Risiken aufmerksam macht (Moral/Schatten). Hier besteht der Sachbezug darin, dass Kapitalanlagen ein Mindestmaß an Information und Transparenz beinhalten sollen. Von einem Christen (Moral/Licht) wird erwartet, dass er einen Teil seines Einkommens (Wirtschaft/Schatten) für wohltätige Zwecke zur Verfügung stellt. Von einem Philantropen (Moral/Licht) wird erwartet, dass er hilft, Armut zu reduzieren, wenn er die Mittel dafür hat (Wirtschaft/Schatten). Allgemein betrachtet entsteht somit bei wirtschaftsmoralischen Vorgängen und Phänomenen sowohl eine kognitive wie handlungsbezogene Einheit von Wirtschaftsakten einerseits und sozialen Normen bzw. normativen Werten andererseits.

10.4   Die unterschiedlichen Integrationsebenen

Da sich die sozialen Kontakte der Gesellschaftsmitglieder auf mehreren Ebenen abspielen, muss sich auch die wirtschaftsmoralische Integration auf mehreren Ebenen vollziehen. Wir unterscheiden dabei drei grundsätzliche Ebenen: staatliche, unternehmerische bzw. institutionelle und individuelle Ebene. Oftmals ist es in der Wirklichkeit so, dass die Makroebene hierarchisch oben steht.

Makro- bzw. Staatsebene

Auf der Staatsebene wird z. B. erörtert, welche Grundordnung die Wirtschaft erhalten soll, ob die Integration von Wirtschaft und Moral mehr über markt- oder gemeinwirtschaftliche Systeme erfolgen soll. Des Weiteren wird auf dieser Ebene thematisiert, auf welchen Gebieten sich der Staat engagieren soll bzw. welche er sich selbst überlassen soll. Auch die Ausgestaltung der gesetzlichen Grundlage des Wirtschaftens gehört zu diesem Themenkomplex.

Meso- bzw. unternehmerische/institutionelle Ebene

Auf der unternehmerischen Ebene wird im praktischen Wirtschaftsleben ebenfalls sehr stark mit der Integration von Wirtschaft und Moral gerungen. Hier geht es um Fragen, die sowohl die Kultur als auch die Verfassung der Unternehmen betreffen. Welcher Führungsstil liegt vor, wie gehen die unterschiedlichen Hierarchieebenen miteinander um, wer kann was mitbestimmen? Aber auch um die Außenwirkung der Unternehmen geht es. In welchem Ausmaß wird eine gesellschaftliche Mitverantwortung eingeräumt, wird Sponsoring betrieben, genügen die Produkte den ökologischen wie sicherheitsrelevanten Bestimmungen etc.? Ähnliches gilt für den institutionellen Sektor. Damit sind alle sozialen Gebilde gemeint, die weder staatlich noch rein unternehmerisch sind, wie etwa Verbände, Vereine, Stiftungen etc.

Mikro- oder Haushaltsebene

Auf der dritten Ebene spielt sich die Integration von Wirtschaft und Moral vor allem auf der Ebene der Haushalte, Familien und Einzelpersonen ab. Hier geht es beispielsweise um den Einfluss von religiösen, kulturellen oder traditionellen Faktoren auf das wirtschaftsmoralische Verhalten. Diese dritte Ebene ist vielleicht die am wenigsten markante, da sowohl ihre Reichweite wie Intensität relativ begrenzt sind, wenngleich sie für das individuelle Leben vor Ort durchaus eine große Rolle spielen mag.

Anmerkungen zu Kapitel 10

1   Schulze, Gerhard: Erlebnisgesellschaft, Frankfurt 1992, S. 49.

2   Karl Marx: „Die Menschen machen ihre eigene Geschichte, aber sie machen sie nicht aus freien Stücken, nicht unter selbst gewählten, sondern unmittelbar vorgefundenen, gegebenen und überlieferten Umständen.", aus: Bonacker, T: Sozialwissenschaftliche Konflikttheorie, 2005, S. 48, in: google.de, isbn:3531144251.

3   Grundsätze ordnungsgemäßer Buchführung.

4   Bayertz, S. 24.

5   Vgl. den Titelheld in Dostojewskis „Der Jüngling".

6   Vgl. die Figur des Kallikles in Platons Dialog „Gorgias".

Monozentriertes, wirtschaftsbasiertes Integrationssystem: Funktionalisierungsmodell

Das Zwei-Welten-Problem, welches die Frage nach der prinzipiellen Integrationsfähigkeit der divergierenden Verhaltenssysteme von Wirtschaft und Moral aufgeworfen hat, hat indirekt angedeutet, dass wir im Prinzip auf drei fundamentale Integrationsarten zurückgreifen können. Entweder dominiert das moralische System das wirtschaftliche, hier findet eine Moralisierung der Wirtschaft statt, die im Folgenden unter dem Begriff Normierungsmodell verdeutlicht wird. Oder das wirtschaftliche System dominiert das moralische System, dann findet eine Ökonomisierung der Moral statt, die im Folgenden unter dem Begriff des Funktionalisierungsmodells erscheinen wird. Bei der dritten Möglichkeit dominiert kein System das jeweils andere. Hier werden Mischformen entwickelt, in welchen beide Ansprüche entweder gleichberechtigt verwirklicht oder in welcher Form auch immer miteinander versöhnt werden können. Dieser Ansatz läuft unter dem Begriff Synthesemodell. Im folgenden Abschnitt 11.1 soll zuerst der Fall der Ökonomisierung der Wirtschaft behandelt werden. Wirtschaft und Moral werden monozentriert und wirtschaftsbasiert betrachtet.

11.1 Funktionalisierung bzw. Ökonomisierung der Moral: Merkmale

> *„Erst kommt das Fressen, dann kommt die Moral."*
> Bertold Brecht

Bei der Frage, was man begrifflich unter Ökonomisierung[1] verstehen soll, greife ich im Folgenden auf die Ergebnisse aus Teil 1 über das „Zwei-Welten-Problem" zurück. Dem-

© Springer Fachmedien Wiesbaden GmbH, ein Teil von Springer Nature 2019
S. Knischek, *Grundlagen der Wirtschaftsmoral*,
https://doi.org/10.1007/978-3-658-23623-6_11

nach lassen sich folgende zehn Aspekte des Ökonomisierungsbegriffs unterscheiden: Primat des Wirtschaftlichen, Zweckrationalität, Verstärkung des persönlichen Vorteilsstrebens, Vernützlichungsverhalten, Materialisierung, Individualisierung, Maximierungsstreben, Wertobjektivierung, Wertrelativierung, Anreiz- und Effizienzorientierung. Alle diese Aspekte eigen sich, Moral an den wirtschaftlichen Primat anzupassen. Als (idealtypischen) Ausgangspunkt stellen wir uns eine Welt vor, in der es nur (staatslose) Individuen gibt, die eigennützig wirtschaften wollen und die Normativität und Moral als „Schmiermittel", als Beschleuniger der wirtschaftlichen Weiterentwicklung auffassen. In der Realität spielen staatliche Prozesse und Eingriffe jedoch immer eine funktionalistische Rolle (vgl. den Minimalstaat im Liberalismus).

Primat des Wirtschaftlichen

Mit dem Schlagwort „Ökonomisierung der Moral" wird der Primat des Wirtschaftlichen über das Moralische zum Ausdruck gebracht. Darunter ist die systematische Anbindung der Moral an die Bedingungen und Voraussetzungen des Wirtschaftens zu verstehen. Zwar erfährt Moral Geltung, doch vollzieht sich diese immer in Anlehnung an die Grundlagen der wirtschaftlichen Sphäre. Die moralischen Werte und Normen sind in das wirtschaftliche Handeln eingebettet, also durchaus für sich erkennbar, sie passen sich aber den funktionalen Verhältnissen des Wirtschaftens an. Ihre Konturen sind nicht autonom, sondern verschwimmend, flexibel, dem Zweck des Wirtschaftens angepasst. Normativität wird zum wirtschaftlichen Systembestandteil. Sie wird zum Kompromiss herabgestuft im Namen der wirtschaftlichen Entwicklung. Ökonomisierung bedeutet, dass der Moral die wirtschaftliche Mütze übergestülpt wird, dass sie ihre Eigenständigkeit verliert, dass, interdisziplinär betrachtet, eine Assimilation der Moral an das Wirtschaften stattfindet. Erst muss es erlaubt sein, den ersten Euro eigennützig zu verdienen, bevor darüber nachgedacht wird, ob man einen Teil davon in welcher Form auch immer mit anderen teilt. Erst muss das Unternehmen einen Gewinn erzielen, bevor man überlegen kann, ob man den Beschäftigten subventioniertes Essen in der Kantine anbieten oder einen Betriebskindergarten aufbauen kann.

Im Rahmen dieses Primats bleibt die Moral nicht als Maßstab für allgemeines, menschliches Tun bestehen, sondern sie wird zur Spezialmoral, zur Moral der Wirtschaft, zur Bindestrich-Moral. Das heißt sie dient nur einem Teilgebiet, so wie es z. B. die Medizin-Moral, Arbeits-Moral, Investitions-Moral, Geschlechter-Moral, Banker-Moral, kirchliche Moral etc. gibt. Es entsteht eine Moral, die sich vom Allgemeinen abkehrt, die ihre sprachliche Unabhängigkeit zugunsten der wirtschaftlichen Sprache verliert. Hier taucht man in die Welt der Systemtheorie von Luhmann ein, in der sich die einzelnen Lebensbereiche verselbstständigen und ihre eigenen, funktionalisierten Gesetzlichkeiten aufbauen und begründen. Hier wird nicht mehr die Frage nach dem guten Handeln als solchem gestellt, sondern nach dem guten wirtschaftlichen Handeln.

Übersetzt man dies konkret, bedeutet es Folgendes: In einem ersten Schritt wird jedem Menschen die grundsätzliche Möglichkeit eingeräumt, eigennützig, bedürfnisorientiert und effizienzorientiert mit wirtschaftlichen Mitteln umzugehen. In einem zweiten

Schritt wird diese Möglichkeit normativ relativiert. Das heißt, man soll nicht bloß eigennützig handeln, sondern dieser Eigennutz muss den Kriterien folgen, die wir mit dem Konzept einer allgemeinen Normativität verbinden. Man soll also in einem guten (moralischen) Sinn, eigennützig sein und nicht nur instrumentell. Das Gleiche gilt für die anderen wirtschaftlichen Merkmale. Man darf bedürfnisorientiert handeln, aber immer nur im legitimen Rückgriff auf die Moral. Man soll seine Bedürfnisbefriedigung im moralisch guten Sinn durchführen und nicht instrumentell. Zum zweiten darf man effizienzorientiert agieren, aber immer nur so, dass moralische Grenzen eingehalten werden, sodass am Ende ein moralisch guter Effizienzbegriff steht.

Die Einhaltung moralischer Normen führt unter den Bedingungen eines ökonomisch verankerten Primats zu einem zweigliedrigen Anreiz- bzw. Sanktionssystem: Wer gut bzw. sozialverträglich wirtschaftet (gut natürlich im moralischen Sinn), sichert sich individuellen Wohlstand, darf weiter eigennützig, bedürfnis- und effizienzorientiert handeln und zieht dementsprechend die Vorteile aus diesem Eigennutz (Belohnungssystem). Wer in moralischer Hinsicht schlecht wirtschaftet, muss Wohlstand abgeben, wird in der Ausübung seines Eigennutzes, seiner Bedürfnis- und Effizienz-Orientierung behindert und muss die sich daraus ergebenden Nachteile tragen (Bestrafungssystem). Aber Vorsicht: Der wirtschaftsmoralische Standpunkt im Rahmen des Funktionalisierungsmodells darf nicht mit dem Standpunkt des amoralischen oder rechtlichen Akteurs verwechselt werden. Der wirtschaftsmoralische Akteur weist eindeutig eine moralische Gesinnung auf, während die beiden anderen nur moralisch handeln, solange es ihnen ausschließlich persönlich wirtschaftlich nützt (Amoralist) oder sie Sanktionen und Strafen (Legalist) vermeiden wollen, ohne von den Normen selbst überzeugt zu sein.

Funktionalisierung der Moral: „Je moralischer, umso wirtschaftlicher"

Funktionalisierung bedeutet, dass die Moral als Katalysator zur Erfüllung wirtschaftlicher Zwecke eingesetzt wird. Zwar bleibt Moral als phänomenaler Lebensbereich bestehen, zusätzlich aber geht sie eine besondere Beziehung zur Wirtschaft ein. Man kann sagen, dass die Moral einem knappen Produktionsfaktor entspricht, dessen Vorhandensein über die Höhe des wirtschaftlichen Niveaus entscheidet. Steht mir z. B. Öl als Ressource zur Verfügung, kann ich Kunststoff produzieren und über dessen Vertrieb neues Einkommen generieren. Die Moral kann als Faktor bezeichnet werden, der im Prozess der Bedürfnisbefriedigung die Wohlstandsziele der Menschen bedeutend schneller erreichen lässt. Generell fungiert Moral in diesem System als Beschleuniger. Aber die Moral kann auch als Verzögerungsinstrument auftreten. Wenn wir unsere Kunden benachteiligen, werden sie uns nicht mehr treu bleiben. Wenn wir ehrlich im Umgang mit unseren Kunden, Geschäftspartnern und Arbeitskollegen sind, dann können wir mehr Gewinn und Einkommen erzielen. Wir schlagen dadurch zwei Fliegen mit einer Klappe: Wir ernten nicht nur die Früchte, die mit der Moral allein verbunden sind (Ansehen etc.), sondern zusätzlich noch die ökonomischen. Moral wirkt doppelt, in ihrer Hinführung zu sozialen wie wirtschaftlichen Zielen. Wenn wir unseren Job diszipliniert und mit hohem persönlichen Einsatz ausfüllen, dann weil uns dieses Verhalten neben mehr Einfluss und

Ansehen zugleich mehr Geld, wirtschaftliche Unabhängigkeit, wirtschaftliche Möglichkeiten etc. sichert. Im Rahmen einer funktionalisierten wirtschaftsmoralischen Integration verhalten wir uns somit nicht nur moralisch, um moralische Werte und Normen zu
realisieren und ein gutes Gewissen zu haben, sondern wir handeln immer zugleich ökonomisch instrumentell. Kurz: Die Verbesserung wirtschaftlicher Möglichkeiten ist systematisch an die Befolgung moralischer Normen gekoppelt.

Der funktionale Zusammenhang zwischen Wirtschaft und Moral lässt sich mathema-
tisch darstellen. Wie im Fall einer mathematischen Funktion auch, entspricht die Moral
der unabhängigen Variable (x-Achse, Abszisse) und Wirtschaften der abhängigen Variable (y-Achse, Ordinate). Erhöht sich im Rahmen einer positiv steigenden Funktion die
Einsatzmenge des Faktors Moral, so erhöht sich zugleich die Menge des wirtschaftlichen
Erfolgs bzw. der wirtschaftlichen Zweckmäßigkeit. Somit gilt die allgemeine Gesetzmäßigkeit: Je moralischer, umso größer der wirtschaftliche Effekt. Sind die Zuwachsraten
gleichbleibend, liegt ein linearer Verlauf vor. Nimmt der wirtschaftliche Erfolg bzw. die
wirtschaftliche Zweckmäßigkeit zwar mit steigendem Moraleinsatz zu, aber mit sinken-
den Zuwachsraten, erhalten wir eine degressiv steigende Funktion und einen nicht linea-
ren Verlauf. Der Fall eines funktionalen Zusammenhangs mit negativer Steigung interessiert hier im Übrigen nicht, da dieser auf den interdisziplinären Fall der Ökonomisierung
von Moral nicht anwendbar ist.

Funktionen mit negativer Steigung sind lediglich relevant hinsichtlich moralbasierter
Systeme (vgl. Kapitel 12)[2]. Im Normalfall ist Moral wirtschaftlich produktiv:

$$\frac{\text{wirtschaftlicher Vorteil}}{\text{Moraleinsatz}} = \text{Produktivität der Moral}$$

$$\frac{\text{Veränderung wirtschaftlicher Vorteil}}{\text{Veränderung Moraleinsatz}} = \text{Grenzproduktivität der Moral}$$

Linearer Fall: **Nicht linearer Fall:**

Wirtschaft   Wirtschaft

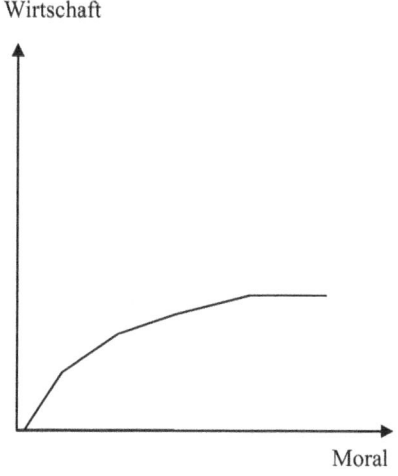

Moral   Moral

Verstärkung des persönlichen Vorteilsstrebens: „Moral motiviert"

Die Funktionalisierung der Moral bezieht sich auf mehrere wirtschaftliche Aspekte. Hauptsächlich aber hängt sie mit der Perspektive der persönlichen Vorteilsnahme zusammen. Moral erscheint in diesem Licht als Katalysator, die eigenen wirtschaftlichen Ziele zu erreichen. So kümmert sich der Ober mit besonderer Hingabe um seine Gäste, damit das Trinkgeld möglichst hoch ausfällt. Lässt der Ober seine Gäste hingegen links liegen, muss er damit rechnen, dass er kein Trinkgeld erhält und der Gast beim nächsten Mal wegbleibt. Der multinationale Sportartikelhersteller finanziert die Olympiade als offizieller Sponsor mit, damit sein Ansehen wächst und der Umsatz steigt. Hier wird vielleicht am deutlichsten, dass Moral im funktionalen Zusammenhang als „Schmiermittel" benutzt wird: persönlicher Vorteil und Wohlstand als Folge normativer Anpassungsbereitschaft.

Vernützlichung: „Moral lohnt sich (subjektiv)"

Im Rahmen des Ökonomisierungsmodells bezieht das Interesse der Wirtschaft an der Moral immer den Aspekt der Nützlichkeit mit ein. Moral wird auch deshalb wahr- und ernstgenommen, weil sie einen wirtschaftlichen Nutzen hervorruft. Der Wert der Moral liegt demnach nicht in ihr selbst begründet, sondern in dem Wert, den sie wirtschaftlich stiftet, also darin, dass uns durch sie mehr knappe Güter zur Verfügung stehen als ohne sie. Dieser zusätzliche Nutzen äußert sich wiederum durch die Nützlichkeit der Wirtschaftsgüter. Wenn man durch Normbefolgung ein Rennrad mehr erwirtschaften kann, dann liegt die Nützlichkeit im Gebrauchswert des Rennrads. Das Rennrad, das seinerseits eine Identität zwischen Gut und Subjekt erzeugt, dient dazu, dass das Subjekt sich selbst angemessen sportlich betätigen kann und so zur Selbstverwirklichung des Subjekts beiträgt.

Die Tatsache, dass der Wert der Moral auch anderen Kriterien unterworfen ist, der Gerechtigkeit, sozialem Frieden, allgemeiner Wohlfahrt, gesellschaftlicher Geschlossenheit etc., bleibt dabei ohne Einschränkung erhalten. Die Wirtschaft verleibt sich die Moral sozusagen nur in einem gesonderten Verhältnis ein, indem sie die Nützlichkeit, verstanden als spezifisches, subjektives Wertempfinden von bedürftigen Konsumenten, zur erweiterten Bewertungsmethode universalisiert. Der Wert von Normativität beruht dann auf der Wirkung, wirtschaftliche Güter subjektiv genießen zu können.

Die Vernützlichung der Moral findet natürlich auf vielen Gebieten ihren Niederschlag. Wenn das Kind die Hausaufgaben ordentlich erledigt, bekommt es Süßigkeiten. Der Grad des Genusses, der mit dem Verzehr der Süßigkeiten verbunden ist, bestimmt den moralischen Wert, Hausaufgaben ordentlich zu erledigen. Wenn der Angestellte freiwillig und auf Dauer Überstunden macht, wird er schneller befördert und erhält mehr Gehalt. Dadurch ergibt sich ein Selbstverwirklichungseffekt, der die Normerfüllung „utilisiert", d. h. in nicht näher spezifizierbaren, subjektiven Nutzeneinheiten angibt. Wenn der Krankenversicherte ein gesundheitsbewusstes Verhalten nachweist, bekommt er eine Prämie ausbezahlt. Der ehrenamtlich tätige Sporttrainer darf am Jahresende auf Kosten des Vereins an einer Städtereise teilnehmen etc. Vernützlichung bedeutet somit, dass der moralische Wert mittels eines subjektiven Wirtschaftswerts ausgedrückt wird, der durch die spezielle Verknüpfung eines Subjekts mit einem bestimmten Wirtschaftsgut entsteht. Rein moralische, soziale, politische, ästhetische Möglichkeiten der Identitätsgewinnung bleiben unberücksichtigt.

Materialisierung: „Moral schafft materiellen Wohlstand"

Ökonomisierung ist gleichbedeutend mit Materialisierung. Da Moral, funktionalistisch gesprochen, vorteilhaft sein muss, muss der Vorteil in irgendeiner Weise gemessen, operationalisiert werden. Demnach errechnet sich der Wert moralgetreuen Verhaltens im Rahmen des materialen Ansatzes durch die Anzahl der dadurch gewonnenen materiellen Güter. Moral wird sozusagen versachwertet. Ihr Sinn ist materieller Zuwachs, Wohlstand, also das Mehr an Sachgütern, Dienstleistungen und Geld. Andere Nützlichkeitserwägungen bleiben außen vor. Es sei denn, dass außerwirtschaftliche Dinge wie Macht, Ansehen, Exklusivität etc. über Sachwerte transportiert werden.

Die Materialisierung findet ihre höchste allgemeine Ausprägung durch die Monetarisierung. Geld als universelles Tausch- und Wertmittel eignet sich am besten, um moralisches Verhalten messen zu können. Wenn der Zeitungen austragende Teenager der älteren Dame bei seinem Besuch hilft, die Mülltonnen an den Straßenrand zu stellen, und er dafür zwei Euro erhält, dann materialisiert sich Normativität auf eine perfekte Art und Weise. Wenn Ex-Siemens-Chef Heinrich von Pierer einige Millionen Euro (aus Sicht der Unternehmensebene) als Vergleichszahlung leisten soll, weil er schon während seiner aktiven Zeit als Vorstandsvorsitzender von der Korruptionsaffäre und den sogenannten „schwarzen Kassen" gewusst haben soll, dann materialisiert sich moralische Regeltreue bzw. Normabweichung. Und zwar in perfekter Abstimmung zum wirtschaftlichen Bereich.

Individualisierung/Privatisierung: „Moral individualisiert wirtschaftlichen Erfolg"

Individualisierung bedeutet, dass die Befolgung moralischer Normen einerseits wieder mehr in den Bereich des Einzelnen gerückt wird (methodologischer Individualismus), was andererseits zugleich auch für die Konsequenzen dieses Verhaltens gilt. Der Einzelne soll entscheiden, was moralisch gut, was schlecht ist. Wegen der funktionalen Gebundenheit steht dieser Freiheit allerdings die Folge gegenüber, dass jeder die Konsequenzen seines Tuns deutlicher zu spüren bekommt. Wer z. B. als unzuverlässig gilt, muss damit rechnen, dass er weniger Geschäfte mit anderen abschließen kann als der Zuverlässige. Wer sich einmal als Betrüger erwiesen hat, wird es schwer haben, dass andere mit ihm finanziell kooperieren. Normativer Freiheit steht somit das eigene wirtschaftliche Wohl gegenüber. Die Annahme der prinzipiellen Eigennützigkeit der Wirtschaft aus Teil 1 wird bestätigt. Da Moral als individuell charakterisiert wird, führt sie direkt zur Eigennutzhypothese. Sie nützt nicht nur unter bestimmten Bedingungen allen, sondern in erster Linie individuell materiell.

Wie entsteht dann eigentlich eine öffentliche Moral, wenn die Moral prinzipiell individualisiert ist? Dadurch, dass die Individuen im geschäftlichen Miteinander zunächst unterschiedliche normative Praktiken ausprobieren, wird ein Selektionsprozess in Gang gesetzt, an dessen Ende sich genau die Normen durchsetzen, die sich für die Mehrheit der Wirtschaftenden als dauerhaft und individuell wohlstandssteigernd herauskristallisiert haben. Diese Normen werden dann als allgemeingültig anerkannt und somit öffentlich. Die öffentliche Moral verschwindet also nicht, sondern nur ihre Genese verändert sich, indem sie sich sozusagen nicht nach dem top-down-Ansatz, sondern dem bottom-up-Ansatz konstituiert. Aus einer Vielzahl an atomisierten Normvorstellungen schält sich in einem beständigen Anpassungsprozess im Laufe der Zeit eine allgemeine Normgesetzmäßigkeit heraus, vergleichbar einem Marktgleichgewicht.

Individualisierung und Privatisierung sind zwar keine identischen Begriffe, jedoch liegen sie recht nahe beieinander. Privatisierung ist entstaatlichte Individualisierung, d. h. der Einzelne hängt nicht oder kaum mehr mit dem Staat oder vergleichbaren hoheitlichen Körperschaften zusammen, während sich Individualisierung auch auf die betriebliche, institutionelle Ebene bzw. die Ebene der privaten Haushalte beziehen kann. Bei privatisierten Tauschbeziehungen hält sich der Staat mehr und mehr zurück und lässt die beiden Tauschpartner selbst entscheiden, welche Kriterien für einen normativ gelungenen Tausch gelten sollen. Beispiele für Privatisierungen von Staatsunternehmen, die immer auch als Liberalisierungen angesehen werden können, sind: Post, Wasserversorgung, Energieversorgung, Personennahverkehr, Rentenversicherung, Krankenversicherung etc.

Privatisierungen verfolgen die gleiche Zielrichtung wie Individualisierungen. Durch Abbau von überflüssigen Bestandteilen wie z. B. Bürokratie und Umverteilungselemente, soll der individuelle Wohlstand in der Nettobetrachtung erhöht werden. Wirtschaftsmoralisch gesprochen bedeutet dies, dass die moralische Souveränität mehr und mehr vom Staatssouverän auf den privaten Souverän (Konsumentensouveränität etc.) übertragen wird. Mehr Flexibilität, mehr Innovation und überhaupt mehr Anpassungsbereitschaft sind die Folge.

Maximierung: „Moral wirkt als unerschöpfliche Ressource"

Der Prozess, Moral zu funktionalisieren, kennt prinzipiell keine Grenzen. Deren Vorteilhaftigkeit hört nicht nach der zehnten oder elften Normbefolgung auf, sondern bleibt im Prinzip unbegrenzt bestehen. Das heißt Moral trägt unerschöpflich zur Maximierung von persönlichem Vorteil, Nutzen und Wohlstand bei. Dadurch, dass über die funktionale Verquickung von Wirtschaft und Moral eine sachliche Einheit begründet wird, in der das eine Element ohne das andere nicht mehr auskommt und umgekehrt, ist das potenziell unendliche Streben nach Bedürfnisbefriedigung (Zweck) nicht mehr von seinem Mittel (Moral) zu trennen. Die konkreten funktionalen Zusammenhänge können sich in ihrer Ausprägung und Zusammensetzung zwar durchaus verändern, ihrem Wesen nach aber nicht. Solange wir unseren wirtschaftlichen Vorteil zu mehren suchen, solange wird uns dabei die Moral zur Seite stehen.

Rationalisierungsstreben: „Moral erhöht die Effizienz"

Das Knappheitsproblem der Wirtschaft wird durch Verbesserung der Effizienz bzw. Erhöhung der Produktivität abgemildert bzw. überwunden. Produktivität wird mittels des ökonomischen Prinzips gemessen (vgl. Kapitel 1, Maximal- und Minimalprinzip). Zum Beispiel kann der Taxifahrer seinen Umsatz (bei gleichem Arbeitspensum) durch Freundlichkeit und Hilfsbereitschaft steigern, da seine Kunden immer wieder mit ihm fahren wollen, da sie eventuell Mundpropaganda für ihn betreiben etc. Dadurch verringern sich seine Standzeiten immens, das Taxi steht seltener still. Bei gleichem Arbeitseinsatz und steigendem Umsatz erhöht sich die Produktivität. Der Taxifahrer erhöht dadurch sein Einkommen, ohne mehr arbeiten zu müssen. Moral stellt sich also als Wirtschaftlichkeitsfaktor heraus.

Wertobjektivierung: „Moral lohnt sich (objektiv)"

Für wirtschaftliche Güter ist es ganz normal, dass ihr Wert über Preise angezeigt wird. Preise sind objektive bzw. objektivierte Wertmaßstäbe, die für alle Wirtschaftsteilnehmer gleichermaßen und ohne Ausnahme als Kalkulationsgrundlage dienen. Für Güter der Moral ist eine solche objektive Bewertung gemeinhin unmöglich. Erstens werden Moralgüter wie Ehrlichkeit, Zuverlässigkeit, Freundlichkeit etc. intersubjektiv immer wieder sehr unterschiedlich bewertet, zum zweiten können sie nicht in objektive Kostenbestandteile zerlegt werden, zum dritten weisen sie de facto in der wirtschaftlichen Realität keinerlei preisliche Relevanz auf.

Im Rahmen einer funktionalen Wirtschaftsmoral ist eine solche Wertobjektivierung hingegen nicht nur erwünscht, sondern auch möglich. Das bedeutet nicht, dass sich jedes Moralgut problemlos in wirtschaftlicher Hinsicht „verpreislichen" lässt. Es gibt viele Fälle, in denen die Objektivierung von Moralwerten schwierig ist. Aber der Wert von Moralgütern lässt sich zumindest partiell in Preisen ausdrücken bzw. in „Preisnähe" bringen. So ist der Preis des einwandfreien Verhaltens von Ebay-Händlern, die in ihren Bewertungen 100 Prozent erreicht haben, in jenem Umsatzplus zu sehen, das sie gegenüber ihren Ebay-Kollegen aufweisen, die keine so guten Bewertungen erhalten haben. Auch wenn dieses Umsatzplus von mehreren Faktoren abhängig sein kann, lässt es sich objektiv und exakt in Preisen beziffern. Wenn sich der Croupier im Kasino unterstützend und hilfsbereit gegenüber den Spielern zeigt, erhält er kleine Gewinnanteile. Derartige „Trinkgelder" entsprechen dem Wert, den die Spieler dem Verhalten des Croupiers beizumessen bereit sind. Der Croupier kann jeden Abend anhand seines jeweiligen moralischen Verhaltens erkennen, wie sich dasselbe objektiv, da pekuniär messbar, ausgezahlt hat.

Wertrelativierung: „Moralisches Handeln lässt sich vergleichen"

Preise bringen im Wirtschaftsleben den Vorteil mit sich, dass sich die unzähligen Güter wertmäßig gut miteinander vergleichen lassen. Das Gleiche ist im Fall der Moralgüter nicht so leicht möglich, da Treue, Anstand, Pünktlichkeit etc. qualitativ derart differieren, dass sie eben nicht auf zwei Dezimale genau miteinander verglichen werden können. Doch genau die Herstellung dieser Vergleichbarkeit entspricht dem Programm und dem Fokus der funktionalen Wirtschaftsmoral. Vor dem Hintergrund der soeben erläuterten Wertobjektivierung soll durch die Verpreisung der Moral eine möglichst dem wirtschaftlichen Ideal entsprechende Vergleichbarkeit realisiert werden.

Mit der Verpreisung der Moral ist nun die Verquickung zwischen Moralverhalten und pekuniärem Gegenwert gegeben. Der Marktschreier kann damit quantifizieren, was es bringt, die potenziellen Kunden mit einem mis- oder philanthropischen Humor zu versorgen. Er kann quantifizieren, was es bringt, kooperativ oder autoritär mit seinen Angestellten umzugehen bzw. loyal oder sprunghaft mit seinen Lieferanten über die Einkaufspreise zu verhandeln. Der Anlageberater weiß nun, welcher Geldwert mit einer oberflächlichen bzw. profunden Beratung verknüpft ist, welcher Geldwert sich mit einem bescheidenen bzw. selbstgefälligen Auftreten erzielen lässt etc. Natürlich hängt über solchen Prozessen immer der Schleier des Nichtwissens, der aus der Komplexität der Wirklichkeit resultiert.

Anreizorientierung: „Moral eröffnet wirtschaftliche Chancen"

Der wirtschaftende Mensch lässt sich auf seinem Weg zur Bedürfnisbefriedigung von Anreizen leiten, z. B. durch neue Jobs, neue Produkte, neue Produktionsverfahren, neue Investitionsideen etc. Moral hingegen spricht in der Regel nicht von Anreizen, sondern von einer Gesinnung oder einer inneren Haltung bestimmten Werten gegenüber (vgl. Teil 1). Auch hier tritt das dominierende Programm der funktionalen Wirtschaftsmoral in Kraft, und zwar in Form einer der Moral selbst nicht wirklich angemessenen Anreizorientierung. Das heißt, dass Moral nicht das Gute als solches in den Wirtschaftssubjekten weckt, sondern die Realisierung irgendeines wirtschaftlichen Zwecks.

In der Konsequenz sieht das Entscheidungssubjekt in Moralfragen nicht in erster Linie das dahinter stehende Moralproblem, sondern nur das Problem, wie sich Moral zweckmäßig mit dem eigenen Wohlstand verbinden lässt. Wenn die Friseurin merkt, dass eine Kundin besonders empfänglich für esoterische Themen ist, dann konzentriert sie sich auf dieses Thema, obwohl sie eigentlich wenig damit zu tun hat. Eigentlich führt eine solche Haltung dazu, dass Kunden nur noch als Mittel zum eigenen Erfolg, als wandelnde Einnahmequellen gesehen werden und nicht als Mitmensch. Auch wenn diese Vorstellung Unbehagen auslöst, gilt nach der funktionalen Logik: Solange relevante Sozialnormen aus Überzeugung erfüllt werden, ergibt sich kein moralisches Problem. Dazu mehr im Teil 5, Vor- und Nachteile des funktionalen Ansatzes.

11.2   Integrationsebenen

Im Folgenden möchte ich einige wenige, aber grundlegenden Beispiele einer funktionalisierten Wirtschaftsmoral zeigen, so wie sie uns aus unserer Lebenswirklichkeit bekannt sind. Die eigentliche, theoretische und idealtypische Auseinandersetzung mit den Bedingungen einer funktionalisierten Wirtschaftsmoral findet erst im Teil 4 statt, der sich mit der Implementierung derselben beschäftigt.

11.2.1   Makroebene

11.2.1.1   Wirtschaftsordnung: Kapitalismus/Marktwirtschaft

Die Ökonomisierung der Moral findet ihren wahrscheinlich umfassendsten Niederschlag auf dem Gebiet der Wirtschaftsordnung. Darunter subsumiert man alle rechtlichen, wirtschaftlichen und soziokulturellen Regeln, die einer Volkswirtschaft zu Grunde gelegt werden, weswegen hierbei von einer institutionalisierten (statt individualisierten) Moralform gesprochen werden muss. Wenn wir uns in der Praxis bzw. in der Wirklichkeit, auf die Suche nach einer Wirtschaftsordnung machen, die der These der Ökonomisierung der Moral am nächsten kommt, stoßen wir unweigerlich auf die Marktwirtschaft. Hier finden wir erste Anzeichen von Faktoren, wie die Funktionalisierung von Moral funktioniert, wobei wir uns jedoch erst im Teil 4 (Implementierungsproblem) profunde mit den theoretischen Voraussetzungen der Funktionalisierung beschäftigen werden.

Der Kapitalismus[3], begrifflich mit der (reinen) Marktwirtschaft gleichgesetzt, besteht aus mehreren Elementen, wovon die wichtigsten kurz erwähnt sein sollen. Die wohl zentralste kapitalistische Annahme betrifft das Privateigentum an Produktionsmitteln. Darunter versteht man, dass jedes Wirtschaftssubjekt letztlich auf sich gestellt ist, wenn es um den Einsatz der Produktionsfaktoren von Arbeit, Boden und Kapital geht. Privateigentum heißt, dass jeder die Früchte seiner Arbeit, seines Grundbesitzes und seines Kapitals (Realkapital, Geldkapital und Humankapital) zwar selbst ernten kann, er aber zugleich das gesamte Risiko trägt bzw. für Verluste haftet. Als Folge resultiert daraus, dass jeder Marktteilnehmer äußerst vorsichtig, sorgsam, zielorientiert, kostenbewusst bzw. Gewinn bringend mit seinen wirtschaftlichen Ressourcen umgeht. Die Marktwirtschaft strebt das möglichst unbegrenzte Unternehmertum an, wo jeder zum Manager seiner selbst bzw. seines Vermögens avanciert[4]. Wirtschaftsmoralisch stellt das Privateigentum somit eine institutionelle Moralnorm dar, deren Befolgung für alle Wirtschaftssubjekte gut ist, da sie zu individuellem und allgemeinem Wohlstand führt.

Das zweite Ordnungselement betrifft den Koordinationsmechanismus, der im Fall des Kapitalismus der Markt ist. Damit die einzeln auf sich gestellten Konsumenten und Produzenten miteinander in Interaktion treten können, um ihre Waren, Dienstleistungen und Arbeitsleistungen auszutauschen, bringt der Markt Angebot und Nachfrage zusammen und zur Deckung. Damit dieser Mechanismus, der durch die Vorteile von Arbeitsteilung und Spezialisierung zu mehr Wohlstand führt, sein Werk vollbringen kann, muss die Preisbildung frei und flexibel gestaltet sein. Dadurch, dass der Markt Angebots- und Nachfragemengen zum Gleichgewicht bringt und er auf diese Weise die maximal mögliche Tauschmenge für die Marktteilnehmer realisiert, werden permanent Zustände erzeugt, durch welche beide Tauschpartner profitieren, da jeder freiwillig zu seinem jeweiligen Vorteil tauscht. Diese freie Preisbildung, die sich sowohl auf Konsumgüter- wie Faktormärkte bezieht, entspricht dem dritten Ordnungselement des Kapitalismus. Wirtschaftsmoralisch gilt das Gleiche wie im Fall des Privateigentums. Der freie Markt- und Preismechanismus stellt eine institutionelle Moralnorm dar, deren Befolgung für alle Wirtschaftssubjekte gut ist, da sie zu individuellem und allgemeinem Wohlstand führt. Kurz: je mehr Markt, umso wirtschaftlicher, wobei der Markt keinen nur rein wirtschaftlichen, sondern auch einen moralischen Wert repräsentiert.

In seinem Handeln wird das kapitalistische Wirtschaftssubjekt vom Selbstinteresse geleitet, was als viertes Ordnungselement gelten soll. Das Eigeninteresse ist jene Kraft, mit der sich souveräne Konsumenten und wettbewerbsorientierte Produzenten auf Märkten gegenüberstehen, womit wir beim fünften Ordnungselement sind. Der Wettbewerb, der auf der Annahme beruht, dass jeder Anbieter (Unternehmen auf Gütermärkten, Arbeitnehmer auf Arbeitsmärkten) nur einer von vielen ist, zwingt alle Anbieter dazu, sich noch besser bei der jeweiligen Kundschaft zu „verkaufen" als der andere. Genau dieser Druck führt zwar für alle Marktteilnehmer zu mehr Effizienz, Innovation und Wohlstand. Zugleich jedoch kann es passieren, dass der, welcher diesem Konkurrenzdruck nicht standhält, vom Markt verschwindet, was im ungünstigsten Fall bittere Armut bedeutet. Das Selbstinteresse ist als Motivationsgrundlage zu sehen, die aber nicht mit Egoismus gleichzusetzen ist. Eigeninteresse ist die kapitalistische Grundmotivation schlechthin und seine moralische Befolgung sichert für alle Wohlstand (dass dem Selbstinteresse allerdings letztlich kein moralischer Eigenwert entspringt, wurde am Ende von Teil 2 ansatzweise erörtert).

Welchen Ansatz man auch immer wählt, die Rolle des Staates bleibt im kapitalistischen System eine untergeordnete. Er hat im Höchstfall für folgende Rahmenbedingungen zu sorgen: Sicherung des Privateigentums, der Vertragsfreiheit, Bereitstellung eines zuverlässigen Rechtssystems. Und darüber hinaus hat er mit Hilfe funktionstüchtiger Märkte für die Schaffung und insbesondere der Aufrechterhaltung des Wettbewerbs zu sorgen, der nicht durch Monopole, Oligopole, Marktmacht etc. behindert werden darf. Auch die Bereitstellung bestimmter und äußerst begrenzter öffentlicher Güter (z. B. nationale Verteidigung) gehört zu seinen Aufgaben. Neben dieser Staatskonzeption des „Nachtwächters" wäre es allerdings auch möglich, auf die Existenz eines Staates im Rahmen einer wirtschaftsmoralischen Betrachtung gänzlich zu verzichten. Dies hätte zur Folge, dass die Effekte einer wirtschaftsbasierten Moral viel deutlicher zu Tage treten können. Im Kapitalismus ist es somit eine moralische Norm, dass der Staat nur eine kleine Rolle spielen soll. Wird nach dieser Norm verfahren, ist eine gute wirtschaftliche Entwicklung gesichert.

Da der Kapitalismus keine expliziten Annahmen über moralische Fragestellungen trifft, nimmt die Moral in diesem System eine implizite Form an. Das heißt Moral ist etwas, das dem Markt inhärent ist. Hier stoßen wir auf die vorher besprochene Funktionalisierung. Damit der auf sich gestellte Anbieter auf Dauer dem Wettbewerbsdruck gewachsen ist, muss er sich nicht nur persönlich und technisch einwandfrei, sondern auch moralisch korrekt verhalten. Er kann seine Produkte nur dann absetzen, wenn diese

eine ordentliche Qualität aufweisen, damit sie seine Kunden möglichst lang nutzen können. Er kann sich nur nachhaltig behaupten, wenn er sich seinen Geschäftspartnern gegenüber als zuverlässig, ehrlich, verbindlich etc. erweist. Nur derjenige erzielt in diesem
System Vorteile, der den Mitmenschen etwas anbietet, das diese wollen und die dafür
zahlen. Er „verkauft" sich sozusagen am besten dadurch, indem er moralisch einwandfrei agiert. Betrügt er in irgendeiner Weise, wird sich dieses Fehlverhalten schnell herumsprechen, seine Geschäfte negativ tangieren. Zugleich aber wird von ihm aus moralischer Sicht verlangt, dass er über freie Märkte konkurriert und selbstinteressiert Privatvermögen schafft.

In der reinen Marktwirtschaft werden die Ordnungselemente Privateigentum und
Selbstinteresse (also Eigennutz, Bedürfnisorientierung und Effizienzstreben) moralisch
dadurch institutionalisiert, indem zum einen Märkte für Transparenz und individuelle
Machtlosigkeit sorgen und zum zweiten der Wettbewerb uns zu moralischem Verhalten
anleitet. Das meint Homann, wenn er behauptet, dass Wettbewerb solidarischer sei als
teilen, da der Markt zu Normativität zwinge. Der Wettbewerb bringt die Marksubjekte
dazu, die Regeln einzuhalten, die für einen sozialverträglichen Wohlstand verantwortlich
sind. Dieser Zwang bezieht sich allerdings nur auf diejenigen, die rein ökonomisch, also
instrumentell, ausgerichtet bleiben, da sie nur des wirtschaftlichen Nutzens wegen moralisch handeln. Für den moralisch überzeugten Akteur stellt der Wettbewerb keinen
Zwang dar, sondern ist Teil von dessen Gesinnung.

Der reine Kapitalist handelt somit nicht moralisch im Sinn der allgemeinen Moral,
sondern im Sinn der Marktmoral, die des Wohlstands willen Eigennutz, Privateigentum
und Konkurrenz moralisiert. Das hat Adam Smith, Hauptbegründer der Marktwirtschaft,
treffend in seinem berühmten Zitat angezeigt, wonach der Bäcker und der Metzger ihre
Arbeit nicht aus Gründen der Wohltätigkeit tun, sondern als Folge ihres Selbstinteresses[5]. Moral nimmt im Prinzip nichts anderes als die Rolle ein, die auch jeder Produktionsfaktor einnimmt. Und genauso wird sie auch als Knappheitsfaktor bewirtschaftet. Der
Kapitalist setzt sie so ein, dass sie sich im produktiven Sinn günstig auswirkt. Wird Moral auf Dauer zu „teuer", d. h. muss ein immer höheres moralisches Niveau erreicht werden, führt dies dazu, dass sie entweder durch alternative Faktoren ersetzt wird oder aber
der Preis für das damit herzustellende Produkt steigt. Lässt sich beispielsweise die Verteuerung des Faktors Moral durch die Bildung von Marktmacht umgehen, wird dieser
Weg eingeschlagen, was wiederum zeigt, dass es im Kapitalismus nicht um Moral, nicht
um sozialen Frieden als solchem, sondern um Gewinn geht. Allgemein gilt: Kapitalismus ist die Anbindung der Normativität an die persönliche Befriedigung wirtschaftlich
relevanter Bedürfnisse. Wir stoßen hier also erneut auf das Problem, dass die motivationalen, inneren Gründe eines äußerlichen Handelns nicht wirklich voneinander unterschieden werden können. Dazu später mehr im Kapital Evaluationsproblem.

Fazit: In der reinen Marktwirtschaft gilt der Primat des Wirtschaftens, und zwar in
der Form, dass auf freien Märkten Anbieter und Nachfrager zunächst beliebig ihre Waren tauschen können. Erst in einem zweiten, moralischen Prozess wird erörtert, unter
welchen Bedingungen ein solcher Tausch normativen Vorgaben entspricht. Zweitens

existiert ein Funktionalisierungsmechanismus. Wer sich gut im moralischen Sinne einer wirtschaftszentrierten Sichtweise verhält, kann materiell erfolgreich sein und sich frei wirtschaftlich betätigen. Darüber hinaus findet in der reinen Marktwirtschaft die Ökonomisierung der Moral statt, indem der Einsatz von Normativität unser eigennütziges und persönliches Streben nach materiellem Erfolg anreizt. Ereigniskongruenz bedeutet hierbei, dass Wettbewerbsverhalten, Freiheit, Leistungsbereitschaft und Normativität strukturell und simultan vorhanden sind.

Außerdem gilt: Die institutionellen Normen von Wettbewerb, Privateigentum, freien Märkten und wenig Staat führen zu einem normativen Leitbild, das von Eigeninteresse und Leistungsbereitschaft in allen seiner Schattierungen und Nuancen geprägt ist.

11.2.1.2 Gesellschaftsordnung: Liberalismus

Die Grundlage des Liberalismus (lateinisch liber: frei, liberalis: die Freiheit betreffend) fußt auf der persönlichen Freiheit des Individuums. Der dabei auftretende Freiheitsbegriff lässt viel Spielraum für Differenzierungen zu. Freiheit im philosophischanthropologischen Sinn meint den Ausdruck des Menschen, sich in seiner Einzigartigkeit zu erkennen und sich als Wesen selbst zu entwerfen. Freiheit im ontologischen Sinn ist als Aufforderung zu verstehen, seinem Leben einen Sinn zu geben. Freiheit im politischen Sinn bedeutet, ohne Unterdrückung durch andere und im Einklang mit anderen zu sein. Freiheit im wirtschaftlichen Sinn bedeutet, eigennützig, bedürfnis- und auch effizienzorientiert mit allen knappen Mitteln umzugehen. Welcher begrifflichen Auffassung man letztlich immer auch folgt, es lässt sich resümieren, dass die Freiheit, somit auch die wirtschaftliche eine elementare, nicht abtrennbare Grundkategorie des Menschen darstellt, die auf verschiedenen Ebenen mit dessen Sein verknüpft ist.

Der Liberalismus, der historisch betrachtet viel älter ist als die Aufklärung, aus welcher er stammt, und der sich als Gegenentwurf zu Absolutismus, Totalitarismus und Sozialismus versteht, weist dem Staat eine sehr restriktive Rolle zu. Dieser hat lediglich dafür Sorge zu tragen, dass sich jeder frei und unabhängig verhalten (Handlungsfreiheit), seine Ansichten kundtun (Meinungsfreiheit)[6] oder sein Leben gestalten darf (Berufsfreiheit, Niederlassungsfreiheit etc.). Der Staat darf sich nur dann einschalten, wenn individuelle Freiheit gefährdet ist und sie somit staatlichen Schutz benötigt.

John Locke sieht in der Freiheit ein unveräußerliches Recht, das der Staat für jeden zu garantieren hat. Gleiches gilt für die Menschenrechte, die als Grundrechte in institutionalisierter Form zu sehen sind.

Der Liberalismus, der als Gesellschaftsordnung eine deutlich größere Reichweite aufweist als der verwandte Kapitalismus, bezieht sich nicht nur auf die gesellschaftliche, politische und individuelle Freiheit, sondern natürlich auch auf die wirtschaftliche Freiheit. Darunter ist das Recht auf privates Eigentum zu verstehen, da das Eigentumsrecht des Individuums an seinem Körper folglich auch dessen Arbeitsleistung umfassen muss. Darunter fällt der freie Wettbewerb, der jedem ermöglicht, sich am allgemeinen Güteraustausch, mehr oder weniger erfolgreich, zu beteiligen, um wie alle an der auf Effizi-

enz beruhenden Wohlfahrt zu partizipieren. Darunter fallen weitere Dinge wie freie
Berufswahl, Vertragsfreiheit, Gewerbefreiheit, Freihandel etc.

Die Freiheit im Liberalismus ist allerdings nicht umsonst. Damit sie sich für alle Individuen und auf Dauer verwirklichen lässt, bedarf es der individuellen Selbstverantwortung. Damit ist gemeint, dass jeder die Freiheitsrechte des anderen respektieren und
achten muss, dass sich keiner eine Freiheit herausnehmen darf, die zur Unfreiheit eines
anderen führt. Rosa Luxemburgs berühmtes Wort, dass die Freiheit immer (auch) die
Freiheit des anderen ist, bringt zum Ausdruck, dass der Liberalismus keine anarchisti-
sche, unwerte Ordnung, sondern eine durchaus moralbezogene darstellt. Weil dies so ist,
leben die Individuen im Liberalismus nicht einfach nebeneinander her, sondern sie binden ihr Zusammenleben an einen Gesellschaftsvertrag, der die normativen Grundlagen
festschreibt. Diese besagen z. B., dass die Würde des Individuums „unantastbar" ist, dass
die Menschenrechte universelle Gültigkeit haben, dass der Staat Rechtssicherheit garantieren muss, dass das Individuum der Eigenverantwortung unterliegt, dass soziale Fairness individuelle Freiheitsansprüchen begleiten soll, dass jeder Zugang zu Wirtschaft,
Politik und Kultur haben soll, dass Freiheit nicht zu Lasten künftiger Generationen gehen darf etc.

Normativität und individuelles Handeln werden somit auch im Liberalismus miteinander verknüpft, indem Freiheit und Moral funktionalisiert werden. Wenn jemand eigenverantwortlich, das bedeutet sozialverträglich und fairnessorientiert, mit anderen
Freiheitsträgern umgeht, darf er seine Freiheit uneingeschränkt behalten. Hält er sich
allerdings nicht an die moralischen/normativen Grundlagen des Gesellschaftsvertrags,
werden ihm seine Freiheitsrechte beschnitten oder evt. ganz genommen. Moralisches
Handeln und individuelle Freiheitsentwicklung sind dadurch auf den unterschiedlichen
Lebensebenen positiv miteinander korreliert, in wirtschaftlicher wie außerwirtschaftli-
cher Hinsicht. Wer betrügt, dabei erwischt wird, wird von den anderen (wie auch immer)
bestraft, was dazu führt, dass er seinen wirtschaftlichen Freiheitsspielraum einbüßt.
Gleiches gilt für die Lebensbereiche, die außerhalb der Wirtschaft sind. Wer bestraft
wird, kann für kein politisches Amt mehr kandidieren. Wer ungut mit seinen Mitgliedern
umgeht, wird nicht wieder zum Vereinsvorsitzenden gewählt etc.

Im klassischen Liberalismus ist somit (wirtschaftliche) Freiheit generell normativ
eingebettet. Dies ist ein Umstand, der heute Erstaunen hervorruft, wenn man sich vergegenwärtigt, dass der Begriff „neoliberal" in weiten Kreisen der Öffentlichkeit zum
Schimpfwort geworden ist, um damit alle möglichen Wirtschaftsprobleme (Finanzkrise,
Entkopplung Finanz- und Realsektor, Bildung von Großkonzernen, überbordende Unter-
nehmensgewinne, zunehmende Einkommensungleichheit) zu belegen. Interessanterweise sahen das wichtige Vertreter des Neoliberalismus ganz anders[7].

Generell gilt: Liberalismus ist die Anbindung der Moral an die persönliche Verwirklichung von (ökonomisch relevanter) Freiheit. Aber auch hier gilt der Primat der Freiheit.
Erst wenn die Freiheit besteht, ergibt sich notwendigerweise Normativität, die im Dienst
der Freiheit steht. Erst wenn ich ein Geschäft betreibe, leiten sich daraus Regeln ab, die
zu befolgen sind. Erst muss ein Produkt frei erzeugt werden dürfen, bevor sich die Frage

auftut, ob der damit verbundene Herstellungsprozess und die sich daran anschließende Vermarktung den normativen Vorstellungen entspricht. Zugleich findet eine Funktionalisierung statt: Je verantwortungsvoller jemand mit seiner (wirtschaftlichen) Freiheit umgeht, umso mehr (wirtschaftliche) Freiheit wird ihm zugestanden und umso größer ist der daraus resultierende individuelle Vorteil. Hier finden wir also die Institutionalisierung einer Norm vor, die Freiheit aus normativen Gründen als das „Gute" (Freiheit schafft Verantwortung und Wohlstand) postuliert.

11.2.2 Mesoebene

Diese Betrachtungsebene bezieht sich auf Unternehmen und Institutionen. Dabei muss differenziert werden. Ein Unternehmen kann aus einem einzigen oder mehreren Unternehmern bestehen, denen die Arbeitnehmer (Angestellte, Arbeiter) gegenüberstehen. Die gleiche Differenzierung ist auf der institutionellen Ebene möglich, also z. B. bei Verbänden (Präsident und Mitglieder), den Kirchen (Papst und Katholiken), Gewerkschaften (Vorsitzender und Mitglieder), Vereinen etc.

11.2.2.1 Rechtsform/Haftungsansatz: Einzelunternehmen/ Personengesellschaft

Bei der Gründung eines Unternehmens stellt sich die Frage nach der Rechtsform bzw. nach den Haftungsregeln. Aus Sicht des wirtschaftsmoralischen Ansatzes, der die Ökonomisierung der Moral vertritt, kommen zwei Rechtsformen in Frage: die des Einzelunternehmens und die von OHG und KG (als Formen von Personengesellschaften).

Die Einzelunternehmung stellt eine Rechtsform dar, in welcher eine einzelne Person einen Betrieb gründet. Ein solcher Selbstständiger, unabhängig davon, ob er Angestellte hat oder nicht, könnte ein Bäckermeister, ein Buchhalter, ein Bauunternehmer, ein Dozent, ein Elektriker, ein Schreiner etc. sein. Ab einer bestimmten Betriebsgröße muss die Firma ins Handelsregister eingetragen werden und die Bezeichnung „e.K." (eingetragener Kaufmann) als Firmennamenzusatz führen. Zwar hat ein Einzelunternehmer geringe Gründungskosten, ein hohes Maß an Unabhängigkeit und keinerlei Vorschriften bezüglich eines etwaigen Mindestkapitals zu befolgen, hinsichtlich seiner Haftung sieht er sich hingegen einer Maximalforderung ausgesetzt, denn er haftet unbegrenzt mit seinem gesamten Geschäfts- und Privatvermögen. Er kann es sich somit nicht leisten, vorhandene Normen außer acht zu lassen. Wenn der selbstständige Lebensmittelchemiker ein neues Lebensmittel prüft, ob von diesem eine Gefährdung der Gesundheit ausgehen könnte, dann muss er normativ einwandfrei zu Werke gehen: Er muss äußerst sorgfältig arbeiten, er muss viele unterschiedliche, biochemische und chemische Tests durchführen etc. Wenn er nämlich das Lebensmittel als unbedenklich einstuft und es erkranken daraufhin mehrere Menschen, dann kann er schadensersatzpflichtig gemacht werden, was ihm, je nach Größe des Schadens, seine berufliche und eventuell auch private Existenz kosten kann. Das Gleiche gilt, wenn der selbstständige Chirurg mangelhaft operiert, wenn der müde, selbstständige LKW-Fahrer einen schwerwiegenden Unfall verursacht, wenn der Fahrschullehrer ein Alkoholproblem verschweigt, wenn der Chef seine Sekretärin sexuell nötigt etc. In allen diesen Fällen hängt die eigene wirtschaftliche Zukunft von der Gewissenhaftigkeit ab, mit der die an den Einzelunternehmer gestellten Moralforderungen von selbigem erfüllt werden. Generell gilt hier, dass moralisches Fehlverhalten zu Haftungsverpflichtungen führt.

Die gleiche Kausalität gilt im Prinzip auch bezogen auf die OHG (Offene Handelsgesellschaft)[8] und die KG (Kommanditgesellschaft)[9], da jeder OHG-Gesellschafter sowie jeder Komplementär einer KG unmittelbar, unbeschränkt und gesamtschuldnerisch haften muss. Unmittelbar heißt, er ist nicht nur verpflichtet, seiner Nachschusspflicht im Notfall nachzukommen, sondern die Ansprüche eines jeden berechtigten Gläubigers zu befriedigen. Unbeschränkt heißt, dass er für alle Schulden der Gesellschaft mit seinem gesamten Privatvermögen gerade stehen muss. Gesamtschuldnerisch bedeutet, der er im Außenverhältnis der Gesellschaft voll und im Innenverhältnis der Gesellschaft anteilig haften muss. Selbst wenn also der andere Gesellschafter eine Vertragsstrafe von 1 Million Euro wegen z. B. Spätleistung zu vertreten hat, hat der eine Gesellschafter, falls er aufgefordert wird, diese Rechnung zu begleichen. Das Nichteinhalten von normativen Standards (rechtlichen wie moralischen) zieht bei Personengesellschaften somit genauso wie beim Einzelunternehmen eine Haftung nach sich, die das selbstinteressierte Wirtschaftssubjekt möglichst vermeidet.

Genau genommen, dadurch, dass Rechtsnormen nicht identisch mit Moralnormen sind (vgl. Teil 1), gehört die Rechtsformproblematik eigentlich nicht zum Moralbereich. Faktisch aber, ausgehend von einer Marktwirtschaft ohne Staat und ohne Recht, weist sie durchaus wirtschaftsmoralische Relevanz auf, da sie die Haftungsfrage stellt. Weil Wirtschaften frei ist, korrespondiert es ständig mit dem (moralischen) Verantwortungsbegriff. Zu ihm gehört, neben den Vorteilen und Chancen wirtschaftlicher Selbstständigkeit, auch deren Nachteile und Konsequenzen zu sehen. Das heißt, im Notfall für sein wirtschaftliches Handeln gerade stehen zu müssen, also Haftung zu übernehmen. In sanktionstechnischer Hinsicht bleibt die Kluft zwischen Rechts- und Moralnorm zwar bestehen, die allgemeine Sanktionsdimension bleibt hingegen von dieser Unterschiedlichkeit ausgespart. Danach ist es unerheblich, ob das Privatvermögen eines zahlungsunfähigen Schuldners unter staatlicher Obhut zwangsversteigert wird oder ob es in einem individuellen, eventuell ungeordneten und auch gewalttätigen Prozess unter den Gläubigern aufgeteilt wird. Allein durch das Risiko, privat haftbar gemacht werden zu können, stellt sich automatisch die Funktionalisierung moralischen Handelns ein.

Auch am praktischen Beispiel der Rechtsformen von Einzel- und Personengesellschaft lässt sich gut die Ökonomisierung der Moral studieren. Am Anfang steht der wirtschaftliche Primat. D. h., dass erst die Gründung der Firma erfolgt und erst danach über moralisch sinnvolle Bedingungen einer solchen Firmengründung nachgedacht wird. Zweitens die Funktionalisierung. Wer sich als Unternehmer den Regeln des „ehrbaren Kaufmanns" unterwirft und sich selbstverantwortlich und sozialverträglich verhält, kann das Risiko der Haftung auf sich nehmen und frei unternehmerisch tätig sein. Haftung als institutionelle Norm kanalisiert und bündelt somit soziale Einzelnormen wie Vorsicht-, Rücksichtnahme, defensives und reflektiertes Handeln etc.

11.2.2.2 Zielsystem: Gewinnmaximierung

In Abschnitt 11.2.1.1 „Wirtschaftsordnung: Kapitalismus/Marktwirtschaft" haben wir gesehen, dass das wirtschaftliche Überleben des Einzelnen, sofern er sich im freien Wettbewerb auf freien Märkten behaupten muss, unter anderem von seiner Bereitschaft abhängt, normative Standards einzuhalten. Nur wenn der Bäcker jeden Morgen gesunde, nicht überteuerte und ordentliche Brötchen anbietet, kann er davon ausgehen, dass er auf Dauer dem Wettbewerbsdruck gewachsen ist. Der Lohn seiner selbstständigen Betätigung ist in der Regel der Gewinn, der ihm einen bestimmten Lebensstandard ermöglicht. Die Frage stellt sich nun, ob ein solcher Unternehmer hinsichtlich der problematischen Integration von Wirtschaft und Moral seine Gewinnabsicht auf eine maximierende oder begrenzte, saturierende Basis stellen soll.

Wenn man von der Tatsache ausgeht, dass der Gewinn in einer Markt- oder Tauschwirtschaft neben anderem auch von der Einhaltung normativer Standards abhängt bzw. durch die Befolgung moralischer Regeln genährt wird, würde im Umkehrschluss eine Gewinnbegrenzung bedeuten, dass das Potenzial der Verwirklichung moralischer Normen niemals ganz ausgeschöpft werden müsste. Würde sich der Unternehmer mit einer bestimmten Gewinnhöhe zufriedengeben, könnte er die moralischen Zügel durchaus schleifen lassen, ohne seine berufliche Existenz jedes Mal sofort in Gefahr zu sehen. Will er jedoch einen möglichst hohen Gewinn erzielen, muss er permanent danach trachten, den normativen Vorgaben der Kunden und Geschäftspartner zu entsprechen. In diesem Sinn ist auch der vielzitierte und vielkritisierte Satz von Milton Friedman, dem Begründer des Monetarismus, zu verstehen: „The social responsibility of business is to increase its profits."[10] Wettbewerbsdruck und Transparenz zwingen in der Marktwirtschaft die Wirtschaftsakteure zu einem intensiv normativen Verhalten, soll am Ende der höchstmögliche Profit herausspringen. Moralisches Fehlverhalten kostet Gewinn.

Neben der uns mittlerweile geläufigen Funktionalisierung besteht hier zugleich der wirtschaftliche Primat. Jeder kann in einem freiheitlichen Wirtschaftssystem so viel Wirtschaften und Gewinn machen wie er will. Dieses Ziel kann er in einer auf Tausch ausgerichteten Ökonomie allerdings nur erreichen, wenn er sich seinen Tauschpartnern gegenüber in Wohlverhalten übt. Erst muss also ein Gewinn erwirtschaftet werden dürfen, bevor die Frage nach seiner moralischen Rechtmäßigkeit gestellt wird. Erst muss ein maximaler Gewinn von Unternehmen angepeilt werden dürfen, bevor die damit verbundene Maximierung normativ diskutiert und bewertet werden kann. Die Steigerung dieses Funktionalisierungsmodells koinzidiert mit der bekannten Aussage von Milton Friedman: Die Befolgung der moralischen Norm der Gewinnmaximierung erhöht den Wohlstand. Der Gewinn wandelt sich in diesem extremen Marktsystem von einer wirtschaftlichen zu einer moralischen Kategorie. Dadurch, dass Gewinnerzielung zur institutionellen Norm erhoben wird, ist es nicht nur „gut", sondern pflichtgemäß, alles dafür Mögliche zu tun, also im Dienst der Allgemeinheit hart zu arbeiten, nützliche, preiswerte, qualitative Produkte herzustellen etc., damit Wohlstand geschaffen werden kann. Bei Friedman ist die Gewinnmaximierung das dominante und normative Postulat für eine funktionalisierte und öffentliche Wirtschaftsmoral.

11.2.2.3 Vergütungssystem: Gewinnbeteiligung

Aus Sicht der wirtschaftsbasierten Wirtschaftsmoral stellt die Gewinnbeteiligung die weitaus beste Vergütungsform für Angestellte eines Unternehmens dar, um Normativität in deren wirtschaftliches Handeln einfließen zu lassen. Begrifflich versteht man unter dem Konzept der Gewinnbeteiligung ein Entgeltsystem, bei dem ein bestimmter Teil oder im Extremfall die gesamte Entlohnung als ein prozentualer Anteil am erwirtschafteten Jahresüberschuss des Unternehmens an die Beschäftigten ausbezahlt wird. Natürlich liegen Gewinnbeteiligungen in unterschiedlicher Form vorliegen. Die echte Gewinnbeteiligung macht mehr als 50 Prozent an der Gesamtvergütung eines Beschäftigten aus. Infrage käme hier somit auch ein Bonussystem, das jedoch nicht notwendigerweise prozentual am Unternehmensgewinn, sondern an anderen Betriebskennzahlen ansetzen könnte. Eine indirekte Form der Gewinnbeteiligung sind Genussrechte oder Mitarbeiteraktien. Gerade letzte sehen keine prozentuale Gewinnbeteiligung vor, sondern drücken die Gewinnträchtigkeit eines Unternehmens indirekt durch dessen Börsenwert aus. Leistungs- bzw. Akkordlohn stellen hingegen kein Gewinnbeteiligungsmodell dar, da sich die Leistung auf eine mehr technische denn normative Kompetenz bezieht. Bestenfalls der damit verbundene Fleiß käme hier als normativer Faktor in Betracht.

Das Entscheidende an der Gewinnbeteiligung für den Arbeitnehmer ist erneut die Tatsache der Funktionalisierung, dass sein künftiger Verdienst von der Qualität seiner Arbeit abhängt, folglich auch der Einhaltung moralischer Normen. Erneut wird also das individuelle Wirtschaftsinteresse an die Verwirklichung normativer Regeln geknüpft. Da in einem solchen Vergütungssystem jeder lebensnotwendig auf die Erzielung eines Gewinnes angewiesen ist und jeder zugleich darüber im Unklaren ist, ob und falls ja wie hoch der künftige Unternehmensgewinn ausfallen wird, wird jeder Mitarbeiter permanent unter dem Druck stehen, seinen Job so gut wie möglich auszuführen. Die dabei auftretende Unsicherheit spielt eine entscheidende Rolle, denn sie ist es, die kontinuierlich für eine intensive Arbeitsmotivation sorgt. Der stärkste normative Effekt wird natürlich dadurch erzeugt, dass die komplette Entlohnung auf der Basis der Gewinnbeteiligung umgesetzt wird. Tritt neben ein hohes Festgehalt eine vergleichsweise niedrige Gewinnbeteiligung (z. B. Beamtentum), dann nimmt der Druck, eine normorientierte Arbeitshaltung an den Tag zu legen, signifikant ab. Klar ist an dieser Stelle auch, dass der Teil der Arbeitsmotivation, der intrinsisch gesteuert ist, gesondert betrachtet werden muss.

Die Funktionalisierung findet zudem erneut unter einem wirtschaftlichen Primat statt. Zuerst muss es erlaubt sein, aus seiner Arbeit die finanziellen Früchte, den Gewinn, zu ziehen. Erst dann stellt sich die Frage, in welcher Form dieser Profit zu einer Einkommensquelle werden und wie dieselbe normativ beurteilt werden kann. Wirtschaftsmoralisch findet erneut eine Verschiebung statt. Wird die Norm, alle am Gewinn zu beteili-

gen, von allen befolgt, steigt der allgemeine Wohlstand. Der Gewinn und seine Verteilung sind zu einer (markt-)moralischen Kategorie geworden. Auch hier gilt: Die institutionelle Norm, Einkommen vor allem auf Basis von Gewinnbeteiligung zu erzielen führt
zu einem Bündel an normativ wertvollen Verhaltensweisen, die das Gute, also Wohlstand, auf die beste Art und Weise verursachen.

11.2.3 Mikroebene

11.2.3.1 Soziale Gesinnung: Leistungsprinzip

Hinter dem Begriff des Leistungsprinzips verbirgt sich ein soziales Ordnungsschema,
das dadurch funktioniert, dass einem bestimmten Handeln ein bestimmter Handlungser-
folg zugeordnet wird. Der Leistungsbegriff erweist sich in der wissenschaftlichen Auseinandersetzung als heteronom. Im Rahmen der Wirtschaftsmoral macht es Sinn, die Leistung als eine individuelle wie kollektive Anstrengung zu verstehen, die versucht, einem
vorgegebenen moralischen Ziel näher zu kommen. Einem leistungsorientierten Handeln
ist dabei eine handlungsorientierte Folge zugeordnet. Diese kann darin bestehen, dass
sich das Handeln eines normativen Leistungsträgers an der individuellen Zuordnung von
materiellen und sozialen Chancen bemisst. Leistung tritt folglich als ein wichtiges soziales Zuteilungskriterium auf. Das Leistungsprinzip als normatives Zuteilungskriterium für
materielle und soziale Chancen übt mindestens vier Funktionen aus[11].

- Im Rahmen der Äquivalenzfunktion erhält der normative Leistungsträger einen wirt-
  schaftlichen Gegenwert, der seinem moralischen Leistungsniveau entspricht.
- Im Rahmen der Allokationsfunktion erhält der normative Leistungsträger soziale
  Positionen, die ihm bestimmte wirtschaftliche Vorteile ermöglichen.
- Eng mit der Allokationsfunktion verbunden ist die Statuszuteilungsfunktion, die dem
  normativen Leistungsträger eine bestimmte soziale Wertschätzung zuordnet.
- Die Orientierungsfunktion sorgt dafür, dass sich alle am sozialen Prozess Beteiligten
  in ihrem normativen Leistungsverhalten am allgemeinen Standard ausrichten können
  bzw. sie sich motivational mobilisieren lassen.

Die Verknüpfung einer moralischen Leistung mit einem wirtschaftlich relevanten Vorteil
findet ihren Niederschlag zwar auch auf der Unternehmens- wie Staatsebene, ursprünglich aber ist sie der individuellen/familiären Ebene (im Sinne der viel zitierten „Keimzel-
le des Staates) zuzuordnen. So belohnt die Mutter die konstante Mithilfe der Kinder im
Haushalt, indem sie sie ein Mal im Monat ins Kino einlädt. Der ehrliche Finder erhält
Finderlohn von dem, der etwas verloren hat. Derjenige, der den Freund im Krankenhaus
besucht, wird nach dessen Genesung von diesem zu einem Essen eingeladen. Die Enkelkinder erhalten für ihren Fleiß Zeugnisgeld von den Großeltern.

Natürlich setzt sich das Leistungsprinzip auf den beiden anderen Ebenen fort. Auf der
betrieblichen Ebene kann Kollegialität, Pünktlichkeit, Zuverlässigkeit, Verschwiegen-
heit, Fachkompetenz, Treue etc. als Leistung bezeichnet werden, die vom Unternehmen

auf unterschiedliche Weise honoriert werden kann. Auf der Ebene der Gesellschaft
spricht man dann von Leistungsgesellschaft, wenn eine negative Leistung sanktioniert,
eine positive Leistung belohnt wird (Status, Einkommen, Prestige, Macht, Positionen).
Vor allem die angelsächsischen Länder folgen in ihrem kulturellen Anspruch dem Leistungsprinzip[12]. Es gilt: Das Leistungsprinzip als institutionelle Norm ist die Anbindung
individueller und sozialer Einzelnormen an das Gute im Sinne der persönlichen Befriedigung wirtschaftlich relevanter Bedürfnisse.

Anmerkungen zu Kapitel 11

1   Der Ökonomisierungsbegriff unterliegt keiner einheitlichen Definition, vgl. Gebhard Kirch-
    gässner: Das Gespenst der Ökonomisierung, zitiert aus: Reinhard, Wolfgang (Hrsg.): Men-
    schen und Märkte.

2   Funktionaler Zusammenhang von Wirtschaft und Moral: Amoralismus, Immoralismus, Öko-
    nomismus:

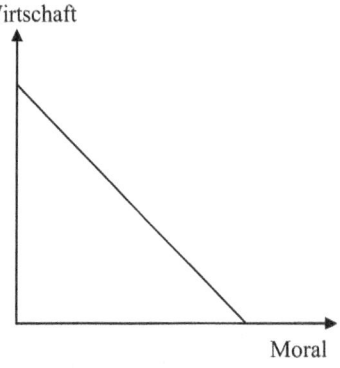

3   Der Begriff Kapitalismus stammt aus dem Lateinischen, capitalis (Haupt-). Marx und Engels
    führten diesen Begriff in der zweiten Hälfte des 19. Jahrhunderts in Deutschland ein. Sombart
    war einer der Ersten, die diesen Begriff wissenschaftlich vertieften.

4   Hier träfe übrigens der Begriff der Ich-AG aus dem Hartz-Konzept aus dem Jahre 2003 gut zu.

5   „It is not from the benevolence of the butcher, the brewer, or the baker, that we expect our
    dinner, but from their regard to their own interest. We address ourselves, not to their humanity
    but to their selflove, and never talk to them of our own necessities but of their advantages."
    (Smith 1993, S. 22).

6   Vgl. der Ausspruch von Voltaire: „Ich teile Eure Meinung nicht, aber ich werde darum kämp-
    fen, dass Ihr sie zum Ausdruck bringen könnt." (zitiert nach Seidel, Geert, in: spup.de/wwi
    09b3/Liberalismus.pdf.)

7   (freiheitliche) „Zusammenarbeit zum wechselseitigen Nutzen der Menschen" (Hayek), „faire
    Kooperation unter Gleichen" (Rawls), „Zusammenhandeln, das im Erfolg des Partners ein
    Mittel zum eigenen Erfolg sieht" (Mises).

8   Bei der OHG schließen sich mindestens zwei Gesellschafter zusammen, um ein Unternehmen zu gründen. Die Firma wird ins Handelsregister mit dem Namenszusatz OHG eingetragen, ein Mindestkapital ist nicht erforderlich. Der Gesellschaftsvertrag kann formlos geschlossen werden, das Recht zur Geschäftsführung erhalten prinzipiell alle Gesellschafter.

9   Bei der KG schließen sich ebenfalls mindestens zwei Gesellschafter zusammen, der persönlich haftende Komplementär und der nur mit seiner Einlage haftende Kommanditist. Die Firma wird ins Handelsregister mit dem Namenszusatz KG eingetragen, ein Mindestkapital ist nicht erforderlich. Der Gesellschaftsvertrag kann formlos geschlossen werden, das Recht zur Geschäftsführung erhält in der Regel der Komplementär, während der Kommanditist ein Kontroll- und ein Gewinnanteilsrecht hat.

10   Friedman, Milton: The Social Responsibility of Business Is to Increase Its Profits, in: The New York Times Magazine, 13.09.1970.

11   Martin Bolte, 1979, zitiert nach: Isabella Benischek: Leistungsbeurteilung im österreichischen Schulsystem, 2006, S. 81, in: books.google.de/books?isbn=3700005989.

12   USA: Einwanderungsidee als Land von freien Menschen, Ablehnung alter Traditionen und Forschrittsgläubigkeit, Glaube an sich selbst von jedem einzelnen, american dream (vom Tellerwäscher zum Millionär), Glaube an das Gute, offen, optimistisch, vital, spontan, individualistisch, Konkurrenzmentalität, starkes Profitdenken gepaart mit hoher Selbstverantwortung, Staat soll sich raushalten, intrinsisch motiviert, Wunsch nach Selbsterfüllung, ergebnisorientiert, Dinge werden effizient erledigt, jeder kann sein Glück machen, pragmatisch.

Monozentriertes, moralbasiertes Integrationssystem: Normierungsmodell

Die zweite grundsätzliche Möglichkeit, Wirtschaft und Moral zu integrieren, ist die „Moralisierung der Wirtschaft". Darunter versteht man die systematische Anpassung der Wirtschaft an die Bedingungen und Vorgaben der Moral. Es gilt der uneingeschränkte Primat des Normativen über das Faktische der Wirtschaft. Zu Grunde liegt der Integrationskonzeption der Moralisierung die Annahme, dass Wirtschaft nie für sich alleine stehen kann, sondern stets in das große Ganze von Politik und Gesellschaft eingebunden ist. Nach dem Motto „der Mensch ist nicht für die Wirtschaft, sondern die Wirtschaft für den Menschen da" kann das System der „Einbettung" der Wirtschaft als das bisher dominante Modell in der Menschheitsgeschichte bezeichnet werden. Die ethnologische Forschung hat beispielsweise herausgefunden, dass der Güteraustausch von Naturvölkern vor allem über gesellschaftliche und moralische Mechanismen erfolgte. Wirtschaft wird in diesen Systemen überhaupt nicht als eigenständiger Lebensbereich wahrgenommen und definiert, sondern als eine weitere Ausdrucksform des Normativ-Gesellschaftlichen gesehen.

Die These von der Einbettung der Wirtschaft zieht sich wie ein roter Faden durch die vergangenen 2.500 Jahre. Schon Aristoteles differenzierte zwischen der sittlich einwandfreien Oikonomia, in der die von der Ethik angeleitete Kunst der richtigen Haushaltsführung gelehrt wird, von der moralisch verwerflichen Chrematistik, die, zum reinen Selbstzweck des Wirtschaftens verkommen, maßlos geworden und gegen den Menschen gerichtet ist. Diese Chrematistik ist nichts anderes als das, was Luhmann dieser Tage als autonomes und funktionales Subsystem der Gesellschaft bezeichnet, das vollkommen autopoetisch von den Gesetzmäßigkeiten und Voraussetzungen des Gesellschaftlichen abgekoppelt wurde und sich selbst überlassen ist. Die Einbettungsthese zieht sich dann vor allem mit Hilfe religiöser Denker wie Augustinus oder Thomas von Aquin durch das

© Springer Fachmedien Wiesbaden GmbH, ein Teil von Springer Nature 2019
S. Knischek, *Grundlagen der Wirtschaftsmoral*,
https://doi.org/10.1007/978-3-658-23623-6_12

gesamte Mittelalter hindurch. Während die Verselbstständigung der Wirtschaft in der Gestalt von Adam Smith und den Klassikern ihren vorläufigen Höhepunkt erlebt, zeigt sich der Marxismus als wirtschaftsmoralische Gegenposition dazu. Karl Marx betrachtet den Kapitalismus als fehlgeleitete Übergangsform, die durch den Sieg der Proletarier dazu führt, dass die Gesellschaftsverhältnisse und die ihnen zugrundeliegende Moral wieder zu Recht gerückt werden. Weitere Autoren, die mit der These der wirtschaftlichen Einbettung arbeiten sind beispielsweise Weber, Durchkeim, Polanyi, Schmoller (Historische Schule) und große Teile der Wirtschaftssoziologie. Fazit: Im Normierungsmodell kommt es somit am Ende immer dazu, dass wirtschaftliche Freiheit durch die Ausübung der übergeordneten moralischen Freiheit eingeschränkt wird, z. B. bei der Konsumentensouveränität oder der effizienten Allokation durch Marktprozesse.

12.1   Normierung bzw. Moralisierung der Wirtschaft: Merkmale

Primat des Normativen

Das Normierungsmodell geht von der Prämisse aus, dass der Mensch als soziales (abhängiges) Sozialwesen begriffen werden muss. Er wird geboren und muss sofort von seiner Familie versorgt werden, andernfalls geht er unverzüglich zu Grunde. Das (Klein-)Kind wächst in seiner Familie auf und lernt ständig Dinge, die es befähigen, zu einem Mitglied einer Gemeinschaft zu werden. Später im Kindergarten oder in der Schule lernt der junge Mensch, mit anderen außerfamiliären Mitgliedern zusammenzuarbeiten. Mit der Ausbildung kooperiert der Mensch im Rahmen der Arbeitsteilung mit anderen Menschen in Unternehmen und sonstigen Institutionen. Immer ist er in das Soziale eingebunden. Dass der Mensch in erster Linie als Sozialwesen aufzufassen ist, darauf haben viele Philosophen und Wissenschaften hingewiesen, darauf muss an dieser Stelle nicht weiter verwiesen werden.

Zwar findet das Wirtschaften durchaus seinen Platz in der Welt der Moral, aber lediglich einen untergeordneten. Materielle Bedürfnisbefriedigung wird als notwendige Grundvoraussetzung menschlicher Existenz gesehen, darf aber nicht als isolierter Lebensbereich betrachtet werden. Da Wirtschaften größtenteils als soziale Veranstaltung stattfindet, muss sie in das übergeordnete Schema des Sozialen und Moralischen eingeordnet werden. An oberster Stelle steht der Zweck der Gemeinschaftlichkeit, dem sich der Zweck des Materiellen anpasst und unterwirft.

Normierung der Wirtschaft: „Moral als Maß wirtschaftlicher Dinge"

Der Primat der Moral findet seinen deutlichsten Niederschlag in der Normierung der Wirtschaft. Solange sich die Wirtschaft innerhalb der von der Moral gesetzten Grenzen bewegt, darf sie tun, was sie will und sich eigenständig entwickeln. Das heißt sie darf sowohl ihrer programmatischen Eigenlogik von Bedürftigkeit, Knappheitsbewältigung und Effizienz uneingeschränkt folgen als auch ihrer funktionalen Ausdifferenzierung als materieller Teil der Gesellschaftsordnung freien Lauf lassen. Sobald sie allerdings ihr von der Moral überlassenes Territorium verlässt und mit den Normen der Moral in Konflikt gerät, wird sie von derselben in ihre Grenzen verwiesen. Da Moral Werte und Normen vorgibt und auf jede Abweichung der Wirtschaft durch Eingriffe reagiert, wird dieser Ansatz auch korrektiv genannt. Moral behält sich im Rahmen der Normierung der Wirtschaft vor, das Maß aller wirtschaftlichen Dinge zu sein. Hier findet die Einbettungsthese der Wirtschaft in das soziale Ganze ihren sicherlich konsequentesten Ausdruck. Die Tabakindustrie wird durch staatliche Maßnahmen in ihren Marktaktivitäten deutlich eingeschränkt, z. B. durch extrem hohe Steuersätze, öffentliche Rauchverbote, partielle Werbeverbote, da die Mehrheit des Gemeinwesens der moralischen Ansicht ist, dass Rauchen schädlich und lästig für die Gemeinschaft ist. Moral gibt somit der Tabakindustrie den wirtschaftlichen Rahmen vor.

Verstärkung des Gemeinnutzstrebens: „Wirtschaft muss allen nützen"

Moralisierung der Wirtschaft bedeutet außerdem, deren Gemeinnutzaspekt zur Geltung zu bringen. Wir wirtschaften nicht nur, vor allem aus Sicht einer arbeitsteiligen, modernen Volkswirtschaft, für uns selbst, sondern immer auch für alle. Wirtschaft muss allen nützen, und dies gilt in zweifacher Hinsicht. Einerseits in der rein materialen Form, dass alle Subjekte etwas von einer allgemeinen Wohlstandssteigerung abbekommen müssen. Andererseits in der Form, dass Wirtschaften zur Festigung und Stabilisierung des sozialen Friedens beitragen soll und nicht, wie speziell in den auf Interdependenzen beruhenden Volkswirtschaften der Fall, in Konflikte, Zweiklassengesellschaft, Ellbogenmentalität und ähnliches ausartet. Dieses Gemeinnutzstreben unterscheidet sich von der persönlichen Vorteilnahme dadurch, dass es eine Ausgewogenheit von Eigen- und Gemeinnutzen erreicht, in der jeder seinen Möglichkeiten und seiner Bedürftigkeit gemäß gesehen und eingebunden werden kann.

Kollektivierung: „Einigkeit stärkt"

Im Gegensatz zur Ökonomisierung der Moral, die bekanntermaßen auf der Individualisierung (und Privatisierung, Deregulierung, Liberalisierung) beruht, geht die Moralisierung der Wirtschaft von einer Kollektivierung aus. Das bedeutet, dass Entscheidungs- und Bewertungsprozesse von den Individuen zunehmend zurück auf die gesellschaftliche und politische Ebene übertragen werden. Die „unsichtbare Hand" von anonymisierten Tauschprozessen wird zu Gunsten einer öffentlichen, in der Regel zentral organisierten und oft mühsamen Diskussion aufgegeben, die die Weichen für die Umsetzung einer allgemein erwünschten Wirtschaftsentwicklung stellt. Wenn eine Gesellschaft z. B. das wirtschaftliche Gut der Gesundheit als ein kollektives Anliegen begreift und der Umgang damit somit alle angeht, so ist es durchaus nachvollziehbar, dass man statt eines privaten Krankenversicherungssystems ein gesetzliches installiert. Die Entscheidungen und Maßnahmen, die danach im Zeitablauf getroffen werden müssen, unterliegen einem kollektiven Anspruch. Die gewählten Volksvertreter definieren gesundheitspolitische

Ziele, die im Rahmen eines öffentlichen Meinungsbildungsprozesses, an dem mehr oder weniger aktiv seitens der Gesellschaftsmitglieder teilgenommen werden kann, praktisch umgesetzt werden. Daran beteiligt werden im Prinzip alle relevanten gesellschaftlichen Institutionen, beginnend vom Einzelbetroffenen bis zu den diversen wirtschaftlichen oder gesellschaftlichen Verbänden. Das Bewusstsein, gemeinsam und miteinander einen Wertekonsens erreicht zu haben, führt die Gesellschaft zueinander und macht sie durch diese erzielte Einigkeit stark. Bei überzeichneter Kollektivierung kann jedoch auch eine Spaltung der Gemeinschaft entstehen, z. B. durch Intransparenzen und Ungerechtigkeiten im wirtschaftlichen Zuteilungssystem.

Idealisierung: „Moral schafft Solidarität und sozialen Frieden"

Moral wird nicht um ihretwillen, also nicht als reiner Selbstzweck betrieben, sondern ist in eine Zweck-Mittel-Beziehung eingebunden. Die dabei auftretenden Mittel wie Zwecke orientieren sich jedoch nicht an der Materialität wie im Fall der Ökonomisierung der Moral, sondern an anderen, nämlich idealistischen Kriterien. Im Prinzip tritt der gesamte Komplex der Moral als „Geist des Guten" auf, welche Werte und Normen man dem Guten wie auch immer zuweist. Wenn wir uns z. B. an vertragliche Abmachungen mit unseren Geschäftspartnern halten, so normieren wir einen materiellen Vorgang (den Austausch von Geld gegen Ware) durch idealistische Mittel und Zwecke. Wir wollen, dass der Tauschvorgang von Ehrlichkeit, Zuverlässigkeit, Mäßigkeit und ähnlichen Werten und Tugenden geprägt ist (Ebene der Mittel) und in der Folge zu Solidarität und sozialem Frieden zwischen den Tauschpartnern führt (Ebene der Zwecke). Ein materieller Vorgang wird somit durch ideelle Vorgaben gestützt. Ein moralisch einwandfreier Tausch charakterisiert sich somit durch die Anwesenheit von Vertrauen (Idee der Vertragstreue), Zuverlässigkeit (Idee der inneren Gebundenheit), Ehrlichkeit (Idee der Wahrheit) und schlägt sich nieder in Solidarität (Idee der Mitmenschlichkeit) und sozialem Frieden (Idee der sozialen Harmonie). Der korrektive Ansatz der Wirtschaftsmoral schöpft seine Kraft aus dem geistigen Potenzial des Menschen, das in einem moralisch-normativen Sinn auf die Wirtschaft als dem materiellen Lebensbereich des Menschen übertragen wird.

Optimierung: „Moral vollendet Wirtschaft"

Dadurch, dass vor allem die Wirtschaft zur Schaffung von materieller Sicherheit und Wohlstand herangezogen wird, kommt ihr automatisch eine moralische Wertigkeit zu, denn Wohlstand und Sicherheit gelten in normativer Hinsicht gemeinhin als Gut. Doch zugleich trägt die Wirtschaft eine bestimmte Unvollkommenheit in sich, wenn sich z. B. Menschen ihres persönlichen Vorteils wegen gegenseitig belügen und betrügen, wenn die einen ihren Reichtum genießen, während die anderen an ihrer Armut leiden, wenn Geschäftemacher die Unwissenheit ihrer Kunden ausnutzen etc. Da derartige Ungerechtigkeiten bzw. sozial unerwünschte „Nebenerscheinungen" von der Wirtschaft allein nicht beseitigt oder gelöst werden können, muss die Moral eingreifen, um damit zur

Optimierung der Wirtschaft beizutragen. Optimierung in der normativen Perspektive heißt, dass wirtschaftliche Bedingungen und Strukturen moralisch korrigiert werden. Moral erkennt somit den grundsätzlichen Wert der Wirtschaft an. Aber erst durch die moralische Normierung können derartige Unzulänglichkeiten der Wirtschaft abgebaut werden. Die Moral vollendet die Wirtschaft.

Deontologisierung: „Wirtschaften verpflichtet moralisch"

Da Wirtschaft im normativen Ansatz in ihrer Einbettung in die soziale Gesamtwirklichkeit gesehen wird, unterliegt sie dem Primat des Sozialen bzw. Moralischen. Deontologisierung der Wirtschaft bedeutet, dass der Wirtschaft von Seiten der Moral gesagt wird, welche Werte und Handlungen erforderlich sind und welche Normen gesollt sind. Solche Deontologisierungen finden z. B. statt, wenn wir vorschreiben, dass das Gehalt eines Vorstandsmitglieds einer AG maximal das 20-Fache des durchschnittlichen Arbeiterlohns betragen darf. Darüber hinaus kommt im Rahmen einer Deontologisierung der darin immer enthaltene Verpflichtungscharakter zum Ausdruck. Sind Werte und Normen vereinbart worden, muss sich auch jeder daran halten. Die Motivation einer Handlung erfolgt somit nicht extrinsisch, sondern intrinsisch, d. h. sie kommt vom Inneren des Akteurs, der sich, selbst wenn es ihm widerstrebt, bei seinem Verhalten an der Pflicht dem moralisch Guten gegenüber orientiert. Wirtschaften verpflichtet insofern immer moralisch, weil es von moralischen Bewertungsvorgängen abhängt und nicht allein für sich stehen kann. Wer wirtschaftet, verpflichtet sich automatisch, sich an die daran geknüpften Normen selbst verpflichtend zu halten. Wirtschaften verpflichtet zu einem moralisch geprägten Sollen.

Gesinnungsorientierung: „Wirtschaften heißt Sinn suchen"

Jede Moralisierung der Wirtschaft setzt eine Gesinnung voraus. Während das Konzept des Anreizes im Rahmen der Ökonomisierung der Moral nur zweckgebunden ist und lediglich lokal greift, öffnet sich das Konzept der Gesinnung der totalen Dimension. Im Wort selbst inbegriffen steckt der Teil des „Sinns", was auf sein ganzheitliches Ansinnen explizit hinweist. Bei Gesinnungsfragen geht es immer um das Ganze, das Letzte, das Wichtigste, um das, was alle Einzelteile verbindet und eint. Eine nach dem normativen Ansatz verfahrende Integration von Wirtschaft und Moral findet somit unter der Prämisse einer von bestimmten Werten geprägten Grundhaltung und Denkweise statt. Der Christ lässt beispielsweise den Armen nicht verhungern, sondern teilt sein Brot mit ihm, auch wenn er dann weniger für sich selbst hat. Der Marxist enteignet den Kapitalisten, um dessen Betrieb zu sozialisieren. Gesinnungsorientierung bedeutet somit, dass Wirtschaften einem Willenshabitus und einer Wertdisposition entspringt, die außerhalb ihrer selbst liegen und die sie dennoch zu steuern im Stande sind. Gesinnungen entstehen vor allem durch Erziehung, Sozialisation und Religion und führen nicht selten zu ideologisierten, d. h. schwer veränderbaren Weltanschauungen. Andererseits können sie sich zum Fels in der Brandung entwickeln. Wirtschaften ist in diesem Zusammenhang immer als Teil einer ganzheitlichen Sinnperspektive zu begreifen.

Wertsubjektivierung: „Normierungen rufen immer unterschiedliche Wertvorstellungen hervor"

Während bei der Ökonomisierung der Moral versucht wird, moralische Handlungen und die damit verbundenen wirtschaftlichen Werte zu objektivieren, findet bei der Moralisierung der Wirtschaft das Gegenteil statt. Hier geht es darum, dass die Folgen von Normierungen von den Akteuren der Wirtschaft subjektiv wahrgenommen und unterschiedlich bewertet werden. Wenn z. B. ein Mindestlohn eingeführt wird, um „working poor" zu vermeiden, dann fallen die Reaktionen der Betroffenen recht verschieden aus. Der Unternehmer hält den damit hergestellten moralischen Wert für gering, denn wenn der Mindestlohn zu hoch für den Unternehmer ist, wird er den Angestellten einfach entlassen. Der betroffene Arbeiter wird die Einführung des Mindestlohns für eine äußerst segensreiche Einrichtung halten, denn sie erlaubt, dass jede arbeitswillige Person ein Auskommen ohne fremde Hilfe erzielen kann. Derartige Normierungen werden folglich immer unterschiedliche moralische Bewertungen nach sich ziehen, was sozusagen in der Natur der Sache liegt. Allerdings fragt man sich, wie kann es angesichts eines derartigen Auseinanderfallens von Bewertungen überhaupt zu Normierungen kommen. Diese Frage, die in Teil 4 behandelt werden wird, weist auf einen anderen Fragenkomplex hin, nämlich der Entstehung und Durchsetzung von Normen. Hier sei nur andeutungsweise gesagt, dass Normen vom Souverän durchgesetzt werden. Dieser kann ein König, ein Staatspräsident, aber auch ein Volk oder irgendeine Gemeinschaft sein. Halten wir fest, dass die Moralisierung der Wirtschaft allgemein auf unterschiedliche Wertvorstellungen trifft, weswegen hier von moralischem Wertsubjektivismus ausgegangen werden muss.

Wertautonomisierung: „Normierungen sind nicht generell gegeneinander austauschbar"

Sind Werte objektivierbar, wie im Fall der Funktionalisierung der Moral, so sind sie zugleich gut miteinander vergleichbar, also relativ. Führt Freundlichkeit zu einem Umsatzplus von 10 Prozent, so lässt sich der Wert relativ leicht quantifizieren und mit der Situation davor vergleichen. Anders der Fall der Moralisierung der Wirtschaft. Wie im vorigen Abschnitt gesehen, herrscht hier nicht nur Wertsubjektivierung, sondern zugleich Wertautonomisierung vor. Darunter ist zu verstehen, dass die in die Wirtschaft hinein projizierten moralischen Werte nicht miteinander vergleichbar sind, sondern autonom gesetzt sind bzw. als absolut gedacht werden. Ein kleines Beispiel: Ehrlichkeit im Wirtschaftsleben und Zuverlässigkeit im Arbeitsleben. Beide Werte sind im normativen Ansatz weder objektivierbar, noch relativ. Wenn man zuverlässige, pünktliche und fleißige Arbeitnehmer braucht, dann hilft es nichts, wenn sie (nur) ehrlich sind und umgekehrt. Man kann den einen Wert nicht gegen den anderen eintauschen. Vielmehr steht jeder Wert für sich und verlangt nach eigenen Ausdrucksformen.

12.2   Integrationsebenen

12.2.1   Makroebene

12.2.1.1   Wirtschaftsordnung: Zentralverwaltungswirtschaft/Planwirtschaft

Die Plan- oder auch Zentralverwaltungswirtschaft basiert auf mehreren Prinzipien, wovon einige wichtige hier genannt sein sollen. Generell werden erstens die Einzelpläne der Wirtschaftssubjekte nicht über den Marktmechanismus koordiniert, sondern über eine oberste Zentralbehörde, die einen Gesamtplan für die gesamte Volkswirtschaft aufstellt. Im Gesamtplan wird über ein hierarchisches System zunächst die Leistungsfähigkeit der Einzelbetriebe abgefragt, danach werden diesen die jeweiligen Maschinen und Arbeiter zugewiesen. Am Ende bekommt der Einzelbetrieb die Vorgabe, eine bestimmte Menge von einem oder mehreren Produkten innerhalb eines bestimmten Zeitraums herzustellen. Alle Einzelpläne zusammen ergeben dann den Zentralplan, der den Gesamtumsatz der Volkswirtschaft, also das Sozialprodukt, markiert.

Aber auch in anderer Hinsicht kommt der Zentralbehörde eine zentrale Bedeutung zu, da sie so gut wie alles innerhalb der Volkswirtschaft bestimmt, steuert und kontrolliert. Nicht der Souverän als Konsument gibt den Ton an, sondern die Zentralbehörde (das Zentralkomitee bzw. die Regierung). Diese legt z. B. zweitens fest, dass die Produktionsmittel wie Boden oder Kapital nicht in Privathände übergehen dürfen, sondern als Kollektiveigentum dem Staat und den Bürgern gehören. Der private Haushalt oder Konsument kann lediglich Eigentümer von Konsumgütern werden, die je nach Planvorgabe, reichlich oder knapp bemessen vorhanden sind. Güterpreise entstehen drittens nicht durch Angebot und Nachfrage, sondern nach den politisch beeinflussten Wertvorgaben der Planungsbehörde, weswegen man von administrierten Preisen spricht. Auf diese Weise können die lebensnotwendigen Güter meist preiswert angeboten werden, während höherwertige Güter zum Teil überhaupt nicht vorhanden sind. Ähnlich verhält es sich viertens auf dem Arbeitsmarkt, wo es um die Preise für Arbeit, die Löhne geht. Was jemand verdient bzw. welcher Beruf wie entlohnt wird, hängt ausschließlich von der politischen Ansicht/Wertepräferenz der obersten Zentralbehörde ab. Löhne werden nicht nach Marktlage bestimmt, sondern ebenfalls administriert. Auf diese Weise wird der Unterschied zwischen dem Gehalt eines Akademikers und dem eines einfachen Arbeiters relativ klein gehalten. Die Vertragsfreiheit ist wegen Zentralisierung und Kollektivierung der Produktivmittel sehr stark eingeschränkt, Gleiches gilt für die Niederlassungs-, Berufs- und Gewerbefreiheit etc. Das Geld ist als Zahlungsmittel zwar vorhanden, spielt aber eine andere Rolle als in der Marktwirtschaft, da der Güteraustausch oft über Verrechnungs- und Zuteilungssysteme abgewickelt wird.

Die Planwirtschaft stellt die perfekte Wirtschaftsordnung dar, wenn es darum geht, die Wirtschaft zu normieren bzw. zu moralisieren. Durch die Zentralisierung der Produktionsentscheidungen wird der Selbstständigkeit und dem *prinzipiell* möglichen normativen Eigenleben des wirtschaftlichen Lebensbereichs von vornherein eine Absage erteilt (auch wenn wirtschaftliches Eigennutzstreben und Bonussysteme real sehr wohl vorhanden waren). Wirtschaft entspricht dem verlängerten Arm der politischen Institutionen und ihrer Werte und versieht auf diese Weise ihren Dienst zum Wohle der Gesellschaft. Diese fundamentale Instrumentalisierung ermöglicht es der Zentralbehörde, die komplette, gesellschaftlich erwünschte Wertstruktur, also die gesamte soziale Präferenzordnung in die Wirtschaft zu verlegen. Moralische Probleme wie sie in der reinen Marktwirtschaft an der Tagesordnung sind, können so vollständig ausgemerzt werden. Der Einkommensungleichheit zwischen den unterschiedlichen Berufsklassen und Qualifikationsstufen wird durch die staatliche Lohnpolitik ein sicherer Riegel vorgeschoben. Dadurch unterbleiben automatisch die für reine Marktwirtschaften typischen Vermögensungleichheiten (an deren Stelle unter anderem Privilegien treten). Arbeitslosigkeit als moralisches Problem fällt vollkommen weg, da der Staat jedem Bürger einen Arbeitsplatz garantiert. Wer auf der anderen Seite seine Arbeitsplatzsicherheit missversteht und zu faulenzen beginnt, muss mit einem durchdachten Sanktionssystem rechnen, welches zu Zeiten der Sowjetunion bis zu Straflagern in Sibirien reichte. Individuelle Armut wie individueller Reichtum finden in diesem System kaum statt. Dadurch, dass das Kollektiv, ausgehend von einem politisch kritisierbaren Einparteiensystem, die gesamte Entscheidungsgewalt über die Wirtschaftsvorgänge ausübt, kann niemand ausgebeutet, betrogen, über den Tisch gezogen oder sonst wie benachteiligt werden. Das Zentralkomitee legt alle wirtschaftlichen Strukturen bis ins kleinste Detail fest, sodass Missbrauch und moralisches Fehlverhalten so gut wie ausgeschlossen sind.

Die Basis der Planwirtschaft findet sich im Marxismus. Dieser geht von der Annahme aus, dass das Primäre des Menschen im Gesellschaftlichen zu suchen ist. Kapitalismus heißt Klassenkampf, in dem sich Kapitalisten und Proletarier unversöhnlich in ihren Gegensätzen gegenüberstehen. Erst die Überwindung dieses materialistischen Dualismus, die im Moralischen ihren Ursprung nimmt und die auch immer im Moralischen endet, bringt friedliche und gerechte Gesellschaften hervor. Die Planwirtschaft ist somit als zentralistisch-funktionale, normative Durchdringung wirtschaftlich relevanter Bedürfnisbefriedigung aufzufassen. Sie fördert kollektivistisches Gemeinnutzstreben und stellt den Gedanken des moralisch Guten in den Mittelpunkt ihrer Überlegungen.

Fazit: Die moralischen Grundwerte einer Gesellschaft realisieren sich über institutionell etablierte Normen (Kollektiveigentum, Staatsdirigismus, wirtschaftliche Unfreiheit, administrierte Preise und Löhne), die sich ihrerseits in einer Vielzahl sozialer Einzelnormen äußern (Disziplin, Gehorsam, Dienst am Kollektiv, Kooperationsbereitschaft, Bekämpfung von Elitebildungen, Bescheidenheit, Pflichtbewusstsein etc.).

12.2.1.2 Gesellschaftsordnung: Sozialismus

Der Sozialismus repräsentiert eine Gesellschaftsordnung, die auf der normativen Grundlage von Gleichheit, Gerechtigkeit und Solidarität basiert. Es gilt der uneingeschränkte Primat des Sozialen über alle anderen Dimensionen menschlicher Existenz. Durch die Grundannahme, dass in der Welt die allgemeine Tendenz vorherrscht, dass der Mensch oft der Ausbeuter des Menschen ist, wird die komplette Vergesellschaftung angestrebt.

Diese soll dazu führen, dass alle sozialen Beziehungen moralisch kanalisiert ablaufen. Durch die Vergesellschaftung werden nämlich dem individuellen Verhaltensspielraum ziemlich enge Grenzen gesetzt, da Normen und Werte staatlich vorgegeben, harmonisiert, verändert und letztlich natürlich auch kontrolliert und sanktioniert werden. Somit liegt es sozusagen in der Struktur des Sozialismus, dass er eine politische Ideologisierung bedingt, die in der Geschichte der Menschheit nicht selten zu totalitären und autoritären Systemen geführt hat.

Da im Sozialismus Egalität, Gerechtigkeit und Solidarität vorherrschen sollen, muss es eine Instanz im Kollektiv geben, die jenen Werten und den damit verbundenen Normen Geltung verleihen kann. Diese Aufgabe erfüllt in der Regel der Staat und zwar in Form eines Zentralkomitees, Politbüros oder einer wie auch immer gearteten Regierung. Fast immer, jedenfalls in den real existierenden[1] sozialistischen Systemen, legitimieren sich diese höchsten, hierarchisierten Entscheidungsgremien lediglich über ein Einparteiensystem, das nicht selten zu einer Kluft zwischen Bürgern und Staat führt. Wie demokratisch ein solches System auch immer verankert ist, die darin höchste Instanz übt einen wesentlichen Einfluss auf die rechtliche und normative Entwicklung der Gesellschaft aus. Sie legt fest, wie viele Kinder eine Familie haben soll (China 1980er Jahre), wie viel Wohnraum jedem zustehen soll, welche Ausbildungsmöglichkeiten zur Verfügung gestellt werden, welche Arbeit jemand ausführen soll etc.

Dadurch, dass die Grundwerte Gleichheit, Gerechtigkeit und Solidarität einen hohen Stellenwert im Sozialismus einnehmen und dieser sich als diametraler Gegenentwurf zum Liberalismus versteht, werden individuelle Freiheitsrechte als sekundär aufgefasst und sind von daher stark eingeschränkt. Die öffentliche Moral, insofern sie kulturell und historisch bedingt ist, entsteht zwar aus dem Volk. Doch sobald die dazu ermächtigten staatlichen Instanzen (z. B. Parteitage) ihre Arbeit aufnehmen, wird sie in zunehmender Weise „von oben" verordnet und der Einzelne muss sich an die „Herde" anpassen[2]. Wirtschaftlich wirken sich diese Einschränkungen recht vielfältig auf die individuellen Gestaltungsmöglichkeiten aus: Die Entscheidungsfreiheit, ein Unternehmen zu gründen und als Selbstständiger zu arbeiten, wird eingeengt oder sogar beseitigt. Die Möglichkeit, durch eine hohe Leistungsbereitschaft zu Reichtum zu gelangen, ist weitgehend versperrt. Profitinteressen werden unter die Vorherrschaft des Gemeinwohls gestellt. Wirtschaftliche Freiheit heißt nicht, individuelle Entfesselung von Gewinnstreben, sondern Emanzipation von Armut und Ungleichheit im Rahmen der klassenlosen Gesellschaft. Im Allgemeinen ist der Radius für wirtschaftliche wie moralische Eigenständigkeit im Sozialismus durch den sozialen, politischen Primat auf ein Minimum begrenzt.

Der Sozialismus ist in seiner real auftretenden Form oftmals als staatlich-hierarchisch organisierte, totalitäre, aber (positive) normative Durchdringung zu verstehen, welche sich auf die individuelle Verwirklichung wirtschaftlich relevanter Freiheit (negativ) bezieht. Im Sozialismus transformieren sich vor allem institutionelle Werte und Normen (Solidarität, Gleichheit etc.) in ein kooperatives, oft konformistisches, wirtschaftliches Verhalten, das von dem „Guten" in Form von Anpassung, Einhaltung von Produktionsplänen, Arbeit als Teilhabe am kollektiven Wohlstand geprägt ist. Sozialismus schränkt folglich individuelle Freiheitsrechte prinzipiell ein.

12.2.2 Mesoebene

12.2.2.1 Rechtsform/Haftungsansatz: Genossenschaft

Die Genossenschaft stellt eine Unternehmensform dar, bei der sich beliebig viele, mindestens aber drei Genossen zusammenfinden. Ein Zusatz in der Form „e.G." (eingetragene Genossenschaft) ist dem Firmennamen anzuhängen und ein Eintrag ins Genossenschaftsregister ist verpflichtend vorzunehmen.

Die Genossenschaft stellt in mehrfacher Hinsicht eine extrem normativ orientierte Rechtsform dar. Das zeigt sich zuerst bei der gemeinschaftlichen Zielsetzung. Danach bezweckt die Genossenschaft die erwerbsmäßige, wirtschaftliche Förderung ihrer Mitglieder oder derer sozialen oder kulturellen Belange im Rahmen des gemeinschaftlichen Geschäftsbetriebs. Nicht das Unternehmen als solches steht somit im Vordergrund, sondern die Mitglieder desselben[3]. Die Mitglieder der Genossenschaft sind prinzipiell gleichberechtigt, unabhängig von der Höhe der Genossenschaftsanteile. Das ganze Gebilde trägt den Charakter der solidarischen Selbsthilfe.

Die haftungsrechtlichen Vorgaben stellen eine weitere Besonderheit für die Genossenschaft (als einem privatrechtlichen Unternehmen wohlgemerkt) dar. Grundsätzlich stehen der Genossenschaft drei Alternativen zur Verfügung. Sie kann in der Satzung die unbeschränkte Haftung festlegen. Das bedeutet, dass jeder Genosse im Insolvenzfall mit seinem gesamten Vermögen für die Schulden der Genossenschaft aufkommen muss. Die Satzung kann zweitens die beschränkte Haftung festlegen. Darunter versteht man, dass jeder Genosse über seinen Genossenschaftsteil hinaus eine bestimmte zusätzliche Haftungssumme aufzubringen hat (sogenannte Nachschusspflicht im Insolvenzfall). Drittens kann die Satzung, und hier findet sich die eigentliche Besonderheit, den ganzen Haftungsausschluss vorsehen. Das bedeutet, dass jeder Genosse im Insolvenzfall maximal mit seiner geleisteten Einlage haftet, wenn das Vermögen der Genossenschaft nicht ausreicht, um die Ansprüche der Gläubiger zu befriedigen[4]. Im Extremfall kann es somit dazu kommen, dass die Gläubiger einer Genossenschaft, sofern diese ein geringes Vermögen aufweist, auf den Schulden derselben sitzen bleibt. Theoretisch könnte es somit passieren, dass drei Genossen z. B. je 50 Euro als Einlage aufbringen[5] und Millionen an Verbindlichkeiten schuldig bleiben[6]. Hier offenbart sich sehr deutlich die jeweilige Wertigkeit. Die genossenschaftliche Solidarförderung (Moral) wiegt im Rahmen der Moralisierung der Wirtschaft schwerer als das potenzielle Ausfallrisiko von Unternehmen (Wirtschaft), die mit Genossenschaften Geschäfte abwickeln. Es wird hier im Extremfall das kollektive, solidarische Wirtschaften als ein höheres Gut angesehen als das Recht des Gläubigers auf Gegenleistung.

12.2.2.2 Zielsystem: Gemeinwohlorientierung

Gemeinwohlorientierte Unternehmen streben nicht nach einem maximalen Gewinn, sondern orientieren sich entweder an der Deckung ihrer Kosten oder an einer bestimmten, begrenzten Gewinnhöhe, die meist aus Gründen der Sicherheit und der Aufrechterhaltung der betrieblichen Prozesse angestrebt wird. Manche gemeinwirtschaftlichen Betriebe erfordern sogar Zuschüsse seitens der öffentlichen Hand, um auf Dauer überlebensfähig zu bleiben (z. B. öffentliche Theater, öffentliche Orchester). Im Vordergrund eines solchen Zielsystems steht somit nicht die Jagd nach Rendite, sondern die Versorgung der Bürger mit nötigen Sachgütern und Dienstleistungen. Derartige Betriebe sind dem gemeinwirtschaftlichen Prinzip verbunden, welches besagt, dass die volkswirtschaftliche Bedarfsdeckung vor der erwerbswirtschaftlichen Zielsetzung zu stehen hat. „Gemeinwirtschaftliche Unternehmen sind Unternehmen, deren wertorientierte, metaökonomische Ziele über die Ziele privater persönlicher Erwerbsinteressen hinausgehen. Dadurch unterscheiden sie sich von den privaten erwerbswirtschaftlichen, die primär der Bereicherung privater Einzelpersonen dienen. Die Ziele der gemeinwirtschaftlichen Unternehmen bilden sich aus den Zielen derjenigen Gruppen, die auf die gemeinwirtschaftlichen Unternehmen Einfluss nehmen können."[7]

Gemeinwirtschaftlich organisierte Unternehmen und Institutionen werden meist unter dem Sammelbegriff „Non-Profit-Organisationen" zusammengefasst. Ich gebe hier nur einen Abriss über die diversen Formen und verweise auf die weiterführende Literatur[8]. Die Definition von NPO ist nicht einheitlich. Meist wird darunter in der Abgrenzung zum privatwirtschaftlichen Bereich (1. Sektor) und zum staatlichen Bereich (2. Sektor) der dazwischen operierende 3. Sektor verstanden. Konkret fallen folgende Institutionen[9] in den NPO-Bereich: eingetragene gemeinnützige Vereine, Stiftungen, freie Krankenhäuser, Einrichtungen der freien Wohlfahrtspflege, gemeinnützige GmbH, Wirtschafts- und Berufsverbände, Gewerkschaften, Verbraucher- und Selbsthilfeorganisationen, Bürgerinitiativen, Umweltschutzorganisationen, Kirchen, staatsbürgerliche Vereinigungen. Diese NPO arbeiten auf folgenden Gebieten: Kultur, Erholung, Bildung, Forschung, Gesundheitswesen, Soziale Dienste, Umweltschutz, Wohnungswesen, Beschäftigung, Recht, Religion, Verbandswesen u.v.m. Im Jahr 2000 arbeiteten 6 Prozent aller Beschäftigten in Deutschland in NPO und jeder fünfte Dienstleistungsjob entsprang diesem Bereich[10]. Nicht zu den NPO zählen soziale Erwerbsbetriebe, Organisationen auf Gegenseitigkeit (Sparkassen), Verbrauchergenossenschaften, Produktionsgenossenschaften, insofern sie Gewinne an ihre Mitglieder ausschütten.

Ebenfalls gemeinwirtschaftlichen Charakter weisen öffentliche und kommunale Unternehmen auf, die meist nach dem Kostendeckungsprinzip verfahren. Erwänt sei hier folgende Kurzauswahl: öffentliche Verkehrsbetriebe, kommunale Energieversorger, städtische Stromanbieter, städtische Bäder, kommunale Büchereien, Trinkwasseraufbereitung, Abwasserorganisation, Müllentsorgung, Telekommunikation etc.

Die Stiftung nimmt im Rahmen der NPO sicher eine besondere Stellung ein. Wenn jemand eine mehr oder weniger beträchtliche Geldsumme für einen guten Zweck bereitstellt, dann verkehrt sich das eigennützige Wirtschaften in sein genaues Gegenteil, da,

jedenfalls rein wirtschaftlich betrachtet, aus Eigen- Fremdnutz wird. Die gestifteten
Mittel dienen nicht mehr dem Stifter selbst, sondern anderen, die sie brauchen, weil sie
in Not sind oder keine eigenen Mittel besitzen. Der Stifter mag zwar durchaus Vorteile
daraus ziehen, weil er dadurch im Ansehen der Gesellschaft steigt, weil er ein gutes
Gewissen hat etc., aber wirtschaftlich gesehen hat er gegen seine eigenen Interessen
verstoßen und zwar aus Gründen der Moral. Hier nimmt die Integration von Wirtschaft
und Moral einen stark antinomischen Charakter an, der von einem extremen Ausschlussprinzip bestimmt ist. Die Abkehr vom Eigennutz ermöglicht die normative Aufwertung.
Erhöht wird diese Wertschätzung noch dadurch, dass der Stifter gesetzlich vom Stif-
tungszweck getrennt wird, dass die einmal beschlossene Stiftungssatzung im weiteren
Zeitablauf unveränderbar ist und dass die Erfüllung des Stiftungszwecks von gesetzlichen Instanzen regelmäßig überprüft wird.

Firmen und Institutionen, die Gemeinwohlorientierung praktizieren, folgen dem Muster der Moralisierung der Wirtschaft. Im Mittelpunkt steht nicht der individuelle Wirt-
schaftsvorteil, sondern der die Institution konstituierende Gemeinwohlzweck. Durch
diese Gemeinnützigkeit ergeben sich weitere Normierungen für die jeweiligen Institutionen. Sie sind einerseits steuerbegünstigt, müssen also keine Abgaben an den Staat zahlen, erhalten zweitens öffentliche Zuwendungen, die meist direkt oder indirekt mit den
Aufgaben des Staates zu tun haben und finanzieren sich drittens zu einem bestimmten
Anteil durch Spenden, da ihre gesellschaftliche Anerkennung sehr hoch ist.

12.2.2.3 Vergütungssystem: Tarifsystem/fixe Vergütung

Wie wir vorher im Funktionalisierungsfall gesehen haben, bewirkt die Gewinnbeteiligung, dass der Beschäftigte einen großen Anreiz hat, sich normgetreu zu verhalten, da er
sich darüber ökonomisch verbessern kann. Der Schwerpunkt liegt auf dem Wirtschafts-
aspekt. Im Moralisierungsfall geht es hingegen in erster Linie um die Normierung von
Wirtschaft. Man bringt damit zum Ausdruck, dass jeder, der arbeitet, ein Anrecht auf
eine bestimmte Bezahlung, aber auch ganz allgemein auf eine bestimmte soziale Behandlung haben soll. Nicht die Dimensionen wie Arbeitsproduktivität oder Leistungsfähigkeit stehen im Vordergrund, sondern die normativen Aspekte gerechte Entlohnung,
Sicherheit am Arbeitsplatz, Altersvorsorge etc. (dem Recht auf Vergütung steht natürlich
die Pflicht zur Arbeitsleistung, die nicht selten normativen Druck ausübt, gegenüber).

Nehmen wir zur Verdeutlichung den Tarifvertrag der Länder her (TV-L). Danach gilt
jeder, der seit 15 Jahren im Tarifsystem arbeitet und mindestens 40 Jahre alt ist, als un-
kündbar (außerordentliche Kündigungen sind allerdings ausgenommen). Das bedeutet,
dass der Kündigungsschutz prinzipiell Vorrang hat, unabhängig davon, ob der Geschütz-
te produktiv oder unproduktiv arbeitet, ob er gut oder schlecht mit Kunden umgeht etc.
Oder als Wochenarbeitszeit werden (mit Ausnahmen) ca. 40 Stunden vorgegeben, weil
dann Arbeitsüberlastung und Burnout im Normalfall ausbleiben und der Beschäftigte
genug Zeit zur Regeneration hat. Für jeden TV-L-Arbeitnehmer wird außerdem eine
Stellenbeschreibung erstellt, die sicherstellt, dass jeder in die richtige und qualifikato-
risch nach bestimmten Grundsätzen aufgestellte Vergütungsstufe eingeordnet wird. Dies

dient dazu, dass jede Tätigkeit gerecht, d. h. den jeweiligen Anforderungen entsprechend entlohnt werden kann. Auch die Höherstufung/Höhergruppierung vollzieht sich nach vorher festgelegten Grundsätzen und Vorschriften. Niemand soll danach zu hoch oder zu niedrig bezahlt werden. Die Vergütungsstruktur richtet sich zwar auch an wirtschaftlichen Kriterien aus, aber letztlich hauptsächlich an normativen.

Jahressonderzahlungen wie Urlaubs- oder Weihnachtsgeld sollen dazu dienen, dass Beschäftigte kulturellen Errungenschaften adäquat nachkommen zu können. Arbeitnehmer, die behindert sind oder Familie haben oder nachts arbeiten müssen, wird ein Zuschlag eingeräumt, weil man deren Sondersituationen gerecht werden möchte.

Als deutliche Steigerung des Tarifsystems kann das Dienstrecht (Beamtentum) verstanden werden. Zwar wird einem Beamten im Vergleich zum Angestellten einiges mehr abverlangt (Unfreiheit der Wohnortwahl, Restriktionen bei Nebenbeschäftigungen etc.), dafür werden ihm auch deutlich mehr Rechte zugestanden. Er wird im Alter vollständig von der öffentlichen Hand alimentiert (Pension statt Rente), er muss keine Rentenversicherungsbeiträge bezahlen, wenn er krank ist, hilft ihm der Staat stärker als ihm das Unternehmen in seiner Funktion als Angestellter helfen würde. Durch die Normierungstendenz werden die ökonomischen Aspekte als zweitrangig eingestuft und natürlich auch dementsprechend behandelt. Im Extremfall führt dies dazu, dass Beschäftigte aus normativen Gründen in einer Höhe entlohnt werden, die in einem krassen Missverhältnis zur eigentlichen Leistungsbereitschaft und -fähigkeit steht.

12.2.3 Mikroebene

12.2.3.1 Soziale Gesinnung: Solidaritätsprinzip

Das Solidaritätsprinzip beruht auf der Grundannahme, dass jeder nicht nur für sich, sondern auch für seinen Mitmenschen Verantwortung trägt. Das wiederum bedeutet, dass sich jeder sicher sein kann, dass, wenn er ein Problem nicht allein bewältigen kann, er dann mit der Unterstützung von anderen rechnen kann. Das Solidaritätsprinzip ist somit ein gesellschaftliches Gestaltungsmodell, bei welchem gegenseitige Abhängigkeit und wechselseitige Hilfe systematisch miteinander liiert werden. Im Volksmund lautet es: „Alle für einen, einer für alle".

Durch die gegenseitige Abhängigkeit der einzelnen Gesellschaftsmitglieder besteht der permanente Diskussionsbedarf über die Frage, wann, wie oft und wie Solidarität ausgeübt werden soll. Diese Frage mündet wiederum in die letzte Frage nach der sozialen Gerechtigkeit. Hierbei wird erneut der normative Primat des Solidaritätsprinzips deutlich. Der Standpunkt sozialen Miteinanders ist hier ein rein moralischer. Als soziales Interaktionsmodell findet sich das Solidaritätsprinzip auf allen drei angesprochenen Ebenen sowie in wirtschaftsmoralischer Mannigfaltigkeit.

Auf der staatlichen Ebene finden wir z. B. die gesetzliche Sozialversicherung als Ausdruck kollektiver Solidarität. In der gesetzlichen Krankenversicherung etwa stimmen Beitragszahlung und Gesundheitsleistung nicht wie im Äquivalenzprinzip überein. Im

Gegenteil findet man dort eher ein permanentes Ungleichgewicht vor: Der mit einem niedrigen Erkrankungsrisiko finanziert den mit einem hohen Erkrankungsrisiko mit, der Junge finanziert den Alten mit etc. Bei Arbeitslosigkeit erhalten die Beschäftigten die Arbeitslosen. In der Rentenversicherung werden die Rentner, Mütter, Studenten etc. durch die Beitragszahler unterstützt. Die Tatsache, dass nach dem Solidaritätsprinzip sich der Leistungsanspruch nicht nach dem individuellen Risiko, sondern nach der Bedürftigkeit richtet, führt zu einer permanenten, systemimmanenten Umverteilung.

Auf der institutionellen Ebene kann es wegen des Solidarprinzips dazu kommen, dass Mitarbeiter eines wirtschaftlich gefährdeten Unternehmens freiwillig auf einen Teil ihres Gehalts verzichten, damit der Arbeitsplatz bestimmter Mitarbeiter erhalten bleiben kann. Es kann passieren, dass der Unternehmer die Witwe eines ehemaligen Arbeitnehmers finanziell über Jahre unterstützt, obwohl er rechtlich dazu nicht verpflichtet wäre. Auf der individuellen Ebene ist es gut möglich, dass die Eltern das Kind eines befreundeten Ehepaars, das bei einem Autounfall ums Leben gekommen ist, adoptieren, um ihm eine gute Zukunft zu ermöglichen usw. Das Solidarprinzip bringt somit die Gesinnung zum Ausdruck, dass der gegenseitigen Hilfe Vorrang vor jedem wirtschaftlichen Kalkül eingeräumt werden muss.

Anmerkungen zu Kapitel 12

1   20. Jahrhundert: Sowjetunion, Polen, Tschechoslowakische Republik, Bulgarien, Rumänien, DDR, Mongolei, Laos, China, Kuba, Nordkorea, Vietnam.

2   Es kann beispielsweise zu einer rechtspositivistischen Tendenz kommen. Das heißt, dass die Wirtschaftsgesetze nicht mehr gelten, weil sie einer gesellschaftlichen Moralvorstellung, der Ethik, einer Tradition oder dem Naturrecht entsprechen. Sie gelten nur dadurch, dass sie von der Staatsmacht gesetzt wurden (z. B. Notstandsverordnungen im Dritten Reich) und dass sie somit soziale Wirklichkeit darstellen. Im Rechtspositivismus wird die Trennung von Recht und Moral ausdrücklich angestrebt.

3   Vgl. § 1 Genossenschaftsgesetz GenG.

4   Vgl. § 2 Genossenschaftsgesetz GenG.

5   Die Höhe der Genossenschaftsanteile werden durch die Satzung beschrieben. Eine Mindestkapitalanforderung besteht nicht.

6   Zwar werden wirtschaftliche Lage und Geschäftsführung einer Genossenschaft ab 2 Millionen Euro Bilanzsumme jedes Jahr extern überprüft, um einen bestimmten Mitglieder- und Gläubigerschutz zu installieren. Genossenschaften mit weniger als 1 Million Euro Bilanzsumme müssen sich jedoch keiner formellen Jahresabschlussprüfung unterziehen.

7   Loesch 1974, S. 286.

8   Kraus, Margit/Stegarescu, Dan: Non-Profit-Organisationen in Deutschland, ZEW Mannheim, 05-02.

9   Ebenda, S. 8.

10 Ebenda, S. 9 ff.

Bizentrierte, synthetische Integrationssysteme 13

> *„Niemand kann zwei Herren dienen: ... Ihr könnt nicht*
> *Gott dienen und dem Mammon."*
> (MT6,24)

Die dritte grundsätzliche Möglichkeit, Wirtschaft und Moral zu integrieren, ist die Synthetisierung von beiden. Synthetisierung bedeutet, dass die prinzipielle Zwei-Welten-Problematik überwunden und durch eine kreative Weise auf eine andere Ebene gebracht werden kann. Im Vordergrund stehen somit nicht mehr die Wirtschaft als solche bzw. die Moral als solche, sondern die Frage, wie man beide gegensätzlichen Systeme miteinander versöhnen kann, wie sich beide Welten besser miteinander verknüpfen lassen. Da diese synthetische Verknüpfung auf dem Begriff der Dialektik (These und Antithese) basiert, beruht ihr Selbstverständnis nicht auf einem bloßen Nebeneinander von Wirtschaft und Moral. Vielmehr geht es um Entwicklungsprozesse, die „nach oben" streben, die folglich in irgendeinem normativen und ontologischen Sinn Wirtschaft und Moral zu verbinden versuchen. Die Synthetisierung von Funktionalisierungs- und Normierungsmodell versucht somit, wirtschaftliche Eigennützigkeit und moralische Gemeinnützigkeit zusammen zu denken, sodass ein Mehrwert entsteht. Wirtschaftsmoral ist als Versuch zu begreifen, die Gegensätzlichkeit zwischen Wirtschaft und Moral in ihrer Einheitlichkeit zu erfassen.

13.1 Synthetisierung von Wirtschaft und Moral: Merkmale

13.1.1 Aufteilung nach Gebieten

Die sicherlich häufigste synthetische Integrationsform von Wirtschaft und Moral besteht in der Aufteilung nach Gebieten. Während die einen Gebiete durch die Funktionalisie-

© Springer Fachmedien Wiesbaden GmbH, ein Teil von Springer Nature 2019
S. Knischek, *Grundlagen der Wirtschaftsmoral*,
https://doi.org/10.1007/978-3-658-23623-6_13

rung der Moral geprägt sind, unterliegen andere der Normierung der Wirtschaft. Der Begriff des Gebietes lässt dabei eine Differenzierung zu. Es kann sich um Sachgebiete, Regionen und Branchen handeln.

13.1.1.1 Sachgebiete

Aufteilung nach Sachgebieten heißt, Funktionalisierung und Normierung nach sachlichen Aspekten und Gesichtspunkten zu ordnen und zu organisieren. Nehmen wir das Beispiel der privaten und der gesetzlichen Rentenversicherung. In der privaten Rentenversicherung herrscht die Ökonomisierung der Moral, also Funktionalisierung vor. Ein Versicherungsunternehmen wird sich dann moralisch korrekt verhalten, wenn dadurch das Ziel der Gewinnmaximierung oder jenes der wirtschaftlichen Macht besser realisiert werden kann. Es wird versuchen, sparsam mit seinen Ausgaben umzugehen, um für Notfälle gewappnet zu sein. Es wird seine Kosten niedrig halten, damit die Beiträge der Versicherten möglichst effektiv eingesetzt werden können. Es wird im Aktivgeschäft sorgfältig arbeiten, damit die erwirtschaftete Rendite vergleichsweise hoch bleibt. Es geht keine überhöhten Risiken ein, um die Gefahr eines Totalverlustes (Insolvenz) zu vermeiden. Es hält sich an seine Versprechen, um weiter glaubwürdig bei den Kunden zu sein etc.

Aber auch der eigennützige Kunde, der einen Rentenversicherungsvertrag abschließt, handelt nach dem Muster der Funktionalisierung. Zuverlässig bezahlt er jeden Monat seinen Beitrag, um seine Anwartschaften abzusichern und um auch für andere Firmen der Versicherungsbranche attraktiv zu sein. Er kommt seiner Informationspflicht zu seinen finanziellen Verhältnissen nach, um mögliche Sanktionen zu vermeiden. Er gibt als Rentner seine Renteneinkünfte exakt an, damit er sich den Ärger einer möglichen Steuerstrafsache erspart etc.

Die gesetzliche Rentenversicherung fußt hingegen auf der Moralisierung der Wirtschaft. Hier geht es nicht um das Äquivalenzprinzip, d. h. den Ausgleich von Rentenbeiträgen (Leistung) und Rentenhöhe (Gegenleistung), sondern um das Solidaritätsprinzip. Jeder, der gesellschaftlich am Wirtschaftsprozess beteiligt ist, soll in den Genuss einer Altersversorgung gelangen. Wenn z. B. die Mutter nicht arbeitet und deshalb keine Beiträge leisten kann, weil sie die Kinder großzieht, dann erhält sie trotzdem von der Gemeinschaft eine Rente. Der gesetzliche Rententräger demonstriert in solchen Fällen den Primat des Normativen vor dem Faktischen. Er belohnt sozusagen normatives Verhalten (die Erziehungsleistung einer nicht berufstätigen Mutter), indem er die Beitrags- und Steuerzahler zusätzlich belastet. Von solchen Umverteilungsmaßnahmen gibt es im Prinzip eine ganze Menge. Der Gesetzgeber gibt hier alle relevanten Bedingungen vor, die Beitragshöhe, die Rentenhöhe, die Rentensteigerungen, die Anwartschaften, den Vorruhestand etc.

Auf der betrieblichen Ebene könnte die sachliche Aufteilung z. B. darin bestehen, dass auf der einen Seite das Vergütungssystem funktionalisiert wird, d. h., dass die Entlohnung von den Angestellten auch von ihrer normativen Leistungsfähigkeit abhängt. Auf der anderen Seite könnte der Personalbereich bezüglich weiblicher Fachkräfte normiert werden, wenn etwa Krippenplätze zur Verfügung gestellt und derartige Mutterschaftsprogramme aufgelegt werden, die weit über das Kalkül der Gewinnmaximierung hinausgehen (Erlöse größer Kosten) und einem humanistischen Anspruch folgen. Auf der privaten Haushaltsebene könnte die Aufteilung darin bestehen, dass das Taschengeld der Kinder funktionalisiert wird, dass also die elterliche Geldzuwendung von der Einhaltung der moralischen Familienstandards abhängig ist. Benötigt ein Kind hingegen Nachhilfe, weil es schlechte schulische Leistungen zeigt, so findet eine Moralisierung statt, da die persönliche Entwicklung des Kindes in der Familie für ein höheres Gut erachtet wird als der damit verbundene finanzielle Aufwand.

13.1.1.2 Regionen

Vor allem auf der staatlichen Ebene kann sich die wirtschaftsmoralische Aufteilung auch regional vollziehen. Während im Rahmen des Funktionalisierungsmodells Fleiß sowie Innovationskraft einer Region dazu führen sollten, dass sich dieselbe besser entwickelt als andere Regionen, findet demgegenüber dann eine Normierung statt, wenn z. B. Regionen von der übergeordneten Körperschaft (Kreis, Land, Bund etc.) Subventionen erhalten, weil sie besonders arm sind, weil sie an der Peripherie liegen und daher strukturschwach sind oder weil sie eine Naturkatastrophe erlitten haben. Dinge wie der Finanzföderalismus, Wirtschaftssonderzonen, regionale Strukturfonds weisen allesamt auf das wirtschaftliche Normierungsmodell hin.

Ein multinationales Unternehmen wird, wenn es in einem Entwicklungsland ohne Umweltstandards produziert, genauso viel Umweltbewusstsein an den Tag legen, wie es für die Gewinnmaximierung nötig ist bzw. damit es nicht zu negativen Schlagzeilen kommt. Orientiert es sich hingegen auch an gesellschaftlichen Zielen, wird es sich im Rahmen einer Selbstverpflichtung an die internationalen Umweltstandards anpassen (Normierungsmodell).

13.1.1.3 Branchen/Produkte

Im Rahmen der Funktionalisierung kann der Staat den Güteraustausch unnormiert organisieren, d. h. die Wirtschaftssubjekte in ihrem Streben nach Gewinn- und Nutzenmaximierung entscheiden lassen, wie sie es für richtig erachten. Zugleich aber kann der Staat moralisch eingreifen, und zwar immer dann, wenn irgendein sozialer Zweck erfüllt bzw. ein unsoziales Ziel verhindert werden soll. So geben wir Menschen, die in Photovoltaik investieren, besonders hohe Einspeisevergütungen, die weit oberhalb der Marktpreise liegen. Dies passiert, weil wir den gesellschaftlichen Wert einer gesunden Umwelt für hoch erachten. Oder wir belegen Zigaretten und Alkohol mit hohen Steuern, um die Gesundheit der Verbraucher zu steigern und Folgekosten zu begrenzen.

Auf ähnliche Zusammenhänge können wir selbstverständlich auch auf der Betriebsebene stoßen. Wenn die Volkswagen AG als Sponsor für den Fußballklub Wolfsburg auftritt, dann tut sie dies unter anderem aus ihrer Verantwortung für die Region, was zugleich zu einem guten Gewissen führt (Normierung). Zugleich aber kann damit eine

Funktionalisierung einhergehen. Das ist dann der Fall, wenn Volkswagen im Rahmen eines Geschäftes dem VFL Wolfsburg 10 VW-Busse verkauft und dabei einen besonders hohen Rabatt gewährt. Dies führt dazu, dass der moralischen Verpflichtung für den Sport in der Region und den Jugendlichen, die für Sport begeistert werden sollen, nachgekommen wird. Belohnt wird diese Rabattaktion dadurch, dass der VWL Wolfsburg beim nächsten Mal wieder Autos bei VW kauft und anderen Vereinen vielleicht ebenfalls dazu rät.

13.1.2 Aufteilung nach Personengruppen

13.1.2.1 Geschlecht

Im Regelfall nehmen Männer und Frauen gleichwertig an den Tauschprozessen freier Märkte teil. Allerdings gibt es immer wieder wichtige Situationen, wo geschlechtsspezifische Unterscheidungen vorgenommen werden (Arbeitsmarkt, Versicherungen etc.). Für Jungen bietet die Schule z. B. kostenlose Seminare zur Konfliktbewältigung und zur Gewaltprävention an. Die Stadt betreibt ein Jugendhaus, wo spezielle Angebote für Jungs entwickelt werden. Die Öffentlichkeit organisiert einen „boys day". Junge Männer mussten bis 2010 zum Wehr- oder Ersatzdienst einrücken, sie konnten in dieser Zeit also nicht einem Studium oder einer Arbeit nachgehen, die meist ein höheres Einkommen abwarf. Männern mit Suchtproblematik wird kostengünstig durch Beratung und Betreuung weitergeholfen. Obdachlose Männer erhalten ein warmes Essen, warme Kleidung und eine Notunterkunft für eine Nacht umsonst. Vergewaltiger müssen sich einer Therapie unterziehen oder sie verbleiben in einer Sicherungsverwahrung, ohne dass sie die dabei auftretenden Kosten selbstständig und allein tragen müssen.

Auch das weibliche Geschlecht unterliegt einer Vielzahl von Normierungen. Arbeitstätige Frauen, die Mutter werden, bekommen Mutterschutz. 6 Wochen vor und 8 Wochen nach der Geburt erhält die werdende Mutter ihr volles Gehalt weiter, obwohl sie dem Unternehmen nicht zur Verfügung steht. Auch rentenrechtlich profitieren Mütter, indem ihnen Erziehungszeiten zugestanden werden, obwohl eine beitragsmäßige Gegenleistung nicht erfolgt. Wenn in Bewerbungsverfahren ein Mann und eine Frau gleich geeignet sind, wird die Frau bevorzugt behandelt, um den Frauenanteil in der Wirtschaft zu erhöhen. Auch eine politisch festgelegte Frauenquote im Management ist politisch relevant. Obwohl Frauen im Schnitt ca. 4 Jahre länger leben als Männer, gehen sie im gleichen Lebensalter in Rente wie die Männer. Frauen verursachen in der gesetzlichen Krankenversicherung in der Regel mehr Kosten als die Männer und bezahlen trotzdem denselben Beitragssatz.

13.1.2.2 Sozialer Status

Auf normative Unterschiede stößt man ebenfalls, wenn verheiratete, geschiedene, verwitwete und ledige Menschen miteinander verglichen werden. Im Einkommensteuerrecht beispielsweise werden sechs Lohnsteuerklassen unterschieden. Während Verheiratete in der Regel am wenigsten Steuern zahlen (Steuerklasse drei, fünf und Ehegattensplitting), zahlen Ledige ohne Kinder am meisten in den Einkommensteuertopf ein. Der Ledige, obwohl er die gleiche Qualifikation nachweist wie ein verheirateter Kollege mit Kindern, erhält im öffentlichen Dienst und als Beamter deutlich weniger Gehalt als dieser. Wird der Ledige arbeitslos, erhält er weniger Arbeitslosengeld als der Kollege mit Kindern, obwohl beide den gleichen Beitrag zur Arbeitslosenversicherung bezahlen. Muss ein Unternehmen betriebsbedingte Kündigungen aussprechen, gilt das Kündigungsschutzgesetz. Dabei ist eine Sozialauswahl zu treffen. Einem Ledigen ist demnach eher die Kündigung zuzumuten als dem Kollegen, der Verantwortung für ein oder mehrere Kinder trägt. Während eine Witwe immer einen großen Anteil der Rente ihres verstorbenen Mannes erhält, fällt dieser Anteil ganz weg, wenn die Witwe ohne Trauschein mit dem Verstorbenen zusammenlebte.

13.1.2.3 Alter

Ebenfalls in den unterschiedlichen Altersgruppen findet ein Nebeneinander von Funktionalisierung und von Normierung statt. Während die Funktionalisierung vor allem im mittleren Alterssegment zur Anwendung kommt, bei Menschen also, die sich in der Berufsphase befinden, tritt Normierung besonders in der jungen bzw. älteren Altersgruppe auf. So sind etwa Jugendliche beitragsfrei in der gesetzlichen Krankenversicherung mitversichert. Sie erhalten somit eine medizinische Versorgung, ohne dass sie oder ihre Eltern extra etwas dafür bezahlen müssen. Hier wird der Steuerzahler mit zur Kasse gebeten, weil die Gesundheit der Kinder einen Wert darstellt, der anscheinend alle in der Gesellschaft betrifft. Einmal einen wirtschaftlichen Wert als kommende Produktivgeneration, zum anderen einen moralischen Wert als kommende Generation von Eltern, Bürgern, Nachbarn etc. Für den Normierungsfall bei Jugendlichen lassen sich viele weitere Beispiele anführen: Schulbildung, finanzielle Ausbildungshilfe bei Schulabbrechern, Ermäßigungen in öffentlichen Einrichtungen, pädagogische Sondermaßnahmen bei problematischen Jugendlichen, Jugendarbeitszeitgesetz etc.

Auch und gerade bei älteren Menschen findet oft Normierung statt. Wenn sie in den Vorruhestand gehen wollen, beteiligen sich Staat und Arbeitgeber an den dabei auftretenden Kosten, während sie im Funktionalisierungsmodell auf sich allein gestellt blieben. Falls ein alter Mensch pflegebedürftig wird und weder er, die Pflegeversicherung noch seine Verwandten die Mittel haben, um alle Kosten zu decken, wird der Steuerzahler daran beteiligt. Stirbt ein alter Mensch völlig mittellos und ohne Angehörige, findet eine Bestattung qua Amts statt, die die Allgemeinheit finanziert. Im Rahmen der Funktionalisierung, wenn der Gestorbene nicht für diesen Fall vorgesorgt hat, könnte es zu relativ pietät- und würdelosen Folgen kommen. Weitere Normierungsbeispiele sind: Ermäßigungen bei kulturellen, künstlerischen, kulinarischen und sportlichen Ereignissen, kostenlose oder günstige Bildungsangebote etc.

13.1.2.4 Einkommenshöhe

Generell lässt sich hier die Tendenz feststellen, dass über Umverteilungsmaßnahmen Menschen mit hohem Einkommen stärker zur Kasse gebeten werden, damit Menschen mit niedrigem Einkommen besser geholfen werden kann. Die dabei nötige Normierung trifft vor allem die einkommensstarken Personengruppen. In einem rein funktionalistischen System kann es sehr schnell zu relativ großen Einkommensunterschieden kommen, die einigen zu viel Reichtum verhelfen, während andere in bitterer, teils tödlicher Armut verweilen. Um dies zu vermeiden, sind nicht nur in Deutschland eine Reihe von Gegenmaßnahmen ergriffen worden.

Im Rahmen eines progressiven Steuersystems muss der einkommensstarke Haushalt nicht nur in absoluten Größen, sondern auch prozentual mehr Steuern bezahlen als der einkommensschwache Haushalt (Eingangssteuersatz 14 Prozent, Spitzensteuersatz 42 Prozent). Dies führt dazu, dass die 10 Prozent der Steuerzahler, die das höchste Einkommen erzielen, mehr als die Hälfte des Gesamtaufkommens der Einkommensteuer bestreiten. Man nimmt einigen Geld weg, um es anderen zu geben.

Auf der anderen Seite müssen diejenigen, die Sozialleistungen über diese Umverteilungsprozesse bekommen, ebenfalls bestimmte Normen einhalten. Der Empfänger von Bafög oder Wohngeld darf eine bestimmte Einkommenshöhe nicht überschreiten und muss genaue, aktualisierte Angaben zu seiner persönlichen Situation machen. Einer sehr großen Normierung unterliegt der Empfänger von Arbeitslosengeld II (Hartz IV). Er muss, bevor er es überhaupt erhält, einen Antrag stellen, er muss zuerst sein Vermögen für seinen Lebensunterhalt aufbrauchen (ein bestimmtes Höchstvermögen darf er behalten), bevor er öffentliche Gelder bekommt. Er darf nicht im Ausland Urlaub machen, sondern muss im Inland dem Arbeitsmarkt zur Verfügung stehen. Er muss sich um Arbeit bemühen und den Vorschlägen der Arbeitsagentur nachgehen. Er darf nicht in einer zu großen Wohnung leben, er muss im Prinzip jede Arbeit annehmen, unabhängig von der Region oder der Branche. Er muss sich regelmäßig bei der Arbeitsagentur melden etc.

13.1.2.5 Berufsgruppe

Während im Funktionalisierungsfall z. B. auf dem Feld Vertragsrecht jeder Arbeitnehmer seinen (mit allen Chancen und Risiken verbundenen) Arbeitsvertrag selbstständig, autonom und auch freiheitlich mit dem Arbeitgeber abschließt, treten im Normierungsfall eine Vielzahl an Regeln in Erscheinung, die natürlich moralisch bedingt, also irgendeinem Guten verpflichtet sind.

Beginnen wir mit der Berufsgruppe der Beamten. Diesen wird einerseits viel zugemutet, denn sie dürfen nicht streiken, sie können an jeden beliebigen Dienstort versetzt werden, ihnen wird die wöchentliche Arbeitszeit strikt vorgeschrieben und auch sonst müssen sie ihrem Dienstherrn volle Loyalität entgegenbringen. Dafür genießen sie im Vergleich zu nicht verbeamteten Beschäftigten viele Privilegien. Ihre Pensionsansprüche sind meist besser ausgestattet, im Krankheitsfall beteiligt sich der Dienstherr relativ großzügig an den Kosten, die Hinterbliebenenregelung wirkt sich meist günstiger aus, sie können nach ihrer Verbeamtung nicht mehr gekündigt werden etc.

Und auch bei anderen Berufsgruppen stößt man auf normative Besonderheiten. Rechtsanwälte und Ärzte dürfen sich nicht mit ihrer Kanzlei bzw. Praxis an jedem beliebigen Ort niederlassen, sondern nur dort, wo die Rechtsanwalts- oder Ärztekammer ihnen einen Platz anweist. Ähnlich verhielt sich dies in der Vergangenheit auch bei den Schornsteinfegern. Mussten früher alle Handwerksbetriebe einen Handwerksmeister in ihren Reihen haben, wurde in einigen Gewerken dieser Meisterzwang gelockert. Beschäftigte auf Bohrinseln müssen täglich deutlich mehr arbeiten als andere, dafür erhalten sie einen größeren Freizeitausgleich als andere. Selbstständige Künstler oder Journalisten können sich bei der Künstlersozialversicherung sozialversichern, wo ihnen der Arbeitgeberanteil bezahlt wird, in welchen Genuss andere Selbstständige nicht kommen. Die Gewerbefreiheit von z. B. Prostitution wird durch viele Regeln real quasi außer Kraft gesetzt. Der Arbeitgeber von Beschäftigten, die viel Bildschirmarbeit leisten, müssen regelmäßig dafür Sorge tragen, dass die Sehschärfe dieser Beschäftigten medizinisch überprüft wird. Universitätsprofessoren wird in regelmäßigen Abständen die Freistellung zu einem Forschungssemester ermöglicht, in dem sie von ihren Lehrverpflichtungen komplett entbunden werden. Diese Liste von Normierungsfällen kann man natürlich noch sehr stark ausweiten.

13.1.3 Aufteilung nach Körperschaften

13.1.3.1 Privat/Öffentlich

Während Privatunternehmen in der Regel dem Funktionalisierungsbereich angehören, unterliegen öffentliche Unternehmen einem erhöhten Normierungsdruck, da sie oftmals sozial übergeordnete Aufgaben wahrnehmen. Landeskassen erfüllen z. B. politische Finanzierungsfunktionen, Sparkassen sollen Sparern bei ihrer Vermögensbildung helfen. Aus dieser Sonderstellung heraus ergibt sich ein besonderer Regelungsbedarf, der sich z. B. in Form des Sparkassengesetzes oder der Gewährträgerhaftung niederschlägt. Bei letzter haftet der öffentliche Träger (Bund, Land, Kommune) für Anstalten des öffentlichen Rechts, falls deren Vermögen für Gläubigerforderungen nicht ausreichen.

Auf diese Weise wird die dauerhafte Zahlungsfähigkeit einer mit öffentlichen Aufgaben betrauten Anstalt nachhaltig gewährleistet. Das Sparkassengesetz sieht z. B. vor, dass in Sparkassen Beamte arbeiten dürfen, dass die Aufsicht über die Sparkassen (zumindest in Bayern) das Innenministerium führt, dass ein Verband gegründet werden muss etc. Ebenfalls die Kreditanstalt für Wiederaufbau wird durch einen besonderen Normeneinsatz organisiert.

Ähnlich verhält es sich mit den Kommunalunternehmen, die vor allem im Bereich des personalen Nahverkehrs, der Entsorgung, der Energieversorgung aktiv sind. Da diese Bereiche regelmäßig mit einer großen Verantwortung für das soziale Leben verbunden sind, findet eine starke Normierung dort statt. In den letzten Jahren gab es ein Gesetz zur Reform der Kommunalverfassung (2007), ein Gesetz zur Änderung des kommunalen Unternehmensrechts (2003), ein Gesetz zur Stärkung der kommunalen Selbstverwaltung (2002) etc. Ein (eher amüsantes) Relikt aus alten Zeiten ist das Gesetz über das Branntweinmonopol von 1922. Um die unkontrollierte Herstellung und den damit verbundenen Vertrieb zu unterbinden, erhielt der Staat damals und bis auf den heutigen Tag das Monopol zur Branntweinherstellung.

13.1.3.2 Kommerziell/Gemeinnützig

Während kommerzielle Institutionen in normativer Hinsicht in der Regel funktionalistisch agieren, erfahren gemeinnützige[1] Institutionen und Betriebe eine mehr oder weniger intensive moralische Behandlung. Firmen wie BMW oder Bosch müssen sich durch ein verantwortungsvolles Handeln auf den Märkten behaupten, dafür wird ihnen weniger von öffentlicher Seite hereingeredet. Auf der anderen Seite erhalten gemeinnützige Unternehmen viel Unterstützung von öffentlicher Seite, weil sie auf besondere Weise das Gemeinwohl fördern, dafür wird ihnen aber in vielfacher Hinsicht und Intensität durch normative Vorgaben der Handlungsspielraum eingeengt.

So lässt sich zuerst eine Vielzahl an Vergünstigungen anführen, die gemeinnützigen Institutionen wie Stiftungen, gemeinnützigen GmbH, Hilfswerken, kulturellen Einrichtungen, Krankenhäusern, Vereinen etc. zuteil werden. Sie müssen weniger oder gar keine Steuern bezahlen (Umsatzsteuer, Körperschaftsteuer, Gewerbesteuer, Grundsteuer, Schenkungssteuer, Erbschaftsteuer), sie dürfen Spenden annehmen und quittieren, was den Spendern steuerliche Vorteile verschafft. Sie erhalten oft einen kostengünstigen oder kostenlosen Zugang zu anderen gemeinnützigen oder öffentlichen Einrichtungen. Den Vergünstigungen steht allerdings eine große Zahl an normativen Vorschriften gegenüber. Gemeinnützige Körperschaften müssen sich ihre Gemeinnützigkeit von den zuständigen Steuerbehörden anerkennen lassen, Gelder dürfen nicht zur persönlichen Bereicherung eingesetzt werden. Bei Vereinen muss jedes neue Mitglied aufgenommen werden, die Höhe der Beiträge und sonstiger Gebühren ist begrenzt, es darf kein Erwerbszweck verfolgt werden, die zur Verfügung stehenden Finanzmittel müssen zeitnah eingesetzt werden, aus ihnen dürfen nur bedingt Rücklagen gebildet werden etc.

13.2   Integrationsebenen

13.2.1   Makroebene

13.2.1.1 Wirtschaftsordnung: Soziale Marktwirtschaft

> *„Dem Kapitalismus wohnt ein Laster inne:*
> *die ungleiche Verteilung der Güter.*
> *Dem Sozialismus hingegen wohnt eine Tugend inne:*
> *die gleichmäßige Verteilung des Elends."*
> Winston Churchill

Das Konzept der Sozialen Marktwirtschaft geht vor allem auf Wilhelm Röpke und Alf-red Müller-Armack in den 1940er Jahren zurück. Es stellt als „dritter Weg" den ord-nungspolitischen Versuch dar, eine Synthese zwischen Kapitalismus und Planwirtschaft bzw. wirtschaftlicher Freiheit und sozialer Verantwortung zu schaffen. Die Grundlagen stammen aus mehreren Quellen, zum einen dem Ordoliberalismus der Freiburger Schule, zum anderen der Christlichen Soziallehre und zum dritten dem freiheitlichen Sozialis-mus. Die Soziale Marktwirtschaft folgt dabei der Idee, „deren Ziel es ist, auf der Basis der Wettbewerbswirtschaft die freie Initiative mit einem gerade durch die marktwirt-schaftliche Leistung gesicherten sozialen Fortschritt zu verbinden"[2] (Müller-Armack).

Die aus vier Prinzipien bestehende Soziale Marktwirtschaft zeigt ihren Hybridcharak-ter vor allem durch die Verbindung der ersten beiden, sehr unterschiedlichen Prinzipien, Wettbewerbsprinzip und Sozialprinzip. Ergänzt werden die Hauptprinzipien durch das Prinzip der Marktkonformität und das der Stabilisierung (konjunkturpolitische Prinzip). Während das Sozialprinzip prinzipiell für die Normierung der Wirtschaft steht, reprä-sentiert das Wettbewerbsprinzip die Funktionalisierung der Moral. Das Wettbewerbsprinzip, das wir aus dem Abschnitt über den Kapitalismus kennen, ist durch Privateigentum an Produktionsmitteln, den dezentralen Koordinationsmechanismus Markt, freie Preisbil-dung, Freiheit von Gewerbe, Konsum, Verträgen und Berufen etc. gekennzeichnet. Der Staat spielt hierbei eine untergeordnete Rolle (Nachtwächterstaat), d. h. er lässt Anbie-tern und Nachfragern freien Lauf und greift nur ein, wenn der Marktmechanismus durch Verzerrungen im Wettbewerb in Gefahr gerät. Im Rahmen des Wettbewerbsdrucks und der Tatsache, dass sich dabei jedes Wirtschaftssubjekt selbstständig behaupten muss, entstehen durch die Funktionalisierung der Moral allgemeinverbindliche Normen, die Resultat des freien Spiels der Kräfte sind. Letztlich führt das Wettbewerbsprinzip zu Wohlstand und Effizienz, was meistens allen Beteiligten zu Gute kommt.

Wenn manche Marktprozesse zu Resultaten führen, die aus sozialer Sicht uner-wünscht sind, dann tritt das Sozialprinzip insofern in Aktion, indem es durch gezielte staatliche Eingriffe dazu beiträgt, Missstände zu beseitigen, Fehlentwicklungen zu korri-gieren und auf diese Weise die reine Tausch- und Wettbewerbswirtschaft zu ergänzen. Diese Interventionen sollen aber marktkonform sein, was bedeutet, dass der Eingriff Angebot, Nachfrage und freie Preisbildung möglichst nicht außer Kraft setzen soll. Der richtungsweisende Sinn des Sozialprinzips besteht darin, dem Prinzip der Freiheit auf dem Markt das Prinzip des sozialen Ausgleichs und der sozialen Gerechtigkeit an die Seite zu stellen, damit „Wohlstand für alle", der Tenor im Denken des Vaters der Sozialen Marktwirtschaft in Deutschland Ludwig Erhard, entstehen kann.

Solange der Markt im Gesamteffekt allen Beteiligten in Form von Wohlstand und wirtschaftlicher Freiheit Vorteile verschafft und solange das Wettbewerbsprinzip zu sozial nützlichen Zuständen führt, solange darf sich das Marktsystem selbst erhalten. Sobald jedoch größere gesellschaftliche Verwerfungen wegen des Marktsystems eintreten, ist der lange Arm des Staates gefragt. Dieser greift dabei in unterschiedlichster Form und auf unterschiedlichsten Gebieten ein, wovon ich eine kleine Auswahl geben möchte. Wenn bestimmte Bevölkerungsgruppen, z. B. Arbeitslose, Alte, Kranke, Behinderte kein Einkommen erzielen können, greift ihnen der Staat über die diversen Maßnahmen der Einkommens- und Verteilungspolitik unter die Arme. Starke Schultern müssen steuerlich mehr tragen als Schwache, weswegen das Steuersystem progressiv gestaltet und in bestimmte Lohnsteuerklassen eingeteilt sein kann. Einkommensschwache erhalten die diversen Sozialleistungen wie Sozialhilfe, Wohngeld, Bafög oder Förderungen zum Bausparen oder zur Vermögensbildung. Wegen des individuellen Rechts auf Bildung sind die Hochschulen weitgehend kostenfrei. In Krisenzeiten ersetzen Staatsaufträge die mangelnde private Nachfrage. Damit alle im Alter versorgt sind, gibt es die gesetzliche Rentenversicherung. Die Krankenversicherung kümmert sich um die Aufrechterhaltung der Gesundheit der Bürger. Diverse Gesetze regeln den Schutz im Kündigungsfall, bei Schwangerschaft etc. Alle diese Maßnahmen entspringen und entsprechen der Normierungslogik.

Natürlich ist eine Soziale Marktwirtschaft kein geschlossenes, sondern ein offenes System. Je nach Wertvorstellung gibt es mehr oder weniger Sozialprinzip, die Palette reicht vom Marktsozialismus (Ex-Jugoslawien) über die sozialistische Marktwirtschaft (Ungarn) zum Verbändestaat (Schweiz) oder zum Wohlfahrtsstaat skandinavischer Prägung. Planwirtschaftliche Elemente finden sich in allen diesen Systemen, sei es, dass Prozesse zentral gesteuert werden (Sozialversicherung), sei es, dass Produktionsmittel verstaatlicht werden (früher: Post und Bahn), sei es, dass Preise vorgegeben werden (Beiträge Sozialversicherung).

13.2.1.2 Gesellschaftsordnung: Kommunitarismus/Bürgergesellschaft

Die Bürgergesellschaft stellt eine synthetische Mischform zwischen Liberalismus und Sozialismus dar, also zum einen zwischen Individualismus, Autonomiestreben, Privateigentum, Wettbewerb, Selbstverantwortung und zum anderen Gemeinschaftlichkeit, Gerechtigkeit, soziale Wohlfahrt, Kollektivverantwortung und Solidarität. Das interdisziplinäre Konzept der Bürgergesellschaft, das natürlich nicht vollkommen homogen ist, stammt vor allem aus der Lehre des Kommunitarismus, wobei einer der federführenden Ideengeber Amitai Etzioni ist. Dem Kommunitarismus geht es um „Rekonstruktion der Gemeinschaft, der *Community*, um die Wiederherstellung der Bürgertugenden, um ein neues Verantwortungsbewusstsein der Menschen, um Stärkung der moralischen Grund-

lagen unserer Gesellschaft"[3]. Über die Annahme, dass Menschen nur in ihnen naheste-
henden Kreisen wie der Familie, den Nachbarn, Sport- und Kulturvereinen, Kollegen
etc. Identität finden können und politische Partizipation dort am effektivsten wirkt, soll
Normativität, die in unseren anonymen großgesellschaftlich organisierten Systemen an
Kontur verliert, wieder ein Gesicht erhalten. Die aktuelle Entwicklung, dass einerseits
immer mehr individuelle Rechte gewährt werden, auf der anderen Seite aber immer
weniger bereit sind, Gemeinschaftsaufgaben zu übernehmen, wird als ein wesentlicher
Kritikpunkt des Kommunitarismus geäußert.

Ich beginne mit der liberalistischen Dimension, den Autonomiemerkmalen der Bürgergesellschaft. Diese versteht sich erstens als selbstbestimmend-demokratisch, d. h.
jeder Bürger genießt die reale politische Freiheit, zwischen politischen Parteien und
deren unterschiedlichen Programmen zu wählen, um seiner Lebenseinstellung und seinen sozialen Werten Ausdruck zu verleihen. Parteien können nur verboten werden, wenn
sie die Grundlagen von Demokratie und Rechtstaatlichkeit in Frage stellen. Jeder Bürger
erhält dadurch die Möglichkeit, sich aktiv am öffentlichen Leben zu beteiligen, sofern er
es wirklich will. Natürlich umfasst diese Eigeninitiative sowohl das aktive wie passive
Wahlrecht. Jedem Bürger steht somit das Recht zu, frei über seine Lebensvorstellungen
im Rahmen demokratischer Regeln zu verfügen. Was hier primär im politischen Sinn zu
verstehen ist, kann im übertragenen Sinn sekundär für die wirtschaftliche Sphäre gelten.

Der Staat in der Bürgergesellschaft ist zweitens von großer Zurückhaltung geprägt. Er
ist das aufs Wesentliche reduzierte Instrument für die Belange der sozialen Selbstorganisation der Individuen, die zunehmend durch Globalisierung, Ökologisierung und Ver-
wissenschaftlichung geprägt sind. Im Prinzip greift der Staat nicht mehr so stark ein wie
das z. B. in totalitären Systemen, in den klassischen westlichen Nationalstaaten oder in
den sogenannten Gottesstaaten der Fall ist, sondern er moderiert wie ein Supervisor
innerhalb und zwischen Teilgemeinschaften (communities) bzw. er motiviert wie ein
Trainer bürgergesellschaftliches Engagement besonders dann, wenn der Prozess der
Selbstorganisation defizitär zu werden droht. In der (postmodernen) Bürgergesellschaft
tragen sich die Bürger mit ihren (Wirtschafts-)Interessen überwiegend selbst.

Wirtschaftlich betrachtet steht drittens in der Bürger- bzw. Zivilgesellschaft das private Handeln im Vordergrund. Einer der Urväter der Theorie der Bürgergesellschaft,
Adam Ferguson, sprach schon im 18. Jahrhundert[4] von „Besitzindividualismus", auch
und gerade wenn die Frage nach den Produktionsverhältnissen gestellt wurde. Da das
liberale Fahrwasser an dieser Stelle deutlich zu erkennen ist, kann auf eine weitergehen-
de Vertiefung verzichtet werden.

Kommen wir nun zur moralisch-normativen Dimension der Bürgergesellschaft. Der
Bürger tritt erstens als verantwortungsbewusstes Wesen auf. Dadurch, dass er weiß, dass
es den „Vater Staat" alter Prägung nicht mehr gibt und dass er seine vitalen Bedürfnisse
schwerpunktmäßig innerhalb seiner auf Dauer angelegten „community" befriedigen
muss, kümmert er sich nicht nur um seine eigenen Belange, sondern auch um die überindividuellen. Hier schimmert das Subsidiaritätsprinzip durch, indem „hoheitliche" Aufgaben dezentralisiert werden. Im Gegensatz zum Liberalismus findet normatives Verhalten

jedoch nicht nur aus dem altbekannten Eigennutzstreben heraus statt, sondern aus vernünftiger sowie psychologischer Einsicht. In der „community" nämlich, die Entwick-
lungsgrundlage für die eigene Identität ist, kann man sich auf Dauer gegenseitig nur in
die Augen schauen, wenn man sich auf einer gemeinsamen Moralbasis trifft. Unter anderem deshalb übt der Bürger aus freier Überzeugung und mit innerer Zufriedenheit ein
ehrenamtliches Amt aus.

Zweitens erfährt die Region, die Stadt, die Gemeinde, die Familie, der Verein, allgemein der Ort, wo Zusammenleben stattfindet, eine normative Höherstellung: „Für den
Erfolg … regionaler Bürgergesellschaften, zusammengefasst in der Vorstellung einer
großen, vielfältigen europäischen Bürgergesellschaft, spricht ihre Nähe zur Wirklichkeit.
Die Überschaubarkeit der politischen Arena ermöglicht die einfachere politische Mobili-
sierung, knüpft an regionale oder lokale Identitäten, Traditionen und Ressourcen an und
behandelt als dringliche Aufgaben, was sie regional kennt."[5]

Zum dritten entdeckt das Individuum in der Bürgergesellschaft seine „innere Stimme
der Moral"[6] wieder, wenn es sich in erweiterter Form als „Subjekt des eigenen Handelns" erfährt[7]. Durch die Rückbindung an die „community" als Ort emotionaler und
psychischer Selbstfindung findet eine unmittelbare Integrationsleistung zwischen Autonomie und Moralordnung statt, die über rationale Prozesse weit hinausreicht. Zwar entzieht sich diese Integration nicht ganz dem gängigen Schema der Funktionalisierung
(z. B. Lebenserhaltungstrieb, soziale Bedürftigkeit etc.), dennoch erreicht sie eine neue
Ebene. Demokratische Seinsfindung ist kein vor allem äußerlicher Prozess, sondern eine
verinnerlichte „institutionalisierte Selbstreflexion"[8]. Da die Wünsche und Vorstellung
der anderen auf derselben normativen Ebene zu behandeln sind wie die eigenen, heißt
Demokratie immer auch die Pflicht wie das psychische Bedürfnis, Diskurse zu suchen
und sie möglichst zu Ende zu führen.

Neben Selbstbestimmung, Selbstreflexion und Subsidiarität treten als Pfeiler der Bürgergesellschaft zum vierten die Partizipation und die Solidarität. Partizipation bedeutet
neben dem Recht und der Pflicht zur Beteiligung an der politischen Entscheidungsfindung die „Teilhabe am sozialen Gut der Zivilgesellschaft, betrifft also lebensweltliche
Verantwortung, bürgerschaftliches Engagement und Freiwilligenarbeit"[9]. Solidarität im
bürgerschaftlichen Sinn bedeutet die „Erkenntnis, dass wir in einer vernetzten Gesellschaft im Guten und Schlechten voneinander abhängen (self-reliance)"[10]. Im Besonderen
letztes kann dazu führen, dass Bürger Aufgaben übernehmen, welche durch staatliche
Institutionen nicht oder nur partiell erfüllt werden.

Generell kennzeichnet sich die Bürgergesellschaft somit als wertorientiert. Der Wer-
tebegriff wird dabei von zwei Quellen gespeist. Erstens sollen Werte durch demokratische Prozesse legitimiert sein, zweitens von der Gleichgewichtigkeit von moralischer
Ordnung und individueller Autonomie geprägt sein.

Insgesamt stellt die Bürgergesellschaft also einen von mehreren Versuchen dar, einen
Kompromiss zwischen liberalistischen und sozialistischen Elementen herbeizuführen. In
ihrem Selbstverständnis tritt sie dabei nicht als statisches Realmodell, sondern als pro-
zessorientiertes Denkmodell auf, das die beiden Antipoden konstruktiv zu überwinden

versucht. Bereits 1821 nahm sich der deutsche Philosoph Hegel in seinen „Grundlinien der Philosophie des Rechts" dieses Themas an, als er die Dialektik der Privatsphäre einerseits und der Gesamtgesellschaft andererseits entwarf. Als aktuelle theoretische Grundlage fungiert der Kommunitarismus zur Rechtfertigung der Bürgergesellschaft.

Das synthetische Konzept der Bürgergesellschaft sieht keine generelle Unversöhnlichkeit bzw. keine grundsätzlich negative Korrelation zwischen den Extremen, alsodass mehr Normativität zu weniger Freiheit bzw. weniger Normativität automatisch zu mehr Freiheit führt, sondern es geht davon aus, dass sich unter kommunitaristischen Bedingungen beide Wertebenen verbinden lassen. Etzioni spricht hier von einer „inversen Symbiose" als kommunitaristischem „Balanceakt"[11].

Angesichts der immensen globalen Veränderungen hilft die Bürgergesellschaft außerdem dabei, die dazu nötigen Anpassungen flexibel vorzunehmen. Der Nationalstaat hat in einer transnationalen Welt weitgehend ausgedient, der allwissend-steuernde Staat auch, da der Wissensfortschritt rasant, unüberschaubar und über die neuen Medien demokratisierend[12] voranschreitet. Darüber hinaus kann die zunehmende Regionalisierung und ebenso Lokalisierung von überindividuellen Interessen in der Bürgergesellschaft besser organisiert werden. Die Bürgergesellschaft versteht sich zudem als normatives Gebilde. Sie versucht, individuelle Normativität in gesellschaftliches Handeln zu transformieren. Dies geschieht einerseits mit dem funktionalisierten Argument des individuellen Vorteils, aber auch mit dem deontologischen Argument des „Bürgersinns" bzw. „Bürgerstolzes" (vgl. Ralf Dahrendorf). Da der Bürger in seinem Handeln nicht danach fragt, was der Staat für ihn, sondern was er für die Gemeinschaft tun kann, aus welcher er ganzheitlich stammt, transformiert sich der Bürgersinn bzw. Bürgerstolz zur Bürgertugend.

13.2.2 Mesoebene

13.2.2.1 Rechtsform/Haftungsansatz: GmbH/AG

GmbH (Gesellschaft mit beschränkter Haftung) und AG (Aktiengesellschaft) stellen Mischformen dar zwischen einerseits unbegrenzter Haftung (Einzelunternehmen, OHG, Komplementär KG) und andererseits Haftungsausschluss (Genossenschaft, wenn satzungsmäßig bestimmt). Bei der GmbH muss der oder müssen die Gesellschafter ein Stammkapital von mindestens 25.000 Euro einlegen. In großen GmbH wird dieser Wert natürlich um ein Vielfaches überschritten. Das Stammkapital und das sich daraus ergebende und meist dasselbe übersteigende GmbH-Vermögen fungieren als Haftungsmasse z. B. im Insolvenzfall. Bei Insolvenz wird das gesamte GmbH-Vermögen zuerst aufgebraucht. Bleiben darüber hinaus Gläubigeransprüche bestehen, haften die Gesellschafter mit ihrem Privatvermögen in der Regel nicht[13]. Ausnahmen von diesem Haftungsprivileg bestehen jedoch dann, wenn die Gesellschafter versuchen, ihr Stammkapital dem potenziellen Haftungsfall unerlaubterweise zu entziehen. Das ist erstens bei der „Vermögensvermischung" der Fall, wo der bzw. die Gesellschafter buchhalterisch versuchen,

die Vorschriften zur Stammkapital-Sicherung zu umgehen. Bei der „Unterkapitalisie-
rung" versuchen die Gesellschafter zweitens, das Stammkapital den wirtschaftlichen
Verhältnissen widerstrebend künstlich niedrig zu halten. Beim wichtigsten Fall des
„existenzvernichtenden Eingriffs" wird drittens versucht, der GmbH Kapital zu entziehen, indem ein Vermögensrücktransfer zu den Gesellschaftern eingeleitet wird, der dazu
führt, dass die Verbindlichkeiten kaum mehr bedient werden können[14]. In allen diesen
drei Fällen muss dann doch der GmbH-Gesellschafter persönlich haften.

Wenn die Gesellschafter selbst nicht operativ in die GmbH eingreifen wollen, können
sie einen Geschäftsführer bestellen, der seinerseits ebenfalls einer mischförmigen Haftung unterliegt. Falls dieser seinen Pflichten ordnungsgemäß nachkommt, ist er von der
Haftung ausgeschlossen. Wenn die GmbH z. B. insolvent würde, haften die Gesellschafter mit dem Gesellschaftsvermögen. Falls er hingegen die „Sorgfalt eines ordentlichen
Geschäftsmanns"[15] außer Acht lässt, unterliegt er einer persönlichen, unbegrenzten Haftung. Dies ist der Fall, wenn er Sozialversicherungsbeiträge nicht abführt, wenn er die
drohende Zahlungsunfähigkeit nicht anzeigt, wenn er die sich abzeichnende Insolvenz
verschleppt, wenn er unangemessen auf Krisen reagiert, wenn er Steuern nicht korrekt
abführt, wenn er Misswirtschaft treibt, wenn er die intern gesetzte Vertretungsmacht
überschreitet, wenn er sich persönlich bereichert, wenn er bestehende Gesetze und Verordnungen missachtet, wenn er Vorgesetztenpflichten verletzt etc. Die Haftung kann
übrigens sowohl eine Innenhaftung sein (gegenüber der GmbH und ihren Gesellschafter)
sowie eine Außenhaftung (gegenüber Dritten wie Finanzamt, Banken, Kunden etc.).

Bei der AG treffen wir auf eine ähnliche mischförmige Haftungsstruktur wie bei der
GmbH, wobei der Aktionär dem GmbH-Gesellschafter gleichgesetzt werden kann und
der Vorstand dem GmbH-Geschäftsführer in etwa entspricht. Der Aktionär, der Unter-
nehmensanteile hält, muss im Fall einer

Insolvenz nur begrenzt bis zur Höhe seiner Anteile haften. Generell gilt, dass den
Gläubigern einer AG nur deren Gesamtvermögen zur Befriedigung ihrer Ansprüche
dient[16]. Als Mindestkapital sieht der Gesetzgeber 50.000 Euro vor, in der Praxis besteht
bei großen Aktiengesellschaften das AG-Vermögen aus mehreren Milliarden Euro. Der
Vorstand einer AG haftet persönlich sowohl den Aktionären sowie Dritten gegenüber
nicht, solange er sich an die Vorschriften hält, die von einem ordentlichen Geschäftsmann erwartet werden. Private Haftung tritt bei Missachtung des Gebarens eines ordentlichen Kaufmanns ein, also wenn er gegen seine Ad-hoc-Pflicht verstößt (er bestimmte Informationen fehlerhaft oder verspätet mitteilt), wenn er den Antrag auf Insolvenz verspätet stellt, wenn er die Rechtsform ändert, wenn er unerlaubte Unternehmen
betreibt, wenn er gegen Gesetze verstößt etc.

Wirtschaftsmoralisch stellen GmbH und AG also bizentrierte Integrationsformen dar.
Die Haftung mit dem Stamm- bzw. Gesellschaftsvermögen entspricht der Ökonomisierung der Moral, denn kein Gesellschafter und kein Aktionär möchte sein Kapitalvermö-
gen leichtfertig durch direkt oder auch indirekt unmoralisches Verhalten verlieren. Beide
haben also ein Eigeninteresse, dass Ihr Betrieb moralisch einwandfrei geführt wird, damit das Haftungsrisiko minimiert werden kann. Das Gleiche gilt für GmbH-Geschäfts-

führer und AG-Vorstand, denn beide müssen die relevanten Normen und Regeln einhalten, wollen sie ihr Haftungsrisiko minimieren. Der über das Gesellschaftsvermögen hinausgehende jeweilige private Haftungsausschluss entspringt der Normierung der Wirtschaft, als die Gesellschaft die Risikobereitschaft und Innovationskraft von Investoren und Managern, die im freien Wettbewerb bestehen müssen, nicht über Gebühr belasten möchte. Das immer bestehende individualisierte Unternehmensrisiko wird durch den Haftungsausschluss sozialisiert, indem Bürger und Konsumenten am Risiko endogen beteiligt werden.

13.2.2.2 Zielsystem: Corporate Citizenship

Mit dem Begriff „Corporate Citizenship" ist ein bizentriertes, wirtschaftsmoralisches Konzept verbunden, das davon ausgeht, dass sich Unternehmen zwar in erster Linie als Gewinnmaximierer verstehen, dass sie zugleich aber ihre bürgerschaftliche Verantwortung anerkennen und dies durch gemeinwohlorientierte Maßnahmen zum Ausdruck bringen. Dahinter steht die Einsicht, dass wenn man als Unternehmen dadurch, dass man Gewinne erzielt, von der Gesellschaft profitiert, man dann derselben auch irgendetwas zurückgeben muss. Die Idee der gesellschaftlichen Verantwortung von Unternehmen ist zwar nicht neu, hat aber durch egoistisches Managerverhalten und ausbeutende Unternehmen in der jüngsten Vergangenheit stark an Bedeutung gewonnen.

Das soziale Engagement von Unternehmen kann dabei eine Vielzahl an Formen annehmen. Firmen können z. B. spenden. Sie können eigene Stiftungen gründen (z. B. Bertelsmann, Roland Berger, VW etc.), die einen bestimmten Zweck verfolgen. Oder sie unterstützen bereits existierende Stiftungen mit Geld- oder Sachspenden. Betriebe können außerdem Sponsoring betreiben. Darunter ist die Unterstützung von gemeinnützigen Organisationen gemeint, die im Gegenzug Werbung für das Unternehmen machen (z. B. Trikotwerbung bei Sportvereinen). Eine weitere Form ist, wenn ein Unternehmen für jedes verkaufte Produkt einen Teil des Erlöses einer sozialen Institution zuführt. Gemeinnützigkeit zeigt sich auch daran, wenn Betriebe ihren Mitarbeitern während der Arbeitszeit zumindest sporadisch erlauben, ehrenamtliche Aufgaben zu erledigen. So hält der Buchhalter einen Vortrag für den Verein, der sich um Personen kümmert, die Privatinsolvenz angemeldet haben. Die gemeinnützige Zuwendung kann auch darin bestehen, dass das Unternehmen Aufträge an soziale Produktivwerke (z. B. Behindertenwerkstätten) vergibt, Kontakte für gemeinnützige Institutionen vermittelt oder Wagnisfinanzierung für soziale Unternehmen betreibt.

Am Oberbegriff „corporate citizenship" lassen sich viele weitere Einzelkonzepte festhalten. Findet das soziale Engagement des Unternehmens über das nationale Niveau hinaus statt, spricht man von global corporate citizenship. Corporate Stewardship bedeutet, dass die für die Produktionszwecke genutzten Ressourcen den Betrieben im Prinzip von der Gesellschaft nur treuhänderisch übergeben worden sind, selbst wenn die Betriebe darüber eigentumsrechtlich autonom verfügen. Mit Cross-Sector-Partnership ist die freiwillige Kooperation zwischen Unternehmen und den gemeinnützigen Organisationen mit dem Ziel zu verstehen, die Lebensbedingungen bestimmter Personengruppen zu verbessern. Auf der Ebene der Unternehmensverfassung werden die sozialen Werte eines Betriebs an die Öffentlichkeit kommuniziert, um den betrieblichen Verantwortungsbereich zu kennzeichnen. Auf der Ebene der Beziehungen zwischen Management und Belegschaft wird oft von Responsible Leadership und Human Relations gesprochen. Hier steht der Gedanke im Vordergrund, dass auch und gerade im funktionalisierten Produktionsprozess der Mensch als Mensch, nicht als Ressource aufgefasst werden muss.

Im Rahmen von Ethik-Kodizes und Compliance-Programmen können Entscheidungsprozesse und Prozesse personaler Kompetenzbildung und -verteilung normativ strukturiert werden. Gütesiegel und Zertifizierungen wie der Blaue Engel, Öko-labels, Audit Schemes oder das Fair-Trade-Siegel sorgen für Anreize, sich zu einem bestimmten Maß an Umweltverantwortung zu bekennen. Im Corporate-Governance-Kodex legen Betriebe Leitlinien für ihre normativen Unternehmenskulturen fest (Führungsgrundsätze, Selbstverpflichtungen, Wertmanagementsysteme etc.). In bestimmten Ethik-Ranglisten wird der Erfolg von Unternehmen in der Wahrnehmung ihrer gesellschaftlichen Aufgaben gemessen. Ethikseminare, Ethikbeauftragte helfen, normative Kompetenz aufzubauen. Im Bereich des ethischen Investierens geht es um die Auswahl von Anlageformen, die normativen Mindeststandards genügen (Ethical Investment Research Service etc.).

13.2.2.3 Vergütungssystem: Bonussystem

In einem Bonussystem vermischen sich funktionalistische Elemente (z. B. Gewinnbeteiligung) mit normativen Elementen (Festgehalt). Dementsprechend treten Vor- wie Nachteile der jeweiligen Systeme auf. Orientiert man sich vorrangig an einem normierten System, wird man den variablen Vergütungsanteil, den Bonus, klein halten, um die Vorteile des Festgehalts in den Vordergrund zu bringen. In einem vor allem funktionalisierten System wird man die fixen Vergütungsbestandteile klein halten, um die Vorteile der Gewinnbeteiligung stärker auszuschöpfen. Die Grundidee des Bonussystems als Mischsystem liegt aber in jedem Fall darin, möglichst aus beiden Systemen die Vorteile zu aktivieren und zu nutzen. So soll das Grundgehalt auf Unternehmensseite bewirken, dass es als attraktiver und zuverlässiger Arbeitgeber wahrgenommen wird, während auf der Seite der Arbeitskräfte die damit verbundene Sicherheit und Solidität geschätzt wird. Von dem Bonus verspricht man sich arbeitgeberseitig, dass auch noch letzte Leistungsreserven der Arbeitnehmer abgegriffen werden, während die Arbeitnehmer dadurch enorme Einkommenszuwächse realisieren können.

Das Bonussystem vollzieht die Integration von Wirtschaft und Moral über die bizentrierte Schiene. Dabei engt das Normierungsmodell die Akteure explizit, im Fall der Funktionalisierung implizit ein. Dadurch entstehen diverse Probleme. Die leistungsorientierten Vergütungsanteile, also Boni, sorgen zunächst dafür, dass Anreize für eine hohe Leistungsbereitschaft geschaffen werden. Diese Anreize, die vor allem in der Principal-Agent-Theorie thematisiert werden, bringen Angestellte wie Manager dazu, sich so zu verhalten, dass bestimmte wirtschaftliche Ziele erreicht werden. Da das Erreichen der wirtschaftlichen Ziele zum Teil das Erreichen von normativen Zielen voraussetzt, werden dieselben in das wirtschaftliche Zielsystem integriert, funktionalisiert und dementsprechend umgesetzt. Aus wirtschaftsmoralischer Sicht entstehen dabei mehrere Probleme.

Erstens können die Leistungsziele nicht immer exakt gemessen werden. Ausgehend z. B. von dem wirtschaftlichen Ziel der Gewinnsteigerung, strebt der funktionalisierte Arbeitnehmer in seinem täglichen Tun das Ziel an, ein möglichst hohes Maß an Kundenzufriedenheit zu erreichen. Diese ist zum einen schwer exakt zu messen, zum anderen kann sie durch gegensätzliches Handeln erzeugt werden. Während der eine Kunde eine sehr kommunikations- und informationsintensive Beratung wünscht (und dann zufrieden ist), zieht der andere Kunde das Gegenteil vor. Zweitens können die normativen Ursachen der wirtschaftlichen Leistungserzielung nicht quantifiziert werden. In ganz vielen Fällen bleibt es unklar, welches normative Verhalten welchen Erfolgseinfluss ausgeübt hat. Drittens bleibt unklar, welcher Beschäftigte mit seinem normativen Handeln welchen Anteil zum wirtschaftlichen Erfolg beigesteuert hat. Die normative Leistungserzielung wird regelmäßig in unterschiedlichem Maß von verschiedenen Personen in einer Institution erbracht.

Die normative Problematik von Bonussystemen bzw. variablen Vergütungssystemen lässt sich in der Wirklichkeit übrigens sehr gut an Hand der Finanzkrise 2008 beobachten. Die Geschäftsbanken haben im Vorfeld der Krise Milliardenbeträge an Boni an ihre Angestellten ausgeschüttet, was den Anschein erweckt, dass diese auf einem hohen wirtschaftlichen und normativen Leistungsniveau gearbeitet haben müssen. Tatsächlich aber war es mitunter genau dieses angebliche normative Tun, das zu einer Bankenkrise führte, deren negativen Auswirkungen nur durch das Einspringen der Steuerzahler kompensiert werden konnte.

13.2.3   Mikroebene

13.2.3.1   Soziale Gesinnung: Subsidiaritätsprinzip[17]

Das Subsidiaritätsprinzip stellt eine Mischform dar zwischen einerseits Leistungsprinzip und zum anderen Solidaritätsprinzip. Es besteht inhaltlich darin, dass eine (oftmals gesellschaftspolitische) Aufgabe zuerst von der unteren Ebene aus erfüllt werden soll, z. B. von einem Kind einer Familie privat oder von einem Landkreis politisch betrachtet. Ist diese untere Ebene damit überfordert, wird die Aufgabe auf die nächsthöhere Ebene gebracht, z. B. auf die von allen Kindern der Familie oder auf die Landesebene. Erst wenn alle unteren Ebenen überfordert sind, tritt als letzte Instanz die höchste Ebene in Erscheinung, dies könnten im Privatbereich die Eltern, im politischen Bereich der Bund sein. Das Subsidiaritätsprinzip, verstanden als allgemeine Handlungsanordnung, findet somit Anwendung von der kleinsten sozialen Einheit, der Familie, bis hin zu den großen supranationalen Gebilden wie der Europäischen Union. Es verfährt nach der Maxime, dass ein Problem möglichst dort gelöst werden sollte, wo es auch entstanden ist.

Durch seine Verallgemeinerbarkeit findet man das Subsidiaritätsprinzip auf vielen Gebieten vor, z. B. in der Finanzwissenschaft (Aufgabenverteilung zwischen Privatsektor und Fiskus), in der Sozialpolitik (Aufgabenverteilung zwischen nichtsstaatlichen und staatlichen Institutionen), im Konzernrecht (Aufgabenverteilung zwischen Mutter- und Töchtergesellschaften), im Rechtswesen (Aufgabenverteilung zwischen den Instanzen der Gewaltenteilung), in der Versicherungsbranche (Aufgabenverteilung bei überlappenden Versicherungsfällen) etc. Ursprünglich stammt es aus der katholischen Soziallehre als sozialethisches Prinzip. Danach unterliegt der Einzelne zuallererst immer der Eigenverantwortung, d. h. er muss sich selbst um seine Angelegenheiten kümmern, und zwar so, dass andere nicht negativ davon betroffen werden. Hier stoßen wir folglich auf das Leistungsprinzip, das bei jedem Menschen bestimmte normative Grundlagen voraussetzt auf dem Weg zur individuellen Selbstverwirklichung. Erst dann, wenn der Einzelne oder die Familie mit dieser Eigenverantwortung überfordert ist, treten weitere Instanzen wie z. B. die Verwandtschaft, die Kirche, Vereine bis zum Staat auf den Plan. Diese leisten Hilfe, und zwar in erster Linie Hilfe zur Selbsthilfe, was wiederum dem Solidaritätsprinzip entspricht.

Das Subsidiaritätsprinzip als dezentralisierte Verteilung, Delegation von Aufgaben findet natürlich auch in Deutschland auf wirtschaftsmoralischem Gebiet seinen Niederschlag. So erwarten wir z. B., dass jede Familie ihre Erziehungsaufgaben selbstständig und nachhaltig übernimmt. Sollte sie damit überfordert sein, kann sie sich an freie, nicht staatliche Wohlfahrtsorganisationen wenden wie an die Kirche (Diakonie, Caritas, Pro Familia) oder an die Arbeiterwohlfahrt etc., um Unterstützung zu erhalten. Diese Vorgehensweise ist laut Sozialgesetzbuch ausdrücklich erwünscht. Erst, wenn auch die freie Wohlfahrtspflege an ihre Grenzen stößt, soll sich der Staat mit Hilfe der Jugendämter einschalten und die Erziehungsproblematik endgültig einer Lösung zuführen. Derartige Fälle sind natürlich zu Hauf zu beobachten. Jeder Mensch soll sich seinen Lebensunterhalt mit eigener Kraft und aus eigener Anstrengung verdienen. Scheitert dies, weil der Mensch z. B. krank wird oder er als Alleinerziehender für Kleinkinder verantwortlich ist, kann er sich an Wohlfahrtsvereine wenden, bis, falls diese nicht ausreichend helfen können, letzten Endes der Staat mit der Sozialhilfe einspringt[18]. Wenn jemand auf Dauer keine Arbeit findet, erhält er am Ende Arbeitslosengeld II. Wenn der einzelne Landwirt im Rahmen globalisierter Märkte immer größere Schwierigkeiten hat, seine Produkte adäquat zu vermarkten, kann er sich Agrargenossenschaften anschließen, welche ihrerseits wiederum im Notfall durch staatliche Subventionen unterstützt werden können. Wenn der einzelne Arbeiter sich darum kümmert, dass er nicht ausgebeutet wird (Arbeitszeit, Arbeitsschutz, Gesundheit etc.), kann er, falls er allein nichts bewirkt, Mitglied in einer Gewerkschaft werden. Diese wiederum erhält als demokratische Wohlfahrtsorganisation Rückendeckung durch den Staat, falls sie mit ihren Aufgaben überfordert sein sollte.

Anmerkungen zu Kapitel 13

1   „Die Tätigkeit einer Körperschaft muss darauf gerichtet sein, die Allgemeinheit auf materiellem, geistigem oder sittlichem Gebiet selbstlos zu fördern" (§ 52 Abgabenordnung).

2   http://www.forum-ordnungspolitik.de/zur-ordnungspolitik/grundsaetze/586-das-soziale-der-sozialen-marktwirtschaft-ist-die-marktwirtschaft-.

3   Etzioni, Amitai: Die Entdeckung des Gemeinwesens. Ansprüche, Verantwortlichkeiten und das Programm des Kommunitarismus. Stuttgart 1995, S. IX, zitiert aus Barth, S. 1.

4   Der Brockhaus: Politik, Mannheim 2008, S. 506.

5   Gohl, Christopher: Bürgergesellschaft als politische Zielperspektive, in: Aus Politik und Zeitgeschichte, B6-7/2001, S. 5–11, in: www.bpb.de/apuz/26472/buergergesellschaft-als politische-zielperspektive?p=2, S. 3.

6   Barth, S. 3.

7   Ebenda, S. 9, zitiert nach Helmut Klages.

8   Ebenda, S. 9.

9   Ebenda, S. 10.

10   Ebenda, S. 10.

11   Ebenda, S. 3.

12   Artikel 20 Grundgesetz: „Alle Staatsgewalt geht vom Volk aus. Sie wird vom Volk in Wahlen und Abstimmungen und durch besondere Organe der Gesetzgebung, der vollziehenden Gewalt und der Rechtsprechung ausgeübt."

13   Sogenanntes Haftungsprivileg, vgl. § 13(2) GmbHG.

14   Vgl. § 30 f. GmbHG.

15   Vgl. § 43 GmbHG.

16   Vgl. § 1 AktG.

17   Lateinisch subsidium = die Hilfe.

18   Vgl. Bundessozialhilfegesetz § 93: „Die Träger der Sozialhilfe sollen darauf hinwirken, dass die zur Gewährung geeigneten Einrichtungen ausreichend zur Verfügung stehen. Sie sollen eigene Einrichtungen nicht neu schaffen, soweit die in § 10 Abs. 2 genannten Träger der Freien Wohlfahrtspflege vorhanden sind, ausgebaut oder geschaffen werden können."

Teil 4
Implementierungsproblem

Wir wissen nun einigermaßen, was Wirtschaftsmoral ist (Definitionsproblem), dass sich Wirtschaft und Moral stark unterscheiden (Zwei-Welten-Problem) und welche Verbindungsmöglichkeiten zwischen beiden bestehen (Integrationsproblem). In diesem Teil geht es jetzt um die Frage, wie sich das Funktionalisierungsmodell bzw. das Normierungsmodell bzw. mögliche Mischformen aus beiden als wirtschaftsmoralische Systeme und in ihrer jeweiligen Charakteristik und Einzigartigkeit implementieren lassen. Wir fragen im Kapitel 14 danach, welche Voraussetzungen nötig sind, damit Wirtschaftssubjekte in ihrem Handeln moralische Standards im Rahmen eines Primats der Wirtschaft einhalten können (Funktionalisierungsmodell). Wir fragen im Kapitel 15 danach, welche Voraussetzungen vorhanden sein müssen, damit Wirtschaftssubjekte unter dem Primat der Moral ihren wirtschaftlichen Eigennutz sozial verträglich ausleben können bzw. unter bestimmten Umständen bereit sind, einen wirtschaftlichen Nachteil hinzunehmen (Normierungsmodell).

Auf *einen* funktionalistischen Zusammenhang hat Adam Smith als einer der ersten aufmerksam gemacht. Bei ihm war es jedoch weniger die Moralität, die wirtschaftliche Prozesse strukturiert, sondern in erster Linie die moralische Institution des Wettbewerbs, der die Wirtschaftsakteure zu einer wirtschaftsmoralischen Integration bringt. Ich werde versuchen zu zeigen, dass dabei noch andere Einflussfaktoren eine große Rolle spielen. Funktionalistische Implementierung bedeutet zu fragen, was gelten muss, damit das Subjekt mit normativen Mitteln wirtschaftliche Zwecke erfüllen kann. Im Gegensatz dazu beschäftigt sich das Implementierungsproblem im Normierungsmodell mit der Frage, was gelten muss, damit das Subjekt den prinzipiellen Vorrang der Moral vor jedem individuellem Wirtschaften akzeptiert.

Die folgenden Implementierungsbedingungen müssen auf eine Vielzahl von wirtschaftsmoralischen Einzelfällen angewandt werden können. Die dabei auftretende Fülle und Komplexität übersteigt natürlich bei weitem die Möglichkeiten dieses Buches. Selbst die Grundlagenforschung stößt hier an ihre Grenzen. Im Folgenden habe ich eine exemplarische Auswahl an wirtschaftsmoralischen Fällen zusammengestellt, ausgehend von den gängigen, vorherrschenden Moralvorstellungen, die die Breite und Tiefe des wirtschaftsmoralischen Bereichs andeutet.

Ein Käufer bezahlt das gekaufte Fahrrad nicht wie vereinbart, sondern zu spät. Der Lehrer rechnet bei der Nachhilfeabrechnung mehr Stunden ab als er gegeben hat. Der Handwerker baut bewusst ein Billigersatzteil ein, damit er bald wieder einen neuen Auftrag erhält. Der Chef behandelt seine Sekretärin unfair. Ein Versicherter macht bei seiner Versicherung falsche Angaben. Ein Kunde beleidigt die Dame der Kunden-Hotline. Der Gast prellt die Zeche in einer Gaststätte. Der ALG II-Empfänger bedroht seine Sachbearbeiterin, weil sie Kürzungen vornehmen will. Die Fortsetzung der Beispiele erfolgt am Anfang der Anmerkungen* zu Kapitel 14.

Inwieweit die Art der wirtschaftsmoralischen Situation mit dem jeweiligen wirtschaftsmoralischen Modell zusammenhängt, wird in den nächsten beiden Kapiteln 14 und 15 deutlich werden. Ich starte mit den optimalisierten Implementierungsbedingungen des Funktionalisierungsmodells.

Funktionalisierungsmodell

14

14.1 Uneingeschränkte wirtschaftliche Handlungsfreiheit

Die Anbindung normativer Vorgaben an wirtschaftliche Eigennützigkeit setzt zuerst wirtschaftliche Handlungsfreiheit voraus. Das bringt den Wirtschaftsprimat im Rahmen der Interdisziplinarität der Wirtschaftsmoral zum Ausdruck. Es geht primär darum, dass jeder Akteur möglichst autonom und uneingeschränkt über seinen eigennützigen Umgang mit knappen Mitteln verfügen dürfen soll. Erst sekundär geht es darum, dass sich dieser Umgang innerhalb gewisser sozial verträglicher Grenzen bewegen soll. Die wirtschaftliche Handlungsfreiheit zeigt im Funktionalisierungsmodell, dass das wirtschaftliche Freiheitsbedürfnis vor dem der Moral steht, dass dieses als originäres, jenes als das abgeleitete einzustufen ist und dass, nach Brecht, Fressen ohne Moral möglich ist, während eine Wirtschaftsmoral ohne „Fressen" unmöglich ist. Wirtschaftlicher Unbeschränktheit steht moralische Beschränktheit gegenüber, die sich im Funktionalisierungsmodell zumindest darin äußert, dass die wirtschaftliche Grundfreiheit normativ (auch nicht apriori) eingeschränkt werden darf.

Die Handlungsfreiheit äußert sich in verschiedener Form. Bezüglich der Konsumentensouveränität besteht diese Freiheit darin, dass der Konsument als Letztinstanz darüber entscheidet, welche Güter produziert werden, in welcher Anzahl sie gewünscht werden, welche Qualitäten sie aufweisen. Die Konsumentensouveränität bringt zugleich die Macht der Verbraucherseite zum Ausdruck, d. h. deren Bedürfnisse, unabhängig davon, ob diese aus moralischer und philosophischer Sicht sinnvoll oder sinnlos, vernünftig oder unvernünftig, notwendig oder verzichtbar sind, determinieren kausal wirtschaftliche Strukturen und Prozesse. Das Funktionalisierungsmodell geht somit von einer gewissen Dominanz des Konsums gegenüber der Produktion aus. Trotz dieser Dominanz gibt es

© Springer Fachmedien Wiesbaden GmbH, ein Teil von Springer Nature 2019
S. Knischek, *Grundlagen der Wirtschaftsmoral*,
https://doi.org/10.1007/978-3-658-23623-6_14

aber auch eine Souveränität auf der Seite der Produzenten. Sie können, wenn sie es unbedingt wollen, an der Nachfrage vorbei produzieren, nur ein bestimmtes Marktsegment bedienen, durch Werbung versuchen, das Verhalten der Verbraucher zu beeinflussen oder sich durch Absprache mit den Mitkonkurrenten Vorteile verschaffen. Im Rahmen dieser wirtschaftlichen Handlungsfreiheit ist es somit also durchaus auch möglich, dass sich ein Konsument oder Produzent, zunächst zumindest, unmoralisch im Sinne der herrschenden Moral verhält. Die hier relevanten Implementierungsbedingungen führen letztlich aber doch wieder zu einer Moralisierung im Sinne der herrschenden Moral.

Neben Konsumenten- und Produzentensouveränität gibt es noch weitere Formen wirtschaftlicher Handlungsfreiheit. Die Vertragsfreiheit ermöglicht es jedem Akteur, mit jedem beliebigen anderen Akteur eine rechtliche Bindung über die Abwicklung eines oder mehrerer Tauschgeschäfte einzugehen (Kauf, Miete, Leihe, Darlehen, Schenkung etc.). Die Berufsfreiheit ermöglicht jedem eine freie Berufswahl, wonach sich jeder ohne externe Restriktionen beruflich frei entfalten darf. Die Niederlassungsfreiheit gibt jedem das Recht, dort zu arbeiten und auch zu wohnen, wo er will. Die Gewerbefreiheit erlaubt jedem, sich eine wirtschaftliche Selbstständigkeit aufzubauen. Unter Freihandel versteht man die Möglichkeit, national wie international Handel treiben zu können. Und natürlich hat jeder Akteur die Freiheit, Privateigentum zu erwerben.

Warum muss wirtschaftliche Handlungsfreiheit im Funktionalisierungsmodell überhaupt bestehen? Erstens, da wir uns ansonsten im Normierungsmodell befinden würden. Wenn bestimmte Verträge von vornherein nicht abgeschlossen werden dürfen, wie z. B. im Bereich der gesetzlichen Sozialversicherung, wo Versicherungspflichtgrenzen bzw. bestimmte Einkommensebenen Wahlmöglichkeiten beschneiden, findet bereits Normierung statt. Wenn die DDR-Führung damals den Konsum von Bananen durch Handelsbeschränkungen de facto begrenzte, fand Normierung statt. Natürlich haben wir es in solchen Fällen mit rechtlichen Normierungen zu tun. Aber da hinter diesen letztlich moralische Ansprüche stehen und diese über mehr oder weniger demokratisch legitimierte Prozesse transportiert werden, findet auch hier eine Moralisierung statt. Das Funktionalisierungsmodell basiert aus diesen Gründen auf uneingeschränkter wirtschaftlicher Handlungsfreiheit. Zum zweiten, weil die unbeschränkte wirtschaftliche Handlungsfreiheit die Primarisierung des Aspektes des Wirtschaftens gegenüber dem moralischen zum Ausdruck bringt.

Drittens, weil wir die hier aufgeführten drei Grundmodelle der Wirtschaftsmoral (Ökonomisierung der Moral, Moralisierung der Wirtschaft, Synthese beider Grundansätze) theoretisch, d. h. im wissenschaftlichen Sinn puristisch behandeln. Wir arbeiten auf der Ebene von Modellen, die nicht den Anspruch an sich stellen, die überaus komplexe Wirklichkeit deckungsgleich abzubilden. Ziel dieser Modelle ist es vielmehr, grundlegende Zusammenhänge zu extrahieren, um Ökonomisierung von Moral besser zu verstehen. Im Rahmen der Heuristik muss man deshalb von idealtypischen Grundvoraussetzungen ausgehen, die im Fall des Funktionalisierungsmodells zunächst eine totale Normfreiheit bedeuten (außer der wirtschaftlichen Freiheit selbst, die normativ interpretiert werden kann).

Viertens, weil Entstehung und Existenz von Moral wie von Wirtschaft Freiheit voraussetzen. Ohne Wahlfreiheit kann weder das Böse und in der kausalen Folge auch nicht das Gute realisiert werden. Gut und böse hängen untrennbar miteinander zusammen und bedürfen der Freiheit des Menschen, damit Moral für den Menschen erfahrbar wird. Die moralische Problematik z. B. des Raubs lässt sich nur durch seine generelle Möglichkeit und seine unerwünschten, intendierten und nicht intendierten Konsequenzen verifizieren. Bestünde hingegen Wahlunfreiheit, könnte die moralische Qualität eines Diebstahls generell nicht mehr als solche beurteilt, also abgeleitet werden. Das Tier, das instinkt- und reizorientiert reagiert, kann exakt aufgrund dieser Unfreiheit keine moralische Dimension erreichen. Das Gleiche gilt im wirtschaftlichen Sinn. Ohne wirtschaftliche Wahlfreiheit kann niemand ernsthaft eigennützige Bedürfnisbefriedigung betreiben. Entscheidungsfreiheit trifft als Grundvoraussetzung nicht nur für das Funktionalisierungsmodell zu, sondern im gleichen Maß für das Normierungsmodell. Lediglich die dabei auftretende Akzentuierung macht den Unterschied. Nur freie Wesen, die wirtschaftliche Alternativen vorfinden, können wirklich wirtschaften. Nur freie Wesen, die vernunftbegabt sind, können (moralische) Gesetze aufstellen und sich an dieselben halten. Vor allem Immanuel Kant hat uns auf diesem Gebiet viel hinterlassen, wenngleich ich hier nicht näher darauf eingehen möchte. Freiheit ist nach ihm die Bedingung der Möglichkeit von Moralität überhaupt. Zwar lässt sich diese Freiheit transzendentalpragmatisch nicht ableiten, sie verbleibt aber als transzendentalphilosophische Grundlage menschlicher Willensfreiheit bestehen. Kant bringt es so auf den Punkt: „Das Sollen würde ohne Freiheit gar keine Bedeutung haben."[1]

Der wirtschaftsmoralische Freiheitsbegriff ist folglich ein zweifacher, ein wirtschaftlicher und ein moralischer. Ich will frei und eigennützig der Befriedigung meiner wirtschaftlichen Bedürfnisse nachgehen dürfen und ich will dabei Rücksicht auf Anstand und Sitte nehmen. Zusammengefasst drückt sich dieser zweigeteilte Freiheitsbegriff sehr gut in der Figur des ehrbaren Kaufmanns aus, der einerseits Profit anstrebt, diesen aber sozial verträglich bewirken will.

Ökonomische Handlungsfreiheit koinzidiert mit der Möglichkeit wirtschaftlicher Vorteilhaftigkeit. Grundsätzlich führt sie also über den Eigennutz und die Effizienzorientierung zur Befriedigung von Bedürfnissen. Wirtschaftliche Handlungsfreiheit kann jedoch nicht als hinreichende Voraussetzung für wirtschaftlichen Erfolg angesehen werden. Der Irrtum, verkörpert durch Unvollkommenheit der Informationsversorgung, der Selbsterkenntnis bezüglich der eigenen Bedürfnisse, des begrenzten Wissens über Effizienz, ist Teil dieser Freiheit. Dieselbe garantiert also nicht den wirtschaftlichen Vorteil, sondern begründet die prinzipielle Möglichkeit wirtschaftlicher Vorteilhaftigkeit. Anders herum: Ökonomische (normierte) Unfreiheit macht die Möglichkeit wirtschaftlicher Vorteilsnahme von vornherein unmöglich. Diese Möglichkeit stellt einen unverrückbaren Grundpfeiler für das Funktionalisierungsmodell dar. Wenn nämlich von vornherein diese Möglichkeit nicht gegeben ist, kann Moralität nicht in einen wirtschaftlichen Vorteil münden. Wenn der Sohn die Beerdigung für seine mittellose 90-jährige Mutter bezahlt, haben wir es zwar mit einem wirtschaftsmoralischen Vorgang zu tun. Dadurch aber, dass nur Kosten und keine wirtschaftlichen Vorteile entstehen, kann Moralität hier niemals die Funktion eines Belohnungsmechanismus ausüben. In diesem Fall reicht die Funktionalisierung nicht mehr aus und wir müssen uns dem Normierungsmodell zuwenden, was ja im nächsten Kapitel 15 auch der Fall sein wird.

Zum fünften: Die wirtschaftliche Funktionalisierung von Normativität funktioniert nur unter der Prämisse möglicher Wirtschaftsvorteile. Damit ist der Wirkbereich des Funktionalisierungsmodells klar beschränkt. Alle Fälle, die von der prinzipiellen Möglichkeit wirtschaftlicher Vorteilsnahme und ökonomischer Bedürfnisbefriedigung ausgenommen sind, sind kein Bestandteil desselben. Ausgeschlossen sind somit Phänomene wie das selbstlose Spenden, die finanzielle Verantwortung von Eltern für Kinder, die von Kindern für Eltern, die Übernahme der gesellschaftlichen Kosten für soziale Sicherheit als Ausdruck menschlicher Würde etc. Der eingeschränkte Anwendungsbereich des Funktionalisierungsmodells wird uns im nächsten Teil 5 („Das Evaluationsproblem") noch einmal beschäftigen.

Wirtschaftliche Handlungsfreiheit schließt nicht generell aus, dass es normierende Institutionen wie einen Vorstand innerhalb einer Gemeinschaft oder eine Regierung innerhalb eines Staatswesens geben kann. Solche Instanzen beruhen allerdings immer auf der wirtschaftlichen Handlungsfreiheit der Subjekte und werden über (wirtschaftliche) Gesellschaftsverträge jedweder Art transportiert. Freiheit wird hier immer nur auf Zeit oder begrenzt verliehen. Auf die Darstellung der Literatur, die sich mit Gesellschaftsverträgen beschäftigt, sei an dieser Stelle verzichtet.

14.2   Eindeutigkeit der Normrelationalität

Jeder Vorgang, in dem ein Wirtschaftssubjekt frei agiert, ist durch eine Situation gekennzeichnet (vgl. Teil 3). Dabei hängen Wirtschaft und Moral systematisch zusammen, d. h. sie finden gleichzeitig statt und sind aufeinander bezogen (ebenfalls Teil 3). Neben diese rein formalen Voraussetzungen treten außerdem noch inhaltliche hinzu. Ein Restaurantbesucher z. B. trifft bei der frei von ihm ausgewählten und nachgefragten Dienstleistung auf ein Geflecht an Normebenen. Dieses Geflecht (er soll die Mahlzeit laut Preisliste korrekt bezahlen, er soll sich in den Räumlichkeiten ordentlich verhalten, er soll andere Gäste nicht stören etc.) kennzeichnet den komplexen Begriff der Normrelationalität.

Mit jedem wirtschaftlichen Akt, der irgendeine soziale Dimension aufweist, ist im Rahmen der Wirtschaftsmoral teils eine, meistens aber mehrere Moralnormen verbunden. Jeder Wirtschaftsakt korrespondiert von daher mit einem Geflecht von normativen Verhaltensforderungen. Über genau diese Verhaltensforderungen, genauer über deren Inhalte, muss im Funktionalisierungsmodell Klarheit bei allen an der Situation Beteiligten bestehen, soll die normative Anbindung an das Wirtschaftliche erfolgen. Herrscht hingegen Unklarheit über die relevanten Normen, kann die Funktionalisierung nicht realisiert werden. Im Funktionalisierungsmodell orientieren sich die entstehenden und vergehenden Normen am Wirtschaftsprozess selbst, sie kommen also weder von außerhalb der Wirtschaft (Ethik, Politik, Gesellschaft) noch sind sie explizit vorgegeben. Derartige Normen sind ausschließlich in der Weise angelegt, dass sie dem Ziel des freien, selbstbestimmten Wirtschaftens dienen, was produktionsseitig wieder auf das Ethos des ehrbaren Kaufmanns hinausläuft. Durch „try and error" entsteht in einem liberalen und dezentralisierten Prozess eine „Marktmoral". Funktionalisierte Normen ergeben sich somit aus dem Prozess des Wirtschaftens selbst und sind endogen verankert. Die Gründe für solche Normen sind die gleichen wie sie in Teil 1 bereits genannt wurden. So will man die Ehrlichkeit, weil man sonst mit negativen Auswirkungen zu rechnen hat. So will man gerechte Preise, weil man andernfalls auf einem schlechten Gewissen oder schlechten Moralgefühlen sitzen bleibt. Oder man will Zuverlässigkeit, weil es immer schon so war etc.

Damit Moralnormen funktionalisiert werden können, müssen einige Voraussetzungen erfüllt sein, die im Folgenden erläutert werden. Die hierbei bestimmten Moralnormen müssen zum ersten relevant, zum zweiten ihrer Anzahl nach, drittens ihrer hierarchischen Wichtigkeit nach, viertens ihrer Eindeutigkeit nach, fünftens allen an der Situation Beteiligten bekannt sein.

14.2.1 Normrelevanz

Damit Moralnormen im Rahmen wirtschaftlichen Handelns funktionalisiert werden können, muss in einem ersten Schritt festgestellt werden, ob innerhalb eines solchen wirtschaftlichen Handelns überhaupt moralische Normen eine Rolle spielen. Es ist zu klären, ob eine Normrelevanz besteht oder nicht besteht. Fehlt nämlich eine solche relevante Norm, kann sie logischerweise auch nicht funktionalisiert werden. Wenn z. B. Lebensmittelhersteller bestimmte, eventuell schädliche Geschmacksverstärker oder Konservierungsstoffe einsetzen, weil man von deren Unschädlichkeit (noch) überzeugt ist, sind die damit möglicherweise verbundenen Normen nicht relevant und somit dürfen diese Stoffe weiterhin von den Lebensmittelherstellern verwendet werden, ohne dass diese Sanktionen zu befürchten haben. Wenn Geflügelzüchter im Rahmen ihrer Massentierhaltung und aus betriebswirtschaftlichen Gründen permanent Antibiotika einsetzen, weil man keine negativen Folgen für die Gesundheit der Kunden erwartet, darf der Züchter weiterhin Antibiotika verwenden, da keine Normrelevanz vorhanden ist.

Ende 2011 häuften sich die Fälle bei Frauen, die sich ihre Brust vergrößern hatten lassen insofern, als deren Brustimplantate Risse bekamen und sich die Stoffe im Körper ausbreiteten, was zu einer Lebensgefahr führen konnte. Diese Frauen trugen Implantate des französischen Herstellers PIP, dessen Gründer Mas minderwertiges Silikongel bei der Fertigung verwendet hatte. Mas wurde der Prozess gemacht, die Firma war kurz zuvor Pleite gegangen. 2002 noch hatte das Bundesinstitut für Arzneimittel und Medizinprodukte Silikongel als unbedenklich eingestuft[2], obwohl in den USA Silikongel

schon seit 1992 verboten war. Mas handelte somit aus deutscher Sicht zunächst nicht
unkorrekt. Erst als im März 2010 die EU ein Verkaufsverbot für diese Produkte aus-
sprach, kam Mas mit den Normen über Kreuz, da nunmehr zum ersten Mal eine Normrelevanz de facto bestand. Mas berief sich zwar 2011 darauf, dass wissenschaftlich nicht
erwiesen sei, dass das von ihm hergestellte Silikongel tatsächlich krebserregend ist. In
der Folgediskussion resümierte Prof. Jürgen Windeler, Leiter des Instituts für Qualität
und Wirtschaftlichkeit im Gesundheitswesen: „Das bestehende Medizinproduktegesetz
hängt die Hürden zu niedrig und ist unbefriedigend."[3] Hinzu kommt, dass dieses Gesetz
erst seit 1994 besteht. Das auf Gewinnmaximierung ausgerichtete Handeln von Mas
konnte somit durch das Fehlen relevanter Rechtsnormen bis zumindest 2010 nicht normativ funktionalisiert werden. Eine normativ ähnliche Situation besteht in der Branche
der Kreuzfahrtschiffe, die zurzeit noch extrem schwefelhaltigen Dieselkraftstoff verbrennen dürfen, da noch keine einschlägigen (Rechts-)Normen auf dem Gebiet der
Weltmeere bestehen.

Fehlende Normrelevanz findet man natürlich auf vielen Gebieten im praktischen
Wirtschaftsleben. In der Regel lässt sich zusammenfassend sagen, dass Normrelevanz
überall dort keine Rolle spielt, wo singulär gewirtschaftet wird. Das trifft vor allem dann
zu, wenn jemand subsistenzwirtschaftlich agiert oder wenn jemand in sozialer Exklusion
produziert oder konsumiert (vgl. Abschnitt 10.3.1) Im Gegensatz dazu tritt Normrelevanz in der Regel immer dann in Erscheinung, wenn mindestens zwei Wirtschaftsakteure
beteiligt sind. Dies entspricht dem gängigen Fall moderner Volkswirtschaften, die von
einer intensiven Arbeitsteilung geprägt und durch eine Permanenz von Tauschbeziehungen getragen werden. Gerade im Bereich von Großstädten und Industriegebieten stößt
man auf eine sehr hohe Dichte an Normrelevanz, da hier die intersubjektiven und inter-
institutionellen Prozesse am häufigsten auftreten. Ich zähle einige Beispiele auf: Es wird
mittlerweile von einem Bankberater erwartet, dass er über das Beratungsgespräch ein
Kurzprotokoll führt, ein Statiker muss in seinen Berechnungen Sicherheitsspielräume
berücksichtigen, ein Skilehrer muss mit Anfängern diffizile Pisten meiden, von einer
Lehrkraft wird in unserer heutigen Zeit erwartet, dass sie ohne physische Bestrafung
auskommt, von einem Heizungsmonteur wird erwartet, dass er auf eine alte Dichtung
aufmerksam macht, auf die er im Rahmen eines anderen Reparaturauftrags gestoßen ist.

Normrelevanz findet natürlich immer vor einem bestimmten kulturellen Hintergrund
statt. Während es rechtlich in Deutschland z. B. relevant ist, dass der Immobilienkauf
über einen Notar abgewickelt wird, ist diese Norm in anderen Ländern bzw. Urgesell-
schaften in dieser Form nicht relevant. Dort wird von keiner Seite erwartet, dass eine
Holzhütte ausschließlich über Beteiligung eines Dritten (Notar) ver-/gekauft werden
kann.

Die Normrelevanz basiert auf einem Kausalitätszusammenhang. Am Beginn ist eine
wirtschaftliche Situation. Diese Situation spielt sich unter normativen Rahmenbedingungen ab, die systemisch so programmiert sind, dass sie funktional die Förderung wirtschaftlicher Freiheit/Ziele strukturieren. Normen sind in dieser Hinsicht spezifisch in
ihrem Mittelcharakter zu sehen, die dem Zweck des freien Wirtschaftens zu- und unter-

geordnet sind. Kurz: Wirtschaftssituationen werden normativ in der Weise gestützt, dass wirtschaftliche Externalitäten und nichtintendierte Nachteile möglichst unterbleiben. Normen entstehen und vergehen wirtschaftsimmanent.

14.2.1.1 Institutionelle Normrelevanz

Die Normrelevanz kann sich in wirtschaftlichen Situationen auf wirtschaftliche Institutionen beziehen. Der Begriff der Institution ist nicht einheitlich definiert und es findet ein fließender Übergang von der spezifischen zur institutionalisierten Norm statt. Schotter begreift Institution als „Set von Regeln, die individuelles Verhalten beschränken und das soziale Ergebnis individuellen Handelns definieren" (Gabler Wirtschaftslexikon). Hillmann versteht darunter „jegliche Form bewusst gestalteter oder ungeplant entstandener stabiler, dauerhafter Muster menschlicher Beziehungen, die in einer Gesellschaft erzwungen oder durch die allseits als legitim geltenden Ordnungsvorstellungen getragen und tatsächlich „gelebt" werden". Institutionalisierung findet bei Berger und Luckmann statt, „sobald habitualisierte Handlungen durch Typen von Handelnden reziprok typisiert werden. Jede Typisierung, die auf diese Weise vorgenommen wird, ist eine Institution". Eine Institution ist ein Regelsystem, das soziales Verhalten kanalisiert, indem es normativ Geltung entfaltet und Interaktion vorhersehbarer macht. Moral selbst kann somit auch als eine Institution bezeichnet werden, ebenso wie Gesetze, Religion, Werte etc.

Wirtschaftliche Institutionen sind also Regelsysteme, die wirtschaftliche Prozesse generalisierend strukturieren. Sie zeichnen sich dadurch aus, dass alle Beteiligten in der Regel wissen, wer was entscheiden darf, welches Verhalten erlaubt und welches zu unterlassen ist, wie gegenseitig zu informieren ist, welche Prozedere einzuhalten sind. Normrelevanz heißt in diesem Sinn, dass wirtschaftliche Institutionen von sozialen Verhaltensnormen mitbestimmt werden. Im Folgenden werden einige von solchen normierten wirtschaftlichen Institutionen aufgeführt.

Eigentumsrecht

Die Frage nach den Eigentumsverhältnissen, also wem was gehören soll, bringt unweigerlich eine relevante Normativität zum Ausdruck, da Wohlstand als zunächst individuelles Phänomen in einem danach sozialen Kontext wahrgenommen wird. Das Funktionalisierungsmodell beantwortet obige Frage, indem es davon ausgeht, dass alle Wirtschaftsmittel prinzipiell im Privateigentum stehen sollen. Privateigentum als wirtschaftliche Institution äußert sich normativ auf mannigfaltige Art. Generell soll sich jeder selbst darum kümmern, Privateigentum zu erwerben. Denn Privateigentum führt zu Unabhängigkeit, Autonomie, Sicherheit, sozialer Anerkennung und Wohlstand. Außerdem führt es dazu, dass man der Gemeinschaft, in welcher man lebt, nicht unnötig auf der Tasche liegen muss. Im Rahmen von vor allem Tauschprozessen kann sich jeder Tauschpartner sicher sein, dass sein Privateigentum vom anderen nicht unerlaubterweise angetastet werden darf. Wenn der Kunde den Laden betritt, weiß er, dass er die dortigen Waren, die im Eigentum des Ladenbesitzers stehen, nicht einfach weg- und mitnehmen darf. Umgekehrt weiß der Ladenbesitzer, dass er dem Kunden nicht einfach sein Geld wegnehmen darf, da dieses ausschließlich dem Kunden gehört. Ohne diese wirtschaftlich institutionelle Normierung durch das Privateigentum fände wohl ein permanentes Hauen und Stechen der Wirtschaftssubjekte um knappe Mittel statt. Anders formuliert: Achte fremdes Eigentum (wenn es moralisch korrekt erworben wurde)!

Güterallokation durch freie Märkte

Im Funktionalisierungsmodell erfolgt der Warenverkehr über freie Märkte. Und auch bei dieser Institution stellen wir die gleichzeitige Präsenz von mehreren, unterschiedlichen Normen fest. Um am Tausch teilnehmen zu können, kultivieren Wirtschaftssubjekte Verhaltensweisen, die über den reinen Tausch hinausgehen. Ohne diese, und die dabei freigesetzten Tugenden Eigenverantwortung und Selbstdisziplin, kann kein Tausch stattfinden. Der Nachfrager kann sich nicht mit den nötigen Gütern eindecken, der Anbieter wird nicht erfolgreich seine Güter verkaufen können. Der Druck, produktiv sein zu müssen, löst eine Reihe weiterer Eigenschaften aus: Man muss fleißig, flexibel, kompetent, ideenreich, kundenfreundlich etc. sein. Dadurch, dass man eigenverantwortlich wirtschaften muss, geht man sorgsam und effizient mit den knappen Mitteln um. Man übernimmt Risiko, weiß es aber richtig einzustufen und vermeidet ein zu hohes Risiko. Als Konsument lernt man, dass man auf Dauer nicht über seine Einkommensverhältnisse leben kann und passt sich realistisch den faktischen Möglichkeiten an. Man informiert sich, bevor man etwas kauft und vergleicht aufmerksam die Waren verschiedener Anbieter. Anders formuliert: Organisiere dich ausschließlich über freie Märkte!

Freie Preisbildung durch Angebot und Nachfrage

Freie Preisbildung bedeutet, dass Güter und Dienstleistungen zu einem Preis getauscht werden, der sich durch Angebot und Nachfage ergibt. Ein solcher Preis spiegelt im Idealfall die objektive Knappheit bzw. die Beliebtheit von Gütern wider und führt zu einer effizienten Allokation, von welcher alle Marktteilnehmer profitieren. Damit der Preis diese und noch weitere Funktionen erfüllen kann (Informationsfunktion, Lenkungsfunktion, Rationierungsfunktion etc.), darf diese Preisbildung über Angebot und Nachfrage nicht außer Kraft gesetzt werden. Marktpreise dürfen folglich nicht über Marktmacht, unvollständige Information, Preisabsprachen, asymmetrische Information, Mengenbeschränkungen und Ähnlichem manipuliert werden. Anders formuliert: Nur der über Angebot und Nachfrage bestimmte Preis erfüllt moralische Ansprüche und muss deshalb respektiert werden. Dementsprechend muss auch eine freie Lohnbildung durch Angebot und Nachfrage respektiert werden, selbst wenn sie zu Armut führt. Dadurch, dass sie von Angebot und Nachfrage abhängt, zwingt sie die Wirtschaftssubjekte dazu, in ihre berufliche Ausbildung zu investieren. Wer nicht bereit ist, bestimmte Kompetenzstandards einzuhalten, wird abgehängt. Wer nicht in der Lage oder willens ist, sich fachlich professionell aufzustellen, wird vom Arbeitsmarkt mit einem niedrigen Lohn abgestraft. Die freie Lohnbildung lenkt unsere gesamte Aufmerksamkeit auf unsere individuellen Talente und ihre Vermarktung. Und deshalb ist sie moralisch zu bejahen.

Die freie Lohnbildung setzt sich auf der Mesoebene bezüglich der betrieblichen Vergütung fort. Im Funktionalisierungsmodell orientiert sich diese an der erbrachten Leistung. Leistungsorientierte Entlohnungssysteme setzen eine Vielzahl an normativen Verhaltensweisen frei: Wir arbeiten loyal, zuverlässig, flexibel und kooperativ im Unternehmen zusammen, um dem Wettbewerbsdruck standhalten zu können. Wir bilden uns fort, um weiter über ein hohes Einkommen unserer eigennützigen Bedürfnisbefriedigung nachkommen zu können. Wir arbeiten ausnahmsweise auch bis spät in den Abend an unserer Präsentation, um einen Großauftrag nicht zu gefährden. Wir vertreten kranke Kollegen, damit deren Arbeitsfortschritte gesichert und ihre Funktionalitäten aufrechterhalten werden können. Anders formuliert: Wir akzeptieren die Vergütung, die sowohl unserer Leistung wie Angebot und Nachfrage entspricht!

Wettbewerb

Durch das freie Spiel der Marktkräfte ist jedes Wirtschaftssubjekt der Konkurrenz ausgesetzt. Das heißt, dass sich jeder im Wettbewerb behaupten muss und dass jeder diese Herausforderung auf seine Weise meistern soll. Es nützt also nichts, sich auf andere zu verlassen, die einen immer wieder unterstützen und auffangen, wenn sie selbst wirtschaftlich scheitern. Konkurrenzorientiert zu sein heißt vielmehr, seine individuellen Potenziale zu entdecken und weiterzuentwickeln. Auf diese Weise erfüllt das Wirtschaftssubjekt, das das Beste aus sich herauszuholen versucht, mehrere unterschiedliche Normen zugleich: Es muss innovativ, belastbar, kooperativ, flexibel, überzeugend, rücksichtsvoll, durchsetzungsstark, fair etc. sein. Anders formuliert: Stelle dich dem Wettbewerb, umgehe ihn nicht und setzt ihn nicht außer Kraft!

14.2.1.2 Universelle Normrelevanz

Von einer universellen Normrelevanz spricht man, wenn der normative Anspruch nicht über wirtschaftliche Institutionen transportiert wird, sondern wenn er erstens einen starken Bezug zum Moralbereich aufweist und sich zweitens generalisierend auf jede wirtschaftliche Situation bezieht. Ein typisches Beispiel für einen solchen universellen Normanspruch stellt der Moralwert bzw. die Tugend der Zuverlässigkeit dar. Wenn sich alle Wirtschaftssubjekte so verhalten, wie es zuvor abgesprochen war oder wie es im allgemeinen Wirtschaftsleben üblich ist, entstehen keinerlei wirtschaftlichen Einbußen bzw. wird die freie und eigennützige Bedürfnisbefriedigung befördert. Die Universalnorm Zuverlässigkeit hat ihren Niederschlag daher auch im Rechtssystem gefunden, wenn wir davon sprechen, dass Verträge bzw. Vereinbarungen grundsätzlich einzuhalten sind (pacta servanda sunt). Zuverlässigkeit heißt, dass der Kunde pünktlich in das neue Haus einziehen kann und alle vereinbarten Funktionalitäten vorhanden sind. Andererseits darf die Baufirma davon ausgehen, dass der Bauherr die Rechnung wie vereinbart bezahlt. Im anderen Fall nämlich könnte die Unzuverlässigkeit der Baufirma dazu führen, dass der

Bauherr, der seine bisherige Wohnung zum Stichtag des eigenen Hausbezugs gekündigt hat, seine Möbel zwischenlagern, für sich und seine Familie eine Übergangslösung zum Wohnen suchen, und damit viel Geld für etwas ausgeben müsste, das weder geplant war noch für nötig erachtet werden kann. Zahlt auf der anderen Seite der Bauherr nicht die Rechnungen wie vereinbart, kann es bei der Baufirma zu Zahlungsengpässen kommen, die im schlimmsten Fall zur Insolvenz der Baufirma führen können. Die Zuverlässigkeit als Norm, wirtschaftlich gesprochen, senkt somit Transaktionskosten und steigert (indirekt) den Wohlstand, und zwar für alle Beteiligten. Wie gesagt kann die Universalnorm der Zuverlässigkeit prinzipiell auf jede wirtschaftliche Situation angewendet werden, auf den Kauf von Konsumgüter, bei Investition, bei Kreditverträgen, beim Bezahlen von Steuern und Abgaben, beim Vermieten, bei Arbeitsverträgen etc.

Selbstverständlich gibt es eine Vielzahl an universellen Normen. So ist es für unsere eigennützige Bedürfnisbefriedigung in der Regel und allgemein für alle wirtschaftlichen Situationen förderlich, wenn wir pünktlich, freundlich, kooperativ, flexibel, ehrlich, rücksichtsvoll, gerecht etc. sind. Pünktlichkeit etwa senkt Transaktionskosten, wenn sich z. B. der Veranstalter darauf verlassen kann, dass der Musikprofi mit seiner Band zum anberaumten Termin auf der Bühne steht und die Band sich darauf verlassen kann, dass zur anberaumten Zeit das Equipment rechtzeitig aufgebaut werden kann. Im Fall der Unpünktlichkeit der Band bekommt der Veranstalter Ärger mit dem Publikum und eventuell mit seinen Angestellten. Im Fall der Unpünktlichkeit des Veranstalters kommt die Band in Zeitnot, was sich wiederum wirtschaftlich negativ auswirken kann.

Ebenfalls zur Senkung der Transaktionskosten trägt die universelle Norm der Freundlichkeit bei. Gehen wir als Wirtschaftssubjekte mit einem guten Umgangston und rücksichtsvoll miteinander um, ersparen wir uns die Kosten, die mit einem unfreundlichen Verhalten verbunden sind. Solche Kosten können sein, dass wir dadurch mehr Zeit brauchen zur korrekten Geschäftsabwicklung, dass dadurch manches Geschäft überhaupt nicht zu Stande kommt, dass bestimmte Tauschvorgänge aufwändig reorganisiert werden müssen etc. Das Gleiche gilt im Prinzip für die Universalnorm der Kooperationsbereitschaft. Wenn sich alle Wirtschaftssubjekte bemühen, konstruktiv am Problem der Güterknappheit in Tausch- und sonstigen Wirtschaftsbeziehungen mitzuarbeiten, werden alle Beteiligten davon wirtschaftlich profitieren. Arbeiten wir gegeneinander, senken wir dadurch unser aller Wohlstandniveau.

14.2.1.3 Spezielle Normrelevanz

Normative Ansprüche können drittens auch durch spezielle Normen Eingang in wirtschaftliche Situationen finden. Eine spezielle Normrelevanz liegt demnach vor, wenn Normen bezogen auf den wirtschaftlichen Einzelfall von Bedeutung sind, während sie in allgemeinen Wirtschaftssituationen keine Rolle spielen. Die Senkung von Transaktions- oder Wohlfahrtskosten erfolgt aus diesem Grund kasuistisch. Wir erinnern uns, dass sich Situationen aus mehreren, immer wiederkehrenden Bausteinen zusammensetzen: einem bestimmten Zeitpunkt, bestimmten Ort, einem oder mehreren bestimmten Subjekten (Individuen oder Kollektiven), einem oder mehreren bestimmten Objekten, Beziehungen zwischen Subjekten oder zwischen Subjekten und Objekten, Ereignissen zwischen Subjekten oder zwischen Subjekten und Objekten.

Ein bestimmter Zeitpunkt

Auf einer Gala mit 1000 Gästen (Konsumenten) wird vom Veranstalter (Produzent) und seinem Bedienungspersonal erwartet, dass alle nötigen Vorgänge dergestalt ablaufen, dass die Mahlzeiten z. B. um 20.30 Uhr heiß und gleichzeitig serviert werden, damit die Gäste gleichzeitig und gemeinsam ein gutes Essen genießen können. Die spezielle Norm der Schnelligkeit dient auch hier der Senkung der Transaktionskosten und somit der Förderung wirtschaftlicher Zwecke. Würde gegen diese Einzelfallnorm verstoßen, müssten manche Gäste mit einem erkalteten Essen Vorlieb nehmen oder sie würden ihr Essen erst erhalten, während andere schon in Champagnerlaune mit lauter Musik das Tanzbein schwingen würden.

Ein bestimmter Ort

Von einem Schlachthof (Produzent) wird heute von den Wurst- und Fleischkonsumenten erwartet, dass ausschließlich gesunde Tiere hygienisch und ohne Quälerei geschlachtet werden. Diese drei speziellen Normen befördern die wirtschaftliche Zielsetzung aller Akteure. Das Schlachten von kranken Tieren brächte unmittelbar einen wirtschaftlichen Wohlfahrtsverlust mit sich: Viele Tiere müssten getötet werden, ohne dass sie gegessen werden könnten, einige Konsumenten müssten sich in ärztliche Behandlung geben etc.

Ein bestimmtes Objekt bzw. Gut

Sobald es um den Fischfang und dabei insbesondere um den Walfang geht, prallen unterschiedliche Normvorstellungen aufeinander. Die meisten Länder lehnen ihn ab, einige wenige Länder wie z. B. Japan befürworten ihn. Aus der Sicht Europas sollen Wale nicht mehr gefischt werden, da sie in ihrem Bestand gefährdet sind und zum Naturerbe der Erde zählen. Die wirtschaftlichen Kosten, die durch den japanischen Walfang verursacht werden, bestehen darin, dass Greenpeace die japanische Fischfangflotte kostenintensiv kontrolliert, dass sich internationale Gerichtshöfe mit der Frage nach dem Walfang beschäftigen müssen etc.

Ein bestimmtes Subjekt

Eine Norm kann sich auch auf eine Person beziehen. So erwarten wir von der Amtshandlung z. B. eines Notars, dass dieser bei der Übertragung von Immobilieneigentum sowohl den Käufer wie den Verkäufer gleichberechtigt und gerechtigkeitsorientiert behandelt, sodass keine Seite einen unnötigen Nachteil erleidet. Die Norm fördert erneut die wirtschaftlichen Ansprüche der Akteure. Verstößt der Notar gegen diese Norm, ist die Wahrscheinlichkeit hoch, dass mindestens eine der beiden Seiten einen wirtschaftlichen Nachteil erleidet.

Eine bestimmte Beziehung

Eine Norm kann sich auch auf eine Beziehung beziehen. Handelt es sich um eine Sub-jekt-Subjekt-Beziehung kann jede Seite von der anderen Seite die Einhaltung bestimmter Normen erwarten. So soll der Entleiher die Sache pfleglich behandeln und sie zum ver-einbarten Termin zurückgeben. Behandelt der Entleiher die Sache nicht pfleglich, ist unter Umständen ein unnötiger Schaden entstanden. Vom Verleiher wird rein rechtlich erwartet, dass er die Sache unentgeltlich überlässt. Handelt es sich um eine Subjekt-Objekt-Beziehung kann z. B. von einer angestellten Kassiererin (Subjekt) erwartet wer-den, dass sie die Kasse (Objekt), die der Firma gehört, möglichst pfleglich behandelt, damit nicht immer wieder neue Kassen angeschafft werden müssen. Verstößt sie dage-gen, entsteht ein wirtschaftlicher Nachteil.

14.2.2 Normquantität

In den meisten wirtschaftsmoralischen Situationen ist nicht nur eine Norm allein rele-vant, sondern mehrere zugleich, und zwar in der Form als institutionelle (inst.), univer-selle (univ.) oder spezielle (spez.) Norm. Nehmen wir den Beispielfall eines Mietver-trags. Es wird als erstes erwartet, dass der Mieter den Mietzins begleicht und zwar pünktlich (univ.) zum Monatsanfang (spez.), regelmäßig (spez.) und zuverlässig (univ.). Darüber hinaus wird vom Mieter verlangt, dass er die „üblichen" Regeln einhält, die im Rahmen von Mietverhältnissen allgemein anfallen. Der Mieter soll andere Hausbewoh-ner nicht stören durch z. B. laute Musik (spez.), er soll die in der Wohnung verbauten Einrichtungsgegenstände wie Einbauküche, Bad, Böden pfleglich behandeln (spez.) und nicht mutwillig zerstören (univ.), er soll die Mietwohnung am Tag des Auszugs genauso übergeben wie er sie beim Einzug übernommen hat (spez.). Zusätzlich können vertrag-lich vereinbarte Normen bestehen. So soll der Mieter ein Mal pro Monat das Treppen-haus kehren (spez.), er soll den Müll in die dafür vorgesehenen Mülltonnen werfen (spez.), er soll regelmäßig Schönheitsreparaturen auf eigene Kosten durchführen (spez.), er soll dem Stromableser Zugang zur Wohnung verschaffen (spez.). Wenn der Mieter gegen die Normen verstößt, kann ihm der Vermieter kündigen und sich einen besseren Mieter suchen (inst.). Der neue Mieter kann mit dem Vermieter frei über den Mietpreis verhandeln (inst.).

Gleiches gilt für den Vermieter. Von ihm wird erwartet, dass er die Wohnung män-gelfrei übergibt (spez.), dass er die Wohnung so konzipiert hat, dass von ihr keine Ge-fährdung für Körper oder Gesundheit des Mieters ausgeht (univ.), dass er die Nebenkos-tenabrechnung den Tatsachen entsprechend aufstellt (univ.), dass er die Wohnung, ex-klusive Schönheitsreparaturen, baulich erhält und modernisiert (spez.), dass er den Miet-vertrag einhält und ihn, falls er ihn kündigen will, korrekt kündigt (inst.).

Jede wirtschaftsmoralische Situation unterscheidet sich somit potenziell von jeder anderen dadurch, dass eine unterschiedliche Anzahl an relevanten Normen vorliegt. Auf der einen Seite gibt es Fälle, die, wie das Mietverhältnisbeispiel, von einer relativ hohen Normenanzahl gekennzeichnet sind. Auf der anderen Seite gibt es Fälle, die von einer geringen Normquantität begleitet werden. Kauft ein Börsianer Aktien via Online-Banking, muss er im Prinzip nur zwei Normen einhalten. Es wird von ihm erwartet, dass er den Kaufpreis in der korrekten Höhe und im vereinbarten Zeitraum von seinem Konto überweist. Beim Bezahlen der Maut an einer Autobahnmautstelle wird nur erwartet, dass die korrekte Geldsumme übergeben wird und die anderen Verkehrsteilnehmer dabei nicht behindert oder gefährdet werden.

Entscheidend in allen diesen Fällen ist, dass vor allem der Akteur selbst, letztlich natürlich aber alle anderen Beteiligten auch, die genaue Anzahl der mit der wirtschaftlichen Transaktion verbundenen Moralnormen kennen. Geht z. B. der Mieter von einer Anzahl von zwei Normen aus, der Vermieter hingegen von zehn, bleibt aus Sicht des Vermieters der Mieter die Befolgung von acht Normen schuldig. In diesem Fall, und wir gehen weder von einem fahrlässigen noch vorsätzlichen Verhalten des Mieters aus, scheitert der Funktionalisierungsprozess insofern, als vermutlich der Vermieter wirtschaftliche Nachteile erleiden wird, obwohl der Mieter gar nicht unmoralisch handeln wollte. Er kannte nur nicht die genaue Anzahl der von ihm zu befolgenden Normen. Das eigentliche Problem, das dahinter steckt, ist also kein normatives, sondern ein operatives, welches durch die Realisierung bestimmter Voraussetzungen nicht entstehen hätte müssen. Dazu später mehr. Halten wir fest, dass das Wissen und die Klarheit über die korrekte Normanzahl bei Wirtschaftsaktionen notwendige Bedingungen darstellen für den wirtschaftsmoralischen Funktionalisierungserfolg. Klar ist natürlich ebenfalls, dass wir es mit einem rein normativen Problem zu tun haben, wenn jemand vorgibt, die genaue Normanzahl in einer Wirtschaftsaktion nicht zu kennen, obwohl das Gegenteil der Fall ist. Wenn hier die Beweisführung gelingt, kann Funktionalisierung insofern stattfinden, als der Normabweichler wirtschaftliche Sanktionen erwarten muss.

In der Realität gibt es viele Gründe, warum die Normquantität von zwei Akteuren unterschiedlich wahrgenommen bzw. eingeschätzt werden kann. Sie können z. B. aus unterschiedlichen Moralkulturen stammen, morgenländisch/abendländisch, Akademikerhaushalt/Prekärer Haushalt, Dienstleistungsbranche/Produzierendes Gewerbe etc. So können die Moralnormen starken und schnellen Veränderungen ausgesetzt sein, sodass die Anpassungsgeschwindigkeiten der Akteure verschieden sein können. Der fundamentale Grund für solche Abweichungen, die im Bereich der relevanten Normquantität vorzufinden sind, liegt zum ersten an der prinzipiellen Heterogenität von Moral überhaupt, zweitens an der Tatsache, dass Moral immer von einem Subsystem an Moralen begleitet wird. Natürlich ist an dieser Stelle ebenfalls zu vermerken, dass die zu berücksichtigende Normanzahl der Beteiligten in der Regel unterschiedlich ist, das bedeutet, dass z. B. der Verkäufer einer Sache mehr Normen zu befolgen hat als der Käufer oder der Kreditvermittler mehr Normen gerecht werden muss als der Kreditnehmer.

14.2.3 Normhierarchie

Soll der Funktionalisierungsprozess störungsfrei ablaufen, müssen die am Wirtschaftsgeschehen Beteiligten hinsichtlich Wichtigkeit und Wertigkeit der relevanten Normen in
ihrer Einschätzung miteinander übereinstimmen. Bleiben wir beim oben genannten Beispiel eines Mietverhältnisses. Vom Mieter wird die Einhaltung folgender (nicht vollständiger) Regeln erwartet: nichts zerstören, Schönheitsreparaturen durchführen, nicht andere Mieter belästigen, Mietzins entrichten, Treppe kehren etc. Auf der Ebene der öffentlichen Moral könnte, ausgehend von Deutschland, folgende Hierarchie (Nennung mit
abnehmender Wichtigkeit) zwischen diesen fünf exemplarischen Regeln bestehen: Mietzins entrichten, nichts zerstören, nicht andere Mieter belästigen, Treppe kehren, Schönheitsreparaturen durchführen. Angenommen diese Reihenfolge entspräche den Ansprüchen der öffentlichen Moral und angenommen der Mieter hätte aber folgende Wertigkeit: nicht andere Mieter belästigen, nichts zerstören, Schönheitsreparaturen durchführen, Mietzins entrichten und Treppe kehren, dann fallen die beiden Hierarchien auseinander. Wenn in diesem Fall der Mieter die allgemeine Hierarchie also objektiv nicht
einhält, müssen wir zwei Fälle unterscheiden. In Fall eins könnte es sein, dass er die
Hierarchie kennt, sie aber nicht einhält, dann kann Funktionalisierung stattfinden, da der
Vermieter dafür sorgen wird, dass dem Mieter, in welcher Form auch immer, ein wirtschaftlicher Nachteil aus seinem Verhalten entsteht. In Fall zwei könnte es sein, dass der
Mieter die Hierarchie nicht kennt, weil er aus einem anderen Kulturkreis stammt, weil er
nicht auf dem aktuellen Stand ist, weil ein Missverständnis zwischen Mieter und Vermieter besteht (der Mieter hat aus dem Mietgespräch eine bestimmte Hierarchie falsch
herausgehört) etc. In diesem Fall misslingt die Anbindung der Moral an den wirtschaftlichen Vorgang, da der Mieter, aus Sicht des Vermieters zu Recht, Nachteile zu erwarten
hat, obwohl dieser ja eigentlich die Normen einhalten wollte. Der Mieter hatte lediglich
eine andere Werthierarchie im Kopf als der Vermieter. Hier befinden wir uns wieder auf
der Ebene normativ/operativ, die im Bereich Normquantität schon thematisiert wurde.

Natürlich besteht das Problem der Normhierarchie auch aus der Sicht des Mieters.
Dieser könnte davon ausgehen, dass die Hauptnorm darin besteht, dass der Vermieter
das Mietobjekt mangelfrei übergibt und es in diesem Zustand für die Mietdauer auch
hält. Außerdem könnte er im Rahmen von Nebennormen erwarten, dass der Vermieter
eine korrekte Nebenkostenabrechnung vorlegt, Kündigungsfristen einhält und die Miete
nicht unangemessen erhöht. Falls im Gegensatz dazu für den Vermieter aus Rücksicht
gegenüber dem Mieter am wichtigsten ist, die Miete möglichst wenig zu erhöhen, auch
wenn dies mit einem gewissen Reparaturstau beim Mietobjekt verbunden ist, so fallen
die beiden Normhierarchien auseinander. Der Mieter stuft den Vermieter als normativ
nicht verlässlich ein, weil dieser von einer anderen Wertigkeit ausgeht. Der Mieter wird
folglich im Rahmen der Funktionalisierungsstruktur versuchen, seinen moralischen Unmut so zu äußern, dass der Vermieter auf einem wirtschaftlichen Nachteil sitzenbleibt
(schlechte Mundpropaganda, Teile der Mietzahlung einbehalten etc.), obwohl der Vermieter ursprünglich aus Rücksicht dem Mieter gegenüber gehandelt hatte. Die erfolgrei-

che Funktionalisierung setzt im Idealfall also die komplette Kongruenz der Normhierarchien aller an einem Wirtschaftsgeschehen Beteiligten voraus. Es reicht somit nicht aus, dass die Beteiligten von der gleichen Normanzahl ausgehen. Die Normen müssen sich auch hinsichtlich ihrer Wertigkeit in einer Übereinstimmung befinden. Wie hoch jedoch dabei der Übereinstimmungsgrad der Einzelhierarchien sein muss, damit der Funktionalisierungsprozess weitgehend ohne Beeinträchtigung auskommt, ist eine andere Frage, die typischerweise in das Feld der einschlägigen, empirischen Forschung fällt. Letzten Endes geht es hierbei um die möglichst exakte Abgrenzung von Muss-, Soll- und Kann-Normen.

14.2.4 Normeindeutigkeit

Eine weitere Voraussetzung für einen idealen Funktionalisierungsprozess stellt die Eindeutigkeit von Normen dar. Bleiben wir beim obigen Beispiel. Lautet die Norm Mietzins entrichten, ist noch lange nicht alles eindeutig geklärt. Wird die Miete am Anfang, in der Mitte oder Ende des Monats bezahlt? Wird sie überhaupt monatlich oder wie in manchen Ländern üblich wöchentlich oder gar jährlich bezahlt? Wird sie als Gesamtsumme oder in Raten gezahlt, wird sie bar entrichtet oder per Bank überwiesen? Oder nehmen wir die Norm, dass andere Mieter nicht zu belästigen sind, was die Frage aufwirft, wann eine Belästigung überhaupt entsteht. Wie oft und zu welchen Zeiten darf laute Musik zu hören sein? Wie oft und zu welchen Zeiten darf auf dem Balkon gegrillt werden? Wie oft und bis zu welcher Uhrzeit dürfen Feste in der Wohnung gefeiert werden? Darf ein Kinderwagen im Treppenhaus abgestellt werden? Entscheidet ein bestimmter Dezibelwert (objektiv) darüber, ob jemand zu laut ist oder reicht die Beschwerde eines anderen Mieters (subjektiv) aus?

Ist eine Norm zweideutig, trotz Bereitschaft der Beteiligten zu normativem Verhalten, führt dies zu einer Störung des Funktionalisierungsprozesses. Meint Mieter A, dass die regelmäßige Reinigung des Treppenhauses besenrein durch ihn zu erfolgen hat, kann der Vermieter darunter verstehen, dass das Treppenhaus jedes Mal feucht durchzuwischen ist. Aus Sicht des Vermieters kommt der Mieter seiner Verantwortung nicht nach, was normativ zu einer negativen Funktionalisierung führt, obwohl der Grund für den Dissens in der Zweideutigkeit der Norm zu suchen ist und nicht in der Ablehnung bzw. Nichterfüllung des Mieters der Norm. Natürlich macht es dabei einen Unterschied, ob die Norm im Vorfeld explizit geklärt wurde (was bei wirtschaftlichen Vorgängen oft der Fall ist, wenn es sich um teure Gegenstände oder dauerhafte Tauschbeziehungen handelt) oder ob implizit von der Eindeutigkeit einer Norm ausgegangen wird (A legt die korrekte Geldsumme auf den Tresen, B erhält dafür eine Tageszeitung). Je genauer der Inhalt einer Norm von den Beteiligten im Vorfeld einer wirtschaftlichen Transaktion definiert wird, umso geringer ist die Wahrscheinlichkeit, dass es zu Mehrdeutigkeit und somit einer gestörten Funktionalisierung kommt.

Der Anspruch, der im Idealfall an die Eindeutigkeit von Normen gestellt werden muss, ist ein sehr hoher, der so in der Wirklichkeit nicht umgesetzt werden kann. Die Bedingungen, die nötig sind, um eine perfekte Operationalisierung einer Norm zu erreichen, können je nach Norm umfangreich sein und stellen hohe Anforderungen an die inhaltliche Präzisierung der Norm. Hier findet die Wirtschaftsmoral als Wissenschaft ein breites Spektrum an Aufgabenfeldern.

Nicht unerwähnt bleiben darf an dieser Stelle, dass zur Normeindeutigkeit auch der Normspielraum gehört, also die Festlegung, wie genau eine Norm auszuführen ist. Ist die Musik eines Mieters zu laut, wenn sie mehr als 90 Dezibel hat? Oder darf sie auch 91 Dezibel haben, wenn sie dafür zehn Minuten weniger laut schallt? Man sieht, wie die wirtschaftsmoralische Praxis von bestimmten technischen und anderen Details abhängt, die genau zu jener Erhöhung der Komplexität führen, mit welcher sowohl wirtschaftsmoralische Forschung wie Anwendung ständig zu kämpfen haben.

Von der Eindeutigkeit einer Norm kann folglich dann gesprochen werden, wenn alle Beteiligten den exakt gleichen Inhalt mit einer Norm verbinden.

14.2.5 Norminformationssymmetrie

Die Beteiligten eines wirtschaftlich-normativen Vorgangs, kurz Normsender und Normempfänger[4], müssen den gleichen Informationsstand über alle Aspekte der Normrelationalität haben. Sie müssen alle simultan wissen, ob ein Vorgang normrelevant ist oder nicht. Sie müssen alle die genaue Zahl der Normen kennen, die mit einem bestimmten Wirtschaftakt verbunden sind. Sie müssen dabei die Wertigkeit der einzelnen Normen kennen, die zwischen diesen besteht. Und im Idealfall ist allen zugleich die inhaltliche und operative Bedeutung einer Norm bekannt, sodass Zweideutigkeit und Missverständnis von vorn herein ausgeschlossen werden kann. Nehmen wir den sehr gewöhnlichen Vorgang, wenn A bei Bäcker B einen Laib Brot kauft. Beide Beteiligten müssen dann wissen, soll Funktionalisierung ungestört stattfinden, dass Normen relevant sind, weil es sich um eine soziale Interaktion handelt. Beide müssen wissen, dass die wichtigsten Normen sind, dass das Brot gut schmeckt, frisch ist und ohne gesundheitsgefährdende Stoffe gebacken wurde und dass es beim Eigentumsübergang mit der richtigen Geldsumme sofort und bar zu bezahlen ist. Beiden ist klar, dass das Brot von der Verkäuferin mit einem Handschuh aus dem Regal geholt und danach in einer sauberen Tüte eingepackt wird. Beiden ist klar, dass man sich grüßt und einen freundlichen Ton an den Tag legt.

Besteht hingegen eine asymmetrische Information, läuft der Funktionalisierungsprozess Gefahr, zu scheitern. Wenn die Verkäuferin nicht wüsste, dass das Brot mit Handschuhen und nicht mit der bloßen Hand, auf der sich viele Bakterien tummeln, aus dem Regal genommen werden muss, dann könnte der Kunde so abgestoßen und irritiert sein, dass er fortan in einer anderen Bäckerei sein Brot kauft. Wissen beide, Normsender wie -empfänger gleichermaßen nicht, dass in einem solchen Fall Handschuhe zu tragen sind, funktioniert Funktionalisierung wiederum. Dies ist der Fall, wenn beide simultan die gleiche Unvollständigkeit der Norminformation haben.

Natürlich spielt die Norminformationssymmetrie nicht nur auf der bilateralen Ebene eine Rolle. Wenn der ehemalige Kanzleramtschef Pofalla (1. Normträger) nach seinem Ausscheiden aus der Politik einen sehr gut dotierten Spitzenjob bei der Bahn AG (2. Normträger) annehmen möchte, dann hat die Öffentlichkeit sozusagen als 3. Beteiligter ebenfalls ein normatives Interesse an diesem Fall. Darf eine öffentliche Person einen persönlichen Vorteil aus seiner öffentlichen Funktion ziehen? Wird der Steuerzahler in irgendeiner Weise unnötig belastet? Sind Dritte beteiligt, wird aus der privaten wirtschaftsmoralischen Beziehung eine öffentliche, muss die Norminformationssymmetrie multilateral werden. Die Norminformationssymmetrie findet auf allen wirtschaftsmoralischen Ebenen statt, also auf der Makro-, Meso- und Mikroebene.

14.3 Normträgertransparenz

Damit wirtschaftsmoralische Funktionalisierung stattfinden kann, müssen Moralität zum einen und ökonomische Bedürfnisbefriedigung zum anderen positiv korreliert sein: Normverhalten muss zu wirtschaftlichen Vorteilen führen, Normabweichung zu wirtschaftlichen Nachteilen. Dabei gilt, dass immer die anderen Wirtschaftssubjekte, nie man selbst, darüber entscheiden, ob am Ende ein Vor- oder ein Nachteil stehen wird. Hat man normgetreu gehandelt, wird man vom Arbeitgeber befördert, kaufen die Kunden mehr ein, schreibt die Zeitung positiv über einen. Hat man gegen Normen verstoßen, wird man vom Arbeitgeber degradiert, kaufen Kunden weniger ein, schreibt die Zeitung negativ. Damit andere Wirtschaftssubjekte den Funktionalisierungsmechanismus richtig ausüben können, müssen sie notwendigerweise über normativ relevante Informationen über den jeweiligen Normträger verfügen, d. h. es muss eine bestimmte Normträgertransparenz vorhanden sein.

Wenn sich Wirtschaftsakteure schon lange und gut kennen (z. B. kauft der Metzger A im Dorf B seit Jahrzehnten Rinder und Schafe bei Landwirt C), ist davon auszugehen, dass jede Partei die Gegenseite ausreichend gut in normativer Hinsicht einschätzen kann. Jede Partei weiß, wie der andere in der Vergangenheit gehandelt hat, welche Stärken und Schwächen vorhanden waren, in welchen Bereichen es immer gut geklappt hat etc. Jeder weiß, wie ehrlich, zuverlässig, pünktlich, flexibel, geduldig, kooperativ etc. der andere war. In einem solchen Fall herrscht ein großes Maß an gegenseitiger Transparenz bezogen auf die gegenseitigen normativen Erwartungen und Ansprüche. Selbstverständlich kann es auch hier zu negativen Überraschungen kommen, wenn z. B. eine Partei ihren bisherigen normativen Kurs verlässt, wenn Missverständnisse welcher Art auch immer bestehen. Darüber hinaus ist grundsätzlich davon auszugehen, dass die gegenseitige, reale Transparenz so gut wie nie jene 100 Prozent erreichen wird, die man aus Sicht der Wissenschaft bzw. aus Sicht des Idealfalls für wünschenswert hält. In vielen Wirtschaftssituationen dürfte zwar eine gewisse Transparenz über den jeweiligen Normträger vorliegen, die meist jedoch weit von einer vollkommenen Transparenz entfernt ist. Dies ist z. B. der Fall, wenn der Metzger A auch kranke Tiere mit Wissen von Landwirt C verarbeitet, dies der Öffentlichkeit verschweigt und beide am Ende viel Geld damit verdienen. Der Transparenzgrad bewegt sich dann gegen null und erst eine veterinärärztliche Untersuchung kann wirklich Transparenz schaffen.

In vielen Fällen von wirtschaftlichen Transaktionen liegt im Allgemeinen keine Transparenz oder nur ein sehr niedriger Transparenzgrad vor. Dies trifft in besonderer Weise heutzutage auf unsere modernen, spezialisierten und regelmäßig anonymisierten Volkswirtschaften zu, wo viele Akteure nur ein einziges Mal mit anderen Akteuren zusammenkommen. Ein Unternehmer bestellt per Telefon eine bestimmte Warenmenge bei einem Ersatzlieferanten, ein Kapitalanleger ordert online 100 Wertpapiere bei einem für ihn bisher unbekannten Händler, der Außendienstmitarbeiter sucht in der Stadt, in der er sich zurzeit dienstlich aufhält, ein ihm bisher unbekanntes Restaurant auf, der Inserent schaltet zum ersten Mal eine Anzeige in der Regionalzeitung, die Autoinspektion wird bei einer anderen Werkstatt als sonst durchgeführt etc. Gerade in solchen Fällen, in welchen keine oder nur eine minimale Transparenz über den jeweiligen Normträger herrscht, kommt es in besonderem Maße zu Norm abweichendem Verhalten. Das heißt in den Situationen, wo man sich nicht kennt, hat es der Betrug, die Übervorteilung, die Täuschung, der Diebstahl etc. in der Regel sehr leicht. Aus diesem Grund muss jede Partei möglichst viel über die normative Qualität und Vergangenheit seines Gegenübers wissen, damit nicht er am Ende zum wirtschaftlich Benachteiligten wird. Unter Normträgertransparenz versteht man also das Wissen über das aktuelle und vor allem vergangene normative Verhalten eines Wirtschaftsakteurs vor dem Hintergrund eines potenziell möglichen oder konkret bevorstehenden Wirtschaftsvorgangs mit diesem Subjekt. Wenn die vermögende Witwe wüsste, dass ihr aktueller Liebhaber ein ausgewiesener Heiratsschwindler ist, würde sie sich nicht nur nicht mit ihm einlassen, sondern dessen Täuschungsversuch wirtschaftlich sanktionieren. Somit stellt die Transparenz eine unabdingbare Voraussetzung dar für eine gelingende Funktionalisierung.

14.3.1 Der inhaltliche Horizont der Normträgertransparenz

Ausgehend von der Frage, was Akteur A im Vorfeld einer wirtschaftlichen Handlung mit Akteur B (und umgekehrt) von dessen normativem Vorleben alles wissen muss, um die Handlung tatsächlich und auch guten Gewissens durchführen zu können, lässt sich die Normträgertransparenz im Prinzip in vier Felder einteilen, die sich dadurch unterscheiden, dass sie von verschiedenen Normhorizonten ausgehen. Wir differenzieren die Minimalmoral in wirtschaftlicher und allgemeiner Hinsicht, die Maximalmoral ebenso in wirtschaftlicher und allgemeiner Hinsicht. Bezieht sich die Moral auf den Lebensbereich Wirtschaft, befindet man sich im zentralen Bereich des Funktionalisierungsmodells, da der Primat auf der Ausübung wirtschaftlicher Freiheit liegt. Das heißt, hier interessiert den Käufer in der Regel nicht, ob der verheiratete Verkäufer schon einmal Ehebruch begangen hat oder nicht. Höchstens als Randerscheinung kann die Moraldimension des Gesamtlebensbereiches funktional in Erscheinung treten. Allgemeine Minimal- wie Maximalmoral sind tendenziell und systemisch vor allem im Normierungsmodell verortet, wo sie dementsprechend behandelt werden (vgl. Tab. 14.1).

Tab. 14.1 Normträgerhorizont im Funktionalisierungsmodell und im Normierungsmodell

	Idee der Fairness	**Idee des guten Lebens**
Lebensbereich Wirtschaft	Wirtschaftliche Minimalmoral (operatives, pragmatisches Wirtschaften)	Wirtschaftliche Maximalmoral (holistisches, sinnorientiertes Wirtschaften)
Gesamtlebensbereich Mensch	Allgemeine Minimalmoral (gleichberechtigter Seinsanspruch)	Allgemeine Maximalmoral (sinnorientierter Seinsanspruch)

14.3.1.1 Operativ-pragmatische Wirtschaftstransparenz (Minimalmoral)

Im Teil 1 dieses Buches wurde die Unterscheidung zwischen Minimal- und Maximalmoral bereits vorgenommen. Demnach ist unter einer Minimalmoral in wirtschaftlicher Hinsicht der faire Umgang von Wirtschaftsakteuren mit dem Ziel zu verstehen, dass jedes Individuum seine Freiheit im Rahmen wirtschaftlicher Interaktion sozial verträglich ausüben kann. Wirtschaftliche Sinnfragen und Fragen der persönlichen Wirtschaftsphilosophie bleiben ausgeklammert. Diese Form der Moral bildet die unterste normative Stufe, da sie im Vergleich zu den anderen Moralformen normativ am wenigsten von den Akteuren verlangt. Übertragen auf die Problematik der Normträgertransparenz bedeutet dies, dass im Folgenden der Informationsbereich definiert werden muss, der Akteuren der Wirtschaft bei ihren Entscheidungen zur Verfügung stehen soll.

Im Fall der wirtschaftlichen Minimalmoral wird ausschließlich der operativ-pragmatische Bereich der Wirtschaft betrachtet. Fragen, die entweder die Gesamtwirklichkeit des Menschen betreffen oder die die wirtschaftliche Sinnfrage in den Vordergrund stellen, bleiben vollkommen außen vor. Welche Bedingungen der Transparenz müssen folglich auf dieser Moralstufe erfüllt sein, damit Funktionalisierung gelingt? Die Normträgertransparenz muss sich im Rahmen der Minimalmoral auf jene Normativität beziehen, die sich aus Operativität und Pragmatik von Wirtschaftsvorgängen ergibt. Operative Transparenz heißt, dass diejenigen Informationen gesammelt werden, die sich auf den eigentlichen, detailorientierten, unmittelbar wirksam werdenden Wirtschaftsakt beziehen. In Ergänzung hierzu bedeutet pragmatische Transparenz, dass das agierende Wirtschaftssubjekt die Informationen erhalten soll, die auf das Wirksamwerden seines anstehenden Handelns ausgerichtet sind.

Operative und pragmatische Transparenz spielen insbesondere in der Marktwirtschaft, also beim Tauschen, eine sehr große Rolle. Dadurch, dass jeder Tausch- bzw. Marktvorgang im Rahmen des Funktionalisierungsmodells von bestimmten Normrelationalitäten begleitet wird, muss darüber unter den Tauschpartnern Transparenz herrschen. Unter minimalmoralischen Voraussetzungen, die der Idee der Fairness verpflichtet sind, sind Informationen zu sammeln, die mit dem Anspruch der Fairness kompatibel sind, so z. B. Anständigkeit, Ehrlichkeit, Loyalität, Ehrenhaftigkeit, Rechtschaffenheit, Zuverlässigkeit, Pünktlichkeit, Lauterkeit, Aufrichtigkeit, Untadeligkeit etc. Zudem bezieht sich die Idee der Fairness auf jene Vorgänge, die die normative Wechselseitigkeit und Ebenbürtigkeit von im Prinzip gleichberechtigten Akteuren in jeweils ihrem wirtschaftlichen Streben zum Ausdruck bringen. So wird von einem Käufer, einem Mieter, einem Pächter etc. ohne Ansehen der Person ein bestimmtes normatives Verhalten erwartet, genauso von einem Verkäufer, Vermieter, Verpächter etc.

Wenn ein Angestellter eine private Rentenversicherung abschließt, dann muss er im Idealfall alles über die normative Vorgeschichte des Versicherers wissen, was operativer und pragmatischer Natur ist, was also in einem direkten Zusammenhang zum Abschluss des Rentenversicherungsvertrages steht: welche jährlichen Renditen hat der Versicherer in der Vergangenheit erwirtschaftet und deckt sich das mit dem Prospekt des Versicherers (Ehrlichkeit), hat irgendein Versicherter irgendwann schlechte Erfahrungen mit der Servicequalität der Firma gemacht (Kooperationsbereitschaft), sind die vom Versicherer errechneten Garantiebeträge in der Vergangenheit tatsächlich erreicht worden (Zuverlässigkeit), bietet das Unternehmen Rentenversicherungsverträge schon lange erfolgreich an (Nachhaltigkeit), werden Kunden des Versicherers ungerechtfertigterweise ungleich behandelt etc.?

Im Rahmen der wirtschaftlichen Minimalmoral ist jedoch nicht danach zu fragen, welche Rolle der Versicherer im Nationalsozialismus gespielt hat, ob er über ein religiös geprägtes Leitbild oder eine humanistische Unternehmensverfassung verfügt, ob er als Sponsor oder als Spender auftritt, ob er bereit ist, gesellschaftliche Verantwortung zu übernehmen etc. Analog gilt, dass der Versicherer, jeder Versicherer, ebenfalls eine bestimmte Transparenz über den Normträger „Kunde" erhalten können muss, die operativer und pragmatischer Natur ist: Ist der Kunde jemals von einer anderen Rentenversicherung abgelehnt worden, hat er jemals vertragsrelevante Informationen z. B. über nicht bezahlte Versicherungsbeiträge vorenthalten, verfügt der Kunde über ein ausreichendes Einkommen, um die monatliche Beitragsbelastung überhaupt stemmen zu können etc.? Hingegen ist es für den Versicherer im Rahmen der Minimalmoral unerheblich zu wissen, ob der Kunde ein kostspieliges Hobby hat, ob er geschieden ist, ob er immer sonntags zur Kirche geht etc. Das dahinterstehende Prinzip ist das Reziprozitätsprinzip, das vor allem in der Ethik eine große Rolle spielt, aber auch bei moralischen Prozessen strukturbildend wirkt. Jedem an einem Wirtschaftsakt Beteiligten stehen für den gleichen Fall die gleichen Rechte zu.

Wenn etwa ein Urlauber ein Ferienhaus mietet, sollte er vom Vermieter im Idealfall folgende operativen und pragmatischen Kenntnisse haben: Wie oft hatte der Vermieter in der Vergangenheit mit Beschwerden seitens der Kundschaft zu tun, hat er zu Recht oder zu Unrecht Ärger bekommen, stimmten die technischen Angaben zum Haus mit der Wirklichkeit überein, sind die Nebenkosten immer korrekt abgerechnet worden etc.? Keine Transparenz muss der Urlauber über irrelevante Dinge haben, also ob der Vermieter ein guter Mensch ist, ob er jemals vor einem Gericht als Angeklagter saß, ob er sich im Privatleben als freigebig oder raffgierig erweist, ob er schon einmal einen Betrug begangen hat etc. Umgekehrt gilt das Gleiche. Der Vermieter sollte wissen, ob der Urlauber seinen Zahlungsverpflichtungen bisher immer korrekt nachgekommen ist, ob er Mietgegenstände sorgsam behandelt hat, ob er laut und störend gegenüber anderen Nachbarn auftrat, ob er das Haus mit mehr Personen belegt hat als zulässig war etc.? Keine Kenntnis muss er darüber haben, ob der Urlauber mit seiner Frau oder seiner Geliebten das Ferienhaus mietet, ob er bei der Arbeit von den Kollegen geschätzt oder gemieden wird etc.

Das Modell der wirtschaftlichen Minimalmoral entspricht in seinen Grundzügen dem Modell der Marktwirtschaft bzw. dem der Marktmoral. Nachfrager und Anbieter behandeln sich normativ als Institutionen, für die, ohne Ansehen der handelnden Subjekte, erstens gleiche Rechte und gleiche Pflichten gelten und für die zum zweiten bestimmte operative und pragmatische Kriterien gelten, die zu einer gegenseitigen Transparenz führen. Als gutes praktisches Beispiel für ein System der Marktmoral kann das Bewertungssystem von Ebay genannt werden. Jeder Käufer bewertet den Verkäufer nach einer Transaktion und jeder Verkäufer den Käufer. Auf diese Weise wird das wirtschaftsmoralische Verhalten eines Akteurs in der Vergangenheit erfasst. Werte von 100 Prozent geben an, dass sich jemand äußerst gut gegenüber anderen Akteuren verhalten hat. Mit solchen Akteuren geht jeder gern Geschäfte ein. Weisen andere Akteure hingegen nur Werte von 95 oder weniger auf, sind die anderen, ehrlichen Akteure gewarnt. Die Botschaft lautet dann: Vorsicht, eine Zusammenarbeit kann Ärger verursachen, besser man lässt die Finger weg und wendet sich einem anderen, besser bewerteten Akteur zu.

Das reine Marktmodell, das nur auf einer wirtschaftlichen Minimalmoral gründet, findet in relativ engen Normgrenzen statt, nämlich innerhalb einer operativen und pragmatischen Tauschlogik. Eine solche Tauschlogik nimmt allerdings stark formalistische Züge an. Im Extremfall können sogar im Rahmen der Marktmoral zwei Tauschpartner kinderpornografische Fotos, Drogen oder kriminelle Dienste wie Auftragsmord, Versicherungsbetrug etc. tauschen, ohne gegen die formalen Regeln der Marktmoral zu verstoßen. Dies wäre nämlich dann der Fall, wenn der Tausch vereinbarungsgemäß abläuft, wenn jeder Tauschpartner die normativen Bedingungen, die an den Tausch geknüpft sind, einhält, wenn der eine korrekt liefert, der andere korrekt bezahlt. Aus dieser Begrenzung heraus ist das Modell der Marktmoral zu erweitern in Richtung einer holistisch-sinnorientierten Transparenz (Maximalmoral), die Thema des folgenden Abschnitts sein soll.

14.3.1.2 Holistisch-sinnorientierte Wirtschaftstransparenz (Maximalmoral)

Das operativ-pragmatische Modell weist einige Grenzen auf. Die erste bezieht sich darauf, dass das Wirtschaften nicht nur aus bilateralen Tauschprozessen besteht, sondern auf Einseitigkeit beruhen kann. Wenn z. B. ein Wirtschaftsakteur seinen Müll, Altöl oder giftige Stoffe im Wald entsorgt, gibt es keinen Tauschpartner, der für die nötige Transparenz sorgen kann. Irgendjemand mag den Schaden entdecken, die Zuordnung, wer dafür verantwortlich ist, gestaltet sich schwierig. Es handelt sich zwar prinzipiell um einen operativ-pragmatischen Vorgang, der aber aus Mangel an Information nicht funktionalisiert werden kann. Dieser Mangel lässt sich nur durch ein holistisches System von Transparenzformen kompensieren.

Eine weitere Grenze besteht darin, dass es sich um unilaterale Prozesse handelt, die Externalitäten hervorrufen. Wenn jemand wie Uli Hoeneß Steuern hinterzogen hatte, dann trug die Allgemeinheit in Form der entgangenen Steuern den Schaden davon. Im Sinne des operativ-pragmatischen Ansatzes findet dann eine vordergründige Transparenz statt, die sich auf den Vorgang der korrekten Kapitalanlage, also zwischen Anleger und Bank bezieht. Der Aspekt der Steuerhinterziehung bleibt intransparent und somit außen vor, da sich die Beteiligten in einem nur operativen, bilateralen Funktionalisierungsmodus befinden. Auch hier muss das bestehende Modell erweitert werden.

Die dritte, vielleicht wichtigste Grenze des operativen Modells besteht darin, dass es zu sehr auf Formalität und zu wenig auf Materialität und Inhalt getrimmt ist. Wenn zwei junge Akteure z. B. ein extremes PC-Gewaltspiel gegen Geld tauschen und der Tauschvorgang allen damit verbundenen Normen wie Zuverlässigkeit, Pünktlichkeit, angemessener Preis etc. entspricht, dann liegt eine operative Transparenz vor, die aus Sicht eines sinnorientierten Wirtschaftens defizitär ist. Gleiches gilt für den Tausch von Drogen, die menschliche Existenzen vernichten, für bestimmte Videos, die menschenverachtend sind etc.

Der Ansatz der holistisch-sinnorientierten Transparenz (wirtschaftliche Maximalmoral) orientiert sich an der Idee des guten, richtigen, vernünftigen, sinnvollen Wirtschaftens. Zwar bleibt die Idee des guten Lebens als Ganzes außen vor, trotzdem wird der Versuch unternommen, Sinnhaftigkeit und Funktionalität im Bereich der Wirtschaft zu integrieren. Holistisch heißt, dass die Erfordernis der Transparenz ganzheitlich und systemisch angelegt ist. Man gibt sich also nicht damit zufrieden, dass man die operative Qualität einer einzigen wirtschaftsmoralischen Handlung kennt, sondern man strebt ein umfassenderes Bild an, welches viele und unterschiedliche Operationen wiedergibt. Greifen wir auf das obige Beispiel der Rentenversicherung zurück. Jetzt interessiert zusätzlich, ob das Versicherungsunternehmen jemals Liquiditätsengpässe hatte, ob sich das Management jemals etwas zu Schulden kommen ließ, ob der Versicherer seine Mitarbeiter gut behandelt und bezahlt, ob der Versicherer seine Schulden immer korrekt bedient hat, ob das Versicherungsunternehmen seine ökologische Verantwortung wahrnimmt, ob es zur Verbesserung der örtlichen Wirtschaft beiträgt, ob es arbeitslose Jugendliche unterstützt etc.

Sinnorientierung ihrerseits bedeutet, dass an wirtschaftliches Handeln ein hoher Anspruch gestellt wird, der über das rein Operative hinausgeht. Der Sinn ist etwas Fundamentales, etwas, das in der Lage ist, einem Wirtschaften eine bestimmte Richtung zu geben, das Werte unterscheidet, das einen Rückgriff auf das Substanzielle, Essenzielle beim Wirtschaften erlaubt. An dieser Idee haben schon mehrere Wissenschaftler, Philosophen wie Ökonomen, gearbeitet. Ich möchte einige Ansätze kurz herausgreifen. Peter Ulrich (2010) setzt im Rahmen seiner „Zivilisierten Marktwirtschaft" auf den Wirtschaftsbürger. Dieser spaltet seinen Geschäftssinn nicht von seinem Bürgersinn ab, sondern integriert beide in der Weise, sodass ein Bürger entsteht, der seine wirtschaftliche Bedürftigkeit an die bestehenden Tugenden rückbindet. Gleiches gilt für das Wirtschaftssubjekt Unternehmen, das sich als „good corporate citizen" auffassen lässt. Eine weitere Form findet sich im Konzept der Nachhaltigen Entwicklung. Wirtschaften soll danach nicht nur kurzfristig gegen die Natur, sondern langfristig und ökologisch Bedürfnisse befriedigen. Wirtschaften ist gut, wenn es die natürlichen Grundlagen der (Mit-)Menschen nicht beschädigt oder zerstört. Einen weiteren Ansatz finden wir im Konzept des bedingungslosen Grundeinkommens. Danach muss wirtschaften dazu führen, dass niemand Not leiden muss. Neben der Existenzsicherung soll gesellschaftliche Teilhabe garantiert und der Zwang zu arbeiten eliminiert werden.

Im Rahmen der marktwirtschaftlichen Realität der meisten Volkswirtschaften dieser Erde spielt der holistisch-sinnorientierte Ansatz eine untergeordnete Rolle. Vor allem die Medien stellen an dieser Stelle eine Transparenz her, wenn sie über den Sinn von Japans Walfangprogramm berichten, wenn sie Korruption in ihren diversen Ausprägungen offenlegen, wenn sie Kinderarbeit thematisieren etc. Auf der wissenschaftlichen Ebene findet hingegen (noch) kaum eine Auseinandersetzung mit dieser Problematik statt.

14.3.2 Der zeitliche Horizont der Normträgertransparenz

Im Rahmen des zeitlichen Horizonts der Normträgertransparenz wird die Frage aufgeworfen, für welchen Zeitraum die Transparenz über das Verhalten eines Normträgers vorhanden sein soll. Rein theoretisch kann sie kurzfristig (bis zwei Jahre), mittelfristig (zwei bis fünf Jahre) oder langfristig (mehr als fünf Jahre) sein.

14.3.2.1 Kurzfristigkeit

In vielen wirtschaftlichen Situationen, nämlich in jenen Fällen, wo einmalige Wirtschaftsaktionen stattfinden, liegt die Dauer der Normträgertransparenz bei null. Wenn jemand z. B. in einer fremden Stadt einen Mietvertrag unterschreibt, dann weiß der Mieter in der Regel nichts über die normative Güte des Vermieters und umgekehrt. Erst wenn normative Probleme auftauchen, entsteht Transparenz, die dann zwar durchaus zu einer Funktionalisierung führen kann, die jedoch in meist nur abgeschwächter Form erfolgt und nur nachträglich wirken kann. Wenn der Mieter extrem laut ist und die anderen Mieter stört, kann der Vermieter erst nach der Aktion, d. h. nach Abschluss des

Mietvertrags reagieren bzw. Sanktionen ergreifen. Und zugleich wird nicht verhindert, dass der Mieter beim Abschluss eines neuen Mietvertrags mit einem anderen Vermieter nicht wieder andere Mieter durch Lärm belästigt.

Wenn zwei Akteure mehrmals miteinander zu tun haben, verlängert sich die Transparenzdauer, was sich in der Regel positiv auf die Funktionalisierungsqualität auswirkt. Ein Skischüler hat einen dreitägigen Skikurs gebucht mit insgesamt zwölf Stunden. Wenn der Skilehrer den Skischüler, warum auch immer, vor der Gruppe bloßstellt, kann schon am ersten Tag eine Funktionalisierung erfolgen. Der Skischüler kann sich bei der Skischulleitung beschweren, er kann den Kurs abbrechen und zur Konkurrenz gehen, andere Kursteilnehmer können das Gleiche machen.

Gehen wir einen Schritt weiter und unterstellen wir, dass zwei Akteure seit zwei Jahren Geschäfte miteinander machen, z. B. ein Einkäufer und ein Lieferant. Dadurch, dass der Zeitraum der gegenseitigen Normträgertransparenz bei zwei Jahren liegt, kennen sich beide in ihrem jeweiligen normativen Verhalten und Gebaren ziemlich genau. Wenn ein Geschäftsverhältnis seit zwei Jahren besteht, ist in der Regel davon auszugehen, dass sich entweder beide Akteure an die normativen Vorgaben gehalten haben oder sich bei Abweichungen davon durch eine in der Vergangenheit stattgefundene Funktionalisierung wieder auf den rechten Weg begeben haben. Man kann daher sagen: Je länger der Zeitraum der Normträgertransparenz dauert bzw. je größer die Kontaktzahl zwischen zwei Akteuren ist, umso stärker lassen sich wirtschaftliche Prozesse funktionalisieren.

Kurzfristige Normträgertransparenz bedeutet somit, dass über einen Zeitraum von zwei Jahren alle Daten über die normative Qualität eines Wirtschaftssubjekts gesammelt werden und den aktuellen und künftigen Partnern des Wirtschaftssubjektes zur Verfügung stehen. In der Flensburger Datei der Verkehrssünder bleiben z. B. alle Verkehrsstöße, sofern keine neuen dazukommen, zwei Jahre lang gespeichert. Kommen neue Verkehrsverstöße dazu, beginnt die Zweijahresfrist erneut zu laufen. Nehmen wir den Fall, dass ein LKW-Fahrer eine neue Arbeitsstelle sucht. Hat dieser in der Verkehrssünderkartei überhaupt keinen Eintrag, wird ihn der Arbeitgeber gern anstellen und wahrscheinlich gut bezahlen. Hat ein Mitbewerber hingegen zwölf Punkte in der Kartei, wird er den Job wahrscheinlich nicht bekommen und, falls er ihn doch bekommt, vermutlich auch weniger verdienen.

14.3.2.2 Mittelfristigkeit

Wird die Normträgertransparenz über einen Zeitraum von zwei bis fünf Jahren hergestellt, spricht man von Mittelfristigkeit. Qualitativ verändert sich dabei im Vergleich zur Kurzfristigkeit nichts, lediglich eine quantitative Ausweitung findet statt. Mit dem Anstieg der Transparenzzeit steigt zugleich das wirtschaftsmoralische Gesamtbild, das sich bezüglich eines Wirtschaftsakteurs ergibt. Die normativen Konturen eines Normträgers werden genauso schärfer wie ein digitales Bild durch Erhöhung der Anzahl der Pixel.

Im mittelfristigen Bereich operiert z. B. auch das polizeiliche Führungszeugnis, das Auskunft über Straftaten von Personen gibt und das oft Bewerbungen, vor allem im öffentlichen Dienst, beigelegt werden muss. Nach § 34 BZRG (Bundeszentralregistergesetz) werden folgende Daten nach drei Jahren gelöscht: bis einjährige Jugendstrafen, bis zweijährige Jugendstrafen mit Bewährung, Verurteilungen mit Geldstrafen, Freiheitsstrafen von weniger als drei Monaten, Freiheitsstrafen mit Bewährung von bis zu einem Jahr.

14.3.2.3 Langfristigkeit

Wird die Transparenzzeit auf mehr als fünf Jahre erhöht, gewinnt das Normträgerbild erneut an Schärfe. Denkt man die Langfristigkeit zu Ende, könnte zumindest theoretisch eine vollkommene Transparenz entstehen. Das bedeutet, dass über die gesamte Lebenszeit eines Wirtschaftsakteurs ein Kontinuum an wirtschaftsmoralischem Wissen hergestellt würde. Wie müssen wir uns diesen Idealfall vorstellen? Wenn ein Kunde zu Media Markt geht, weiß er, je nach inhaltlichem Horizont, alles über den Verkäufer, also wie oft sich Kunden über ihn beschwert haben, wie oft er fehlerhaft gearbeitet hat, wie oft er sich despektierlich über Kunden geäußert hat, ob ihm von einem früheren Arbeitgeber jemals verhaltens- oder personenbedingt gekündigt wurde etc. Zugleich kennt der Kunde die komplette normrelevante Geschichte von Media Markt, also ob es steuerliche Probleme gab, ob jemals Korruptionsgelder geflossen sind, ob das Personal systematisch ausgenutzt wurde, ob es geheime Absprachen mit Mitkonkurrenten gab etc. Auf der anderen Seite weiß der Verkäufer alles über den Kunden, wie oft es bei ihm zu Unregelmäßigkeiten beim Bezahlen der Rechnung kam, ob er jemals Gewährleistungsrechte zu Unrecht in Anspruch genommen hat, ob es gegen ihn jemals zu einem Schufa-Eintrag gekommen ist, ob er bereits ein privates Insolvenzverfahren hinter sich hat, ob er schon einmal als Ladendieb in Erscheinung getreten ist etc.

Hätten alle Wirtschaftsakteure die vollkommene Transparenz über alle anderen Wirtschaftsakteure, könnte der Prozess der Funktionalisierung perfekt ablaufen. Jeder normative Verstoß hätte Folgen, niemand könnte sich der Funktionalisierung entziehen. Normabweichendes Verhalten würde auf ein Minimum reduziert, zum Teil sogar ganz verschwinden. Was auf der einen wissenschaftlichen Seite durchaus verlockend klingt, hätte auf der anderen Seite unübersehbare Nachteile. Menschen müssten aus wirtschaftlicher Notwendigkeit heraus wie Maschinen funktionieren, der Druck, sich korrekt zu verhalten, nähme extrem zu. Datenrechtlich stellt sich die Frage, ob sich die Schaffung einer solchen Transparenz (Stichwort: gläserne Wirtschaftsakteure) mit den Werten von Freiheit, Demokratie und Bürgerlichkeit überhaupt in Einklang bringen ließen.

Ein bekanntes Beispiel für die Normträgertransparenz im langfristigen Bereich ist die Schufa, die Schutzgemeinschaft für allgemeine Kreditsicherung. Die privatwirtschaftlich organisierte Firma sammelt Daten vor allem von Kreditnehmern (ca. 65 Millionen Personen) und stellt diese als Auskunftei vor allem Kreditgebern zur Verfügung, damit diese die Kreditwürdigkeit einer Person besser beurteilen können. Gespeichert werden Art und Zahlungsbedingungen von bestimmten Verträgen (Kreditvertrag, Leasingvertrag, Bankkonten, Kreditkarten etc.) und in der Folge Daten, wenn Personen Zahlungen nicht richtig leisten, Kreditkarten missbrauchen, Insolvenz angemeldet haben etc. Die Funktionalisierung besteht darin, dass Personen mit guter Zahlungsmoral eine hohe

Bonität genießen und für kreditwürdig eingestuft werden (90 Prozent der Fälle) und Personen mit einer schlechten Moral keine Bonität genießen und folglich auch nicht für kreditwürdig gehalten werden (ca. 10 Prozent der Fälle).

Die relevanten Daten werden laut Schufa (www.schufa.de) zunächst so lange gespeichert wie ein Vertrag läuft, z. B. fünf Jahre für einen Autokreditvertrag, 25 Jahre für eine Hypothek. Wird der Kredit irgendwann korrekt zurückbezahlt oder ist der Zeitraum der Privatinsolvenz abgelaufen oder ist das Kreditkartenkonto korrekt gekündigt worden, werden die Daten in der Regel nach drei weiteren Jahren gelöscht.

14.3.3 Der organisatorische Horizont der Normträgertransparenz

Während im Rahmen des inhaltlichen Horizonts nach den Normen selbst und während im Rahmen des zeitlichen Horizonts nach der Dauer der Transparenzerfassung gefragt wird, geht es im Rahmen des organisatorischen Horizonts um die Frage, durch welche strukturelle Weise die Informationen über das vergangene Verhalten der Wirtschaftsakteure gesammelt wird. Hier stehen im Prinzip zwei Möglichkeiten zur Auswahl: informell oder formell.

14.3.3.1 Informell

Die informelle Herstellung der Normträgertransparenz erfolgt unsystematisch, d. h. es gibt weder spezielle Institutionen, die Daten sammeln und aufbereiten noch spezielle Verfahren, wie Informationen strukturiert generiert werden können. Transparenz entsteht hier vor allem durch individuelles Engagement gepaart mit Elementen des Zufalls. Nehmen wir das Beispiel, wo ein Single über eine Partnervermittlung eine Partnerin finden will. Da es in diesem Bereich keine Qualitäts- oder Gütesiegel und auch keine Zertifizierungen gibt, der Single aber weiß, dass sich in dieser Branche viele schwarze Schafe tummeln, fragt er als erstes einen Bekannten, der schon erste Erfahrungen mit dieser Partnervermittlung gemacht hat. Danach beginnt er damit, im Internet zu recherchieren. Er gibt Namen und Sitz der Partnervermittlungsagentur bei Google ein und findet diverse Quellen. Über verschiedene Foren macht er sich die (positiven oder negativen) Erfahrungen von anderen zu Nutze. Er erfährt, dass es einen Bundesverband gibt, an den man sich bei Fragen wenden kann. Zufällig liest er einen Bericht über Partnervermittlungsfirmen in der Tageszeitung, in dem auch der Name seiner Partnervermittlung auftaucht. Auf diese Weise erhält der Single zwar kein umfassendes Gesamtbild von der Agentur, aber zumindest einen Grundeindruck, der ihn in die Lage versetzt, besser entscheiden zu können als ohne individuelle Recherche.

Natürlich gibt es viele Möglichkeiten, informelle Daten über Normträgertransparenz zu sammeln. Die häufigsten dürften im Wirtschaftsleben folgende sein: Freunde und Bekannte fragen, Foren im Internet durchsuchen, allgemeine Internetrecherche, unabhängige (Fach-)Berater befragen, Medien verfolgen etc. Allerdings muss man an dieser Stelle auch klar festhalten, dass es viele Situationen gibt, in denen sich überhaupt keine

Normträgertransparenz herstellen lässt oder diese unerwünscht ist: Ein Skifahrer verkauft in der Mittagspause seine Tageskarte wegen schlechter Witterung einem anderen Skifahrer, der gerade erst angekommen ist. Der Kunde bezahlt bei einer Kassiererin im Supermarkt. Der Jugendliche kauft sich ein Eis am Kiosk. Das Rentnerehepaar kauft ein Ticket für das Schwimmbad.

14.3.3.2 Formell

Die formellen Methoden, Normträgertransparenz herzustellen, entsprechen einer systematischen Herangehensweise, die entweder durch Nutzung von Institutionen oder von bestimmten Verfahren realisiert werden kann. Im Rahmen von Zertifizierungen bewerten bestimmte Prüfstellen an Hand bestimmter Kriterien Produkte, Unternehmen oder Dienstleistungen. Wirtschaftsmoralisch besteht hier noch ein großer Nachholbedarf. Güte- oder Qualitätssiegel geben Auskunft über die Qualität von vor allem Produkten. Die bekanntesten sind DLG (Deutsche Landwirtschaftsgesellschaft), Blaue Flagge (Tourismus), Blauer Engel (Umweltfreundlichkeit), Öko-Tex (Schadstofffreiheit von Textilien) etc. Im wirtschaftsmoralischen Bereich treten hier vor allem folgende Gütesiegel in den Vordergrund: Fair-Trade (gerechter Welthandel), Rugmark (Teppiche ohne Kinderarbeit), Flower Label (Blumenherstellung unter sozialen und ökologischen Gesichtspunkten). Als weitere Formen der formellen Organisation von Normträgertransparenz gilt die Stiftung Warentest, Finanz-Test, Öko-Test, welche normative Kriterien allerdings nur sekundär behandeln. Auch die Schufa arbeitet als Organisation formell hinsichtlich Bonität und Zahlungsdisziplin.

Weitere oben schon genannte Institutionen und Verfahren basieren auf einer formellen Grundlage. Die sogenannte Verkehrssünderkartei in Flensburg gibt Auskunft über die Verkehrsfähigkeit von Verkehrsteilnehmer, also ob sich diese zuletzt gut im Verkehr oder als Verkehrschaoten verhalten haben. Das (erweiterte) polizeiliche Führungszeugnis gibt darüber Auskunft, ob eine Person in der Vergangenheit mit dem Gesetz in Konflikt geraten ist. Da das Führungszeugnis oft im Rahmen von Bewerbungsverfahren eine wichtige Rolle spielt, kann es dazu führen, dass ein Bewerber wegen eines Negativeintrags nicht eingestellt wird, was nichts anderes als einer Funktionalisierung gleich kommt. Das Ebay Bewertungssystem stellt ebenfalls ein formalisiertes Verfahren dar, mit dem sich Zuverlässigkeit und Vertrauenswürdigkeit von Käufern und Verkäufern feststellen lassen. Darüber hinaus existieren Ranglistenverfahren (Ranking), die Institutionen, Unternehmen oder Produkte miteinander vergleichen und in eine bewertete Reihenfolge bringen. Auch im Rahmen von Rating-Prozessen, die vor allem die Solidität von Staaten und Unternehmen aus Anlegersicht überprüfen, kann von einer formellen Herangehensweise gesprochen werden.

Wichtig zu erwähnen ist an dieser Stelle zudem, dass sowohl Kriterien wie Finanzierungsquellen derartiger formeller Institutionen transparent veröffentlicht gehören.

14.4   Sanktionsvollzug

Damit das Funktionalisierungsmodell nachhaltig seine Wirkung entfalten kann, muss sich jeder Akteur auf die Funktionalisierung bzw. auf die ihr zugrundeliegende Logik verlassen können. Das bedeutet einerseits, verhält sich ein Wirtschaftsakteur normkonform, muss ihm dies, wann und wie auch immer, einen wirtschaftlichen Erfolg einbringen. Verhält er sich andererseits nicht normkonform, muss er notwendigerweise mit einem wirtschaftlichen Nachteil oder Schaden rechnen. Würde im Gegensatz dazu im realen Wirtschaftsleben die umgekehrte Logik dominieren, also normkonformes Verhalten zu wirtschaftlichen Nachteilen führen (Stichwort: der Ehrliche ist der Dumme), würde das Modell der Funktionalisierung obsolet. Funktionalisierung funktioniert also nur dann, wenn sie tatsächlich, d. h. nachweisbar und kontinuierlich in der Realität wirkt. Mit anderen Worten, sie muss faktisch im Wirtschaftsleben verankert sein. Diese Faktizität setzt zum ersten die Erkennbarkeit einer normativen Kausalität voraus (Abschnitt 14.4.1). Es muss also eine Kausalität zwischen Normeinhaltung und wirtschaftlichem Vorteil bzw. Normabweichung und wirtschaftlichem Nachteil bestehen. Zum zweiten muss im Verhalten der an der Funktionalisierung Beteiligten die Funktionalisierungslogik individuell zur Geltung kommen, d. h. dass bei jedem wirtschaftsmoralischen Vorgang Normkonformität konsequent belohnt, Normdevianz konsequent sanktioniert werden muss (Abschnitt 14.4.2).

14.4.1 Evidenz der normativen Kausalität

Der Erfolg der wirtschaftsmoralischen Funktionalisierung hängt zunächst davon ab, ob sich eine Kausalität von wirtschaftlichem Vorteil und Normbefolgung bzw. wirtschaftlichem Nachteil und Normdevianz in der Wirklichkeit der Wirtschaft beobachten lässt. Ist dies der Fall, kann dies als Indiz für eine gelungene Funktionalisierung angesehen werden, ist dies nicht der Fall, versagt die Funktionalisierung anscheinend. Dabei stellen wir allerdings fest, dass wirtschaftlicher Erfolg nicht nur von normativen, sondern zugleich von nicht normativen Einflussfaktoren abhängt.

So findet sich z. B. ein wirtschaftlicher Erfolgsfaktor in der fachlichen, qualifikatorischen Kompetenz eines Akteurs. Wenn jemand ein begnadeter Pizzabäcker ist, kann er durchaus sehr viel Geld verdienen, selbst wenn er sein Küchenpersonal nicht immer ordentlich behandelt oder Steuern hinterzogen hat. Einen weiteren wirtschaftlichen Erfolgsfaktor stellt die persönliche Kompetenz eines Wirtschaftsakteurs dar. Wenn ein Unternehmer überzeugen, wenn er freundlich auf andere zugehen kann, wenn er gründlich und fleißig bis spät in die Nacht arbeitet, wenn er zielstrebig, diszipliniert an der Entwicklung neuer Produkte forscht, dann kann er es durchaus zu Wohlstand bringen, selbst wenn er normative Defizite aufweist. Ein dritter Erfolgsfaktor liegt in der Marktkompetenz. Wenn ein Akteur genau im richtigen Moment ein neues Produkt auf den Markt bringt, kann er damit sehr erfolgreich sein, auch wenn er womöglich gegen moralische Normen verstoßen hat (hat Facebook-Gründer Zuckerberg seine Geschäftsidee von anderen geklaut?). Noch immer sind die Produkte und die Aktien der Firma Apple ein Verkaufsschlager, obwohl man weiß, dass Apple in China unter inakzeptablen Arbeitsbedingungen produzieren lässt.

Normative Kausalität muss, damit Funktionalisierungsgewissheit entsteht, zumindest drei Kriterien genügen. Sie muss nachweisbar, dauerhaft und signifikant sein. Nehmen wir z. B. den Fall der Drogeriemarktkette dm bzw. deren Gründer Götz Werner. Nach ersten Jahren als traditioneller Discounter (1970er Jahre) setzte in den 1990er Jahren ein Umdenken in Richtung Moral ein. Es sollte der Mensch, sowohl als Kunde wie als Angestellter, einen höheren Stellenwert erhalten. Filialen bekamen mehr Eigenverantwortung und wurden weniger kontrolliert. Die Einführung eines auf Partizipation ausgelegten Führungsstils führte zu einer großen Mitarbeiterzufriedenheit. An die Stelle von Hierarchie und Gehorsam wurde Vertrauen und Respekt gesetzt. Die Mitarbeiter werden am Unternehmenserfolg beteiligt. Mittlerweile hat der Unternehmensgründer und Anthroposoph Werner seine Ideen auf die Gesellschaft ausgeweitet. Er fordert, dass jedem Bürger, jeder Bürgerin ein bedingungsloses Grundeinkommen zuzugestehen ist. Das Unternehmen dm, welches im krassen Gegensatz zur insolventen Drogeriemarktkette Schlecker steht, fährt wirtschaftlich weiter einen soliden und erfolgreichen Kurs, eine weitere Expansion scheint nicht ausgeschlossen.

Inwieweit ist die normative Kausalität im Fall dm nun nachweisbar? Wir müssen subjektive und objektive Merkmale unterscheiden. Wenn durch Befragung von dm-Kunden herauskommt, dass sie unter anderem bei dm kaufen, weil dort verantwortungsvoll mit Menschen umgegangen wird, ist der Nachweis der normativen Kausalität erbracht. Wenn sich Konsumenten über ihre Erfahrungen in Drogerien austauschen und dabei positiv über dm gesprochen wird, weil man dort „anständig" bedient wird, bestätigt sich erneut die Funktionalisierungsgewissheit. Neben subjektiven Umfragen gibt es auch objektive Möglichkeiten des Kausalitätsnachweises: wenn dm z. B. seine Mitarbeiter am Unternehmenserfolg teilnehmen lässt, und zwar über die normale Vergütung hinaus. Wenn dm freiwillig eine betriebliche Alterssicherung anbietet. Wenn dm seine Lehrlinge „Lernlinge" nennt und ihnen durch ein spezielles Ausbildungskonzept die Möglichkeit bietet, die eigene Kreativität zu entdecken bzw. ihre Persönlichkeit zu entwickeln.

Inwieweit muss die normative Kausalität dauerhaft sein? Je länger in der Dauer und je konstanter in der Schwankungsdynamik es ist, umso zuverlässiger wird das Funktionalisierungsmodell faktisch wahrgenommen. Bei dm dauert die normative Kausalität seit rund 20 Jahren an. Außerdem lässt sich feststellen, dass dm in normativer Hinsicht weder extreme Schwankungen durchgemacht noch Brüche in diesem Zeitraum zu verzeichnen hat. Das Vertrauen der Kunden in dm blieb beständig erhalten, da dm den Weg der normativen Perspektive niemals verließ. Je länger derartige Prozesse dauern, umso stärker verankert sich die Gewissheit bei den Akteuren der Wirtschaft, dass sich letzten Endes doch Anstand und Moral lohnen und nicht der Ehrliche der Dumme ist.

Inwieweit muss normative Kausalität signifikant sein? Wirtschaftlicher Erfolg ist nicht monokausal zu erklären. Wie zuvor angedeutet kann wirtschaftlicher Erfolg auf qualifikatorische, persönliche, marktbezogene und/oder normative Gründe zurückgeführt werden. Funktionalisierungsgewissheit liegt demnach dann vor, wenn aus den Erfolgsursachen der normative Faktor signifikant auffällt. Signifikant bedeutet, dass der Zusammenhang zwischen Normeinhaltung und Wirtschaftserfolg deutlich erkennbar ist, dass er weit über der (zufälligen) Gleichverteilung der Einflussfaktoren liegt, dass er evident bzw. faktisch wahrnehmbar ist. Signifikant heißt, dass bezogen auf eine Person oder ein Unternehmen eine moralische Haltung feststellbar ist, die überdurchschnittlich mit zum Erfolg des Unternehmens beigetragen hat.

14.4.2 Sanktionsarten

Unter einer Sanktion versteht man eine „auf ein bestimmtes Verhalten eines Individuums oder einer Gruppe hin erfolgende Reaktion der Umwelt, mit der dieses Verhalten belohnt oder bestraft wird"[5]. Wenn Norm konformes Verhalten nicht wirtschaftlich belohnt wird, wird es zusehends erodieren. Das Gleiche gilt, wenn Norm abweichendes Verhalten nicht wirtschaftlich bestraft wird. Der Erfolg des Funktionalisierungsmodells bzw. der Sanktionsvollzug hängen dabei von mehreren Faktoren ab, wovon einige wichtige Gegenstand der folgenden Seiten sein werden. Zur Veranschaulichung gehen wir von folgendem Wirtschaftsbeispiel aus: Angenommen Käufer K erwirbt ein Auto von Händler H. K bemerkt, dass der Tacho manipuliert und der Kilometerstand um 50.000 Kilometer reduziert wurde. H wusste bisher auch nichts davon. Erst durch den Hinweis von K bemerkt H den versteckten Mangel. H erstattet darauf K die Hälfte des Kaufpreises zurück und zeigt den Händler an, von dem er das Auto erworben hat und der hinter der Tachomanipulation steht. H hat sich also moralisch einwandfrei verhalten.

14.4.2.1 Sanktionsrichtung: Positiv versus negativ

Sanktionen können jemand belohnen (positive Sanktionen) oder bestrafen (negative Sanktionen). Das einwandfreie Verhalten von H muss im Rahmen der Funktionalisierungslogik nunmehr aus normativen Gründen belohnt werden, da andere Motivationsquellen im Prinzip ausscheiden. Zum Beispiel hat K keinen wirtschaftlichen Anreiz, H zu belohnen, da er seinen wirtschaftlichen Vorteil (den halben Kaufpreis) bereits eingefahren hat und ein weiterer wirtschaftlicher Vorteil nicht zu erwarten ist. Des Weiteren hat K keinen persönlichen Anreiz, H zu belohnen, denn eigentlich hätte dieser als Händler den versteckten Mangel erkennen müssen und nicht K als Kunde. K hätte eher Grund, sauer auf H zu sein. Auch sozial hat K keinen Anreiz, H zu belohnen, denn er hat letzten Endes, nachdem er den halben Kaufpreis zurückbekam, den wahren Preis für das Auto bezahlt, nicht mehr und nicht weniger. Was am Schluss bleibt, ist die moralische Pflicht, H zu belohnen. H war nämlich bereit, die tatsächlichen Verantwortlichkeiten zu klären und den Preis wegen der real höheren Kilometerleistung des Wagens unaufgefordert zu senken, um ihn an den wahren Wert des Autos anzupassen. K kann also H's Ehrlichkeit belohnen. Diese Belohnung bringt K nichts ein, sondern verschafft erstens nur H einen

Vorteil bzw. zum zweiten dessen potenziellen Kunden, die weiter von H's Ehrlichkeit ausgehen können. K handelt im Prinzip uneigennützig. Kant würde dazu sagen, er handelt aus Achtung vor dem Moralgesetz, ich nenne es diszipliniert im Sinn der Funktionalisierungslogik. Das heißt K hat von der Belohnung selbst nichts außer der vagen Hoffnung, dass durch die Belohnungsdisziplin die Funktionalisierungslogik gestärkt wurde und das Gesamtsystem der Funktionalisierung weiterhin wirksam bleibt.

Die Gründe, die dazu führen, dass es nach normativ positiven Wirtschaftsvorgängen nicht zu einer Belohnungsdisziplin kommt, sind ähnlich vielfältig wie im Fall der Belohnungsformen. Jemand steht unter Zeitdruck, man hat einfach wenig Lust, manchem erscheint es zu aufwändig, manchem ist es unangenehm, mancher hält moralisches Verhalten für normal, das keiner eigenen Belohnung bedarf etc. Natürlich ist es im Fall des zuletzt genannten Arguments richtig, dass die Akteure in der Wirtschaft in der Regel nicht von Normdevianz, sondern von Normeinhaltung ausgehen. Die meisten Wirtschaftsakteure verhalten sich oft normkonform und nur eine kleine Minderheit weicht von den Regeln ab. Darin ist hauptsächlich der Grund zu sehen, warum die Belohnungsdisziplin eine deutlich kleinere Rolle spielt als die verwandte Bestrafungsdisziplin.

Nehmen wir obigen Beispielfall und modifizieren ihn. Angenommen, der Händler H selbst hat den Tachometer manipuliert und Kunde K entdeckt dies. In diesem Fall muss also irgendeine adäquate Reaktion bzw. Sanktion erfolgen, sonst bleibt das unmoralische Verhalten des Händlers folgenlos, er kann weiter betrügen und die Funktionalisierungslogik läuft irgendwann (partiell oder komplett) ins Leere. Auf der Seite dessen, der nicht normkonform behandelt wurde, die Opferseite sozusagen, muss nunmehr die Disziplin vorhanden sein, für die Einhaltung der Normordnung zu sorgen. Auf diese Weise sichert das „Opfer" den Erfolg der Funktionalisierung, da der „Täter" damit von der Gewissheit einer für ihn nachteiligen Konsequenz ausgehen muss, was wiederum abschreckend auf denselben (und andere) wirkt.

Die Funktionalisierungsdisziplin findet dabei, wie oben bei der Belohnungsdisziplin schon erwähnt, in der Praxis oft nicht im gewünschten Umfang statt und schmälert dadurch die Leistungsfähigkeit des Funktionalisierungsmodells je nach Situation mehr oder weniger: der geschädigte Kunde ist zu bequem, um zu reagieren. Er nimmt es wegen seiner Trägheit in Kauf, dass der Verkäufer trotz normativer Abweichung nicht zur Verantwortung gezogen wird. Der geschädigte Kunde hat kaum Zeit. Da er z. B. von einem Sachbearbeiter im Passamt schlecht behandelt wurde, müsste er eigentlich eine schriftliche Beschwerde an den Amtsleiter richten. Verzichtet er aus Zeitgründen darauf, kommt der Sachbearbeiter ungeschoren davon. Es kann auch sein, dass der Kunde unsicher ist oder sich schnell schämt. Der Kunde steht z. B. an einer Kasse in einer Warteschlange mit zehn Personen an. Ein anderer Kunde drängelt sich vor. Keiner der anderen Kunden reagiert und lässt den sich vordrängelnden Kunden gewähren. Jetzt müsste der erste Kunde dem Treiben des Vordränglers Einhalt gewähren, indem er ihn lautstark auffordert sich hinten anzustellen oder er informiert die Person an der Kasse. Wenn kein Kunde dem Vordrängler Einhalt gebietet, hat der Normabweichler einen Vorteil, alle anderen einen Nachteil erlangt. Laut Funktionalisierungslogik müsste genau das umgekehrte Resultat entstehen. Ein weiterer Fall findet sich, wenn Kunde und Verkäufer Freunde/Bekannte sind. Der Kunde schließt bei seinem Freund eine Lebensversicherung ab. Nach Jahren zeigt sich, dass die Lebensversicherung im Markt stark unterdurchschnittliche Renditen erwirtschaftet, was den Auszahlungsbetrag mindert. Der Kunde unternimmt nichts und lässt trotz einigen Unmuts alles auf sich beruhen, da er die Freundschaft nicht gefährden will. Auf eine systematische Darstellung der Gründe für das Versagen der Sanktionsdisziplin wird an dieser Stelle aus Platzgründen verzichtet.

Dass es nicht immer leicht ist, die Sanktionsdisziplin konsequent auszuführen, zeigt folgender Fall. Wenn der Kunde vom Verkäufer über Ebay eine Waschmaschine unter der Bedingung kauft, dass dieselbe in spätestens drei Tagen beim Kunden sein muss, weil dessen alte Waschmaschine kaputt gegangen ist und dieser zurzeit keine Wäsche waschen kann, und wenn die Waschmaschine trotz mehrerer Fristsetzungen erst nach zwölf Tagen kommt, muss innerhalb der Funktionalisierungslogik eine Reaktion erfolgen. Unterbleibt nämlich eine Reaktion, weiß der Verkäufer, dass zumindest ein Teil seiner nicht normkonformen Aktionen ohne wirtschaftliche Nachteile für ihn bleibt. Wenn der Verkäufer den Kunden nun mehrfach, eindringlich und im Prinzip überzeugend bittet, ihn im Rahmen des Ebay-Bewertungssystems trotzdem positiv zu bewerten, weil ihn selbst keine Schuld, sondern nur dessen Lieferant trifft, der die Waschmaschine zu spät geliefert hat, dann kann das möglicherweise richtig sein und der Lieferant müsste dann sanktioniert werden. Es kann sich aber auch nur um eine ausgedachte Ausrede handeln. Unabhängig von den tatsächlichen Begebenheiten hat der Verkäufer dem Kunden zugesichert, innerhalb dreier Tage zu liefern. Da er also in der Verantwortung steht, muss der Kunde ihm eine Negativbewertung eintragen, damit künftige Kunden erkennen können, dass beim Verkäufer nicht immer alles zur Zufriedenheit der Kunden erfolgt ist. Zudem ist im Rahmen der Disziplin zur Funktionalisierung bzw. Sanktionierung zu erwarten, dass der Kunde zukünftig auf andere Verkäufer zurückgreifen wird, die im Bewertungssystem mit 100 Prozent bei Ebay geführt werden und die als besonders zuverlässige Vertragspartner eingestuft sind.

14.4.2.2 Sanktionsschwere: Leicht versus schwer

Sanktionen können auch nach dem Schweregrad unterschieden werden. Beginnen wir zunächst mit der Belohnung. Sie wird zum einen von Größe und Wichtigkeit des wirtschaftlichen Vorgangs und zum anderen von der subjektiv-normativen Grundeinstellung des belohnenden Akteurs abhängen. In obigem Beispielfall kann die Belohnung so aussehen, dass K den Händler für sein Verhalten lobt, dass K den Händler vor den Augen seiner Kunden und/oder Mitarbeiter lobt, dass K beteuert, auch künftig seine Autos bei H zu kaufen, dass K positiv über H zu seinen Freunden, Kollegen etc. spricht, dass K dem Händler ein Flasche Wein oder Sekt schenkt, dass K, der Heizungsbauer von Beruf ist, H ein kostengünstiges Angebot zusagt, falls dieser ein Problem mit seiner Heizung haben sollte, dass K den betrieblichen Fragebogen zur Kundenzufriedenheit positiv ausfüllt, dass K den Händler in einem Internetforum positiv erwähnt und so weiter.

Beziehen wir uns auf die Bestrafung in obigem Beispielfall, ist erneut ein Kontinuum an graduellen Sanktionen möglich. Bei einfachen normativen Verfehlungen wird man das Gegenüber lediglich ermahnen oder zur Rede stellen. Man wird kritisieren, Verbesserungen einfordern, Bedingungen stellen, mit Abwanderung drohen etc. Bei mittleren Verfehlungen kann es zu negativer Werbung kommen, Freunden und Bekannten wird von einer geschäftlichen Verbindung abgeraten, man kauft künftig bei der Konkurrenz, man äußert sich in Bewertungsbögen oder in Internetforen negativ etc. Bei schweren normativen Verfehlungen wie im Beispielfall können Sanktionen sehr weit gehen, so weit, dass sie auf die Vernichtung der wirtschaftlichen Existenz eines Wirtschaftssubjekts abzielen. Man ruft zu einem Käuferstreik bzw. Boykott auf mit dem Ziel, die Produkte eines Unternehmens überhaupt nicht mehr zu kaufen.

14.4.2.3 Sanktionsreichweite: Wirtschaftlich versus außerwirtschaftlich

Sanktionen können wirtschaftlicher Natur sein oder über das rein Wirtschaftliche hinausgehen. Im ersten Fall betreffen die Sanktionen wirtschaftliche Bereiche. Hat sich jemand wirtschaftsmoralisch verhalten, wird er belohnt, d. h. man kauft weiter bei ihm ein, macht weiter Geschäfte mit ihm, macht Werbung für ihn, vermittelt ihm neue Geschäftspartner etc. Hat sich jemand unmoralisch gezeigt, wird man seltener oder gar nicht mehr bei ihm einkaufen, bestehende Geschäftskontakte auflösen, kritisch über ihn mit anderen sprechen etc. Im Funktionalisierungsmodell stellt diese Form der Sanktion die Regel dar, da dasselbe von seiner Reichweite her auf das Wirtschaftliche fokussiert und somit begrenzt ist. Diese Grenze wurde auch schon im Abschnitt 14.3 deutlich, in dem die Normträgertransparenz thematisiert wurde. Im Rahmen des Funktionalisierungsmodells ging es ebenfalls nur um wirtschaftlich relevante Informationen. Man will wissen, ob jemand eine gute Zahlungsmoral besitzt, solide wirtschaftet, seine Steuern bezahlt etc. Man will nicht wissen, ob er schon einmal vor Gericht angeklagt war, ob er ein Ehrenamt ausübt, ob er sich ordentlich um seine betagten Eltern kümmert etc.

In der Wirklichkeit gibt es jedoch ausnahmsweise immer wieder Fälle, wo wirtschaftsmoralisches Fehlverhalten durch außerwirtschaftliche Sanktionen korrigiert wird. So lesen wir in der Zeitung, dass ein Ehepaar einen Finanzberater entführt hat, der das Ehepaar durch gezielten Betrug um sein Erspartes gebracht hat. Durch die Entführung, eine Sanktion, die weit über den Wirtschaftsbereich hinausreicht, soll das verloren gegangene Vermögen nun wieder in den Besitz der eigentlichen Eigentümer des Kapitals zurückgehen. Es kann auch vorkommen, dass Entlassene aus Wut über ihre Entlassung, die subjektiv betrachtet oft als höchst ungerecht empfunden wird, sich an ihren Arbeitgebern rächen, indem sie sie in Angst und Schrecken versetzen, sie nötigen, sie im Extrem auch umbringen. Wie gesagt spielt diese Form der Sanktion im Funktionalisierungsmodell, aus den gleichen Gründen wie bei der Normträgertransparenz, keine (intendierte) Rolle.

14.4.2.4   Sanktionsempfang: Direkt versus indirekt

Sanktionen können direkt vom wirtschaftlich Betroffenen stammen oder indirekt von anderen Wirtschaftssubjekten. Wenn sich ein Ebay-Händler schlecht gegenüber einem Online-Kunden verhält, kann ihn derselbe durch eine schlechte Bewertung sanktionieren. Diese Verschlechterung des „ratings" des Ebay-Händlers kann nun von anderen Online-Kunden wahrgenommen werden, die nun ihrerseits weniger Geschäfte mit diesem Händler abschließen wollen. Das Gleiche gilt im Fall der positiven Sanktionierung. Wenn sich ein Ebay-Händler gut gegenüber einem Online-Kunden verhält, kann ihn derselbe durch eine gute Bewertung, die er für ihn abgibt, belohnen. Andere nehmen diese Verbesserung des „ratings" des Händlers zur Kenntnis und belohnen ihn, indem sie mehr Geschäfte mit ihm abwickeln als bisher.

14.4.2.5   Sanktionsmotivation: Neigung versus Disziplin

Der Sanktionsvollzug kann entweder durch eine Neigung oder durch die Disziplin oder durch eine Mischung von beiden motiviert sein. Unter einer neigungsorientierten Sanktion versteht man, dass bestimmte Gefühle wie das Gerechtigkeitsgefühl, das Vergeltungsempfinden, das Sühnegefühl, das Gleichheitsgefühl, das Begeisterungsgefühl den Sanktionsvollzug auslösen. Dies ist beispielsweise der Fall, wenn ein Kunde so gut bedient wurde, dass er aus einem Enthusiasmus heraus drei weitere Folgeaufträge an das Unternehmen vergibt, mit welchem er so gute Erfahrungen gemacht hat. Oder aber ist der Kunde schlecht bedient worden, dann ist er so wütend und enttäuscht, dass er sofort beschließt, bereits an das Unternehmen erteilte Aufträge zu stornieren. Oder wenn wir den Gründer einer Firma beobachten, wie er sich bemüht, sich am Markt zu behaupten und normativ einwandfrei dabei zu agieren, dann rührt uns dieses Verhalten, dass wir gern Mundpropaganda für diese Firma betreiben. Versucht der Gründer hingegen mit unlauteren Mitteln Fuß zu fassen, sind wir entrüstet und unterstützen alle Tendenzen, die auf den Untergang der Firma gerichtet sind.

Im Fall der Disziplin spielt der emotionale Hintergrund keine oder eine geringe Rolle. In diesem Fall ist es uns kein emotionales Anliegen, zu sanktionieren, sodass wir uns auf die Pflicht und die Disziplin zurückziehen müssen. Ein Kunde hat beispielsweise bei Ebay etwas gekauft, was deutlich später als vereinbart beim Kunden eintrifft. Der Verkäufer versichert, dass die Verspätung nicht an ihm, sondern seinem Lieferanten lag. Der Kunde ist nun gefühlsmäßig verunsichert, ob bzw. wie er sanktionieren soll. Am Schluss entscheidet er sich aus Pflicht dem Funktionalisierungsprinzip gegenüber für eine Sanktion, d. h. in diesem Fall für eine Bestrafung, indem er dem Verkäufer einen Negativeintrag im Ebay Bewertungssystem gibt. Der Kunde reagiert somit aus Pflicht allen anderen Kunden gegenüber, damit der Lieferverzug öffentlich und transparent werden kann und so die Kaufentscheidungen potenzieller Kunden dieses Verkäufers positiv beeinflussen kann. Ein Verkäufer darf nichts versprechen, was er, vor allem bei Beteiligung Dritter, nicht halten kann, so die Überlegung des Kunden.

14.4.2.6 Sanktionsfolge: Institutionell versus individuell

Der Sanktionsvollzug kann institutionell oder individuell erfolgen. Institutionell heißt, dass die Sanktionsfolgen standardisiert und homogenisiert werden. Individuell heißt, dass sie subjektiv von den Präferenzen des Sanktionsgebers abhängen. Eine institutionelle Sanktionsausübung findet ihren Niederschlag besonders in solchen Bereichen, die eine gewisse Nähe zum Recht und die eine hohe Frequenz aufweisen. In der antiken, islamischen Welt war es z. B. teils gängig, dass einem Dieb die Hand abgeschlagen werden konnte. Die Sanktionsfolge von Diebstahl war damit für alle gleichgelagerten Fälle festgelegt. Oder wenn ein Steuerzahler Steuern hinterzieht, wird anhand der hinterzogenen Summe die Sanktion, in diesem Fall die Strafzahlung, festgelegt. Oder wenn der Vorsitzende einer Aktiengesellschaft falsche Angaben über die finanzielle Situation der AG macht, wird ihm spätestens bei der nächsten Hauptversammlung über den Aufsichtsrat das Vertrauen entzogen. In diesem Fall repräsentiert das Aktienrecht die institutionelle Sanktionsquelle.

Bei einer individuellen Sanktionsfolge sind Sanktionsrichtung, -schwere, -reichweite, -motivation von den subjektiven Präferenzen des Sanktionsgebers abhängig. Das Sanktionsergebnis ist somit unsicher und kann von Situation zu Situation und von Person zu Person stark variieren. Nehmen wir die Situation im Wartezimmer eines Hausarztes. Der Patient wurde auf 10.00 Uhr bestellt, mittlerweile ist es aber schon 11.30 Uhr und der Patient wartet noch immer. Der Arzt hat gegen die Normen Pünktlichkeit und Zuverlässigkeit verstoßen, was laut Funktionalisierungsmodell eine Sanktionierung erfordert. Während Patient A um 11.30 Uhr wütend die Arztpraxis verlässt mit der Ankündigung, sich einen neuen Hausarzt zu suchen, beschwert sich Patient B bei der Arzthelferin auf eine letztlich freundliche Art und Weise und äußert ein gewisses Verständnis für die Situation des Arztes.

14.4.2.7 Sanktionsquelle: Selbst- versus Fremdsanktionierung

Sanktionen können von anderen (Fremdsanktionierung) stammen, aber sie können auch von einem selbst kommen (Selbstsanktionierung). In der wirtschaftlichen Wirklichkeit überwiegt natürlich die Fremdsanktionierung, d. h. andere nehmen Stellung und Einfluss auf unser vergangenes oder künftiges wirtschaftliches Handeln. Theoretisch nahezu immer möglich, praktisch allerdings nur in Ausnahmen präsent, können wir uns jedoch auch selbst sanktionieren. Wenn eine (normativ sozialisierte) Person einen Betrug verübt, kommt es in der Regel vor, dass sie im Anschluss an die Tat ein schlechtes Gewissen bekommt. Im Rahmen der Funktionalisierungslogik muss nunmehr eine wirtschaftliche Bestrafung erfolgen, die in der Regel extern, theoretisch auch intern verursacht sein kann. Ein schlechtes Gewissen kann jedoch nicht mit einer wirtschaftlichen Schlechterstellung gleichgesetzt werden. Wie also kann sich ein Betrüger selbst wirtschaftlich bestrafen? Er kann den Betrug selbst zur Anzeige bringen, kann den wirtschaftlichen Schaden neutralisieren, indem er den Betrug rückgängig macht und kann eigenständig eine Strafe bezahlen, entweder an den Betrogenen selbst oder die Allgemeinheit. Die

Selbstsanktionierung kann sich ursprünglich auch durch eine Art von Schuldgefühl oder Schamgefühl ausdrücken. Aber wie gesagt, die Selbstsanktionierung spielt so gut wie keine Rolle im Rahmen des Funktionalisierungsmodells.

Auch im Fall der Sanktionsproblematik gibt es Situationen, wo sich Sanktionen nicht durchführen lassen. Zeigt sich bei dem Beispiel, wo der Skifahrer seine Tageskarte am Mittag an einen anderen verkauft, dass das Datum der Tageskarte gefälscht wurde und die Karte ungültig ist, hat der Käufer kaum Möglichkeiten, das Verhalten des Fälschers zu ahnden. Vermutlich hat sich dieser bereits aus dem Staub gemacht, eine Anzeige beim Liftbetreiber bringt ebenfalls nichts, da auch dieser keine Angaben zum Fälscher machen kann. Solche Fälle stellen eine sehr große Herausforderung für eine systematische Wirtschaftsmoral dar und sie weisen außerdem auf die Komplexität der Wirklichkeit hin.

14.5   Systembedingte Implementierungsgrenzen

Lässt sich das Funktionalisierungssystem erfolgreich etablieren, trägt es wesentlich zur Steigerung einer sowohl sozial verträglichen wie wirtschaftlichen Wohlfahrt bei. Es fördert sozialen Frieden bei gleichzeitig steigendem Wohlstand. Gelingt dieses Zusammenspiel von Normativität, Freiheit, Transparenz und Sanktion können wirtschaftliche Prozesse ohne Reibungsverluste von statten gehen. Reibungsverluste entstehen jedoch immer dann, wenn Funktionalisierungsprozesse gestört werden.

Derartige Reibungsverluste sind in der realen Welt der Wirtschaft im Gegensatz zur Welt der idealen Implementierungsbedingungen der vorherigen Abschnitte an der Tagesordnung. Aber selbst wenn die idealen Voraussetzungen real bestünden, wenn folglich die Wirtschaftsakteure der reinen Tauschwirtschaft in vollem Umfang bereit wären, die gesamte moralische Verantwortung für ihr wirtschaftliches Handeln zu übernehmen, selbst dann gäbe es wirtschaftliche Situationen, die die systembedingte Implementierung des Funktionalisierungsmodells begrenzten. Einige davon möchte ich nennen. Unter der Voraussetzung von idealen Marktbedingungen (vollkommene Information, vollkommener Wettbewerb) stoßen wir auf Implementierungsgrenzen hinsichtlich der Problematik von öffentlichen Gütern und wirtschaftlichen Abhängigkeitsverhältnissen. Unterstellt man, dass im Implementierungsprozess keine idealen Marktbedingungen herrschen, treten Probleme hinsichtlich asymmetrischer Informationen und unvollkommenem Wettbewerb auf.

14.5.1 Öffentliche Güter

Funktionalisierung funktioniert am besten unter den Bedingungen einer reinen Privatwirtschaft. Das bedeutet, dass die Herstellung und Verteilung wirtschaftlicher Sachgüter und Dienstleistungen ausschließlich über private Anbieter (Verkäufer) und private Nachfrager (Käufer) erfolgen muss. Wegen der theoretisch daraus resultierenden atomistischen Grundstruktur ist es keinem Akteur möglich, wirtschaftliche Macht zu generieren und den Funktionalisierungsmodus auszuschalten.

Sobald der Staat in seinen vielfältigen Ausprägungsformen (Bundesstaat, Bundesland, Kommune, Behörde, Amt etc.) hinzutritt, entsteht die Gefahr des Versagens des Funktionalisierungsmodells. Dies hängt mit dessen operativem Selbstverständnis des Intervenierens zusammen, welches sich in den meisten Fällen auf die Bereiche der Einkommensverteilung und der Bereitstellung öffentlicher Güter bezieht.

Öffentliche Güter sind Güter, die vom Staat zur Verfügung gestellt werden müssen, weil der Markt wegen der dabei auftretenden besonderen Eigentumsproblematik bei der Herstellung dieser Güter versagt. Ohne Staat würde es bestimmte Güter nicht geben, z. B. Landesverteidigung (Bundeswehr) in Deutschland, weil niemand bzw. kein Haushalt im technischen Sinn von dieser Dienstleistung ausgeschlossen werden kann (Nichtausschließbarkeit) und somit keine Zuordnung von Leistung (Verteidigung) und Gegenleistung (Geld) stattfinden kann. Infolgedessen kommt es zu einer Nichtrivalität im Konsum dieser Dienstleistung, da jeder weiß, dass seine Wohnung, die sich in einem Mehrfamilienhaus oder Hochhaus befindet, genauso wenig von der Verteidigung im Fall eines Bombenalarms ausgeschlossen werden kann wie die Wohnung des Nachbarn. Letzten Endes führt dies zu Trittbrettfahrerverhalten, weil jeder Zahlungsfähige seine Zahlungsbereitschaft niedriger ansetzt als sie tatsächlich ist, was einen weiteren Grund für das Marktversagen darstellt. Beispiele für reine bzw. unreine öffentliche Güter sind Straßen, Leuchttürme, Deiche, Stadtparks, Polizei, Gerichte, städtische Bibliotheken, Schulen, Krankenhäuser etc.

Durch das Marktversagen erlangt der Staat eine besondere Machtstellung, die der des Monopolisten ähnelt. Er entscheidet über die Menge des öffentlichen Gutes (10.000 km oder 1 Million km Straßen), er entscheidet über die Qualität des öffentlichen Gutes (wie verteidigungsstark ist die Bundeswehr wirklich?), er entscheidet über die Servicequalität des öffentlichen Gutes (wird man im Amt als lästiger Bittsteller oder als wertvoller Kunde behandelt?), er entscheidet, ob das öffentliche Gut über Steuern (Gerichte), Abgaben (Sozialversicherung) oder Gebühren (Eintritt Stadtbad) finanziert wird, er entscheidet über den „Preis" und die Kosten des öffentlichen Gutes, er entscheidet über die Verteilung des Gutes (unterschiedliche Dichte von Schulen, Straßenfegern etc.), er entscheidet über die Allokationseffizienz des öffentlichen Gutes (reichen 20, 50 oder nur 150 Polizeibeamte für eine städtische Dienststelle aus?) etc.

Durch die Machtfülle des Staates wird der Funktionalisierung weitgehend der Boden entzogen, selbst wenn wir davon ausgehen, dass der Staat aus einer moralischen Gesinnung heraus handelt. Dies beginnt zum ersten mit dem Verlust der wirtschaftlichen Handlungsfreiheit. So muss jeder Deutsche für den Erhalt der Bundeswehr Steuern zahlen, unabhängig davon, ob und in welchem Umfang er verteidigt werden will. Jeder zahlt Steuern, unabhängig davon, ob er die Autobahnen jeden Tag oder nur ein einziges Mal im Monat benutzt. Zwar wird über eine ökologisierte KFZ-Steuer versucht, eine Äquivalenz zwischen Konsum und Kosten herzustellen. Dies betrifft aber nur einen ganz kleinen Ausschnitt der Straßenfinanzierung.

Zum zweiten findet auch hier nur ein eingeschränkter Sanktionsvollzug statt. Wenn wir bei der Gründung unseres Unternehmens an einen Beamten im städtischen Gewerbeamt geraten, der uns sehr fehlerhaft berät, der durch seinen Unwillen oder seine Inkompetenz den Gründungsprozess verzögert, der uns unfreundlich bedient, weil er lieber in die Mittagspause gehen will anstatt uns die Formulare ordentlich zu erklären, dann können wir nicht einfach zu einem anderen Gewerbeamt gehen, weil es dieses für den Standort unseres Unternehmens nicht gibt, sondern wir können uns nur beschweren und eventuell eine Dienstaufsichtsbeschwerde einreichen, deren Erfolg nicht von uns selbst, sondern einem weiteren Beamten abhängt. Wenn dieser normativ willig ist und den betroffenen Beamten zurechtweist, kann die Funktionalisierung, zumindest indirekt, gelingen. Wenn aber nach dem Motto „Keine Krähe hackt der anderen gern ein Auge aus" verfahren wird, misslingt die Funktionalisierung, weil wir auf das Wohlwollen des Gewerbeamtes wegen des hoheitlichen Akts der Gründung ohne jede Alternative angewiesen sind. In einem solchen Umfeld findet Konsumentensouveränität nicht mehr statt und Normen fungieren nicht mehr automatisch als Korrektiv menschlichen Fehlverhaltens auf wirtschaftlichem Gebiet. Hier liegt eine prinzipielle wirtschaftsmoralische Unerreichbarkeit des Normträgers vor.

Das Problem der Bereitstellung öffentlicher Güter weist ähnliche Implementierungsgrenzen auf wie dasjenige des unvollkommenen Wettbewerbs. Selbst unter der Voraussetzung, dass der Staat bereit ist, alle Normen einzuhalten, kann Funktionalisierung wegen bestimmter struktureller Defizite nicht in vollem Umfang stattfinden. Der Staat ist letztlich nicht in der Lage, den versagenden Markt mit allen seinen Mechanismen und Möglichkeiten zu ersetzen. Er kommt der privaten Bereitstellung von Gütern vielleicht nahe, kann sie aber nie ganz erreichen.

Ähnlich verhält es sich im Bereich der Besteuerung und Umverteilung von Einkommen. Normiert durch die Hoheitlichkeit seiner Aufgaben, darf der Staat in die rein private Einkommensverteilung eingreifen. In diesem Fall liegt eine institutionelle Normrelevanz vor, die steuerlich natürlich operationalisiert werden muss. Wenn sich ein verantwortungsvoller Staat an diesem Punkt täuscht und er zu hohe Steuersätze veranschlagt, liegt kein (operativer) Normkonsens mehr vor. In diesem Fall ist nicht nur die wirtschaftliche Handlungsfreiheit des privaten Wirtschaftsakteurs eingeengt, sondern dieser kann durch das bestehende Machtgefälle keinen Sanktionsvollzug vornehmen. Der Single muss den Spitzengrenzsteuersatz von 42 Prozent bereits bei einem Bruttojahreseinkommen von rund 50.000 Euro bezahlen, selbst wenn dies allgemein für normativ unangemessen gehalten wird. Er könnte zwar in ein Land emigrieren mit niedrigeren und gerechteren Steuersätzen, was er aus familiären, beruflichen und kulturellen Gründen aber gar nicht will. Er könnte Steuern hinterziehen bis zu dem Niveau, wo steuerliche Gerechtigkeit nach allgemeinen Maßstäben vorliegt. Dies will er als gewissenhafter Normträger aber auch nicht. Er könnte seinen Job kündigen, um als Arbeitsloser nicht mehr steuerpflichtig zu sein, was er aus moralischen Gründen ebenfalls nicht will. Im

Fall der öffentlichen Güter lässt sich somit zusammenfassen, dass die funktionalistische Implementierung dadurch misslingt, dass der Staat strukturell und technisch nicht in der Lage ist, öffentliche Güter in der gleichen Weise anzubieten wie es bei privaten Gütern der Fall wäre.

14.5.2 Wirtschaftliche Abhängigkeit

Wirtschaftliche Handlungsfreiheit führt immer wieder zu wirtschaftlicher Abhängigkeit. Diese lässt sich normativ nicht einfach beseitigen. Wir können nicht fordern, dass es keine Arbeitgeber und keine Arbeitnehmer geben soll und deshalb auch keine Abhängigkeiten zwischen beiden bestehen. Man kann nur Normen aufstellen, die in der Lage sind, dieses gegenseitige Abhängigkeitsverhältnis vernünftig zu strukturieren. Aber selbst für den Fall, dass beide Parteien bereit sind, moralisch Verantwortung zu tragen, sind hier der Implementierung des Funktionalisierungsmodells Grenzen gesetzt. Dies liegt zum einen daran, dass die Wirklichkeit immer wieder durch Sachzwänge und Restriktionen geprägt ist, zum anderen daran, dass im Rahmen von Güterabwägungsprozessen immer wieder Normkonflikte auftreten und gelöst werden müssen. Dies möchte ich an Hand der folgenden Abhängigkeitsverhältnisse erörtern: Arbeitnehmer und Arbeitgeber, Großkunde und Unternehmen, Großunternehmen und Staat, Gläubiger und Schuldner.

Arbeitgeber/Arbeitnehmer

In der Regel besteht ein Machtgefälle vom Arbeitgeber zum -nehmer. Der Arbeitgeber sorgt für den Lebensunterhalt des Arbeitnehmers. Ohne Einkommen drohen Armut und sozialer Abstieg. Der Arbeitgeber kann den Arbeitnehmer abmahnen und eine bestimmte Arbeitsleistung verlangen. Er kann ihn befördern oder auf seiner derzeitigen Stufe belassen. Er kann ihn bei der Gehaltsklasse höher eingruppieren oder die aktuelle Klasse beibehalten. Er kann ihm unangenehme, unwichtige, unangemessene Tätigkeiten übertragen, um ihn zu demotivieren. Er kann ihm eine betriebliche Altersversorgung ermöglichen. Letzten Endes kann er dem Arbeitnehmer kündigen und ihn so vor große finanzielle Herausforderungen stellen.

Gehen wir trotzdem und idealtypisch davon aus, dass sich der Arbeitgeber grundsätzlich moralisch und verantwortungsvoll verhalten will. Er versucht also, machtneutral und ebenbürtig zu handeln, obwohl er de facto viel mehr Macht besitzt als der Arbeitnehmer. Dieser Versuch scheitert in der Regel an der Existenz von Sachzwängen und Normkonflikten. Er steht vor der Schwierigkeit, ein Abhängigkeitsverhältnis zu gestalten, das normativ ohne Abhängigkeit auskommen soll. Muss z. B. ein Arbeitnehmer Überstunden leisten, weil der Betrieb einen Großauftrag nicht verlieren möchte, und ist der Arbeitnehmer eigentlich nicht bereit, Überstunden zu leisten, wird der Betrieb ihn unter Umständen direkt oder indirekt dazu zwingen, was gegen das gängige Normverständnis verstoßen würde. Aus einem wirtschaftlichen Sachzwang heraus (Großauftrag) und

einem Normkonflikt heraus (ohne Großauftrag ergäben sich Entlassungen) wird die
Norm verletzt, Arbeitnehmer nicht zu unterdrücken. Der Normverstoß ist aber nicht auf
die mangelhafte Gesinnung des Arbeitgebers zurückzuführen, sondern auf die Anwesenheit von Sachzwängen und Normkonflikten. Auch aus Sicht des Arbeitnehmers läuft der
Funktionalisierungsmechanismus ins Leere, da er auf Teile seiner wirtschaftlichen Handlungsfreiheit und den Sanktionsvollzug weitgehend verzichten muss. Auf Grund der
singulären Abhängigkeit vom Arbeitgeber und allgemeiner Restriktionen die Person und
die Lebensumstände des Arbeitnehmers betreffend, wird sich dieser eben nicht einfach
weigern, Überstunden zu leisten, wird er nicht sofort seine Arbeitsleistung nach unten
anpassen, nicht seine Loyalität aufkündigen, nicht mit Kollegen revoltieren, nicht seinen
Krankenstand vergrößern, nicht einfach kündigen und zu einem anderen Unternehmen
wechseln. In der Regel ist seine Situation ebenfalls bedingt. So gibt es kein ähnliches
Unternehmen im Umfang von 100 Kilometern, bei dem er anheuern könnte, er möchte
durch seinen Weggang nicht seine betriebliche Altersversorgung verlieren, er möchte
weiter zu seinen Kollegen freundschaftliche Beziehungen unterhalten, er verdient in
seinem Betrieb mehr als in einem anderen für die gleiche Arbeit, er gehört mit 57 Jahren
zum alten Eisen und ist auf dem Arbeitsmarkt nur schwer vermittelbar etc.

Natürlich gibt es auch umgekehrte Fälle, in denen das Machtgefälle den Arbeitnehmer begünstigt. Wenn ein Arbeitnehmer über unverzichtbare oder Spezialkenntnisse
verfügt, die am Arbeitsmarkt schwer zu rekrutieren sind, dann kann sich ein solcher
Angestellter Normverstöße leisten, die das übliche Maß weit übersteigen und die vom
Arbeitgeber nicht in der Weise funktionalisiert werden können wie es normalerweise der
Fall ist. Die Problematik solcher Fälle ist hinlänglich bekannt und wird in der ökonomischen Wissenschaft im Rahmen von Principal-Agent-Ansätzen thematisiert.

Großkunde/Unternehmen

Wenn eine Firma einen Großabnehmer als Kunden hat, der fast die Hälfte des Umsatzes
generiert, dann besteht ein signifikantes Abhängigkeitsverhältnis, welches dazu führt,
dass Funktionalisierung oft nur noch in reduziertem Maße stattfindet. Zwar können wir
hier erneut unterstellen, dass der Großkunde prinzipiell bereit ist, normkonform zu handeln, dass aber auch er von Sachzwängen und Normkonflikten betroffen ist, die ihn dazu
verleiten, seine Machtposition auszunutzen. Wenn der Großkunde wegen finanzieller
Engpässe (Sachzwänge) Rechnungen nicht pünktlich bezahlt, weil er das Geld braucht,
um seine Arbeiter zu entlohnen (Normkonflikt), verstößt er gegen die Norm der Zuverlässigkeit. Auf Grund des bestehenden Abhängigkeitsverhältnisses kann der Betrieb
nicht wie im Normalfall funktionalistisch im Sinn der Moral reagieren. Anstatt eine
eindeutige Mahnung zu schicken, wird lediglich freundlich an die Rechnung erinnert.
Wenn der Großkunde Rabatte und kostenlose Sonderleistungen wegen seiner finanziellen Engpässe durchsetzt, werden sie ihm Zähne knirschend gewährt, anstatt ihm die
Geschäftsverbindung wie im Normalfall aufzukündigen. In den 1980er Jahren, als es
Volkswagen wirtschaftlich nicht gut ging, wurden die Zulieferbetriebe von dem Auto-
mobilkonzern einbestellt. Es wurde ihnen mitgeteilt, dass, wenn sie ihre Fertigung nicht

kostengünstig organisierten und für niedrige Abnahmepreise sorgten, eine weitere Zusammenarbeit mit Volkswagen unwahrscheinlich wäre. Ganz offen fand eine Erpressung statt, die aber weder auf Seite der Zulieferer noch auf Seite der Konsumenten zu größeren normmotivierten wirtschaftlichen Reaktionen führte.

Das wirtschaftliche Abhängigkeitsverhältnis zwischen Kunde und Unternehmen kann natürlich vielfältige Ausprägungen annehmen. Der Kunde ist wie oben genannt Großabnehmer, es bestehen langjährige und traditionelle Geschäftsverbindungen, der Kunde kennt betriebliche Interna, die dem Unternehmen schaden könnten, wenn sie publik würden, der Kunde kennt Betriebsvorgänge, die auch die Konkurrenz interessieren könnten, der Kunde kauft immer, also auch in konjunkturellen Schwächephasen. Umgekehrt kann natürlich auch das Unternehmen eine Machtposition gegenüber dem Kunden einnehmen.

Großunternehmen/Staat

Einer der Hauptkritikpunkte an den Banken während der Finanzkrise 2008 war, dass diese oft nur noch risikoreiches Investmentbanking mit strukturierten, oft schwer durchschaubaren Wertpapieren betrieben, anstatt die Wirtschaft mit billigen Krediten zu versorgen. Konkret lauteten die Vorwürfe, dass die Banken vor dem Hintergrund einer ausgeprägten Kasinomentalität risikoreiche Geschäfte durchführten, die, nachdem diese geplatzt waren, zumindest einige Banken (Landesbanken, IKB, Hypo Real Estate) fast in den Ruin getrieben hatten. Anstatt diese Banken, die nach gängigen moralischen Wertvorstellungen verantwortungslos gehandelt hatten, ihrem Schicksal zu überlassen, trat der Staat als Bankenretter auf den Plan. Er half den Banken, anstatt sie zu bestrafen. Grund für die eigentlich unliebsame Rettungsaktion war erstens, dass die Banken groß genug waren, dass ein Flächenbrand bzw. Dominoeffekt befürchtet wurde. Und dass zweitens mittelbar negative Folgen für die Einlagensicherung entstanden wären. Wegen der strukturellen Wichtigkeit der Banken (Systemrelevanz) im Rahmen der Kapitalallokation fiel die „normale" Funktionalisierungsreaktion zunächst aus, die später aber nachgeholt wurde, indem Manager und Aktionäre zur Verantwortung gezogen wurden.

Im Fall der Einzelhandelskette Schlecker, bei der so gut wie keine systemische Problematik vorlag, die zu einer bestimmten Machtposition hätte führen können, fand hingegen keine Rettungsaktion des Staates statt. Wegen der fehlenden wirtschaftlichen Abhängigkeit des Gemeinwesens von einem Großunternehmen und der Tatsache, dass Schlecker in den Jahren vor seiner Insolvenz durch fragwürdige personalpolitische Methoden und betriebswirtschaftliches Missmanagement keine gute Reputation hatte, fand insofern eine Funktionalisierung statt, indem die Verbraucher die Filialen von Schlecker mieden, was die eigentlichen Gründe für die Pleite waren. Auch das Unterlassen der staatlichen Hilfsaktion kann als eine Art von Funktionalisierung aufgefasst werden.

Gläubiger/Schuldner

Im Gläubiger-Schuldner-Verhältnis befindet sich die Macht in der Regel beim Gläubiger. Die Bank als Gläubiger entscheidet, zu welchem Zinssatz, welche Kreditsumme in welchem Zeitraum in welcher Höhe vom Kreditnehmer (Schuldner) getilgt werden muss. Musste die Bank zuletzt hohe Wertabschreibungen wegen diverser Verluste vornehmen, gerät sie unter Wettbewerbsdruck (Sachzwang). Sie verschärft die Kreditbedingungen darauf, um die Arbeitsplätze ihre Angestellten zu sichern und die Eigenkapitalrendite für die Aktionäre wieder zu erhöhen (Normkonflikte). Die verschärften Kreditbedingungen bringen eine wirtschaftliche Verschlechterung für den Schuldner mit sich, die von ihm selbst überhaupt nicht verursacht wurde, sondern von den Bankmanagern, der Gewerkschaft, der Konjunktur, dem Bankenwettbewerb etc.

Auch auf der Seite des Schuldners kann eine Machtposition entstehen, die der Funktionalisierung entgegenwirkt. Wenn ein Land wie Griechenland seine Kredite zwar normgerecht zurückzahlen will, aber wirtschaftlich nicht mehr kann (Sachzwang) und deshalb einen Schuldenschnitt verlangt, da das Wohl der griechischen Bürger auf dem Spiel steht (Normkonflikt), so stehen die Gläubiger (Banken, Anleger, EU-Staaten, EZB, IWF) vor einem Funktionalisierungsproblem: Sie verlieren einen Teil ihres Handlungs- und Sanktionsspielraums. Ein Zwangsversteigerungsverfahren kommt in diesem Fall nicht in Frage. Sicherheiten sind nicht verfügt. Stattdessen sehen sich die Gläubiger der konkreten Gefahr gegenüber, dass sie ihr eingebrachtes Kapital verlieren. Dadurch, dass die Funktionalisierung, vor allem in Form einer negativen Sanktionierung versagt, sind die Gläubiger gezwungen, im Prinzip das Gegenteil zu tun, nämlich zu kooperieren, also positiv zu sanktionieren. Das heißt die Gläubiger versuchen, dem Schuldner zu helfen, um sich selbst vor einem Ausfall des Kredits zu schützen. Sie prolongieren den Kredit, sie reduzieren die Zinsbelastung, sie schulden zu niedrigeren Zinssätzen um etc. Ein pervertiertes Funktionalisierungssystem ist somit entstanden.

14.5.3 Asymmetrische Information

Bei asymmetrischer Information liegt eine Situation vor, in welcher die Vertragsparteien ungleiche Informationen haben. Die Ungleichheit kann sich auf die Qualität von Gütern und Dienstleistungen beziehen, auf Kompetenz und Zuverlässigkeit von handelnden Personen, auf die Wirkungsweise von speziellen Finanzprodukten und Wertpapieren, auf wirtschaftliche Verfügungsrechte, auf rechtliche Tatbestände, auf die Transaktionskosten von wirtschaftlichen Vorgängen, auf potenzielle Handlungsspielräume der Akteure, auf die tatsächlichen Absichten von Akteuren etc. Hingegen nicht nötig ist für einen idealen Funktionalisierungsprozess das Vorhandensein von vollständiger Information, so wie wir es aus der neoklassischen Wirtschaftstheorie und ihrem Verhaltensmodell des homo oeconomicus kennen. Letztlich reicht es, wenn beide Vertragsparteien gleich viel bzw. gleich wenig wissen. Sobald aber eine Seite mehr weiß als die andere, steigt die Gefahr, dass die Funktionalisierung scheitert.

Der Grund für ein solches Scheitern ist aber nicht an der mangelhaften moralischen Einstellung des besser Informierten zu suchen, sondern liegt daran, dass dieser dem weniger Informierten den gleichen Informationsstand vermitteln muss, den er selber hat. Dies wirft folgende Fragen auf: Müssen alle Informationen durch den besser Informierten, der die Machtposition innehat, vermittelt werden oder reichen die relevanten bzw. wichtigen? Darf man aus Gründen der Effizienz und des Zeitaufwands darauf verzichten, vollkommen zu informieren? Soll der weniger Informierte auch dann die gesamten Informationen erhalten, wenn dies zu einer Erhöhung seiner Transaktionskosten führt?

Nehmen wir den Weinskandal, der vor drei Jahrzehnten stattfand. Einige Winzer, die unter einem Nachfragerückgang litten (Sachzwang) und den bäuerlichen Familienhof nicht gefährden wollten (Normkonflikt), mischten ihren Weißweinen Glykol und ähnliche Stoffe bei. Dadurch konnten sie größere Mengen absetzen und höhere Gewinne erzielen. Die Winzer gingen davon aus, dass keine gesundheitlichen Schäden von dieser „Streckung" ausgingen. Die Weinkunden, die natürlich nichts davon wussten und die auch nichts schmeckten, kauften folglich eine andere Qualität als die, die sie glaubten zu kaufen. Sie zahlten überhöhte Preise für den gepanschten Wein. Hätten sie den selben Informationsstand wie die Winzer gehabt, hätten sie die Flaschen wahrscheinlich nicht gekauft, die Öffentlichkeit darüber informiert und den Winzern die Polizei in die Weinkeller geschickt. Im Fall von asymmetrischer Information, wenn die Asymmetrie nicht aufgedeckt wird, sind die weniger Informierten komplett chancenlos, das zu missbilligende Verhalten der Winzer zu sanktionieren. Dadurch, dass sie keinerlei Transparenz haben, tappen sie völlig im Dunkeln und haben nicht die geringste Ahnung davon, wie mit ihnen als Weinkunden umgegangen wird. Die Funktionalisierung wird den Weinkunden dadurch vollkommen unmöglich gemacht.

Asymmetrische Informationen sind eine äußerst weit verbreitete Ursache für das Misslingen von Funktionalisierungsprozessen. Wenn jemand sein Auto in die Inspektion in dem Glauben bringt, dass alle Punkte getreu den Angaben des Wartungsheftes abgearbeitet werden, kann es trotzdem passieren, dass die Werkstatt nur einen Teil der erforderlichen Prüfungen durchführt. Dies wird in unserem Fall nicht damit zusammenhängen, dass die Werkstatt nicht verantwortungsvoll sein will, sondern z. B. damit, dass bei einer werkstattinternen Fortbildung vom Ausbilder gesagt wurde, dass die Wartungsaufgabe, den Tankfilter alle 10.000 km zu prüfen, unnötig ist, da moderne Kraftstoffe in extrem partikelfreier Form von den Raffinerien geliefert würden. In Fällen von asymmetrischer Information wird somit der normative Wert von Informationen von den Akteuren unterschiedlich bewertet und eine Seite entscheidet autonom darüber, welche Informationen es wert sind, dass sie mitgeteilt werden. Das eigentliche Moralproblem liegt somit in der Einschätzung der Normrelevanz von Informationen begründet.

14.5.4 Unvollkommener Wettbewerb

Vollkommener Wettbewerb heißt, dass kein Wirtschaftssubjekt Marktprozesse beeinflussen kann. Unvollkommener Wettbewerb besteht folglich dann, wenn die Tauschbedingungen einseitig, also angebots- oder nachfrageseitig, bestimmt werden können und
die jeweils andere Marktseite dieser Einseitigkeit ungeschützt ausgesetzt ist. Unter der
Voraussetzung nicht idealer Marktbedingungen müssen wir zugeben, dass die Idee des
Polypols eine Fiktion ist, die auf der Fiktion vollkommener Konkurrenz basiert. Die
Macht äußert sich darin, dass Preise, Mengen und Lieferbedingungen „angepasst" werden können, ohne dass die andere Seite effektiv darauf reagieren kann, weil es schlicht
an Alternativen fehlt. Unvollkommener Wettbewerb tritt vor allem in Form des natürlichen Monopols auf. Er zeigt sich z. B. daran, dass bestimmte Unternehmen hohe Markt-
anteile haben, dass hohe Preise durchgesetzt werden können, dass überdurchschnittlich
hohe Gewinne erzielt werden, dass eine bessere Ressourcenversorgung zu erkennen ist,
dass die Preiselastizität niedrige Werte annimmt. Normativ betrachtet findet durch den
unvollkommenen Wettbewerb eine Defunktionalisierung statt. Diese äußert sich aber
nicht dadurch, dass sich der Mächtige unerlaubte Dinge herausnimmt. Im Gegenteil.
Auch der Monopolist ist bereit, weil moralisch überzeugt, der institutionellen Norm des
Wettbewerbs freiwillig und mit positiver Gesinnung Folge zu leisten. Es ist ihm durchaus ein moralisches Anliegen, aus seiner Monopolstellung kein Kapital zu schlagen.
Defunktionalisierung entsteht daher nicht aus einem normativen, sondern einem system-
bedingten Defizit. Mangelnder Wettbewerb ist, zumindest sporadisch und partiell, Systembestandteil jeden freien Wirtschaftens.

Wettbewerb als institutionelle Norm kann wirtschaftlich nicht operationalisiert werden

Gehen wir vom Fall der Deutschen Bahn aus, die im Fernstreckenverkehr (Stichwort
ICE) eine (nicht natürliche, aber staatlich verursachte) Monopolstellung aufweist. Gehen
wir des Weiteren davon aus, dass sich die Deutsche Bahn der institutionellen Norm des
Wettbewerbs verpflichtet fühlt und dementsprechend handelt. Sie will also keine ungerechtfertigten wirtschaftlichen Vorteile aus ihrer Machtposition ziehen, sondern strebt
eine sozial angemessene Lösung an. Wie aber soll sie dies wirtschaftlich organisieren,
wenn es um Preisgestaltung, Angebotsmenge, Produkttiefe und Qualitätsdifferenzierung
geht?

Im Prinzip besteht ihr Problem darin, sich als Monopolist wie ein Polypolist im vollkommenen Wettbewerb zu verhalten, also so zu handeln, als ob sie keine besondere
wirtschaftliche Macht hätte. Sie müsste sich in ihrer Preispolitik genau an dem Preis
orientieren, der dem Marktpreis entspricht. Da es aber keine weiteren Anbieter gibt,
kann sie nur versuchen, diesem Marktpreis möglichst nah zu kommen, ohne ihn wirklich
zu kennen. Des Weiteren kennt die Deutsche Bahn nicht ihre gewinnmaximale Angebotsmenge in Abhängigkeit einer polypolistischen Preisstruktur. Auch hier kann sie sich
dem vollkommenen Wettbewerb nur annähern. Drittens müsste sie für eine gewisse

Produktvielfalt im Fernverkehr sorgen. Das heißt sie müsste versuchen, Wettbewerb zu simulieren. Dort gäbe es eine starke Produktdifferenzierung (1. Klasse, 2. Klasse, Discountklasse, Privatreisende, Geschäftsreisende, Schiene-Flug-Reisende, Nachtreisende, Autozugreisende, Frachtzüge etc.), die die Deutsche Bahn in dieser Form nicht in der Lage wäre, in die Praxis umzusetzen. Zum vierten müsste sie die komplette Qualitätspalette anbieten, also von billigst bis luxuriös, was ihr ebenfalls große operative Schwierigkeiten bereiten würde.

Ersatzinstitutionen des Wettbewerbs sind normativ problembehaftet

Natürlich lässt sich auch für das Monopolbeispiel der Deutschen Bahn die Wettbewerbsintensität erhöhen, indem das Schienennetz von einer übergeordneten Netzagentur organisiert wird und dann viele Anbieter ihre Züge auf diesem Schienennetz verkehren lassen. Dadurch lässt sich zwar die Wettbewerbsintensität erhöhen, das wirtschaftsmoralische Problem verlagert sich nun aber auf die Ebene der Netzagentur: Arbeitet sie mit Konkurrenzpreisen, setzt sie die richtigen Marktanreize, arbeitet sie als Behörde effizient genug, um den allgemeinen Wohlstand zu erhöhen, beschäftigt sie aus polypolistischer Sicht zu viel oder zu wenig Personal, inwieweit ist sie durch die Politik oder sonstige Gruppen beeinflussbar, kennt sie die tatsächlichen Bedürfnisse der Reisenden etc.? Auch auf anderen Gebieten sind solche Ersatzinstitutionen des Wettbewerbs anzutreffen, denken wir an die Monopolkommission, Wettbewerbsbehörden, Fusionskontrollen, das Kartellamt etc. Alle diese Ersatzinstitutionen müssten ihr Handeln am Konzept der vollständigen Konkurrenz ausrichten, also daran, dass Akteure Preisnehmer sind und von sich aus keine Preise selbstständig bestimmen können, dass sie keine Präferenzen haben, die Güter homogen sind, es keine Barrieren beim Marktzutritt gibt, komplette Markttransparenz herrscht und einiges mehr[6].

Unvollkommener Wettbewerb führt zu Handlungsunfreiheit und fehlendem Sanktionsvollzug

Greifen wir nochmals das Beispiel der Deutschen Bahn auf. Von einem wettbewerbsorientierten Zuganbieter wird erwartet, dass die Züge fahrplanmäßig verkehren, ohne Verspätung auskommen, damit Anschlusszüge rechtzeitig erreicht, Termine eingehalten werden können. Würden Züge permanent zu spät kommen, würde gegen die Normen der Pünktlichkeit und der Zuverlässigkeit verstoßen. Dies würde die Kunden in die Lage versetzen, auf andere Zuganbieter umzusteigen, also über Sanktionen zu funktionalisieren. Dies ist im Fall des Monopolisten Deutsche Bahn nicht möglich. Hier versagt die übliche Funktionalisierungsmethode. Man kann hier keine anderen Zuganbieter nutzen, weil es diese nicht gibt. Man kann meist aus Kosten- und Zeitgründen nicht auf alternative Verkehrsträger ausweichen. Man kann zwar negative Mundpropaganda betreiben, die jedoch wenig nützt, denn die anderen Zugnutzer sind ebenfalls auf die Bahn angewiesen. Die Alleinstellung der Bahn sorgt dafür, dass mögliche Schädigungsversuche der Kunden ins Leere laufen, dass weiter für hohe Gewinne gesorgt ist trotz normativen

Versagens (Verspätungen, Zugausfälle, unfreundliches Bedienungspersonal, Warteschlangen an Servicetheken etc.). Im Gegensatz zum vollkommenen Wettbewerb lohnt sich für die Bahn normativer Input nur bedingt, da deren Wirtschaftlichkeit bei Moralabweichung nur begrenzt beeinträchtigt ist. Das moralisch unzureichende Verhalten der Bahn kann mangels Alternative von den Kunden wirtschaftlich nicht abgestraft werden. Weitere Beispiele finden sich im kommunalen Verkehr, bei Tankstellen, bei Erdöl exportierenden Ländern, in der Stromversorgung, bei Versicherungen etc.

Wettbewerb als institutionelle Norm kann normativ widersprüchlich sein

Der Norm des Wettbewerbs zu entsprechen heißt, konkurrenzfähig sein zu sollen. Konkurrenzfähig ist man dann, wenn man versucht, mit den anderen (vor allem) Anbietern mitzuhalten oder es am besten schafft, diese zu überflügeln. Konkurrenz als normativer Ausdruck für besser, überlegen, mächtiger, individuell oder erfolgreicher zu sein widerspricht dem normativen Ausdruck der Kooperation, also gemeinsam mit anderen ein für alle nützliches Ziel zu erreichen, ohne sich dabei in besonderer Weise abheben zu müssen. Die Deutsche Bahn soll folglich auf der einen Seite als reiner Gewinnmaximierer agieren, der zum anderen seine Gewinne nur deshalb maximiert, damit Wohlstand für möglichst alle erzeugt werden kann.

Zusammenfassend lässt sich festhalten, dass unvollkommener Wettbewerb der funktionalistischen Implementierung insofern Grenzen setzt, als die dazu nötigen Voraussetzungen nur relativ bedingt vorliegen. Monopole beispielsweise führen dazu, dass die wirtschaftliche Handlungsfreiheit erstens eingeschränkt ist (der Konsument kann nur bei einem einzigen Anbieter kaufen, der zwar versucht wie ein Polypolist aufzutreten, der letztlich aber keiner ist), dass Normen zum zweiten nur begrenzt wirtschaftlich operationalisiert werden können (der Monopolist soll de facto wirtschaftlich wie ein Polypolist verhalten) und dass drittens der Sanktionsvollzug im Prinzip außer Kraft gesetzt ist (die Kunden des Monopolisten können sein normatives Fehlverhalten nicht wirklich bestrafen).

Anmerkungen zu Kapitel 14

*   *Fortsetzung der Beispiele:* Der Importeur macht falsche Zollangaben. Ein Kind bringt das von einem anderen Kind ausgeliehene Spiel kaputt zurück. Ein Vater kauft sich Alkohol statt Schuhe für die Tochter. Ein Kind klaut in der Kindertagesstätte Geld aus der Tasche. Ein Vater überweist nicht den Jahresbeitrag für den Sportverein. Ein Querulant beschwert sich zu Unrecht über den Kundenbetreuer. Die Ehefrau kauft geheim ein und versucht ihre Kaufsucht vor ihrem Mann zu verbergen. Der angetrunkene LKW-Berufskraftfahrer versucht beim Alkoholtest den Polizisten zu bestechen. Ein Student beantragt zu Unrecht Wohngeld. Eine Familie nutzt das Aupair-Mädchen schamlos aus. Die Eltern setzen den Sohn als Haupterben ein, obwohl die Tochter es verdient hätte. Zwei Mietnomaden zerstören die Einrichtung der Mietwohnung. Ein Mann will Hilfe von der Kirche, obwohl er die Kirche ablehnt. Ein Immobilienkäufer bietet dem Makler eine Extraprovision, wenn er als Erster zum Zug kommt. Ein Schuldner will von der Bank einen zusätzlichen Kredit, obwohl er schon jetzt überschuldet ist. Ein Unternehmer hinterzieht Steuern. Ein Chef beschäftigt illegale Arbeiter. Der Personalchef stuft einen Angestellten tariflich falsch ein. Ein Arzt operiert den Patienten falsch, was Folgekosten nach sich zieht. Kollege A mobbt Kollege B. Ein Angestellter der Diakonie veruntreut Spendengelder. Ein Firmenrepräsentant lässt sich bei einem Kundenbesuch im Ausland korrumpieren. Ein Minister erhält von der KfW einen unschlagbar zinsgünstigen Kredit. Ein Unternehmen kopiert Produkte anderer Unternehmen (Markenpiraterie). Eine gemeinnützige Organisation nutzt Spendengelder unwirtschaftlich. Eine politische Partei zahlt Schülern Geld für ihre Präsenz auf einer bestimmten Demonstration. Eine Dritte-Welt-Organisation unterstützt illegal den Kinderhandel in Afrika. Der Tierschutzverein lässt einen Pfleger unbezahlt Überstunden machen. Hilfswerk A wirbt Hilfswerk B Spender ab. Ein Sachverständiger erstellt gegen Entgelt ein Gefälligkeitsgutachten. Der ADAC-Pressechef äußert sich abfällig über den deutschen Naturschutzbund. Der Antrag einer Stiftung auf Gemeinnützigkeit ist fehlerhaft. Eine NGO bilanziert falsch. Der Personalchef missbraucht die Universitätsabsolventen als Dauerpraktikanten. Der Arzt rechnet nicht erbrachte Leistungen ab. Der Anlageberater informiert seine Kundschaft unvollständig. Ein Auftraggeber erhält wichtige Daten von einem Berater zu spät. Der Kreditsachbearbeiter sackt eine Extraprovision ein. Die Kollegin verdient für die gleiche Arbeit weniger als ihr Kollege. Der Fondsmanager überschreitet seine Grenzen und verspekuliert unerlaubt Millionen. Der Bilanzchef gibt geschönte Statistiken ab. Ein Investmentbanker nutzt sein Insiderwissen für sich aus. Die Firma entlässt trotz Rekordgewinn Personal. Der Frisörladen zahlt nur 3 Euro Stundenlohn. Eine Bank vergibt Kredite an Haushalte ohne ordentliche Kreditwürdigkeitsprüfung. Der Firmenchef macht einer Sachbearbeiterin ein „unmoralisches Angebot". Eine Firma stellt grundlos das Sponsoring ein. Der Vorgesetzte spricht (bewusst) eine rechtsunwirksame Kündigung aus. Ein Betrieb plant eine feindliche Übernahme. Ein Unternehmen erschleicht sich Subventionen. Ein IT-Experte des BKA stiehlt Internet-Passwörter. Der Lehrer lässt Schüler zu Unrecht durch die Prüfung fallen. Der Amtsarzt erstellt zu Unrecht ein Attest. Ein Ministerpräsident nutzt den Firmenjet eines Unternehmers, der Staatsaufträge erhält, für private Zwecke. Der Staatsanwalt wird von dem Mafiaboss bestochen. Der Steuerfahnder lässt ein Beweisstück verschwinden. Ein Politiker beantragt eine zu hohe Spesenabrechnung. Ein Polizist nutzt das sichergestellte Diebesgut privat. Der Staat kürzt die Rentenansprüche von Müttern. Der Staat passt das Kindergeld nicht an die allgemeine Preisentwicklung an. Der Staat streicht die Steuervorteile von Stiftungen zusammen. Eine Firma erhält widerrechtlich zu viel Fördermittel. Der Rechnungshof prangert die große öffentliche Verschwendung in Deutschland an etc.

Diese Serie wirtschaftsmoralischer Fälle zeigt, dass es anscheinend unterschiedliche Formen von wirtschaftsmoralischen Situationen gibt. Einerseits erkennen wir Fälle, die auf Wechselseitigkeit in Tauschprozessen beruhen, die also bi- oder multilateral auf Leistung und Gegenleistung aufgebaut sind. Zum anderen finden wir Fälle vor, die außerhalb von Tauschprozessen stattfinden, die eher auf Einseitigkeit bei individuellen Verfügungsprozessen ausgerichtet sind: Der Abteilungsleiter vermittelt seiner Geliebten einen guten Job in der Firma. Ein Radprofi dopt. Der Einbrecher stiehlt wertvolle Gegenstände aus einem Haus. Jemand schießt jemand anderem die Fensterscheibe mit einem Fußball ein. Ein Kind zerstört den Autolack der Eltern. Die Zahl der Armen wächst, die der Millionäre auch. Kollege A mobbt Kollege B. Die Mafia kauft Casinos, um Geld zu waschen. Ein Unternehmen spioniert das andere aus. Eine Firma kopiert Produkte von anderen Firmen. Manager genehmigen sich immer mehr Boni. Ein Politiker nutzt die Flugbereitschaft für private Zwecke. Die Regierung stuft am Ende der Legislaturperiode noch bestimmte Beamte hoch. Ein Parlamentarier legt nicht alle Nebeneinkünfte offen. Ein Inuit am Nordpol will jeden Tag Erdbeeren essen etc.

1   Vgl. Held, Carsten: Kant über Willensfreiheit und Moral, S.129, in: Baumgarten/Held (Hg.):
    Systematische Ethik mit Kant, 2001.

2   „Nach dem derzeitigen Stand der verfügbaren wissenschaftlichen Erkenntnisse sowie nach der
    Risikobewertung auch auf europäischer Ebene ist aus Sicht des BfArM ein Verbot Silikongel-
    gefüllter Brustimplantate nicht angezeigt. Bestimmte Indikationen rechtfertigen trotz bestehen-
    der Restrisiken den Einsatz dieser Produkte.‟ Referenznummer 9212/0902, in: http://www.
    bfarm.de/DE/Medizinprodukte/riskinfo/wissauf/brustimpl_Silikongel.html?nn=1012476.

3   Berliner Tageszeitung taz, 11.01.2012, in: http://www.taz.de/Betrug-mit-Brustimplantaten/
    !85427/

4   Im Funktionalisierungsmodell besteht sowohl für Normsendung wie -empfang eine prinzi-
    pielle Wechselseitigkeit zwischen den Akteuren. Gehen wir beispielsweise vom Besuch beim
    Frisör aus und beginnen mit der Normsendung. Der Kunde sendet verschiedene Normen aus:
    er will zum vereinbarten Termin, zur vereinbarten Zeit, nach seinen individuellen Vorstellun-
    gen, zum vereinbarten Preis, körperlich unversehrt etc. bedient werden. Der Frisör sendet die
    Normen aus, dass der Kunde zum vereinbarten Termin kommt, er sich ordentlich im Frisör-
    geschäft benimmt, er andere Kunden nicht anpöbelt, anstandslos bezahlt. Der Frisör empfängt
    die Normen des Kunden, der Kunde die des Frisörs. Durch diese Wechselseitigkeit wird der
    Funktionalisierungsprozess in Gang gebracht. Der Frisör weiß nun, was der Kunde wünscht,
    kann sich darauf einstellen. Wenn er nämlich nicht auf die normativen Vorgaben des Kunden
    eingeht, kann es passieren, dass er einen Kunden verliert, negative Mundpropaganda erwarten
    muss, sinkende Gewinne verzeichnet und er sich selbst wirtschaftlich schadet, was seiner an-
    gestrebten Eigennützigkeit widerspricht. Gleiches gilt für den Kunden. Dieser weiß nun, was
    der Frisör wünscht, kann sich darauf einstellen. Wenn er nicht auf die Normvorgaben des Fri-
    sörs eingeht, kann es passieren, dass er unfrisiert das Geschäft verlassen muss, dass er bei
    Zechprellerei rechtlich belangt wird, was wiederum dem Kunden einen wirtschaftlichen Scha-
    den zuführt und dessen Eigennützigkeit zuwiderläuft. Die Wechselseitigkeit offenbart somit
    ein Zweifaches. Jeder funktionalisierte Akteur muss Normen erstens senden und zweitens
    empfangen. Ohne Übermittlung der Kundennorm kann sich der Frisör nicht normativ orien-
    tieren, ohne Normenannahme kann er sich operativ nicht gewinnmaximierend verhalten. Um-
    gekehrt gilt das Gleiche: Ohne Senden der Norm des Frisörs kann sich der Kunde nicht norma-
    tiv organisieren, ohne Normempfang kann er sich operativ nicht nutzenmaximierend einstel-
    len. Im Funktionalisierungsmodell muss also jeder Akteur Normen „geben und nehmen‟. Die-
    se Wechselseitigkeit lässt sich auf allen drei bereits angeführten Ebenen beobachten. Der Staat
    verlangt z. B. von seinen Bürgern, dass sie ehrlich Steuern bezahlen. Die Bürger verlangen im
    Gegenzug vom Staat, dass dieser durch die Steuereinnahmen in ausreichendem Maß öffent-
    liche Güter anbietet, was ihr Wohlstandsniveau erhöht. Auf der Haushaltsebene erwartet das
    Brautpaar, dass der Pfarrer pünktlich erscheint, vorbereitet ist, würdevoll die Hochzeitszere-
    monie gestaltet. Der Pfarrer kommt diesem Wunsch nach, da er nach der Trauung im Gegen-
    zug eine großzügige Spende für die neue Orgel erwarten kann. Der Pfarrer erwartet vom
    Brautpaar, dass es pünktlich und in angemessener Kleidung erscheint, dass die Gäste das
    Gotteshaus pietätvoll achten etc. Das Brautpaar seinerseits hält sich bereitwillig an diese nor-
    mativen Vorgaben, damit die Zeremonie möglichst schön wird und als ein unvergessliches Er-
    lebnis in Erinnerung bleibt. Auf der Ebene der Unternehmen erwartet die Bank, dass die Til-
    gungsraten pünktlich und vollständig überwiesen werden, während das Unternehmen im Ge-
    genzug die korrekte Darlehenssumme erhalten will. Wie gesagt, wird eine Norm nicht über-
    mittelt, kann sie nicht eingehalten und funktionalisiert werden.

5   Vgl. www.duden.de, Stichwort „Sanktion".

6   „Merkmale der vollkommenen Konkurrenz: a) Marktstruktur im weiteren Sinne: (1) Unterneh-
    mer und Verbraucher verhalten sich rational im Sinne der Nutzen- und Gewinnmaximierung;
    der Preisbildungsprozess wird auch durch traditionelle Verhaltensweisen nicht gehemmt
    (Preisbildung). (2) Es bestehen keine sachlichen, persönlichen, räumlichen oder zeitlichen Prä-
    ferenzen der Anbieter oder Nachfrager; die Güter sind daher homogen. (3) Es bestehen keine
    Friktionen auf dem Markt, d. h. völlige Transparenz des Marktes, völlige Voraussicht der
    Marktteilnehmer, volle Teilbarkeit und Beweglichkeit der Produktionsfaktoren und produzier-
    ten Güter. (4) Es fehlen rechtliche oder tatsächliche Zutrittsbeschränkungen für Anbieter und
    Nachfrager. (5) Die Reaktionsgeschwindigkeit der Verhaltensänderung von Anbietern und
    Nachfragern auf Änderung der Marktdaten ist unendlich groß. (6) Es erfolgen keine Eingriffe
    in den freien Preisbildungsprozess durch den Staat (z. B. Preiskontrollen) oder die Wirtschafts-
    subjekte (z. B. Kartelle). (7) Externe Effekte (Pigou) sind ausgeklammert bzw. werden markt-
    wirtschaftlich abgegolten. (8) Die Zahl der Anbieter und Nachfrager ist sehr groß, es besteht
    ein atomistischer Markt", aus: http://wirtschaftslexikon.gabler.de/Definition/vollkommene-
    konkurrenz.html?referenceKeywordName=vollst%C3%A4ndige+Konkurrenz.

Normierungsmodell 15

15.1 Normativer Überbau

Im Gegensatz zum Funktionalisierungsmodell geht das Normierungsmodell vom Primat der Moral bzw. des Normativen aus. Das Wirtschaften des Menschen wird zwar ohne Einschränkung als ein wesentlicher Bestandteil gesehen, der zum menschlichen Sein sowie zum Gelingen menschlicher Lebensbewältigung gehört. Der Vorrang wird allerdings einem normativen Überbau eingeräumt, der im Zentrum der menschlichen Seins-, Sinn- und Wertfrage steht. Dieser normative Überbau kann sich aus verschiedenen Quellen speisen. In vielen Fällen entstammt er dem Bereich des Religiösen. Religiöse Menschen wirtschaften formal betrachtet genauso wie alle anderen Menschen auch, aber inhaltlich betrachtet ordnen sie es den normativen Kardinalzwecken unter. Wirtschaften dient im Christentum, Islam, Buddhismus, Hinduismus, Judentum keinem Selbstzweck, sondern ist als zweckgebundenes Element eines universellen, übergeordneten religiösen Heilsweges zu sehen. Der Christ z. B. ist ganz wesentlich der Nächstenliebe verpflichtet. Aus diesem Umstand heraus entwickelt er sein Selbstverständnis. Er tritt anderen gegenüber immer zuerst als Christ auf und erst in zweiter Linie als Manager, Vorgesetzter, Kollege, Arbeitgeber etc. Dabei wird er nicht ausschließlich auf seinen eigenen wirtschaftlichen Vorteil schauen, sondern auch die Bedürfnisse seiner Mitmenschen zur Kenntnis nehmen und mitberücksichtigen. Er wird anderen helfen, auch wenn er selbst dadurch etwas weniger Geld zu Verfügung hat. Seine Religiosität kommt zuerst und erst danach wird der wirtschaftlichen Sphäre eine (sekundäre) Rolle zugeteilt. Genauso verhält es sich bei allen anderen Formen von Religiosität.

Eine weitere Form des normativen Überbaus findet sich im Politischen wieder. Kommunismus, Sozialismus, Kommunitarismus, Egalismus sind ebenfalls Systeme, die

© Springer Fachmedien Wiesbaden GmbH, ein Teil von Springer Nature 2019
S. Knischek, *Grundlagen der Wirtschaftsmoral*,
https://doi.org/10.1007/978-3-658-23623-6_15

auf außerökonomischen Werten beruhen. Hierbei geht es primär um solche Werte wie Gleichberechtigung, Gleichheit und Gerechtigkeit. Die Produktion und Verteilung von Sachgütern und Dienstleistungen spielt hier zwar ebenfalls eine wichtige, aber letztlich sekundäre Rolle. Fast jeder Kommunist findet es besser, wenn alle Menschen ähnlich arm sind als wenn einige weniger arm, dafür aber einige reich sind. Das auf Gleichheit und Gerechtigkeit basierende Kollektiv steht normativ im Vordergrund und die davon abhängige, nicht autonome Wirtschaft ist ein Mittel zur Verwirklichung gesellschaftlicher Ziele. Eine weitere Form eines normativen Überbaus stellt der Humanismus dar. Die Psychologie lehrt uns, dass der Mensch nicht durch Geld bzw. durch Geld allein glücklich wird, sondern dass dazu ganz andere Dinge nötig sind: ein intaktes soziales Umfeld (Familie, Freunde, Bekannte), seelische Ausgeglichenheit, persönliche Identität, eine sinnstiftende Arbeit etc. Reiche Menschen sind, wenn sie sozial isoliert leben und relativ Sinn entleerten Beschäftigungen nachgehen, einem deutlich größeren Risiko ausgesetzt, sich unwohl in ihrer Haut zu fühlen. Und auch die Philosophie hat so manchen Beitrag zu einer humanistischen Lebensperspektive beigetragen, die vom Primat des Menschen als solchem ausgeht: Aristoteles mit seiner Unterscheidung von Oikonomia und Chrematistik, Kant mit seinem kategorischen Imperativ, Marx mit seiner sozialgesellschaftlichen Funktion der Arbeit etc. Die philosophische Zentrierung des Menschen als solchem gipfelt in dem berühmten homo-mensura-Satz (Protagoras): „Der Mensch ist das Maß aller Dinge, der seienden, dass sie sind, der nicht seienden, dass sie nicht sind." Im Humanismus wird zuallererst der Mensch in seiner Gesamtheit gesehen als Leib-Geist-Wesen, das Würde hat. Die Wirtschaft fungiert hierbei lediglich als materielle Dienerin für die Verwirklichung dieser Würde.

Darüber hinaus gibt es natürlich noch weitere Formen von einem normativen Überbau. Im Rahmen von sozialen Bewegungen wie der Arbeiterbewegung, von Missionen, von Hilfswerken, des Roten Kreuzes, der Anthroposophie etc., wird ebenfalls der Mensch immer in den Mittelpunkt gestellt. Erst danach wird die Frage nach der Wirtschaft gestellt. Hinzu kommt, dass, unabhängig von der Art des normativen Überbaus, alle Moralebenen, also Mikro-, Meso- und Makroebene betroffen sein und nebeneinander bestehen können. In einem kommunistischen wie kapitalistischen System kann es christliche Familien geben, die jenseits des öffentlichen Überbaus ihre private Normativität leben, in einem Gottesstaat kann es Menschen und Institutionen geben, die trotzdem oder parallel dazu humanistische Werte verfolgen. Unter dem normativen Überbau versteht man somit ein außerhalb der Wirtschaft stehendes System von Werten und Normen, das zwar eine gewisse Geschlossenheit aufweist, jedoch nicht widerspruchsfrei ist. Im folgenden Abschnitt 15.1.1 sollen einige allgemeine Merkmale herausgearbeitet werden, die die Existenz eines normativen Überbaus ermöglichen.

15.1.1   Allgemeine Merkmale

15.1.1.1   Übergeordnetes Werteschema

Werte bestimmen menschliches Handeln. Familien z. B., die der Gerechtigkeit verbunden sind, werden in der Regel allen Kindern den gleichen Erbteil zukommen lassen. Hinzu kommt, dass solche Werte hierarchisch geordnet sind. In der Regel dürfte überall auf der Erde die Wahrheit vor der Pünktlichkeit, die Gerechtigkeit vor der Zuverlässigkeit etc. kommen. Das Normierungsmodell geht dabei von dem grundlegenden Zusammenhang aus, dass wirtschaftliche Werte wie Effizienz oder Wohlstand/Reichtum in der Werthierarchie niemals ganz oben stehen können, sondern immer nur nachrangig sind. Die höchsten Werte finden sich außerhalb des Wirtschaftlichen, sie stammen aus dem Religiösen, dem Politischen, dem Philosophischen etc. Diese höchsten Werte stellen den Ausgangspunkt für erstens menschliches Verhalten überhaupt und zweitens moralisches Handeln im Speziellen dar. Normativität, also die Frage nach Gut und Böse, hängt somit direkt mit diesem übergeordneten Werteschema zusammen, das die höchsten Werte einer Gemeinschaft (Familien, Institutionen, Staaten) umfasst.

Der fundamentale Vorrang nicht wirtschaftlicher Werte vor wirtschaftlichen Werten manifestiert sich sowohl im Normierungsmodell wie in der Realität auf mannigfaltige Weise. Aus der Unmenge an Beispielen greife ich an dieser Stelle das Motto der Französischen Revolution[1] auf, das lautet: „Freiheit, Gleichheit und Brüderlichkeit" (vgl. die Erklärung der Menschen- und Bürgerrechte vom 26. August 1789). Die vorrevolutionäre Phase lässt sich wirtschaftlich beschreiben durch eine hohe Staatverschuldung, Inflation, Armut, Unterversorgung mit Lebensmitteln. Die Revolution führte mit ihren Werten Freiheit, Gleichheit und Brüderlichkeit zu einem normativ motivierten Eingreifen des sich mehr und mehr republikanisch verstehenden Staates. Der Wert der Gleichheit findet seinen wirtschaftlichen (ordnungspolitischen) Niederschlag in der Einführung von Wettbewerbsmärkten und der Abschaffung von Ständen, Zünften, Monopolen, Zollschranken. Der Wert der Gleichheit wurde wirtschaftlich als Chancengleichheit aufgefasst, die sich in einem liberalen System bestens zu entwickeln versprach. Natürlich sehen wir das 225 Jahre später ähnlich, jedoch differenzierter und genauer.

Das marode und vorrevolutionäre Steuersystem entsprach nicht dem Wert der Brüderlichkeit, der seinerseits wiederum mit dem Wert der Gerechtigkeit assoziiert war. Aus diesem Grund wurden nach der Revolution der Großteil der Steuerprivilegien, steuerliche Sonderstellungen und die große Zahl an Verbrauchsteuern abgeschafft. Im Gegenzug dafür wurde eine Gewerbesteuer für die Produzenten, eine Grundsteuer für Immobilienbesitzer und eine Vermögensteuer für Vermögende eingeführt. Die Steuerbasis wurde somit verbreitert und auf die Schultern der „stärkeren Brüder" gelegt. Der Wert der Freiheit fand seinen wirtschaftlichen Niederschlag in der neu gewonnenen Gewerbefreiheit, die sich auch auf den landwirtschaftlichen Sektor bezog und die zumindest partiell die Zerschlagung des Großgrundbesitzes umfasste. Dadurch, dass Missernten und Krieg das Getreideangebot verkleinert hatten, stieg der Brotpreis extrem an und führte zu Hunger bei unteren Einkommensgruppen. Der Ruf nach einem „gerechten Preis" wurde laut.

In der Folge griff der Staat ein, indem er den Preis gesetzlich regulierte. Diese Intervention in den Marktmechanismus war vermutlich erneut dem Wert der Brüderlichkeit geschuldet. Man erkennt somit relativ deutlich, wie damals die Etablierung eines übergeordneten Werteschemas als normative Legitimierung für Eingriffe in die Wirtschaft verstanden und akzeptiert wurde.

Natürlich können sich die höchsten Werte kultur- und zeitbezogen verändern. Daraus resultiert oft eine Anpassung des normativen Überbaus. Von einer solchen Anpassung ausgeschlossen ist jedoch der Fall, dass der bzw. die höchsten Werte ausschließlich wirtschaftlicher Natur wären. Stellte materieller Wohlstand den höchsten Wert einer Gemeinschaft dar, würde zwar immer noch eine Normierung stattfinden, aber lediglich eine wirtschaftsbezogene. Das Normierungsmodell wäre in unserem Sinn dann reduziert auf ein ökonomistisches, was im Widerspruch zur Ganzheitlichkeit menschlichen Seins stünde. Ein übergeordnetes Werteschema muss zwingend jenseits des rein Wirtschaftlichen liegen, soll das Normierungsmodell funktionieren.

15.1.1.2 Ideelle Seinszentrierung

Eine weitere Möglichkeit der Begründung eines normativen Überbaus besteht darin, menschliches Sein ideell zu zentrieren. Darunter ist zu verstehen, dass der Mensch nicht das Materielle, also das Anhäufen von Konsumgütern, Investitionsgütern und Geld, als Zentrum seiner Existenz begreift, sondern etwas Immaterielles, Unstoffliches wie Freiheit, Wahrheit, Liebe, Spiritualität etc. Nehmen wir das Beispiel der reinen Marktwirtschaft, die eine Mischung darstellt. Hier vereinigt sich ideell die Freiheit (freie Märkte, Vertragsfreiheit, Berufsfreiheit, Niederlassungsfreiheit etc.) mit einem System der materiellen Bedürfnisbefriedigung. Welcher der beiden Aspekte ist dabei der zentrale? Haben wir Freiheit um des Wohlstands wegen oder gilt das Umgekehrte? Die Frage ist in der Kürze nicht zu beantworten. Klar ist aber, dass ein eindeutiges Zentrum nicht zu erkennen ist. Aus der Sicht von heute liegt wahrscheinlich die Vermutung nahe, ein gewisses materielles Übergewicht zu entdecken, wenn man sich die vielfältigen Ausprägungen unseres Materialismus ansieht.

Hingegen stoßen wir auf andere Systeme, die eine ideelle Seinszentrierung klar erkennen lassen. In den Religionen geht es allgemein um die Verfolgung des göttlichen Heilsweges. Dieses Heil kennt zwar verschiedene Stationen, lässt die ideelle Grundstruktur aber deutlich durchschimmern. Gehen wir kurz auf den buddhistischen Heilsweg ein. Danach ist das menschliche Leben kosmologisch, wir würden sagen metaphysisch, übersinnlich, spirituell, vorgegeben. Eingebunden in den Kreislauf immer wiederkehrender Wiedergeburten ist der Mensch zentral dem Prinzip des Leids ausgesetzt. Dieses ergibt sich dadurch, dass der an seinem Ich orientierte Mensch an der Sinnlichkeit festhält, also sinnlich begehrt und wahrnimmt, anstatt das übersinnliche Heil (Nirwana) zu erkennen. Auf diese Weise bleibt der Mensch in dem Karma-Ursache-Wirkungs-Geflecht gefangen. Karma heißt, dass jedes menschliche Tun Konsequenzen hat, gute wie schlechte. Ziel des zentralen Heilsweges ist es, die Sinnlichkeit hinter sich zu lassen, durch ein gutes Karma den Kreis der Wiedergeburten zu durchbrechen, um in das kosmologische, göttliche Nichts einzutauchen. Dieser Weg gelingt allerdings nur, wenn die irdische, sinnlich verursachte Unwissenheit beseitigt werden kann. Das menschliche Sein ist somit dadurch, dass es auf Übersinnlichkeit ausgerichtet ist, ideell verankert, während die Zentrierung von Sein aus dem Zusammenhang stammt, dass ohne ein positives Karma die ewige (leidvolle) Reinkarnation[2] droht, der Mensch sich von seiner seelischen Entwicklung aus betrachtet immer nur im Kreis dreht.

Wenn man dies verstanden hat, wird deutlich, warum das Materielle, das Wirtschaftliche immer nur eine sekundäre Funktion, wenn überhaupt, spielen kann bzw. das Ideelle im Vordergrund steht. Um das ewige Leid zu beenden, muss der achtfache Heilsweg (astangika marga) beschritten werden[3]:

1. „ganzheitliche Anschauung (samyag-drsti), bei der in vollkommen nicht-dualistischer Weise die Einheit von Motivation, Handlungen und Wirkungen als wahre Natur des Geistes angeschaut wird;
2. ungeteilter Entschluss (samyak-samkalpa), diese Einsicht … im gesamten Leben anzuwenden;
3. untadelige Rede (samyag-vak), die keine ichbezogenen Werturteile auf … Wirklichkeit überträgt;
4. vollkommenes Handeln (samyak-karmanta), in dem der ungeteilte Entschluss und die untadelige Rede leiblich konkret werden;
5. gleichgewichtige Anstrengung (samyag-vyayama), die sich in nicht nachlassender Geduld übt, im Gleichmaß von Anspannung und Entspannung das Bewusstsein führt, um in der Meditation wie bei allen täglichen Verrichtungen ich-freie Gelassenheit und dadurch projektionsfreie Einsicht in die Wirklichkeit, wie sie ist, zu erreichen;
6. ganzheitliche Lebensführung (samyag-ajiva), in der nicht zwischen heilig/profan unterschieden wird, denn alles Handeln – gerade auch das ökonomische und politische – wird durch die geistige Einstellung des Handelnden geformt und somit ‚geheiligt' oder auch nicht;
7. unablässige Achtsamkeit (samyak-smrti), durch die alle physischen, psychischen und mentalen Vorgänge bewusst und kontrollierbar werden;
8. ganzheitliche Einswerdung (samyak-samadhi) aller Bewusstseinsprozesse im Geistgrund, aus der die unbeschreibliche Seligkeit der Einheit mit dem Ganzen erwächst".

Oben genannte Begriffe wie „ganzheitliche Anschauung", „ganzheitliche Lebensführung" weisen auf die Seinszentrierung hin, Begriffe wie „wahre Natur des Geistes", „Einsicht in Wirklichkeit", „ganzheitliches Einswerden" weisen auf das Ideelle hin.

Anhand des Beispiels der buddhistischen Seinszentrierung erkennt man den normativen Überbau sehr gut sowie die Rolle der Wirtschaft. Bezogen auf die „Vier Unermesslichkeiten"[4] soll gelten:

a) „unermessliche liebende Zuwendung (maitri) konkret zu allen Wesen (bis hin zum ärgsten Feind) in meditativer Konzentration auszustrahlen …" Wirtschaftlich gesprochen soll man nicht ich-, sondern fremdbezogen agieren, soll nicht sich selbst in den wirtschaftlichen Mittelpunkt stellen, sondern andere in ihrer Bedürftigkeit mindestens genauso zur Geltung kommen lassen.

b) „heilende Hinwendung zu allen Wesen oder Barmherzigkeit (karunä) in gleicher Weise zu entwickeln und auszustrahlen …" Dieser Satz kann so interpretiert werden, dass Reichtum nicht für sich anzustreben ist, sondern Güter mit anderen geteilt werden sollten.

c) „die Bewusstseinsqualität großer Freude (mudità) zu entwickeln, im Universum zu verbreiten". Dies könnte im Normierungsmodell bedeuten, dass man die Erledigung wirtschaftlicher Dinge nicht als Ausdruck eines Zwanges, sondern als ein sich hingeben versteht. Auch der christliche Satz „Geben ist seliger denn nehmen" klingt hier an.

d) „in völligem Gleichgewicht ohne Bevorzugung oder Zurückweisung von irgendetwas oder irgendjemandem (upeksä) diese Bewusstseinsqualitäten für alle Wesen hinzugeben". Dies könnte man verstehen als die totale ideelle Hingabe, ohne auf wirtschaftliche Konsequenzen zu achten. In der Tat gibt es buddhistische Menschen (Yogis), die bewusst versuchen, ärmlichst zu leben. Sie haben keinerlei Besitz außer ihrem Gewand, sie wissen nicht, wann sie das nächste Mal zu essen und zu trinken bekommen, wo und wie sie die nächste Nacht verbringen werden etc.

Eng verwandt mit dem Merkmal der ideellen Seinszentrierung ist das des Endzwecks menschlichen Seins. Äußert sich die Seinszentrierung dadurch, dass ein bestimmter Sinn von Sein und von Leben unterstellt wird, dass eine ontologische Zielbestimmung vorliegt, ist ebenfalls das Fundament für einen normativen Überbau gelegt. Im buddhistischen Fall liegt der Sinn des Menschseins in der Überwindung des Leids und dem Durchbrechen des Kreislaufs der Sinnlichkeit. Diese beiden Dinge sind nicht nur zentral für das menschliche Leben, sondern geben zugleich Sinnorientierung, da sie finale Antworten parat halten. Genauso bzw. ähnlich verhält es sich mit anderen Systemen. Der Kommunismus zentralisiert politisch, d. h. sein Sinnhorizont ist die gerechte, klassenlose Gesellschaft, was zugleich den Endzweck menschlichen Seins markiert.

15.1.1.3 Ganzheitlichkeit

Ganzheitlichkeit kann ebenfalls als Ausgangspunkt für die Etablierung eines normativen Überbaus angesehen werden. Zugleich kann sie als verwandte Form zum übergeordneten Werteschema und zur ideellen Seinszentrierung in den vorigen Abschnitten betrachtet werden. Ganzheitliche Systeme sind in der Lage, die verschiedenen Lebensbereiche des Menschen so miteinander zu verbinden, dass eine Kontinuität entsteht, die normative Konsequenzen nach sich zieht. Moralität ist z. B. insofern ein auf Ganzheitlichkeit ausgerichtetes System, als sie als Bindemittel sowohl Personen wie menschliche Lebensbereiche miteinander verknüpft und auf diese Weise einen normativen Überbau bildet, der die einzelnen Lebensbereiche mit ihrer Funktionalität und Kraft durchzieht.

Moralität ist die Gesinnung, Entscheidungen nicht willkürlich oder egoistisch zu treffen, sondern auf Grund der Anerkennung von bestimmten normativen Werten und Regeln, die immer mehr zu inneren Werten und Regeln werden. Der Anwendungsbereich der Moralität ist universell, da er an der Person haftet und diese die Moralität überall in ihrem Leben mitnimmt. Das bedeutet, dass ein moralischer Mensch nicht nur in einem Lebensbereich integer handelt, sondern in allen. Er wird sich sowohl als Vater, Sohn, Mutter, Tochter integer verhalten sowie als Arbeitskollege, Freund, Vereinsmitglied, Autofahrer, Konsument, Ehrenamtlicher, Kreditnehmer etc. Seine Moralität legt sich als oberstes Strukturkriterium über sein gesamtes Leben, auch sein wirtschaftliches, und ordnet auf diese Weise alle Bereiche. Konkret könnte dies heißen, dass ein Mensch, der nach dem Wert der Zuverlässigkeit lebt, pünktlich in die Arbeit geht, pünktlich und vorbereitet an Sitzungen teilnimmt, Arbeitsergebnisse vereinbarungsgemäß vorlegt etc. Und er verhält sich nicht deswegen zuverlässig, weil es ihm wirtschaftlich (oder sonst wie) nützt, sondern weil die Zuverlässigkeit ein normativer Teil seiner persönlichen Existenz geworden ist. Moralität wirkt wie in der Physik die Zentripetalkraft, indem sie die einzelnen Lebensbereiche zusammenhält und auf diese Weise für Ganzheitlichkeit sorgt.

Im Gegensatz zu oben genanntem übergeordneten Werteschema ziehen sich ganzheitliche Systeme durch alle Lebensbereiche. Im Fall der Französischen Revolution hat dies nicht gegolten. Sie war in erster Linie auf den politischen Lebensbereich bezogen und nicht auf den privaten. Der Wert der Gleichheit bezog sich nämlich am Anfang nur auf die politische Partizipation von Männern. Die Gleichberechtigung von Mann und Frau (politisch, gesellschaftlich, familiär wie moralisch) war zum damaligen Zeitpunkt noch keine ganzheitliche Errungenschaft. Ähnlich verhält es sich mit der ideellen Seinszentrierung, die einen einzelnen Lebensbereich unter Vernachlässigung der anderen Bereiche für zentral adaptiert. Der Buddhismus sieht z. B. in der Religion den zentralen (und eben nur bedingt ganzheitlichen) Lebensbereich, der Kommunismus die Politik.

Auf eine Eigenart des normativen Überbaus sei an dieser Stelle kurz hingewiesen. Die Werte und Normen des Überbaus sind, wie schon im Teil 1 verdeutlicht, nicht objektivistisch, sondern subjektivistisch aufzufassen. Das moralisch Gute kann im Extremfall auch etwas Böses sein, was aber von einer bestimmten Moralgemeinschaft als gut definiert wird. Das bedeutet im Rückschluss zu den drei bisher erwähnten allgemeinen Merkmalen des Normüberbaus, dass ein übergeordnetes Werteschema durchaus unmoralisch (z. B. aus Sicht des Naturrechts) sein kann. Wenn die Nationalsozialisten im Rahmen ihres Rechtspositivismus die arische Rasse als dominant angesehen haben, dann stellte sich die Judenvernichtung als normharmonische Maßnahme dar. In der Folge war der wirtschaftlich relevante Bau von Vernichtungslagern normativ motiviert und wurde in seiner Zweckmäßigkeit auch durchgeführt. Ähnlich pervertierend sind alle Gewaltherrschaften zu verstehen, die über die Jahrtausende stattgefunden haben. Gleiches gilt für die Seinszentrierung, wo Satanisten, schwarze Magier und Voodoo-Zauberer wirtschaftlich relevante Normativität erzeugen, die auf einer Pervertierung des sogenannten Guten basieren.

15.1.2 Persönliche Identifizierung mit dem normativen Überbau

Die Grundvoraussetzung, dass sich aus einem normativen Überbau tragfähige, selbstver-pflichtende und operative Verhaltensnormen ableiten lassen, besteht darin, dass sich einzelne Personen mit den Grundwerten des Überbaus identifizieren können müssen. Ohne eine normative Identifikation der kleinsten Entscheidungseinheiten kann überhaupt keine Normierung stattfinden. Ohne normative Identifikation kann sich außerdem kein hierarchisches System von allgemeinverbindlichen und anerkannten Verhaltensnormen bilden. Ohne normative Identifikation im Kleinen kann es auch keinen Überbau im Gro-ßen geben. Aus der Identifikation mit dem normativen Überbau resultiert außerdem die notwendige Kenntnis über existierende, relevante Normen, über die grundlegenden Wer-te, Normhierarchien und Sanktionsmechanismen. Unter dem Begriff der Identität ver-steht man „über verschiedene Entwicklungs- und Lebensphasen hinweg eine Kontinuität des Selbsterlebens auf der Grundlage des positiv gefärbten Selbstbildes" (vgl. Hurrel-mann 2002, S. 38 f.). Das heißt, ohne Gläubigkeit kann es keine Religion geben, ohne Weisheitsanspruch keine Philosophie, ohne Gerechtigkeit keine Gesellschaften. Die Person ist diese kleinste Entscheidungseinheit. Unter dem Begriff der Person ist jene unteilbare Bewusstseinseinheit zu verstehen, die aus vielen Einzelteilen besteht. Im klas-sischen Sinn setzt sich die Person aus Körper, Seele und Geist zusammen, in der Psy-choanalyse aus Es, Über-Ich und Ich. Im Rahmen eines normativen Identifikationspro-zesses kommt es zu einer Übereinstimmung von Werten und Normen eines Überbaus mit den Werten und Normen einer Person. Dieser Prozess kommt auf unterschiedliche Weise zustande, durch eine Psychologisierung, Sozialisierung oder Rationalisierung.

15.1.2.1 Psychologisierung

„Psychologie ist die Wissenschaft vom Erleben und Verhalten."[5] Mit dem Aspekt des Erlebens sind innere Vorgänge wie Empfindungen, Gedanken, Vorstellungen und Emo-tionen gemeint.[6] Unter dem Begriff des Verhaltens sind „alle nichtintentionalen (unbe-wusst veranlassten) und intentionalen (bewusst gesteuerten …) (innerlichen wie äuße-ren) Handlungen" zu verstehen.[7] Beide Aspekte gehören dabei zusammen. Wenn ich einen Verkehrsunfall erlitten habe (Erleben), werde ich mich in Zukunft sehr vorsichtig am Straßenverkehr beteiligen (Verhalten). Mit diesem Muster lassen sich auch normati-ve Identifizierungsprozesse erklären. Wenn ich von meinen Eltern geliebt wurde und werde, bin ich in der Regel auch bereit und in der Lage, anderen Menschen liebevoll zu begegnen. Habe ich im Elternhaus nur Ablehnung und Hass erlebt, muss ich mich even-tuell mit Hilfe einer Therapie von dieser Negativität befreien. Hat die christliche Kirche einem Waisenkind in Afrika Obhut und Zuversicht vermittelt, wird es sich leicht mit den Werten und Normen der Kirche identifizieren.

Auf die Menge an psychologischen und entwicklungspsychologischen Theorien kann hier natürlich im Einzelnen nicht eingegangen werden, eine Theorie aber möchte ich zumindest kurz anreißen, die Theorie der Moralentwicklung von Lawrence Kohlberg. Dieser unterscheidet sechs Stufen[8], die der Heranwachsende in seiner moralischen Urteilsfähigkeit durchläuft. Als normativer Überbau fungieren dabei die Werte und Normen der Eltern.

- *Stufe 1:* „Orientierung an Bestrafung und Gehorsam. Egozentrischer Respekt vor überlegener Macht oder Prestigestellung bzw. Vermeidung von Schwierigkeiten"[9].
- *Stufe 2:* „Naiv egoistische Orientierung. Richtiges Handeln ist jenes, das die Bedürfnisse des Ich und gelegentlich die der anderen instrumentell befriedigt. Bewusstsein für die Relativität des Wertes der Bedürfnisse und der Perspektive aller Beteiligten"[10].
- *Stufe 3:* „Orientierung am Ideal des „Guten Jungen". Bemüht, Beifall zu erhalten und anderen zu gefallen und ihnen zu helfen. Konformität mit stereotypischen Vorstellungen vom natürlichen oder Mehrheitsverhalten, Beurteilung aufgrund von Intentionen"[11].
- *Stufe 4:* „Orientierung an Aufrechterhaltung von Autorität und sozialer Ordnung. Bestrebt, „seine Pflicht zu tun", Respekt vor der Autorität zu zeigen und die soziale Ordnung um ihrer selbst willen einzuhalten. Rücksicht auf die Erwartungen anderer"[12].
- *Stufe 5:* „Legalistische Vertrags-Orientierung. Anerkennung einer willkürlichen Komponente oder Basis von Regeln und Erwartungen als Ausgangspunkt der Übereinstimmung. Pflicht definiert als Vertrag, allgemein Vermeidung der Verletzung von Absichten oder Rechten anderer sowie Wille und Wohl der Mehrheit"[13].
- *Stufe 6:* „Orientierung am Gewissen oder Prinzipien. Orientierung nicht nur an zugewiesenen sozialen Rollen, sondern auch an Prinzipien der Entscheidung, die an logische Universalitäten und Konsistenz appellieren. Orientierung am Gewissen als leitendes Agens und an gegenseitigem Respekt und Vertrauen"[14].

Der Mensch kommt im Normalfall und am Ende als psychologisches Wesen über mehrere Stufen zur Entwicklung eines Gewissens. Dieses bezieht sich immer auf ein normatives Grundkonzept, bei uns normativer Überbau genannt. Das Gewissen stellt eine innere Instanz einer Person dar, die den äußeren normativen Ansprüchen Rechnung trägt. Es setzt sich aus drei Teilen zusammen[15]: erstens der Kenntnis der moralischen Werte und Normen, zweitens den theoretischen Denkmöglichkeit der Ethik, drittens der existenziellen Betroffenheit bei bestimmten Ereignissen. Letztes kann sich auf zwei Arten äußern. Als schlechtes Gewissen erleben wir unser Handeln als schmerzhaft, das uns in unseren Grundfesten erschüttern und uns anderen entfremden kann. Dies ist z. B. der Fall, wenn ein überzeugter Christ seinen Ehepartner betrügt. Als gutes Gewissen erleben wir unser Handeln als wohltuend, als etwas, das uns in unserem Sosein bestärkt und uns anderen näherbringt. Dies ist z. B. der Fall, wenn wir jemanden vor dem Ertrinken retten oder jemand die Sache zurückgeben, die wir gefunden und er verloren hat.

Die persönliche Identifizierung mit bestimmten Werten und Normen lässt sich natürlich auch im praktischen Wirtschaftsleben zuhauf beobachten. So hat ein selbstständiger Handwerksmeister ein schlechtes Gewissen, wenn er einen Gesellen entlassen muss, weil zu wenig Aufträge vorhanden sind. Der Kunde hat ein schlechtes Gewissen, weil er den Kaufpreis verspätet überwiesen hat. Der Rechtsanwalt hat ein gutes Gewissen, weil er herausgefunden hat, dass sein Klient zu Unrecht gekündigt wurde und jetzt eine hohe Abfindung erwarten kann. Bill Gates hat ein gutes Gewissen, da er 35 Milliarden Dollar in eine Stiftung gegeben hat, die sich um soziale Verbesserungen kümmert etc. Synonym für Gewissen kann auch von Norminternalisierung gesprochen werden.

15.1.2.2 Sozialisierung

Eine weitere Form des normativen Identifizierungsprozesses stellt die Sozialisierung dar. Darunter versteht man einen „Interaktionsprozess, durch den das Verhalten eines Individuums im Sinne der Anpassung an die Regeln und Standards der Gruppe, zu der es gehört, geformt wird"[16]. Das heißt, dass die Normativität einer Person zum Produkt ihrer sozialen Umwelt wird (Eltern, Geschwister, Freunde, Schule, Arbeit etc.). Als Mittel der Sozialisierung fungieren Bestrafung und Belohnung. Wenn z. B. ein Schüler dem anderen eine Ohrfeige gibt, muss er den Disziplinarausschuss aufsuchen, der mit einem Schulausschluss droht. Wenn ein Schüler dem anderen in einer Notlage hilft, erhält er eine Ehrenurkunde vom Schuldirektor. Der Sozialisierung untergeordnet ist somit die Pädagogisierung.

Im Rahmen der Sozialisation findet eine Interaktion zwischen der inneren Realität einer Person zum einen und der sozialen Umwelt dieser Person zum anderen statt. Diese Interaktion ermöglicht, dass das Individuum teil an einer Gemeinschaft hat, dass es sich mit anderen verbinden kann und dass eine Kultivierung von sozialen Beziehungen stattfindet. Außerdem führt diese Interaktion dazu, dass das Individuum eine soziale Orientierung erhält, es Verhaltenssicherheit entwickeln und soziale Verantwortung übernehmen kann. In normativer Hinsicht bedeutet Sozialisierung, dass eine Person normative Regeln anerkennt, weil sie nicht alleine, sondern in bestimmten Gruppen leben will. Natürlich kursieren mehrere soziologische Theorien über das System der Sozialisierung (vgl. Luhmann, Mead, Oevermann, Krappmann, Elias, Weber etc.). Ich skizziere an dieser Stelle einige Merkmale der Theorie von Talcott Parsons[17].

Für Parsons bedeutet Sozialisierung das Erlernen von Rollen. Ausgehend von dem Rollenverhalten erster oder wichtiger Bezugspersonen (Mutter, Vater, Geschwister, Lehrer, Priester etc.) werden die „Verhaltensmaßstäbe (Spielregeln) des sozialen Systems"[18] von den Individuen übernommen und psychisch verinnerlicht. Ausgehend von der einfachen Zweierbeziehung Mutter/Kind werden die Rollenbilder immer komplexer, differenzierter. Jede Rolle korrespondiert mit bestimmten Regeln, Werten und Erwartungen. Während das familiäre Rollenverhalten von Persönlichkeit, Intimität und Affektivität geprägt ist, basiert jenes in Schule/Beruf auf Sachlichkeit und affektiver Neutralität[19]. Das Individuum erlernt im Lauf der Zeit, sich besonders denjenigen Rollen zuzuwenden, die zum psychischen System des Individuums passen. Role taking äußert sich natürlich auch in normativer Hinsicht. Wenn ein Individuum die Rolle des Vaters übernimmt, wird von ihm normativ erwartet, dass er Verantwortung für das Kind übernimmt. Wie auch immer Verantwortung letztlich gesehen wird, könnte dies bedeuten, dass die Vaterrolle mit Werten wie Geduld, Einfühlungsvermögen, Wertevermittlung, Gerechtig-

keitsempfinden etc. verbunden sein. Die Investmentbanker genießen zurzeit wenig gesellschaftliche Reputation, weil sie als „Zocker" und „Heuschrecken" aus der Rolle gefallen sind, die mit Bankern bisher verbunden wurde: Seriosität, Solidität, Ehrlichkeit,
Loyalität, Transparenz etc.

15.1.2.3 Rationalisierung

Rationalisierung bedeutet, sich Sein über einen verstandesgemäßen und intellektuellen
Zugang zu erschließen. Die geistige, sachorientierte Auseinandersetzung führt zu einer
Einsicht, die in einem ersten Schritt vornehmlich rationaler Art ist und die später nicht
selten emotional vertieft wird. Über das Abwägen von Vor- und Nachteilen ergibt sich
ein Bild von einer Sache und der darin enthaltenen Wertigkeit. Eine hohe Wertigkeit löst
eine innere Zustimmung bei einer Person aus, eine niedrige Wertigkeit löst eher eine
innere Ablehnung aus. Trotz aller Sinnlichkeit/Subjektivität steht am Ende eines solchen
rationalistischen Prozesses ein Urteil. Dieses Urteil ist im Falle einer Rationalisierung
der entscheidende Ausgangspunkt für eine persönliche Identifikation mit einem normativen Überbau.

Wenn sich eine Person wirklich auf eine Sache einlässt, muss es dafür (gute) Gründe
geben. Dabei geht es nicht darum, ob diese Gründe im wissenschaftlichen Sinn oder in
objektiver Hinsicht richtig sind. Vielmehr kommt es darauf an, dass sie primär rational
motiviert waren. Die Identifikation mit dem normativen Überbau des Christentums
kommt rational z. B. dadurch zustande, dass man das Argument der Nächstenliebe als
soziales Ordnungsprinzip respektiert oder dass man den Tod eines Menschen (Jesu) als
Märtyrer für andere Menschen achtet. Wenngleich nicht moralisch, aber doch formell
vergleichbar ist der Fall für die persönliche Identifikation mit einem politischen System.
Viele Menschen in Deutschland waren rational vom Nationalsozialismus überzeugt, weil
er für Arbeit in einer Phase hoher Arbeitslosigkeit, für neue Straßen für mobilitätsinte-
ressierte Bürger, für ein neues internationales, politisches Selbstbewusstsein etc. gesorgt
hat. Gerade Ideologien machen es sich häufig zunutze, dass der Mensch zwar zu einem
rationalen Bewusstsein fähig (Vernunftelei) ist, dieses aber selten hohen kognitiven,
logischen oder ethischen Ansprüchen gerecht zu werden vermag.

Am Ende des Identifikationsprozesses steht unter idealtypischen Voraussetzungen die
absolute Kenntnis der Normen des normativen Überbaus. Durch die Sozialisierung,
Psychologisierung und Rationalisierung von sozialen Verhaltensnormen kennt jede erwachsene Person die Anzahl der Normen, deren hierarchische Strukturierung und deren
Inhalt. Dieses Wissen ist zwar nicht direkt nötig für die sich daran anschließende wirtschaftsbezogene Normtransmission, es stellt aber ein unverzichtbares Wissen dar, um die
normativen Hintergründe der Transmission überhaupt richtig verstehen und einordnen zu
können.

15.1.3 Ebenen der normativen Homogenisierung

Existenz des und persönliche Identität bezüglich des normativen Überbaus reichen als Voraussetzungen nicht aus, damit das Normierungsmodell funktioniert. Der Überbau muss darüber hinaus wegen der Atomisierung seiner Normträger eine bestimmte Homogenität aufweisen. Hierbei unterscheiden wir formal drei Ebenen. Homogenisierung auf der Mikro- und Makroebene heißt, dass normatives Verhalten an den Schnittstellen von quantitativ kleinen Wertegemeinschaften (z. B. Haushalte) und quantitativ großen Wertegemeinschaften (z. B. Staaten) nicht zu stark voneinander abweichen darf. Homogenisierung intra-/intersystemisch heißt, dass sowohl innerhalb eines normativen Systems wie auch zwischen verschiedenen, konkurrierenden Normsystemen eine gewisse Übereinstimmung bestehen muss. Soziale Kontrolle spielt sich drittens in einer zeitlichen Dimension ab, d. h. sie wirkt entweder permanent über evolutionäre Prozesse oder temporär über revolutionäre Prozesse. Normhomogenisierung ist insofern nötig, damit aus der aus ihr resultierenden Einheit einheitliche, konkretisierte Handlungsnormen abgeleitet werden können. Ohne Homogenisierung zerfällt eine heterogene Norm letztlich in eine Vielzahl von verschiedenen Einzelnormen. Der Sinn von Moral, sozialer Frieden und Gerechtigkeit, würde dadurch stark gefährdet und in Frage gestellt sein.

Aus der Sicht des wissenschaftlichen Idealfalls wäre es natürlich am einfachsten, wenn es nur ein einziges normatives Grundsystem ohne soziale Devianz gäbe. Alle Menschen wären dann entweder perfekte Katholiken, perfekte Hindus, perfekte Anthroposophen, perfekte Philanthropen etc. oder in negativer Weise normativ perfekte Satanisten, perfekte schwarze Magier, perfekte Verbrecher etc. Die wirtschaftsmoralische Realität sieht jedoch anders aus, sie ist in großem Maß von Heterogenität und sozialer Normabweichung geprägt. Damit eine (wirtschafts-)moralische Normierung gelingt, muss also eine bestimmte Homogenität, eine grundlegende Einigkeit darüber bestehen, welches normative Grundsystem (Grundwerte und Einzelnormen) das herrschende sein soll. Diese Einigkeit stellt die conditio sine qua non für das sich daraus ableitende System von allgemeinverbindlichen, allgemein anerkannten Verhaltensnormen dar. Ist eine Gemeinschaft oder eine Gesellschaft durch den Dualismus zweier konkurrierender normativer Grundvorstellungen geprägt, setzt sich dieser Konflikt in den normativen Handlungsanforderungen fort und wird zu einem Auseinanderbrechen der Normgemeinschaft führen. Solche Prozesse spielen besonders im Bereich der Globalisierung eine große Rolle.

Die Normhomogenisierung läuft folglich auf zwei Ebenen ab, erstens auf der Ebene des normativen Überbaus als solchem (inwieweit akzeptiert z. B. ein christlicher Staat nicht christliche Werte?) und zweitens auf der Ebene der Einzelnormen (wie geht ein Staat mit Kriminalität um?). Letztlich geht es hier um die soziologischen Grundprobleme von sozialer Devianz (abweichendem Verhalten) und sozialer Kontrolle (Eindämmung sozialer Devianz). Zwar gehört soziale Devianz zu jedem Sozialsystem, nimmt sie aber ein Übermaß an, droht dem Normsystem der Absturz. Soziale Devianz bewirkt zweierlei. Abweichende Verhalten „beschädigen die physische, psychische und soziale Identität von Opfer und Täter, mindern Lebensqualität und verursachen Schaden"[20]. Man spricht von Dysfunktionalität (System zersetzend). Soziale Devianz weist aber auch funktionale (System erhaltende) Merkmale auf[21]. So fordert bzw. stärkt sie durch ihre Konfliktträchtigkeit die Widerstandsfähigkeit des Sozialsystems (Simmel, Durkheim), Positives erfährt seinen integrativen Sinn durch sie und sie verursacht, dass bestimmte Werte und Normen ins öffentliche Bewusstsein gerückt werden. Durch Abweichung induzierte „Sanktionen tragen dazu bei, Inhalt der Norm und Grenzen ihres Geltungsbereiches deutlich zu machen"[22].

In der soziologischen Forschung gibt es natürlich mehrere Versuche, soziale Devianz zu erklären. Ich will an dieser Stelle aus thematischer Rücksicht nicht näher darauf eingehen[23].

15.1.3.1 Mikro-/Makroebene

Mit dem Ziel der normativen Homogenisierung findet die Anpassung zwischen sozialer Devianz und Kontrolle auf verschiedenen Ebenen dar. Wir unterscheiden Mikro-, Meso- und Makroebene und müssen dabei beachten, dass die Ebenen nicht absolut, sondern relativ miteinander verbunden sind. Die Mikroperspektive befasst sich mit normativem Handeln auf der Ebene der quantitativ relativ kleinsten Normträger (Individuen, Familien), die Mesoebene mit institutionellem Verhalten von quantitativ mittleren Normträgern (Unternehmen, Vereine etc.) und die Makroebene mit der quantitativ relativ größten Personenanzahl bei Wertegemeinschaften. Die folgende Tab. 15.1 soll eine Übersicht geben.

Tab. 15.1 Ebenen der normativen Homogenisierung

	Mikroebene	Mesoebene	Makroebene
Haushalte, Familien	Individuum	Ehepaar, Kleinfamilie	Großfamilie, Verwandtschaft
Firmen, Institutionen	Arbeitnehmer	Abteilungen	Gesamtbetrieb, Konzern
Länder, Staaten	Haushalte, Familien	Firmen, Institutionen	Staat, Gesamtgesellschaft

Die normative Homogenisierung beginnt im Kleinen bei den Haushalten und endet im Großen bei den Nationen. Sie funktioniert in allen Bereichen im Prinzip nach dem gleichen Muster, indem sie über soziale Kontrolle versucht, normative Abweichungen innerhalb der Wertegemeinschaft auf ein verträgliches Maß zu begrenzen. Aus den vielen möglichen Verbindungen zwischen den Ebenen möchte ich exemplarisch nur einige wenige herausgreifen. Wenn ein Familienvater materialistisch veranlagt ist und er z. B. die Ausbildungsversicherung der drei Kinder auflöst, um sich einen Sportwagen zu leisten, findet nach gängiger Moralvorstellung Devianz statt. Die soziale Kontrolle kann nun aus verschiedener Richtung erfolgen. Sie kann intern ausgeübt werden, wenn der Vater selbst ein schlechtes Gewissen bekommt. Extern erfolgt die Kontrolle über mehrere Ebenen. Für die Mutter (Mesoebene Familie), die die Bildungschancen ihrer Kinder im Auge hat, ist ein solches Verhalten inakzeptabel. Auch der Großvater (Makroebene Familie) geht mit dem Vater ins Gericht.

Ein anderer Fall. Es wird bekannt, dass Amazon Deutschland aus- statt inländische Leiharbeiter beschäftigt und diese in einer nicht akzeptablen Form ausbeutet. Die interne Kontrolle erfolgt über einen unternehmensspezifischen Ausschuss, der die Fälle untersuchen soll, da sich bei Amazon selbst moralische Vorbehalte äußern. Die äußere Kontrolle kann wiederum über mehrere Ebenen erfolgen. Einige Kunden (Mikro- und Mesoebene Haushalte) reagieren ablehnend. Einige Arbeiter bei Amazon (Mikroebene Firmen) kritisieren ihren Arbeitgeber. Die Medien (Mesoebene Staat) machten durch ihre Berichterstattung den Fall überhaupt erst publik. Die Staatsanwaltschaft (Makroebene Staat) ermittelt, ob gegen bestimmte Normen verstoßen wurde. Wie gesagt könnte man hier viele weitere Fälle vorbringen. Die einen Katholiken sind für die Abschaffung, die anderen für den Erhalt des Zölibats. Die einen Humanisten wollen junge Menschen notfalls mit einem gewissen Zwang erziehen, anderen wollen darauf verzichten. Die fehlende, gemeinsame Basis führt kurzfristig zu einer normativen Heterogenität, die sich durch die Gegensätzlichkeit im Verhalten und eventuell eine gegenseitige Blockade ausdrückt. Sie kann im Extremfall zu einem Auseinanderbrechen der Wertegemeinschaft führen.

15.1.3.2 Intra-/Intersystemisch

Die Verflechtungen der Ebenen in Abschnitt 15.1.3.1. waren primär intrasystemisch zu verstehen, d. h. sie bezogen sich auf einen einzigen normativen Überbau bzw. einheitliche Grundnormen. Die Realität sieht jedoch oftmals Situationen vor, die intersystemisch geprägt sind, d. h. dass Werte und Regeln aus unterschiedlichen Sozialsystemen aufeinandertreffen. Prinzipiell ändert dies aber nichts an den Mechanismen von Devianz und Kontrolle. Allerdings gilt es zu beachten, dass auch Sozial- bzw. Normsysteme differenziert nach Ebenen zu betrachten sind. Intrasystemisch bedeutet, dass z. B. Familien als Christen eine relativ homogene Wertegemeinschaft bilden. Gleiches gilt analog für Nationen, Unternehmen, Verbände, Vereine etc. Intersystemisch hingegen bedeutet, dass die eine christliche Familie außerdem bürgerlich denkt, während die andere christliche Familie sozialistische Werte gutheißt. Erfahrungsgemäß steigen hier die Anforderungen an den Prozess der Homogenisierung.

Die Krise in Griechenland beschäftigt seit 2010 19 Länder der Europäischen Währungsunion, formal 19 verschiedene Wertegemeinschaften (Makroebene Staat), die aber, bezogen auf die gemeinsame Währung, formal als eine einzige Wertegemeinschaft aufzufassen sind. Trotz der Tatsache, dass der normative Überbau (Christentum, Demokratie, Humanismus) in allen Ländern verankert ist, bestehen dennoch Differenzen in operativer Hinsicht. Für einen Teil der Länder steht mehr der Aspekt der akuten Hilfeleistung im Vordergrund, weswegen dieser fordert, dass man Griechenland Geld und Zeit geben und direkt an die Hand nehmen muss. Für den anderen Teil steht mehr der Aspekt der strukturellen Hilfe, Hilfe zur Selbsthilfe, im Vordergrund, weswegen dieser Teil fordert, dass man durch Sparprogramme die Eigenverantwortlichkeit und Selbstdisziplin der Griechen stärkt. Wir stoßen hier also auf zwei unterschiedliche Normvorstellungen, wie Krisen am besten zu meistern sind.

Griechenland (Mikroebene Staat) hat ein abweichendes Verhalten gezeigt, da es mit manipulierten Zahlen Euromitglied wurde und das Staatschuldenkriterium nicht wie vereinbart eingehalten hat. Die daraus resultierenden Probleme haben einen Schaden bei anderen Euroländern hinterlassen. Zwar erfolgt zurzeit eine soziale Kontrolle (Rettungsprogramm, Bürgschaften, Strukturreformen) durch die anderen Euroländer (Makroebene Staat), die jedoch intersystemisch bedingt nur eine brüchige Homogenität hervorbringt. Einige Länder wollen Erleichterungen für Griechenland (Mikroebene Staat), andere eine Fortsetzung des Sparkurses (Mikroebene Staat). Die EZB knüpft Bedingungen an ihre Hilfen (Mesoebene Staat). Aber auch auf anderen Ebenen kommt es zu einer Homogenisierung. Deutsche Sparer (Mikro- und Mesoebene Haushalte) und deutsche Banken (Mikro-/Mesoebene Institutionen) kaufen keine griechischen Staatsanleihen mehr. Der deutsche Steuerzahler (Mikro- und Mesoebene Haushalte) macht darauf aufmerksam, dass nicht er für eine Verantwortungslosigkeit zur Rechenschaft gezogen werden darf, die er nicht verschuldet hat. Hier erkennt man sehr deutlich die funktionalen und dysfunktionalen Kräfte, wenngleich der Ausgang noch offen ist. Entweder wird die soziale Devianz Griechenlands zu einer Normhomogenisierung führen (Währungsunion bleibt nach normativen Anpassungen bestehen) oder sie wird zur Spaltung in zwei Normsysteme führen (Währungsunion bricht partiell oder komplett auseinander).

Intersystemische Homogenisierungsprozesse finden selbstverständlich in mannigfaltigen Formen statt. Leben in einem Land (Makroebene Staat) ähnlich viele Moslems (Mikroebene Staat) wie Juden (Mikroebene Staat) zusammen, herrschen unterschiedliche Wertvorstellungen. Eine bezieht sich z. B. auf das Zinsnehmen. Für die Juden ist das Zinsnehmen kein Widerspruch zu ihren höchsten religiösen Werten, für die Moslems hingegen schon. Es besteht also eine normative Heterogenität, die abgeschwächt/beseitigt werden muss, damit eine gemeinsame wirtschaftliche Normierung möglich ist. Gelingt eine solche Homogenisierung, stärkt sie die Wertegemeinschaft, misslingt sie, droht erneut, dass sie auseinanderbricht. Oder: Für die Christen ist der Sonntag in Deutschland der arbeitsfreie Tag, für die Juden der Samstag, für die Moslems der Freitag. Wie sollen Unternehmen produzieren, wenn an drei Tagen ein Bevölkerungsteil immer fehlt? Oder: Für die Arbeitgeber ist die Wettbewerbsfähigkeit des Betriebs ein hoher Wert, für die Gewerkschaften gute Lohn- und Arbeitsbedingungen. Die einen wollen, dass am besten 45 Stunden in der Woche gearbeitet wird, die anderen halten die 35-Stunden-Woche für richtig.

15.1.3.3 Evolutionär/Revolutionär

Eine weitere Ebene der normativen Integration finden wir im Gegensatzpaar von Evolution und Revolution. Das erste Konzept realisiert soziale Kontrolle institutionell, d. h. über vielfältige, einzelne wie system- und kulturbezogene Prozesse und ohne Zeitdruck, also über lange Zeiträume. Das zweite Konzept realisiert die normative Anpassung hingegen manchmal in einem einzigen Schritt, in dem das alte Normsystem wegen meist eines singulären Grundkonflikts über den Haufen geworfen wird, und dies zum Teil in verhältnismäßig kurzer Zeit. Für jedes Konzept liefert die Geschichte natürlich zahlreiche Beispiele.

Die revolutionären Formen, die in den allermeisten Fällen mit Gewalt und Krieg verbunden waren, sind natürlich die auffälligeren. Um seinen normativen Überbau anzupassen, musste Frankreich durch die Französische Revolution. Die alten Werte wie Aristokratie, Feudalismus, Vererbung von Ämtern, Vetternwirtschaft verschwanden, die neuen Werte wie Demokratie, Freiheit, Partizipation entstanden. Ähnlich die kommunistische Revolution 1917 in Russland. Alte Werte wie Zarentum, Christentum, Großbürgertum verschwanden und neue Werte wie das Sowjetsystem, klassenlose Gesellschaft, Kollektiveigentum entstanden. Wie gesagt, in der Geschichte sind viele revolutionäre Beispiele zu nennen, die amerikanische Unabhängigkeitserklärung, der amerikanische Bürgerkrieg, die Deutsche Wiedervereinigung, der Kolonialismus, die Taliban in Afghanistan etc.

Die evolutionären Formen sind demgegenüber deutlich weniger spektakulär, führen aber genauso zu einer normativen Angleichung, obwohl sie sich oft unter der Oberfläche abspielen. Oft wechseln sich auch evolutionäre und revolutionäre Abschnitte ab. Allein die deutsche Geschichte zeigt, dass Deutschland sowohl lange Phasen wie kurze kriegerische Einschnitte brauchte, damit die normative Annäherung zwischen den einzelnen König-/Fürstentümer damals und dem föderativen System der Bundesländer heute stattfinden konnte. In Deutschland kennen wir mehrere evolutionäre und institutionelle Formen der sozialen Kontrolle: Pressefreiheit, Medienvielfalt, Rechtstaatlichkeit, Meinungsfreiheit, freie Märkte etc.

15.2   Wirtschaftsbezogene Normtransmission

Wenn in einer Gemeinschaft ein normativer, homogenisierter Überbau vorhanden ist, verliert der wirtschaftliche Lebensbereich zunächst seine disziplinäre Eigenständigkeit. Er erkennt den Primat eines Bereiches an, der seinen eigenen übertrifft. Die Wirtschaft verliert dadurch ihren Anspruch auf Eigengesetzlichkeit und ersetzt denselben durch den der Zweckgebundenheit. Dies beschreibt der Abschnitt 15.2.1. Dann ist in den folgenden Abschnitten zu klären, auf welchen Ebenen und durch welche Verfahren sich die außerwirtschaftlichen Werte und Normen in der Wirtschaft äußern, wie sie sich niederschlagen. Dahinter steckt die Frage der wirtschaftsbezogenen Normtransmission, wie also aus einem politischen, sozialen oder ethischen Wert eine Wirtschaftsnorm werden kann.

15.2.1 Wirtschaft als normatives Subsystem

Damit sowohl das Normierungsmodell funktionieren und der normative Überbau wirken kann, muss sich die Wirtschaft, verstanden als Lebensbereich sowie als Wissenschaftsfakultät, einem wie auch immer gearteten höheren Lebenssystem (Religion, Politik, Gesellschaft etc.) unterordnen und dessen Vorrangstellung akzeptieren. Ausgehend von einer reinen, freiheitlichen Marktwirtschaft bedeutet dies, dass jede Form der Verselbstständigung von Wirtschaft entweder grundsätzlich zu unterbleiben hat oder eine in der Regel partielle Verselbstständigung nur mit Erlaubnis durch den primären Lebensbereich erfolgen kann. Für eine moderne, globalisierte, liberalisierte und auf vielen Feldern autonome Wirtschaft geht damit eine große Veränderung bzw. Einschränkung einher, die ihr gesamtes Selbstbewusstsein in Frage stellt. Sie schöpft jetzt nicht mehr aus sich, sondern wird von außen geleitet und bestimmt. Der damit einhergehende Verlust von Eigenständigkeit soll im Folgenden in dreifacher Form beschrieben werden. Der Verlust der disziplinären Selbstständigkeit betrifft das Selbstverständnis der Wirtschaft, kein eigenständiger und von anderen Bereichen exakt abgrenzbarer Lebensbereich zu sein. Der Verlust der funktionalen Selbstständigkeit bedeutet, dass die wirtschaftliche Aufgabenzuweisung nunmehr wirtschaftsextern erfolgt. Drittens resultiert aus dem Primat des Nichtwirtschaftlichen, dass die Setzung von wirtschaftlichen Normen außerhalb der Wirtschaft selbst erfolgt.

15.2.1.1 Verlust der disziplinären Selbstständigkeit

Die Verselbstständigung der Wirtschaft ist ein relativ junges Phänomen. Ihr Anfang geht auf das 18. Jahrhundert zurück als sich die Tauschwirtschaft etablierte und Adam Smith sein berühmtes Buch „Wealth of Nations" schrieb. In den Jahrhunderten zuvor war es hingegen ganz normal, dass die Wirtschaft ein untergeordneter Teil von Politik und Ethik darstellte. Zwar hat in den letzten 250 Jahren die Tendenz zur wirtschaftlichen Verselbstständigung stetig zugenommen, allerdings wurde diese Entwicklung auch immer wieder kritisiert. Praktisch durch Sozialismus und Planwirtschaft, theoretisch-wissenschaftlich durch den Marxismus, die Historische Schule (vgl. Methodenstreit), wirtschaftssoziologische Ansätze wie die von Sombart, in neuerer Zeit kommunitaristische oder Institutional-Choice-Ansätze. Alle diese Ansätze eint die Erkenntnis, dass die Wirtschaft ohne wirkliches Eigenleben „eingebettet" ist in Gesellschaft, Politik, Moral und Recht. Die Theorie von der „Einbettung" der Wirtschaft geht auf Karl Polanyi[24] zurück (The Great Transformation, 1944: politische und ökonomische Ursprünge von Gesellschaften und Wirtschaftssystemen), dessen Thesen ich im Folgenden aufgreifen werde, um den Verlust disziplinärer Selbstständigkeit der Wirtschaft zu veranschaulichen. Unter disziplinärer Selbstständigkeit wird verstanden, dass der Lebensbereich der Wirtschaft erstens als spezifischer Lebensbereich isoliert von der Gesamtheit aller Lebensbereiche betrachtet, dass er analytisch eindeutig von anderen Lebensbereichen abgegrenzt werden kann und dass er zweitens im großen Maß durch Verselbstständigungs- und Autonomieprozesse getragen wird. Die Wirtschaft steht unabhängig für sich selbst und kann ihr eigenes Leben führen, ohne Rücksicht auf andere Lebensbereiche nehmen zu müssen (vgl. auch Luhmann).

Polanyi nennt die Verselbstständigung der Wirtschaft vor 250 Jahren „Great Transformation". Dabei haben sich im Rahmen eines eigennützigen Menschenbildes Märkte gebildet, die über anonyme Prozesse (Markt- und Preismechanismus) den Güteraustausch organisieren. Bei diesem Tausch geht es um Effizienz, Maximierungsverhalten und in erster Linie individuellen Wohlstand. Mit der Etablierung unpersönlicher Markttransaktionen geht der Verlust von sozialer Bindung einher. Die Wirtschaft greift immer stärker in den Bereich des Sozialen ein, der immer stärker dominiert wird. Der Markt führt dazu, dass sich Werte, Normen und Zielsetzungen herausbilden, die den Werten und Normen von Gesellschaft und Moral meistens widersprechen: „Wirtschaft ist nicht mehr in die sozialen Beziehungen eingebettet, sondern die sozialen Beziehungen sind in das Wirtschaftssystem eingebettet."[25] Die Regeln des Marktes führen zu gegenseitiger Konkurrenz, zu Individualismus, Abbau von Solidarität und Zerstörung von Sozial- und Kulturstrukturen. Polanyi möchte nun die „Great Transformation" rückgängig machen, indem er mit Hilfe von ethnologischen Studien zeigt, dass die Wirtschaft schon immer im Gesellschaftlichen eingebettet war und dort auch weiterhin bleiben wird und muss.

Im Rahmen von Polanyis substantivistischer Theorie sprechen mehrere Gründe für die These von der Einbettung der Wirtschaft bzw. der Unmöglichkeit, Märkte und ihre Entstehung ohne deren sozialen und institutionellen Hintergrund vom gesellschaftlichen Leben (künstlich) abzugrenzen. Ein Grund betrifft die soziale Interaktion als solche. Der Überlebensdruck, vor allem früherer Völker, hat dazu geführt, dass soziale Interaktion in verschiedener Form institutionalisiert wurde. Das lag daran, da in der Gruppe die Überlebenswahrscheinlichkeit höher war als bei Einzelgängern. Soziale Interaktion entwickelte sich über Fortpflanzungs-, Nahrungs- und Reviergemeinschaften hin zu Familien, Familienklans, Dorfgemeinschaften und letztlich zu Staaten. Aus dieser sozialen Interaktion heraus entstanden erst sekundär Märkte als Form des Tausches. Wirtschaft ist somit eine Ableitung bzw. Verlängerung sozialer Interaktion. Die These von selbstregulierenden Märkten ist somit eine stark verkürzte Vorstellung, denn Märkte und ihre Entstehung sind immer sozial und kulturell determiniert. Märkte dienen zwar dem Austausch von Wirtschaftsgütern, unbewusst aber schwingen dabei auch moralische, symbolische, religiöse, kulturelle und ästhetische Ebenen mit. Wirtschaft ist ein „... in gesellschaftliche Institutionen gefasster Prozess gegenseitiger Einwirkungen von Mensch und Umgebung ..., sofern dieser Prozess der materiellen Bedürfnisbefriedigung dient".[26]

Ein weiterer Grund betrifft die „magische" Begründung von Märkten. Diese dienen nicht nur dem Güteraustausch, sondern führen durch die „unsichtbare Hand" von Adam Smith zu Wohlstand und wirtschaftlicher Entwicklung. Durch Märkte entstehen also wünschenswerte, aber eigentlich nicht von den Wirtschaftssubjekten intendierte Ergebnisse. Der selbstinteressierte Käufer will über den Markt seinen Nutzen maximieren, der selbstinteressierte Verkäufer über den Markt seinen Gewinn maximieren. Trotz einer im Prinzip egoistischen Handlungsweise der Akteure profitieren beide Akteure vom Tausch, indem sie Wohlstand schaffen. Solange das Marktergebnis den normativen Vorgaben entspricht, stellt seine Herstellung also kein Problem dar. Polanyi widerspricht dem. Zwar liegt auf der Ebene der Akteure keine Normativität vor („Entbettung"), aber auf der Ebene der Marktregeln hingegen schon. Die Regeln des Marktes, alsodass jeder für sich selber Sorge tragen und sich jeder in gleichem Maße dem Konkurrenzprinzip stellen muss, beinhalten erstens schon für sich allein betrachtet Normativität. Das Konkurrenzprinzip stellt ein normatives Konzept zur Erzielung marktgesellschaftlicher Effizienz und individueller Verantwortung dar. Zum zweiten ist die Etablierung einer Wirtschaftsordnung, in diesem Fall der reinen Marktwirtschaft bzw. des Kapitalismus, nicht einfach zufällig zu Stande gekommen, sondern in der Regel durch eine, wie auch immer geartete, politische, kulturell gestützte Legitimation, also durch kollektive Wahlakte entstanden. Am Ende der Argumentationskette steht somit immer der ganze, der wertende, der holistische Mensch, und nicht der reduzierte, zweckrationale homo oeconomicus. Der Siegeszug der Marktwirtschaft kann folglich nur so lange anhalten, so lange die Chancen auf individuellen Wohlstand gesellschaftlich anerkannt sind. Nicht der Markt integriert Gesellschaft, sondern die sozialen Bedürfnisse derselben. Wirtschaftlicher Egoismus ist nicht naturgegeben, sondern die institutionelle Antwort der Marktwirtschaft.

Der Vorrang der gesellschaftlichen vor der wirtschaftlichen Reproduktion bzw. der Mittelcharakter der Wirtschaft und der damit einhergehende Verlust der disziplinären Eigenständigkeit derselben kann argumentativ natürlich auf verschiedene Weise erfolgen. Im Altertum bei Aristoteles lag der entscheidende Grund für den Primat des Normativen anthropologisch vor, wonach der Mensch ein „animal sociale" war. Danach stellte die Gemeinschaft den Humus für alle daraus resultierenden Früchte dar, also auch jene des Wohlstands. Bei Leibniz ergab sich der Primat des Sozialen durch die Monadologie, dem Wesenskern des Seins. Kohlberg und Piaget als heutige Ansätze begründen den Primat mit Hilfe der Entwicklungspsychologie. Ein Kleinkind lernt über die Eltern quasi von Geburt an, zwischen gut und böse zu unterscheiden. Warum sollte diese frühkindliche Prägung, die sich auch mit zunehmendem Alter, wenngleich verlangsamt, fortsetzt, auf einmal in Luft auflösen und sich vom Rest der Persönlichkeit abspalten, nur weil dieser Mensch gerade wirtschaftet? Und warum sollte das Gut-Böse-Schema exklusiv bei wirtschaftlichen Vorgängen nicht gelten?

15.2.1.2 Verlust der funktionalen Selbstständigkeit

Die Funktion der Wirtschaft ist es, die Menschen mit knappen Sachgütern und Dienstleistungen zu versorgen. Im Rahmen dieser Versorgung gibt es erstens Konsumenten, die Güter haben wollen, zweitens Produzenten, die diese Güter herstellen, drittens Vertragsfreiheit, die sich auf den Tausch der Güter, auf Preise, auf Gütermengen etc. bezieht. Diese Funktion wird im Normierungsmodell der Wirtschaft zwar nicht entzogen, aber sie wird von außen, gesellschaftlich, und somit moralisch, gesteuert und kontrolliert. Für uns Deutsche, die in einer Sozialen Marktwirtschaft leben, ist das ein recht normaler Vorgang, denken wir an die Sozialversicherung, Arbeitsgesetze, Kündigungsschutz, Tarifsystem etc. Von dieser externen Steuerung sind im wesentlichen drei Bereiche betroffen, die den Verlust der funktionalen Selbstständigkeit am deutlichsten machen: Konsumentensouveränität, Produzentensouveränität, Vertragsfreiheit.

Konsumentensouveränität

In einer freien Wirtschaft kann der Konsument frei und souverän entscheiden. Er kann sagen, ob er Güter will oder nicht, welche Mengen er braucht, zu welchem Preis er bereit ist, sie zu kaufen etc. In der freien, unnormierten Wirtschaft kann diese Souveränität allerdings zu extrem unmoralischen Effekten führen (aus der Sicht Deutschlands im 21. Jahrhundert). Haushalte kaufen sich Sklaven, die ihnen die Arbeit abnehmen und für sonstige Dienstleistungen zur Verfügung stehen, Paare ohne Kinder kaufen sich welche, einige Konsumenten erwerben Menschenfleisch, um es zu verzehren etc. In solchen Fällen tun sich Menschen leicht, die Notwendigkeit einer Normierung zu erkennen. Aber auch bei ganz gewöhnlichen Vorgängen nimmt anscheinend bei uns der Normierungsbedarf zu. Die Lebensmittel sollen biologisch hergestellt sein, das Auto soll kaum CO_2 ausstoßen, die Kleidung soll nicht durch ausgebeutete asiatische Menschen produziert worden sein, das Hühnerei soll von Freilandtieren stammen uns so weiter.

Im Normierungsmodell verschwindet diese Form der Konsumentensouveränität und wird durch andere, normative Formen ersetzt. Vor dem Hintergrund z. B. eines religiösen normativen Überbaus wandelt sich die Konsumentensouveränität in eine religiös geprägte. Der Hindu, selbst wenn er hungrig ist, verzehrt kein Rindfleisch. Er ordnet seine wirtschaftliche Souveränität seinen religiösen Werten unter. Vor dem Hintergrund z. B. eines politisch-normativen Überbaus wandelt sich die Konsumentensouveränität in eine politisch geprägte, eine bürgerliche. Das heißt, dass sich der Reiche statt eines Benzin fressenden Boliden ein Elektromobil kauft aus Rücksicht für die Umwelt und nachfolgende Generationen. Vor dem Hintergrund eines humanitären normativen Überbaus wandelt sich die Konsumentensouveränität in eine humanitäre. Der Verbraucher X kauft in Fair-trade-Geschäften, auch wenn es dort teurer ist und er sich dadurch in der Summe weniger Konsum leisten kann. In allen diesen Fällen kommt eine nicht wirtschaftliche Souveränität zum Ausdruck, welche die wirtschaftliche determiniert. Potenzielle Konsummöglichkeiten werden aus normativen Gründen nicht ausgeschöpft. Man verzichtet auf materielle Vorteile, wenn es Identität mit dem zu Grunde liegenden normativen Überbau schafft.

Produzentensouveränität

In einem liberalisierten, autonomisierten Wirtschaftsumfeld steht es jedem Produzenten frei, zu produzieren was und wie er will. In einem solchen puristischen System gibt es keine Grenzen, also weder sittlicher noch sonstiger Art. Man kann Waffen produzieren, mit welchen sich Menschen gegenseitig töten. Man kann Menschen zu Hungerlöhnen beschäftigen und wird so zur Ausbeutung beitragen. Man kann Arbeitsbedingungen schaffen, die die Gesundheit der Angestellten gefährden. Man kann sich mit Mitkonkurrenten heimlich absprechen, um über Machtzuwachs höhere Gewinne zu erzielen und vieles mehr.

Im Normierungsmodell ist dies so nicht möglich, da sich durch das Vorhandensein des normativen Überbaus die Perspektive verändert. Man versteht sich bei wirtschaftlichen Transaktionen nicht nur als Hersteller wirtschaftlicher Güter, sondern sieht sich in allererster Linie als jemand, der sittliche Verantwortung übernimmt. Die Perspektive des souveränen Produzenten geht letztlich zu Gunsten einer holistischen Betrachtungsweise unter. Der Produzent ist sozial so stark involviert, dass das Herstellen von Gütern das Wirtschaftliche transzendiert. Es findet seine Bedeutung nicht mehr primär an der wirtschaftlichen Bedürftigkeit von Kunden, sondern an der sozialen Zielsetzung im Gesamten. Der Wert des hergestellten Gutes kommt nicht mehr aus einer isolierten Preis-Mengen-Relation bzw. einem unpersönlichen Marktmechanismus zu Stande, sondern aus der normativen Zweckgebundenheit materiellen Schaffens. Das heißt konkret, dass der Produzent, der von einem bestimmten normativen Überbau ausgeht, keine Waffen herstellt, angemessene Löhne zahlt, auf die Gesundheit seiner Mitarbeiter achtet, sich ehrlich dem Wettbewerb stellt, um bei obigen Beispielen zu bleiben. Mit dem Verlust der funktionalen Selbstständigkeit der Wirtschaft geht zugleich einher, dass gesellschaftlich unerwünschte Handlungen wie Betrug, Diebstahl, Ausbeutung etc. nicht mehr vorkommen, weil sie als nicht mehr erstrebenswert erscheinen.

Vertragsfreiheit

Der Verlust von Konsumenten- und Produzentensouveränität wird durch die normative Begrenzung auch auf die Vertragsfreiheit ausgeweitet. Es ist nicht mehr erlaubt, was wirtschaftlich möglich ist, sondern was sittlich erwünscht ist. Auch im Normierungsmodell bleibt die Vertragsfreiheit deshalb bestehen, denn Freiheit ist der Ausdruck von Normativität. Die Freiheit ist ein Beweis für das menschliche Sein. Ohne Freiheit kann dieser nicht werden, was er ist. Allerdings entspricht der normative Freiheitsbegriff nicht dem gewöhnlichen. Freiheit ist nicht Willkür, sondern laut Kant die qua Vernunft und Pflicht rückgebundene Einsicht in das Moralgesetz, in Kants Fall also in den formalisierten, verallgemeinerbaren guten Willen, den Kategorischen Imperativ. Der Konsument kauft also keine billige Hehlerware, obwohl er es könnte. Der Produzent nutzt die momentane, finanzielle Schwäche des Mitkonkurrenten nicht aus, um ihn aufzukaufen, sondern schließt einen Hilfskredit mit ihm ab. Die normative Verankerung der wirtschaftlichen Freiheit begrenzt und steuert letzte. Ein Tausch, der gegen die guten Sitten verstößt, findet nicht statt, weil die Träger der Entscheidung ihr Gewissen spüren und nicht gegen ihre eigene moralische Gesinnung verstoßen wollen.

15.2.1.3   Verlust der normativen Selbstständigkeit

Wer unter Markt-, Wettbewerbsbedingungen (Funktionalisierungsmodell) erfolgreich wirtschaften will, muss bestimmte Normen und Regeln beachten. Neben den moralischen Normen (Ehrlichkeit, Zuverlässigkeit, Loyalität etc.) gibt es eine Reihe von wirtschaftsimmanenten Normen. So *soll* man z. B. effizient handeln, denn dies führt zu Wohlstand und Wachstum. Effizienz kann dabei an verschiedenen Konzepten festgemacht werden. Das Maximalprinzip beispielsweise besagt, dass man aus einem bestimmten Input einen maximalen Output erzielen soll. Es ist also effizient, 100 Angestellte so viel und so billig wie möglich arbeiten zu lassen, damit ein möglichst hoher Gewinn entsteht. Oder andersherum besagt das Minimalprinzip, dass man einen bestimmten Output mit minimalem Input erreichen soll, d. h. einen Gewinn von 1 Million Euro mit möglichst wenigen Angestellten zu erwirtschaften und die anderen zu entlassen. Dahinter verbirgt sich das Konzept der zweckgebundenen, technischen Rationalität, die bestimmten Zielen bestimmte Mittel zuordnet, ohne zu abstrahieren, dass es dabei nicht nur um Sachen, sondern auch um Menschen geht.

Der Akteur im Normierungsmodell ist durch den normativen Überbau von dieser Rationalitätsform entkoppelt. Er wendet dieselbe wertrational an, also im Rückgriff auf die Werte seines normativen Überbaus. Er wird also nicht wie im oben genannten Beispiel die 100 Arbeiter so viel und so billig wie möglich arbeiten lassen, sondern er wird das Ziel des maximalen Gewinns verwerfen und es den Werten seiner Religion oder seines Humanismus unterordnen. Generell kann man sagen, dass die Etablierung einer wirtschaftlichen Norm, hier Effizienz, normativ immer im umfassenden Sinn verankert sein muss. Der normative Überbau und damit die jeweilige Normgemeinschaft geben vor, ob eine singuläre, wirtschaftliche Norm legitimiert ist oder nicht. Das kann praktisch bedeuten, dass Effizienz in manchen Normgemeinschaften überhaupt keine Legitimation erfährt (Ethnologie) bzw. nur eine eingeschränkte Legitimation erfährt (Soziale Marktwirtschaft). Es ist sogar denkbar, dass eine Gemeinschaft aus Sicht ihres normativen Überbaus Effizienz als wesentlichen Bestandteil desselben begreift (Wohlfahrtstheorie, Grenznutzenschule).

Der umfassend-normative Legitimierungsprozess bezieht sich noch auf weitere Wirtschaftsnormen, so z. B. auf das Maximierungsverhalten der Wirtschaftssubjekte und ihr Selbstinteresse. Die Maximierung sowohl von Nutzen wie von Gewinn wird regelmäßig schon deswegen normativ abgelehnt, weil ein Maximum an materieller Ausstattung keine Aussage zulässt über den Zustand wichtiger sozialer Kriterien wie Freiheit, Gerechtigkeit, Frieden etc. Ein materieller Vorgang der Maximierung kann für sich allein nicht herangezogen werden, um das soziale Gelingen einer Welt von 7 Milliarden Menschen kausal zu erklären. Es macht z. B. keinen Sinn, die maximale Mobilität (Flugzeuge, Autos, Reiseverkehr etc.) zu proklamieren, wenn der durch den CO_2-Ausstoß verursachte Klimawandel die Lebensgrundlagen der eigenen Kinder und Enkelkinder zerstört oder zumindest verschlechtert. Die eigenen Kinder stehen normativ in der Regel ungleich höher als die eigene Mobilität.

Und natürlich wird auch das in der Ökonomie fest verankerte Postulat, dass der homo oeconomicus nur seinen eigenen Interessen dient, den normativen Bedingungen des Überbaus untergeordnet. Das wirtschaftliche Selbstinteresse hängt in seiner theoretischen wie praktischen Bedeutung von Werten und Normen ab, die außerhalb der Wirtschaft selbst sind. Der selbstinteressierte Konsument kann und will dann keine Schusswaffe kaufen, wenn der normative Überbau Gewaltlosigkeit vorschreibt. Gleiches gilt für den selbstinteressierten Produzenten. Dieser kann und will keine Schusswaffen herstellen, wenn der normative Überbau Gewaltlosigkeit vorschreibt. Die Normrückbindung erfolgt für einen moralischen Wirtschaftsakteur mehr oder weniger automatisch. Die in der Wirklichkeit auftretende Devianz ist kontrafaktisch zu interpretieren.

15.2.2 Die Verfahren der Normtransmission

Wenn sowohl Inhalt wie Primat des normativen Überbaus sowie die Rolle der Wirtschaft geklärt sind, stellt sich die Frage, wie die den normativen Überbau konstituierenden Werte und Normen auf das Wirtschaftliche übertragen bzw. von der Wirtschaft übernommen werden können. Hierbei sind vier Ebenen zu unterscheiden. Auf der Verfahrensebene geht es darum, wie aus einem allgemeinen Wert bzw. einer allgemeinen Norm ein wirtschaftlicher Wert bzw. eine wirtschaftliche Norm werden kann. Auf der institutionellen Ebene geht es darum, wie sich die Normtransmission auf wirtschaftliche Institutionen vollzieht. Auf der situationsbezogenen Ebene geht es darum, wie sich grundlegende normative Werte und Normen auf wirtschaftliche Situationen niederschlagen. Auf der personalen Ebene geht es darum, wie sich die Normtransmission auf den einzelnen wirtschaftlichen Entscheidungsträger auswirkt. Da wir im Abschnitt 15.1.2. allerdings schon den persönlichen Identifikationsprozess mit dem normativen Überbau kennengelernt haben, kann die weitere Darstellung dieses Aspektes an dieser Stelle unterbleiben.

15.2.2.1 Analogie

Wenn ein normativer Wert bzw. eine normative Verhaltensanforderung inhaltlich ohne jegliche Veränderung, Anpassung oder Interpretation, sozusagen eins zu eins, vom normativen Überbau in das Wirtschaftliche übertragen werden kann, spricht man von einem analogen Verfahren. In einem solchen Fall ist davon auszugehen, dass die Normtransmission ohne nennenswertes Störungsrisiko stattfinden kann, zumal so gut wie keine Interpretationsanforderungen an die Wirtschaftsakteure gestellt werden. Ich möchte zur Verdeutlichung einige Beispiele anführen.

Eines der zehn Gebote lautet „Du sollst nicht stehlen". Für jeden Christen ist somit evident, dass er bei wirtschaftlichen Vorgängen ohne Gegenleistung kein Gut nehmen darf, das jemand anderem gehört. Damit ist klar, dass jede Form von Diebstahl, Unterschlagung, Bereicherung, Hinterziehen von Steuern, Raub etc. christlich bewertet keine Handlungsalternativen darstellen. Gleiches gilt für das Gebot „Du sollst nicht falsches Zeugnis ablegen", sprich, man soll nicht lügen bzw. man soll die Wahrheit sagen. Auch hier haben wir es mit einem analogen Verfahren zu tun. Ein Christ wird also in seinem wirtschaftlichen Verhalten die Steuererklärung nach besten Wissen abgeben. Wenn er etwas verkauft, wird er den potenziellen Käufern alle relevanten Produktinformationen mitteilen. Er wird ihnen das genaue Alter und den damaligen Kaufpreis nennen, wird nicht verschweigen, dass die Kaufsache schon einmal repariert werden musste, dass die

Vespa schon einmal einen kleinen Unfallschaden hatte, dass die Armbanduhr schon einmal ins Wasser gefallen ist. Als Arbeitgeber wird der Christ dem Bewerber sagen, dass die Stelle zunächst für zwei Jahre gedacht ist und dass sie danach auch wieder wegfallen kann, wenn die Aufträge ausbleiben. Der Kreditnehmer wird seine tatsächlichen finanziellen Möglichkeiten der Bank gegenüber offenlegen. Die vom Überbau gesollte Ehrlichkeit kann somit ohne jede weitere kognitive Leistung ins Wirtschaftliche übertragen werden.

15.2.2.2 Assimilation

Die Assimilation, d. h. Angleichung, stellt ein weiteres Übertragungsverfahren dar. Es bringt zum Ausdruck, dass eine Norm keine direkte Entsprechung in der Wirtschaft findet, dass aber eine Angleichung, eine näherungsweise Übertragung möglich bzw. vorhanden ist. Dadurch, dass immer ein gewisser Interpretationsspielraum übrigbleibt, bleibt immer auch eine inhaltliche Unsicherheit über die wirtschaftliche Bedeutung und Anwendung einer Norm bestehen. Nicht selten unterliegt eine solche Interpretation einer bestimmten Dynamik, die zu wirtschaftsmoralischen Unschärfen führt. Assimilierte Normen müssen im Wandel der Zeit immer wieder überprüft und angepasst werden.

Beispiele für Normassimilation gibt es zahlreiche und vielfältige. Nehmen wir das Gebot „Du sollst nicht falsches Zeugnis ablegen". Im Prinzip bringt dieses (nicht nur christliche) Gebot die Norm der Ehrlichkeit zum Ausdruck. Doch was bedeutet Ehrlichkeit genau? Einerseits ist sicher damit gemeint, dass man die Wahrheit sagen soll. Wenn man aber etwas verschweigt, was nicht gefragt wurde, ist man dann unehrlich? Ein Anlageberater empfiehlt einem Kunden, eine bestimmte Option zu kaufen. Wahrheitsgetreu weist er auf den Wirkmechanismus der Option, Vor- und Nachteile, die Abwicklungskosten und natürlich das Totalverlustrisiko hin. Insofern hat er die allgemeine Norm wirtschaftlich angemessen assimiliert. Dennoch bleiben Fragen offen. So hat der Anlageberater z. B. nicht erwähnt, dass er durch die Vermittlung dieser Option mehr Provision kassiert als bei anderen Optionen. Er hat nicht erwähnt, dass die Option nur sehr selten gehandelt wird und dass sich dadurch unter Umständen ein Veräußerungsproblem für den Kunden ergibt.

15.2.2.3 Adaption (Deduktion)

Die deduktive Adaption als Transmissionsverfahren vollzieht zum ersten die Anpassung einer moralischen Norm an die Verhältnisse der Wirtschaft und geht dabei zum zweiten vom normativ Allgemeinen zum wirtschaftlich Besonderen vor. Die Adaption steht der Assimilation relativ nah und zeichnet sich dadurch aus, dass eine Moralnorm nicht analog ins Wirtschaftliche übertragen werden kann, sondern einen gewissen Anpassungsbedarf aufweist. Deduktion bedeutet Herleitung einer konkreten, spezifischen Aussage, Norm oder eines Wertes aus einer allgemeinen Aussage, Norm oder eines Wertes. Anbei eine beispielhafte Verdeutlichung.

Nehmen wir die christliche Norm „Liebe deinen Nächsten wie dich selbst". Sie ist allgemein, da sie eine Art Überbegriff für eine Klasse von bestimmten Einzelnormen ist. Als das Gemeinsame (von etwas) fungiert sie als Ausgangspunkt für die Ableitung von mehreren bzw. vielen singulären Normen. Die allgemeine Norm der Nächstenliebe, die laut Aristoteles oder Kant in der allgemeinen Form, so wie sie vorliegt, praktisch nicht verwirklicht werden kann, äußert sich letztlich nur in der Form von konkret existierenden Einzelnormen, die immer auf die allgemeine Norm rekurrieren. In unserem Fall bedeutet dies, dass Normen wie „Hilf kleinen Kindern oder alten Menschen über die Straße", „Rette die Person, die ins Wasser gefallen ist, vor dem Ertrinken", „Leiste am Unfallort Erste Hilfe" etc. der Übernorm Nächstenliebe zugeordnet werden können.

Nach dem ersten Schritt der Begriffsklärung des Allgemeinen bzw. einer allgemeinen Norm muss nun in einem zweiten Schritt der Transmission die Adaption weg von der Moral hin zur Wirtschaft erfolgen. Es stellt sich also die Frage, wie sich die Moralnorm der Nächstenliebe in wirtschaftlicher Hinsicht „übersetzen" und realisieren lässt. Wie gesagt tritt dabei immer ein gewisser Spielraum der Interpretation auf (vgl. Verfahren der Assimilation). Deduktiv abgeleitete Wirtschaftsnormen können passend z. B. der Nächstenliebe sein: „Unterstütze einen in Finanznot geratenen Freund mit einem Hilfs-kredit", „Gib Menschen ohne Arbeit eine existenzielle Grundsicherung" (Hartz IV), „Unterstütze finanziell Schüler und Studenten aus armen Familien" (BAFÖG), „Hilf beim Wiederaufbau des abgebrannten Nachbarhauses mit" etc.

15.2.2.4 Adaption (Induktion)

Die induktive Adaption geht den umgekehrten Weg wie die deduktive Anpassung. Sie geht vom Besonderen aus, in unserem Fall einer moralischen Einzelnorm, und endet im Allgemeinen, in unserem Fall einer allgemeinen wirtschaftlichen Norm oder einem allgemeinen wirtschaftlichen Wert. Das Verfahren der induktiven Adaption kommt sicher seltener vor als das der deduktiven. Nichtsdestotrotz weist es eine nicht unerhebliche Bedeutung für einige wirtschaftliche Grundwerte auf. Ich möchte die induktive Adaption am Gleichnis vom verlorenen Sohn (Lukasevangelium) verdeutlichen[27].

In diesem Gleichnis lässt sich ein Sohn sein vorzeitiges Erbe auszahlen, zieht damit hinaus in die Welt und verprasst es durch Hurerei und Schlemmerei. Seine Verschwen-dung führt zur Verarmung, worauf er wieder nach Hause kommt und den Vater um Ver-zeihung bittet. Dieser nimmt ihn wieder auf mit den Worten: „Dieser mein Sohn war tot und ist wieder lebendig geworden; er war verloren und ist gefunden worden" (Vers 24). Das Gleichnis, das sicher noch weitere Aspekte beinhaltet, bringt die Norm zum Aus-druck, dass man im Umgang mit Gütern und Geld nicht verschwenderisch sein soll. Durch Verschwendung entsteht Armut, wodurch man zum ersten seine Lebensgrundla-gen verliert (man ist dann „tot") und wodurch man zum zweiten außerhalb der Werte-gemeinschaft steht (man ist „verloren"). Natürlich finden sich in der Bibel weitere (teils widersprüchliche) Textstellen, die sich aus moralischen Gründen gegen die Verschwen-dung und für die Sparsamkeit aussprechen.

Aus dem konkreten moralischen Gebot, dass man nicht verschwenderisch sein soll, lässt sich nun induktiv der wirtschaftliche Grundwert der Effizienz herauslesen. Der Begriff der Effizienz weist mehrere Bedeutungsebenen auf, ich beziehe mich hier auf eine, auf das ökonomische Prinzip. Ist jemand verschwenderisch, kann es passieren, dass aus einem bestimmten Input (ein bestimmtes Vermögen) ein minimaler Output (Verlust des Vermögens oder in der Extremform Verschuldung) resultiert. Da Verschwendung normativ falsch ist, muss im Rückschluss als normativ richtig das Maximalprinzip angesehen werden, d. h. aus einem bestimmten Input (Vermögen) soll ein maximaler Output (maximales Vermögen) erzielt werden. Dies kann sowohl für die individuelle Ebene (Nutzen- und Gewinnmaximum) wie die gesellschaftliche Ebene (Wohlfahrtsmaximum) relevant sein.

15.2.2.5 Agglomeration

Die Agglomeration (Ballung) ist ein Verfahren, bei dem mehrere Normen gleichzeitig in die wirtschaftliche Hemisphäre übertragen werden müssen. Die Normen können dabei sowohl aus einem einzigen Verfahrensbereich wie auch überlappend aus mehreren stammen. Hierbei sind Transmissionskomplexität und Interpretationsspielraum oft am größten. Beginnen wir mit einem Beispiel, in dem Normen einem einzigen Verfahren, fallweise dem analogen, zugeordnet werden können. Eine Person, die den christlichen Normen verbunden ist, wird den Raubmord kategorisch ablehnen. Dieser bezieht sich im Prinzip auf zwei Normen, die beide über das Analogverfahren wirtschaftsmoralisch übertragbar sind. Einmal aus dem Gebot „Du sollst nicht stehlen" und zum zweiten aus dem Gebot „Du sollst nicht töten", die beide so eindeutig aufzufassen sind, dass sich eine weitere Interpretation erübrigt. Im Bereich der Assimilation könnte das Beispiel der korrekt ausgefüllten Einkommensteuererklärung herangezogen werden. Auch hier treffen mehrere Normen aufeinander, die über das Assimilationsverfahren übertragen werden können: zum ersten die Norm, dass man nicht lügen soll (Interpretationsunschärfe: Darf Ungefragtes unbeantwortet bleiben?), zum zweiten die Norm, dass man seinen Beitrag für das Gemeinwohl leisten soll (Unschärfen: Wie hoch soll dieser Beitrag sein? Was ist eine gerechte Beitragshöhe?) etc.

Bei der Normtransmission können aber auch mehrere Verfahren gleichzeitig beteiligt sein. Nehmen wir das Beispiel der Grundsicherung (Arbeitslosengeld II). Hier tritt zum einen die Norm, dass man hilfsbereit sein soll, über das Assimilationsverfahren in Erscheinung. Zugleich haben wir es mit dem Wert der Solidarität zu tun, der auf das deduktive Adaptionsverfahren hinweist. Gleichzeitig stoßen wir auf die Norm, dass man mildtätig sein und Almosen geben soll, was über das induktive Adaptionsverfahren zum Sozial- bzw. Sozialstaatsprinzip führt.

15.2.3 Institutionelle Normtransmission

Im vorigen Abschnitt 15.2.2 ging es um die Frage, wie aus allgemeinen Werten und Normen des Überbaus wirtschaftliche Werte und Normen werden. Es ging also um das Wie der Transmission. Nunmehr handelt es sich um das Wo der Transmission, d. h. um die Frage, an welchen wirtschaftlichen „Orten" die Normen des Überbaus zur Geltung gebracht werden. Diese Orte lassen sich entweder formell in den Institutionen der Wirtschaft (Abschnitt 15.2.3) finden oder informell in den Situationen derselben (Abschnitt 15.2.4). Dabei sind in beiden Bereichen alle drei mittlerweile bekannten Ebenen zu unterscheiden. Auf der öffentlichen Ebene findet die nationale oder supranationale Transmission statt, auf der halböffentlichen Ebene bezieht sich die Normübertragung auf Unternehmen, Vereine, Stiftungen, im Prinzip auf Körperschaften vor allem privaten Rechts und auf der privaten Ebene auf Haushalte. Institutionelle Normierung bedeutet, wie man wirtschaftliche Institutionen in Einklang mit den Voraussetzungen moralischer Grundwerte bringt.

Der Begriff der Institution ist nicht homogen definiert. Schotter begreift Institution als „Set von Regeln, die individuelles Verhalten beschränken und das soziale Ergebnis individuellen Handelns definieren"[28]. Bei Hillmann (1994) wird Institution verstanden als „jegliche Form bewusst gestalteter oder ungeplant entstandener stabiler, dauerhafter Muster menschlicher Beziehungen, die in einer Gesellschaft erzwungen oder durch die allseits als legitim geltenden Ordnungsvorstellungen getragen und tatsächlich „gelebt werden"[29]. Institutionalisierung findet bei Berger und Luckmann statt, „sobald habitualisierte Handlungen durch Typen von Handelnden reziprok typisiert werden. Jede Typisierung, die auf diese Weise vorgenommen wird, ist eine Institution"[30]. Eine Institution ist ein Regelsystem, das soziales Verhalten kanalisiert, indem es normativ Geltung entfaltet und Interaktion strukturiert.

Im Normierungsmodell liegt eine doppelte Institutionalisierung vor, zum einen die fundamentale, zum anderen die instrumentale. Im Rahmen der fundamentalen Institutionalisierung fungiert die Moral, und in ihrer wissenschaftlichen Verlängerung die Ethik, als Regelsystem für die Wirtschaft. Instrumentale Institutionalisierung bedeutet, dass im Rahmen des funktionalen Subsystems der Wirtschaft systemeigene Regelsysteme bestehen, die den normativen Überbau zweckorientiert und handlungsleitend abbilden. Die systemeigenen Regelsysteme werden im Folgenden, zumindest im Überblick, kurz skizziert.

Diese systemeigenen Wirtschaftsinstitutionen sind allerdings nicht deckungsgleich mit jenen der Neuen Institutionenökonomik. Letzte betrachtet Institutionen nämlich reduziert aus dem gegebenen Blickwinkel von effizienten Tauschprozessen heraus und versteht sich sowohl als Kritik wie auch als Weiterentwicklung der Neoklassik. Sie bleibt also im Wirtschaftlichen verfangen, während die normativ begründete Institutionalisierung über die Kriterien der Wirtschaft hinausgeht. Trotzdem stoßen wir auch auf einige Bereiche der Übereinstimmung mit der Neuen Institutionenökonomik, z. B. bei der Verfassungsökonomik (Buchanan), Theorie der Verfügungsrechte (Property-right-

Ansatz, Demsetz), Prinzipal-Agent-Theorie, Public Choice, Ökonomik der Transaktionskosten (Williamson) oder beim Institutionellen Wandel (North).

15.2.3.1 Makroebene: Wirtschaftsordnung

Die nationalen bzw. gesamtgesellschaftlichen Institutionen der Wirtschaft nehmen eine besondere Stellung ein, da sie den größten Wirkungskreis erfassen und sich auf alle untergeordneten Bereiche beziehen. Ohne dem Anspruch auf Vollständigkeit zu genügen, kommen hier in besonderer Weise die Regelsysteme in Betracht, die durch die Etablierung einer Wirtschaftsordnung und politischer Intervention erzeugt werden (eine wie auch immer geartete Wirtschaftsethik würde an dieser Stelle von Ordnungsethik reden).

15.2.3.1.1 Eigentumsverhältnisse

In jeder real existierenden wie theoretisch denkbaren Wirtschaftsform gibt es Wirtschaftsgüter, die von irgendjemand besessen werden (müssen). Hier wird die Frage der Eigentumsberechtigung aufgeworfen. Möglich ist auf der einen Seite, und wir denken dabei an die reine Marktwirtschaft, eine Ordnung vollkommenen Privateigentums, in der in der Extremform jedes knappe Gut jeweils einer (und nur einer) Person gehört. Der vom Extremfall modifizierte Fall, dass z. B. ein Haus einem Ehepaar gemeinsam gehört, bringt zwar in Abgrenzung von staatlich bereitgestellten Häusern ebenfalls die Privattendenz zum Ausdruck, es lässt sich zugleich allerdings eine klare Kollektivtendenz nachweisen, da nunmehr eine Minigruppe von zwei Personen die gemeinsame Eigentumsberechtigung über ein knappes Gut besitzt. Wie müssen wir uns den normativen Überbau einer Wirtschaft vorstellen, die das totale Privateigentum präferiert? Das ist nur in einem System der totalen Freiheit möglich, in der jeder nur für sich selbst verantwortlich sein soll und in der das individuelle Leistungsvermögen als ausschließliches normatives Wertkriterium gilt. Ein solches Moralverständnis hat dann kein Problem damit, wenn prassende Reiche und verhungernde Arme nebeneinander leben.

Dem totalen Privateigentum steht auf der anderen Seite im Rahmen eines reinen Kommunismus, zumindest theoretisch, das totale Kollektiveigentum gegenüber. Hier gehört jedes Wirtschaftsgut einer Nation oder Wertegemeinschaft immer allen, d. h. kein einziger Mensch kann in einem solchen System weder ein Konsumgut noch ein Produktionsgut sein eigen nennen. Jede Haarnadel gehört allen, jeder Porsche (falls es ihn dann überhaupt gäbe), jede Villa, jeder Computer. Damit Privateigentum komplett ausgeschlossen werden kann, muss auch hier der normative Überbau dementsprechend konstituiert sein. Denkbar für eine solche Eigentumsordnung könnte der absolute Gleichheits- oder Gerechtigkeitsanspruch des Menschen bilden. Dieser findet sich übrigens auch in der Marktwirtschaft in der Form der Allmende, d. h. die natürlichen Ressourcen der Erde stehen im Gemeinschaftseigentum.

Natürlich sind zwischen diesen beiden Extrempositionen alle erdenklichen Mischformen möglich. Bei uns in Deutschland mit dem System einer Sozialen Marktwirtschaft sind die größten Teile des konsumtiven wie investiven Eigentums in privater Hand, allerdings behält es sich der Staat vor, bestimmte Bereiche im Kollektiveigentum zu belassen. Dazu gehören Autobahnen, Bundeswehr, Staatsforste, Gewässer, Gebirge, Schulen, Krankenhäuser, Polizei etc. Im Prinzip ist die Grenze zwischen privaten und kollektiven Gütern jedoch beliebig zu ziehen. Man kann sie an den Gütern selbst festmachen, so gehören z. B. Straßen zwischen Orten dem Bund bzw. den Ländern, während Straßen von Privathäusern zu solchen Verbindungsstraßen privat sein könnten. Man kann die Grenze an Personen festmachen. Professionelle Handwerker besitzen z. B. privat einen Boschhammer, alle anderen teilen sich kollektive Boschhammer etc.

15.2.3.1.2 Produktionsverhältnisse

Auch in diesem Bereich treffen die Extreme von totaler Freiheit und totaler Gleichheit aufeinander.

Normativ stellt sich hier die Frage, wer welche Güter in welcher Anzahl und in welcher Qualität herstellen darf. Ausgehend von einem Wertesystem, das von Freiheit und möglichst umfassender Versorgung mit Wirtschaftsgütern gekennzeichnet ist, bedeutet die privat organisierte Produktion, dass jeder Einzelne autonom bestimmen darf, was er in welcher Anzahl und mit welchen Folgen produzieren will. Man erkennt sehr schnell, dass dies nur ein theoretisches Modell, bestenfalls einen Denkrahmen darstellen kann. Wenn z. B. jemand durch seine Produktion die Flüsse und das Grundwasser durch Abwässer verunreinigt, sodass die dortige Bevölkerung droht zu verdursten, ist das Ende der totalen Freiheit schnell erreicht. Wenn jemand Waffen erzeugt, mit welchen er andere töten kann, kann Freiheit, zumindest für einen vernünftigen Menschen, nicht mehr als generell normativer Wert fungieren.

Auf der anderen Seite kann vor dem normativen Hintergrund der totalen Gleichheit der Prozess der Produktion komplett von der Wertegemeinschaft überwacht, gesteuert und bestimmt werden. Die Wertegemeinschaft bzw. das politisch wie auch immer legitimierte Überwachungsgremium kann Art, Menge und Qualität von Produkten hoheitlich festlegen. In der DDR beispielsweise gab es bestimmte Güter schlicht gar nicht, weil sie als Luxusgüter für verzichtbar galten, z. B. teure Autos, teure Lebensmittel, teure Villen etc. Auch die Anzahl der Güter wurde bestimmt. Von lebensnotwendigen Gütern gab es meistens genug, bei allen anderen Gütern herrschte Mangel. So betrug die Wartezeit für einen Trabbi mehrere Jahre. Die Güterqualität wurde ebenfalls normativ vorgegeben. Da der Trabbi wenig Benzin verbrauchen und langlebig sein sollte, erhielt er einen Zweitaktmotor und eine Plastikkarosserie.

Und natürlich sind auch hier zahlreiche Mischformen von Produktionsmöglichkeiten denkbar, die im Rahmen einer Normierung stattfinden können. Die Produktion von Zahnbürsten kann komplett privat erfolgen, während die Herstellung von Nukleartechnik unter staatlicher Aufsicht steht. Wir in Deutschland überlassen es dem freien Angebot, wenn es um die Herstellung von Büroklammern, Kugelschreiber, Toilettenpapier oder Mülltüten geht. Anders sieht es in der Landwirtschaft aus. Da hiervon die Lebensmittelversorgung der Bevölkerung betroffen ist, sind wir uns nicht zu schade, Unsummen von Subventionen zu bezahlen, damit zum einen genug Essen auf den Tisch kommt und zum anderen eine Überproduktion (Butterberge und Milchseen) vermieden wird. Auch bei der Güterqualität hat der Staat als Vertreter der Wertegemeinschaft seinen Einfluss geltend gemacht. Im Rahmen der Rechte auf Gewährleistung muss ein Wirtschaftsgut qualitativ so hochwertig sein, dass es eine Lebensdauer von mindestens zwei Jahren erreicht. Die Möglichkeit, Güter generell zu verbieten, wird in Deutschland hingegen kaum als politische Option wahrgenommen. Wir würden uns vermutlich viel ersparen, wenn es keine Drogen, keine Zigaretten, keinen Alkohol, keine opportunistischen Tageszeitungen, keine Kinder verdummende Unterhaltungselektronik, keine Waffen gäbe. Dies ist einfach eine Frage der inhaltlichen Ausgestaltung des normativen Überbaus.

15.2.3.1.3 Güterverteilung

Hier wird die Frage behandelt, wie der Austausch bzw. die Verteilung von Gütern zwischen den Wirtschaftssubjekten organisiert wird. In der Marktwirtschaft koordiniert der Markt die individuellen Pläne. Das heißt zum ersten, dass jeder mit jedem jedes beliebige Wirtschaftsgut tauschen kann. Es herrscht, normativ gesprochen, komplette Freiheit vor. Und es heißt zweitens, dass man nur tauschen kann, wenn man im Gegenzug einen Tauschgegenstand besitzt oder einen gesuchten Dienst anbieten kann. Der marktwirtschaftliche Austausch funktioniert also nach dem Leistungsprinzip. Hat jemand über eine Eigenleistung Tauschgegenstände hergestellt oder Geld durch eine Tätigkeit verdient, kann er an der Güterverteilung teilnehmen. Leistungsunwillige oder Leistungsunfähige laufen dann Gefahr, zu verarmen. Der normative Hintergrund geht in so einem System von einer absoluten Eigenverantwortlichkeit aus. Dadurch, dass die Güterverteilung über Angebot und Nachfrage erfolgt, besteht ein grundsätzliches Überlebensrisiko, wenn man kein Angebot herzustellen vermag.

Das Gegenteil zum Leistungsprinzip ist das der Bedürftigkeit. Wenn jemand nicht in der Lage ist, sich am Marktprozess zu beteiligen bzw. wenn er nur über eine geringe oder gar keine Kaufkraft verfügt, läuft er Gefahr zu verarmen oder sogar zu verhungern. In der reinen Planwirtschaft sichert er sich demgegenüber über staatliche Verteilungsprozesse (Bedürftigkeitsprinzip) die materiellen Existenzsicherungsgrundlagen. Das normativ verankerte Kollektiv entscheidet über die Verteilung der Güter und universalisiert den wirtschaftlichen Existenzanspruch. Es steht normativ betrachtet die gerechte Güterverteilung im Vordergrund. Das bedeutet, dass die Wertegemeinschaft jedem Mitglied ermöglicht, ohne Gegenleistung, materiell zu überleben. Natürlich sind auch hier alle erdenklichen Mischformen möglich. Zum einen lassen wir in Deutschland zu, dass Fahrräder, Brot, Käse, Handys etc. beliebig miteinander getauscht werden dürfen, zum anderen beschränken und kontrollieren wir Tauschvorgänge bei der Stromversorgung, der Wasserwirtschaft, der Gesundheit, der Landesverteidigung, der Alterssicherung etc.

15.2.3.1.4 Preis- und Lohnbildung

Auch der Preisbildungsprozess ist normativ relevant. Gilt in einer Wertegemeinschaft die Norm, dass man mit materiellen Gütern möglichst sparsam umgehen soll, macht es Sinn, Marktpreise als Institution zuzulassen. Preise, die sich ständig verändernden Angebots- und Nachfragemengen anpassen, beugen Verschwendung vor und zeigen die Güterknappheit relativ genau an. Allerdings können Marktpreise soziale Probleme verursachen. Dadurch, dass sich der Preismechanismus nach Angebots- und Nachfragemengen richtet, nach den Produktionskosten, nach der Saison etc. und nicht nach sozialen oder philosophischen Kriterien, entstehen soziale Schieflagen. Der eine kann sich beispielsweise eine exzellente (teure) Schul- und Hochschulbildung leisten und dadurch ein hohes Qualifikations- und Einkommensniveau erreichen, während sich der andere lediglich einen niedrigen (billigen) Ausbildungslevel leisten kann. Normative Vorstellungen wie Bildung als ein Grundrecht für jeden bzw. Chancengleichheit bleiben bei Marktpreisen außen vor.

Sollen Preise nicht Knappheit oder Wirtschaftlichkeit, sondern Gerechtigkeit, soziale Nützlichkeit zum Ausdruck bringen, folgen sie dem normativen Leitbild der jeweiligen Wertegemeinschaft. In diesem System werden Preise administriert. Lebensnotwendige Güter sind dann so billig, dass sie sich jeder leisten kann. Luxusgüter, die im Prinzip überflüssig sind, dürfen hingegen durchaus teuer sein. Güter, die für ein menschenwürdiges Leben nötig sind, müssen erschwinglich sein. Außerdem sollen Preise sozial ausgewogen sein und auf diese Weise Gerechtigkeit verkörpern. Andererseits kann die Etablierung einer gerechten Preisstruktur zu Lasten der Allokationseffizienz gehen.

Der Preis für Arbeit heißt Lohn bzw. Gehalt. Hier gilt im Prinzip das Gleiche wie im Fall der allgemeinen Preisbildung. Hat sich jemand eine hohe (knappe) Qualifikation erworben, ist das zu erzielende Gehalt meistens relativ hoch. Kann jemand relativ wenig oder gibt es viele andere mit der gleichen Qualifikation, ist der Lohn tendenziell niedrig. Dabei nimmt der Marktprozess keine Rücksicht auf normativ übergeordnete Werte. Es kann wie im Wachdienst passieren, dass Menschen für drei Euro Stundenlohn arbeiten müssen, um überhaupt ein Einkommen erzielen zu können. Der Marktmechanismus kennt kein Gewissen. Andere wurden von ihren bildungsfernen Eltern schulisch nie gefördert, sodass sie als Schulabbrecher keine berufliche Zukunft haben. Will eine Wertegemeinschaft hingegen die soziale Komponente der Arbeit im Rahmen arbeitsteiligen Produzierens hervorheben oder wird Arbeit als Menschenrecht deklariert, wird der Lohn von der Normgemeinschaft festgelegt. In solchen Systemen wird dann über Mindestlöhne diskutiert oder über maximal zu akzeptierende Einkommensunterschiede etc. Oft führt dies zu einer Nivellierung von Einkommen, so wie dies in den ehemals sozialistischen Volkswirtschaften zu beobachten war.

15.2.3.1.5 Rolle des Staats

Eine weitere Möglichkeit, wirtschaftliche Vorgänge moralisch zu normieren, bezieht sich auf die Institution Staat. Dabei kommt derselbe in verschiedener Form vor, als Bundesland, Kommune, Körperschaft öffentlichen Rechts mit hoheitlicher Befugnis etc. Im übertragenen Sinn stellt der Staat nichts anderes dar als das Plenum einer Wertegemeinschaft. In einem rein marktwirtschaftlich organisierten System, das von vollkommener Freiheit und vollkommener Verantwortung ausgeht, spielt der Staat rein theoretisch überhaupt keine Rolle. Alles ist den Akteuren und den von ihnen begründeten Institutionen überlassen. In einem rein planwirtschaftlich organisierten System, das von vollkommener Gleichheit geprägt sein kann, spielt der Staat hingegen eine überragende Rolle. Im Extremfall ist hier die Wirtschaft komplett verstaatlicht. Im Folgenden werden vier Institutionen des Staates behandelt, die als zentral bei der Aufgabe anzusehen sind, wirtschaftliche Vorgänge zu normieren: fiskalisches Ausgabensystem, fiskalisches Einnahmensystem, Interventionssystem und Wirtschaftsrecht.

Ausgabensystem

Dadurch, dass der Staat für bestimmte Bereiche, in bestimmter Höhe Geld für bestimmte Personen ausgibt, ist er in der Lage, normative Werte wirtschaftlich zur Geltung zu bringen. Wenn er bzw. das Plenum der Wertegemeinschaft es für falsch hält, dass Menschen verarmen oder verhungern, gewährt er ihnen Sozialhilfe oder Wohngeld. Ausgaben können dabei in vielfältiger Form auftreten, als Sozialleistung, als Subvention, als öffentliches Gut etc.

Durch Bereitstellung öffentlicher Güter stellt er wirtschaftliche Gleichheit zwischen den Akteuren her, da niemand vom Konsum eines öffentlichen Gutes ausgeschlossen werden kann. Es gilt das Nichtausschlussprinzip bzw. herrscht Nichttrivialität im Konsum. Jeder darf ins Krankenhaus bei Krankheit oder Unfall gehen, jeder darf eine Schule besuchen, jeder darf mit dem Auto über die Autobahn fahren, jeder wird im Verteidigungsfall von der Bundeswehr beschützt. Im Extremfall gibt es in einem Staat ausschließlich öffentliche Güter als Ausdruck kompletter Gleichheit. Und selbstverständlich ist jede erdenkliche Mischform zwischen privaten und öffentlichen Gütern möglich, je nach normativer Grundlage und Ausgestaltung.

Subventionen (lat. „zu Hilfe kommen") sind Beihilfen, die ohne konkrete Gegenleistung gewährt werden und die sich auf Konsumenten wie Investoren beziehen können. Wenn ein Gemeinwesen aus normativen Gründen z. B. kulturelle Errungenschaften wie Theater- und Opernhäuser, Jugendsport, Jugendhäuser, Schwimmbäder, Büchereien, Brauchtum etc. erhalten will, kann es subventionieren. Wenn es will, dass politische Entscheidungen demokratisch gefällt werden, kann es politischen Parteien finanziell unter die Arme greifen. Aber auch Unternehmen können gefördert werden, indem sie Fördergelder, Bürgschaften, zinslose Darlehen beantragen können. Der Bergbau wurde z. B. in Deutschland über Jahrzehnte hinweg gefördert, weil sonst ganze Regionen in kurzer Zeit zu verarmen drohten. Ähnlich liegt der Fall in der Landwirtschaft. Das Sterben der Höfe konnte durch Subventionszahlungen zumindest verringert werden. Die Bauern sichern so die Nahrungsmittelgrundlage und kümmern sich um die Erhaltung der natürlichen Fluren.

Sozialleistungen sind Maßnahmen, die der Sicherung des Lebensunterhalts dienen und somit ein wichtiger Teil der staatlich organisierten Einkommensumverteilung sind. So sichert die Sozialhilfe individuelle Not ab. Wohngeld hilft einkommensschwachen Haushalten, angemessen zu wohnen. Bafög hilft Jugendlichen und jungen Erwachsenen aus einkommensschwachen Familien, sich eine gute Berufsausbildung finanzieren zu können. Generell dienen alle Formen des Ausgabensystems im Rahmen des Normierungsmodells der Transmission wirtschaftlich übergeordneter Werte in die wirtschaftliche Praxis.

Interventionen sind strukturelle oder fallweise Eingriffe des Staates, die oft eng vernetzt mit dem Ausgabensystem sind, da sie meist mit finanziellen Aufwendungen verbunden sind. Interventionen können viele Formen annehmen: Regulierungsmaßnahmen, temporäre Finanzhilfen, Maßnahmen für Notsituationen etc.

Einnahmensystem

Die normative Dimension des staatlichen Einnahmensystems schlägt sich in der Frage nieder, wer welche Steuern in welcher Höhe an die Wertegemeinschaft zu zahlen hat. Die Frage nach dem Wer bezieht sich auf den Personenkreis, der überhaupt zur Finanzierung gemeinschaftlicher Aufgaben herangezogen werden soll. Meistens ist es so, dass der, der viel hat, auch viel bezahlt. Schwache Mitglieder müssen sich hingegen nicht an den Lasten beteiligen. Die Wahl der Steuerart bestimmt erneut den Personenkreis der Steuerpflichtigen, allerdings spielt das Einkommen hier nicht die entscheidende Rolle. Wer konsumiert muss Mehrwertsteuer zahlen, unabhängig davon, ob er ein Millionär oder ein ALG II-Empfänger ist. Wer Auto fährt, muss Mineralölsteuer zahlen, wer gern raucht, muss Tabaksteuer zahlen etc. Die Steuerart lässt einen gewissen normativen Rückschluss zu. Oft wird eine Steuer in einem Bereich erhoben, den man aus normativer Sicht eher eindämmen statt ausweiten möchte, wie im Fall der Tabaksteuer, Mineralölsteuer, Vergnügungssteuer, Steuer auf Glücksspiel, Branntweinsteuer etc. Und drittens hat natürlich auch die Höhe der Steuer einen normativen Effekt. Die Höhe des Steuersatzes bringt zum Ausdruck, wie stark eine Person bzw. ein Betrieb im Vergleich zu einer anderen Person bzw. anderem Betrieb belastet werden soll (Lohn-, Einkommen-, Gewerbeertrag-, Körperschaftsteuer etc.). Zudem bringt das Steueraufkommen in absoluter Höhe die normative Relevanz eines Bereiches zum Ausdruck. Die größten Einnahmen erzielt der Staat über die Lohnsteuer (nicht selbstständige Arbeit), Einkommensteuer (Vermögen), Umsatzsteuer (Konsumenten und Investoren) und Mineralölsteuer (Autofahrer).

Neben Steuern als Haupteinnahmequelle erzielt der Staat auch Einkünfte über Gebühren, Beiträgen und Zöllen. Steuern dienen als fiskalische Eingriffe in den Wirtschaftsablauf in normativer Hinsicht mehreren Zielen. Durch Steuereinnahmen können öffentliche Güter und Dienstleistungen (Straßen, Schulen, Bibliotheken, Krankenhäuser, innere und äußere Sicherheit etc.) bereitgestellt und somit der gesamten Öffentlichkeit zur Verfügung gestellt werden. Dadurch findet eine Nivellierung der Schwankungsbreite von Privat- und Kollektiveigentum statt. Wenn z. B. ausreichend öffentliche Schulen vorhanden sind, kann jeder Jugendliche in den Genuss von Bildung kommen, unabhängig davon, ob sich die Eltern Bildung leisten können oder nicht. Zum zweiten eignen sich Steuern zur Umverteilung von Einkommen. Das deutsche Steuersystem ist progressiv ausgestaltet, was dazu führt, dass Bezieher hoher Einkommen überproportional zur Finanzierung öffentlicher und somit normativer Aufgaben herangezogen werden. Eine dritte Funktion von Steuern ist die allokative. Wenn es Branchen, Personengruppen oder Regionen schlechter geht als anderen, kann man diese geringer oder die anderen Bereiche stärker besteuern.

Wirtschaftsrecht

Auch über die rechtliche Schiene kann der Staat intervenieren, um moralische Werte und Normen zu verwirklichen. Jedoch haben wir bereits im Teil 1 festgestellt, dass Moral und Recht miteinander verwandt, aber nicht identisch sind. Im Idealfall stimmen sie inhaltlich und formal (z. B. Sanktionierung) komplett überein. In der Realität findet nur eine partielle Übereinstimmung statt, und zwar sowohl bei den Inhalten wie bei den Sanktionen. Wenn der Staat im BGB regelt, dass ein 13-jähriges Kind lediglich beschränkt geschäftsfähig ist und deshalb nur mit Einwilligung der Eltern ein Handy kaufen kann, so dürfte dies der allgemeinen Moralvorstellung entsprechen. Die Konsequenzen können jedoch unterschiedlich ausfallen. Rechtlich betrachtet ist der Handykauf als schwebend unwirksames Rechtsgeschäft aufzufassen. Wenn die Erziehungsberechtigten die Einwilligung verweigern, wird es passieren, dass der Handyverkäufer den Kaufpreis rückerstatten muss, selbst wenn das 13-jährige Kind das Handy mittlerweile beschädigt hat. Moralisch ist die Folge offen. Der Verkäufer sieht seinen Fehler von sich aus ein und zahlt das Geld zurück. Es kann aber auch passieren, dass die Eltern das Kind bestrafen, weil es eigenmächtig ein Handy erworben hat, welches es zu allem Überdruss auch noch selbst beschädigt hat.

Trotz nicht vorhandener Identität von Recht und Moral stellt das Rechtssystem eine übergeordnete wirtschaftliche Institution dar, die normativ wirkt. Die Entstehung von Wirtschaftsgesetzen findet auf der Basis von Moralnormen statt. Wenn wir fairen Wettbewerb zwischen Unternehmen wollen, aber feststellen, dass sich einige heimlich wettbewerbsverzerrend absprechen, begründen wir das Gesetz gegen unlauteren Wettbewerb. Wenn wir wollen, dass die Kapitalgeber (Aktionäre) eines Unternehmens rechtzeitig von der wirtschaftlichen Verschlechterung desselben unterrichtet werden müssen, dies aber nicht tun, begründen wir entsprechende Paragrafen im Aktienrecht. Ähnlich ist die Lage bei den möglichen Folgen eines solchen Fehlverhaltens. Während das Wettbewerbsgesetz Geldstrafen vorsieht, äußert sich der Unmut der Konsumenten in einem Käuferstreik. Letztlich sind wirtschaftsrechtliche Paragrafen material geronnene Moralnormen, die als Institutionen normative Werte und Regeln wirtschaftlich integrieren und beeinflussen.

15.2.3.2 Mesoebene: Corporate Governance

Mit der Mesoebene ist die von Körperschaften privaten/öffentlichen Rechts gemeint, also jene von Unternehmen, Stiftungen, Wohlfahrtsverbänden, Gewerkschaften, Vereinen etc. Unter dem Begriff Corporate Governance versteht man „… den rechtlichen und faktischen Ordnungsrahmen für die Leitung und Überwachung eines Unternehmens"[31]. Dieser Ordnungsrahmen (vgl. hierzu Corporate Governance Kodex Deutschland) wurde geschaffen, um das im Prinzip moralische Vertrauen in Körperschaften zu stärken, indem körperschaftseigene Leitlinien opportunistisches, unmoralisches Verhalten vermeiden sollen. „Einer McKinsey-Studie zufolge sind 84 Prozent der 4.238 befragten CEOs aus 116 Ländern der Meinung, Unternehmen sollten eine Balance zwischen ihrer Verantwortung gegenüber den Shareholdern und der Gesellschaft herstellen (vgl. McKinsey 2006)."[32] Der Begriff Corporate Governance ist nicht einheitlich definiert, ich greife im Folgenden zentrale Bereiche heraus, die sich auch auf Körperschaften beziehen, die nicht börsennotiert sind. Der deutsche Begriff für Corporate Governance lautet Unternehmensverfassung.

Was in angelsächsischen Ländern oft im Rahmen der Corporate Governance Literatur abgehandelt wird, geht in Deutschland zum Teil schon in den Bereich der Unternehmensethik über. Ein hierbei bekanntes Beispiel ist die „Governanceethik" von Josef Wieland. Er subsumiert unter dem Begriff der Governance „moralische Ressourcen, Regeln, Werte und Kommunikation" bzw. „formale und informale Ordnungen zur Steuerung von Abläufen in einem System oder einer Organisation"[33]. Darüber hinaus geht er davon aus, „dass eine Wirtschafts- und Unternehmensethik nur aus einer theoretischen Neuformierung als interdisziplinäres Forschungsprogramm entstehen kann, da weder ökonomische Theorie noch philosophische Ethik in der Lage sind, moralische Fragestellungen mit der theorieeigenen Methodik und unter der Berücksichtigung der Erkenntnisse der jeweils anderen Disziplin zu beantworten"[34]. Hier wird, wie an vielen anderen Stellen auch, erneut der Ruf nach einer integrativen Wissenschaft laut.

15.2.3.2.1 Leitbild

Jede Körperschaft muss in einem ersten Schritt ihre übergeordneten Ziele definieren. Diese reichen, je nach normativem Fundament, in ihrer Reinform von der Autofokussierung der Körperschaft, bei Wettbewerbsunternehmen der Gewinnmaximierung einerseits, bis zur Reinform einer sozialen Ausrichtung, bei Stiftungen, Vereinen, NGOs der Wohlfahrtsmaximierung andererseits. Zurzeit stellen wir fest, dass immer mehr Unternehmen zu einer Mischform übergehen. Sie verstehen sich zwar nach wie vor als gewinnorientierte Gebilde, deren Selbstverständnis sich allerdings mehr und mehr in Richtung corporate citizenship verschiebt, die sich also zugleich ihrer gesellschaftlichen Verantwortung bewusst sind. Die konkrete Zielsetzung einer Körperschaft lässt somit erkennen, ob ihr ein Shareholder- oder ein Stakeholder-Ansatz zu Grunde liegt. Beim ersten Ansatz erfolgt die Ausrichtung auf die Interessen der Eigentümer, beim zweiten auf die aller Personengruppen, die im Umfeld der Körperschaft zu berücksichtigen sind.

Als Stakeholder kommen neben Eigentümern und Unternehmensleitung das Aufsichtsgremium, die Mitarbeiter, die Kunden, die Lieferanten, die Standortgemeinde, die Kreditinstitute, die Allgemeinheit in Frage.

Die Zielsetzung einer Körperschaft bzw. eines Unternehmens wird oft in ihrem Leitbild formuliert. Solche Leitbilder geben die fundamentalsten und allgemeinen Ideen von Unternehmen hinsichtlich anvisierter Ziele und Zweckvorstellungen wider bzw. „sie spiegeln Werte, Normen und Ideale des Unternehmens wider" (Knassmüller, S. 13). „[Leitbilder müssen] so konkret sein, dass sie als Grundlagen für die Ableitung strategischer Pläne dienen können. Sie bringen somit die Unternehmensphilosophie, Normen und Werte sowie den Unternehmenszweck zum Ausdruck."[35]

Leitbilder stellen normativ betrachtet die Quintessenz der zu Grunde liegenden Werte dar und üben mehrere Funktionen aus. Sie geben den Verhaltensrahmen vor, sie klären auf, sie schaffen Identität, sie erzeugen Loyalität und Motivation, sie bewirken Vertrauen, sorgen für Transparenz. Je präziser Ziele und Werte beschrieben und kontrolliert werden, umso nachvollziehbarer und vertrauensvoller wird die Körperschaft wahrgenommen. Fallen Anspruch und Wirklichkeit hingegen auseinander, ist die aufgebaute Reputation schnell verloren. Dies zeigt jüngst das Beispiel von Amazon. Vor allem im deutschsprachigen Raum sind Leitbilder folgendermaßen aufgebaut[36]: Die Präambel dient der Einführung und gibt meist die Gründe zur Entwicklung eines Leitbildes wieder. Danach wird mit Hilfe der Aufgaben des Unternehmens seine Existenzberechtigung begründet. Im Rahmen der Unternehmensziele werden Ziele konkretisiert und operationalisiert. Das Leistungskonzept bringt die Organisations- und Kontrollstrukturen zum Ausdruck. Die Verhaltensgrundsätze der Agenten der Körperschaft runden das Leitbild ab.

15.2.3.2.2 Führungsprinzipien

Eine weitere korporative Institution, die wirtschaftsmoralisch bedeutsam ist, betrifft den Komplex der Führung. Darunter versteht man im weiteren Sinn den gesamten „Prozess der betrieblichen Leistungserstellung und -verwertung …, dass das oder die Unternehmensziele auf höchstmöglichem Niveau erreicht werden"[37]. Bei der Führungsproblematik im engen Sinn geht es um die Frage, wer welche Entscheidungsbefugnisse über welche Entscheidungsbereiche hat, nach welchen Regeln entschieden wird und inwieweit Mitarbeiter bzw. untergeordnete Arbeitsgruppen in den Prozess der Entscheidungsfindung eingebunden werden etc. Führung in diesem Sinn geht schon sehr stark in den Bereich der Personalführung über. Aus der Vielzahl von Führungsbereichen greife ich zwei heraus, den des Führungsstils und jenen der Führungsorganisation, um die normative Relevanz dieser Institutionen zu erläutern.

Führungsstil

Nach Tannenbaum/Schmidt[38] lassen sich sieben Führungsstile unterscheiden: autoritär, patriarchalisch, informierend, beratend, kooperativ, delegativ, teilautonom. Der autoritäre Führungsstil, der die Entscheidungsbefugnis auf eine Person oder einen kleinen Personenkreis beschränkt und der ohne Konsultationen der Mitarbeiter auskommt, wird normativ von den Werten Hierarchie, Gehorsam und Funktionalisierung getragen. Beim beratenden Führungsstil informiert der Vorgesetzte die Mitarbeiter, bevor er eine Entscheidung trifft, und holt sich deren Ratschläge ein. Hier stoßen wir auf Werte wie Gemeinschaftlichkeit, Transparenz, Kommunikationsbereitschaft und Kooperation.

Beim kooperativen Führungsstil entwickelt ein Mitarbeiter oder eine Arbeitsgruppe im Vorfeld einer Entscheidung Vorschläge, wobei der Vorgesetzte die von ihm präferierte Alternative auswählt und umsetzt. Hier treten zusätzliche Werte wie Delegation, Vertrauen und Kooperation zu Tage. Beim teilautonomen Führungsstil wird die Entscheidung einem einzelnen Mitarbeiter oder einer Arbeitsgruppe übertragen. Der Vorgesetzte fungiert nur noch als Koordinator, der den Großteil der Willensbildung den Mitarbeitern überlässt. Hier stoßen wie auf Werte wie Eigenverantwortlichkeit, Gleichberechtigung und Fachkompetenz.

Führungsorganisation

Unter einer delegativen Führungsorganisation (Management by Delegation) „versteht man eine Übertragung von Rechten und Pflichten, insbesondere von Aufgaben, Kompetenzen und Verantwortung. Im Gegensatz zur kooperativen Führung arbeiten Führungskräfte und Mitarbeiter … unabhängiger und selbstständiger"[39]. Getragen wird eine solche Form von Werten wie Vertrauen, individueller Fachkompetenz, gegenseitigem Respekt etc. Beim zielorientierten Führungskonzept (Management by Objectives) geht es unter Zuhilfenahme von gegenseitigen Zielvereinbarungen zwischen Leitung und Mitarbeiter darum, die Ziele der Körperschaft zu erreichen bei Minimierung von Interessenskonflikten. Den normativen Hintergrund dieser Führungstechnik wird in erster Linie ein hohes Maß an Selbstverantwortung bilden, Reziprozität und individuelle Leistungsbereitschaft. Bei der wertorientierten Führung geht es darum, in der Weise auf die ganze Persönlichkeit eines Mitarbeiters einzugehen, dass dieser den Sinn seiner Arbeit erfährt und sich darauf zufrieden und motiviert mit ihr und seiner Körperschaft identifiziert. „Werteorientierte Führung versucht, das Ziel-Anspruchsniveau der Mitarbeiter zu beeinflussen, ihre Werte und Motive zu heben. Es wird eine Veränderung von Bedürfnissen und Präferenzen der Mitarbeiter angestrebt."[40] Hier stehen Werte wie individuelle Persönlichkeitsentwicklung, Humanität, seelische Identität im Vordergrund.

15.2.3.2.3 Mitbestimmung

Mitbestimmung bedeutet, dass die Arbeitnehmer bestimmte Rechte erhalten, sich an betrieblichen Entscheidungen zu beteiligen. Solche Rechte können sich auf den Erhalt von Informationen, auf die Beteiligung an bestimmten Unternehmensprozessen oder auf das Ausüben von Widersprüchen etc. beziehen. Der Normierungsrahmen der Mitbestimmung kann dabei natürlich sehr umfangreich sein. Er reicht von der weitgehenden Machtlosigkeit der Arbeitnehmer in der reinen Marktwirtschaft bis zur, zumindest theo-

retisch, kompletten Machtfülle (Stichwort Kollektiveigentum) in der reinen Planwirtschaft. In Deutschland stoßen wir im Rahmen der Sozialen Marktwirtschaft auf ein relativ hohes Maß an Mitbestimmung, denken wir an die Rechtsquellen des Mitbestim-
mungsgesetzes oder des Betriebsverfassungsgesetzes.

Die Fortentwicklung der Rechtsnormen oben genannter Rechtsquellen zeigt dabei zugleich das sich im Hintergrund abspielende Ringen um den richtigen moralischen Kurs.
Bestimmte Gruppen sind der Meinung, dass die Mitbestimmung reduziert werden sollte,
da sie als Faktor im globalisierten Wettbewerb einen Nachteil darstellt. Andere wollen
sie mit dem Argument intensivieren, dass die Konsumenten auf Dauer nicht nur preisgünstige, sondern auch menschenwürdig hergestellte Güter haben wollen. Einige halten
es für ausreichend, dass im Aufsichtsrat Arbeitnehmervertreter sitzen, die zum Wohl der
Belegschaft den Vorstand mitkontrollieren. Andere halten dies aus Sicht einer tatsächlichen Arbeitnehmervertretung für überhaupt nicht ausreichend: „Wie will der Aufsichtsrat etwa der Bestechung von Betriebsratsmitgliedern nachgehen, wenn die Schmiergeld-
empfänger im Kontrollgremium sitzen?"[41] Die einen sehen in der Mitbestimmung keinen Interessenskonflikt zur Unternehmensführung, die anderen sehr wohl, da sich die
Belegschaft in der Regel zu sehr an ihren eigenen Belangen ausrichtet.

15.2.3.2.4 Citizenship

Eine weitere körperschaftsspezifische Institution bildet das „corporate citizenship", was
übersetzt so viel bedeutet wie das Engagement einer Körperschaft als Teil der Bürgerschaft. „Das zugrunde liegende Modell einer ‚assoziativen Bürgergesellschaft' geht von
einem kooperativen Verhältnis zwischen Bürgern, Staat und Unternehmen aus, die –
idealtypisch betrachtet – ihre jeweiligen Ressourcen sowie Fähigkeiten gemeinwohlori-
entiert in den sozialen und politischen Prozess einbringen".[42] Der Primat des Handelns
ist somit außerökonomisch bzw. gesellschaftlich bestimmt.

Das Selbstverständnis der Körperschaft bildet sich nicht aus wirtschaftlichen Überlegungen heraus, sondern entsteht aus der „gesellschaftspolitisch geführte(n) Debatte um
Rechte und Pflichten einzelner Akteure der Zivilgesellschaft"[43].

Corporate Governance transportiert Normativität auf verschiedenen, teils vorher
schon behandelten Ebenen wie der der Zielsetzung, von Führungsprinzipien, der Mitbestimmung etc. Die Frage stellt sich nunmehr, was den Ansatz des Citizenship im Kern
und in der Abgrenzung zu diesen anderen Ebenen eigentlich ausmacht. Im Prinzip weitet
sich beim Corporate Citizenship der Blickwinkel hin auf die politische Totale. Citizenship versteht sich als Gesellschaftsvertrag, in dem normative Aufgaben und Rollen
(neu) verteilt und definiert werden. Die Körperschaft übernimmt z. B. konkret ihre Verantwortung in der Weise, indem sie mit Spenden Projekte unterstützt, die üblicherweise
im Handlungsfeld der öffentlichen Hand gelegen haben. Corporate Citizenship bedeutet
außerdem, dass eine Demokratisierung von gesamtgesellschaftlichen Aufgaben stattfindet. Körperschaften arbeiten freiwillig und zielrelevant mit öffentlichen Trägern zusammen, indem sie z. B. den Bau eines Kindergartens oder eines Stadtparks mitgestalten.

Citizenship wird „demokratietheoretisch angesetzt, nämlich als Rechte und Pflichten des Unternehmens als moralisch proaktiver kollektiver Bürger"[44].

15.2.3.2.5 Vergütungssystem

Auch Vergütungssysteme in Unternehmen stellen normative Institutionen dar, weil sie in der Lage sind, neben rein wirtschaftlichen auch soziale und moralische Werte abbilden und umsetzen zu können. Es ist sogar zu vermuten, dass die rein wirtschaftliche Ableitung der Vergütung einer rein wirtschaftlichen Produktivleistung nicht möglich ist. Mit dem Begriff des Vergütungssystems ist das Ansinnen eines Unternehmens zu verstehen, jedem Einzelnen den pekuniären Teil zukommen zu lassen, der dessen Arbeitsleistung entspricht. So verdiente der CEO einer Aktiengesellschaft in den USA früher vielleicht das Zehnfache des durchschnittlichen Entgelts seiner AG, heute zum Teil das Hundertfache. Haben sich die Arbeitsleistungen im gleichen Verhältnis entwickelt? Ist es denn überhaupt objektiv möglich, Arbeitsleistungen perfekt miteinander zu vergleichen? Vermutlich nein, weswegen die Entlohnung an wirtschaftlichen Größen durch normative Kriterien real ergänzt wird und theoretisch werden muss.

Es gibt demzufolge kaum Vergütungssysteme, bei denen nicht irgendwann die Gerechtigkeitsfrage gestellt wird. Diese Frage kann sich auf verschiedene Ebenen beziehen. Ist die allgemeine Lohn- bzw. Gehaltsstruktur in einem Unternehmen gerecht? Wie werden Beschäftigte gerecht am Gewinn beteiligt? Haben alle Beschäftigten einen Anspruch auf Bonuszahlungen und wenn ja in welcher Höhe? Warum gelten Aktienoptionspläne nur für Führungskräfte? Hat jeder Beschäftigte den gleichen Anspruch auf eine betriebliche Altersvorsorge? Warum erhalten einige geldwerte Vorteile und andere nicht? Die Gerechtigkeitsfrage taucht vor allem deshalb auf, weil der Betriebserfolg bzw. Unternehmensgewinn oft von vielen Menschen gemeinsam erzielt wird. Sobald allerdings die soziale Dimension menschliche Tätigkeit erreicht, treten fast automatisch normative Vorstellungen und Gefühle hinzu. Der Grund dafür liegt darin, dass letztlich jeder Mensch bzw. jeder Beschäftigte „irgendwie" gleichberechtigt behandelt werden will.

15.2.3.2.6 Transparenz

Bei der Institution Transparenz geht es um die wirtschaftsmoralische Frage, welche Informationen, sowohl nach innen wie vor allem aber nach außen, mit welcher Informationsintensität vom Betrieb weitergegeben werden. Wenn ein Betrieb totale Transparenz schafft, kann man davon ausgehen, dass er nichts zu verbergen hat und sich normativ korrekt verhält. Verschleiert eine Körperschaft bestimmte Information oder hält sie für die Öffentlichkeit wichtige Informationen sogar bewusst zurück, liegt die Vermutung nahe, dass normatives Fehlverhalten vorliegt. Andererseits muss und kann nicht jeder einzelne Sachverhalt, der in einer Körperschaft stattfindet, an die Gesellschaft oder Bürgerschaft weitergegeben werden. Dies wäre zu zeit- und kostenaufwändig. Transparenz heißt also, die Bereiche festzulegen und praktisch umzusetzen, wo die Wertegemeinschaft das normative Recht hat, informiert und aufgeklärt zu werden.

Transparenz, die in der Regel über Kommunikation realisiert wird, tritt in verschiedener Gestalt auf und bezieht sich auf unterschiedliche Bereiche im Unternehmen. Die Kommunikation zwischen Vorstand und Aufsichtsrat bzw. Vorstand und Abteilungsleitungen soll vollständig, effizient und sicher sein, sodass sie im Notfall jederzeit rekapituliert und nachgewiesen werden kann. Technisch ist dafür unter Umständen ein eigenes Document-Compliance-Management-System zu installieren. „Im Sinne guter Corporate Governance muss jederzeit nachvollziehbar sein, wer wann Zugang zu vertraulichen Dokumenten hat und diese editiert."[45] Der § 325 HGB regelt die Publizitätspflicht, wonach Kapitalgesellschaften und bestimmte Personengesellschaften ihre Jahresabschlüsse im Bundesanzeiger veröffentlichen müssen. Damit diese Jahresabschlüsse auch korrekt sind, d. h. von externen Sachverständigen geprüft wurden, dafür sorgt das Bilanzkontrollgesetz. Wenn ein Unternehmen einen Gewinnrückgang erwartet, muss es nach § 15 Wertpapierhandelsgesetz eine Gewinnwarnung aussprechen (Ad-hoc-Mitteilung), damit Insidervorteile minimiert werden. Wenn der Verdacht besteht, dass ein Arzneimittel eine Gefährdung für die Patienten darstellt, muss es nach dem Arzneimittelgesetz vom Markt genommen werden. Besteht der Verdacht, dass bei einem bestimmten Autotyp die Bremsen nicht perfekt funktionieren, gibt es eine Rückrufaktion, um die Kunden dieses Autotyps zu warnen (vgl. Produkthaftungsgesetz). Die hier aufgeführten Beispiele stellen nur eine kleine Auswahl an Fällen der Transparenzverpflichtung dar.

15.2.3.3   Mikroebene

Auch im rein privaten Wirtschaftsbereich (also Single-Haushalten und Familien) treffen wir auf Institutionen, die vom normativen Überbau durchdrungen sind. Sie beziehen sich auf Zielsetzung, Entscheidungsstruktur, Einkommenserzielung und Einkommensverwendung von Haushalten bzw. Familien. Als Anschauungsobjekt verwende ich das Normierungsmodell von Aristoteles und sein Werk der „Politik".

15.2.3.3.1   Zielsetzung

Jeder Haushalt verfolgt Ziele. Diese stammen, wirtschaftsmoralisch betrachtet, aus dem normativen Überbau des jeweiligen Haushalts. Das Zielspektrum reicht dabei von einer extrem wirtschaftlichen Orientierung (Tendenz Nutzenmaximierung) bis zu einer sehr moralischen Ausrichtung (Tendenz soziale Zielverfolgung wie Gerechtigkeit, Sicherheit, Freiheit etc.). Konkret bedeutet dies, dass es zum einen Familien gibt, für die Wohlstand/Reichtum die höchsten Ziele darstellen, zum anderen Familien, die sozialen Frieden und Gerechtigkeit bevorzugen.

Ich will die normative Durchdringung wirtschaftlicher Institutionen am Beispiel von Aristoteles demonstrieren. Zunächst bestimmt Aristoteles die beiden Ebenen von Haushaltszielen und bringt sie in eine Wertigkeit: „Es ist also klar, dass die Sorge des Hausvorstandes sich mehr auf die Menschen richtet als auf den toten Besitz, und mehr auf die

Vortrefflichkeit der ersteren als auf die Fülle des letzteren, die wir Reichtum nennen …"[46] Die Familie soll also mehr auf die (moralische) Entwicklung der Haushaltsmitglieder achten als auf den materiellen Besitz. Diese Wertigkeit stammt aus dem normativen Überbau. Einerseits erkennt Aristoteles die physische Bedürftigkeit des Menschen zwar an („ohne das Notwendige kann man weder leben, noch befriedigend leben"[47]), andererseits ist die Wirtschaft nur ein untergeordneter Zweck („Reichtum aber ist nichts anderes als eine Menge von Werkzeugen für die Haus- und Staatsverwaltung"[48]). Die übergeordneten Zwecke des Menschen sind laut Aristoteles die Moralität und die soziale Gemeinschaft: „Denn das ist den Menschen vor den anderen Lebewesen eigen, dass sie Sinn haben für Gut und Böse, für Gerecht und Ungerecht und was dem ähnlich ist. Die Gemeinschaftlichkeit dieser Ideen aber begründet die Familie und den Staat."[49] Gemäß Aristoteles soll jeder Mensch bzw. jeder Haushalt danach streben, friedlich mit sich und den anderen zusammen zu leben. Und aus diesem Grund befürwortet er die Haushaltungskunst (oikonomia) als zweckgebundene Erwerbslehre, während er die Chrematistik als entartete Erwerbslehre ablehnt. Man soll materielle Ziele für übergeordnete Zwecke einsetzen und nicht Reichtum seines selbst willen erstreben.

15.2.3.3.2 Entscheidungsstruktur

Die Haushaltsziele müssen einerseits durch geeignete Entscheidungen realisiert werden und zum zweiten, sofern es sich nicht um einen Single-Haushalt handelt, durch eine dementsprechende Entscheidungsstruktur herbeigeführt werden. Je nach normativem Überbau kann das eine Person allein sein, also der Ehemann und Vater im Patriarchat oder die Ehefrau und Mutter im Matriarchat, oder beide gemeinsam in einem wie auch immer gearteten Entscheidungsprozess (demokratisch, beratend, arbeitsteilig etc.).

Auch in diesem Bereich möchte ich Aristoteles aus systematischen Gründen zu Wort kommen lassen. Dabei fällt auf, dass die grundlegenden normativen Vorstellung von damals zu heute doch schon sehr stark differieren und nichts mit der persönlichen Meinung des Autors zu tun haben. Laut Aristoteles hat der Mann das (generelle wie wirtschaftliche) Sagen über die Frau: „Endlich verhält sich Männliches und Weibliches von Natur so zueinander, dass das eine … das Herrschende und das andere das Dienende ist."[50] Der Herrschaftsanspruch des Mannes leitet sich Aristoteles zu Folge daraus ab, dass der Mann vernunftbezogener ist als die Frau. „Denn was von Natur dank seinem Verstande vorzusehen vermag, ist ein von Natur Herrschendes"[51] bzw. „… das Weibliche hat es [das Vermögen zu überlegen] zwar, aber ohne die erforderliche Entschiedenheit …"[52]. Daraus ist zu schließen, dass bei Aristoteles die Entscheidungsstruktur extrem patriarchalisch geprägt war. Auch heutzutage wird die wirtschaftliche Entscheidungsstruktur von Haushalten von ihrem jeweiligen normativen Überbau bestimmt, sei es religiös, gesellschaftspolitisch, soziologisch oder politisch etc.

15.2.3.3.3 Einkommenserzielung

Jeder Haushalt bzw. jedes Individuum benötigt ein Einkommen, um sein Überleben zu sichern bzw. zu gestalten. In der Regel besteht das Einkommen aus Geld, in manchen Fällen kann es auch aus Sachgütern oder Dienstleistungen bestehen. Das Einkommen kann auf sehr unterschiedliche Weise erzielt werden. Dabei ist es immer so, dass jede Form der Einkommenserzielung nach moralischen Kriterien beurteilt wird. Moralisch verwerflich ist es z. B. fast überall auf der Erde, dass man seinen Lebensunterhalt durch Diebstahl, Raub, Erpressung, Nötigung, Betrug etc. bestreitet. Aber auch weniger eindeutige Formen werden von einer Mehrheit der Gesellschaft normativ oft abgelehnt, so wenn sich jemand prostituiert, wenn jemand billigste Arbeitskräfte ausbeutet, wenn jemand Computerspiele erfindet und vermarktet, die Jugendliche systematisch verdummen, wenn jemand schmuggelt, wenn jemand Dinge verkauft, die süchtig machen können etc. Im Rahmen des Normierungsmodells wird letztlich festgelegt, welche Formen der Einkommenserzielung moralisch akzeptabel und welche abzulehnen sind. Hier können ganz gezielt Tätigkeiten und Güter genannt werden, die den moralischen Wertvorstellungen, mehr oder weniger, nicht entsprechen.

Im aristotelischen System lassen sich die normativen Vorstellungen diesbezüglich sehr klar und gut nachvollziehen. Zunächst geht Aristoteles auf einige Beispiele ein. Nomaden sind „die trägsten Menschen"[53], da sie sich von den Tieren ernähren lassen, die sie lediglich von Weide zu Weide begleiten müssen. Moralisch akzeptabel sind hingegen Bauern, Fischer und Jäger, da sie auf natürliche Weise für Nahrung sorgen. Im weiteren Verlauf geht Aristoteles von den konkreten Formen seiner Erwerbslehre zu abstrakten Beurteilungskriterien über. Jeder Erwerb ist normativ erstens verwerflich, wenn er nicht der sittlichen und materiell notwendigen Entwicklung des Haushalts dient („naturgemäßer Reichtum"), sondern sich verselbstständigt. Wenn man als Schuster Schuhe herstellt, um aus dem Erlös Dinge anzuschaffen, die notwendig und natürlich für den Haushalt sind, dann verhält man sich moralisch korrekt. Verkauft man Schuhe im Rahmen des Händler- und Krämergewerbes, um Geld als solches zu erzeugen (nicht naturgemäßer Reichtum), dann ist dies moralisch abzulehnen, da die natürliche Zweckmäßigkeit verloren gegangen ist. Die gleiche Entartung erblickt Aristoteles im Gewerbe der Geldverleiher und Wucherer.

Jeder Erwerb ist normativ zum zweiten verwerflich, wenn er gegen das (natürliche) Maß verstößt, das im Rahmen der Haushaltungslehre vorgegeben ist. „Daher hat denn dieser Reichtum, der aus dieser Art Erwerbskunst kommt, kein Ende und keine Schranke … Wohl aber hat im Gegensatz zu ihr [der Erwerbskunst] die Haushaltungskunst eine Schranke, da die Sammlung von Reichtümern nicht ihre Aufgabe ist."[54] Die Erwerbskunst, die auf Verselbstständigung und Maßlosigkeit beruht, nennt Aristoteles Chrematistik. Diese ist generell abzulehnen, da sie nicht den normativen Primat, also den des Sittlichen festschreibt, sondern sich im Wirtschaftlichen entäußert und den Menschen als solchen aus den Augen verliert. „Es ist also klar, dass die Sorge des Hausvorstandes sich mehr auf die Menschen richtet als auf den toten Besitz, und mehr auf die Vortrefflichkeit der ersteren als auf die Fülle des letzteren …"[55]

15.2.3.3.4 Einkommensverwendung

Das moralisch zu Recht erworbene Einkommen wird nun für wirtschaftliche Güter ausgegeben. Und auch hier findet eine normative Differenzierung und Evaluierung statt. Moralisch akzeptabel finden wir es, wenn die Eltern Geld für die Ausbildung der Kinder zurücklegen, wenn die Familie Einkommen für ökologisch unbedenkliche Nahrungsmittel ausgibt, wenn der Kapitalanleger auf ethische Sparformen zurückgreift. Zum anderen stoßen wir uns daran, wenn einkommensschwache Eltern Geld für sinnlose Sachen ausgeben (Luxusgüter etc.), statt es in die Bildung der Kinder zu stecken, wenn aus Geiz an gesunden Lebensmitteln gespart wird, wenn Investoren ausschließlich nach Renditegesichtspunkten agieren, wenn gesundheitsschädliche Produkte erworben werden, wenn wir einen ökologisch bedenklichen Lebensstandard pflegen. Im aristotelischen Sinn soll man sein Geld so zweckgebunden ausgeben, dass es in erster Linie der sittlichen Weiterentwicklung der Mitglieder im Haushalt dient.

Auch auf anderen Feldern steckt Aristoteles Bereiche ab, die als eine Normierung wirtschaftlich relevanter Institutionen aufgefasst werden können. In der Nikomachischen Ethik spricht er von der Freigebigkeit als der normativen, idealen Mitte von Verschwendung und Geiz. Die Verschwendung ist moralisch abzulehnen, weil der Mensch dann zügellos und ausschweifend wird. „Verschwender ist, wer durch sich selbst zugrunde geht; die Zerstörung des eigenen Besitzes scheint eine Art von Selbstvernichtung zu sein …"[56]. Der Geiz ist moralisch abzulehnen, weil der Mensch habsüchtig und knauserig wird. „… der Geiz ist ein Mangel im Geben und ein Übermaß im Nehmen …"[57]. Das Ideal in normativer Hinsicht stellt die Freigebigkeit dar. Darunter versteht die Aristoteles die Tugend, im rechten Zeitpunkt, im rechten Maß, an die rechte Person etwas von seinem Vermögen abzugeben, ohne dabei Schmerz über den Verlust zu empfinden. Man soll mit Freude und Angemessenheit Teile seines Vermögens an andere geben. Hier schimmern sowohl der Grundgesetzartikel durch, wonach Eigentum verpflichtet sowie jedes religiös oder humanistisch motivierte Almosengeben. Im ethischen System von Aristoteles gibt es noch weitere Kernsätze, wie dass die Großartigkeit die Mitte zwischen Protzerei und Kleinlichkeit ist etc.

15.2.4 Situationsbezogene Normtransmission

Neben der Normierung wirtschaftlicher Institutionen kann auch eine Normierung wirtschaftlicher Situationen stattfinden. Situationen, unabhängig davon, ob es sich um wirtschaftliche, politische oder private handelt, weisen dabei folgende, immer wiederkehrende Merkmale auf: ein bestimmter Zeitpunkt oder Zeitabschnitt, ein bestimmter Ort, ein oder mehrere bestimmte Personen/Subjekte, ein oder mehrere bestimmte Objekte, Beziehungen zwischen Subjekten oder zwischen Subjekten und Objekten, Ereignisse zwischen Subjekten oder zwischen Subjekten und Objekten. Sowohl alle Einzelmerkmale einer Situation wie die Gesamtsituation als solche können normiert werden. Bei der situationsbezogenen Normtransmission geht es in erster Linie um wirtschaftliche Situa-

tionen, also um Situationen, in welche knappe Güter involviert sind und wo individuelles, eigennütziges Streben (in der Regel negativ) tangiert wird.

15.2.4.1 Zeit

Zeitorientierte Normierung bedeutet, dass zu einem bestimmten Zeitpunkt oder einer
bestimmten Zeitperiode das wirtschaftliche Handeln von Faktoren bestimmt wird, die
außerhalb der Sphäre des Wirtschaftlichen liegen. In dieser bestimmten Zeit gilt der
Primat des Normativen, was nicht selten dem Ziel des individuellen, eigennützigen,
wirtschaftlichen Maximierungsverhaltens zuwiderläuft. Es wird erwartet, dass mit dem
Eintritt eines bestimmten Zeitpunkts eine bestimmte wirtschaftliche Aktion ausgelöst
wird bzw. eine bestimmte wirtschaftliche Handlungsweise verbunden ist. Natürlich kann
diese Normtransmission auf allen drei Betrachtungsebenen stattfinden.

Auf der Mikroebene z. B. löst der Termin eines bestimmten Geburtstags von Person
A aus, dass A von anderen, meist ihr nahe stehenden Personen, mit Geschenken über-
häuft wird. In dieser Situation gewinnt der Beschenkte, während die, die schenken, einen
wirtschaftlichen Verlust in Form des Geschenkpreises erleiden. Genau gesagt erleiden
sie aber gar keinen Verlust, da es ihnen vor dem Hintergrund ihres normativen Überbaus
ein inneres Bedürfnis ist, andere an diesem Tag zu beschenken. Hinzu kommt, dass
solche Situationen durch Reziprozität gekennzeichnet sind. Der Beschenkte wird zum
Schenker, wenn dieser Geburtstag hat und umgekehrt. Man verzichtet als Schenker also
bewusst auf einen eigenen wirtschaftlichen Vorteil (man könnte sich ja auch selbst mit
dem Geschenk beschenken), um jemand anderen eine Freude (moralische Ebene) zu
bereiten. Und innerhalb einer Normgruppe (Familie, Freunde, Vereinskollegen) wird
diese Handlungsweise von allen übernommen, denn Normen und Werte müssen letztlich
mehrheitlich anerkannt werden. Auf der Mikroebene lassen sich selbstverständlich viele
Zeitpunkte und -abschnitte beobachten. So beschenkt man sich gegenseitig zu Namens-
tagen, Hochzeitstagen, Kennenlerntagen, Geburten von Kindern, Hauseinweihungsfes-
ten, Tauf-, Kommunion- und Firmterminen, Ostern, Weihnachten, Vater- und Muttertag,
bestandenem Schulabschluss/Abitur etc.

Auch auf der Mesoebene lässt sich die zeitorientierte Normierung feststellen. Von
Unternehmen wird z. B. erwartet, dass sie einen Tag der offenen Tür organisieren, um
interessierten Personen einen Einblick zu vermitteln. Zwar kostet so ein Tag das Unternehmen viel Geld, aus normativen Gründen heraus wird dies jedoch gern in Kauf genommen. Darüber hinaus gehört es zum guten Ton, dass ein Unternehmen an seinem
jährlich wiederkehrenden Gründungstag das Firmenjubiläum begeht und dabei zusammen mit der Belegschaft (mehr oder weniger spendabel) feiert. Im November bezahlen
deutsche Unternehmen ihren Mitarbeitern oft ein sogenanntes Weihnachtsgeld aus, damit diese zusätzliche Geldmittel für diverse Zwecke erhalten. Das kostet manches Großunternehmen zwar Millionenbeträge, wird in normativer Sicht aber als großzügige Geste
gewertet. Im Juli wird dementsprechend des Öfteren ein Urlaubsgeld ausbezahlt. Oder
ist ein Mitarbeiter schon lange im Betrieb, erreicht er z. B. die 25-jährige Betriebszuge-
hörigkeit, bekommt er einen bestimmten Geldbetrag oder sonst eine Vergünstigung.

Eine zeitorientierte Normierung findet schließlich auch auf der Makroebene statt. Wenn der Staat zu bestimmten Terminen Feiertage einrichtet, so dürfen die Unternehmen nicht Löhne und Gehälter ihrer Mitarbeiter kürzen, sondern müssen diese fortzahlen, obwohl die Mitarbeiter an diesem Tag keine Arbeitsleistung erbringen. Gesetzliche Feiertage sind für Firmen als Gewinnmaximierer zwar kontraproduktiv, normativ hingegen nicht, da es anscheinend alle, Arbeitgeber wie -nehmer, für wichtig erachten, Weihnachten oder den Tag der deutschen Einheit würdig zu begehen. Oder: wenn eine berufstätige Frau schwanger wird, muss der Arbeitgeber sie 6 Wochen vor dem Geburtstermin und bis zu 8 Wochen nach dem Geburtstermin unter Fortführung der Bezüge freistellen. In diesem Fall wiegt das Interesse der Gesellschaft an Nachwuchs und Vereinbarkeit von Arbeit und Familie schwerer als das wirtschaftliche Partikularinteresse von Profitunternehmen. Ein anderes Beispiel: Nach etwa 40 Stunden soll das wöchentliche Arbeitssoll für jeden Angestellten erreicht sein. Zwar sieht es das Unternehmen generell gern, wenn der Angestellte (am besten zum gleichen Gehalt) 45 oder 50 Stunden arbeitet. Aber insgesamt betrachtet herrscht der Primat und der Konsens unter den Beteiligten vor, dass die Arbeit niemand überfordern und die Gesundheit gefährden soll und dass es neben dem Erwerbsleben noch ein anderes, eventuell wichtigeres Leben gibt.

15.2.4.2 Ort

Die Normtransmission kann sich auch auf (wirtschaftlich relevante) Orte beziehen. Nehmen wir auf der Makroebene den Länderfinanzausgleich als Beispiel. Wohnt man in Bayern oder Hessen oder Baden-Württemberg, müssen die dort arbeitenden Personen durch ihre Steuern Personen finanziell unterstützen, die in den anderen Bundesländern wohnen und arbeiten. Manche müssen folglich auf Konsum und Investitionen verzichten, damit andere konsumieren und investieren können. Es wird die Möglichkeit, frei über selbst geschaffene Werte zu bestimmen, beschränkt mit dem normativen Argument, dass die Lebensverhältnisse im gesamten Bundesgebiet relativ homogen sein sollen. Es gibt auf der Makroebene natürlich noch weitere Beispiele. Lebt man in strukturschwachen Gebieten wie in Mecklenburg-Vorpommern, Sachsen-Anhalt etc., erhält man als Bundesland Förderungen finanzieller Art, die durch alle Steuerzahler aufgebracht werden müssen, was deren wirtschaftliche Freiheit allerdings reduziert. Lebt und arbeitet man als Landwirt auf dem Land, erhält man (vom deutschen Staat oder der EU) Subventionen, die die Steuerzahler finanzieren müssen. Begründet wird eine solche Normierungsmaßnahme mit der Versorgungssicherheit der Deutschen im Bereich der Lebensmittel. Baut man Kohle in einem Bergbaugebiet ab, erhält man öffentliche Zuschüsse, weil man unter anderem einen normativen Beitrag zur Energiesicherung in Deutschland leistet. Für alle diese Fälle gilt, dass, ausgehend von einem außerwirtschaftlichen, allgemeinen Wert oder einer dementsprechenden Norm, die wirtschaftliche Freiheit des Einzelnen im Namen der sozialen Wohlfahrt eingeschränkt und ein Umverteilungsprozess in Gang gesetzt werden darf.

Auf der Mikroebene kann die Örtlichkeit ebenfalls normative Eingriffe zur Folge haben. Wenn ein Sohn die Möglichkeit von seinen Eltern erhält, im Ausland zu studieren, wo allerdings die Kosten der Lebenshaltung höher sind als im Inland, wird der finanzielle Gürtel in der Familie eben enger geschnallt, damit der Auslandsaufenthalt geschultert werden kann. Die wirtschaftliche Einbuße der Gesamtfamilie wird durch das normative Ideal einer internationalen Topausbildung getragen, die dadurch einem Mitglied der Familie zuteil wird.

15.2.4.3 Subjekte

Die Ursache für eine wirtschaftsmoralische Normierung kann auch in einer Person als solcher zu finden sein. Flüchtet beispielsweise ein Mensch wegen eines Bürgerkrieges aus seinem Vaterland und beantragt Asyl in einem sicheren Land, kommt er dort oft mittellos an. Außerdem versteht er die Sprache des Landes nicht und verfügt eventuell über keine adäquate berufliche Qualifikation. Eine solche Person steht sprichwörtlich vor dem Nichts. Ausgehend von der Bedürftigkeit dieser Person findet nunmehr ein wirtschaftsmoralischer Eingriff statt. Das aufnehmende Land stellt kostenlos Unterkunft und Verpflegung zur Verfügung. Man versucht zudem, dem Asylanten ein menschenwürdiges Leben zu ermöglichen und eine Lebensperspektive zu entwickeln. Ganz typisch für den Normierungsfall findet die Außerkraftsetzung des normalen wirtschaftlichen Ablaufes statt. Da die Kosten der Asylhilfe Steuermittel verschlingen, wird das Eigennutzstreben der Steuerzahler insofern behindert, als sie Teile ihres wirtschaftlichen Erfolgs nicht für sich behalten, sondern an andere abgeben müssen. Ihre wirtschaftliche Freiheit wird beschränkt, damit andere Personen die Möglichkeit für eine sichere, auch wirtschaftlich sichere Gegenwart bzw. Zukunft erhalten.

Die subjektbezogene Normtransmission vollzieht sich wie die anderen situativen Kategorien auch im permanenten Kausalitätsgeflecht zwischen allgemeiner Norm und wirtschaftlicher Relevanz. Das Gebot „Du sollst deinen Nächsten lieben wie dich selbst" wird ins Wirtschaftliche übertragen, indem das Wirtschaftliche zur Funktion des Normativen wird. Wirtschaftlichkeit wird zum Mittel des normativen Zwecks. Der Steuerzahler opfert wirtschaftliche Mittel, damit die Alleinerziehende via Sozialhilfe in Ruhe ihren Säugling betreuen kann, damit der Waise eine weiter führende Schule besuchen kann, damit der Behinderte ein behindertengerechtes Fahrzeug erhält, damit der Kranke, wenn er arm ist, eine hilfreiche medizinische Versorgung bekommt, damit der Arbeitslose Geld für seinen Lebensunterhalt hat etc.

15.2.4.4 Güter

Sobald wirtschaftliche Güter im Umlauf sind, können sie zu Konzentrationspunkten/Wertankern für normative Vorstellungen werden. Anders herum gesagt: Die Normtransmission kann sich direkt auf das allgemeine Vorhandensein bzw. spezielle Charakteristika von knappen Gütern beziehen. In allgemeiner Hinsicht soll z. B. jedes Wirtschaftsgut sorgsam behandelt werden, da in ihm zahlreiche und wertvolle Ressourcen stecken, die nicht unnötigerweise verschwendet werden sollen (Prinzip der Werterhaltung). Darüber hinaus kann es sein, dass jedes wirtschaftliche Gut in seinem Gebrauch auch allen anderen Menschen prinzipiell zugänglich gemacht werden soll. Im deutschen

Grundgesetz steht in Artikel 14 Absatz 2: „Eigentum verpflichtet. Sein Gebrauch soll zugleich dem Wohle der Allgemeinheit dienen." Zusätzlich kann es sein, dass jedes knappe Gut aus normativen Gründen gesundheitlich unbedenklich sein soll. Während das Rauchen vor 50 Jahren noch überall erlaubt war, ist es jetzt auf den Bereich der Privatsphäre begrenzt. In öffentlichen Gebäuden und in Gaststätten etc. darf seit einigen Jahren nicht mehr geraucht werden. Irgendwann vielleicht wird von einer Regierung das komplette Rauchverbot eingeführt mit der Begründung, dass es schlecht für die Gesundheit der Raucher zum einen ist und dass dadurch unter Umständen auch die sozialen Gesundheitskosten der Allgemeinheit dadurch steigen. Hinzu treten allgemeine Normansprüche, dass Wirtschaftsgüter langlebig und mit einer ordentlichen Qualität hergestellt sein sollen, damit sie nicht schon nach kurzer Zeit auf dem Müll landen.

Aber auch spezielle Wirtschaftsgüter können durch eigene Regelungen moralisch normiert werden. Von Lebensmitteln erwarten wir nicht nur, dass sie uns satt machen und uns physiologisch erhalten. Uns ist darüber hinaus in normativer Hinsicht zugleich wichtig, dass sie im Grundbedürfnisbereich preiswert sind, damit sich alle sie leisten können. Sie sollen so verarbeitet sein, dass sie uns nicht krank oder dick machen. Sie sollen auf natürliche und nicht auf chemische Weise erzeugt werden. Lebensmittel sollen nicht verschwendet werden. Wenn das Haltbarkeitsdatum abläuft, sollen diese Nahrungsmittel lieber an Arme verschenkt als weggeschmissen werden. Man kann hier noch viele weitere Beispiele anführen. Eine Waffe darf in Deutschland nur kaufen, wer einen Waffenschein besitzt und wer über einen sicheren Aufbewahrungsort der Waffe verfügt. Ein Auto fahren darf in Deutschland nur, wer es vorher versichert hat, wer es erfolgreich einer TÜV-Prüfung unterzogen hat, wer dafür KFZ-Steuer bezahlt hat und last but not least einen gültigen Führerschein besitzt. Ein Bauunternehmen darf nur Häuser bauen, die bestimmten statischen und ökologischen Standards gerecht werden. Medikamente sollen nicht in Kinderhände gelangen, sie sollen auf mögliche Nebenwirkungen hinweisen, ein offizielles Zulassungsverfahren erfolgreich überstanden haben, nur unter ärztlicher Aufsicht verabreicht und nur bis zum Haltbarkeitsdatum eingenommen werden. Der Alkohol soll nicht an Menschen unter 16 Jahren verkauft werden, Zigaretten nicht an Personen unter 18 Jahren etc.

15.2.4.5 Subjekt-Subjekt-Beziehungen

Allgemeine Normen können sich auch auf wirtschaftlich relevante Beziehungen zwischen Personen bzw. Wirtschaftssubjekten beziehen. Die Beziehung als solche reicht aus, um einen normativen Regelungsbedarf zu begründen und durchzuführen. Nehmen wir beispielsweise die Beziehung von Ehemann und Ehefrau. Da diese Form der Partnerschaft in den meisten Ländern als das dominante und natürliche Modell betrachtet wird, steht es unter dem besonderen Schutz der Gesellschaft, was sich in mehrfacher Weise äußert. Die Eheleute werden z. B. durch das Ehegattensplitting steuerlich begünstigt. Stirbt der Mann vor der Frau, erhält diese in Form der Witwenrente bis zu ihrem Ableben einen bestimmten Teil der Rente ihres Mannes. Auch im Rahmen der gesetzlichen Erbfolge findet eine Bevorzugung statt. Die Frau erbt das gesamte männliche Vermögen, wenn es keine Kinder gibt, und das halbe, wenn es Kinder gibt.

Die Beziehung zwischen Eltern und Kind(ern) löst ebenfalls eine Reihe an wirtschaftsmoralischen Normierungen aus. Die Gesellschaft zahlt Eltern Kindergeld oder gewährt Steuervergünstigungen, damit diese nicht die Kosten der Kinderaufzucht alleine schultern müssen. Kinder erhalten BAFöG vom Staat, wenn ihre Eltern wegen ihres zu geringen Einkommens nicht in der Lage sind, das Studium der Kinder zu finanzieren. Andererseits kann der Gesetzgeber von erwachsenen Kindern erwarten, dass sie sich finanziell, sofern es nötig ist, an den Lebenshaltungs- oder Pflegekosten ihrer Eltern beteiligen. Während begünstigte Personen, die nicht mit dem Erblasser verwandt sind, hohe Erbschaftssteuern zahlen müssen, erhalten die Kinder des Erblasser sehr große Freigrenzen, sodass sie wenig oder überhaupt keine Erbschaftssteuer entrichten müssen.

Neben familiären Beziehungen, die natürlich immer auch wirtschaftliche Aspekte umfassen, stehen vor allem typische wirtschaftliche Beziehungen im Fokus des Normierungsmodells. Wenn zwei Brüder oder Geschäftspartner eine Offene Handelsgesellschaft (OHG) gründen, sollen sie nach den normativen Vorstellungen der deutschen Gesellschaft gesamtschuldnerisch haften. Das heißt, dass beide mit ihrem privaten Vermögen für die Schulden der OHG einstehen müssen. Wenn also der erste Gesellschafter, der zudem relativ unvermögend ist, ein Geschäft in den Sand setzt, was zur Insolvenz des Unternehmens führt, dann haftet der zweite Gesellschafter, falls er vermögend ist, mit seinem gesamten Vermögen, obwohl er für die betriebliche Schieflage gar nicht verantwortlich gemacht werden kann.

Eine weitere typische wirtschaftliche Beziehung, die relativ stark normiert wird, ist jene zwischen Arbeitgeber und Arbeitnehmer. Der Arbeitgeber unterliegt, nicht nur in Deutschland, grundsätzlich der Fürsorgepflicht gegenüber dem Arbeitnehmer. Das heißt, er muss dafür Sorge tragen, dass der Arbeitnehmer im Rahmen seiner Tätigkeit keinen körperlichen oder seelischen Schaden nimmt. Er hat einen bestimmten Teil für die soziale Absicherung des Arbeitnehmers aufzubringen, sprich Beiträge zur Arbeitslosen-, Renten-, Pflege- und Krankenversicherung zu leisten. Er muss dafür sorgen, dass sich der Angestellte nicht überarbeitet, d. h. ihm Arbeitspausen ermöglichen, ihn nur maximal 40 Stunden im Schnitt in der Woche tätig sein lassen, ihm ausreichend Urlaub gewähren. Wenn der Angestellte krank ist, muss er ihm sechs Wochen lang den Lohn bzw. das Gehalt geben. Darüber hinaus kann er ihn nicht einfach oder willkürlich kündigen, sondern muss sich bestimmten Kündigungsschutzregeln beugen etc. Auf der anderen Seite darf sich der Arbeitnehmer nicht gegen die Interessen des Arbeitgebers verhalten, ist ihm zur (bedingten) Loyalität verpflichtet und darf kein geschäftsschädigendes Gebaren an den Tag legen etc.

15.2.4.6 Ereignisse

Allgemeine Normen und Werte werden oftmals über Ereignisse, und hier vor allem über prekäre Situationen, wirtschaftlich transformiert. Wenn ein Angestellter oder Arbeiter krank wird, greift seitens des Arbeitgebers die Lohnfortzahlung. In einer unnormierten Wirtschaftswelt, die vom Äquivalenzprinzip (Leistung entspricht Gegenleistung) bestimmt wird, würde es eine solche nicht geben. Gleiches gilt, wenn der Betroffene länger krank ist. Dann hilft ihm nämlich die gesetzliche Krankenversicherung, sodass er diese Notsituation mit Hilfe der Solidargemeinschaft möglichst gut übersteht. Oder wenn jemand seine Arbeit verliert und er in den nächsten Jahren keine neue Arbeit findet, dann finanziert dessen Lebensunterhalt der Staat, also der Steuerzahler, über das Arbeitslosengeld II. Wenn ein Erdbeben oder Orkan die Häuser der Menschen einer bestimmten Region zerstört hat, beteiligt sich der Staat bzw. die Solidargemeinschaft finanziell wie tatkräftig am Wiederaufbau der Häuser. In einer unnormierten Welt wäre ansonsten jeder auf sich selbst gestellt und müsste sehen, wie er weiterkommt. Wenn jemand Opfer eines Verbrechens geworden ist, dann muss er sich nicht allein darum kümmern. Die Polizei macht im Idealfall den Verbrecher dingfest, der Staatsanwalt klagt denselben an, der Richter bestraft ihn, was unter anderem bedeuten kann, dass der Verbrecher schadensersatzpflichtig gemacht wird. Die Strafverfolgung kostet viel Geld, die das Opfer nicht trägt, sondern der Staat, also die Steuerzahler. Ereignisse sind Vorgänge, die mehr oder weniger unvorhersehbar sind, die jeden treffen können und die sich meist negativ auswirken. Natürlich gibt es auch positive Ereignisse, die normiert werden können, z. B., wenn der Tag der deutschen Einheit zum Feiertag wird, an dem nicht gearbeitet werden muss. Die positiven Ereignisse finden jedoch eher selten statt.

Auch auf den anderen beiden Ebenen kann eine ereignisorientierte Normtransmission stattfinden. Wenn ein Arbeitnehmer eines Unternehmens unerwartet an einem Verkehrsunfall stirbt, zahlt der Arbeitgeber (Mesoebene) freiwillig drei weitere Monatsgehälter aus, um die Familie finanziell zu unterstützen. Stirbt derselbe durch einen Betriebsunfall, hilft die gesetzliche Unfallversicherung den Hinterbliebenen weiter, die ihrerseits wiederum von den Beiträgen der Arbeitgeber finanziert wird. Im Fall, dass Wirtschaften ohne Normierung stattfindet, muss dann jeder für sich selbst Sorge tragen bzw. angemessen vorsorgen. Wenn sich ein Kind zu Hause beim Spiel ein Bein bricht, dann helfen die Eltern natürlich sofort dem Kind. Sie bringen es in die Schule und holen es wieder ab, sie fahren es zum Arzt, sie kaufen spezielle Medikamente etc. Das Solidaritätsprinzip, das in Familien in der Regel eine normative Selbstverständlichkeit darstellt, führt dazu, dass Eltern wirtschaftliche Opfer bringen (Zeit- und Geldaufwand), ohne dafür eine wirtschaftliche Gegenleistung zu erhalten. Auf der Mikroebene wird am deutlichsten, dass Wirtschaften normativ nicht voraussetzungslos ist, sondern vielmehr aus den moralischen Tiefen des Menschseins stammt und von diesen letzten Endes getragen wird. Die Liste von (wirtschaftlichen wie nicht wirtschaftlichen) Ereignissen ließe sich problemlos fortführen, an dieser Stelle muss darauf jedoch verzichtet werden.

15.3 Der inhaltliche Horizont der Normträgertransparenz

Wie im Funktionalisierungsmodell ist die Normträgertransparenz auch im Normierungsmodell von großer Bedeutung, denn hier wie dort muss Norm abweichendes Verhalten zunächst transparent gemacht werden, damit es danach sanktioniert werden kann.

Es gibt aber einen Grundunterschied. Während sich die Transparenz im Funktionalisierungssystem auf in erster Linie wirtschaftliche Vorgänge bezieht (operativ-pragmatische
und holistisch-sinnorientierte Transparenz), spielen im Normierungsmodell zusätzliche,
die normative Gesamtexistenz des Menschen betreffende Dinge eine Rolle. Der Transparenzbegriff im Normierungsmodell ist somit deutlich umfassender, da er nicht nur auf
die Güte eines bestimmten, nämlich wirtschaftlichen Handelns abzielt, sondern die Güte
einer Person mitberücksichtigt.

15.3.1 Fairnessorientierte Allgemeintransparenz (Minimalmoral)

Der Transparenzbereich der allgemeinen, fairnessorientierten Minimalmoral setzt sich
aus dem bereits vorher besprochenen Bereich der wirtschaftlichen Minimalmoral zusammen plus dem Bereich, der sich aus der Erweiterung vom wirtschaftlichen Lebens-
zum Gesamtlebensbereich ergibt. Ausgehend von obigem Beispiel der Rentenversicherung interessiert den Angestellten jetzt zusätzlich, ob der Versicherungsagent in seiner
gesamten Existenz bzw. das -unternehmen als Teil der Gesellschaft die Regeln der Fairness und des sozialen Umgangs miteinander akzeptiert und realisiert haben. Kann der
Versicherungsagent aufgrund seines Verhaltens seinen Mitmenschen gegenüber als
verantwortungsvolles Mitglied angesehen werden, das den gegenseitigen Anspruch von
Reziprozität respektiert? Hat sich der Agent selbst mit den gleichen moralischen Maßstäben gemessen wie er andere gemessen hat, hat er anderen die gleichen Rechte zugebilligt wie sich selbst, hat er im Bewusstsein entschieden, immer nur ein Gesellschaftsmitglied von vielen zu sein? Gleicherweise interessieren sich Versicherungsagent und -
unternehmen für die Vorgeschichte des Angestellten. Hat sich dieser fair gegenüber
anderen verhalten, hat er die Normen und Regeln des Miteinanders eingehalten? Wir
befinden uns also auf jener Interaktionsebene, die unter Ausschluss von individuellen
Sinn- und Wertvorstellungen diejenigen Normen umfasst, die in der Lage sind, die normative Grundlage eines Gemeinwesens, den moralischen Grundkonsens zu bilden.

  Im Vergleich zum Ansatz der wirtschaftlichen Minimalmoral, der in der wirtschaftsmoralischen Lebenspraxis mit Sicherheit die dominante Rolle spielt, führt jener der
allgemeinen Minimalmoral nur ein Schattendasein. Das hat mehrere Gründe. Zum einen
ist es sehr aufwändig, die relevanten Informationen zu generieren. Wenn sich Kunde K
beim Schreiner S eine Eckbank bestellt, müsste er im Vorfeld in Erfahrung bringen, ob S
in Scheidung lebt, ob er schon einmal angeklagt war, ob er eventuell sogar vorbestraft
ist, ob er Punkte in der Verkehrssünderkartei in Flensburg hat, ob er beim Ablegen seiner
Meisterprüfung geschummelt hat etc. Die Transparenzkosten sind hier relativ hoch. Zum
zweiten lässt sich ein solches Verhalten nur schwer operationalisieren. Hat S die Punkte
in Flensburg wirklich zu Recht bekommen oder war ein Messfehler involviert? In welchem Grad bzw. Verhältnis steht ein Verkehrsverstoß zu einer selbst verschuldeten
Scheidung? Oder wie soll z. B. die Loyalität oder Zuverlässigkeit von S korrekt gemessen werden? Zum dritten ist der informative Mehrwert für einen Akteur relativ gering,

der nur ein Tauschgeschäft anstrebt und der an dessen reibungsloser Abwicklung interessiert ist. Je größer die Anzahl der wirtschaftlichen Transaktionen pro Akteur und pro Zeiteinheit ist, umso kleiner wird regelmäßig das Interesse, eine große Menge an Daten über die normativen Voraussetzungen seiner potenziellen Geschäftspartner in Erfahrung zu bringen.

15.3.2 Sinnorientierte Allgemeintransparenz (Maximalmoral)

Maximalmoral in allgemeiner Hinsicht bedeutet zum ersten, dass der Lebensbereich Wirtschaft der gesamten lebensphilosophischen Perspektive untergeordnet wird, er somit nur als eine notwendige, aber nicht hinreichende Bedingung zur allgemeinen Menschwerdung verstanden wird. Zweitens geht es bei der allgemeinen Maximalmoral ganz grundlegend um Sinn und Zweck menschlichen Seins und um das generelle Miteinandersein von Individuen. Es geht nicht darum, ob etwas fair ist im Sinn von Chancengleichheit oder ob formale oder prozedurale Ebenbürtigkeit vorliegt. Das uns allen bekannte Allgemeingültigkeitskriterium (Kants kategorischer Imperativ bzw. die Goldene Regel) gehört zur minimalmoralischen Plattform.

Ein gutes Beispiel für eine allgemeine Maximalmoral stellt die Lehre von Aristoteles dar. Zunächst stellt Aristoteles die Unterordnung der Wirtschaft fest. Demnach existiert die Wirtschaft nicht für sich allein als Selbstzweck (Chrematistik), sondern nur als Mittel zum Zweck. Man strebt nicht den Reichtum um seiner selbst willen an, sondern um gut zu leben bzw. Glückseligkeit zu erlangen.[58] Sinn und Zweck menschlichen Seins lassen sich nur durch das Gefühl der Glückseligkeit spiegeln. Wie lässt sich Glückseligkeit laut Aristoteles erreichen? Der Mensch kann sie nur dann erreichen, wenn er seiner Natur gemäß lebt (auch einen Frosch, der Antilopen jagt, können wir uns nicht als glückselig vorstellen). Die Natur des Menschen ist ein Zweifaches. Erstens ist er ein Sozialwesen, ein „animal sociale", ein „zoon politikon", das regelmäßig in menschlichen Gemeinschaften lebt. Zweitens ist er ein „animal rationale", ein der Vernunft fähiges Wesen. Der Sinn des menschlichen Lebens ist laut Aristoteles somit in der „tugendmäßigen Tätigkeit der Seele"[59] zu suchen bzw. als „Tätigkeit der Seele gemäß der vollkommenen Tugend"[60] aufzufassen, welche ihrerseits auf die Vernunft angewiesen ist.

Wenn wir beim aristotelischen System bleiben und uns obiges Beispiel mit der Rentenversicherung vor Augen führen, dann stoßen wir auf die maximalen Anforderungen, die an die Transparenz der Normträger gestellt werden können. Der Angestellte wird den Agenten fragen, ob sich dieser nach der Tugend in seinem Leben richtet, einer Tugend, die sozial verträglich ist und nach vernünftigen Strukturen sucht. Der Angestellte will wissen, ob der Versicherungsagent im weitesten moralischen Sinn tatsächlich ein guter Mensch, ein guter Vater, ein guter Ehemann, ein guter Freund, ein guter Kollege etc. ist. Er stellt prinzipiell und radikal die moralische Gesamterscheinung des Agenten in den Mittelpunkt wirtschaftlicher Vorgänge. Und umgekehrt macht dies der Agent genauso mit dem Angestellten.

Natürlich findet diese Form der Normträgertransparenz immer seltener in der modernen Wirtschaft statt. Die Kosten der Informationsbeschaffung sind extrem hoch, die gesellschaftliche Akzeptanz ist sehr gering, die Pluralität der Lebensstile und die damit verbundene Toleranz sprechen gegen diese Form. Noch am stärksten verankert ist diese Form in sehr kleinen Gemeinschaften, wo jeder jeden kennt und jeder auf den anderen angewiesen ist und in Gemeinschaften, die aus religiösen oder weltanschaulichen Gründen zusammengefunden haben.

15.4   Sanktionierung: Bezug zum normativen Überbau

Der Sanktionsmechanismus im Normierungsmodell läuft im Prinzip nach dem gleichen Muster ab wie im Funktionalisierungsmodell: Es gibt positive und negative Sanktionen, leichte und schwere, direkte und indirekte, neigungs- und pflichtorientierte, institutionelle und individuelle, Formen der Selbst- und Formen der Fremdsanktionierung. Der entscheidende Unterschied vom Normierungs- zum Funktionalisierungsmodell besteht in der Sanktionsreichweite.

Während sich im Funktionalisierungsmodell die Sanktionen fast ausschließlich auf den Bereich des Wirtschaftlichen begrenzen, beziehen sie sich im Normierungsmodell auf den normativen Überbau, was regelmäßig bedeutet, dass das Lebensganze des Wirtschaftssubjekts in den Fokus rückt. Im eigentlichen Sinn gibt es das Wirtschaftssubjekt in der Sprache der Normierung überhaupt nicht, da dort kein selbstständiger, autonomer Lebensbereich Wirtschaft existiert. Vielmehr wird die normativ- allgemeine Existenz eines Subjektes angenommen, das unter anderem auch im Bereich Wirtschaft aktiv wird.

Der Bezug zum normativen Überbau äußert sich wirtschaftsmoralisch in der Art, dass das gesamte Sanktionsspektrum zur Anwendung gebracht werden kann, es sich wirtschaftlich somit entgrenzt. Einige Beispiele: Stiehlt das Kind Geld aus der Geldbörse seiner Eltern (Mikroebene), erfährt es keine wirtschaftliche Bestrafung (Entzug des Taschengeldes), sondern eine allgemeine, d. h. es darf nicht mehr so oft Freunde treffen oder erhält Hausarrest etc. Wenn sich das Kind fleißig in der Schule zeigt, bekommt es nicht automatisch eine wirtschaftliche Belohnung (Notengeld, ein T-Shirt etc.), sondern es darf abends länger draußen bleiben oder es darf selbstverantwortlicher über seine Freizeit bestimmen. Betreibt ein Angestellter Mobbing im Betrieb (Mesoebene), wird ihm nicht (nur) der Bonus gestrichen, sondern er wird nicht mehr zu Betriebsfeiern eingeladen oder muss minderwertige Aufgaben erledigen. Verhält sich ein Angestellter hingegen sozial vorbildlich, erhält er nicht (nur) eine höhere Gehaltsstufe, sondern er wird in den Betriebsrat gewählt oder er wird zum Vertrauensobmann mit besonderen Rechten bestellt. Führt ein Unternehmer nicht regelgerecht die Sozialabgaben seiner Angestellten an den Staat ab (Makroebene), so erhält er nicht (nur) eine Geldstrafe, sondern er wird von seinen bisherigen Freunden gemieden, der Sportverein entzieht ihm die Ehrenmitgliedschaft, er darf nicht mehr als ehrenamtlicher Stadtrat kandidieren etc.

Sanktionierung im Rahmen des normativen Überbaus bedeutet wie gesagt, dass das komplette Sanktionsspektrum ausgenutzt werden kann. Ein wirtschaftsmoralisches Fehlverhalten kann also in jeder beliebigen Abstufung außerwirtschaftlich sanktioniert werden. Die Abstufungen ergeben sich dabei aus den Gepflogenheiten des jeweiligen Moralsystems. Es beginnt mit einer Missbilligung, also der Rückmeldung, dass man ein bestimmtes Verhalten nicht gutheißt. Die nächst höhere Stufe betrifft die Missachtung, also den Entzug eines bestimmten Maßes an Respekt. Darauf folgt schon der soziale Ausschluss, also der Abbruch der sozialen Verbindung. Am Ende der Abstufungsskala steht die Gewalt.

Sanktionierung im Sinne des Normierungsmodells bezieht sich somit nicht auf die Regulation wirtschaftlichen, sondern in erster Linie persönlichen Fehlverhaltens. Nicht ein Verhalten, sondern Personen sollen in ihrer Gesinnung erreicht werden. Und dies soll nicht nur mit Hilfe von Strafen bewirkt werden, sondern mit Hilfe von moralischen Erziehungsmaßnahmen und normativer Überzeugungsarbeit. Auch hier zeigt sich das Sanktionsinstrumentarium deutlich breiter gefächert als im Fall des Funktionalisierungssystems.

Anmerkungen zu Kapitel 15

1 Büttner, Sabine: Die Französische Revolution – eine Online-Einführung, in: http://www. historicum.net/fileadmin/sxw/Themen/FranzRev/Einfuehrung/wirkungsbereiche.pdf.
2 Wiedergeburt
3 Vgl. Brück/Werbick, S. 74 ff.
4 Ebenda S. 82.
5 Stoffer, Folie 12.
6 Ebenda.
7 Ebenda, Folie 13.
8 Heidbrink Horst, S. 30.
9 Ebenda.
10 Ebenda.
11 Ebenda.
12 Ebenda.
13 Ebenda.
14 Ebenda, S. 31.
15 Kohl, S. 3.
16 Burgess und Bushell 1969, zitiert nach Vanberg S. 44.
17 Die folgenden Ausführungen stammen von Wilfried Schubarth: Ausgewählte Sozialisationstheorien.
18 Ebenda, S. 4.
19 Ebenda, S. 6.
20 Korte/Schäfers, S. 18.

21 Ebenda.

22 Ebenda.

23 Ebenda, S. 19–22. Traditionelle Ansätze: ätiologische Ansätze, anomietheoretische Ansätze, Subkultur-Ansätze, Interaktionistische Ansätze: Regelverletzung, Primäre und sekundäre Devianz, Abweichung als Prozess.

24 Polanyi 1990, S. 88/89.

25 Polanyi, Karl, 1979, S. 215, aus: Heimes, S. 4.

26 Der Große Knaur, München 1991, S. 224.

27 Vom verlorenen Sohn, Lukasevangelium (www.bibel-online.de),
[11] Und er sprach: Ein Mensch hatte zwei Söhne. [12] Und der jüngste unter ihnen sprach zu dem Vater: Gib mir, Vater, das Teil der Güter, das mir gehört. Und er teilte ihnen das Gut. [13] Und nicht lange darnach sammelte der jüngste Sohn alles zusammen und zog ferne über Land; und daselbst brachte er sein Gut um mit Prassen (Sprüche 29.3). [14] Da er nun all das Seine verzehrt hatte, ward eine große Teuerung durch dasselbe ganze Land, und er fing an zu darben. [15] Und ging hin und hängte sich an einen Bürger des Landes; der schickte ihn auf seinen Acker, die Säue zu hüten. [16] Und er begehrte seinen Bauch zu füllen mit Trebern, die die Säue aßen; und niemand gab sie ihm (Sprüche 23.21). [17] Da schlug er in sich und sprach: Wie viel Tagelöhner hat mein Vater, die Brot die Fülle haben, und ich verderbe im Hunger! [18] Ich will mich aufmachen und zu meinem Vater gehen und zu ihm sagen: Vater, ich habe gesündigt gegen den Himmel und vor dir (Psalm 51.6) (Jeremia 3.12-13) [19] und bin hinfort nicht mehr wert, daß ich dein Sohn heiße; mache mich zu einem deiner Tagelöhner! [20] Und er machte sich auf und kam zu seinem Vater. Da er aber noch ferne von dannen war, sah ihn sein Vater, und es jammerte ihn, lief und fiel ihm um seinen Hals und küßte ihn. [21] Der Sohn aber sprach zu ihm: Vater, ich habe gesündigt gegen den Himmel und vor dir; ich bin hinfort nicht mehr wert, daß ich dein Sohn heiße. [22] Aber der Vater sprach zu seinen Knechten: Bringet das beste Kleid hervor und tut es ihm an, und gebet ihm einen Fingerreif an seine Hand und Schuhe an seine Füße, [23] und bringet ein gemästet Kalb her und schlachtet's; lasset uns essen und fröhlich sein! [24] denn dieser mein Sohn war tot und ist wieder lebendig geworden; er war verloren und ist gefunden worden. Und sie fingen an fröhlich zu sein (Epheser 2.5). [25] Aber der älteste Sohn war auf dem Felde. Und als er nahe zum Hause kam, hörte er das Gesänge und den Reigen; [26] und er rief zu sich der Knechte einen und fragte, was das wäre. [27] Der aber sagte ihm: Dein Bruder ist gekommen, und dein Vater hat ein gemästet Kalb geschlachtet, daß er ihn gesund wieder hat. [28] Da ward er zornig und wollte nicht hineingehen. Da ging sein Vater heraus und bat ihn. (Matthäus 20.15) [29] Er aber antwortete und sprach zum Vater: Siehe, so viel Jahre diene ich dir und habe dein Gebot noch nie übertreten; und du hast mir nie einen Bock gegeben, daß ich mit meinen Freunden fröhlich wäre. [30] Nun aber dieser dein Sohn gekommen ist, der sein Gut mit Huren verschlungen hat, hast du ihm ein gemästet Kalb geschlachtet. [31] Er aber sprach zu ihm: Mein Sohn, du bist allezeit bei mir, und alles, was mein ist, das ist dein. [32] Du solltest aber fröhlich und gutes Muts sein; denn dieser dein Bruder war tot und ist wieder lebendig geworden; er war verloren und ist wieder gefunden.

28 Sauerland, Dirk, Gabler Wirtschaftslexikon, aus:
http//wirtschaftslexikon.gabler.de/Archiv/3787/institution-v7.html.

29 Hillmann, Karl-Heinz: Wörterbuch der Soziologie, Stuttgart 1994, S. 373.

30 Berger, Peter/Luckmann, Thomas: Die gesellschaftliche Konstruktion der Wirklichkeit, 2007, S. 58.

31 Werder, Axel: Corporate Governance, in:
www.wirtschaftslexikon.gabler.de/Definition/corporate-governance.html.

32 Schwalbach, J./Schwerk, A.: Corporate Governance und die gesellschaftliche Verantwortung von Unternehmen, S. 1, in: www.economics.phil.uni-erlangen.de/lehre/bwl-archiv/lehrbuch/kap5/corpgov/corpgov.pdf.

33 Schwerk, Anja: Corporate Governance und Corporate Social Responsibility, S. 26, in: http://www2.wiwi.hu-berlin.de/institute/im/publikdl/Schwerk_2007_CG_CSR.pdf.

34 Ebenda.

35 Matje, S. 139, aus: Knopf, Robin: Analyse der Leitbilder internationaler Unternehmen, S. 1, in: http://www. munich-business-school.de/intercultural/index.php/Analyse_der_Leitbilder_internationaler_Unternehmen.

36 Ebenda.

37 Franken, Swetlana: Unternehmensführung, 2008, in: www.wi.fh-koeln.de/homepages/s-franken/BWL/5-UnternehmensführungFührungskonzepte-neu.pdf.

38 Franken, Swetlana: Verhaltensorientierte Führung: Handeln, Lernen und Diversity in Unternehmen, 2010, S. 262 ff., in: www.books.google.de/books?isbn=3834989436.

39 Ebenda, S. 272.

40 Ebenda, S. 271.

41 Rieble, Volker: Mitbestimmung und Corporate Governance, S. 2, in: http://www.stiftung-marktwirtschaft.de/fileadmin/user_upload/_temp_/Folien_Prof._Dr._Volker_Rieble_02_03_20 10.pdf.

42 Schwalbach, Joachim/Schwerk, Anja: Corporate Governance und die gesellschaftliche Verantwortung von Unternehmen, S. 7 f., in: http://www.wiwi.hu-berlin.de/im/publikdl/Schwalbach Schwerk.pdf.

43 Ebenda.

44 Ebenda, vgl. Backhaus-Maul/Brühl 2003, S. 17.

45 Dietrich, Nicole: Transparenz in der Unternehmenskommunikation unter Erfüllung Corporate-Governance-Auflagen, in: Zeitschrift für Corporate Governance, Heft 1/2011, S. 46–48.

46 Aristoteles: Politik, S. 27, 1259b18-21.

47 Ebenda, S. 7, 1253b25-27.

48 Ebenda, S. 17, 1256b36-38.

49 Ebenda, S. 5, 1253a16-19.

50 Ebenda, S. 10, 1254b15-19.

51 Ebenda, S. 2, 1252a31-33.

52 Ebenda, S. 28, 1260a14-16.

53 Ebenda, S. 15, 1256a30ff.

54 Ebenda, S. 20, 1257b24-32.

55 Ebenda, S. 27, 1259b18.

56 Nikomachische Ethik, München 1991, S. 177, 1120a1ff.

57 Ebenda, S. 181, 1221a10 ff.

58 Ebenda, S. 108 a1 17/19.

59 Ebenda, S. 121 b1 26/28.

60 Ebenda, S. 127, a1 5/6.

Teil 5
Evaluationsproblem

In der Realität stoßen wir auf eine Menge an unterschiedlichen wirtschaftsmoralischen Formen. Es gibt eine liberale Wirtschaftsmoral, eine Marktmoral, eine kommunistische Wirtschaftsmoral, eine katholische, evangelische, sunnitische, orthodoxe, muslimische oder auch hinduistische, es gibt eine amerikanische, italienische, deutsche, skandinavische, afrikanische Wirtschaftsmoral, eine bayerische, sächsische, hanseatische Wirtschaftsmoral, eine deontologisierte, eine utilitarisierte, eine wertgebundene, eine gerechtigkeitsorientierte Wirtschaftsmoral, eine Bankermoral, Arzt-, Lehrer-, Pilotenmoral etc. Diese ganzen Ansätze lassen sich natürlich auf wissenschaftlicher Basis miteinander vergleichen und dadurch evaluieren. Eine solche Evaluation würde den Rahmen dieser Arbeit weit übersteigen und eine solche ist auch überhaupt nicht nötig, da sich obige Ansätze den zwei Grundmodellen und deren Mischformen zuordnen lassen, dem Funktionalisierungs- und dem Normierungsmodell. Die Frage, die sich nun im letzten Teil 5 dieses Buches stellt ist, welches Modell weist welche Stärken und welche Schwächen auf? Wie sind diese beiden Modelle zu vergleichen und wie zu bewerten? Unter welchen Bedingungen und Prämissen ist welches Modell dem anderen vorzuziehen etc.?

Um eine solche Evaluierung durchzuführen, müssen wir anhand geeigneter Evaluationskriterien die Güte eines wirtschaftsmoralischen Modells darstellen. Die wirtschaftsmoralische Evaluation ist dabei klar von der wirtschaftsethischen Evaluation abzugrenzen. Moralische Bewertung heißt nicht herauszufinden, welche Wirtschaftsmoral vor dem Hintergrund einer wissenschaftlichen Reflexion von materialen, wirtschaftsethi-

375

schen Prinzipien und Leitideen die bessere ist (Wirtschaftsethik). Auch geht es nicht um die Ableitung des besten Handelns unter wirtschaftlichen Bedingungen. Es geht „nur" darum, Stärken und Schwächen der beiden Grundmodelle zu erfassen im Hinblick auf deren Funktionalitäten und deren Praktikabilität. Der Evaluationsansatz ist somit ein empirischer.

Natürlich gibt es eine Vielzahl von Kriterien, die zur Bewertung der Modelle herangezogen werden können. Ich habe mich auf drei Kriterienarten konzentriert. Im Kapitel 16 geht es um Kriterien, die sich mit der modelltheoretischen Ebene befassen: Welche Reichweite weisen die beiden Modelle je auf, wie sind wirtschaftlicher und moralischer Anspruch miteinander verzahnt, woher stammen die Normen in den Modellen? Im Kapitel 17 geht es um die Funktionalität der beiden Modelle, also unter anderem welche Aufgaben jeweils zu erfüllen sind: Welche Ziele werden je verfolgt, welche Anforderungen an die Transparenz werden je gestellt, wie homogen sind die jeweiligen Modelle, wie stark lässt sich eine Normdevianz jeweils beobachten? Im Kapitel 18 geht es dann noch um die Praktikabilität der beiden Modelle: Wie werden Normen institutionalisiert, wie hoch ist die Norm-Komplexität, die jeweils zu beachten ist, wie realisiert sich der jeweilige Sanktionsvollzug?

Zunächst sind die Kriterien der Grundausrichtung der beiden Modelle zu durchleuchten. Hierbei sind die Punkte Modellreichweite, Modellsynthese und Normgenese von besonderem Interesse.

16.1 Modellreichweite: Partial- versus Totalmodell

16.1.1 Funktionalisierungsmodell als Partialmodell[1]

Bedingt durch die Priorität des Wirtschaftlichen vor der Moral ist das Funktionalisierungsmodell als ein Partialmodell einzustufen, welches die menschliche Gesamtwirklichkeit vernachlässigt. Stattdessen bezieht es sich primär auf den wirtschaftlichen Lebensbereich, der erst sekundär normativen Ansprüchen gerecht werden will. Normative Regeln und Werte gelten nicht für sich allein, sondern lediglich im Rahmen der wirtschaftlichen Funktionalität. Moralität wird zum Systembestandteil der Wirtschaft. Der Verallgemeinerungsanspruch der Moral verschwindet und an seine Stelle tritt der Anspruch einer Bindestrichmoral wie z. B. der der Wirtschafts-Moral, Berufs-Moral, Arbeits-Moral etc. Das Funktionalisierungsmodell findet in einer Luhmannschen Welt statt, in der die Wirtschaft ihre instrumentellen und zweckorientierten Eigengesetzlichkeiten aufgebaut und realisiert hat. Die wirtschaftliche Verselbstständigung fragt nicht nach dem guten Handeln als solchem, sondern nach dem guten wirtschaftlichen Handeln, also dem nicht wirtschaftlich-funktionalen guten Wirtschaften als solchem. Dadurch, dass das Funktionalisierungsmodell das Lebensganze ausblendet, läuft es Gefahr, sich zu einer

© Springer Fachmedien Wiesbaden GmbH, ein Teil von Springer Nature 2019
S. Knischek, *Grundlagen der Wirtschaftsmoral*,
https://doi.org/10.1007/978-3-658-23623-6_16

Spezialmoral zu entwickeln, die in einer material differenzierten Konkurrenz zu anderen, funktional differenzierten Bereichen oder, falls existent, zu einem Gesamtlebensbereich steht.

Auf dieses reduktionistische Programm einer Entsozialisierung (bzw. Entsolidarisierung) haben immer wieder verschiedene Autoren in unterschiedlichen Facetten hingewiesen. Niklas Luhmann beispielsweise spricht von der „Eigenlogik des Wirtschaftssystems", worunter er versteht, dass der wirtschaftliche Code nicht von den anderen ausdifferenzierten Lebensbereichen wie Gesellschaft, Politik, Recht etc. richtig ausgelesen werden kann und dass er deshalb nur in seiner funktionalen Ausdifferenzierung der Wirtschaft Bestand hat. Daraus nun die Schlussfolgerung abzuleiten, dass der wirtschaftliche Code auf immer isoliert bleiben muss, ist insofern verfehlt, als der Einbindung des Wirtschaftlichen in die „Eigenlogik des Sozialen" mittlerweile von mehreren Seiten her viel Sympathie entgegengebracht wird. Die Entsozialisierung der (kapitalistischen) Moral reduziert den menschlichen Anspruch der Moral auf universelle Gültigkeit. Die Wirtschaft, so die Kritiker, ist als „Einbettung" (Polanyi) in ein Sozialsystem zu sehen, das weit über den Horizont der Wirtschaft hinausreicht. Ohne eine solche Einbettung bleibt die Reichweite der Moral begrenzt und führt über die Verselbstständigung der Wirtschaft letztlich doch zu dem Zustand, den der Kapitalismus dachte, überwunden zu haben: der Entkopplung der Lebensbereiche von Wirtschaft und Moral.

Durch die Tendenz des Funktionalisierungsmodells zu einer normativen Verengung verliert es die soziale und gesellschaftliche Gesamtperspektive aus den Augen. Das Wirtschaftliche erscheint als das Ganze, das nur an den Rändern und in Ausnahmefällen einen Bezug zum wirklich Ganzen aufnehmen kann. Solch eine Sichtweise vernachlässigt mehrere Faktoren zugleich, z. B., dass der Mensch rein anthropologisch nicht nur in einer wirtschaftlichen Dimension zu erfassen ist, sondern auch in einer politischen und gesellschaftlichen. Sie vernachlässigt des Weiteren, dass die Zwecke des Menschen multifunktional angelegt sind, welche erst in ihrer Vielschichtigkeit einen würdigen Abschluss finden. In der Konsequenz aller erörterten Argumente bedeutet dies, dass am Ende das Funktionalisierungsmodell lediglich als Partialmodell betrachtet werden kann, das auf bestimmte Fragestellungen und Probleme keine Antwort kennt. Anbei Beispiele, die den Reduktionismus des Funktionalisierungsmodells zeigen:

Vernachlässigung externer Normen

Soll man mit einem Unternehmer Geschäfte abschließen, der seine Angestellten gut behandelt, der seine Waren in jeder Hinsicht qualitativ einwandfrei anbietet, der zudem niedrige Preise verlangt, der zugleich aber wegen Misshandlung seiner Frau und Kinder auf seinen Gerichtsprozess wartet? Sobald der Begriff der Moral nämlich weit gefasst wird (Stichwort Maximalmoral: Idee des guten Lebens), tritt die Schwierigkeit auf, wie ein menschlicher Akt, der sich in einen wirtschaftlichen und einen nicht wirtschaftlichen Teil aufspaltet, moralisch zu bewerten ist. Das Partialmodell Funktionalisierung klammert externe Normen aus. So auch im folgenden Beispiel. Das erwachsene Kind verarmter Eltern kann im Funktionalisierungsmodell nicht zum Unterhalt verpflichtet werden, da die Normen Zuverlässigkeit, Hilfsbereitschaft und Verantwortung in diesem Fall nicht primär wirtschaftlicher Natur sind, sondern außerhalb der Wirtschaft stehen. Es fehlt an dieser Stelle der die Norm auslösende, primäre Wirtschaftsakt.

Vernachlässigung externer Werte

Wenn ein Einzelhändler einem Erwachsenen Zigaretten verkauft, dann ist aus Sicht sowohl der funktionalen wie der kapitalistischen Tauschlogik kein moralisches Problem vorhanden. Beide folgen nämlich ihrem Selbstinteresse, beide tauschen freiwillig, beide haben einen Vorteil, keiner haut den anderen übers Ohr und Dritte werden durch den Akt selbst nicht geschädigt. Bezieht man hingegen alle menschlichen Wertdimensionen mit ein, bestehen mehrere moralische Probleme. Der Erwachsene kann in die Sucht getrieben werden, seine Gesundheit wird gefährdet, seine sozialen Kontakte engen sich unter Umständen ein etc.

Vernachlässigung externer Sanktionen

Wenn der Chef eines Unternehmens einen hoch motivierten, kompetenten, loyalen und kollegialen Arbeitnehmer entlässt, einfach weil er ihn rein subjektiv nicht leiden kann, dann kommen gemäß Funktionalisierungsmodell nur wirtschaftliche Sanktionen in Frage, d. h. Kunden kaufen nicht mehr bei diesem Unternehmen, Lieferanten wenden sich ab, Banken werden vorsichtiger etc. Die Sanktionen, die extern auf der moralischen Gesamtebene möglich sind und die sich jenseits des Wirtschaftlichen finden lassen, spielen im Funktionalisierungsmodell dann keine Rolle. Das heißt, dass die Sportfreunde des Chefs wegen dessen Unfairness dem Arbeitnehmer gegenüber eventuell nicht mehr mit ihm Tennis spielen wollen, nicht mehr mit ihm in Urlaub fahren möchten, ihn nicht mehr zu gemeinsamen Abenden einladen wollen etc.

Vernachlässigung externer Legitimität

Wenn ein Polizist bei einer Verfolgungsjagd eines Mörders unser Auto benötigt, dann können wir es ihm im Rahmen des Funktionalisierungsmodells verweigern. Denn der Polizist verfügt erstens über keine Gegenleistung, zweitens ist keine zweiseitige Tauschbereitschaft zu erkennen. Dass hier eine Normeinhaltungskontrolle erfolgt, die jedes (vernünftige) Mitglied einer Gesellschaft betrifft und in der Regel auch interessiert, welches seines Lebens sicher sein will, spielt im Modell der Funktionalisierung keine Rolle.

Die Partialität des Funktionalisierungsmodells ergibt sich, wie bereits gesagt, aus dem Primat des Wirtschaftlichen. Durch die Fokussierung auf vor allem wirtschaftliches Eigennutzstreben reduziert sich der Normativitätsanspruch auf diese Eigennützigkeit. Dieselbe soll explizit erlaubt sein, sie muss aber normativ legitimiert sein. Da Normativität nicht mehr im Zusammenhang der ganzen menschlichen Existenz gesehen wird, sie nur funktionale Erfüllungsgehilfin für wirtschaftliches Eigennutzstreben ist, wird Wirtschaftsmoral zur Fach-, Spezial-, Bereichsmoral gemacht. Die in diesem System agierenden Subjekte wollen nicht gute Menschen als solche sein, sondern nur Menschen, die ausschließlich gut wirtschaften wollen. Das Funktionalisierungsmodell repräsentiert ein *Binnenmoralsystem.*

Dass wir es im Rahmen der Funktionalisierung mit einem Binnenmoralsystem zu tun haben, zeigt sich an der Tatsache, dass das marktwirtschaftliche System von einer begrenzten (wirtschaftlichen) Tauschmoral geprägt ist. Eine Tauschmoral geht als normatives Gebilde von mindestens bilateralen und reziproken Beziehungen aus, die primär vom Äquivalenzprinzip getragen sind. Im Rahmen der Arbeitsteilung tauschen wir Güter, die unseren Lebensstandard erhöhen und die es ohne Teilung der Arbeit überhaupt nicht gäbe. In der Regel profitieren somit alle Beteiligten am Güteraustausch, weswegen sie die Möglichkeit desselben, der sich zudem auf der Basis der Freiheit vollzieht, auch ausgiebig nutzen. Da die Vorteilhaftigkeit des Tausches von allen gewünscht wird, ist die Mehrheit auch bereit, bestimmte Normen, die damit im Zusammenhang stehen, zu akzeptieren. Eine solche Tauschmoral funktioniert also immer dort, wo sich wirtschaftliche Leistung und wirtschaftliche Gegenleistung gegenüberstehen. Dies ist nicht nur auf Märkten der Fall. Auch das Staatswesen kann in dieser Weise aufgefasst werden. Der Staat (also die Gesamtheit der Bürger) gibt Sicherheit, baut Straßen und Schulen, spricht Recht, organisiert Ordnung und erhält im Gegenzug dazu Steuern und Abgaben von den Bürgern. Bei der Tauschmoral findet die Einengung des Wirtschaftens auf soziale Prozesse statt, die ausschließlich auf eigennützige, bedürfnis- und knappheitsorientierte Aktionen bezogen sind. Alles andere wird ausgeblendet, vor allem die Tatsache, dass die sozialen Prozesse auch neben wirtschaftlichen Dingen (emotionale Bindung von Familienmitgliedern im Rahmen des wirtschaftlichen Haushalts) oder sogar ganz ohne wirtschaftlichen Bezug bestehen können (die Freundschaft zweier Hobbysportler). Durch die Vernachlässigung des funktionalen Ansatzes der menschlichen Gesamtwirklichkeit reduziert sich dieser auf ein reines Tausch- oder Marktmodell. Alles, was wirtschaftlich jenseits des Eigennutzes oder eines Tauschvorteils liegt, wird systematisch ausgeblendet. Dies ist auch der Grund dafür, dass der Prozess der Globalisierung so erfolgreich in den vergangenen Jahrzehnten weltweit stattgefunden hat. Moslems, Christen, Hindus bzw. autoritäre, diktatorische, demokratische Staaten treiben Handel miteinander, obwohl ihre Werte und Normen weit auseinanderliegen. Welthandel ist das Ergebnis einer funktionalen Tauschlogik.

16.1.2 Normierungsmodell als Totalmodell[2]

Im Gegensatz dazu erfasst das Normierungsmodell die menschliche Gesamtwirklichkeit oder zumindest eine dem Wirtschaftlichen übergeordnete Ebene. Hier wird der Mensch als psychische Einheit aufgefasst, der es unter Einbeziehung der Gesamtperson um ihr Selbst geht. Das Selbst ist ein psychologischer Begriff, der die psychische, emotionale, intellektuelle Identität des Menschen zum Ausdruck bringt. Zu dieser Identität zählt ganz essentiell der soziale Bezug, ohne den sich eine personale Identität nicht bilden kann.

Sozialbeziehungen können aber nur unter normativen Regeln und Bedingungen gelingen, weswegen sie eine konstitutive Voraussetzung für die Selbstwerdung zum einen und das soziale Miteinander zum anderen darstellen.

Die Probleme von Reduktionismus, Verselbstständigung, Entsozialisierung, Entsolidarisierung oder Entkopplung von Wirtschaft und Moral spielen im normativen Modell keinerlei Rolle. Hier finden beide Disziplinen unter dem Dach der Moral zu einer festen Einheit zusammen. Zwar geht dieselbe teils zu Lasten der Wirtschaft, d. h. moralische Standardisierung führt zur Einschränkung der persönlichen Freiheit, zu wirtschaftlicher Demotivierung, zur Reduktion von Effizienz. Dennoch gewinnt die Wirtschaftsmoral als Ganzes dadurch, dass die Bezugnahme auf die Lebenstotale, die Perspektive der menschlichen Gesamtwirklichkeit eine äußerst haltbare Einheit zwischen Moral und Wirtschaft ermöglicht. Wenn die Wirtschaft zu unerwünschten Folgen führt, z. B. Korruption, dann können im Normierungsmodell jederzeit dementsprechende Maßnahmen eingeleitet oder Richtlinien erlassen werden, sodass der Anspruch des moralischen Primats erfüllt werden kann. Im Normierungsmodell geht Wirtschaften in einem größeren Ganzen auf so wie ein großes Einzelstück in einem Mosaik. Der Anspruch der Moral auf universelle Gültigkeit bleibt hier fest verankert.

Dominanz nicht wirtschaftlicher Normen

Wenn sich eine katholische Angestellte von ihrem katholischen Ehemann ohne bestimmten und gravierenden Grund scheiden lässt, obwohl dies das Kirchenrecht verbietet, dann kann es passieren, dass die Angestellte von ihrem katholischen Arbeitgeber (z. B. Caritas) entlassen werden darf, selbst wenn sie ihr Arbeitsverhältnis zur vollsten Zufriedenheit ihres katholischen Dienstherrn bisher ausgeübt hat. Das ist nur in einem System möglich, das von der Priorität der Moral ausgeht und in dem das Wirtschaftliche funktionalisiert und instrumentalisiert werden darf. Im Prinzip findet lediglich ein interdisziplinärer Normabwägungsprozess statt, der zu Gunsten der Normierung entschieden wird.

Dominanz nicht wirtschaftlicher Werte

Wenn eine muslimische Frau in einem fundamentalistischen Gottesstaat aus religiösen Gründen nicht als Wirtschaftspolitikerin arbeiten darf, obwohl sie viel geeigneter und talentierter ist als ihre männlichen Kollegen, dann liegt Normierung vor. Der religiös motivierte Wert wiegt ungleich schwerer als der Verlust an politischer Kompetenz bzw. wirtschaftlicher Effizienz. An diesem Beispiel erkennt man, dass das Normierungsmodell nicht immer nur vorteilhaft ist. Zum anderen zeigt es hingegen ganz genau die gesellschaftlich-moralischen Machtverhältnisse an.

Dominanz nicht wirtschaftlicher Sanktionen

Wenn ein Bettler aus einem totalitären oder moralisierten Land in einem Geschäft eine Wurst stiehlt, dann wird er laut Normierungsmodell nicht wirtschaftlich durch Bezahlung des Schadens und einer Strafe zur Rechenschaft gezogen, sondern er wird gedemü-

tigt, indem er öffentlich an den Pranger gestellt wird und die Allgemeinheit um Verge-
bung bitten muss. Der Sanktionskatalog geht über das Wirtschaftliche hinaus und orientiert sich am übergeordneten Moralsystem.

Dominanz nicht wirtschaftlicher Legitimität

Wenn ein Polizist bei einer Verfolgungsjagd eines Mörders unser Auto benötigt, dann
können wir es ihm im Rahmen des Normierungsmodells nicht verweigern. Der Polizist
ist in diesem Fall zur Abwendung einer öffentlichen Gefahr politisch legitimiert, einen
Eingriff in das wirtschaftliche Eigentums- und Besitzrecht vorzunehmen. Wir akzeptieren ein solches Vorgehen, weil es uns als Gesellschaftsmitglied nützt (Rationalismus)
bzw. weil wir die Aufrechterhaltung der öffentlichen Ordnung als gut empfinden (Psy-
chologismus).

Die Totalität des Normierungsmodells ergibt sich, wie bereits gesagt, aus dem Primat
der Moral. Moral bedeutet im Wesentlichen ein soziales Handeln, das sich an Normen
und Werten ausrichtet, welche, aus welchem Grund auch immer, für gut befunden worden sind. In diesem ganzheitlichen System geht es den Wirtschaftsakteuren in erster
Linie darum, gute, sozialverträgliche, anerkannte Menschen zu sein, die ihr Gutsein auf
alle relevanten Lebensbereiche (Familie, Schule, Religion, Partnerschaft, Beruf, Vereins-
leben, Straßenverkehr etc.) beziehen, und somit eben auch auf den wirtschaftlichen Lebensbereich. Der Normativitätsanspruch im Normierungsmodell begrenzt sich nicht wie
im Funktionalisierungsmodell partiell darauf, gut zu wirtschaften, sondern erweitert sich
zum normativen Totalanspruch, weil er die gesamte Persönlichkeit mit allen ihren Sozi-
albezügen sozusagen als universelle Einheit mit einbezieht.

Zusammenfassend lässt sich der Unterschied zwischen Partial- und Totalmodell folgendermaßen kennzeichnen. Beim Funktionalisierungsmodell ist der Ausgangspunkt ein
Wirtschaftsakt, dem ein normativer Anspruch nachfolgt. Wird dieser Anspruch erfüllt,
erfolgt eine positive Sanktion, wird er nicht erfüllt, erfolgt eine negative Sanktion. Da
die Kausalkette ausschließlich von der Seite des Wirtschaftlichen erfolgt, bleibt das
Funktionalisierungsmodell auf den Wirtschaftsbereich begrenzt. Steht am Beginn der
Kausalkette ein normativer Anspruch, läuft die Funktionalisierung ins Leere. Dies ist
z. B. der Fall, wenn jemand spenden, ein Ehrenamt bekleiden, Familienmitglieder finanziell unterstützen, das Studium der Kinder finanzieren soll. Genau an dieser Stelle zeigt
sich der Unterschied zum Normierungsmodell. Dieses geht von einem normativen Anspruch aus, der mehr oder weniger universell auf die verschiedenen Lebensbereiche
angewandt werden kann (Stichwort Anwendungsmodell). Der moralische Anspruch lässt
sozusagen nichts aus, er lässt sich auf jedes praktische menschliche Handeln beziehen.
Im Normierungsmodell wird der Anspruch der Wirtschaft genauso zweckdienlich behandelt wie im Funktionalisierungsmodell der Anspruch der Moral. Dadurch, dass der
normative Anspruch ein ganzheitlicher ist (man soll in der Regel immer und überall
ehrlich, zuverlässig, gerecht, pünktlich etc. sein), stellt nur das Normierungsmodell den
Anspruch auf Totalität.

Eine Tauschmoral wie im Fall des Funktionalisierungsmodells reicht hier nicht aus, da diese immer nur soziale Prozesse vor Augen hat, die wirtschaftlicher Natur sind. Das Normierungsmodell kann nicht als Tauschmoralsystem, sondern muss als universelles Wirtschaftsmoralsystem angesehen werden. Der Begriff des Wirtschaftens kann unmöglich vom Begriff des (sozialen) Seins getrennt werden. Eine Welt, die wirtschaftlich betrachtet nur Eigennutz befriedigt, widerspricht der Realität und Komplexität menschlichen Lebens. Diese Seinsvergessenheit ist der Preis für die Vorteile, die mit dem Funktionalisierungsmodell zu erzielen sind. Im Gegensatz dazu spielt dieselbe im Normierungsmodell keine Rolle, weswegen deren Geltungsbereich allumfassend ist.

Auf der anderen Seite muss es nicht nur von Vorteil sein, wenn eine Wirtschaftsmoral von einem Totalansatz ausgeht. Das Ganze unterliegt immer wieder der subjektiven Bewertung der Menschen, die an unterschiedlichen Orten zu unterschiedlichen Zeiten in unterschiedlichen Gemeinschaften zusammenleben. Entsprach es im Mittelalter der Norm, dass der Vater für den Sohn entschied, dass derselbe meist den gleichen Beruf erlernen sollte wie der Vater, so ist die heutige Wirtschaftsmoral davon weggekommen, weil damit zu hohe Effizienz- und Freiheitsverluste einhergehen. Herrschte früher die Vorstellung, Frauen gehörten an den Herd, hat sich das heute stark positiv gewandelt. Jetzt kann die Wirtschaft auf gut ausgebildete Fachkräfte zurückgreifen, die helfen, den Wohlstand der Nation zu erhöhen bei einem ansteigenden Grad an weiblicher Selbstverwirklichung.

Natürlich kommen in der Wirklichkeit auch Ausnahmeformen vor. So ist es möglich, dass aus einer funktionalisierten Wirtschaftsmoral heraus Normen entstehen, die vom übergeordneten Werte- und Moralsystem übernommen werden. Der Fleiß ist dafür ein gutes Beispiel. Auf diese Weise kann aus einem fleißigen Bäcker oder Maurer ein fleißiger Vater oder Ehrenämtler werden. Derartige Interaktionen kommen zwischen Wirtschaftsmoral und allgemeiner Moral immer wieder vor. Oder manchmal kommt es vor, dass eine gute Tat (im allgemeinen Sinn) wirtschaftlich belohnt wird. Das ist der Fall, wenn ein hilfsbereiter Junge von einer alten Dame, der er über die Straße hilft, ein Eis dafür bekommt. Derartige Mischformen stellen allerdings keine originären Formen dar, sondern sind Ableitungen und Modifikationen von Funktionalisierungs- und Normierungsmodell. Zusammenfassend lassen sich die Stärken und Schwächen der beiden Modelle, wie in Tab. 16.1 dargestellt, konstatieren.

16.2 Modellsynthese: Synchronisations- versus Differentialmodell

Jedes der beiden betrachteten Modelle ist interdisziplinär angelegt, bestehend zum einen aus dem Teil Wirtschaft, zum anderen aus dem Teil Moral. Diese beiden Teile spielen notwendigerweise unter dem gemeinsamen Dach der Wirtschaftsmoral zusammen, was man als Modellsynthese bezeichnen kann. Es geht also um die Frage, auf welche Art und Weise die beiden beteiligten Bereiche miteinander gekoppelt sind. Hierbei unterscheiden wir das Synchronisations- und das Differentialmodell.

Tab. 16.1   Stärken und Schwächen des Partial- und Totalmodells

	Partialmodell	**Totalmodell**
Stärken	Wirtschaftliche Kooperation von Wirtschaftssubjekten verschiedener Moral- und Wertesysteme	Förderung der gesellschaftlichen Homogenität durch Vereinheitlichung von Normen und Werten
	Förderung von Wohlstand und materieller Sicherheit durch Freiheit und Effizienz	Explizite Berücksichtigung von Werten wie soziale Gerechtigkeit, Gesundheit, Friede, Sicherheit, Bildung, Würde
	Moralische Entideologisierung wirtschaftlicher Vorgänge	Herstellung eines ganzheitlichen Wertesystems
	Pragmatische Grundlage für eine globale Weltwirtschaftsordnung	Integration aller Lebensbereiche durch ein universelles Moralsystem
Schwächen	Partielle Entsozialisierung der Gesellschaft durch Reduktionismus, Eigenlogik und Verselbstständigung	Erschwerung wirtschaftlicher Kooperation von Wirtschaftssubjekten verschiedener Moral-/Wertesysteme
	Ausklammerung von Fragen wie soziale Gerechtigkeit, Würde, Armut, Einkommensverteilung, Bildung	Gefährdung von Wohlstand und Fortschritt durch eine primär moralische Wertorientierung
	Verlust eines ganzheitlichen Wertesystems	Gefahr der normativ-ideologischen Verengung wirtschaftlicher Vorgänge
	Aufspaltung eines universellen Moralsystems in moralische Subsysteme (Binnenmoralsystem)	Pragmatische Grundlage für tendenziell nur kleine Wirtschaftsgemeinschaften bzw. homogene Wirtschaftsräume

16.2.1 Funktionalisierungsmodell als Synchronisationsmodell[3]

Im Funktionalisierungsmodell streben die beiden relevanten Welten, einerseits die wirtschaftliche, zum anderen die moralische, aufeinander zu. Dies hängt mit ihrer spezifischen Verknüpfung, der Funktionalisierung der Moral zusammen. Dadurch, dass die Moral ökonomisiert wird, wird sie mit der Funktionsweise der Ökonomie kompatibel gemacht. Die Moral legt ihre generelle Autonomie zwar nicht grundsätzlich ab, stellt sie ökonomisch-instrumentell betrachtet allerdings der Wirtschaft zur Verfügung. Durch diese Einbindung verliert die Moral einen Teil ihrer Eigenständigkeit und es kommt zu einer funktionalen Vereinheitlichung von Wirtschaft und Normativität. Dadurch, dass der wirtschaftliche Erfolg vom, unter anderem, moralischen Input abhängt, bilden beide Welten eine starke Einheit. Das Wirtschaftssubjekt kann sein (primäres) wirtschaftliches Eigennutzstreben nur realisieren und perfektionieren, wenn es sich an die (sekundären) wirtschaftlich-normativen Regeln hält. Die Normativität wird so zum elementaren Bestandteil des wirtschaftlichen Kalküls. Moralisches Handeln koinzidiert mit wirtschaftlichem und umgekehrt.

Eine wichtige Konsequenz dieser funktionalen Vereinheitlichung der beiden Bereiche ist, dass das Problem der Zweiteilung komplett wegfällt. Im Funktionalisierungssystem, und damit zugleich im Kapitalismus, gibt es kein innen und außen, keine Trennung des Subjekts in Wirtschaftseigennutz und Moralgesinnung. Der einzelne Wirtschaftsakt führt durch die Funktionalisierung zu einer Art interdisziplinärer Identität. Funktionale Vereinheitlichung heißt, dass sowohl der Fall „Wohlstand ohne (funktionalisierte) Moral" wie der andere Fall „(Funktionalisierte) Moral ohne Wohlstand" systemimmanent unmöglich sind. Das Funktionalisierungsmodell verursacht im Idealfall eine strukturelle Harmonie zwischen Eigennutz und Gemeinnutz.

Eine weitere Konsequenz dieser funktionalen Vereinheitlichung findet sich im Wegfallen des moralischen Appellierens. Im (theoretisch-idealen) Funktionalisierungsmodell bzw. vollkommen wettbewerbsorientierten und von Transparenz geprägten Kapitalismus kommt die Moral ohne den moralischen „Zeigefinger" aus. Moral ist da, ohne dass sie explizit definiert, institutionalisiert oder sonst wie eingefordert werden müsste. Man muss nicht mehr an jemand appellieren, das Gute zu befolgen, weil er es wegen des persönlichen wirtschaftlichen Vorteils bzw. der Vermeidung eines wirtschaftlichen Nachteils von ganz alleine tut, vor allem in Momenten der „Moralschwäche". Man muss niemand mehr auf Schritt und Tritt moralisch kontrollieren, da jeder die wirtschaftliche Nützlichkeit der Moral, jenseits der jeweiligen moralischen Grundgesinnung, von sich aus erkannt hat. Es findet sozusagen eine Moral ohne jegliches Moralisieren statt.

Die Konvergenzleistung des Funktionalisierungsmodells besteht darin, dass das sogenannte Böse (normative Devianz) insofern neutralisiert bzw. in das Gute transformiert wird, indem es an das wirtschaftliche Eigennutzstreben gekoppelt wird. Böse zu sein, lohnt nicht wirtschaftlich, sondern führt im Gegenteil zu wirtschaftlichen Einbußen. Nach Bernard Mandeville (Hauptwerk 1714: die Bienenfabel) ist der wettbewerbsorientierte und indirekt vom Funktionalisierungsmodell bestimmte Kapitalismus in der Lage, unmoralisches Handeln in moralisches zu verwandeln. Selbst wenn sich ein Wirtschaftsakteur egoistisch, egozentrisch und habgierig gebärdet, so werden diese Energien auf Dauer über den auf Wettbewerb und Funktionalisierung beruhenden Marktmechanismus immer wieder zum Wohle aller transformiert, indem sich daraus Effizienz, Fortschritt, Wohlstand ergeben. Es gilt der Satz: „private vices, public benefits" (private Laster, öffentliche Vorteile).

Das Funktionalisierungsmodell synchronisiert den wirtschaftlichen und den moralischen Anspruch, d. h. es erfüllt beide Ansprüche im Rahmen einer zeitlichen Einheit. Wenn ein Film hergestellt wird, müssen Bild und Ton synchronisiert, also zeitlich vereinheitlicht werden, will man Personen und Handlung verstehen. Nur so erhält der Film in seiner Aussage einen Sinn. Genauso verhält es sich im Funktionalisierungsmodell. Das zeitliche Zusammenfallen eines normativen Anspruchs und eines wirtschaftlichen Handelns bringt wirtschaftsmoralischen Sinn hervor. Beispiele: Der Käufer klaut im Supermarkt nichts, nicht nur weil er gegen die Sitten, sondern zugleich auch gegen seine wirtschaftlichen Interessen verstoßen würde. Im Fall nämlich, dass er erwischt wird, muss er sich nicht nur schämen, sondern eine Geldbuße bezahlen, wird aktenkundig bei der Polizei und erhält ein Hausverbot vom Supermarkt. Insofern stellt die Funktionalisierung nicht nur eine Prophylaxe für normtreues Verhalten dar, zugleich fördert sie die Konvergenz von Wirtschaften und gut sein. Dadurch, dass Moral zum Katalysator wirtschaftlicher Prozesse wird, ergibt sich nicht nur eine äußerst haltbare Synthese zwischen Wirtschaft und Normanspruch, es führt zugleich dazu, dass sich eine strukturelle Harmonie zwischen, isoliert voneinander betrachtet, den beiden widerstrebenden Bereichen bildet. Das Funktionalisierungsmodell macht durch seinen speziellen Kopplungsprozess Wirtschaft und Moral grundsätzlich deckungsgleich. Beide Teile sind nicht die zwei Seiten einer Medaille, sondern sie sind sie. Es findet im Rahmen des Partialmodells keine systembedingte Unterscheidung statt, folglich existieren keine verschiedenen Perspektiven von ein und derselben Sache.

Darüber hinaus führt der Synchronisationseffekt zwar nicht zu mehr allgemeiner, aber immerhin zu mehr wirtschaftlicher Eigenverantwortung und Selbstdisziplin. Da Norm abweichendes Handeln automatisch wirtschaftliche Nachteile für den Einzelnen nach sich zieht, macht es zumindest unter rein normativen Gesichtspunkten und unter Vernachlässigung ökonomischer Faktoren keinen Sinn, dafür irgendwelche Schuldigen oder Ausreden zu erfinden. Der Grund für einen wirtschaftlichen Misserfolg liegt in jedem selbst, alles andere gleicht einer Selbsttäuschung. Der Eigentümer der Drogeriemarktkette Schlecker muss die Insolvenz seines Unternehmens auf seine eigene normative Unfähigkeit zurückführen, d. h. zu wenig Rücksicht auf das moralische Wertempfinden von Kunden, Angestellten, Banken und der Öffentlichkeit genommen zu haben. Insofern lässt sich also festhalten, dass die funktionale Wirtschaftsmoral im Rahmen ihrer relativ direkten Sozialprozesse ein hohes Maß an wirtschaftlicher Eigenverantwortung verlangt. Der Spruch, dass jeder seines (wirtschaftlichen) Glückes Schmied ist, trifft hier sehr passend zu. Allerdings bleibt der allgemeine Selbstverantwortungsaspekt im Funktionalisierungsmodell komplett außen vor.

Somit übt das Funktionalisierungsmodell unter Idealbedingungen eine relativ starke und positive, wohlgemerkt wirtschaftliche, Erziehungsfunktion aus, da die Folgen unmoralischen Handelns sehr schnell spürbar sind. Es setzt, zumindest teilweise, einem moralischen Gesinnungsprozess in Gang bzw. unterstützt seine Permanenz. Wenn wir bemerken, dass unser Gutsein positive Konsequenzen in wirtschaftlicher Hinsicht für uns wie andere hat, steigt unsere Bereitschaft, die Moral insgesamt als eine positive Kraft zu verstehen. Zusehends lassen wir uns auf sie ein und können sie auf diese Weise stärker verinnerlichen, sodass sie automatisch ein Teil von uns wird. Durch die Permanenz der Kausalität von Moral und wirtschaftlichem Vorteil konditionieren wir uns selbst und finden so zu einer katalytischen Integration der Moral in unser Wirtschaften. Dasjenige Individuum (z. B. der „Moralmuffel"), welches sich an der Grenze zum reinen Eigeninteresse befindet, kann auf diese Weise nach unten abgesichert werden. Hinzu kommt, dass durch die Funktionalisierung bei einem allgemeinen Sinken der Moralwilligkeit ein Gegengewicht gebildet werden kann. Ein erheblicher, positiver Nebeneffekt der Ökonomisierung der Moral ist zudem, dass dadurch vor allem Menschen, die amoralisch oder nur äußerlich-rechtlich handeln, zu moralgetreuem Verhalten erzogen und angehalten werden können, und zwar auf eine nachhaltige Weise, da ihre Gesinnungsbasis wegen des Synchronisationseffekts immer direkt angesprochen wird. Erneut muss allerdings zugleich konstatiert werden, dass der allgemeine, normative Erziehungsaspekt außen vor bleibt, da er auf das Wirtschaftliche begrenzt bleibt.

16.2.2 Normierungsmodell als Differentialmodell[4]

Im Gegensatz zum Funktionalisierungsmodell geht das Normierungsmodell von einem Primat des Moralischen aus. Das Wirtschaftliche muss sich folglich unterordnen. Im Rahmen dieses Primats findet allerdings keine systematische Verknüpfung der Art statt, die wie im Funktionalisierungsfall ausschließlich zu einer konvergierenden Kopplung der beiden Bereiche führt, sondern die von einer Entkopplung ausgeht. Diese Entkopplung bringt eine Differenzierung, eine Profilierung der beiden Bereiche hervor, daher der Name Differentialmodell. Moral und Wirtschaft sind zwei verschiedene Seiten einer Medaille. Sie werden als unterschiedliche Bereiche wahrgenommen, die sich, normativ dominiert, sowohl konvergierend wie divergierend zueinander verhalten können. Das heißt, dass das Differentialmodell als das umfassendere aufzufassen ist, weil es die Synchronisation wie die Differenzierung in sich vereinigt.

Synchronisation ist im Normierungsmodell genauso möglich wie im Funktionalisierungsmodell. Gehen wir z. B. von der Ehrlichkeit als normativer Vorgabe aus, die im Rahmen des zu Grunde liegenden Moralsystems positiv zu sanktionieren ist („Ehrlichkeit währt am längsten"). Wenn der Verkäufer eines Bekleidungsgeschäfts den Kunden auf einen kaum sichtbaren, aber tatsächlich vorhandenen Webfehler bei einem Sakko hinweist und ihm daraufhin einen Nachlass von 10 Prozent gewährt, kann der Kunde seine Zufriedenheit über die Ehrlichkeit des Verkäufers auf vielfältige Weise zum Ausdruck bringen. Jede Weise, da sie per Normvorschrift belohnend ist, funktionalisiert somit moralisches Verhalten, sofern die Belohnung wirtschaftlicher Natur ist. Es ist allerdings möglich, dass die Belohnung zusätzlich über das Wirtschaftliche hinausreicht. Das heißt also, dass die Systematik des Normierungsmodells Funktionalisierungseffekte problemlos abbilden und transportieren kann. Die Kausalität ist in beiden Modellen dieselbe: Wenn man gut ist bzw. gut wirtschaftet, wird man wirtschaftlich belohnt.

Jemand, der fleißig arbeitet, erfüllt nicht nur die Norm, möglichst niemandem auf der Tasche zu liegen und seinen Beitrag zum Sozialprodukt zu leisten, er erwirbt sich zugleich mehr Wohlstand. Ein Metzger, der ordentliche, weder vergammelte noch verseuchte Wurstwaren anbieten, entspricht nicht nur der Norm, seinen Kunden im Rahmen der gesellschaftlichen Arbeitsteilung einen guten Dienst zu erweisen, er wird dadurch zugleich gute Gewinne einfahren. Der Angestellte, der immer loyal, leistungsbereit und ehrlich seinen Dienst versehen hat, wird zum Abteilungsleiter befördert. Das Ehepaar, das eine verantwortungsvolle und liebevolle Beziehung pflegt, kann im Alter auf größere Finanzreserven hoffen als das gleiche Paar, das sich trennt und dadurch zwei Haushalte erhalten und hohe Scheidungskosten tragen muss. Der Enkelsohn, der den Rasen seiner

90-jährigen Großeltern mäht, entspricht nicht nur der Norm der familiären Hilfsbereitschaft, sondern erhält obendrein eine Aufbesserung seines Taschengeldes. Die politische
Partei, von der man weiß, dass sie nach der Wahl das hält, was sie vor der Wahl versprochen hat, wird wiedergewählt und kann weiter regieren.

Über die Synchronisation von Wirtschaft und Moral hinaus kann im Normierungsmodell zugleich aber auch eine Differenzierung der beiden Bereiche stattfinden, die aber
durch die Vorrangstellung der Moral gekennzeichnet ist. Wäre dieselbe durch die Vorrangstellung der Wirtschaft geprägt, so könnte man nicht mehr von einer Wirtschaftsmoral sprechen, da der normative Anspruch obsolet würde. Im Rahmen des normativen
Primats erfolgt somit eine prinzipiell mögliche Zurückweisung des wirtschaftlichen
Anspruchs. Die Sekundarisierung des Eigennutzstrebens heißt aber nicht, dass der wirtschaftliche Anspruch grundsätzlich verschwindet, er tritt lediglich in den Hintergrund,
wird von einem anderen (normativen) überlagert. Aus diesem Grund heraus ist das Normierungsmodell auch als Konflikt-, Gegensatz-, Ausschluss- oder Korrekturmodell aufzufassen. Es setzt explizit dem wirtschaftlichen Anspruch Grenzen, sodass es zum Gegenteil dessen kommen kann, was das Funktionalisierungsmodell primär anstrebt, zu
einem wirtschaftlichen Nachteil trotz Erfüllung normativer Regeln. Moral und Wirtschaft kollidieren, finden zu keiner Koinzidenz, und zwar so, dass der Zweck des Wirtschaftens normativ instrumentalisiert wird.

Für die hier festgestellte Divergenz zwischen Moral und Wirtschaft gibt es in der
Wirklichkeit auf jeder Analyseebene eine Menge Beispiele. Auf der Makroebene ist die
EU zurzeit bereit, auf die russische Übernahme der Krim mit Wirtschaftssanktionen zu
reagieren, die zugleich jedoch aber wirtschaftliche Nachteile für die EU-Länder selbst
mit sich bringen würden. Die Einhaltung der in der EU gültigen Norm der politischen
und territorialen Autonomie von Ländern ist von so großer Wichtigkeit, dass der wirtschaftliche Anspruch in den Hintergrund treten muss. Viele Geschäfte können nun nicht
mehr mit russischen Unternehmen und Verbrauchern abgeschlossen werden. Die Folgen
sind ein Anstieg der Arbeitslosigkeit, sinkende Steuereinnahmen, höhere Sozialausgaben
etc. in der EU. Die Bereitschaft, wirtschaftliche Nachteile einzustecken, korreliert somit
positiv mit der Bedeutung eines normativen Anspruchs.

Im Rahmen des Differentialaspekts schränkt die Realisierung sozialer Normen die
Möglichkeiten der wirtschaftlichen Freiheitsausübung grundlegend ein. Der Konflikt ist
dabei so strukturiert, dass er nicht über einen Kompromiss gelöst werden kann. Die
Durchsetzung rechtlicher und damit auch moralischer Normen erfordert ein Rechtssystem. Dafür müssen Politiker (Legislative), Richter und Staatanwälte (Judikative), Polizisten (Exekutive) bezahlt werden. Diese Kosten, finanziert durch Steuergelder, schmälern den Wohlstand jedes Einzelnen und somit aller. Wenn wir uns auf die Einführung
eines Mindestlohns einigen, kann es sein, dass wir dies mit mehr Arbeitslosigkeit und
höheren Sozialausgaben bezahlen müssen. Wenn wir wollen, dass Menschen in Deutschland nicht unter das Existenzminimum fallen, müssen wir ihnen Sozialhilfe gewähren.
Die Deutschen werden immer älter, zugleich nimmt ihre Pflegebedürftigkeit wegen
Krankheiten wie Alzheimer, Parkinson etc. zu. Weil wir als humane Gesellschaft den

Wert des würdevollen Alterns bejahen, haben wir die Pflegeversicherung eingeführt, die jedoch Arbeitgeber und Arbeitnehmer finanzieren müssen. Vor allem Mütter nehmen Einkommenseinbußen in Kauf, um Zeit für die Erziehung ihrer Kinder zu haben. Menschen spenden aus Mitleid für hilfsbedürftige Mitmenschen. Ehrenämter kosten Zeit, in welcher wir nicht arbeiten und Geld verdienen können.

Der Primat des Normativen führt zu etwas, das das Funktionalisierungsmodell als solches nicht zu leisten im Stande ist: der politischen bzw. gesamtgesellschaftlichen Integration. Die Normierung der Wirtschaft beruht auf einem breit angelegten, außerökonomischen Werte- und Normkonsens. Das bedeutet, dass sie sich auf Dauer realisieren lässt, weil sie die große Mehrheit des Kollektivs hinter sich weiß. Die Gesellschaftsmitglieder sind bereit, wirtschaftliche Einbußen in Kauf zu nehmen, da sie Teil einer übergeordneten Wertegemeinschaft sind. Im Funktionalisierungsmodell hingegen ist es unmöglich, ein Volk von mehreren Millionen Menschen durch gemeinsame Regeln zur Bereitschaft zu bringen, wirtschaftliche Einbußen hinzunehmen. Da hier im Rahmen eines nur partiellen Ansatzes der Primat der Wirtschaft gilt und das Verhältnis von Wirtschaft und Moral durch eine Synchronisation geprägt ist, läuft der jenseits des Wirtschaftlichen liegende kollektive Normanspruch ins Leere. Die Schwierigkeiten werden in diesem Fall nicht selten so groß, dass das Auseinanderbrechen des Kollektivs droht. Im Normierungsmodell entfaltet die Moral im Gegensatz dazu eine normative Kraft, die die Gesellschaft als Ganzes zusammenhält, selbst wenn dies mit der Verschlechterung der wirtschaftlichen Bedingungen verbunden sein sollte.

Aber auch auf den anderen Analyseebenen lässt sich die integrative Kraft des Differentialmodells beobachten. Aus moralischer Verantwortung ihren Kindern gegenüber bezahlen die Eltern deren Ferienreise, schöne Kleidung oder das Studium. Der dadurch entstehende wirtschaftliche Nachteil wird aus einem moralischen (Pflicht-)Gefühl heraus in Kauf genommen. Das Unternehmen richtet einen Betriebskindergarten ein, um die Vereinbarkeit von Beruf und Familie zu fördern. Zwar wird dies den Gewinn schmälern, sorgt zugleich aber für ein gutes Gewissen.

Die Förderung von Eigenverantwortung und Selbstdisziplin findet auch im Normierungsmodell statt. Allerdings bezieht sie sich im Gegensatz zum Funktionalisierungsmodell auf das allgemein-normative und nicht nur auf das wirtschaftliche Handeln. Im Differentialmodell nimmt sich der Mensch als Sozialwesen normativ-verantwortungsvoll wahr, unabhängig also davon, ob dies zu einem wirtschaftlichen Vor- oder einem Nachteil führt. Gleiches gilt für die allgemein-normative Erziehungsfunktion.

Zusammenfassend lassen sich die Stärken und Schwächen der beiden Modelle, wie in Tab. 16.2 dargestellt, konstatieren.

Tab. 16.2 Stärken und Schwächen des Synchronisations- und Differentialmodells

	Synchronisationsmodell	Differentialmodell
Stärken	Funktional-instrumentelle Identität von Wirtschaft und Moral, kein Wirtschaftsvorteil ohne Normativität	Entkopplung, Differenzierung und Profilierung von wirtschaftlichen und normativen Ansprüchen
	Wegfall moralischer Appelle	Integration von Synchronisations- und Differentialelementen möglich
	Implementierung normativer Selbstkontrolle, Prophylaxe für normtreues Handeln	Begünstigung von gesellschaftlichen Priorisierungsprozessen bezüglich Lebensbereichen, Werten und Normen
	Minimierung normativer Devianz	
Schwächen	Entprofilierung von wirtschaftlichen und normativen Ansprüchen	Systemische Fortschreibung der Zwei-Welten-Problematik
	Integration Synchronisations- und Differentialelemente kaum möglich	Notwendigkeit von moralischen Appellen bleibt bestehen
	Erschwerung von gesellschaftlichen Priorisierungsprozessen bezüglich Lebensbereichen, Werten, Normen	Schwächung normativer Selbstkontrolle, Tendenz zur Fremdkontrolle

16.3   Normgenese: Normendogenisierung versus Normexogenisierung

Die beiden behandelten Modelle unterscheiden sich unter anderem auch im Prozess der jeweiligen Normentstehung. Während im Funktionalisierungsmodell die Normen endogen entstehen, also von innen, aus dem wirtschaftlichen Anspruch selbst kommen, stammen sie im Normierungsmodell von außen, dem gesellschaftlich-sozialen Gesamtkontext, liegen demnach exogen vor.

16.3.1 Funktionalisierungsmodell: Normendogenisierung

Durch den Primat der Wirtschaft wird die Moral systemnotwendig und zweckorientiert an die Bedingungen des Wirtschaftens instrumentell angepasst. Der Moralanspruch wird beschnitten, der inhaltliche Moralhorizont beschränkt sich auf die Voraussetzungen des Wirtschaftlichen. Einige Beispiele: In der Marktwirtschaft gilt die Norm, dass sich jeder Teilnehmer bemühen soll, entweder konkurrenzfähig zu werden bzw. konkurrenzfähig zu bleiben, da der Wettbewerb ein konstitutives Element des Marktsystems darstellt. Wettbewerb sichert Wohlstand und Fortschritt. Konkret heißt dies, dass das Marktsubjekt unter Umständen viel und lang arbeiten, ständig am Ball bleiben, den Vergleich mit anderen Marktsubjekten nicht scheuen, Weiterentwicklungspotenzial nutzen und immerfort leistungsbereit sein soll. Wer diese Norm einhält, kann damit rechnen, wirtschaftlichen Erfolg zu haben, wer dem Wettbewerbsdruck nicht standhalten kann, muss damit rechnen, am Ende ohne Erfolg dazustehen, d. h. arbeitslos oder relativ mittellos zu sein.

Die Norm der Wettbewerbsfähigkeit liegt somit endogen vor. Sie existiert bzw. entstand, da durch sie eine große Güterauswahl, hohe Güterqualität, Innovation, technischer Fortschritt, Wachstum und Wohlstand für breite Schichten möglich geworden ist. Kurz, sie nützt extrem im Hinblick einer wirtschaftlichen Dynamik und Entwicklung, in deren Dienst sie sich konsequent stellt. Dass diese Konkurrenzfähigkeit andererseits zu Folgen führt, die aus Sicht eines ganzheitlichen Moralansatzes zumindest problematisch, oftmals sogar kontraproduktiv sind, wird von der Bindestrich-Moral, zu welcher die funktionalistische Wirtschaftsmoral gehört, nicht systemspezifisch wahrgenommen bzw. explizit ausgeblendet. Die am gesellschaftlichen Wohl ausgerichtete und nicht selten von einem bestimmten Menschenbild geprägte Totalperspektive der Moral lehnt die systematische Verfolgung der Norm der Konkurrenzfähigkeit in der Regel in ihrer Ausschließlichkeit ab. Hier werden vielmehr auch die negativen Seiten gesehen. Konkurrenzdenken führt dazu, dass sich Personen ständig mit anderen hinsichtlich ihrer Leistungsfähigkeit vergleichen müssen. Wenn sie hier versagen, gerät durch diese Verengung ihr menschliches Selbstverständnis ins Wanken, die Tatsache, dass der Mensch Würde hat, wird in den Hintergrund gedrängt. Konkurrenzdenken führt des Weiteren dazu, dass sich Mitmenschen primär als Mitkonkurrenten erleben. Das Miteinander leidet, das, was Menschen miteinander verbindet und nicht trennt, wird als sekundär empfunden. Konkurrenzdenken führt drittens dazu, dass die, die weniger leistungsfähig sind, an den Rand der Gesellschaft gedrängt werden. Als Arbeitslose, Wohnungslose, Sozialhilfeempfänger etc. bleiben sie, ohne integriert zu sein, im Schatten des sozialen Lebens.

Die funktionalistische Normendogenisierung weist Vor- und Nachteile auf, zuerst die Vorteile. Da ist zunächst ein hoher funktionaler Grad an Intentionalität zu nennen. Jede Norm, dadurch, dass sie ausschließlich auf den einen Lebensbereich Wirtschaft ausgerichtet ist, weist eine starke Wirkkraft auf. Wie ein Spot beleuchtet sie einen Teil der menschlichen Gesamtwirklichkeit und ist dadurch in der Lage, extrem fokussiert und konzentriert zu wirken. Durch ihr ausschließliches Einsatzgebiet passt sie sich den wirtschaftlichen Zwecken wie ein Chamäleon an. Sie funktioniert im Prinzip wie ein Fachspezialist, der sich auf seinem Gebiet auskennt wie kein anderer, zugleich allerdings den Überblick über die Gesamtzusammenhänge verloren hat. Sie gewinnt zusätzliche Energie, indem sie übergreifende Bereiche ausblendet. Auf diese Weise verrichtet die Wettbewerbsfähigkeit als marktwirtschaftliche Norm seit rund 250 Jahren erfolgreich ihren Dienst und wurde seither durch keine vergleichbare Norm ersetzt.

Zweitens findet über das Funktionalisierungsmodell die Institutionalisierung eines eigenständigen Moralsystems statt. Zwar werden Elemente traditioneller Moralsysteme und -vorstellungen mit einbezogen und übernommen, am Ende entsteht jedoch ein originäres, d. h. spezialisiertes und innovatives Gebilde, welches letztlich unabhängig von anderen Moralsystemen ist. Innovativ heißt, dass aus altbekannten, traditionellen Normen und neuen, modernen Normen eine Neuschöpfung erfolgt. Das neue System unterscheidet sich vor allem darin von den anderen Systemen, dass es sich ausschließlich auf wirtschaftliche Vorgänge und deren Zielsetzungen bezieht. Während bei den ganzheitlichen, z. B. religiösen Moralsystemen der „Lohn" darin besteht, dass man das ewige Leben erhält (Christentum, Islam) oder die Erlösung vom Leiden erfährt (Buddhismus, Hinduismus), ist er im Fall der funktionalistischen Wirtschaftsmoral beim persönlichen Wohlstand zu suchen. Neben einer Spezialisierung (Wirtschaft) findet eine Verweltlichung (Wohlstand) von Moralität statt. Dies lässt sich gerade heutzutage im Rahmen einer nie dagewesenen Globalisierung (inklusive einer nie dagewesenen Kommunikationstechnologie) beim Handeln von global players studieren. Die Welt erfährt es sofort, wenn Apple chinesische Fabrikarbeiter schlecht bezahlt, was sofort eine Reaktion bei Apple hervorruft. Auf diese Weise entsteht eine „Moral der Wirtschaft" bzw. eine „Moral des Geldes". Darauf hat übrigens schon Voltaire im Jahr 1734 aufmerksam gemacht, als er die Börse in London beobachtete. Er stellte die seltsame Toleranz, Harmonie zwischen den dort handelnden Juden, Christen und Muslimen fest. De facto gehörten alle diese Kapitalisten der Religion des Geldes an, ihr Gott war Mammon, ihr Tempel die Börse und ihr Ziel unermesslicher Reichtum. Dass dieser „Götzendienst" nicht primär dem Wohl aller Menschen galt und gilt, war und ist klar. Dazu später mehr bei den Nachteilen.

Drittens findet bei einer funktionalistischen Wirtschaftsmoral ein dezentraler Umgang mit Normen statt. Wirtschaftliche Normen entstehen nicht durch die Präsenz eines externen Normsystems oder durch das interne Diktat irgendeines Königs, Souveräns, Wirtschaftsministers, Monopolisten etc., sondern durch den Tauschprozess einer atomisierten Menge von Anbietern und Nachfragern, in der Moral die Rolle eines Produktionsfaktors einnimmt. Unter den Bedingungen von wirtschaftlicher Freiheit und Wettbewerb sind die Moralstandards in dieser Welt theoretisch nichts anderes als das Ergebnis von machtlosen, moralisch kalkulierenden Wirtschaftsakteuren. Dadurch kristallisiert sich aus einer zunächst dezentralisierten Mikromoral eine homogene und dezentralisierte Makromoral heraus. Weil alle dem Wettbewerb ausgesetzt sind, kann in wirtschaftlicher Hinsicht keiner zu viel Macht erhalten und kann in moralischer Hinsicht keiner sich unmoralisches Handeln erlauben. So gesehen findet im Funktionalismus die normative Entmachtung aller Marktteilnehmer statt, ohne dass deswegen moralisches Chaos ausbrechen müsste.

Kommen wir zu den Nachteilen. Der vermutlich größte Nachteil besteht in der Gefahr, dass durch das Funktionalisierungsmodell eine entkoppelte und duale Moralstruktur entstehen kann. Durch die verengte Fokussierung des Normativen auf das Wirtschaftliche entsteht das Risiko einer zumindest partiellen Entsozialisierung der sozialen Bindungen, da die Idee des guten Lebens von der Idee des fairen Wirtschaftens zunehmend zurückgedrängt wird. Sobald es bestimmte Situationen erlauben, mit so wenig Moral wie möglich wirtschaftlich auszukommen, dann wird unter Umständen auch verstärkt davon Gebrauch gemacht. Wenn also ein Moralsystem entsteht, in dem eine wirtschaftlich orientierte Binnenmoral eine sozial orientierte Außenmoral mehr und mehr an den Rand zu drängen versucht, zerfällt das Moralsystem in zwei Teile, was eigentlich durch die Moral verhindert werden sollte. Der sich daraus ergebende Moralwettbewerb würde die Menschen allerdings mehr spalten als einen, indem gesellschaftliche Gruppen widerstrebenden Interessen in normativer Hinsicht ausgesetzt wären. Die Funktionalisierung von Moral führt zwar grundsätzlich zu einem positiven Verstärkungseffekt von Normativität, sie stellt jedoch kein (adäquates) Substitut für Normativität als solche dar. Diesem Gedanken hat übrigens Nobelpreisträger Milton Friedman widersprochen, wenn er behauptet, dass die kapitalistische Moral nicht in den Intentionen der Handelnden zu suchen sei, sondern in den nicht intendierten Folgen dieser Handlungen.

Im Rahmen einer dualen Moralstruktur stoßen wir auf Probleme, die wir recht gut aus den Medien kennen. Wenn der Aufsichtsrat einer Aktiengesellschaft mit dem expliziten Hinweis auf die nötige Wettbewerbsfähigkeit des Unternehmens einen Vorstand beruft, ihn mit einem Millionengehalt im dreistelligen Bereich und einer großzügigen, nicht erfolgsorientierten Abfindungsvereinbarung nach seinem Ausscheiden ausstattet, dann steht diese Normvorstellung im krassen Gegensatz zur allgemeinen Moralvorstellung von Mäßigkeit, Bescheidenheit, Angemessenheit und Gerechtigkeit.

Wenn die gut verdienende Firma 100 Mitarbeiter entlässt mit dem Hinweis, dass man ansonsten nicht mehr mit dem Gewinnniveau der Mitkonkurrenten mithalten könnte und so die Rentabilität der Firma unnötig schmälern würde, dann stößt dies in einem sozial geprägten Moralsystem auf Unverständnis und Widerspruch. Hier erinnert man daran, dass die Verantwortung den Mitarbeitern und ihren Familien gegenüber der Vorrang vor kurzfristigen, gierigen Renditezielen einzuräumen ist. Das Funktionalisierungsmodell verursacht somit einen strukturell bedingten Konflikt zwischen dem System der Binnenmoral auf der einen Seite und der Universalmoral auf der anderen Seite. Ein solcher Konflikt lässt sich zum Teil überwinden, oftmals bleibt er jedoch auch bestehen und führt zu sozialen Kosten (moral hazard), die das Sozialsystem dauerhaft belasten und gefährden.

Ein zusätzlicher Nachteil des Funktionalisierungsmodells besteht in seiner Heterogenität. Dadurch, dass durch die Endogenität der Normgenese keine direkten oder zentralen Eingriffsmöglichkeiten gegeben sind, kann es zu einer Fragmentierung der Wirtschaft kommen. Das moralische System zerfällt dann in mehrere Subsysteme, die kleinere und größere Unterschiede zueinander begründen können. Eine solche Fragmentierung lässt sich gut in der Wirklichkeit beobachten, wenn wir die verschiedenen marktwirtschaftlichen Systeme miteinander vergleichen. So stellen wir fest, dass sich der Normenkatalog des amerikanischen Kapitalismus stark vom Normenkatalog eines z. B. skandinavischen Landes unterscheidet. Dieser unterscheidet sich hingegen wiederum von jenem eines arabischen Kleinstaates und so weiter. Normendogenität bringt also Individualisierung und Originalität hervor, zugleich aber auch Heterogenität und Konfliktträchtigkeit.

16.3.2 Normierungsmodell: Normexogenisierung

Durch den Primat des Normativen wird menschliches Verhalten als allgemeingültiges Phänomen betrachtet, das im Rückgriff auf das System des normativen Überbaus allgemeinen, ganzheitlichen Kriterien unterliegt. Das (moralische, unmoralische oder amoralische) Handeln wird als solches bewertet im Hinblick auf seine soziale Stimmigkeit, also im ausschließlichen Hinblick auf seine zwischenmenschlichen Eigenschaften und Kompetenzen. Partikulare Zwecke oder Interessen treten dabei in den Hintergrund wie z. B. wirtschaftliche. Aus diesem moralischen Verständnis heraus, das vollkommen dem sozialen, interpersonellen Kontext untergeordnet ist, ist klar, dass wirtschaftliche Normen nur Abbilder allgemeiner Normen sein können, sie folglich zu keiner eigenen normativen Autonomie und Unabhängigkeit fähig sind. Eine solche Wirtschaftsmoral führt kein normatives Eigenleben, sondern ist als Folge allgemeiner Moralvorstellungen aufzufassen. Die Exogenisierung von Wirtschaftsnormen lässt sich in der Realität leicht beobachten. Wenn sich ein professioneller Straßenmusikant um sieben Uhr morgens in der städtischen Fußgängerzone aufbaut, weil er mit seiner Musik die noch müden Geschäftsleute erfreuen und für den Tag motivieren will und weil er sich deswegen hohe Einnahmen verspricht, dann kann dies schnell zu einem jähen Ende führen. Kommt ein Ordnungshüter des Weges oder wurde er gerufen, verbietet dieser dem Musikanten das weitere Musizieren mit dem Hinweis, dass es sich erstens um Ruhestörung handelt und zweitens jeder Straßenmusikant eine städtische Genehmigung einholen und vorlegen muss, die außerdem nur für bestimmte Tageszeiten gültig ist.

Auch im Fall der Normexogenisierung lassen sich Vor- und Nachteile unterscheiden, ich starte mit den Vorteilen. Ein Vorteil der Normexogenisierung besteht in ihrer universellen Einsetzbarkeit, d. h., dass eine einzige Norm Anwendung in vielen verschiedenen Bereichen finden kann. Greifen wir das Beispiel der Ehrlichkeit auf. Diese Norm kann ihre Wirkung sowohl im Politischen (die Partei hält, was sie verspricht), im Gesellschaftlichen (die Medienberichterstattung orientiert sich nur an Tatsachen), im Familiären (das Kind hat auf Nachfrage der Eltern die Hausaufgaben ganz erledigt) wie im Wirtschaftlichen (man bezahlt ehrlich seine Steuern) entfalten. Im Gegensatz zum Funktionalisierungsmodell haben wir es nicht mit einem Spot, sondern einem Streulicht zu tun. Es verbreitet sich über alle menschlichen Lebensbereiche und erreicht so eine maximale Ausdehnung.

Daraus resultiert ein zweiter Vorteil, nämlich eine generelle Handlungssicherheit. Kennt ein Akteur die exogen vorgegebene Norm, weiß er in der Regel, was er in jedem beliebigen Lebensbereich zu tun hat. Angenommen, Ehrlichkeit sei die Norm, seinem Gegenüber alle wichtigen Informationen zukommen zu lassen. Für den Verkäufer eines gebrauchten Wagens bedeutet dies, dass er darauf aufmerksam macht, dass ein Kotflügel wegen eines Bagatellunfalls schon nachlackiert wurde. Für den Ebay-Verkäufer heißt dies, dass er offen zugibt, dass das gebrauchte Fernsehgerät manchmal flimmert. Hätten wir wie im Fall des Funktionalisierungsmodells disziplinär bedingt differenzierte Normansagen, könnte hier mit Ehrlichkeit etwas anderes gemeint sein. Der Autoverkäufer müsste demnach nicht auf den Bagatellunfall hinweisen, da er ja ordnungsgemäß nachlackiert wurde. Der Ebay-Verkäufer müsste unter Umständen nicht auf das Flimmern aufmerksam machen, da ein gebrauchter Gegenstand eben Gebrauchsspuren aufweist etc.

Ein dritter Vorteil der Normexogenisierung ist in der Reduktion funktionaler Abhängigkeiten zu sehen. Im funktionalistischen Wirtschaftsmoralmodell hängen die moralischen Ergebnisse direkt von den wirtschaftlichen Rahmenbedingungen ab, also z. B. davon, ob der Wettbewerb funktioniert. Ist dies nicht der Fall, haben wir es mit Marktversagen, Existenz von Marktmacht, negativen externen Effekten und Informationsasymmetrie zu tun. Sobald der Markt im Rahmen seiner Tauschfunktion versagt, hängt der moralische Anspruch automatisch in der Luft. So kann sich der Monopolist Dinge erlauben, die dem Polypolist vollkommen unmöglich wären. So weiß der Hersteller eines Produktes in der Regel immer mehr über die Qualität seines Produkts als der Konsument. Solche Verzerrungen, die meist auf Intransparenz beruhen und Tauschgerechtigkeit verhindern, treten in der Weise im Normierungsmodell nicht auf. Der Monopolist verhält sich dort moralisch einwandfrei, weil er sich als Mitglieder seiner Normgemeinschaft empfindet. Und auch der Produzent einer Ware beutet seine Informationsvorteile nicht zu Lasten des Konsumenten aus, da er sozusagen als Bruder aus der gleichen Wert- und Normfamilie stammt.

Ein weiterer Vorteil der Normexogenisierung liegt darin, dass sie zu einer hohen Stabilität des wirtschaftsmoralischen Systems beiträgt. In der Realität ist der normative Überbau oftmals Folge eines langen gesellschaftlichen Prozesses, der allerdings nicht selten Krieg und Gewalt beinhaltet. Traditionelle Moralsysteme weisen zwar kaum dynamische Elemente auf, dafür aber Stabilität und Langlebigkeit. Nicht selten wird der moralische Anspruch institutionell zentriert (Christentum in westlichen Staaten, Judentum in Israel, Islam in östlichen Staaten, Hinduismus in Indien etc.). Auch dies erhöht die Stabilität des Systems, da dadurch eine permanente Erörterung der gesellschaftlich-normativen Grundlagen stattfindet. Die Frage nach der Moral und damit die Frage nach der Moral in der Wirtschaft bringt die permanente Notwendigkeit hervor, dass sich das Kollektiv erneut und kontinuierlich mit seinen eigenen normativen Grundlagen auseinandersetzen muss. Wir stoßen hier also nicht auf eine atomisierte Entscheidungsstruktur wie im Kapitalismus, sondern wir sehen, dass normative Fragen Öffentlichkeit erzeugen und öffentliche, kollektive Wert- und Normvorstellungen thematisch induzieren. Der moralische Austausch findet somit beständig statt und führt zu einer Verstetigung der normativen Interaktion. Auf diese Weise kann eine bestimmte moralische Vitalität aufgebaut werden, die die Mitglieder des Kollektivs organisch miteinander verbindet. Moral ist so nicht mehr Sache des Einzelnen, sondern des Kollektivs, das sich um Einheit bemüht.

Auf der anderen Seite sind mit der Normexogenisierung einige Nachteile verbunden. Durch ihre universelle Einsetzbarkeit (Streulicht) wird eine disziplinäre Differenzierung und Modifizierung auf der normativen Ebene weitgehend verhindert. Wenn die (christliche und puristisch ausgelegte) Norm sagt, dass am Sonntag keine Arbeit verrichtet werden darf, trifft dies die Wirtschaft hart. Denn viele Konsumenten möchten am Sonntag bedient werden (Freizeit, Kultur, Gesundheit, öffentliche Sicherheit, Jugendheime etc.), weswegen viele Produzenten zur Stelle sind (Saunen, Schwimmbäder, Skilifte, Hotels, Museen, Ärzte, Krankenschwestern, Polizisten, Pädagogen etc.). An diesen Fällen erkennt man, dass eine exogene Normgenese zum Teil kontraproduktiv für die wirtschaftliche Entwicklung sein kann, weil sie zu wenig Rücksicht auf Belange nimmt, die nicht zentral für sie, also normativer Natur, sind.

Zwar ist es richtig, dass durch die Existenz exogener Normen die normative Abhängigkeit von ökonomisch-funktionalen Größen reduziert bzw. neutralisiert wird. Nichtsdestotrotz bestehen diese Abhängigkeiten weiter fort, nämlich auf der normativen Ebene selbst. Im Rahmen der politischen und gesellschaftlichen Rahmenbedingungen kann es ebenfalls zu Verzerrungen kommen. Das kann der Fall sein, wenn religiöse Heterogenitäten bestehen (z. B. zwischen Katholiken und Protestanten, zwischen Schiiten und Sunniten etc.), wenn politische Systeme konkurrieren und dann kollidieren (Diktatur und Demokratie, Bürgerkrieg etc.).

Drittens kann ein traditionelles, zentralisiertes Moralsystem auch nachteilig wirken. Sobald ein solches System Zeichen zeigt, dass es festgefahren, verkrustet, überkommen, veraltet, unflexibel, undynamisch und anpassungsunfähig ist, wird sich dies sehr bald auch im Wirtschaftssystem zeigen. Das haben wir bei den osteuropäischen Planwirtschaften im Kommunismus gesehen, die irgendwann soweit heruntergewirtschaftet waren, dass es einen (politischen, wirtschaftlichen und moralischen) Umbruch gab. China ging kontinuierlicher mit diesem Wandel um. Und auch wenn eine bestimmte normative Zentralisierung von Vorteil sein kann, so kann sie eben auch nachteilig wirken. Wenn Institutionen bzw. Kollektive, die mit Einfluss, Macht und Reichtum ausgestattet sind, bei der gesellschaftlichen Diskussion über Normen versuchen, ihre eigenen moralischen Vorstellungen durchzusetzen, könnte dies dazu führen, dass der projektierte Moralkonsens zwar erreicht wird, aber eben nicht in einem gewaltfreien, demokratischen Prozess, sondern über Macht und Autorität. Nicht von etwa kommt es, dass die bisherigen real existierenden planwirtschaftlichen Systeme (Stalinismus in der Sowjetunion, Maoismus in China) zu ausgesprochen diktatorischen Führungsstilen geführt haben. Auf diese Weise erhielten die tatsächlichen Moralvorstellungen der Bürger immer weniger Geltung auf der Kollektivebene und die Zentralbehörde entfernte sich von der Bevölkerung immer weiter. Das Ganze endet dann entweder in einer totalen Repression und Überwachung (z. B. die Staatssicherheit ehemalige DDR) oder in der Absetzung des Staatsapparats (Montagsdemonstrationen in der ehemaligen DDR, „Wir sind das Volk").

Zusammenfassend lassen sich die Stärken und Schwächen der beiden Modelle, wie in Tab. 16.3 dargestellt, konstatieren.

Tab. 16.3 Stärken und Schwächen der Normendogenisierung und Normexogenisierung

	Normendogenisierung	Normexogenisierung
Stärken	Hoher funktionaler Grad an wirtschaftlicher Normintentionalität (Normausrichtung auf rein wirtschaftliche Phänomene)	Hoher funktionaler Grad an allgemeiner Normintentionalität (Normausrichtung auf alle Phänomene)
	Ökonomisch-spezifiziertes, flexibles, adaptives, progressives Normsystem	Moralisch-universalisiertes, fixiertes, regulatives, konservatives Normsystem
	Dezentralisiertes Normsystem mit starker institutioneller Ausrichtung	Zentralisiertes Normsystem mit starker individueller Ausrichtung
Schwächen	Dichotomie zwischen ökonomischen und außerökonomischen Normen führt zu Normkonflikten	Mangelhafte Anpassungsfähigkeit auf wirtschaftliche Notwendigkeiten und Eigengesetzlichkeiten
	Gefahr von Normatomismus und Normbeliebigkeit	Gefahr von Normzentralismus und Normstarrheit

Anmerkungen zu Kapitel 16

1 Ein Partialmodell ist ein Modell, das nur jene Determinanten berücksichtigt, die die Kausalzusammenhänge eines empirischen Teilbereichs zu erfassen.

2 Ein Totalmodell ist ein Modell, das eine unbeschränkte Anzahl von Determinanten berücksichtigt, um kausale Zusammenhänge eines empirischen Gesamtbereichs zu erfassen.

3 „Herstellen des Gleichlaufs zwischen Vorgängen", in: www.fremdworterbuchbung. deacademic.com.

4 „unterschiedlich, abweichend von, unterscheidend", www.fremdworterbuchbung.deacademic. com.

Die funktionalen Modellkriterien beschäftigen sich mit den spezifischen (theoretisch/praktischen) Ansprüchen, die an ein System der Wirtschaftsmoral gestellt werden können. Welche Aufgaben soll ein solches System erfolgreich übernehmen und erfüllen können? Erneut stoßen wir hier auf einen umfangreichen Kriterienkatalog, aus dem wir die wesentlichen und wichtigsten Kriterien extrahieren. Und erneut müssen wir systemtheoretische und -praktische Kriterien voneinander unterscheiden. Im Folgenden sollen folgende Kriterien näher beleuchtet werden: Zielbalance des jeweiligen Modells, Modellhomogenität, Handlungsstruktur, Normträgertransparenz, Grad der Normabweichung.

17.1 Zielbalance: Individueller Wohlstand versus kollektive Wohlfahrt

Jedes wirtschaftsmoralische Modell transportiert und verfolgt ein vorrangiges Ziel. Es wäre zwar theoretisch denkbar, dass ein wirtschaftsmoralisches Modell zwei gleichrangige Ziele verfolgt, die sich zum einen aus dem wirtschaftlichen, zum anderen aus dem moralischen Bereich ergeben. In der Realität lässt sich dies so aber nicht wirklich beobachten. Ein Ziel steht immer irgendwie im Vordergrund. Selbst in der Sozialen Marktwirtschaft, die diesbezüglich ausgewogen sein sollte, kommt es immer wieder zu Zielverschiebungen. Eine konservative Regierung wird in der Regel eher den Leistungs- und Wohlstandsaspekt im Auge behalten, eine linksorientierte Partei eher den Solidaritäts- und Gerechtigkeitsaspekt. Und auch theoretisch wäre es eine sehr schwierige Aufgabe, ein wirtschaftsmoralisches System zu begründen, in dem beide Ziele genau gleich-

© Springer Fachmedien Wiesbaden GmbH, ein Teil von Springer Nature 2019
S. Knischek, *Grundlagen der Wirtschaftsmoral*,
https://doi.org/10.1007/978-3-658-23623-6_17

rangig, also zu je 50 Prozent beteiligt sind. Während im Funktionalisierungsmodell die Wohlstandsorientierung dominiert (individuell wirtschaftlich), legt das Normierungsmodell seinen Schwerpunkt auf die Wohlfahrt (kollektiv moralisch).

17.1.1 Funktionalisierungsmodell als Wohlstandsmodell mit kollektiven Wohlfahrtgewinnen

Im Funktionalisierungsmodell dominiert die Idee des Wohlstands. Jeder soll die Möglichkeit und die Freiheit besitzen, Wohlstand zu erwerben, d. h. aus seinem Leben in materieller Hinsicht eine Erfolgsgeschichte zu machen. Jeder ist frei, jedweden Beruf zu ergreifen, jedwedes Produkt herzustellen, jedwede Dienstleistung anzubieten, um damit meist durch Tausch andere Güter zu erhalten. Diese Wohlstandsidee resultiert aus dem Zusammenspiel verschiedener Quellen, also biologischen, psychologischen, physiologischen, anthropologischen etc., zunächst aber nicht moralischen, denn wirtschaften kann auch als eine individuelle Angelegenheit aufgefasst werden, die das materielle Überleben des Einzelnen sichert.

In einem wirtschaftsmoralischen System kommt automatisch das Moment der Moral hinzu, das im Rahmen des Funktionalisierungsmodells sicherstellt, dass individuelles Wirtschaften in sozialer Hinsicht verträglich und harmonisch ist. Diese Moral kann im Einzelnen unterschiedlich sein, beinhaltet in der Regel jedoch das Ansinnen, dass jeder die gleiche Möglichkeit auf Wohlstand haben muss (wirtschaftliche Chancengleichheit), dass Tauschprozesse geordnet und sozial gerecht ablaufen (Tauschgerechtigkeit), dass jeder, der will, am Wohlstandsprozess teilhat (wirtschaftliche Gleichberechtigung) und dass niemand befürchten und tatenlos hinnehmen muss, dass er einen ungerechtfertigten wirtschaftlichen Verlust erleidet (wirtschaftliche Solidarität).

In einem solchen Funktionalisierungssystem dominiert das Wohlstandsziel, während das Moralziel sich unterordnet und sich in den Dienst des ersten stellt. Eine solche Verfahrensweise kennt Vor- und Nachteile, ist aber zunächst nicht grundsätzlich als Ausdruck menschlicher Freiheit in Frage zu stellen. Ich beginne mit den Vorteilen. Im Funktionalisierungsmodell wird zunächst einmal eine Steigerung der Effizienz erreicht und dieselbe sozialisiert, kommt also allen in einer bestimmten Art zugute. Die Steigerung der Effizienz resultiert aus der normativen Verfassung wirtschaftlichen Handelns. Effizienz bedeutet, nichts zu vergeuden/verschwenden und gemäß von Maximal- und Minimalprinzip das wirtschaftlich Beste aus einer Wirtschaftssituation herauszuholen. Eine solche Steigerung der Effizienz findet statt, weil Tauschprozesse besser, also schneller und zuverlässiger, wegen des normativen Inputs ablaufen können. Wenn sich jeder ordentlich an der Schlange vor der Kasse hinten anstellt, läuft der Bezahlvorgang schneller ab als wenn sich jemand vordrängelt und eine zeitraubende Diskussion entsteht. Wenn jeder Käufer einer Sache den Preis termingerecht und vollständig bezahlt, können unnötige und kostspielige Dinge unterbleiben wie ein betriebliches Mahnsystem, Inkassobüros, dadurch verursachte Insolvenzverfahren und dergleichen.

Dabei kommt die Effizienzsteigerung zunächst allen Wirtschaftenden zugute. Diejenigen, die in der Schlange vor der Kasse stehen, vergeuden weniger Zeit und ersparen sich eine Auseinandersetzung. Natürlich wird es generell in einem optimalen Modell der Funktionalisierung überhaupt zu kaum einer Schlangenbildung kommen. Oder bezogen auf das zweite obige Beispiel: Wenn Käufer immer korrekt den vereinbarten Preis bezahlen, profitieren alle Käufer dadurch, dass in ihren Preisen nicht die Folgekosten von unmoralischem Verhalten inkludiert sind und profitieren alle Verkäufer, da sie sich um ihre Kernaufgaben kümmern können und nicht unnötige Nebenaufgaben erfüllen müssen. Die Sozialisierung oder Verallgemeinerung von Effizienzsteigerungen findet allerdings auf einem überindividuellen Niveau statt. Es kann also durchaus auch in der Realität vorkommen, dass ein Einzelner nicht am Effizienzsteigerungsprozess teilhat. Dies ist z. B. der Fall, wenn der Vorletzte einer Schlange in einer Bäckerei die letzten zehn Brötchen kauft und der Letzte in der Schlange, der nur ein Brötchen wollte, keine mehr bekommt. Die normative Vorgabe des In-der-Schlange-Stehens konterkariert die normative Tatsache, dass der Grenznutzen des zehnten Brötchens des Vorletzten vermutlich niedriger ist als der des ersten Brötchens des Letzten. Die Tatsache aber, dass die Einhaltung moralischer Vorgänge allgemein ein höheres Effizienzniveau mit sich bringt, bleibt davon unbetroffen.

Das Element des normativen Konsenses bei wirtschaftlichen Vorgängen steigert dabei nicht nur die Effizienz, sondern reduziert vor allem Transaktionskosten. Allein das Wissen um und Vertrauen auf bestimmte normative Vorgaben, verbilligt und entkompliziert Tauschprozesse. Man weiß in der Regel, wenn man im Internet etwas kauft, dass das Produkt korrekt und pünktlich geliefert wird, obwohl man eine risikobehaftete Vorauskasse geleistet hat, den Verkäufer nicht persönlich kennt und noch nie mit ihm ein Geschäft abgeschlossen hat. Ohne dieses normativ geprägte Vertrauen müsste man kostspielig in diverse Einzelhandelsgeschäfte gehen, Preise vergleichen, hätte mehr Zeit verloren und müsste eventuell einige Liter Benzin verfahren. Oder: wenn wir nicht sicher wären, dass die Banküberweisung von 500.000 Euro für ein Haus den Hausverkäufer erreicht, müssten wir unser Geld zu Hause in einem teuren Safe lagern und den Transfer der Scheine einem kostspieligen Sicherheitsdienst anvertrauen.

Ohne Anspruch, alle Vorteile an dieser Stelle benennen zu wollen, lässt sich resümieren, dass der Konsens über die normativen Rahmenbedingungen wirtschaftlichen Handelns zu einer allgemeinen Wohlstandserhöhung führt. Dabei verstehen wir uns nicht in erster Linie und im umfassenden Sinn als eine sozial geprägte Gesellschaft, sondern als eine bedürfnismotivierte Gemeinschaft von eigennützigen, wirtschaftlich agierenden Gleichgesinnten. Es geht nicht um das Gute als solches, sondern um das spezifisch Gute, das allgemeinen Wohlstand erzeugt. Hier begegnen sich also die Wirtschaftssubjekte als Wirtschaftsagenten und nicht wie im Normierungsmodell als Mitmenschen. Der normative Konsens hängt somit vom allgemeinen wirtschaftlichen Erfolg ab. Der Inhalt dieses Konsenses, also die moralischen Werte und Normen, ist wandelbar und funktional abhängig. Der Zusammenhalt der Gleichgesinnten steht und fällt mit dem Grad der Bedürfnisbefriedigung. Der wirtschaftliche Tellerrand wird nie wirklich überschritten. Das

Funktionalisierungsmodell kann deshalb vor allem für wirtschaftliche Zwecke eingesetzt werden.

Da das wirtschaftliche Wohlstandsziel im menschlichen Zielkatalog immer nur eines von mehreren Zielen sein wird und der Mensch anthropologisch gesehen als eindeutig soziales Wesen eingestuft werden muss, wird das Funktionalisierungsmodell immer nur ein Subsystem darstellen können innerhalb des normativen Gesamtsystems der Organisation des Sozialen. Die ordnungspolitische Aufgabe des Sozialen besteht somit darin, die wirtschaftsmoralische Funktionalisierung auf bestimmten Feldern zuzulassen und für eine Integration in das soziale Gesamtsystem zu sorgen. Dabei wird klar werden, dass das Wohlstandsziel nicht hinreichend ist, um gesellschaftliches Leben dauerhaft und durchdringend zu organisieren. Trotzdem trägt das Funktionalisierungsmodell durch die allgemeine Wohlstandssteigerung dazu bei, andere soziale Ziele zu verwirklichen. Im Prinzip liegt hier ein sozialer Zielkonflikt vor, der von einer zielfunktionalen Harmonie begleitet wird.

17.1.2 Normierungsmodell als Wohlfahrtsmodell mit individuellen Wohlstandsverlusten

Im Gegensatz zum Funktionalisierungsmodell transportiert das Normierungsmodell in erster Linie moralische Werte, die wirtschaftlich interpretiert und umgesetzt werden. Im Zentrum steht das sozial Gute, also das, was das Zusammenleben von Menschen sichert und erleichtert. Der Mensch wird vorrangig als Sozialwesen gesehen, dem es in seinem Sein um das friedliche Zusammenleben mit anderen geht. Die soziale Dimension menschlicher Existenz bildet den Grundstein für jedes wirtschaftsmoralische System. Die moralische Perspektive bestimmt das wirtschaftliche Kalkül, der normative Anspruch die wirtschaftliche Bedürfnisbefriedigung. Es gilt der Primat der Moral gegenüber der Wirtschaft, die ihrerseits im Dienst der Moral steht. Ein wirtschaftliches Eigenleben gibt es in diesem System nicht. Der Radius der Wirtschaft wird vom Sozialen hergedacht. Jede wirtschaftliche Verselbstständigung wird normativ im Keim erstickt und dem moralischen Anspruch untergeordnet.

Das Normierungsmodell verfolgt in erster Linie das Ziel wirtschaftlicher Gerechtigkeit. Damit sind einige Vorteile verbunden. Wirtschaftliche Ungleichheit, die leicht im Funktionalisierungsmodell entstehen kann, kann im Normierungsmodell keinen Keil zwischen die einzelnen Mitglieder einer Gesellschaft treiben. Wird der Unterschied zwischen arm und reich zu groß, kann man eingreifen und diese Fehlentwicklung durch geeignete Normen korrigieren. Findet jemand unverschuldet keine Arbeit, erfährt er finanzielle Hilfe von anderen. Verliert eine Familie ihren Hauptverdiener, erhält sie Unterstützung von der Gemeinschaft, in der sie lebt. Durch den Primat des Normativen lässt sich die Wirtschaft einspannen, um normative Vorstellungen zu realisieren.

Des Weiteren fördert der Normierungsansatz den sozialen Zusammenhalt. Gemeinsame Werte können gemeinsam verwirklicht werden, auch auf wirtschaftlichem Gebiet.

Bedürfnisbefriedigung und Wohlstand sind nicht individuelle Ziele, die im Wettbewerb untereinander erreicht, sondern die in der gemeinsamen Ausübung normativer Werte zum Wohle aller realisiert werden. Nicht die Höhe des Wohlstandsniveaus ist das Maß des Normierungsmodells, sondern dessen Verteilung. Erst wenn viele an einer wirtschaftlichen Prosperität teilnehmen können, die letzten Endes auf der Solidarität beruht, findet soziale Identifikation und ein übergeordneter Gemeinschaftsgeist statt.

Wohlstand wird im Normierungsmodell nicht abgelehnt, sondern kann im Gegenteil ein normativer Wert sein, der allgemein und individuell erstrebenswert ist. Zugleich aber kann er auch ein Mittel für normative Zwecke sein, ohne dass das negativ gesehen wird. Wenn man einem in Not geratenen Menschen helfen kann, indem man sich finanziell mit ihm solidarisiert, erleidet man zwar eine wirtschaftliche Einbuße, gewinnt zugleich aber eine normative Harmonie, von der man selbst im Notfall ebenfalls dann ein berechtigter Teil ist. Das Eigennutzstreben wird normativ akzeptiert, aber nicht priorisiert.

Ein weiterer Vorteil der Zielverfolgung von wirtschaftlicher Gerechtigkeit ist, dass diese nicht nur auf Tauschbeziehungen beruht und latent und „unsichtbar" mit einem individuellen Vorteil wie im Funktionalisierungsmodell verknüpft ist, sondern dass diese auf alle sozialen Beziehungen bezogen ist und auch einen individuellen wirtschaftlichen Nachteil mit sich bringen kann. Wenn wir in eine kollektive Sozialversicherung einzahlen, die bei bestimmten Problemfällen greift, dann stehen sich nicht Leistung und Gegenleistung gegenüber, sondern wirtschaftliche Leistung und moralischer Wert, nämlich der der sozialen Absicherung aller Gemeinschaftsmitglieder. Durch das Erleiden eines wirtschaftlichen Nachteils dokumentieren wir im Normierungsmodell unsere normative Ernsthaftigkeit, während wir im Funktionalisierungsmodell nie ganz sicher sein können, ob sich jemand wirklich oder nur hinter der Maske des Eigennutzes moralisch verhält. Ein Beispiel: Wenn wir uns unseren Geschäftspartnern gegenüber ehrlich und zuverlässig zeigen, dann kann es sein, dass wir dies nicht aus rein moralischen Gründen tun, also weil uns z. B. die Ehrlichkeit als ein schützenswertes Gut vorkommt. In der Wirklichkeit der Wirtschaft tun wir dies vor allem aus wirtschaftlichen, also eigennützigen Gründen, damit sich diese Geschäfte weiter gewinnbringend für uns entwickeln, damit wir weiter Geldvorteile daraus ziehen können etc. Das Gute tun wir also nicht nur aus sozialen Gründen, um zu sozialem Frieden, zu gegenseitiger Solidarität beizutragen, sondern auch aus ökonomischen Gründen, um einen Vorteil zu erlangen. Diese Prozesse sind im Rahmen der funktionalistischen Wirtschaftsmoral so zu verstehen, dass sich die Einhaltung von Moralnormen „lohnen" muss, dass dies „nützlich" und „Erfolg versprechend" sein muss. Im Normierungsmodell fällt diese Unsicherheit in der Regel weg.

Nachteilig am Zielanspruch des Normierungsmodells ist jedoch, dass er sich in einem Zielkonflikt zum Wohlstandsziel befinden kann. Wirtschaftliche Gerechtigkeit kann zu Lasten von Effizienz und Lebensstandard gehen, da sie die Motivation für wirtschaftliche Leistungsbereitschaft hemmt. Wenn wir immer für das Wohl der anderen auf die Befriedigung unserer eigenen wirtschaftlichen Bedürfnisse verzichten müssen, sind wir es irgendwann leid und verabschieden uns von so manchem normativen Anspruch. Die Geschichte kennt viele Beispiele dafür, wenn der Anspruch der Normierung ein bestimmtes Maß überschreitet: das Scheitern der Zentralverwaltungswirtschaft, das Auseinanderbrechen von genossenschaftlich organisierten Systemen, die Überforderung von Sozialstaaten etc.

Je umfassender und durchdringender die Wirtschaft moralisiert wird und umso stärker sie z. B. die Einkommen und damit Chancen nivelliert, umso kleiner wird der Spielraum für wirtschaftliche Aktivität, umso geringer entwickeln sich Leistungsbereitschaft und Motivation und umso niedriger fällt der Grad der Effizienz aus. Wenn die Wirtschaftssubjekte das Gefühl bekommen, dass sich Leistungsunterschiede finanziell kaum bemerkbar machen, wenn der Eindruck vorherrscht, dass Moral in reiner Gleichmacherei endet, dann nimmt die Resignation zu, Einsatzbereitschaft und Innovationskraft sinken, die Produktivität nimmt ab. Am Ende äußert sich der Effizienzverlust in einem niedrigeren Lebensstandard und Volkswohlstand. Weitere Ausprägungsarten einer solchen Normierung können politische Unzufriedenheit, innere Emigration und Moralbruch sein.

Zusammenfassend lassen sich folgende Stärken und Schwächen der beiden Modelle konstatieren (siehe Tab. 17.1).

Tab. 17.1   Stärken und Schwächen des Wohlstands- und Wohlfahrtsmodells

	Individuelles Wohlstandsmodell mit kollektiven Wohlfahrtsgewinnen	**Kollektiviertes Wohlfahrtsmodell mit individuellen Wohlstandsverlusten**
Stärken	Kollektivierung wirtschaftlicher Effizienzsteigerungen	Nivellierung wirtschaftlicher Ungleichheit
	Kollektivierung von technischem und wirtschaftlichem Fortschritt	Absicherung von Gesundheit, Alter, Armut, Arbeitslosigkeit
	Kollektivierung von Wohlfahrtseffekten	Solidarsystem, das Chancengleichheit sicherstellt
Schwächen	Vernachlässigung der Effekte von Wohlstandsverteilung und Chancengleichheit	Vernachlässigung der Effekte von wirtschaftlicher Innovation und Wohlstandsstreben
	Ungleichmäßigkeit von Wohlfahrtseffekten	Vernachlässigung der Effekte von Effizienz und Leistungsgerechtigkeit

17.2   Modellhomogenität: Defragmentierung versus Fragmentierung

17.2.1   Funktionalisierungsmodell als Defragmentierungsmodell

Die Wirklichkeit ist von einer wirtschaftsmoralischen Systemzersplitterung bzw. -fragmentierung geprägt. Verschiedene Systeme stehen sich gegenüber, konkurrieren miteinander oder aber sie ergänzen sich partial. In dieser Lebensrealität findet ein Ringen um das wahrhaft Gute statt, sei es auf der religiösen Ebene (Christentum, Islam, Buddhismus etc.), auf der kulturellen Ebene (Inder, Deutsche, Bayern, Amerikaner etc.), auf der familiären Ebene (Vater, Mutter, Kinder) etc. Eine solche Fragmentierung an wirtschaftsmoralischen Ansätzen speist sich aus einer Hauptquelle: der Relativität dessen, was wir das Gute nennen bzw. der Unmöglichkeit einer absoluten Herleitung desselben. Daraus, und zusätzlich aus der Tatsache, dass Werte individuell empfunden werden, resultiert die Subjektivierung der Wirtschaftsmoral und damit ihre Fragmentierung.

Das Funktionalisierungsmodell setzt dieser Fragmentierung etwas entgegen und führt zu einer gewissen Vereinheitlichung bzw. Integration unterschiedlicher wirtschaftsmoralischer Ansätze. Der Grund für diese Defragmentierung ist in der Wesensart des Wirtschaftens selbst zu suchen. Das Stillen eines Bedürfnisses durch knappe materielle Mittel bzw. das Erreichen eines bestimmten Wohlstandsniveaus ist weit weniger relativ und subjektiv als die Suche nach der moralischen Letztbegründung. Wirtschaftliche Grundbedürfnisse zu befriedigen ist ein absoluter und objektiver Vorgang. Es nicht zu tun heißt, sein Dasein zu verlieren, was einer absoluten Handlung entspricht. Zudem kann sich kein Mensch dieser Bedürfnisbefriedigung entziehen, weswegen derselben, da sie über die subjektive Ebene hinausgeht, Objektivität zukommt. Es spielt also in dieser Hinsicht keine Rolle, ob jemand Christ, Buddhist, Jude, Amerikaner, Deutscher, Japaner oder Kenianer ist bzw. eine unterschiedliche Weltanschauung und Lebenseinstellung hat. Da jeder wirtschaftlich überleben oder gut leben will, weist das Funktionalisierungsmodell eine viel größere Modellhomogenität auf als das Normierungsmodell.

Ein weiterer Grund für die größere Modellhomogenität des Funktionalisierungsmodells ist in seiner autonomen Verselbstständigung zu suchen. Dadurch, dass es keine Alternative zum Wirtschaften gibt, während es in religiöser, philosophischer, weltanschaulicher, kultureller, gesellschaftlicher oder politischer Hinsicht derer sehr wohl mehrere gibt, ist das Funktionalisierungsmodell in einem gewissen Maß in der Lage, durch den Primat des Wirtschaftlichen ein disziplinäres Eigenleben zu führen. Diese Verselbstständigung, was an andere Stelle natürlich nachteilig sein kann, ermöglicht es dem Funktionalisierungsmodell, aus sich heraus und für sich selbst Normativität zu erzeugen und zu organisieren. Seine disziplinäre Einseitigkeit bzw. wirtschaftliche Schwerpunktbildung bedingt seine wirtschaftsmoralische Autonomie.

Die Möglichkeit der Defragmentierung bringt einige Vorteile mit sich. Erstens lässt sich der extrem große Anwendungsbereich dieses Modells beobachten. Da auf der ganzen Welt gewirtschaftet und Wohlstand gewünscht wird, kann das Funktionalisierungsmodell als das Globalisierungsmodell par excellence bezeichnet werden. Durch seine Orientierung auf wirtschaftliche Zwecke hin vermag es wesentlich zu einer weltwirtschaftlichen Integration beitragen. Die Regeln des Welthandels, die federführend von der WTO entwickelt und verwaltet werden, basieren auf dem globalen Wunsch nach wirtschaftlicher Prosperität. Gleiches gilt für alle inter- und multinationalen Abkommen wie UNCTAD, LOME, EU, MERCOSUR, IWF, Weltbank etc. Trotzdem liegt noch ein langer Weg vor uns, wollen wir die Möglichkeiten der Wirtschaftsmoral global verstärkt ausschöpfen.

Zweitens lässt sich das Funktionalisierungsmodell gut auf anonyme Großgesellschaften anwenden.

Im Rahmen moderner Volkswirtschaften, die sehr stark über die immensen Möglichkeiten der Telekommunikation (Internet etc.) miteinander, aber auch binnenwirtschaftlich, vernetzt sind, erfolgt der Warenaustausch oft anonym, d. h. man kennt sich nicht, tätigt aber dennoch gemeinsame, oft Online-Geschäfte. Damit dieser Tausch möglichst reibungslos und effizient ablaufen kann, ist es nötig, dass alle wissen, was die normativen Regeln dieses Tausches sind und dass alle auf diese Regeln vertrauen können. Ohne ein solches Vertrauen würde der Austausch von Ware gegen Geld nicht funktionieren, da keine Seite mehr in Vorleistung treten wollte. Auf der Ebene anonymer Großgesellschaften findet so tagtäglich ein unglaublicher Umsatz statt. Dies geht nur, da jeder im Prinzip weiß, wie er sich zu verhalten hat. Andere Kriterien, ob man gerade mit einem Vorbestraften, Steuerhinterzieher, notorischen Fremdgeher etc. zu tun hat, spielen dabei keine Rolle.

Drittens führt das Funktionalisierungsmodell zu einer relativ hohen Systemstabilität. Dadurch, dass es keine Alternative zum Wirtschaften gibt, der Druck zur normativen Kooperation dadurch relativ hoch und die Anzahl von konkurrierenden System relativ niedrig ist, neigt die Funktionalisierung der Moral wenig zu Abbrüchen, zu Systemverschiebungen, zu Systemwechseln. In Ermangelung von relevanten Alternativsystemen spielt der Systemwettbewerb eine sehr untergeordnete Rolle. Dieser Wettbewerb findet im Prinzip nur auf der instrumentellen Ebene statt, wie nämlich eine Normativität eingesetzt werden kann, um möglichst große wirtschaftliche Effekte zu erzielen. Von der funktionalistischen Systemstabilität gehen sogar stabilisierende Effekte auf nicht funktionale wirtschaftsmoralische Systeme aus. Nehmen wir den jüngsten Fall von Iran. Die Iraner sind mehr und mehr bereit, ihr „iranisches", stark religiös geprägtes und gegen den Westen ausgerichtetes Moralsystem zu verändern, weil sie sich wieder mehr am Welthandel beteiligen wollen, nachdem sie Jahre lang durch die Sanktionen der UN vom Welthandel ausgeschlossen waren.

Zum vierten führt das Funktionalisierungsmodell zu einer Vereinheitlichung und Homogenisierung des Norm- und Sanktionssystems. Dadurch, dass es wirtschaftlichen Eigennutz und normativen Anspruch synchronisiert, was dazu führt, dass die Einhaltung normativer Regeln wirtschaftlich nützt, entsteht eine höhere Akzeptanz. Man muss weniger auf die Normkontrolle achten, weil die Wirtschaftssubjekte selbst darauf achten. Die Normkomplexität sinkt, weil die Wirtschaftsagenten klare, überschaubare Regeln unklaren und zahlreichen vorziehen. Das Sanktionssystem wird praktikabel und transparenter, weil die Akteure in erster Linie an einem wirtschaftlichen Erfolg interessiert sind. In der Summe wird tendenziell der Grad der Normdevianz abnehmen, weil man langfristigen wirtschaftlichen Wohlstand vor Augen hat.

17.2.2 Normierungsmodell als Fragmentierungsmodell

Das Normierungsmodell gründet auf einem wie auch immer gearteten, im Kapitel 15 schon durchleuchteten normativen Überbau, also einer Religion, einer politischen Gemeinschaft, einer Philosophie, einer einheitlichen Weltanschauung etc. Je größer der zahlenmäßige Umfang einer (wirtschaftsmoralischen) Gemeinschaft ist, im Extremfall also die globale Weltgemeinschaft, umso größer ist die Wahrscheinlichkeit, dass verschiedene normative Überbaue aufeinandertreffen. Global betrachtet sind dies meist unterschiedliche Religionen, unterschiedliche Staatsverständnisse, unterschiedliche Wertvorstellungen. Auch in Deutschland finden wir diese Problematik vor in der Konfliktzone zwischen Christen und Moslems, Katholiken und Protestanten, Konservativen und Liberalen. Dies hat zur Folge, dass nicht ein einheitliches System der Wirtschaftsmoral besteht, sondern mehrere Systeme nebeneinander, nicht selten auch gegeneinander, die für Konkurrenz, für eine Heterogenität, eben eine Fragmentierung in einzelne Strömungen sorgen. Aus diesem Grund müssen wir an dieser Stelle konstatieren, dass das Normierungsmodell eher Nachteile statt Vorteile mit sich bringt.

Diese Nachteile treten in vielfältiger Form auf. Zum einen führen unterschiedliche Grundwerte zu oft unversöhnlichen Positionen zwischen den normativen Überbauten. In der Folge ergeben sich große Verschiedenheiten in den Norminhalten. Gleiches gilt für die Sanktionsprozesse, die zu stark unterschiedlichen Ausprägungsformen führen können. Je stärker alle diese Differenzen zu Tage treten, umso instabiler wird das wirtschaftsmoralische Gesamtsystem. Es befindet sich in einer permanenten und strukturellen Konkurrenzsituation und führt, wenn die Integration zwischen den Systemen nicht oder nur begrenzt funktioniert, zu einer Zersplitterung des Gesamtsystems in viele Einzelsysteme. Da aber Moral darauf beruht, dass Normen und Werte allgemeinverbindlich gelten und allgemein anerkannt sind, verliert ein solches System sehr schnell die Bindungsfähigkeit des sozialen Gemeinwesens, was letztlich dazu führt, dass sich ein solches System irgendwann selbst überlebt.

Auf der Positivseite lässt sich festhalten, dass die Konkurrenzsituation zwischen den einzelnen wirtschaftsmoralischen Systemen zu einem beständigen Ringen und zu einer strukturellen Dynamik führt, die der permanenten Suche des Menschen nach dem ultimativ (wirtschaftlich) Guten einen angemessenen Ausdruck verleiht. In einer solchen Situation, sofern der Kooperationswille existiert, können die Systeme voneinander lernen, sich ergänzen und sich gegenseitig bereichern. Die Folge kann eine produktive Dialektik der Systeme sein, die jedoch, empirisch und historisch betrachtet, auch in ihr Gegenteil verkehrt werden kann. Hinzu tritt, dass der auf Freiheit gegründete Mensch durch die Vielfalt der Systeme ein Wahlrecht ausüben darf. Der einzelne Wirtschaftsakteur kann durch die Wahl seiner Zugehörigkeit zu einem normativen Überbau das wirtschaftsmoralische Dominanzsystem wählen. Durch diese Prozesse kristallisiert sich dasjenige System heraus, das von den meisten Akteuren favorisiert wird, was einen weiteren Vorteil, die Demokratisierung eines solchen wirtschaftsmoralischen Prozesses, verdeutlicht. Am Ende kann dann ein System begründet werden, vorausgesetzt das Problem sei gelöst, dass das moralisch Gute positiv mit der Güte des Menschen bzw. seines Willens korreliert ist, was sehr hohen normativen Anforderungen gerecht zu werden vermag.

Gelingt es, die systemische Vielfalt zu überwinden und in eine bestimmte Einheit zu überführen, ergibt sich der Vorteil einer immensen Homogenisierung. Die einzelnen Wirtschaftsakteure sind, im positiven Sinne, in einem Maße gleichgeschaltet, das die Effektivität und Permanenz des zu Grunde liegenden wirtschaftsmoralischen Systems in einem großen Ausmaß steigert. Probleme wie Wertdiskrepanz, Normheterogenität, Normdevianz und Sanktionsdisparität reduzieren sich auf ein Mindestmaß.

Ein weiterer Vorteil des Normierungsmodells bezüglich der Fragmentierung ist die Flexibilisierung und Individualisierung wirtschaftsmoralischen Verhaltens. Es erlaubt in viel stärkerem Maß als das Funktionalisierungsmodell auf die normativen Eigenheiten und Ideen der Akteure einzugehen. Es eignet sich als Subsidiaritätsmodell. So ist z. B. das deutsche Grundgesetz so aufgebaut, dass jedes Bundesland immer noch genügend Spielraum hat für die Umsetzung eigener normativer bzw. wirtschaftsmoralischer Vorstellungen. Die EU ist so aufgebaut, dass die einzelnen Staaten ausreichend Möglichkeiten besitzen, ihre normativen Ideale umzusetzen. Die staatlichen Instanzen lassen ihrerseits wiederum genügend Spielraum, dass die einzelnen Unternehmen und Familien in der Lage sind, ihren individuellen und normativen Bedürfnissen nachzukommen. Insofern bietet sich das Normierungsmodell für soziale Gebilde an, die eine gewisse Atomisierungstendenz aufweisen bzw. die von vielen Kleingemeinschaften durchzogen sind.

Zusammenfassend lassen sich folgende Stärken und Schwächen der beiden Modelle konstatieren (siehe Tab. 17.2).

Tab. 17.2 Stärken und Schwächen des Defragmentierungs- und Fragmentierungsmodells

	Defragmentierungsmodell	**Fragmentierungsmodell**
Stärken	Hoher Grad an Modellautonomie und Systemstabilität	Hoher Grad an (internem und externem) Systemwettbewerb
	Große räumliche Reichweite, Globalisierungsrelevanz	Hoher Grad an normativer Individualisierung
	Große normative Adaptionsfähigkeit bei Marktbeziehungen	Flexibilisierung und Individualisierung wirtschaftsmoralischen Verhaltens
	Vereinheitlichung/Homogenisierung des Norm- und Sanktionssystems	
Schwächen	Geringer Grad an normativer Individualisierung	Systemheterogenität auf Grund weltanschaulicher Norm- und Wertdifferenzen
	Geringer Grad an (internem und externem) Systemwettbewerb	Geringe allgemeine Globalisierungsrelevanz

17.3 Handlungsstruktur: Institutionen- versus Verhaltensmodell

Das wirtschaftlich Gute lässt sich sowohl durch das einzelne, individuelle Handeln eines Akteurs realisieren (der Kunde bezahlt korrekt die Rechnung) wie durch geeignete Wirtschaftsinstitutionen (z. B. Wettbewerb sorgt für Wohlstand). Während das Funktionalisierungsmodell verstärkt auf das „institutional setting" setzt, liegt der Schwerpunkt beim Normierungsmodell auf der moralischen Handlungskompetenz des Wirtschaftsakteurs.

17.3.1 Funktionalisierungsmodell als Institutionenmodell

Das Funktionalisierungsmodell ist so angelegt, dass Normativität nicht nur durch das einzelne Handeln zum Ausdruck gebracht werden kann, sondern verstärkt auch institutionell. Darunter ist (in Anlehnung an die Begriffsdefinitionen in Teil 4 im Abschnitt 14.2.1.1) zu verstehen: ein „Set von Regeln, die individuelles Verhalten beschränken und das soziale Ergebnis individuellen Handelns definieren"[1] oder „jegliche Form bewusst gestalteter oder ungeplant entstandener stabiler, dauerhafter Muster menschlicher Beziehungen, die in einer Gesellschaft erzwungen oder durch die allseits als legitim geltenden Ordnungsvorstellungen getragen und tatsächlich „gelebt werden"[2] oder „sobald habitualisierte Handlungen durch Typen von Handelnden reziprok typisiert werden. Jede Typisierung, die auf diese Weise vorgenommen wird, ist eine Institution"[3]. Eine Institution ist ein Regelsystem, das soziales Verhalten kanalisiert.

Es gibt zahlreiche Formen von wirtschaftlichen Institutionen. Die wichtigsten sind in Teil 4, geordnet nach Makro-, Meso- und Mikroebene, bereits aufgeführt. An dieser Stelle möchte ich exemplarisch auf folgende Wirtschaftsinstitutionen näher eingehen: Markt, Wettbewerb, Preis und Privateigentum. Der Markt repräsentiert Normativität in verschiedenen Facetten. Das Aufeinander-Treffen von Angebot und Nachfrage schafft Transparenz über die Gesamtsituation. Wer alles bietet Handys mit einer bestimmten Qualität zu welchem Preis an? Wer alles fragt diese Handys nach und ist bereit, welchen Preis dafür zu zahlen? Dieser Transparenz, die durch den Markt entsteht, kommt normative Güte zu, da sie gleiche Voraussetzungen für alle Marktteilnehmer schafft im Vorfeld von wirtschaftlichen Tauschaktionen. Jeder, unabhängig ob Käufer oder Verkäufer, hat im Idealfall den gleichen Informationsstand, niemand wird bevorzugt, niemand benachteiligt, es herrscht dadurch ein bestimmter Zustand der Gerechtigkeit.

Auch der durch den Markt implizierte Gleichgewichtspreis, im Idealfall ein Einheitspreis, bringt Normativität zur Geltung. Der Marktpreis gilt für alle Marktteilnehmer, die zum Zuge kommen, in gleicher Weise. Jeder Verkäufer erhält für ein bestimmtes Produkt bestimmter Qualität den selben Preis wie jeder andere Verkäufer auch. Ein solcher Einheitspreis repräsentiert somit das Prinzip der Gleichheit. Der Verkäufer, der einen höheren Preis für sein Produkt haben will, muss entweder eine höhere Qualität anbieten oder er wird auf seinem Angebot sitzen bleiben. Jeder Käufer muss für ein bestimmtes Produkt bestimmter Qualität den gleichen Preis zahlen. Wer dazu nicht bereit ist, wird das Produkt nicht erwerben können, unabhängig davon, ob er einen höheren oder niedrigeren Preis als den Marktpreis zahlen möchte.

Auch dem Wettbewerb kommt normative Qualität zu. Dadurch, dass jeder Anbieter nur einer von vielen ist, ist er gezwungen, sich den anderen Anbietern anzupassen, d. h. er ist ständig dem Druck ausgesetzt, sich mit anderen vergleichen zu müssen: Weisen seine Waren die gleiche Qualität auf wie die anderer Anbieter, kann er genauso kostengünstig produzieren wie andere, schafft er es, einen ähnlich hohen Gewinn wie die anderen zu erwirtschaften etc.? Der Anbieter kann sich so nie selbstherrlich zurücklehnen oder gehen lassen, sondern er muss sich immer auf Augenhöhe zu den anderen bewegen. Der Wettbewerb fördert somit Leistungsbereitschaft, Flexibilität, Disziplin und ähnliche Tugenden. Ebenso verhält es sich auf der Nachfrageseite. Jeder Nachfrager ist nur einer von vielen. Dadurch kann sich kein Nachfrager irgendeinen Vorteil oder z. B. durch Macht eine besondere Stellung herausarbeiten. Auch hier realisiert sich das Gleichheitsprinzip, das aus der normativen Sicht heraus mehrere Vorteile in sich vereinigt.

Und auch dem Privateigentum kommt normative Kraft zu. Wenn jeder Tauschpartner weiß, dass er die Tauschgegenstände auf Dauer für sich behalten und nutzen darf, steigt seine Motivation in mehrfacher Hinsicht. Er ist leistungsbereiter und fleißiger, da er die Früchte seines wirtschaftlichen Engagements selber genießen darf. Von dieser Leistungsbereitschaft können wiederum andere profitieren. Die Leistungsbereitschaft von Anbietern schafft Arbeitsplätze, Einkommen und soziale Sicherheit für Arbeitnehmer. Die Leistungsbereitschaft von Arbeitnehmern schafft ihrerseits wieder Wohlstand und Lebenschancen für die eigene Familie. Hinzu kommt, dass man auf Dinge, die einem selbst gehören, besser aufpasst. Der Familienvater behandelt sein Auto gut, da er es dadurch länger nutzen kann. Eine höhere Nutzungsdauer bedeutet Ressourcenschonung und bringt einen ökonomischen wie ökologischen Vorteil mit sich. Das Gleiche gilt für einen Geschäftswagen eines Selbstständigen. Normativ betrachtet führt Privateigentum zu mehr Verantwortung, Nachhaltigkeit und Unabhängigkeit.

Der Vorteile, Normativität in wirtschaftliche Institutionen zu verlegen, gibt es mehrere. Zum ersten führt es zu einer handlungsorientierten Entlastung des Einzelnen. Das Vorhandensein von Märkten, Marktpreisen und Wettbewerb erleichtert es dem Wirtschaftssubjekt, wirtschaftsmoralisch korrekt zu agieren. Er muss nicht mehr bei jeder einzelnen Transaktion darüber reflektieren, was nun die richtige normative Entscheidung ist, sondern er wird freier durch deren marktlicher Einbettung. Die wirtschaftsmoralische Komplexität wird dadurch, individuell wie kollektiv betrachtet, immens reduziert. Durch die normative Institutionalisierung wirtschaftlicher Vorgänge können dieselben stark vereinfacht werden, der Akteur wird handlungssicherer bei gleichzeitiger Entlastung für andere Lebensbereiche.

Zweitens führt die normative Institutionalisierung wirtschaftlicher Vorgänge zu einer Erhöhung der Verhaltenshomogenität, sprich das wirtschaftliche Verhalten der Akteure gleicht sich an. Dadurch, dass Markt und Wettbewerb für einen hohen Grad an Transparenz sorgen, wird es dem Einzelnen immer schwerer gemacht, vom allgemeinen Verhalten abzuweichen. Jeder ist gezwungen, auf den Mitkonkurrenten zu schauen und sich den sich ständig verändernden Marktprozessen anzupassen. Die Handlungsfreiheit des Einzelnen nimmt damit ab, das Risiko, sich wirtschaftsmoralisch fehl zu verhalten, ebenso. Positiv ausgedrückt kann dies zu einer normativen Verhaltensstabilisierung beitragen, die sowohl wirtschaftlich wie moralisch absolut Ziel führend ist. Negativ betrachtet kann es zu einer „Gleichschaltung" führen, die aus normativer Sicht heraus große Nachteile mit sich bringen kann, denken wir an jede Form eines dann totalitären Systems gleich welcher Art.

Der dritte Vorteil hängt mit dem ersten zusammen. Werden normative Vorgaben auf Institutionen verlagert, kann dies zu einer Simplifizierung der Normanforderungen führen. Man muss nicht auf jeden Fall, also kasuistisch, die komplexe Normrelationalität eines jeden individuellen Vorgangs überschauen, sondern kann mit Hilfe von verallgemeinerten Normmuster normativ angemessen reagieren. Auf diese Weise kennt jeder Akteur, dass jeder Vorgang eine zeitliche Komponente aufweist, d. h. etwas ist bis zu einem bestimmten Termin herzustellen oder zu liefern oder abzuarbeiten etc. Wirtschaftliche Institutionen gehen mit einer normativen Normstrukturierung und Normsystematisierung einher. Sie entlasten uns hinsichtlich Normwissen und -komplexität.

Viertens übt die normative Institutionalisierung wirtschaftlicher Prozesse eine Erziehungsfunktion aus. Hier sind vor allem der Gewöhnungs- und der Versuchungseffekt zu nennen. Selbst moralisch überzeugte und in der Regel demgemäß handelnde Wirtschaftsakteure finden sich immer wieder Situationen gegenüber, wo sie einen inneren Drang (ihres Eigennutzstrebens) spüren, sich gegen die herrschenden Normen zu verhalten. Dies ist z. B. der Fall, wenn wir „nur ganz kurz" im Halteverbot parken, wenn wir nicht fristgerecht den Rechnungsbetrag überweisen oder wenn wir bei der Steuererklärung schummeln. Durch die starke (Markt-)Kontrolle und Transparenz von außen können wir solchen Versuchungen in der Regel leichter widerstehen, weil wir nicht ertappt werden wollen und uns dann vor uns und den anderen schämen müssen. Der Gewöhnungseffekt zeigt sich daran, dass wir durch die große Häufigkeit von wirtschaftlichen Tauschvorgängen das moralisch richtige Verhalten ständig einüben können. Dadurch geht es uns immer mehr in Fleisch und Blut über, es findet ein Konditionierungsprozess statt. Dies können wir z. B. in Kantinen in Unternehmen oder Behörden studieren. Die Kunden zücken automatisch ihre Wertmarken hervor und geben sie unaufgefordert, ohne Nachdenken, fast wie von Geisterhand gesteuert, der Person, die an der Kasse sitzt.

Auf der anderen Seite bringt die Normierung wirtschaftlicher Institutionen auch Nachteile mit sich.

Zum einen schwächt sie die soziale Verantwortung des Einzelnen, sich wirtschaftsmoralisch korrekt zu verhalten. Er verlernt sozusagen, durch eigene Anstrengung herauszufinden, was für eine nicht gewöhnliche Wirtschaftssituation die angemessene, normative Reaktion ist. Zum anderen bringt sie die normative Abhängigkeit von wirtschaftlichen Institutionen zum Ausdruck. Moralversagen hängt dann direkt mit institutionellem Versagen zusammen. Dazu gleich mehr, denn die Nachteile des Funktionalisierungsmodells sind die Vorteile des Normierungsmodells.

17.3.2 Normierungsmodell als Verhaltensmodell

Beim Normierungsmodell liegt der Schwerpunkt der normativen Realisation auf dem Verhalten des Akteurs. Aus der Notwendigkeit sozialer Koexistenz heraus verhält sich jeder Einzelne so, dass das soziale Zusammenleben möglichst reibungslos funktioniert. Da jede Situation, allgemein wie auch ökonomisch, oftmals von individuellen bzw. spezifischen Merkmalen geprägt ist, ist es nötig, dass jeder Akteur mit einer normativen Handlungskompetenz ausgestattet ist. Die eine oder andere Institution kann ergänzend vorhanden sein, letztlich ist das wirtschaftlich Gute aber im richtigen Tun der Akteure zu suchen. Dadurch, dass das Normierungsmodell die Lebenstotale erfasst, geht es über reine Tauschsituationen hinaus. Wenn jemand, der vorher vollzeitbeschäftigt war, auf Teilzeit geht, damit er seine kranke Mutter pflegen kann, verzichtet er auf einen großen Teil seines Gehalts. In diesem Fall gibt es keine Institution, die das Verhalten konkret strukturiert. Es gibt weniger Druck von außen als im Marktmodell. Im Prinzip hängt die Realisation des wirtschaftlich Guten hier vom individuellen Verhalten ab.

Wird das wirtschaftlich Gute über individuelles Handeln gesteuert, hat dies mindestens folgende drei Vorteile zur Folge. Erstens wird die individuelle wirtschaftsmoralische Handlungskompetenz gefordert und gefördert. Der Akteur muss auf jede wirtschaftlich relevante Situation eine normative Antwort geben können. Er kann sich nicht auf bestimmte Institutionen verlassen und danach dann handeln, sondern er muss selbst entscheiden, wie das Gute in den wirtschaftlichen Vorgang kommt. Er nimmt aktivkompetent an der wirtschaftsmoralischen Gestaltung der jeweiligen Gemeinschaft teil, deren Mitglied er ist, als Angestellter in seinem Betrieb, als Mitglied in einem Verein oder als Kunde in einem Geschäft. Er versteht sich nicht nur als Ausführender einer bestimmten Normidee oder wirtschaftsmoralischen Vorstellung, sondern zugleich als Mitwirkender. Er bringt sich in den normativen Diskurs ein und übernimmt als Innovator seine wirtschaftsmoralische Verantwortung. Diese Prozedur setzt jedoch ein bestimmtes Maß an wirtschaftsmoralischer Handlungskompetenz voraus, welche nur durch eigenes Nachdenken und eigenes Handeln erworben werden kann.

Zweitens führt die normative Orientierung am Tun eines Akteurs zu einer flexibleren Anwendung der dem Normsystem zu Grunde liegenden Werte. Während im Funktionalisierungsmodell z. B. der einheitliche Marktpreis normative Gleichheit ausdrückt, kann es in bestimmten Situation normativ kontraproduktiv sein, einheitliche Preise als gerecht zu unterstellen. Wenn jeder z. B. den gleichen absoluten Beitrag für seine Krankenversicherung bezahlen muss (z. B. 200 Euro im Monat), kann dies dazu führen, dass Geringverdiener und Arbeitslose überhaupt keinen Schutz gegen Krankheit bekommen. Unter der Prämisse, dass es den Grundwert des individuellen Gesundheitsanspruchs in einem Normüberbau gibt, mag es gerechter sein, dass nicht die absolute, sondern die relative, also prozentuale Beitragsbelastung zu Rate gezogen werden muss. Unsere Sozialversicherung basiert genau auf diesem System, wonach ein bestimmter Beitragssatz zur Sozialversicherung für alle zwar gleich hoch, der absolute Betrag aber wegen der unterschiedlichen Gehaltshöhe verschieden ist.

Zum dritten führt die Anbindung des wirtschaftlich Guten an das Verhalten des Menschen dazu, dass externe Effekte unterbleiben bzw. keine Abhängigkeit von Institutionen entsteht, die für sich betrachtet normativ versagen können. Institutionelles Versagen kann viele Gründe haben, kommt immer wieder vor und kann aus diesem Grund nicht im hinreichenden Sinn als Garant für normative Ergebnisse eingestuft werden. Die Institution mag als Idee perfekt sein, in ihrer Ausgestaltung in der Wirklichkeit kann es aber immer wieder zu Situationen kommen, die weit weg vom Idealzustand liegen. Positiv und konkret formuliert: Nur die wirtschaftsmoralische Handlungskompetenz des Einzelnen ist letztlich in der Lage, jedwedes institutionelle Versagen zu kompensieren. Ich will diese These mit Hilfe von zwei verschiedenen Phänomenen verdeutlichen: Wettbewerbsverzerrung und Marktversagen.

Die kapitalistische Ordnung geht von der Annahme aus, dass ein starker Wettbewerbsdruck dazu führt, dass jeder Wirtschaftsagent ein vitales, weil eigennütziges Interesse an der Einhaltung von moralischen Standards aufweist. Danach zwingt jeden die Konkurrenz, den Produktionsfaktor der Moral mindestens in dem Maß einzusetzen, dass man mit den Konkurrenten mithalten kann, dass man also mindestens genauso ehrlich, freundlich, zuverlässig etc. ist, um genauso viel Gewinn oder Nutzen aus seinem Wirtschaften zu ziehen wie die anderen. Doch diese Annahme bzw. konstitutive These eines vollkommenen Wettbewerbs trifft in der Realität nur selten zu. Wir stoßen im Gegenteil sehr oft auf Wettbewerbsverzerrungen unterschiedlichster Art: Monopole, Oligopole, Preisabsprachen, Qualitätsabsprachen, strategisches Dumping, unvollkommene Information der Agenten, Barrieren für den Marktzutritt, Preisdifferenzierungen etc. Solche Verzerrungen führen letztlich dazu, dass die wettbewerbswirtschaftliche Notwendigkeit, den Produktionsfaktor Moral überhaupt einsetzen zu müssen, stark sinken kann.

Im Kapitalismus gibt es hauptsächlich private Güter. Das heißt, es sind Güter und Dienstleistungen, für die Ausschlussprinzip und Konsumrivalität gelten, weswegen die Nachfrage nach ihnen auf eine wahre Zahlungsbereitschaft seitens der Nachfrager trifft. Ganz anders sieht dies im Fall der öffentlichen Güter aus, wo der Markt versagt, da das Ausschlussprinzip und die Konsumrivalität eben nicht vorhanden sind. Nehmen wir das Beispiel der militärischen Landesverteidigung. Hier versagt der Markt, da die Nachfrager nie ihre wahre Zahlungsbereitschaft angeben werden, weil sie wissen, dass der Anbieter der Verteidigung sein Produkt nicht z. B. auf ein Haus beschränken und zugleich das Nachbarhaus von der Leistung ausschließen kann. Der Marktmechanismus versagt, da sich die Nachfrager als Trittbrettfahrer verhalten. Hier kommen Märkte somit gar nicht zu Stande, weswegen die Möglichkeit, Normativität an Tauschbeziehungen zu knüpfen, von vornherein, aus Mangel an Tauschbeziehungen, ausgeschlossen ist. Ohne Markt gibt es keinen Anreiz, moralisch zu „investieren". Wenn in der Folge des Trittbrettfahrerproblems der Staat selbst die Produktion an öffentlichen Gütern in die Hand nimmt, dann verschiebt sich die moralische Zuständigkeit. Das Marktversagen kann nur durch das normativ korrekte Handeln des Staates, also der übergeordneten Wertegemeinschaft, geheilt werden. Erneut hängt der wirtschaftsmoralische Erfolg dann einzig und allein vom moralischen Verhalten des Einzelnen ab.

Zusammenfassend lassen sich wie in Tab. 17.3 folgende Stärken und Schwächen der beiden Modelle konstatieren.

Tab. 17.3 Stärken und Schwächen des Institutionen- und Verhaltensmodells

	Institutionenmodell	**Verhaltensmodell**
Stärken	Handlungsorientierte Entlastung der einzelnen Wirtschaftssubjekte	Stärkung der individuellen, normativen Handlungskompetenz
	Homogenisierung/Stabilisierung individuellen Verhaltens	Hoher Differenzierungsgrad wirtschaftsmoralischer Situationen
	Simplifizierung Normanforderungen durch verallgemeinerte Normmuster	Kompensation institutionellen Moralversagens durch individuelle Handlungskompetenz
	Stark ausgeprägte normative Erziehungsfunktion	Individualisierung wirtschaftsmoralischer Lösungsansätze
Schwächen	Erosion individueller Moralkompetenz	Aufrechterhaltung individueller Handlungskompetenz ist aufwändig
	Moralversagen als Folge von Institutionsversagen (nicht individuellem Fehlverhalten)	Tendenz zu normativer Überforderung der Wirtschaftssubjekte durch hohe Normkomplexität

17.4   Normträgertransparenz: Prozess- versus Subjektorientierung

Die Normträgertransparenz stellt für jeden wirtschaftsmoralischen Prozess eine sehr grundlegende Voraussetzung dar. Ohne Normträgertransparenz ist erstens ein Sanktionsvollzug nicht möglich. Wenn die Kunden nicht wissen, dass der Metzger schon einmal Gammelfleisch verarbeitet hat, können sie dieses Verhalten nicht sanktionieren, indem sie fortan dem Laden fernbleiben. Wissen die Kunden hingegen, dass der Metzger immer korrekt gearbeitet und jedes Jahr einen Preis für seine Arbeit erhalten hat, können sie dies durch ihre Kundentreue zum Ausdruck bringen. Zweitens stellt die Normträgertransparenz eine Art Prophylaxe gegen die potenzielle Schädigung anderer dar. Wissen die Kunden, dass ein Unternehmen immer wieder weniger Gramm in eine Kaffeedose getan hat als die Verpackung verspricht, erkennen sie, dass es sich um eine Mogelpackung halten kann und weichen auf andere Anbieter aus. Drittens dient die Normträgertransparenz als Abschreckung für potenzielle Täter. Weiß der kriminelle Wirtschaftsagent, dass sich sein unmoralisches Handeln nicht wirklich auf Dauer verbergen lässt bzw. dass die Kunden ein langes Gedächtnis haben, so steigt sein Risiko enorm, negativ sanktioniert zu werden, er unterlässt freiwillig seine frevelhafte Handlung. In der Summe dieser Faktoren führt ein hoher Grad an Normträgertransparenz zu einer Reduktion

Norm abweichenden Verhaltens bzw. zu einer Steigerung der vertrauensvollen und funktionierenden wirtschaftlichen Zusammenarbeit zwischen Anbietern und Nachfragern.

17.4.1 Funktionalisierungsmodell als Prozessorientierungsmodell

Im Funktionalisierungsmodell zeigt sich die Normträgertransparenz vor allem auf dreierlei Weisen: Prozessbezogenheit, Wirtschaftlichkeit der ausgeübten Kontrolle und Mittelausrichtung derselben. Das Wissen um die Normträgertransparenz dient nicht in erster Linie dazu, die normative Güte eines Normträgers zu bestimmen, sondern die funktionalen Voraussetzungen des Wirtschaftens abzuklären. Man will also nicht wissen, ob der Verkäufer gut ist oder in der Vergangenheit gut war, sondern ob seine Verkaufsprodukte immer die von ihm versprochene Qualität hatten und haben, ob der tatsächliche Preis dem vereinbarten entsprach, ob die Lieferfristen eingehalten wurden oder ob er den Kunden gegenüber immer freundlich und zuvorkommend war etc. Funktionalisierung heißt hier, dass das Wissen über die normative Güte von Wirtschaftsagenten im Dienst der eigennützigen wirtschaftlichen Bedürfnisbefriedigung steht. Man will Klarheit über die normative Konzipierung seines wirtschaftlichen Gegenübers, um dann seine wirtschaftlichen Wünsche möglichst effizient und störungsfrei realisieren zu können. Die Normträgertransparenz zeigt hier somit deutlich ihren Mittelcharakter an.

Die Normträgertransparenz ist im funktionalen Bezug prozessorientiert, d. h. sie zielt nicht auf ein bestimmtes Verhalten, sondern auf die Herstellung und den Austausch wirtschaftlicher Güter ab. Die Personen, ihr Handeln hinter den wirtschaftlichen Vorgängen interessieren nicht, sondern inwieweit der Güteraustausch zum Vorteil derer funktioniert, die am anderen Ende des Tausches sind. Im Fall eines PC-Kaufs geht es nicht um die moralische Qualität des Händlers als solcher, sondern ob der PC einwandfrei funktioniert, ob er rechtzeitig geliefert wurde etc. Was zählt, macht sich objektiv an den Vereinbarungen eine bestimmte Ware oder Dienstleistung betreffend fest. Am Ende entscheidet die Güte über den materiellen Tausch selbst darüber, ob man wirtschaftlich von einem Erfolg und dessen Gegenteil sprechen kann. Der Tauschpartner bleibt in seiner Funktion lediglich darauf begrenzt, Erfüllungsgehilfe für die eigene objektorientierte Bedürfnisbefriedigung zu sein.

Außerdem zeigt sich die Normträgertransparenz in ihrer Funktionalität, wirtschaftliche Kontrolle auszuüben. Dadurch, dass es hier nicht um die Transparenz als solcher, sondern um ihre Effekte geht, dient sie ausschließlich der Überprüfung, ob die jeweiligen wirtschaftlichen Handlungen korrekt im Sinne der jeweiligen eigennützigen Bedürfnisbefriedigung stattgefunden haben. Die Normträgertransparenz wird im Funktionalisierungsmodell zum Produktionsfaktor, sie wird also selbst ökonomisiert. Die Bewirtschaftung der Transparenz kann, wie im vorherigen Teil 4 bereits angesprochen, viele Formen annehmen: Man kauft sich ein Heft der „Stiftung Warentest", um einen Qualitätsvergleich der zur Auswahl stehenden Produkte vorzunehmen, man recherchiert im Internet nach Erfahrungsberichten, man nimmt am Bewertungssystemen wie z. B. a la Ebay statt,

man informiert sich, ob das Produkt an irgendeiner Produktnormierung oder -zertifi-
zierung jemals teilgenommen hat. Die Normträgertransparenz verselbstständigt sich im
Funktionalisierungsmodell zu einer eigenständigen wirtschaftlichen Institution.

Am Beispiel des Bewertungssystems von Ebay lassen sich die Vorteile einer funktionalistischen Normträgertransparenz gut deutlich machen. In diesem System bewerten
sich die Tauschpartner gegenseitig, entweder mit positiv, neutral oder negativ. Nach
einem bestimmten Schlüssel werden dann Prozentzahlen ermittelt. Ist einer Person oder
einer Firma der Wert 100 Prozent zugeordnet, deutet dies darauf hin, dass diese Per-
son/Firma so gut wie nie jemandem negativ aufgefallen ist. Erreicht jemand einen Wert
zwischen 98 und 100 Prozent, gilt das den meisten als noch akzeptabel, aber nicht mehr
perfekt. Werte unter 98 Prozent werden von vielen Ebay-Nutzern schon als klares Signal
gedeutet, dass Vorsicht angebracht ist. Werte unter 96 Prozent besagen in der Regel,
dass man mit diesem Ebay-Mitglied besser keine Geschäfte macht.

Ein dergleichen aufgebautes Transparenzverfahren eignet sich erstens für Systeme,
die aus extrem zahlreichen Mitgliedern und somit zahlreichen Transaktionen bestehen.
Bei Ebay beispielsweise finden jeden Tag hunderttausende von Tauschaktionen statt.
Damit die beteiligten Verkäufer und Käufer nicht ständig Zeit und Geld verlieren, sei es
für zu beschaffende Informationen über die normative Güte des Partners, sei es über die
vereinbarten Lieferzeiten, sei es über die vereinbarte oder gewöhnliche Produktbeschaf-
fenheit, sei es über die Zahlungsmoral etc., kann man sich im Vorfeld der Transaktion
über das Ebay-Bewertungssystem einen systematischen Eindruck über die Integrität
seines wirtschaftlichen Gegenübers verschaffen. Ähnliches gilt, wenn Transaktionen
fehlgeschlagen sind. Das Bewertungssystem erinnert daran, dass wenn man sich mit
zwielichtigen Partnern einlässt, dass man unter Umständen mit den nachträglichen Kosten für die Beseitigung von Transaktionsproblemen konfrontiert wird, sei es, dass die
Ware nicht der Werbung entsprach, das Widerrufs- und Rückgaberecht (bei Fernabsatz-
verträgen) eingeschränkt wurde, zusätzliche und nicht ersichtliche Gebühren im Nach-
hinein verlangt werden etc. Sollte dennoch etwas schiefgehen, meldet man den Fall bei
einer Art Ebay-Schlichtungskommission, die sich dann darum kümmert. Selbstverständlich verursacht dieses Bewertungssystem Kosten, da es ja bewirtschaftet wird. Dafür
aber erhöht es die Tauscheffizienz, senkt Transaktionskosten und nützt Ebay-Mitgliedern
letztlich mehr als es kostet. Das Normierungsmodell hingegen eignet sich weniger für
ein System mit zahlreichen Mitgliedern, wie wir später noch sehen werden.

Ein zweiter Vorteil einer prozessorientierten Normträgertransparenz zeigt sich darin,
dass die Anonymität, die oft zwischen Wirtschaftspartnern besteht, kaum eine Rolle
spielt. Obwohl man sich gegenseitig nicht kennt, obwohl keine langjährig gewachsene
Vertrauensbasis vorhanden ist, obwohl kein individuelles Erfahrungswissen über die
wirtschaftsmoralische Qualität des anderen vorliegt, kann durch eine solches System
einer Normträgertransparenz der Gütertausch vollzogen werden, so als ob sich die
Tauschpartner seit Jahren kennen und sich gegenseitig vertrauen. Ein funktionalistisches
Transparenzsystem wirkt wie ein Katalysator, der die Tauschgeschwindigkeit bei wirtschaftlichen Gütern erhöht und das gesamte Tauschverfahren sicherer macht. Ein solches

System stellt das globalisierte Substitut dar für die früheren face-to-face-Beziehungen in Antike, Mittelalter und vorindustriellen Wirtschaftsepochen.

Einen dritten Vorteil einer prozessorientierten Normträgertransparenz finden wir in der Objektbezogenheit bzw. Objektivität sowohl der Verfahrensweise wie der Transparenz der Daten selbst. Dadurch, dass im Prinzip alle Transaktionen eines Anbieters oder Nachfragers durch viele und ganz unterschiedliche Personen und Institutionen beobachtet und bewertet wurden, entsteht ein relativ objektives Bild von einem Normträger. An diesem Bild haben Menschen und Firmen aus unterschiedlichen Regionen, Berufen, Branchen, Geschlechtern, Altersgruppen, Medien etc. mitgewirkt. Je größer die Zahl dieser individuellen Bewertungen ist, umso geringer wird die subjektive Abweichung der Bewertungen ins Gewicht fallen. Durch die Verbindung der einzelnen Transaktionen entsteht ein empirisch-geschichtliches Gesamtbild, das somit aus der Wirklichkeit stammt und daher jeder empirischen Überprüfung standhalten kann. Außerdem, je nach konkreter Ausgestaltung eines solchen funktionalistischen Transparenzsystem, kann der Normträger sehr differenziert in seinem wirtschaftlichen Handeln dargestellt werden. Man muss z. B. nicht nur die reine Anzahl von unzufriedenen Kunden eines Verkäufers berücksichtigen, sondern man kann auch weitere Kriterien heranziehen: Auf welche Bereiche haben sich die Beanstandungen genau bezogen, auf Lieferfristen, Produktqualität, Kundendienst, Zahlungsvorgänge etc.?

Alles in allem lässt sich daraus schließen, dass eine funktionalisierte Normträgertransparenz in der Lage ist, einen relativ hohen Grad an Transparenz herzustellen. Zwar ist dieselbe kostspielig, da die Transparenz als knapper Produktionsfaktor wirtschaftlich kalkuliert und am Ende in die Preise mit eingerechnet wird. Am Ende jedoch „rechnet" sich ein solches System in aller Regel, da der Nutzen bezüglich wirtschaftsmoralischer Informationsbeschaffung, -verarbeitung, problembehafteter Tauschabwicklung etc. größer ist als die Kosten dafür. Ein solches System gelangt zu einer relativ objektiven und weitreichenden Transparenz.

17.4.2 Normierungsmodell als Subjektorientierungsmodell

Im Normierungsmodell zeigt sich die Normträgertransparenz folgendermaßen: Subjektbezogenheit, Sozialgebundenheit der ausgeübten Kontrolle und Zweckausrichtung. Die Normträgertransparenz bezieht sich im Normierungsmodell auf die normative Güte des Normträgers. Der wirtschaftliche Effekt einer Handlung, also auch seine Eigennützigkeit, tritt in den Hintergrund. Normierung heißt, dass man wissen will, ob der Normträger seiner Verantwortung als Normträger nachgekommen ist. Hat der Verkäufer ehrlich auf die Frage nach der Produktqualität geantwortet, ist ihm anzumerken, dass ihm die Kundenzufriedenheit ein wirklich ernstes Anliegen ist, versteht er sich als jemand, der im Dienst eines Klienten steht etc. Normträgertransparenz in diesem Sinne bedeutet das Wissen um die moralische Ernsthaftigkeit eines Normträgers. Wenn aus Zufall oder einer sonstigen Widrigkeit heraus der wirtschaftsmoralische Dienst zu einem Misserfolg führt, d. h. das wirtschaftliche Bedürfnis eines Tauschpartners konnte nicht befriedigt werden, so bleibt die normative Weste des Normträgers dennoch weiß. Wenn eine Bank das Geld der Kunden im besten Tresor aufbewahrt und es Räubern dennoch gelingt, das Geld zu stehlen, kann die moralische Integrität der Bank nicht in Zweifel gezogen werden.

Die Normträgertransparenz im Normierungsmodell ist somit subjektorientiert. Es geht in erster Linie um die Frage, ob der Normträger seiner Verantwortung nachgekommen ist, also ob er die Werte und Normen des normativen Überbaus richtig übernommen und auf die realen Situationen angewandt hat. Nicht der objektiv messbare Erfolg einer wirtschaftsmoralischen Handlung ist ausschlaggebend, also nicht der Grad der Bedürfnisbefriedigung, der bei den Beteiligten erreicht wurde, sondern der normative Rückgriff auf die Wertbasis, die sich, wie auch immer im Einzelfall, auf das wirtschaftliche Handeln auswirkt.

Zudem wird die Normträgertransparenz wie im Fall des Funktionalisierungsmodells nicht über die wirtschaftliche Kontrollschiene bewerkstelligt, sondern über die soziale. Sowohl die zufällige wie die systematische Sozialerfahrung spielen dabei eine große Rolle. Unter dem Begriff der sozialen Kontrolle versteht man die Lenkung des Individuums durch die Gemeinschaft, also „jene Prozesse und Mechanismen, mit deren Hilfe eine Gesellschaft versucht, ihre Mitglieder zu Verhaltensweisen zu bringen, die im Rahmen dieser Gesellschaft positiv bewertet werden"[4]. Diese Kontrolle wird überall ausgeübt, wo Gemeinschaft stattfindet, also in Familie, Schule, Beruf, Kirche, Vereinen, Politik etc. Je intensiver Gemeinschaft gelebt wird, umso intensiver kann eine soziale Kontrolle stattfinden. Der Kollege des Verkäufers aus obigem Beispiel kann das Verhalten des Verkäufers kontrollieren, da er zumindest Teile des jeweiligen Verhaltens des Kollegen, während er selbst arbeitet, mitbekommt. Je nach Fall kann er ihn dann kritisieren, ermahnen, anzeigen etc.

Im Gegensatz zum Funktionalisierungsmodell, das in der Lage ist, durchwegs anonymisierte und hoch frequentierte Tauschsituationen zu bewältigen, weist das Normierungsmodell Stärken auf, wenn es vor allem um zahlenmäßig überschaubare oder wertmäßig homogene Gruppengrößen und Wirtschaftsaktionen geht. Gesetzt der Fall, dass ein Münchner einem Bremer ein Rennrad verkauft, beide sich über alle Punkte handelseinig sind und beide als Angehörige eines christlichen Überbaus agieren. Angenommen, der Bremer überweist nicht pünktlich den vereinbarten Kaufpreis, obwohl er das Rad bereits erhalten hat. Wie soll in einem solchen Fall Normträgertransparenz entstehen? Im Vorfeld war beiden klar, dass jeder als Christ seine Pflichten wahrnehmen wird, also alles dafür tun wird, dass der Handel im Sinne der Vereinbarungen wahrheitsgemäß und ohne negative Folgen für den anderen abläuft. Sie vertrauten sich im Vorfeld als Christen (die Informationskosten hielten sich daher sehr in Grenzen). Durch den Zahlungsverzug entstand ein Fehlverhalten, das zu einer faktischen Normträgertransparenz führen musste. Unabhängig von der Frage der sich eventuell anschließenden Sanktionen, stellt sich nun die Frage, auf welche Weise der Münchner Christ den anderen Christen, die potenzielle Wirtschaftspartner des Bremers sind, über das Fehlverhalten des Bremers informiert, damit diese nicht Ähnliches erleiden. Er könnte in der Kirchengemeinde des Bremers anrufen. Dies wird in der Regel unterleiben, da der Münchner dieselbe gar nicht kennt. Außerdem könnte passieren, dass die Kirchengemeinde dem Münchner nicht glaubt, denn erstens sei er ja ein Münchner Christ und kein Bremer, zweitens genießt der Bremer ein hohes Ansehen in der Kirchengemeinde. Man erkennt sehr schnell, dass das Verfahren der Transparenzherstellung im Normierungsmodell sehr schnell an seine Grenzen stößt.

Der Vorteil des Normierungsmodells liegt also im Bereich seiner Gruppenorientierung bzw. seines Bezugs auf die Kleingemeinschaft hin. Wenn auf der Mikroebene der volljährige Sohn unerlaubt und unentgeltlich das Auto der Eltern nutzt, dann entsteht Transparenz über dieses Fehlverhalten auf Grund der in Familien meist intensiv vorhandenen sozialen Kontrolle. Der Vater merkt, dass Benzin verbraucht wurde, die Schwester des Sohns sah den Bruder aus der Garage ausparken, die Großeltern im Nachbarhaus sahen den Sohn am Steuer, ein Kollege der Mutter sah den Sohn in der Stadt mit dem Auto und erzählt es der Mutter. Das Gleiche findet auf der Mesoebene statt, z. B. in einem mittelständischen Unternehmen mit 100 Beschäftigten. Wenn hier ein Mitarbeiter einen Firmen-LKW unerlaubterweise für einen privaten Freundschaftsdienst „ausleiht", wird dieses Fehlverhalten erneut über die Firmengemeinschaft aufgeklärt. Der Mechaniker bemerkt, dass der Tachostand nicht mit dem Fahrtenbuch übereinstimmt, die Sekretärin wundert sich, dass sie den Firmen-LKW an einem Sonntag in einem reinen Wohngebiet sieht etc. Wenn auf der Makroebene Bundeskanzlerin Merkel einen Bundeswehrhubschrauber für den Besuch einer privaten Feier in Bonn nutzt, dann findet Transparenz im Rahmen der Gemeinschaft der Steuerzahler statt. Einer davon wird den Vorgang bemerken und ihn an die Presse weitergeben, die für die notwendige Öffentlichkeit sorgt.

Der zweite Vorteil des Normierungsmodells ist darin zu suchen, dass sich Transparenz hier nicht nur aus Tauschaktionen, die auf Gegenseitigkeit beruhen, ergeben, sondern darüber hinausgehen. Wenn z. B. ein Handwerker seinen Müll regelmäßig im Wald entsorgt, es kein direktes Gegenüber gibt, entsteht Transparenz erneut über die Schiene der sozialen Kontrolle. Irgendjemand beobachtet (fast immer) ein solches Fehlverhalten, sei es, dass sich der Nachbar wundert, dass der Handwerker immer wieder nachts Dinge in sein Auto verlädt und dann wegfährt, sei es, dass ein Spaziergänger die Müllentladung im Wald beobachtet und die Polizei ruft, sei es, dass der Sohn des Handwerkers die Praxis seines Vaters in der Schule seinen Mitschülern erzählt, einer davon dies seinem Vater erzählt, dessen Freund wiederum im Umweltamt der Gemeinde arbeitet. Oder wenn der Enkel seine Großeltern missbraucht, um von ihnen immer wieder Geld für sein kostspieliges Hobby zu ergattern statt sich um seine Großeltern zu kümmern, so entsteht Transparenz dadurch, dass die Eltern sich über den hohen Lebensstandards ihres Sohnes wundern oder die Großmutter über finanzielle Probleme klagt etc. Je enger das Netz der sozialen Kontrolle gesponnen ist, umso größer ist der Wirkungsgrad der Normträgertransparenz.

Ein dritter Vorteil ergibt sich daraus, dass die Normträgertransparenz im Normie-
rungsmodell in wirtschaftlicher Hinsicht keinerlei Kosten verursacht, sondern als ein
„Nebenprodukt" sozialer Interaktion aufzufassen ist. Dadurch, dass die Menschen einer
Gemeinschaft oft und regelmäßig miteinander verkehren und sich kommunikativ austauschen, entsteht automatisch Transparenz. Verhaltensweisen, die nicht der herrschenden
Moral entsprechen, machen oft von Mund zu Mund und oft in erstaunlichem Tempo die
Runde. Wenn der minderjährige Bauernsohn im Dorf ohne Führerschein Auto fährt,
wird dies in der Regel sofort bemerkt und führt zu einer Reaktion. Passiert das Gleiche
in einer anonymen Großstadt, bleiben solche Delikte oftmals unbemerkt, es sei denn es
findet ein Unfall oder eine Polizeikontrolle statt. Transparenz im Normierungsmodell
basiert somit auf der Intensität und Vitalität der gelebten Wertegemeinschaft. Durch die
gegenseitige Nähe ergibt sich automatisch Transparenz. Diese entsteht nicht selten unsystematisch aus dem sozialen Geflecht von Beziehungen heraus und weist nicht selten
einen starken Bezug zum Zufall auf. Es ist daher zu vermuten, dass der Grad der Normträgertransparenz von der Intensität der sozialen Beziehungen abhängt. Das bedeutet,
dass der Informationsgrad über wirtschaftsmoralisches Fehlverhalten von der sozialen
Vernetzung abhängt. Je nach Fall kann dieser Grad höher und niedriger liegen als beim
Funktionalisierungsmodell.

Die Normträgertransparenz im Normierungsmodell ist subjektbezogen. Es geht immer auch um den durch das Fehlverhalten verursachten wirtschaftlichen Schaden. In
erster Linie geht es aber immer um die subjektive Verantwortlichkeit der Person, wenn
sie gegen wirtschaftsmoralische Normen verstößt. Man geht nach der verbotenen
Müllentladung im Wald nicht nur zur Tagesordnung über, indem man den Müll auf die
Müllhalde bringt, sondern man arbeitet die Angelegenheit in der betroffenen Gemeinschaft auf. Man macht, allgemein und mit dem Handwerker, auf die damit verbundene
Umweltzerstörung aufmerksam, auf die Folgen, die sich daraus ergeben würden, wenn
das jeder so machen würde, auf die mangelhafte Vorbildfunktion für die Kinder und
Jugendlichen im Dorf und in der Familie etc. Man rückt das Fehlverhalten in den Mittelpunkt und versucht zu erreichen, dass das Subjekt sein Fehlverhalten einsieht und Besse-
rung gelobt. Für die nächste Zeit wird dieser Mensch besonders intensiv von seiner Gemeinschaft observiert werden, damit so etwas nicht wieder vorkommt. Die Rückmeldung
erfolgt im Gegensatz zum Funktionalisierungsmodell direkt und bewirkt durch diese
Konfrontation meist ein Umdenken beim Betroffenen. Halten wir fest: Die Normträgertransparenz im Normierungsmodell korreliert positiv mit der Intensität der sozialen Beziehungen, orientiert sich am subjektiven Handeln und entsteht unsystematisch.

Zusammenfassend lassen sich wie in Tab. 17.4 dargestellt, die Stärken und Schwächen der beiden Modelle konstatieren.

Tab. 17.4 Stärken und Schwächen des Prozessorientierungs- und Subjektorientierungsmodells

	Prozessorientierungsmodell	**Subjektorientierungsmodell**
Stärken	Standardisierte Verfahren senken Transaktionskosten und sichern einen hohen Transparenzgrad	Gute Eignung für nicht anonyme, repetierende wirtschaftliche Vorgänge in kleineren Gemeinschaften
	Objektivierung der Normträgertransparenz als Resultat vieler Einzelbewertungen	Erweiterung der Normträgertransparenz durch universelle soziale Kontrolle
	Gute Eignung für anonyme und hochfrequente Tauschvorgänge	Sicherung von Handlungskompetenz durch kritische Sozialkontrolle
		Normträgertransparenz als kostengünstiges „Nebenprodukt" sozialer Kontrolle
Schwächen	Großes Manipulationspotenzial	Niedriger Transparenzgrad und hohe Transparenzkosten bei anonymen Tauschbeziehungen

17.5 Minimierung von Normdevianz: Wirtschaftliche Anreizorientierung versus soziale Integration

Normdevianz, also die Abweichung von einem geforderten, wirtschaftsmoralischen Verhalten, gehört zu jeder wirtschaftsmoralischen Realität und damit zu jedem wirtschaftsmoralischen Modell dazu. Die Gründe für Normdevianz sind unterschiedlich. Es kann sein, dass der Berufsanfänger bei seiner ersten Steuererklärung nicht alle steuerrechtlichen Normen kennt oder dieselben, wegen ihrer komplizierten Sprache, nicht perfekt versteht und deshalb aus Sicht des Finanzamts eine falsche Steuererklärung abgibt. Es kann sein, dass der Jugendliche in einem Supermarkt etwas mitgehen lässt, sei es, dass er spontan aus einem Impuls heraus agiert, sei es, dass er eine Mutprobe vor den Freunden bestehen muss, sei es, weil er sich beweisen will, nicht vom Supermarktdetektiv erwischt zu werden. Ein Münchner stellt während des Oktoberfestes sein Auto ins Parkverbot, weil wegen der vielen Gäste extreme Parkplatznot besteht. Die Honorarkraft im Reinigungsgewerbe rechnet zwei Stunden mehr ab, weil sie den Honorarsatz von 6 Euro eigentlich ungerecht findet und für einen gerechten Ausgleich sorgen möchte.

Zu diesen relativ einfachen Formen von Normdevianz gesellen sich schwerwiegendere. Die Mafia erpresst Schutzgelder von kleinen Einzelhandelsfirmen. In diesem Fall wird man davon ausgehen müssen, dass eine moralische Gesinnung nicht wirklich vorhanden ist und es sich deswegen um den Fall eines Amoralismus oder Immoralismus handelt. Der Kleinunternehmer beschäftigt illegal drei Schwarzarbeiter und führt logischerweise weder Lohnsteuer noch Sozialversicherungsbeiträge ab. Der deutsche Konzern gründet ausländische Tochterfirmen, um weniger Steuern in Deutschland zahlen zu müssen. Berufsmäßig organisierte Banden spezialisieren sich auf Wohneinbrüche bei Tag. Deutsche Behörden verschwenden Steuergelder in Höhe von 20 Milliarden Euro. Abgeordnete im Bundestag gehen verschiedenen lukrativen Nebentätigkeiten nach anstatt ordentliche Beschlüsse im Parlament zu erarbeiten.

Normdevianz lässt sich also nicht (ganz) vermeiden, sei es, dass sie aus Unkenntnis, Spontaneität, Irrationalität, Fahrlässigkeit oder Vorsatz heraus passiert. Ziel eines jeden wirtschaftsmoralischen Systems muss es dennoch sein, die Normdevianz so stark wie möglich zu reduzieren. Ein hoher Grad an Normabweichung führt nämlich zu wirtschaftlichen Schäden auf der einen Seite und zu moralischen Auflösungserscheinungen auf der anderen Seite. Dies kann aber auf Dauer von keinem wirtschaftsmoralischen System hingenommen werden. Damit es seine Wirkung entfalten kann, muss eine gewisse Homogenität und Stabilität von dem jeweiligen System ausgehen. Ob dabei das Funktionalisierungs- oder das Normierungsmodell besser abschneidet, kann an dieser Stelle nicht abschließend entschieden werden. Dies ist von der empirischen Wirtschaftsmoralforschung zu leisten, die, obzwar von der öffentlichen Hand stiefmütterlich behandelt, Licht in jeden einzelnen wirtschaftsmoralischen Bereich bringen müsste. Wir können an dieser Stelle nur die einzelnen Stärken und Schwächen ansprechen, die konzeptionell von unseren beiden einzelnen Modellen ausgehen.

Wir unterstellen dabei, dass die Agenten moralisch veranlagt sind, also eine moralische Gesinnung aufweisen. Das bedeutet, dass schweren Fällen wie der organisierten Wirtschaftskriminalität im Prinzip die moralischen Grundvoraussetzungen fehlen. Im folgenden Abschnitt 17.5.1 wollen wir klären, welche wesentlichen Einflussfaktoren die jeweiligen Modelle aufweisen, um Normabweichung zu verringern bzw. zu minimieren.

17.5.1 Funktionalisierungsmodell als wirtschaftliches Anreizmodell

Der zentrale Ansatzpunkt im Funktionalisierungsmodell, Normabweichung zu reduzieren, liegt im wirtschaftlichen Anreiz. Wer sich im Wirtschaftsleben im normativen Sinn normtreu verhält, fährt eine doppelte Dividende ein. Zum einen kann er immer ruhig schlafen, weil er ein gutes Gewissen hat. Zum anderen begünstigt wirtschaftliche Normtreue den individuellen Wohlstandsprozess. Gut wirtschaften meint, sich gut im Wirtschaftsleben zu verhalten und dabei wirtschaftliche Vorteile einzustreichen. Moral wirkt wie eine Art „Zusatzlohn", der das eigennützige Wirtschaftsgebaren bereichert. Die Logik geht, wie im Normierungsmodell auch, vom Individuum aus, mündet dort aber in andere Kanäle. Während beim Funktionalisierungsmodell die Logik greift, dass sich wirtschaftsmoralische Normtreue vergolden lässt, dominiert beim Normierungsmodell die Logik, dass wirtschaftsmoralische Normtreue zu einer weltanschaulichen Identität und sozialer Harmonie führt. Welche Stärken lassen sich zunächst für die Reduktion bzw. Minimierung der Normdevianz ausgehend vom Funktionalisierungsmodell erkennen?

Vorausgesetzt, dass intensiver Wettbewerb herrscht und ein hoher Transparenzgrad vorhanden ist, liegt die große Stärke des Funktionalisierungsmodells darin, dass ein ständiger normativer Druck auf die Wirtschaftsakteure ausgeübt wird. Unter solchen Bedingungen ist jeder Akteur gezwungen, die wirtschaftsmoralischen Vorgaben einzuhalten, will er wirtschaftlich auf Dauer bestehen und sich weiterentwickeln. Normative Verstöße können zu weniger Wohlstand und im Extremfall zu bitterster Armut führen. Der permanente Konkurrenzdruck sorgt für eine beständig hohe normative Disziplin. Es wirkt die sogenannte „normative Kraft des Faktischen".

Diese normative Kraft diszipliniert die Akteure in unterschiedlichem Maße. Wirtschaftsakteure, die eine verhältnismäßig starke Moralgesinnung haben, werden sich mit oder ohne Konkurrenzdruck in der Regel moralisch verhalten. Diese Gruppe profitiert vor allem wirtschaftlich, da sie durch ihr korrektes Verhalten wirtschaftliche Vorteile erwirken werden. Die bereits intrinsisch bestehende Motivation, sich wirtschaftsmoralisch richtig zu verhalten, wird somit extrinsisch ergänzt durch die Chance auf wirtschaftlichen Erfolg. Wirtschaftsmoralisch richtig zu handeln führt nicht nur zu einer sittlichen Selbstidentität, sondern bringt zugleich die Aussicht auf Wohlstand mit sich.

Wirtschaftsakteure, deren moralische Gesinnung schwankend, labil, ungleichmäßig oder zum Teil grenzwertig ist, werden im Funktionalisierungsmodell nach unten hin stabilisiert, indem sie einem mehr oder weniger eindeutigen, vielleicht eher imaginär zu nennenden normativen Mindeststandard ausgesetzt werden. Das Wirtschaftsmoralsystem sorgt dafür, dass bestimmte Akteure normativ „in Schwung" gehalten werden, dass sie sich nicht gehen lassen können, dass sie sozusagen durch den permanenten Druck moralisch erzogen werden. Wenn der unsauber arbeitende Kaufmann immer mehr Kunden verliert, ist er gezwungen, sich so lange anzupassen, bis die Kunden wieder bleiben. Wenn Kunden bei Produktproblemen ihre Anbieter anrufen und in Endloswarteschleifen „geparkt" werden, können die wirtschaftlichen Folgen eines Tages so gravierend für die Anbieter werden, dass sie ihre Kundendienstpraxis auf den Prüfstand stellen und sie irgendwann den normativen Vorgaben, die allgemein herrschen, angleichen. Das Funktionalisierungsmodell fördert und fordert somit die wirtschaftsmoralische Eigenverantwortlichkeit des Einzelnen.

Mit der steigenden bzw. hohen Eigenverantwortlichkeit sinkt die Wahrscheinlichkeit notwendiger Sanktionsmaßnahmen. Zeit und Geld werden im großen Stil eingespart, da die Wirtschaftsprozesse wirtschaftsmoralisch runder und problemloser ablaufen. Und auch auf der persönlichen Ebene gibt es weniger Auseinandersetzung und Ärger zwischen den Akteuren, da jeder weiß, was der andere von ihm erwartet. Dadurch, dass das Funktionalisierungsmodell zu einem relativ hohen Grad an wirtschaftsmoralischer Selbstkontrolle führt, muss seltener in das System, sei es institutionell, sei es individuell, eingegriffen werden. Die Kontrolle, die über die hohe Anzahl an Tauschvorgängen aktiv und gegenseitig im Funktionalisierungsmodells ausgeübt wird, lässt kaum Spielräume für Normabweichungen.

17.5.2 Normierungsmodell als soziales Integrationsmodell

Der zentrale Ansatzpunkt im Normierungsmodell, wirtschaftsmoralisch einwandfrei zu handeln, ist in der sozialen Integration zu suchen. Man handelt im Wirtschaftsleben normtreu, weil man zu der Gemeinschaft gehören will, mit der man seine Grundwerte teilt. Man fühlt die daraus resultierende soziale Wärme und Harmonie, man ist sozial anerkannt, fühlt sich der Gemeinschaft zugehörig. Es besteht ein starkes Wir-Gefühl, das Solidarität und Sicherheit ausstrahlt. Man erlebt sich nicht als Fremdkörper, sondern spürt eine Identität. Das Sozialwesen Mensch fühlt sich eingebunden in ein gerechtes, wertorientiertes System, das alle partizipieren lässt und das dem sozialen Miteinander den Vorrang vor anderen Lebensbereichen einräumt. Aus diesen Gründen ist man auch bereit, in der einen oder anderen Situation auf wirtschaftliche Vorteile zu verzichten, wenn man damit seiner moralischen Verantwortung gerecht werden kann. Armut wird in einem solchen System nicht als primär wirtschaftliches Versagen, sondern moralisches Problem gesehen. Welche Stärken lassen sich nunmehr aus Sicht des Normierungs-modells für die Reduktion/Minimierung der Normdevianz ableiten?

Eine Stärke des Normierungsmodells besteht darin, dass das Individuum am Ende niemals allein mit seinen wirtschaftlichen Problemen gelassen wird, wenn es wirt-schaftsmoralisch richtig handelt. Jeder Akteur als Mensch weiß, dass er den Risiken des Lebens ausgesetzt ist. Das heißt er weiß, dass er dauerhaft krank werden, einen Unfall erleiden, durch eine Naturkatastrophe sein Hab und Gut einbüßen, durch Tod oder Scheidung seinen Partner verlieren etc. kann. In solchen Situationen kann sich jeder sicher sein, dass ihm über den moralischen Zusammenhalt der Gemeinschaft von dersel-ben geholfen werden wird. Dies ist dadurch möglich, dass der Mensch als Sozialwesen begriffen wird, das die gleichen Ansprüche hat wie jeder andere Mitmensch auch. Wenn sich also eine Familie wirtschaftlich, nach innen wie außen, immer rechtschaffen und anständig den anderen Mitgliedern gegenüber verhalten hat, wird es die aus der morali-schen Verpflichtung erwachsende Solidarität auch erfahren. Wenn das Haus einer an-ständigen Familie in Flammen aufgeht, wird die Gemeinschaft ihr helfen, ein neues aufzubauen. Wenn der Vater und Hauptverdiener einer solchen Familie in jungen Jahren stirbt, hilft unter anderem die gesetzliche Halbwaisenrente. Im Modell der Normierung braucht niemand wirtschaftliche Existenzängste auszustehen.

Eine weitere Stärke des Normierungsmodells besteht darin, dass es den Individuen in den meisten Fällen nicht schwerfällt, aus normativer Verantwortung und Solidarität dem anderen gegenüber wirtschaftliche Einbußen in Kauf zu nehmen. Wenn eine Tochter den körperbehinderten und auch mittellosen Vater finanziell und persönlich unterstützt, dann erleidet sie zwar einen wirtschaftlichen Nachteil. Aber sie erhält auf der anderen Seite die soziale Bestätigung und Anerkennung derjenigen Gemeinschaften, deren Mitglied sie ist. Ihre Geschwister, die nicht die Möglichkeit der finanziellen Unterstützung des Vaters haben, respektieren sie. Im Dorf genießt sie ein hohes Ansehen, weil sie die Werte der Gemeinschaft vorbildlich in die Tat umsetzt, ihr Wort hat Gewicht. Oder wenn sich ein Mensch sein Leben lang ehrenamtlich engagiert hat für soziale Zwecke, dann wird ihm in Form des Bundesverdienstkreuzes die Ehrerweisung der Gemeinschaft der Deutschen zuteil. Die Identität mit den gemeinsamen Werten der Gemeinschaft und die folgerichtige Integration in dieselbe lassen den wirtschaftlichen Verlust mancher wirtschaftsmoralischen Entscheidung in den Hintergrund treten.

Die Motivation im Normierungsmodell, auf wirtschaftsmoralische Normabweichung zu verzichten, hängt auch mit der dort anzutreffenden Stellung der Wirtschaft zusammen. Sie wird als notwendig und nützlich erachtet, sie reicht aber nicht an die letzten menschlichen Sinnfragen hin. Dadurch, dass das menschliche Leben weit über die wirtschaftliche Perspektive hinausgeht, dass es ganz klar wichtigeres als Wohlstand gibt, fällt es nicht schwer, das Gute zu tun, selbst wenn es mit einem wirtschaftlichen Misserfolg verbunden sein sollte. Geld wird in diesem System nicht als ein Ziel wirtschaftlicher, sondern als ein Mittel sozialer Art angesehen.

Ein weiterer Vorteil des Normierungsmodells ist die Authentizität bzw. Echtheit von menschlichem Verhalten, das ohne Normabweichung auskommt. Da im Normierungsfall die moralische Praxis nicht generell wie im Ökonomisierungsmodell vom persönlichen wirtschaftlichen Vorteilsstreben mit abhängt, sondern sozusagen aus der seelischen Tiefe des Individuums und später des Kollektivs entspringt, tritt Moral nie als zweifelhaftes Anhängsel eines wirtschaftlichen Aktes auf. Hier geht es dem moralischen Handeln um sich selbst, um Werte, von welchen Menschen zutiefst überzeugt sind, um Normen, die sozialen Konsens ermöglichen und soziale Kooperation unterstützen. Im Normierungsmodell sind wirtschaftsmoralische Regeln echt und authentisch, weil sie aus den ursprünglichen Moralempfindungen der Gesellschaftsmitglieder stammen. Dadurch, dass Moral psychisch verankert ist, kann man sich immer sicher sein, dass die Freundlichkeit des Verkäufers echt im Sinne ist, dass die dahinterstehende Person die Tugend der Freundlichkeit als universellen Wert menschlichen Zusammenlebens begreift. Unabhängig, ob sich Moral „lohnt" oder auch nicht, dominiert der normative Faktor und führt zur Nachhaltigkeit im Moralverhalten. Zusammenfassend lassen sich folgende Stärken und Schwächen der beiden Modelle konstatieren (siehe Tab. 17.5).

Tab. 17.5 Stärken und Schwächen des Anreiz- und Integrationsmodells

	Wirtschaftliches Anreizmodell	**Soziales Integrationsmodell**
Stärken	Hoher systemimmanenter Druck zur individuellen Normdisziplin	Geringe Normdevianz durch starke soziale Fremdkontrolle
	Erhöhung der wirtschaftsmoralischen Eigenverantwortlichkeit	Sicherung der Normdisziplin durch außerökonomische Benefits
	Stabilisierung Normeinhaltung „normlabiler" Wirtschaftssubjekte	Sicherung Normdisziplin durch Nähe zu übergeordneten Sinn- und Wertfragen
	Partiell geringere Kosten der Normkontrolle	
Schwächen	Hoher Devianzanreiz bei Lücken im Funktionalisierungssystem	Hoher Devianzanreiz bei Lücken im sozialen Kontrollsystem
	Tendenz zur Desintegration von wirtschaftlicher und Gesamtwelt	Kostspielige „Erziehungsmaßnahmen" bei notorischer Normabweichung

Anmerkungen zu Kapitel 17

1 Sauerland Dirk, Gabler Wirtschaftslexikon, aus:
  http//wirtschaftslexikon.gabler.de/Archiv/3787/institution-v7.html.

2 Hillmann, Karl-Heinz: Wörterbuch der Soziologie, Stuttgart 1994, S. 373.

3 Berger, Peter/Luckmann, Thomas: Die gesellschaftliche Konstruktion der Wirklichkeit, 2007, S. 58.

4 Fuchs-Heinritz, Werner et al. (Hrsg.): Lexikon zur Soziologie, S. 368, Opladen 1994.

18.1 Normkomplexität: Normanpassungs- versus Normanwendungsmodell

Jeden Tag befindet sich jeder Wirtschaftsakteur in einer Vielzahl von Entscheidungs-situationen, wo seine wirtschaftsmoralische Präsenz und Kompetenz gefragt sind. Man kauft des Öfteren ein, man verkauft etwas, man arbeitet, man geht mit Geld um, man plant, man informiert sich, man leiht sich etwas aus etc. Sowohl bezogen auf den einzel-nen Wirtschaftsakt als solchen sowie die Anzahl der täglich vorzunehmenden Wirt-schaftsaktionen steht der Akteur somit einer nicht unerheblichen Normkomplexität ge-genüber. Eine sehr hohe Normkomplexität kann den wirtschaftsmoralischen Akteur schnell überfordern, was zu Normdevianz und Normversagen führen kann, was natürlich unerwünscht ist. Eine niedrige Normkomplexität führt zwar zu keiner Überforderung, kann dafür aber zu einem Normvakuum oder einer unangemessen geringen Normie-rungsintensität führen. Im Idealfall ist somit ein Zustand anzustreben, in dem nicht über-forderte Normträger ein angemessenes Normniveau realisieren können.

18.1.1 Funktionalisierungsmodell als Normanpassungsmodell

Im Funktionalisierungsmodell steht die wirtschaftliche Handlungsfreiheit im Vorder-grund. Jeder Akteur versucht, und das ganz legitim, seine wirtschaftlichen Bedürfnisse zu stillen, und zwar so, dass andere davon nicht negativ in Mitleidenschaft gezogen werden. Um dies zu erreichen, muss der Akteur in jeder wirtschaftlichen Situation den

© Springer Fachmedien Wiesbaden GmbH, ein Teil von Springer Nature 2019
S. Knischek, *Grundlagen der Wirtschaftsmoral*,
https://doi.org/10.1007/978-3-658-23623-6_18

individuellen Normmix kennen. Das heißt er muss als erstes wissen, ob in dieser Situation überhaupt Normen zu beachten sind, zum zweiten wie viele Normen in dieser Situation in Frage kommen, zum dritten in welcher Hierarchie die Normen in dieser Situation zueinanderstehen, zum vierten ob die betroffenen Normen inhaltlich eindeutig zu verstehen sind. Dadurch, dass sich Normen im Funktionalisierungsmodell endogen entwickeln und verändern, ist der wirtschaftsmoralische Akteur ständig gezwungen, sich an die jeweilige Situation flexibel anzupassen. Natürlich lernt er mit der Zeit, dass vergleichbare Situationen mit vergleichbaren Normen verknüpft sind. Da aber jede Situation Besonderheiten aufweisen kann (nicht muss), muss der Akteur die mit der Situation vernetzten Normen genau wahrnehmen, will er keinen wirtschaftlichen Nachteil in Kauf nehmen.

Beispiel

Eine im dritten Monat schwangere Frau bewirbt sich bei einem Unternehmen und wird zu einem Vorstellungsgespräch eingeladen. Ist es ihre moralische Pflicht, der Firma von sich aus von ihrer Schwangerschaft zu erzählen oder erst auf Nachfrage? Muss sie, wenn gefragt wird, überhaupt die Wahrheit sagen oder darf sie lügen, um die Norm der Gleichbehandlung nicht zu gefährden? Wie man sieht, bestehen hier verschiedene Möglichkeiten, normativ zu handeln. Die schwangere Frau muss sich also in der Weise normativ anpassen, indem sie herausfindet, welches Verhalten letztlich das allgemein anerkannte und gesollte in solch einer Situation ist. Sie muss die passende Norm herausfinden und dementsprechend handeln.

Aus dem Gesagten wird klar, dass das Funktionalisierungsmodell hohe Ansprüche an die Akteure stellt, wenn sie sich im Wirtschaftsleben korrekt verhalten sollen. Das Normanpassungsmodell belastet somit mehr als es entlastet. Doch auch dies kann mit Vorteilen verbunden sein.

Dadurch, dass das Funktionalisierungsmodell ständig Aufmerksamkeit, Offenheit, Flexibilität und Anpassungsbereitschaft seitens der Wirtschaftsakteure verlangt, wird die wirtschaftsmoralische Kompetenz derselben permanent getestet und gefestigt. Man muss sozusagen normativ immer auf der Hut sein, will man nicht Gefahr laufen, wirtschaftliche Nachteile erleiden zu müssen. So muss sich der Gewerbetreibende ständig sorgsam bei der Auswahl seiner Verkäufer zeigen. Wenn die Kunden großen Wert auf Kundenfreundlichkeit und Servicequalität legen, muss darauf Rücksicht genommen werden. Der Gewerbetreibende muss also nicht nur das geeignete Personal auswählen, er muss zugleich mit dem einen Auge die Dienstleistungsqualität seines Personals überwachen, nötigenfalls eingreifen, wenn sich dieselbe abschwächt, und dabei mit dem anderen Auge auf die normativ relevanten Kundenwünsche eingehen. Darüber hinaus muss er zugleich einen Überblick über die Situation der Mitkonkurrenten haben, d. h. er muss einschätzen können, wie deren Kunden mit dem jeweiligen wirtschaftsmoralischen Niveau zufrieden sind. Summa summarum führen die (idealtypischen) Bedingungen des

Normanpassungsmodells dazu, dass die Akteure ein sehr hohes wirtschaftsmoralisches Niveau aufweisen müssen, wollen sie auf Dauer erfolgreich dem Konkurrenzdruck wirtschaftlich standhalten.

Einen zweiten Vorteil des Normanpassungsmodells finden wir darin, dass sich auf Dauer ein recht dynamisches Wirtschaftsmoralsystem herausbildet. Dynamisch heißt, dass sich das System relativ schnell normativen Veränderungen anpassen kann. Moral, das klang bereits im Teil 1 an, ist etwas, das sich mit den normativen Präferenzänderungen der Akteure verändert. Dabei heißt dynamisch nicht nur, dass Anpassungen „nach oben", sondern leider auch „nach unten" möglich sind. Da es bei einer moralwissenschaftlichen Untersuchung aber nicht primär um die Ableitung ethischer Prinzipien geht, müssen wir uns hier eines (wissenschaftlichen) Urteils enthalten. Einige Beispiele für solch eine Dynamik: Bei früheren Generationen galten Worte wie „geil" und „Arsch" als normativ unangemessen. Heutzutage sehen wir die wirtschaftsmoralische Anpassung, leider in negativer Form, wenn uns bestimmte Werbeslogans entgegenkommen wie „Geiz ist geil" oder „das geht mir am Arsch vorbei". Generell lässt sich feststellen, dass die Werbung wahrscheinlich die Branche ist, die an vorderster Stelle bei der beschriebenen wirtschaftsmoralischen Dynamik steht. Aber auch die Berufsgruppe der Kabarettisten und anderer Kunstschaffender benutzt mittlerweile ganz bewusst derartige Kraftausdrücke. Oder galt in den 1960er Jahren (bei Vollbeschäftigung) die Arbeitslosigkeit zum großen Teil als persönliches Versagen, das berechtigterweise mit Einbußen wirtschaftlicher Art verbunden war. Heute mit einer Arbeitslosenquote von gut 6 Prozent in Deutschland gibt es große Bevölkerungsteile, die Arbeitslosigkeit nicht als persönliches, sondern ordnungspolitisches Versagen betrachten und fordern, dass sich die wirtschaftlichen Einbußen in Grenzen halten müssen (die Partei „Die Linke" hat jüngst gefordert, dass alle Menschen in Deutschland, also auch Empfänger von Arbeitslosengeld II einen gesetzlichen Anspruch auf Urlaub haben sollten).

Drittens kann das Normanpassungsmodell zu einem differenzierten, leistungsstarken Moralniveau führen. Differenziert heißt, dass in moralintensiven Bereichen ein höheres Moralniveau herrscht als in Bereichen, in denen weniger Wert auf Normativität gelegt wird. Traditionell gehören Banken und Versicherungen zu moralintensiven Bereichen. Die Finanzkrise 2008 hat deutlich gemacht, dass sich viele Banken normativ nicht so verhalten haben (Stichwort „toxische Wertpapiere"), wie es die Bankkunden für richtig gehalten haben. Inzwischen hat die Öffentlichkeit reagiert. Man steht den Banken deutlich kritischer gegenüber, die Bankenaufsicht wurde verschärft und die Banken haben sich durch enge governance- und compliance-Bestimmungen die normativen Grenzen selbst gesetzt. Auf der anderen Seite gibt es anscheinend moralextensive Bereiche wie die öffentliche Verwaltung. Obwohl man durch den Bund der Steuerzahler weiß, dass jedes Jahr mehr als 20 Milliarden Euro an Steuergeldern verschwendet werden, bleibt der öffentliche Kahlschlag aus und verliert sich in kollektiver Entrüstung und Empörung. Anscheinend besteht in diesem Bereich ein gewisses Desinteresse moralischen Ansprüchen gegenüber.

18.1.2 Normierungsmodell als Normanwendungsmodell

Der Akteur im Normierungsmodell ist im Gegensatz zum Funktionalisierungsmodell in normativer Hinsicht von dem zu Grunde liegenden normativen Überbau geprägt und in gewisser Weise auch konditioniert worden. Er ist von klein auf damit aufgewachsen, wurde von Eltern, Geschwistern, Großeltern, Freunden, Kindergarten, Schule etc. normativ sozialisiert. Ihm sind die täglichen Regeln des Anstandes sozusagen in Fleisch und Blut übergegangen. Er muss nicht mehr darüber nachdenken, was gut und was schlecht ist. Er ist sich seiner moralischen Herkunft sicher und kennt die Tugenden, die einem helfen, die unterschiedlichen Situationen zu meistern. Diese Kenntnisse muss er im wirtschaftlichen Kontext also nicht neu erfinden, sondern er muss sie korrekt anwenden. Das bedeutet, er muss sich nicht fragen, welches Handeln angemessen und gut in wirtschaftlichen Situationen ist, sondern wie die Normtransmission ins Wirtschaftliche korrekterweise zu vollziehen ist.

Greifen wir auf obiges Beispiel mit der schwangeren Frau im Bewerbungsgespräch zurück. Musste sie im Funktionalisierungsfall die richtige Norm erst herausfinden, steht sie im Normierungsfall schon fest: Man muss im Umgang mit anderen in der Regel die Wahrheit sagen. Die Frau muss also wahrheitsgetreu von ihrer Schwangerschaft erzählen, sie muss die Norm der Wahrheitsliebe nur auf die wirtschaftliche Situation anwenden. Und dann, sagt sich mancher, ist die Stelle auch schon weg. Doch das muss so nicht sein. Wenn Arbeitnehmerin und Arbeitgeber vom gleichen normativen Überbau, z. B. dem Christentum ausgehen, kann es durchaus zu einer Einstellung der Frau kommen, weil der Arbeitgeber die gute Qualifikation der Frau sieht und zugleich eine Mitverantwortung für die zukünftige Generation trägt.

Ein erster Vorteil des Normanwendungsmodells liegt darin, dass der Normträger nicht zweierlei Normsysteme, ein allgemeines und ein spezifisch wirtschaftliches, erlernen und berücksichtigen muss. Wenn der normative Überbau dafür gesorgt hat, dass jeder Normträger weiß, wie es sich z. B. mit der Norm der Zuverlässigkeit verhält, wann man ausnahmsweise davon abweichen oder Einschränkungen vornehmen darf, wie relativ wichtig diese Norm ist etc., dann fällt es dem Normträger nicht schwer, sich ebenfalls im Wirtschaftsleben als zuverlässiger Akteur zu zeigen. Ein solches System könnte man als eine Art adaptiven Universalismus bezeichnen. Die Normen des Überbaus gelten für alle menschlichen Lebensbereiche gleichermaßen und geben die generelle Marschrichtung vor. Allerdings kann es einschränkend sein, dass sie dem jeweiligen Lebensbereich angepasst werden müssen (vgl. die Verfahren der Normtransmission im Teil 4). Wenn also Zuverlässigkeit heißt, dass man sich auf ein Wort des anderen verlassen kann, dann bedeutet dies, dass sich der Käufer auf die Zusage des zuverlässigen Verkäufers verlassen kann, dass die Ware Montag Vormittag beim Käufer eintrifft. Wenn jedoch die Lieferung wegen eines Streiks der LKW-Fahrer nicht pünktlich eintrifft, der Verkäufer aber alles mögliche getan hat, damit die Ware trotz Streik Montag Nachmittag eintrifft, kann er weiter als zuverlässig gelten. Der Universalismus bringt somit den Vorteil mit sich, dass die Normkomplexität eher sinkt, berücksichtigt man den wirtschaftlichen Lebensbereich mit. Man kann sich im Idealfall mit einer einzelnen Norm in verschiedenen Lebensbereich gut verhalten.

Ein zweiter Vorteil des Normanwendungsmodells liegt wegen seiner universalistischen Nähe darin, dass sich die moralischen Normen selten ändern, und wenn sie sich ändern, dann verhältnismäßig langsam. Nehmen wir die Tugenden der Pünktlichkeit. In Deutschland hat es sich in den letzten Jahrhunderten herausentwickelt, dass Pünktlichkeit wichtig für das Gelingen sozialer Prozesse ist. Aus diesem Grund gilt auch heute noch dieser Grundsatz bei uns, während derselbe in anderen Ländern einen eher geringen Stellenwert einnimmt. Wenn man sich z. B. in Peru um 14 Uhr verabredet, ist damit das System „hora peruana" gemeint, was so viel bedeutet, dass man auch erst um 14.15 oder 14.30 Uhr kommen kann. Das bedeutet somit, dass sich der „typische" Deutsche auch im internationalen Wirtschaftsleben kaum umstellen muss, da die Regeln der internationalen Wirtschaftsbeziehungen mehr und mehr auf Pünktlichkeit ausgerichtet werden. Der „typische" Peruaner muss sich hingegen zum einen sehr stark umstellen und muss zum zweiten innerhalb von zwei unterschiedlichen Normsystemen denken, will er korrekt am internationalen Güteraustausch partizipieren. Ganz allgemein lässt sich behaupten, dass christliche Tugenden und abendländischer Außenhandel eng miteinander verknüpft sind. Diese Thematik kann an dieser Stelle natürlich nicht weiterverfolgt und wissenschaftlich aufgearbeitet werden.

Ein weiterer Vorteil des universalistisch geprägten Normanwendungsmodells findet sich darin, dass Normänderungsprozesse relativ zentralistisch initiiert bzw. beeinflusst werden können. So stellt der normative Überbau den grundlegenden Zusammenhang zwischen sozial motivierter Moralisierung auf der einen Seite und wirtschaftlicher Anwendung auf der anderen Seite dar. In dieser Hinsicht weist das Normierungsmodells eine ausgenommen direkte und unmittelbare Einflussnahme auf. Sobald im Wirtschaftsleben ein Problem auftaucht, das nicht den moralischen Vorstellungen des Kollektivs entspricht, kann sofort durch den Rekurs auf den normativen Überbau oder eine kleine Anpassung desselben reagiert werden. Diese Anpassung kann sich sowohl auf Norminhalte wie Normfolgen (Sanktionen) beziehen. Einige Beispiele: Die EU ergreift Wirtschaftssanktionen gegen Russland, d. h. es findet ein Ausfuhrverbot von europäischen Rüstungsgütern statt, damit die russische Armee dieselben nicht an der Grenze zur Ostukraine einsetzen kann. Die EU führt ein Einfuhrverbot von chinesischen Solarmodulen durch, weil diese durch chinesische Subventionen zu Dumping führen und ruinöse Wettbewerbseffekte verursachen. Auf der Mikroebene kann es dazu kommen, dass das Taschengeld der Kinder gekürzt wird, wenn diese unnötige oder nutzlose Dinge damit kaufen. Auf der Mesoebene kann es dazu kommen, dass das Unternehmen den Manager, der gegen den corporate governance index verstoßen hat, schadensersatzpflichtig macht oder ihm eine Strafzahlung aufbrummt. Generell lässt sich beobachten, dass im Funktionalisierungsmodell (z. B. Kapitalismus) nur partiell (Verzerrung des Wettbewerbs, Asymmetrische Information, externe Effekte, Marktversagen, öffentliche Güter) und wenn dann nur indirekt eingegriffen wird mit dem Ziel der Veränderung der strukturellen und marktwirtschaftlichen Rahmenbedingungen. Im Gegensatz dazu moralisiert das

Kollektiv im Normierungsmodell (Zentralverwaltungswirtschaft) bereichsübergreifend und durchaus auch direkt an der Stelle, an der das Normproblem entstanden ist. Während Kapitalismus von der Mittelbarkeit der Normierung der Wirtschaft betroffen ist, greift die Planwirtschaft auf Unmittelbarkeit zurück.

Insgesamt lässt sich somit resümieren, dass das universalistisch geprägte Normanwendungsmodell relativ stark zu einer Reduktion der Normkomplexität beiträgt und dadurch die Wirtschaftsakteure deutlich entlastet.

Zusammenfassend lassen sich wie in Tab. 18.1 dargestellt die Stärken und Schwächen der beiden Modelle konstatieren.

Tab. 18.1   Stärken und Schwächen des Normanpassungs- und Normanwendungsmodells

	Normanpassungsmodell	**Normanwendungsmodell**
Stärken	Große Anpassungsbereitschaft an Normkomplexität sichert hohe Normkompetenz	Reduzierte Normkomplexität durch adaptiven Universalismus
	Dynamische Normanpassung sichert Flexibilität des Normsystems	Relativ geringes Maß an Normveränderung und -dynamik
	Dynamische Normanpassung sichert Normdifferenzierung	Zentralisiertes Normsystem fördert Eindeutigkeit der Normanwendung
Schwächen	Hohes Maß an Normveränderung und Normkomplexität	Unsicherheit bei der Normoperationalisierung

18.2   Sanktionseffektivität: Systemstabilisierungsmodell versus Wertvermittlungsmodell

Damit der Anreiz zur Normdevianz vermieden und normativ schädlichem Verhalten vorgebeugt werden kann, sind Sanktionen nötig. Diese können positiv (z. B. Belohnung) oder negativ sein (z. B. Bestrafung). Jeder Wirtschaftsakteur steht somit wirtschaftsmoralischen Situationen gegenüber, die nach einer geeigneten Sanktion verlangen, wenn ein Normträger seinen normativen Pflichten nicht nachgekommen ist. Die dabei auftretende Effektivität hat mehrere Faktoren: Angemessenheit bzw. Stärke der Sanktion, Anzahl der Sanktionsmöglichkeiten, Dauer der Sanktion, Instrumenteneinsatz der Sanktion, um nur die wichtigsten zu nennen. Hierbei gilt der gleiche Zusammenhang wie bei der Normkomplexität. Ist die Sanktionskomplexität zu hoch, ist der Sanktionsgeber überfordert. Damit einher geht die Schwächung und Dysfunktionalisierung des Wirtschaftsmoralsystems. Ist die Sanktionskomplexität auf der anderen Seite zu niedrig, führt dies dazu, dass das normative System nicht angemessen, nicht intensiv, nicht differenziert genug auf Norm abweichendes Verhalten reagieren kann. Das Ideal liegt somit in einer (imaginären) Mitte zwischen einer angemessenen Sanktionskomplexität und einer angemessenen Systemeffektivität. Im folgenden Abschnitt 18.2.1 werden die beiden Modelle bezüglich ihrer Sanktionskomplexität und -effektivität miteinander verglichen.

Generell gelten dabei für beide Modelle die gleichen Grundüberlegungen (vgl. Abschnitt 14.4.2). Sanktionen können danach positiv oder negativ sein, leicht oder schwerwiegend, wirtschaftlich oder sozial, direkt oder indirekt, neigungs- oder disziplinorientiert, institutionell oder individuell, selbst- oder fremdorientiert. Die wesentlichen Unterschiede finden auf zwei anderen Ebenen statt, der der Motivation und der der jeweiligen Funktionalität.

18.2.1 Funktionalisierungsmodell als Systemstabilisierungsmodell

Im Unterschied zum Normierungsmodell liegt beim Funktionalisierungsmodell der Schwerpunkt darauf, dass Sanktionen nicht allzu komplex sein sollen und dass sie vor allem darauf abzielen, das wirtschaftsmoralische System zu stabilisieren. Die gesinnungsgemäße Erziehungsfunktion der Wirtschaftsakteure steht hierbei nicht im Vordergrund.

Der erste Vorteil, der sich beim Funktionalisierungsmodell erkennen lässt, sind die relativ niedrigen wirtschaftsmoralischen Kontroll- und Sanktionskosten, verursacht durch die funktionale Integration von Wirtschaft und Moral. So muss sich z. B. der Betrieb viel seltener den Überprüfungen der Steuer- oder Zollbehörden stellen, da diese vor allem wegen des bestehenden Wettbewerbs davon ausgehen können, dass Steuerhinterziehung immense Strafen und eine Verschlechterung des Firmenimages nach sich zieht, woran der Betrieb langfristig kein Interesse hat. Da Normdevianz mit dem Verlustrisiko der wirtschaftlichen Existenz verbunden ist, wird viel restriktiver gegen die gängigen Moralstandards verstoßen. Auch hinsichtlich der Sanktionskosten lässt sich dies zeigen. Wenn von vornherein aus Gründen der wirtschaftlichen Vorteilsnahme auf Normverletzungen verzichtet wird, müssen weniger Polizisten, Fahnder, Rechtsanwälte und Richter etc. eingesetzt und involviert werden. Denken wir im Gegensatz dazu an die Staatssicherheit (Stasi) in der Deutschen Demokratischen Republik (DDR), die sich die ideologisierte, moralisierte Bespitzelung vieler ihrer Bürger Unmengen an Geld hat kosten lassen. Da der Anreiz zur moralischen Selbstverantwortung im Normierungsmodell wegen der fehlenden Funktionalisierung von Wirtschaft und Moral kleiner ist, erhöhen sich automatisch die Kontroll- und Sanktionskosten. Dies kostet das Kollektiv unnötige Ressourcen, was Wohlfahrtseinbußen mit sich bringt. Informationen der Bundesbeauftragten für die Unterlagen des Staatssicherheitsdienstes (Stasi) der ehemaligen DDR zu Folge umfasste der Stasi-Haushalt 1989 ca. 4,2 Milliarden Mark bei einem BIP von rund 400 Milliarden Mark. Wenn wir diesen Satz von ca. 1 Prozent auf die heutige Bundesrepublik übertragen, flössen jedes Jahr rund 30 Milliarden Euro in diese Kontrollinstitution.

Ein zweiter Vorteil des Systemstabilisierungsansatzes liegt darin, dass man auf Appelle als (in der Regel löchrige) moralfunktionale Sanktionsbasis weitgehend verzichten kann. Wenn der Anbieter (z. B. Obsthändler) verdorbene Ware anbietet, muss man ihn nicht lange ermahnen, sondern geht zur Konkurrenz. Der Sanktionseffekt im zweiten Fall ist ungleich höher als im ersten. Das heißt, dass im Funktionalisierungsmodell nicht lange gefackelt werden muss, sondern sofort gehandelt werden kann. Dieses Faktum wiederum kennen alle Beteiligten, Anbieter wie Nachfrager. Das Normierungsmodell weist im Gegensatz dazu ein Dilemma auf. Entweder mündet die Perfektion der wirtschaftsmoralischen Kontrolle in die Totalität einer Überwachungsgesellschaft oder die Kontrolle bleibt beschränkt und unter ihren Möglichkeiten. Dann bleibt nur noch die Möglichkeit des Appellierens über. Alles hängt dann am individuellen Moralanspruch, wirtschaftliche Vorgänge moralisch anzugehen oder eben auf den persönlichen Vorteil umzuschalten. Die christliche Kirche appelliert seit Jahrtausenden an das Gute im Menschen, trotzdem zeichnet sich bei der Kriminalität kein Ende ab. Selbstverständlich wäre die Welt ohne Moralappelle noch schlimmer dran.

Ein dritter Vorteil, der sehr kurz abzuhandeln ist, liegt darin, dass es im Funktionalisierungsmodell in der Regel nur wirtschaftliche Sanktionen gibt, wodurch sich die Sanktionskomplexität stark vermindert. Dadurch, dass im Gegensatz dazu das Normierungsmodell auf wirtschaftliche und auch soziale Sanktionen zurückgreift, hat der Akteur aus einer deutlich größere Menge an potenziellen Sanktionen seine Wahl zu treffen. Dies erhöht natürlich die Sanktionskomplexität.

Vorteil Nummer vier betrifft die Sanktionsmotivation. Der Sanktionsgeber ist, wohlgemerkt in der Regel, nicht daran interessiert, sein wirtschaftliches Gegenüber zu missionieren, ihn also von seiner Gesinnung her zu überzeugen, dass dessen Verhalten nicht akzeptabel oder wirtschaftsmoralisch kontraproduktiv war. Er wird in der Regel nicht an dessen Moralbewusstsein appellieren oder an dessen Gewissenhaftigkeit erinnern. Auch ist es nicht sein Ziel, eine Art wirtschaftliche Rache für Norm abweichendes Verhalten zu nehmen. Dem funktionalisierten Wirtschaftsakteur geht es in erster Linie darum, dass die Funktionalisierung von Wirtschaft und Moral gut in die Wirklichkeit umgesetzt wird, damit der einzelne Akteur seine wirtschaftliche Handlungsfreiheit ausnutzen und sein Streben nach Wohlstand störungsfrei umsetzen kann. Ihm geht es letzten Endes nicht um die Identifikation mit anderen über außerwirtschaftliche Werte, sondern um den gemeinsamen Wert der wirtschaftlichen Bedürfnisbefriedigung unter der Bedingung ihrer sozialen Verträglichkeit.

18.2.2 Normierungsmodell als Wertvermittlungsmodell

Im Gegensatz zum Funktionalisierungsmodell ist die Sanktionskomplexität im Normierungsmodell höher und die Motivation, zu sanktionieren, stärker von der gemeinsamen Gesinnungsseite her zu verstehen. Die höhere Sanktionskomplexität ist dem Umstand zuzuschreiben, dass die Anzahl der Sanktionsmöglichkeiten im Normierungsmodell größer und zugleich differenzierter anzuwenden ist. Zu den wirtschaftlichen Sanktionsmöglichkeiten, die identisch sind zu denjenigen im Modell der Funktionalisierung, treten soziale hinzu. Je größer das Sanktionsspektrum ist, umso größer ist die Sanktionskomplexität. Trotzdem weist das Modell der Normierung auch einige Stärken auf.

Eine höhere Sanktionskomplexität führt dazu, dass Sanktionen differenzierter angewandt werden können. Wenn z. B. ein Waffenlieferant Waffen in ein Krisenland schickt, das von einem Waffenembargo betroffen ist, kann das dazu führen, dass die nationale Wertegemeinschaft ihm eine hohe Geldstrafe auferlegt (Wirtschaftssanktion). Das dabei erzielte Geld kann dazu genutzt werden, um soziale Projekte finanziell zu unterstützen. Außerdem wird er aufgefordert, sich nach Afrika zu begeben, um an einem einmonatigen Friedensprojekt mitzuarbeiten (soziale Sanktion), das sich mit den Auswirkungen beschäftigt, wenn Kinder dort als Kindersoldaten missbraucht werden.

Der herausragende Vorteil des Normierungsmodells besteht jedoch darin, dass Sanktionen nicht nur der Aufrechterhaltung des Moralsystems dienen, sondern zugleich immer als Gelegenheit genutzt werden, die gemeinsame Wertebasis zu stärken und die persönliche Wertgesinnung zu überprüfen. Sanktionen vertreten in diesem Sinn einen ganzheitlichen Ansatz, der versucht, sowohl die Tat wie die beteiligte Person bei Normdevianz in den Fokus zu nehmen. Insofern kann das Modell der Normierung als ein Wertvermittlungsmodell aufgefasst werden. Nehmen wir ein Beispiel, das uns alle betrifft, nämlich das der zunehmenden Umweltverschmutzung. Die Bewahrung der natürlichen Lebensgrundlagen ist ein hohes Gut. Doch wirtschaftliches Wachstum lässt Umweltressourcen knapp werden. In vielen Fällen führt eine Übernutzung zur Erosion jenes Umweltkapitals, das wir zukünftigen Generationen vererben können. Die Überfischung der Meere, erhöhter CO_2-Ausstoß, Müllverbrennung etc. gehören zu den hierfür einschlägigen Beispielen, die zu einer langfristigen oder gar irreversiblen Schadstoffbelastung der Umweltmedien Wasser, Luft und Boden führt. In der Literatur spricht man im Hinblick auf solche ökologischen Übernutzungsphänomene von einer „Tragik der Allmende". Fragt man nach den Ursachen, so stößt man auf das wirtschaftliche Interesse am Unternehmensgewinn: Unternehmen, die auf ihre Rentabilität achten, gehen nur in dem Maße mit natürlichen Ressourcen schonend um, wie sie dadurch Kosten einsparen, und sie erbringen positive Umweltleistungen nur in dem Maße, wie sie hiermit Umsätze erwirtschaften können. Insofern steht das wirtschaftliche Interesse dem moralischen Anliegen ökologischer

Rücksichtnahme vielfach entgegen. Wenn hier negative Sanktionen greifen sollen, versucht das Normierungsmodell zum einen den wirtschaftlichen Schaden auszugleichen, indem Geldstrafen ausgesprochen werden, indem eine Ökosteuer eingeführt wird, indem Konsumenten bei nicht ökologisch produzierenden Unternehmen nicht mehr kaufen, um nur drei Maßnahmen zu nennen. Aber auch auf der Ebene der sozialen Sanktionen finden Reaktionen statt. Verursacher müssen sich in Umweltprojekten engagieren, ihnen werden Verdienstorden aberkannt, ihnen wird der Vorsitz oder die Mitgliedschaft in Vereinen oder ehrenamtlichen Ämtern entzogen etc. Sanktionen in diesem Sinn sollen neben der Funktion, Prophylaxe zu betreiben, vor allem Überzeugungsarbeit leisten.

Zusammenfassend lassen sich die Stärken und Schwächen der beiden Modelle konstatieren (siehe Tab. 18.2).

Tab. 18.2 Stärken und Schwächen des Systemstabilisierungs- und Wertvermittlungsmodells

	Systemstabilisierungsmodell	Wertvermittlungsmodell
Stärken	Niedrige wirtschaftsmoralische Kontrollkosten	Höherer Differenzierungsgrad von Sanktionsmöglichkeiten
	Verminderter Grad der Sanktionskomplexität	Überprüfung und Stärkung der gemeinsamen Wertbasis
	Niedrige wirtschaftsmoralische Sanktionskosten	Überprüfung und Stärkung der individuellen Normgesinnung
Schwächen	Eingeschränkte Sanktionsmöglichkeiten	Erhöhter Grad der Sanktionskomplexität

Grundproblem: Optimaler Modellmix 19

Es lässt sich somit am Ende dieses Buches eindeutig festhalten, dass es kein einziges Modell gibt, das in der Lage wäre, allen möglichen Ansprüchen gerecht zu werden. Damit ist zugleich auch die Grundaufgabe einer wissenschaftlich orientierten Wirtschaftsmoral formuliert und vorgezeichnet: Es gilt, den optimalen Modellmix herauszufinden. Dabei stoßen wir auf mindestens zwei Probleme. Erstens findet zu wenig wirtschaftsmoralische Grundlagenforschung statt, die darüber hinaus in der Lage wäre, einen nennenswerten Niederschlag in der Wirklichkeit zu finden. Zweitens erreicht eine solche Wissenschaft regelmäßig ihre Grenzen an der Stelle, wo das Kollektiv im Rahmen eines sozialen Identifikationsprozesses bestimmen muss, welche Grundwerte und welche Werthierarchie den abzuleitenden Normen zu Grunde liegen sollen.

Die Suche nach dem optimalen Modellmix ist folglich von dem Versuch geprägt, möglichst viele Vorteile der beiden Modelle miteinander zu verbinden, um möglichst viele Synergien herzustellen, ohne dabei allerdings zu große negative Nebenwirkungen herbeizuführen. Diese Grundaufgabe der wirtschaftsmoralischen Wissenschaft zählt mit Sicherheit zu den größten Herausforderungen. Bei der Suche nach dem optimalen Modellmix sind in Anlehnung an Karl Homann[1], der sich hierbei am Gefangenendilemma orientiert, folgende vier Fälle zu unterscheiden:

- **Positive Kompatibilität:**
  Wirtschaftlicher und moralischer Anspruch werden jeweils erfüllt. Dieser Fall stellt den Optimalfall des wirtschaftsmoralischen Modellmixes dar, da beide Ansprüche realisiert werden können. Beispiel: Der Kunde bezahlt pünktlich die Rechnung.

- **Negative Kompatibilität:**
  Wirtschaftlicher und moralischer Anspruch werden jeweils nicht erfüllt. Dieser Fall stellt den denkbar schlechtesten dar. Beispiel: Der Kunde bezahlt die Rechnung zu spät und muss die dadurch anfallenden Mahnspesen übernehmen.

- **Moralischer Konfliktfall:**
  Der wirtschaftliche Anspruch wird auf Kosten des moralischen Anspruchs erfüllt. Beispiel: Der Kunde bezahlt den Verkaufsgegenstand nicht, sondern stiehlt ihn einfach. Oder: weil man eine niedrige Arbeitslosenquote haben will, akzeptiert man prekäre Beschäftigungsverhältnisse.

- **Ökonomischer Konfliktfall:**
  Der moralische Anspruch wird zu Lasten des wirtschaftlichen Anspruchs erfüllt. Beispiel: Der Kunde bezahlt nicht nur die Rechnung, sondern spendet das Rückgeld für eine gute Sache (ein Fall, der von Homann als negativ bewertet wird, der im Normierungsmodell aber aus wirtschaftsmoralischer Sicht für gut befunden werden kann).

Wie auch immer eine Modellsynthese aussehen kann, sie weist folgende Grundvorteile auf. Wenn sich in einem funktionalistischen System wirtschaftsmoralische Resultate ergeben, die trotz Funktionalisierung nicht den normativen Vorstellungen der Gesellschaft entsprechen, kann in einem Synthesemodell konkret, d. h. fallbezogen korrigiert werden, ohne dass dadurch das gesamte funktionalistische Konzept durch einen Systemwechsel zum normativen Modell eliminiert werden muss. Es findet also eine kasuistisch-normistische Korrektur der Funktionalisierung statt. Wenn z. B. die Umwelt durch den schädlichen CO_2-Ausstoß, verursacht durch Produktion und Konsumtion, verschmutzt wird, obwohl dies eigentlich von den jeweiligen Verursachern nicht intendiert war, kann die Gesellschaft als normative Gegenmaßnahme eine (nicht systemimmanente) CO_2-Steuer beschließen. Auf diese Weise wird der schädliche Ausstoß verkleinert, die natürlichen Lebensbedingungen der Menschen verbessert. Im Normierungsmodell stellte ein solcher Bedarf allerdings keinen Korrekturbedarf dar, da er von Hause aus systemimmanent einzustufen wäre.

Ein weiterer Vorteil der wirtschaftsmoralischen Synthetisierung besteht darin, dass man Bereiche normativ differenziert ausgestalten kann. Im Gegensatz zum heutigen bundesdeutschen System der Gesundheitsversorgung wäre es etwa möglich, den Gesundheitssektor komplett zu normieren, da Gesundheit kein „normales" Wirtschaftsgut darstellt. Andere Branchen hingegen, die „normale" Güter wie TV-Geräte, Bekleidung, Getränke etc. herstellen, könnten gänzlich von der Normierung ausgenommen bleiben. Derartige synthetische Ansätze bieten somit den Vorteil, dass sie punktuell vom funktionalistischen Modell abweichen, ohne das andere Modell in Frage zu stellen. Während man auf „normalen" Märkten in erster Linie an wirtschaftlicher Handlungsfreiheit und den damit verbundenen Effekten interessiert ist, ist man im Fall der Gesundheit bereit, auf wirtschaftliche Vorteile zu verzichten. Im Gegenzug streicht das Kollektiv eine soziale Prämie ein, die sich aus dem Plus an Menschlichkeit bzw. Mitmenschlichkeit, also aus Solidarität und sozialer Gleichheit ergibt. Wenn das Kollektiv es allerdings für richtig erachtet, dass Gesundheit wie ein „normales" Gut zu behandeln wäre, kann das Gesundheitssystem wieder komplett funktionalisiert werden und stattdessen, falls gewünscht, das Altersversorgungssystem synthetisch normiert werden.

Die Synthetisierung der Modellansätze erhöht drittens die Flexibilität des Wirtschaftsmoralsystems.

Moralnormen, so haben wir im Teil 1 gelernt, sind im Gegensatz zu ethischen Prinzipien dem zeitlichen Wandel unterlegen. Im Rahmen eines synthetischen Konzepts lassen sich derartige Veränderungen leichter erfassen als in einem monothetischen System und konstruktiv modellieren. Fanden Fälle kleiner Steuervergehen in den 1950er Jahren noch relativ selten statt, hat sich diese Zahl seitdem vervielfacht. Die Gesellschaft hat darauf durch eine Verschärfung der Sanktionen reagiert, also zum einen durch die Veränderung des Steuerstrafrechts (Normierung) sowie zum anderen der Erhöhung der Geldstrafen (Funktionalisierung). Ein Kombisystem erhöht die Anpassungsfähigkeit immens, und zwar in beide Richtungen. Wenn nämlich Normen zum anderen Wirtschaftsdynamik und Wohlstand zu gefährden drohen, kann das System durch eine normative Rückführung bzw. verstärkte Funktionalisierung dem entgegenwirken. Dies ist z. B. der Fall, wenn man die Bürokratie abbaut, Gesetze abschafft, Privatisierung öffentlicher Unternehmen durchführt etc.

Jedoch birgt jede Modellsynthese auch Risiken, z. B. die Beeinträchtigung der Gesamtkonzeption. Durch eine fortgesetzte Bereichsdifferenzierung kann das wirtschaftsmoralische Grundsystem mehr und mehr zersetzt werden. Es zerfällt in einzelne, mehr oder wenige interdependente Zonen, die ein dynamisches Eigenleben entfalten und einen konzeptionellen Flickenteppich verursachen können. Am Ende eines solchen Prozesses steht dann eine selbst erschaffene Intransparenz, die nur mühsam wieder eliminiert werden kann. Das kann sogar bis zu einer Verkehrung der bisherigen Verhältnisse führen. Normalerweise stellt man sich z. B. an der Supermarktkasse in der zeitlichen Reihenfolge des Eintreffens an. Plötzlich wird eine zweite Kasse eröffnet, was oft dazu führt, dass Leute aus der ersten Schlange zur zweiten Kasse wechseln. In der Regel wird hierbei der Grundsatz des zeitlichen Nacheinanders aufgehoben, weil Leute schneller zum Bezahlen kommen als andere, die eigentlich vor ihnen angestanden hatten. Wenn jemand dann versucht gegen diesen spontanen Wechsel des wirtschaftsmoralischen Systems zu intervenieren, wird man plötzlich mit diesem neuen System normativ konfrontiert: Wenn man zu inflexibel sei, auf die veränderten Bedingungen zu reagieren, sei man selber schuld.

Darüber hinaus kann eine Modellkombination zur Entstehung von Dysfunktionalitäten führen. Wenn man aus normativen Gründen ein Beamtentum in einer Volkswirtschaft einführt, weil man dadurch z. B. besser hoheitliche Aufgaben wahrnehmen kann, so kann es parallel dazu zu Dysfunktionalitäten kommen. Diese können darin bestehen, dass die Arbeitsproduktivität durch die prinzipielle Unkündbarkeit von Beamten sinkt, dass die Verschwendung durch nicht hinreichend bedachte Entscheidungen von Beamten steigt, dass Pensionsansprüche begründet werden, die weit über das sonst übliche Maß hinausgehen etc. Wirtschaftsmoralische Korrekturen sind somit ständig der Gefahr von Nebenwirkungen ausgesetzt.

Wie schwierig die Realisierung eines optimalen Modellmixes ist, zeigt ein kurzer
Blick auf das Phänomen der „Neuen Sozialen Marktwirtschaft" NSM als ordnungspoliti-
schem Fundament der Bundesrepublik Deutschland. Bereits die „alte" Soziale Marktwirtschaft der Nachkriegszeit unter dem Erhard'schen Schlagwort „Wohlstand für alle"
erfuhr einige Änderungen. Spätestens aber mit dem Mauerfall und der damit verbundenen deutschen Wiedervereinigung begann eine neue Debatte über die wesentlichen Inhalte einer NSM. Die CDU sprach in Form ihres Grundsatzprogramms von 1994 zum
ersten Mal explizit von der „Ökologischen und Sozialen Marktwirtschaft"[2] und ergänzte
in den Erfurter Leitsätzen 1999 dieses erweiterte Konzept um den Aspekt des „demogra-
fischen Wandels"[3]. 2001 ruft die CDU-Vorsitzende Angela Merkel die NSM als Weiterentwicklung der SM offiziell aus. Alle drei Phasen vereint das Ergebnis, dass die Konturen der Konzepte schwammig blieben, die Akteure im Wirtschaftsleben kaum relevante
ordnungspolitische Unterschiede feststellten und am Ende nur einige Maßnahmen in
Erinnerung blieben, die damit verbunden waren. Ein Jahr zuvor hatten die Arbeitgeber-
verbände die „Initiative NSM" ausgerufen. Verfolgt man die diversen Positionspapiere
der Plattform, so schimmert hierbei nur lobbygetriebene, liberale Wirtschaftspolitik
durch, obwohl der Begriff der NSM deutlich mehr erwarten lässt, also grundsätzlicheres
und gehaltvolleres als die überkommenen Phrasen von Lobbyisten. Das Ganze lässt sich
seitens des Normierungsmodells und der SPD dialektisch ergänzen. Im Berliner bzw.
Leipziger Programm wird Folgendes verlangt: „Die Würde des Menschen und die soziale Gerechtigkeit verlangen Demokratisierung der Wirtschaft"[4]. Wie man sieht findet
nichts anderes als die alt bekannte Auseinandersetzung um den Primat der Wirtschaft
bzw. der Moral statt. Tatsächlich hat sich in den vergangen 15 Jahren der Modellmix
verändert, die wissenschaftliche Frage dahinter lautet: Wie und durch wen hat er sich
verändert? Und: hat sich dadurch tatsächlich etwas verbessert und wie lässt sich diese
Verbesserung messen?

Auf alle diese ungelösten Fragen kann dieses Buch als Grundlagenwerk keine Antwort geben. Aber es kann die Richtung anzeigen.

Ethische Begründungsformen des „Guten"

Die ethische Ebene der Normrechtfertigung wird immer dann betreten, wenn die moralische an ihre Grenzen stößt. Dies ist regelmäßig der Fall, wenn sich in bestimmten Situationen die Sozialnormen widersprechen und sie so zu Unklarheit und Undurchschaubarkeit führen. Folge sind Konflikte, die, sind sie unlösbar, zu Dilemmata werden. In der Literatur findet man viele Beispiele dazu. Darf ein Lazarettarzt einem schwer verletzten, wahrscheinlich sterbenden Soldaten lebenswichtige Organe entnehmen, um dadurch zwei anderen verletzten Soldaten das Leben zu retten? Fragen dieser Art führen regelmäßig zur Frage, was das Gute als solches bzw. das höchste Gut überhaupt ist. Ist dies erkannt, so die Hoffnung, lässt sich durch diesen archimedischen Punkt ein Konflikt lösendes Konzept des moralisch richtigen Handelns erstellen.

Leider und selbstverständlich gibt es auf die Frage nach dem höchsten Gut, so wie vorher auf der moralischen Begründungsebene, nicht eine einzige, sondern mehrere Antworten. Darüber, dass ein moralisches Handeln gut sein muss, sind sich alle einig. Doch worin dieses Gute im eigentlichen Sinn besteht, darüber gehen die Ansichten auseinander. Auf den folgenden Seiten werde ich mich damit beschäftigen, welche Möglichkeiten des Maßstabs es gibt, das höchste Gut abzuleiten, immer mit der Gewissheit im tHinterkopf, dass eine solche Letztbegründung hinsichtlich eines damit verbundenen Absolutheitsanspruchs nicht durchführbar ist. Die folgenden Ausführungen dienen der Abgrenzung dessen, was das ethisch Gute gegenüber dem moralisch Guten bedeutet.

1. Der Bezug auf individuelle Glückseligkeit (Eudämonismus)

Ausgangspunkt des Eudämonismus ist die Annahme, dass ein höchstes Gut nur so Bestand haben kann, wenn es dauerhaft zum Wohl des einzelnen Menschen beiträgt und dieser sich dauerhaft in diesem wiederfindet bzw. sich damit identifizieren kann. Umgekehrt gilt, dass das höchste Gut sich nie gegen das menschliche Wohlergehen stellen darf, da die Moral für den Menschen da ist und nicht umgekehrt.

Der Eudämonismus (griech. „Glückseligkeitslehre") ist eine Anschauung, wonach Motiv und Zweck menschlichen Handelns im Erreichen vor allem eigenen Glücks zu suchen sind. Prominente Vertreter dieses Ansatzes sind Demokrit, Sokrates, Aristoteles, Epikur, Spinoza, Mill, Feuerbach, Comte. Prominente Gegner sind unter anderen Nietzsche und Kant. Der Eudämonismus, der die Glückseligkeit zum Moralprinzip erhebt, gliedert sich stark auf, je nachdem welcher spezifische Glücksbegriff zu Grunde gelegt wird. Ich beschränke mich im Folgenden auf die Darstellung der aristotelischen Lehre.

Aristoteles' Argumentationskette basiert auf drei Gliedern: Glückseligkeit, Vernunft, Tugend. Das oberste Ziel bzw. das höchste Gut ist dasjenige, um dessentwillen alles Übrige geschieht. So strebt die Medizin nach neuen Heilverfahren und Arzneien, damit das Endziel Gesundheit erreicht wird. Die Architektur beschäftigt sich mit Statik, Ästhetik und Funktionalität, damit am Ende schöne Bauwerke entstehen. Genauso verhält es

sich mit dem Menschen. Er strebt nach Gesundheit, Ehe und Familie, Karriere, Reichtum, Freunden, Sicherheit, sozialer Anerkennung, Unabhängigkeit und Ähnlichem. Er
strebt danach nur mittelbar. Unmittelbar betrachtet strebt er nach Glückseligkeit, welche
daher als höchstes Gut des Menschen angesehen werden muss, da sie nicht mehr wie die
vorherigen Güter als Mittel, sondern als Endzweck dient[5].

Das Besondere am aristotelischen Glückseligkeitsbegriff ist, dass er sich nicht empirisch und somit moralneutral ableitet, im Sinne der alltäglichen, gewöhnlichen Suche des
Menschen nach Glück, sondern dass er einem ontologischen, einem Seinsprinzip folgt.
Während das Streben nach Glück eine individuelle und zufällige Angelegenheit darstellt,
ist mit Glückseligkeit die naturgemäße Vollendung und somit das folgerichtige Verhalten eines Lebewesens gemeint. Dadurch, dass das Endziel einer Sache bzw. das höchste
Gut des Menschen mit deren bzw. dessen Bestimmung zusammenhängt, bilden Glückseligkeit und Wesenhaftigkeit eine Einheit. Ein Liliputaner, der versucht Basketballprofi
zu werden, wird unglücklich werden. Ein Blinder, der naturalistische Bilder malt, wird
genauso Schiffbruch erleiden wie ein Koch, dessen Geschmacksnerven zerstört sind.
Was ist nun aber die Bestimmung des Menschen, die ihm Glückseligkeit ermöglichen
soll?

Laut Aristoteles ist es die Vernunft, die nur dem Menschen unter den Lebewesen zukommt. Dieser als „animal rationale" ist ein Wesen, das sein Handeln „nach der Vernunft oder doch nicht ohne Vernunft vollzieht"[6]. Dabei stellt diese nicht irgendein willkürlich herausgegriffenes Vermögen des Menschen dar, sondern seine „eigentümliche
Leistung", etwas, das ihn von jeder sonstigen Existenz unterscheidet[7]. In der Vernunft
des Menschen liegt somit seine Glückseligkeit.

Aristoteles begreift die Vernunft als ein Vermögen der Seele, das sich verschie-
dentlich äußert. Philosophisch betrachtet ist sie auf Erkenntnis und Weisheit ausgerichtet, politisch auf die gute Staatsführung, militärisch auf die Kriegskunst, pädagogisch auf
Bildung, moralisch auf das gute Leben bzw. die Tugend: „Die Glückseligkeit ist eine
Tätigkeit der Seele gemäß der vollkommenen Tugend."[8] Die vollkommene Tugend entstammt dabei der aristotelischen Idee der „Mitte zwischen Übermaß und Mangel"[9]. So
ist Tapferkeit die Mitte von Furcht und Mut, Großzügigkeit die von Verschwendung und
Kleinlichkeit. Milde ist die Mitte zwischen Schwächlichkeit und Jähzorn, Liebenswürdigkeit jene von Gefallsucht und Streitsucht. Die gesamte Nikomachische Ethik ist voll
von derartigen „Mitten" bzw. voll von Sozialnormen, womit sich der Zirkel wieder
schließt – Glückseligkeit als Normbegründung.

Dass Moral auf Glückseligkeit und diese auf Tugend beruht, geht auf eine antike Tradition zurück. Nach der Lehre der Stoiker liegt unser Glück in der Übereinstimmung mit
unserer Natur. Das Glück als „guter Fluss des Lebens" stellt sich dann ein, wenn man
konfliktfrei mit sich und der Welt lebt. Für einen anderen antiken Denker, Epikur, fungiert die Lust als höchstes Gut und so als Maß aller Dinge. Lust darf dabei nicht mit
Genusssucht und Ausschweifung gleichgesetzt werden, sondern als Ausdruck körperlicher Gesundheit und ungestörter Seelenruhe. Diese ist aber nur zu bewahren, wenn sie

auf Tugend beruht: „Man ehre die Tugend, wenn sie zum Glück beiträgt; wenn nicht, gebe man ihr den Abschied."[10]

Auch wenn der Standpunkt, Moral auf individuelle Glückseligkeit zurückzuführen, durchaus einleuchtet, so wirft er dennoch einige Fragen auf:

1. Empirisch betrachtet müssen wir feststellen, dass sich Menschen oft nicht tugendsam verhalten, um glücklich zu werden. Im Gegenteil, um dies zu erreichen, schrecken sie nicht vor egoistischem, der persönlichen Vorteilnahme dienendem Verhalten zurück, das bewusst und gezielt gegen die Interessen der anderen gerichtet ist.
2. Dass Glückseligkeit auf Vernunft beruhen kann, ist gut nachvollziehbar. Sie muss aber nicht. Anthropologisch betrachtet stellt der Mensch eine Einheit aus Körper, Geist und Seele (Gefühlen) dar. Um Glückszustände überhaupt wahrnehmen zu können, bedarf es der Sinnlichkeit und der Gefühle. Vernunft selbst fällt aus dieser Kategorie heraus, denn sie ist auf die Sinnlichkeit angewiesen, um sich zu verwirklichen. Vernunft steht somit in einer permanenten Abhängigkeit zur Emotionalität. Diese hat es eben auch mit Dingen wie Lust, Genuss, Ausschweifung, Leidenschaft etc. zu tun. Der Primat der Vernunft kann somit durchaus in Frage gestellt werden.
3. Der Eudämonismus hat Recht darin, dass er erkennt, dass ein Motiv unseres Wollens die Lust ist. Daraus lässt sich aber rein logisch noch kein moralisches Grundprinzip ableiten, das essentiell über den Standpunkt von Subjektivität und Selbstbezogenheit hinausreicht. Für Kant blieben Eudämonisten nichts anderes als „praktische Egoisten", da sie ihr Wollen an ein Gefühl, das des Glücks banden und nicht an etwas, das dafür geeigneter wäre.
4. Die Frage nach der menschlichen Glückseligkeit setzt an deren Dauerhaftigkeit an. Es geht ja nicht um das zufällige, kurzzeitige Glück, sondern um jenes, das den Mensch ein Leben lang begleitet. Dies setzt die zeitliche und funktionale Einheit des Lebens voraus, welche es so aber gar nicht gibt.
5. Eudämonistische Ansätzen bleiben oft die Antwort schuldig bezüglich der systematischen Verknüpfung von individueller und kollektiver Glückseligkeit.
6. Lust als solche kommt als alleiniger Anker des Guten nicht in Frage. Man stelle Sie vor, man läge auf einem Operationstisch, erhielte über eine technisch komplizierte Maschine Impulse ins Gehirn geleitet, die ein permanentes, unbefristetes Wohlbehagen auslösten. Stellt man sich so Glückseligkeit vor? Will man so auf Dauer leben wollen?

2. Der Bezug auf kollektive Nützlichkeit (Utilitarismus)

Der Utilitarismus (lat. utilitas, dt. Nutzen) repräsentiert eine ethisch-philosophische Richtung, die in der Verwirklichung des größtmöglichen kollektiven Nutzens das höchste Gut erblickt. Der Begriff Nutzen steht dabei synonym für Wohlergehen, Vorteil, Freude, Lust und Glück. Nach dem Maximum-Happiness-Principle von Jeremy Bentham (1748–1832), Erfinder des Utilitarismus, gilt die Handlungsalternative als moralisch beste, die „das größtmögliche Glück der größtmöglichen Anzahl von Menschen" hervorbringt. Der „Trick" dabei besteht darin, dass das hedonistische Lustprinzip (individuelle Ebene) mit einem universalisierten Moralanspruch (objektive Ebene) verknüpft wird, sodass ein aufgeklärtes, also ein über den rein individuellen Glücksstandpunkt hinausgehendes Eigennutzdenken entsteht.

Der moralische Wert einer Handlung und ihrer Folgen ergibt sich dabei aus der Aggregation[11] aller Vor- und Nachteile für alle Beteiligten dieser Handlung. Ob bzw. wie gut eine Handlung ist, hängt somit davon ab, welchen Summenwert sie erreicht. Dieser berechnet sich, indem alle individuellen Vorteile addiert werden und davon alle individuellen Nachteile subtrahiert werden. Operativ bestimmt sich im Rahmen dieses Kalküls der Wert einer Handlung nach der Intensität des aus der Handlungsfolge zu erwartenden Lustgewinns, nach der Dauer, nach der Wahrscheinlichkeit, mit der der Lustgewinn zu erwarten ist, nach der Zeitnähe des Eintreffens der Folgen und nach der Frage, ob diese weitere sekundäre nach sich ziehen.

Mittlerweile hat der Utilitarismus einen historischen Entwicklungsprozess durchgemacht, der zu einer weiten Verzweigung von Schulen und Ansätzen geführt hat. Während Bentham zunächst eher eine rationale Gesetzgebungslehre statt eine Individualethik im Blick hatte, trat bei Hutcheson und Hume mehr und mehr das soziale Wohlergehen in den Vordergrund. Der Handlungsutilitarismus zieht für jede einzelne Handlung die Folgen in Betracht, der Regelutilitarismus bezieht sich auf die Folgen allgemeiner Verhaltensregeln. Der negative Utilitarismus zielt nicht auf die Maximierung von Glück, sondern auf die Minimierung von Leid ab, während der Präferenzutilitarismus in der Erfüllung der Präferenzen anderer das höchste Gut erblickt[12]. Zusammenfassend lässt sich der Utilitarismus charakterisieren als

- eudämonistisch (da Leid und Glück als die entscheidenden Verhaltensmotive des Menschen betrachtet werden[13]),
- konsequentialistisch (da sich die Moralität einer Handlung an ihren Folgen festmacht),
- teleologisch (da der größtmögliche Kollektivnutzen als Endziel gesetzt wird. Wie dieses Ziel zustande kommt, ob eine Handlung an sich gut ist oder nicht, spielt keine Rolle),
- universalistisch (da der Nutzeffekt bei jedem Menschen im Prinzip gleich viel zählt, unabhängig von den Qualitäten oder Verdiensten eines Menschen).

Bei der Bestimmung des Guten werden folgende Kritikpunkte oftmals gegen die Positionen des Utilitarismus ins Feld geführt:

1. Die gleichzeitige Maximierung von zwei Größen, Nutzen einerseits und Anzahl von Menschen andererseits, ruft eklatante formallogische Schwierigkeiten hervor, die zu zweideutigen Lösungen führen. Das ist z. B. der Fall, wenn Alternative A den Nutzenvorteil von 50 Einheiten für zehn Menschen bedeutet, Alternative B 40 Einheiten für zwölf Menschen. Eine Zieldimension bleibt sozusagen immer auf der Strecke.

2. Da Werte wie Gerechtigkeit, Pflicht, guter Wille, Tugend, Freiheit, Menschenwürde etc. im Utilitarismus weitgehend unberücksichtigt bleiben, sind zum Teil absurde und inakzeptable Ergebnisse die Folge. Utilitaristisch kann es angebracht sein, einen gesunden Menschen durch Entnahme wichtiger Organe zu töten, um dadurch fünf kranke Menschen vom Tod zu bewahren. Der utilitaristische Standpunkt folgt der (unmoralischen?) Logik, dass fünf Menschenleben einen höheren Nutzwert haben als eines.

3. Das utilitaristische Menschenbild weist zumindest eine systematische Inkonsistenz auf. Einerseits orientiert sich der Mensch an seinem eigenen Nutzengewinn, zugleich aber nimmt er einen überpersönlichen Standpunkt ein, indem er auf einen allgemeinen Nutzengewinn abstellt. Was fehlt ist das Bindeglied, das diesen individualistischen- psychologischen Hedonismus (jeder Mensch strebt nach Glück) mit einem ethischen Universalismus (alle Menschen streben nach Glück) systematisch verknüpft. Zu Recht besteht der Einwand, dass die Erreichung überpersönlicher Ziele keine notwendige Bedingung für die Erreichung persönlicher Ziele darstellt.

4. Dadurch, dass der Utilitarismus auf einem empirischen Streben nach Lust und Nutzen basiert, weist er ein generelles Legitimierungsproblem auf. Etwas, das real gewünscht wird, muss noch lange nicht im moralischen Sinn wünschenswert sein.

5. Der Utilitarismus wirft extreme Probleme in operativer Hinsicht auf. Um festzustellen, wann das größte Glück der größten Zahl mit all seinen zu berücksichtigenden Folgen erreicht ist, muss die hohe Komplexität der Realität bewältigt werden. Das fängt damit an, dass schon der Nutzen per se nicht wirklich messbar ist (was die Ökonomie schon immer leidvoll weiß), dass interpersonelle Nutzenvergleiche schwer möglich sind, dass die dabei vorhandenen strategischen Effekte eliminiert, die Konsequenzen alternativer Handlungen bewertet werden müssen etc. Eine vollkommene Abschätzung aller Folgen ist illusionär.

6. Der utilitaristische Ansatz versagt, wenn die sich danach richtenden Menschen, gemessen nach üblichen Maßstäben, moralisch böse sind. Während Euthanasie oder Judenvernichtung im Dritten Reich aus Sicht der Nationalsozialisten legitim war, weil „für die Allgemeinheit von Vorteil", stießen sie beim Rest der Welt auf breite moralische Ablehnung, weil nicht für die Allgemeinheit von Vorteil. Der Utilitarismus läuft somit Gefahr, dass er auch noch aus einer Gruppe von Verbrechern ethische Entscheidungsträger macht.

7. Der Utilitarismus degradiert das menschliche Individuum auf ein „Glücksbehältnis" (vgl. John Rawls).

3. Der Bezug auf das Gute an sich (Deontologie)

Der höchste Maßstab zur Rechtfertigung sozialer Normen ist laut deontologischer Perspektive im Guten als solchen zu suchen. Danach kann ein Handeln nur dann als moralisch erstrebenswert gelten, wenn die Absicht oder der Wille eines Tuns für sich betrachtet gut sind. Dies ist regelmäßig der Fall, wenn etwas aus Pflicht, Verantwortungsbewusstsein, Gesinnung oder Gesetzestreue heraus getan wird, unabhängig davon, welche Konsequenzen sich daraus persönlicher oder allgemeiner Art auch immer ergeben mögen. Ein typisches deontologisches Argumentationsmuster in der Realität ist es, eine Sozialnorm damit zu begründen, dass „man es doch gut gemeint hat".

Deontologie ist die Lehre vom Sein-Sollen bzw. die Lehre vom pflichtgemäßen Handeln. Das Wort deon stammt aus dem Griechischen und bedeutet so viel wie Pflicht, Erforderlichkeit. Die Wurzeln dieses Moralansatzes reichen zurück bis zur Stoa ab dem vierten Jahrhundert vor Christus. Ihren Höhepunkt erlebte die Deontologie im 17. und 18. Jahrhundert im Rahmen des Rationalismus und der Aufklärung. Wichtige Vertreter sind John Locke, Gottlieb Fichte, René Descartes, David Hume, Gottfried Herder, Jean-Jacques Rousseau, Friedrich Hegel, Friedrich Schelling, Immanuel Kant. Die Pflichtenethik, auch Gesinnungs- bzw. Verantwortungsethik genannt, tritt als wichtigste Gegenposition zum Utilitarismus auf.

Die wichtigsten Merkmale der Pflichtenethik lassen sich folgendermaßen zusammenfassen. Der deontologische Ansatz ist:

- apriorisch, d. h. es wird davon ausgegangen, dass das Gute immer schon, unabhängig von Erkenntnis und Wahrnehmung des Menschen, so wie Naturgesetze, da ist. Es kommt nur darauf an, es zu erkennen und zu befolgen,

- pflichtorientiert, das bedeutet es obliegt dem Menschen, gemäß dem moralisch Gebotenen zu handeln, selbst wenn dies mit persönlichen Nachteilen verbunden ist,

- gesinnungsbezogen, d. h. es geht nicht wie im Utilitarismus um die Folgen eines Tuns, sondern um die Absicht (verantwortungsbewusstes Handeln kann durchaus zu „unguten" Auswirkungen führen),

- universalistisch, alsodass das Gute nur gut sein kann, wenn es von jedem vernunftbegabten Wesen erkannt und umgesetzt werden kann,

- vernunftbezogen, da nur Vernunft Objektivität zwischen den Individuen herstellen kann,

- humanistisch, das bedeutet, dass sich der Mensch als autonomes Wesen definiert, welches sich in seinem Selbstbewusstsein und seiner Selbstgesetzgebung dadurch als Gattung achtet, indem es die Würde der anderen Menschen respektiert.

Hauptvertreter der Pflichtenethik ist der Königsberger Philosoph Immanuel Kant (1724–1804) mit seinem kategorischen Imperativ: „Handle nur nach derjenigen Maxime, durch die du zugleich wollen kannst, dass sie ein allgemeines Gesetz werde."[14] Nach Kant kann ein Handeln nur dann gut sein, wenn es an sich gut ist und nicht, wenn es nur als Mittel zum Zweck dient. Wenn wir nämlich nur aus psychologischen Gründen oder Nützlichkeitserwägungen heraus das Gute verfolgten, hinge das Gute von diesen Gründen und Abwägungen ab, es unterläge somit dem Empirischen. Da dieses wiederum permanent der Willkür und dem Subjektivismus unterliegt, kann das Gute nicht aus der Wirklichkeit und der Realität abgeleitet werden.

Das Gegenteil gilt. Das Gute muss vorempirisch, also schon in den Strukturen der Vernunft selbst vorliegen. Diese erkenntnistheoretische Position heißt transzendentaler Idealismus. An sich gut sein heißt so sein, ohne dass damit irgendein Inhalt oder irgendeine empirische Absicht verbunden wäre. Ein solches Gut finden wir laut Kant einzig und allein in einem guten Willen vor: „Es ist überall nichts in der Welt, ja überhaupt auch außer derselben zu denken möglich, was ohne Einschränkung für gut könnte gehalten werden, als allein ein guter Wille."[15] Dieser äußert sich dadurch, dass der Mensch das für alle verbindliche Sittengesetz beachtet und befolgt. Da der Mensch den Inhalt desselben mit seinen irdischen Mitteln nicht erkennen kann, muss der Inhalt des Gesetzes in seiner Form liegen. Die Form des Guten ist aber nichts anderes als dessen Allgemeingültigkeit, der universelle Anspruch auf Gültigkeit. Wer diesen Anspruch befolgt, zeigt eben seinen guten Willen. Kants Imperativ bezieht sich somit auf das Gebot der Universalisierbarkeit von individuellen Maximen. Kategorisch daran ist, dass dem Imperativ bedingungslos und absolut zu gehorchen ist, weil er apriorisch aus der Vernunft bestimmt ist. Auf folgende Kritikpunkte stößt der Moralansatz der Deontologie:

1. Nicht nur Kants, sondern jedweder Rationalismus steht in einem anthropologischen Widerspruch. Dadurch, dass das höchste Moralprinzip ausschließlich aus der Vernunft abgeleitet wird, werden die seelischen und psychologischen Aspekte des Menschseins vernachlässigt. Das Ausklammern von Sinnlichkeit wie Liebe, Hass, Glück, Leid etc. kann dem Menschen als einem Leib-Geist-Wesen nicht wirklich gerecht werden. Wären Vernunft und Wille identisch, wäre jede Pflichtenethik vollkommen. Der Wille stellt aber gerade nicht nur eine rationale, sondern vor allem affektive Kraft dar.

2. Kants Formalismus führt dazu, dass jedes Handeln im Prinzip gleichrangig beurteilt wird. Da die Realität jedoch im Rahmen von Norm- und Wertkonflikten permanent der Aufgabe ausgesetzt ist, aus mehreren sich gegenüberstehenden Alternativen die moralisch richtige auszuwählen, mangelt es an einer Rangordnung, die das konkrete Entscheidungsproblem zu lösen oder zumindest zu entschärfen vermag.

3. Bei Kants Formalismus tritt zudem folgende psychologische Problematik auf. Danach müsste der Wille im Mensch ohne Inhalt und ohne Gegenstand entstehen. Wenn wir die Natur des Menschen berücksichtigen, stellen wir gerade das Gegenteil fest. Wir können nur willentlich handeln, wenn uns ein erstrebenswertes Gut oder Ziel bewegt. Ein Gesetz um seinetwillen zu verfolgen, reicht als Motivationsbasis für menschliches Handeln nicht aus.

4. Das Postulat, der Mensch sei völlig autonom, ist nicht haltbar. Absolute Autonomie kann bestenfalls einem Gott zugeschrieben werden, aber nicht dem auf Grund seiner Natur abhängigen Mängelwesen Mensch, der ständig unfreiwillig Bedürfnisse zu befriedigen hat, um sich physisch wie kulturell zu erhalten.

5. Kant löst das Problem der Subjektivität nur bedingt. Zwar ermöglicht der kategorische Imperativ, dass aus Subjektivität Objektivität wird, indem durch seine Befolgung der eigene Wille für den Willen jedes vernünftigen Wesens als gültig erkannt wird. Diese Erkenntnis selbst, die ihrerseits wieder an die subjektiven Bedingungen des Erkennens geknüpft ist, bleibt allerdings subjektiv.

6. Dadurch, dass die Vernunft autonom, also unabhängig vom empirischen Denken und vom Denken anderer ist, erhält das Individuum eine herausragende Stellung. Es liegt so in seiner alleinigen Verantwortung, zu entscheiden, wann sich der eigene Wille im

Widerspruch zum Sittengesetz befindet und wann nicht. Es ist zu befürchten, dass damit dem Subjektivismus erneut Tür und Tor geöffnet sind[16].

7. Kants Moralprinzip nimmt zu wenig Bezug auf die historische Dimension des Menschen. Dadurch, dass es kategorisch, also ausnahmslos gilt, wird jedes Handeln per definitionem ahistorisch[17] und apolitisch[18]. Dies führt zu Resultaten, die unserem natürlichen Empfinden zuwiderlaufen. Nach Kant wäre jedes Lügen mit dem Sittengesetz inkompatibel, evt. auch jenes, welches einem von den Nazis verfolgten Juden im Dritten Reich das Leben rettet.

4. Der Bezug auf die Gerechtigkeit (Kontraktualismus)

Der Gerechtigkeitsbegriff meint den nach moralischen Maßstäben angemessenen Ausgleich der Interessen bzw. die angemessene Verteilung von Gütern und Chancen zwischen den Personen innerhalb einer Staatsordnung. Gerechtigkeit ist die Anerkennung einer fundamentalen Symmetrie in den Beziehungen von Menschen, d. h. der Maßstab, wie Lasten und Entschädigungen aussehen, die nicht bestimmte Personen oder Gruppen privilegieren oder benachteiligen. Gerechtigkeit ist Unparteilichkeit, also ein Prinzip, das der Idee des konfliktfreien Zusammenlebens unter der Vorherrschaft der Vernunft verpflichtet ist. Formal versteht man darunter ein allgemeines Regelungssystem, das Vorgehensweisen bestimmt, nach welchen alle gleich gelagerten Fälle auch gleichbehandelt werden müssen. Gerechtigkeit bringt die Gleichheit, die Wechselseitigkeit, die intersubjektive Verbindlichkeit der Menschlichkeit zum Ausdruck. In Artikel 3 des deutschen Grundgesetzes heißt es demgemäß: Alle Menschen sind vor dem Gesetz gleich. Wie so oft lassen sich natürliche mehrere Formen und Kriterien der Gerechtigkeit unterscheiden.[19]

Da der Inhalt der Gerechtigkeit nicht vorliegt, sondern von den Beteiligten vereinbart werden muss, basieren viele Gerechtigkeitskonzepte auf dem Kontraktualismus (Vertragstheorie). Er besagt, dass das Gerechte das Ergebnis von ausgehandelten Verträgen bzw. impliziten Übereinkünften ist. Die wichtigsten Vertreter dieses Ansatzes sind Hobbes, Locke, Rousseau, Kant, Rawls, Mackie. Der Kontraktualismus geht in seinem gedanklichen Aufbau von einer Dreifältigkeit aus: Naturzustand, Gesellschaftsvertrag, Gesellschaftszustand. Es wird von einem chaotischen Naturzustand als rechtsfreiem Raum ausgegangen, in dem der von Hobbes beschriebene Zustand, „der Krieg aller gegen alle", alles andere dominiert. Dieser Naturzustand wird irgendwann so unerträglich, dass sich alle wünschen, ihn aufzulösen. Dies führt dazu, dass die Gesellschaftsmitglieder einen Vertrag aushandeln, der die Bedingungen des Zusammenlebens festschreibt. Die Rechtsanwendung erweist sich als friedenssichernder Ausweg, der zwar Einschränkungen bei der individuellen Freiheit mit sich bringt, aber als das kleinere Übel angesehen wird. Wichtig ist die Tatsache, dass der Konsens nicht auf Altruismus basiert, sondern auf Eigeninteresse als gemeinsamer Vorteilsgewinnung.

Angesichts der Vielfalt an Gerechtigkeitsformen, -kriterien und -prinzipien wundert es nicht, dass die Philosophiegeschichte durchzogen von unterschiedlichen Gerechtigkeitsideen ist[20]. Das in den vergangenen Jahrzehnten am meisten diskutierte Gerechtigkeitskonzept stammt vom Begründer des egalitären Liberalismus Rawls (1921–2002). Das Konzept, das auf einer Verfahrensgerechtigkeit aufbaut, besteht aus zwei Prinzipien. Jeder soll das gleiche Recht auf das umfangreichste System gleicher Grundfreiheiten haben, das mit dem gleichen System für alle anderen verträglich ist. Zum zweiten sind soziale und wirtschaftliche Ungleichheiten dann zulässig, wenn sie (a) mit Ämtern, Positionen verbunden sind, die jedem offen stehen (Prinzip faire Chancengleichheit), und wenn sie (b) denen, die am wenigsten begünstigt sind, am meisten zugute kommen (Differenzprinzip). Der erste Grundsatz fixiert die politische, rechtliche Gleichheit unter der Bedingung der Maximierung individueller Freiheit, Grundsatz zwei fixiert die Chancengleichheit unter der Bedingung, dass jeder daraus einen absoluten Vorteil ziehen können muss. Dabei erhält der erste Grundsatz Priorität vor dem zweiten, der erste Unterpunkt Priorität vor dem zweiten Unterpunkt im zweiten Grundsatz. Die Folge aus dieser lexikalischen Vorgehensweise ist zum einen der absolute Vorrang der Freiheit vor jeder Form der Güterverteilung und zum anderen der absolute Vorrang der Chancengleichheit vor dem Differenzprinzip. Der erste Vorrang zeigt, dass eine weniger umfangreiche Freiheit das Gesamtsystem der Freiheit für alle stärken muss. Der zweite Vorrang bringt zum Ausdruck, dass Chancenungleichheit die Chancen der Benachteiligten verbessern muss. Der kontraktualistische Ansatz von Rawls geht vom Schleier des Nichtwissens aus, d. h., dass niemand weiß, welche Rolle er nach Verabschiedung der neuen Grundsätze in der neuen Ordnung einnehmen wird.

Einige wesentliche Kritikpunkte:

1. Das Postulat der Priorität der Freiheit vor jeder Form der materiellen Güterzuteilung ist nicht statthaft. Erstens stoßen wir immer wieder auf praktische Fälle, wo Menschen zugunsten von materiellen Gütern sehr wohl auf persönliche Freiheit verzichten. So wird sich fast jeder Verhungernde eher zur Sklaverei bereit erklären als den sicheren Tod in Kauf zu nehmen. Auch formal wirft obiger Vorrang Probleme auf. Wie kann der Mensch das oberste Prinzip der Freiheit überhaupt verteidigen, wenn dazu zuerst die notwendige Bedingung, das Überwinden seiner materiellen Bedürftigkeit, erfüllt sein muss? Ohne Befriedigung der Grundbedürfnisse ist Freiheit unmöglich.

2. Gleichheit als moralisches Gut steht oft der Freiheit als moralischem Gut entgegen. Wenn alle z. B. ein gleiches Einkommen haben sollen, dann heißt das noch lange nicht, dass auch die Grenzproduktivität bei allen gleich hoch ist. Im Gegenteil. Durch die Ungleichheit der Produktivität müssen Ungleichverteilungen als per se gerecht empfunden werden. Jede Gleichverteilung läuft zumindest partiell ins Leere, wenn von der Verschiedenheit der Individuen ausgegangen wird.

3. Die anthropologischen Voraussetzungen für Rawls Gerechtigkeitssystem sind zwar nachvollziehbar, aber doch recht idealistisch. Danach weisen die über die gerechten Grundsätze entscheidenden „kompetenten Moralbeurteiler" folgende Merkmale auf: hinreichend Intelligenz, ausreichend Lebenserfahrung, Faktenkenntnis, Fähigkeit zur deduktiven Logik, Fähigkeit, neue Erkenntnisse zu berücksichtigen, volle Empathie, persönliche Distanz und Selbstkritik.

4. Dass sich Gleichheit ganz generell als Verteilungskriterium eignet, bezweifeln die
sogenannten Anti-Egalitaristen. Danach sei überhaupt nicht gesichert, dass der Zustand, in dem z. B. alle Beteiligten relativ gleich wenig besitzen, besser sein soll als
der Zustand, wo einige sehr viele Güter und andere „nur" viele Güter haben.

5. Rawls Moralbegründung erfolgt zwar universalistisch, sie geht dabei aber von nicht
eindeutigen Annahmen aus. Einerseits verhüllt der „Schleier des Nichtwissens" als
hypothetisches Entscheidungsverfahren im Urzustand die jeweilige gesellschaftliche
Position, die natürlichen Fähigkeiten der Menschen, ihre Einstellungen dem Risiko
gegenüber etc. Diese Konstruktion sichert den von Rawls angestrebten universellen
Geltungsanspruch. Andererseits aber sollen im Rahmen des Gesellschaftsvertrags die
abzuleitenden Gerechtigkeitsprinzipien unter allgemeinen Gesichtspunkten bestimmt
werden. Diese Aufgabe ist nur dann zu bewerkstelligen, wenn die Entscheidungsträger Kenntnis darüber haben, wie ihre spezifischen Interessen, Werthaltungen bei der
Wahl der Gerechtigkeitsprinzipien aussehen, was heißt, dass sie einen egoistischen,
selbstbezogenen Standpunkt einnehmen können müssen. Aus dieser Diskrepanz folgt,
dass Normen nicht zu rechtfertigen sind, wenn sie ohne Wissen über die konkreten
historischen und kulturellen Kontexte aufgestellt werden müssen.

6. Der Gerechtigkeit liegt eine grundlegende Gespaltenheit zu Grunde. Ihr Wesen ist
zum einen die Gleichheit, weswegen Regeln auf Allgemeingültigkeit beruhen. Zum
anderen wohnt der Gerechtigkeit das Bestreben inne, Einzelfälle und die Einzelperson
angemessen zu beurteilen. Sie soll allgemeingültig sein, zugleich individuellen Ansprüchen (Billigkeit) genügen.

7. Da jedes Gerechtigkeitskonzept, wie intelligent und wahrhaft es auch immer sein
mag, auf immer ein menschliches Konstrukt bleibt, ein archimedischer Punkt nicht
vorhanden ist, bleibt das Problem der Subjektivität unüberwindbar. Was gerecht ist,
unterliegt letztlich dem individuellen Bewertungsakt. Der Beweis dafür ist die historische Tatsache, dass im Namen der Gerechtigkeit schon die schlimmsten Verbrechen
auf Erden geschehen sind, denken wir an (Religions-)Kriege, Hexenverbrennungen,
an Völkervertreibungen etc. Das bei Gerechtigkeitsfragen auftauchende Problem ist,
dass das Gerechte das Wissen um das Gute voraussetzt. Der Spruch „fiat justitia et
pereat mundus" bringt es auf den Punkt: Es soll Gerechtigkeit geschehen und wenn
die Welt daran zugrunde geht.

5. Der Bezug auf eine ideale Kommunikation (Diskursethik)

Ausgangspunkt der Diskursethik ist die Überwindung eines „logischen Trilemmas".
Dadurch, dass das Gute formallogisch nicht letztbegründet werden kann, kommt es immer wieder zu unendlichen Regressen, logischen Zirkeln oder abbrechenden Begrün-
dungsprozessen, die an der dogmatischen Setzung bestimmter Prämissen scheitern. Um
dies zu vermeiden, setzt die Diskursethik nicht formallogisch an, sondern reflektiert die
subjektiv-intersubjektiven Bedingungen der Möglichkeit intersubjektiv gültiger Argumentation. Auf diese Weise bildet sich das Gute heraus als normative Voraussetzung

von bi-/multilateralen Diskursen, welche auf der wechselseitigen Anerkennung der Menschen als mündige und vernünftig kommunikative Wesen basieren.

Der diskursethische Grundsatz geht davon aus, dass nur die Normen Geltung beanspruchen dürfen, die die Zustimmung aller Betroffenen als Teilnehmer eines Diskurses finden. Nach Habermas, einem der Begründer der Diskursethik, gilt Folgendes: „Jede gültige Norm muss der Bedingung genügen, dass die Folgen und Nebenfolgen, die sich aus der allgemeinen Befolgung der strittigen Norm für die Befriedigung der Interessen eines jeden Einzelnen voraussichtlich ergeben, von allen zwanglos akzeptiert werden können."[21] Das so abgeleitete Universalisierungsprinzip menschlichen Miteinanders entspricht laut Habermas dem diskursethischen Moralprinzip (universalpragmatischer Ansatz). Damit wird erreicht, dass nur diejenigen Handlungsgrundsätze Aussicht auf Geltung haben, die von einer vernünftigen Kommunikationsgemeinschaft für moralisch richtig befunden werden. Jede Person, die an einem Diskurs teilnimmt, um dort Behauptungen aufzustellen, diese zu bestreiten oder in Frage zu stellen, kennt dadurch das darin enthaltene Moralprinzip implizit immer schon als verbindlich an, da „rationale Argumente die Geltung universaler ethischer Normen voraussetzt"[22]. In Anlehnung an Kant lässt sich die Diskursethik als ein formales, prozedurales Prinzip bezeichnen, das als Überprüfungsverfahren für verallgemeinerbare Maximen herangezogen werden kann. Ein vernünftig kommunikatives Wesen kann nicht den diskursethischen Grundsatz ablehnen, die Tatsache, dass alle Normen im Konsens über unbegrenzt argumentative Diskurse herbeigeführt werden müssen, ohne sich in Selbstwidersprüche zu verstricken.

Nach Apel, einem weiteren Hauptvertreter der Diskursethik (transzendentalpragmatischer Ansatz), setzt jeder, der argumentiert, immer schon voraus, dass er im Diskurs zu wahren Ergebnissen gelangen kann, dass Wahrheit grundsätzlich also möglich ist. Eine ebensolche Auffassung über diese Wahrheitsfähigkeit setzt er bei jedem anderen Diskursteilnehmer voraus. Das bedeutet, dass die Argumentationssituation für jeden Argumentierenden unhintergehbar ist. Jeder Versuch, ihr zu entfliehen, ist inkonsistent. Dies nennt Apel das Apriori der Argumentation[23]. Das Moralprinzip tritt uns in der Gestalt entgegen, dass die aus einem Diskurs gewonnene Normativität von keinem denkenden Wesen abgelehnt werden kann, ohne Gefahr zu laufen, sich selbst zu widersprechen. In diesem Apriori der Argumentation liegt der Anspruch, dass alle expliziten/impliziten Ansprüche von Menschen an Menschen vernünftigerweise gerechtfertigt werden können. Durch diese Übereinkunft vernünftiger Argumentation wird eine solidarische Willensbildung in Gang gesetzt, die normgerechte, moralische Verbindlichkeit hervorbringt. Anbei einige Einwände:

1. Zwar ermöglicht das diskursethische Verfahren eine plausible Rekonstruktion unserer faktischen Moralurteile, den Grund für die Verbindlichkeit dieser Urteile vermag es indessen nicht zu liefern.

2. Ein weiterer Einwand bezieht sich darauf, dass die Regeln, Verhaltensgrundsätze und Normen, die für argumentative Diskurse konstitutiv sind, nicht automatisch außerhalb dieser Diskurse gelten müssen. Es gibt keinen derartigen Verbindlichkeitstransfer von der Diskurspraxis auf außerdiskursive Praxisformen, genauso wie es gemäß Haber-

mas auch keinen von den pragmatischen Voraussetzungen der Argumentation zu ethischen Standards gibt[24].

3. Das Konzept des idealen Diskurses bleibt ein Konstrukt, welches von der generellen Problematik überlagert ist, dass prinzipiell jeder Diskursteilnehmer in der Lage sein muss, den Sinn der Argumente adäquat zu verstehen und Wahrheit definitiv beurteilen zu können. Dies setzt ein recht hohes anthropologisches Anspruchsniveau voraus.

4. Konkretes Handeln lässt sich aus dem diskursethischen Moralprinzip nicht wirklich deduktiv ableiten. Das fängt damit an, dass reale Diskurse nie eins zu eins auf ideale Diskurse übertragen werden können, da erste teilweise signifikante Ungleichheiten in Bezug auf Wissen, Macht und strategischen Möglichkeiten aufweisen. Hinzu kommt, dass in der Realität nicht alle Moralsubjekte diejenigen Normen befolgen, die für alle akzeptabel wären, würden sie von allen befolgt. Drittens ist es bei gesellschaftlichen und komplexen Prozessen ausgeschlossen, dass die Zustimmung aller Diskursteilnehmer einholbar ist. Hundertprozentiger Konsens ist nicht erreichbar.

5. Vor allem in moralischen Konfliktsituationen, die durch die Kollisionen von Maximen geprägt sind, zeigt die Diskursethik kaum Auswege. Ist es nunmehr ethisch geboten, den potenziellen Mörder zu belügen, um ein Menschenleben zu retten oder ist es nicht geboten? Kann in solchen Fällen ein Diskurs überhaupt hilfreich sein?

6. Die Durchsetzung der moralischen Ansprüche kann von der Diskursethik nicht selbst geleistet werden, weswegen sie auf das Rechtssystem grundsätzlich angewiesen und somit abhängig bleibt.

6. Der Bezug auf Werte (Wertethik)

Das Konzept der Wertethik vertritt die Anschauung, dass das Gute auf bestimmte und hierarchisch geordnete Werte zurückzuführen ist. Einer der Hauptvertreter der Wertethik, Max Scheler[25], hat die materiale Wertethik fundiert, die auf der Phänomenologie Edmund Husserls aufbaut. Daneben existiert auch eine formale Richtung, die vor allem von Wilhelm Windelband und Heinrich Rickert weiterverfolgt wurde. Der sittliche Grundanspruch der Wertethik kommt dadurch zum Ausdruck, dass ein Individuum bestimmten Werten subjektiv diejenige Bedeutung einräumt, die ihm objektiv zukommt. Ziel ist es, die wahren Werte und die richtige Werthierarchie abzuleiten, sich danach zu verhalten und alles, was ihm widerspricht, zu vermeiden. Es gilt dem absoluten Wert die relativen Werte im Rahmen eines ontologischen Ordnungsprinzips zuzuordnen. Durch die Wiedergabe der vom Sein vorgegeben Wertstruktur verlieren Normkonflikte ihre Schärfe, indem die Hierarchie klare und eindeutige Unter- und Überordnungsverhältnisse schafft. So bringt z. B. die Erbfolge Gatte, Kinder, Eltern, Geschwister eine natürliche Werterangordnung zum Ausdruck. Als höchste Wertebene fungiert oft die der Heiligkeit oder die der Liebe.

Laut Scheler besteht die Aufgabe der Wertethik darin, zu einer „… von aller psychologischen und geschichtlichen Erfahrung unabhängigen Lehre von den sittlichen Werten …"[26] zu gelangen. Diese Werte stellen „streng apriorische Wesensideen" dar, sie sind also nicht einfach nur begrifflich rekonstruierbar, sondern müssen aus der „natürlichen Weltanschauung" und aus den emotionalen Akten des Wertfühlens herausgelöst werden. Der Begriff apriori bedeutet, dass Werte unabhängig von den jeweiligen konkreten Gütern sind, so wie dies Farben von den jeweiligen Dingen sind. Der Ausgangspunkt liegt somit nicht in der intellektuellen Dimension, sondern in der Erfahrung der Sachen und ihrer Wesensgesetze. Werte sind eigenständige, von den Seienden unabhängige Wesenheiten, die wegen ihres objektiven, hierarchischen Charakters intersubjektive Abgleichung erübrigen. Diese reine Wesensschau dieses Wertekosmoses soll über die phänomenologische Methodik erfolgen[27].

Schelers Ansatz, der in betonter Abgrenzung zu jedem ethischen Formalismus steht (besonders dem von Kant), geht von einer Rangordnung inhaltlich bestimmter Werte aus. Ein Wert steht umso höher, je weniger er durch andere Werte bestimmt wird. Dabei tritt jedem positiven Wert ein negativer Gegenwert oder Unwert entgegen. In der Hierarchie, die sich aus dem sogenannten Wertfühlen ergibt, steht ganz oben das Heilige (Gefühl der Liebe) bzw. Profane, dann das Schöne und Rechte (geistiges Fühlen) bzw. das Hässliche und Unrechte, dann das Edle (vitales Fühlen) bzw. das Gemeine und letztlich das Angenehme (sinnliches Fühlen) bzw. das Unangenehme.

Die Fähigkeit, überhaupt so etwas wie ein Wertfühlen zu entwickeln, kommt einzig dem Menschen zu. Nur dieser vermag sinnhafte „Akte einer autonomen Gesetzlichkeit" zu vollziehen, die eben nicht instinktiver oder physiologischer Herkunft sind. Diese Akte bringen eine Gesetzlichkeit zum Ausdruck, die nicht mehr analog und parallel den Funktionsabläufen des Nervensystems abläuft, sondern analog und parallel der objektiven Sach- und Wertestruktur der Welt selbst. Der Mensch hat „Weltbewusstsein", das über das reine Umwelt- bzw. Milieu-haben weit hinausreicht. Der menschliche Geist zeichnet sich durch drei Merkmale aus, die ihn vom Tier unterscheiden. Er ist nicht allein durch Triebe und organische Bedürfnisse gesteuert, sondern durch selbst hergestellte Sachen, die kulturelle Wertigkeiten ausdrücken. Er ist zweitens zur begierdefreien Liebe zur Welt gekennzeichnet und er ist drittens in der Lage, das Was-Sein (Wesen) vom Dass-Sein (Dasein) zu unterscheiden.

1. Der wichtigste Kritikpunkt an der Wertethik ist der, dass die Berufung auf Wertgefühle oder intuitive Werterkenntnis keine tragfähige Begründung für normative Forderungen und die Geltung objektiver Ansprüche darstellt.
2. Die Erkenntnis der „natürlichen Werteordnung" steht und fällt mit den Möglichkeiten der phänomenologischen Methode. Da diese nur eine von mehreren möglichen darstellt, es gibt noch die hermeneutische, strukturalistische, perspektivistische, transzendentale etc., kann dem wertethischen Ansatz nur bedingt universelle Gültigkeit zugesprochen werden.
3. Zudem besteht bei der Wertethik ein beträchtliches Problem der Praktikabilität. Hunderte von Werten müssen begrifflich exakt erfasst und bestimmt werden. Wenn dies erfolgt und zumindest mehrheitlich akzeptiert ist, muss diese Wertmenge in eine konsistente Ordnung gebracht werden, die allen hierarchischen Ansprüchen gerecht wird. Diese Hierarchie muss zudem die Bedingung erfüllen, dass sie auf unterschiedliche Situationen mit verschiedenen Normkonflikten angewendet werden können muss.

4. Da die Werte apriorisch sind, sind sie unabhängig von jeder Form von Erfahrung. Wie soll ihre Rangordnung, die selbst auf einer Bewertung beruht, festgelegt werden, wenn Werte jenseits aller Erfahrung liegen?

7. Der Bezug auf Tugenden (Tugendethik)

In der Tugendethik steht nicht das Handeln im Vordergrund, das es zu bewerten gilt, sondern die handelnde Person selbst. Gut ist etwas dann, wenn sich jemand tugendhaft verhält, wenn er also gut um des Guten willen sein will. Der Tugendbegriff wird eben nicht bloß als äußere Normerfüllung gesehen, sondern als Selbsterziehung und Lebenseinstellung der Sittlichkeit gegenüber.

Ausgangspunkt der Tugendethik ist die menschliche Dualität von Vernunft und Neigung. Durch seine Willenskraft ist es dem Menschen möglich, seine Neigungen, Leidenschaften, Affekte und Leidenschaften, die der Sittlichkeit oft diametral entgegenstehen, zu steuern und zu kontrollieren. Der tugendhafte Mensch hat sich diesem Prozess derart hingegeben, dass er das Gute nicht nur oft, sondern gern tut. Während Vernunft und Lust oft in einem moralischen Gegensatz stehen, ist dieses Innenverhältnis beim tugendhaften Menschen ein harmonisches geworden. Die Verwirklichung des moralisch Guten bereitet ihm geistige Freude und zugleich Lust. Vernunft und Sinnlichkeit sind praktisch aufeinander bezogen, verkeilt von der anthropologischen Konstante, nach der der Mensch nach geistig-sittlicher Vollendung strebt.

Ein tugendhafter Mensch verkörpert die Sittlichkeit somit durch seine persönliche Güte, durch eine angeborene oder erworbene Haltung, die dem Sittlichen eine herausragende Stellung einräumt. Tugenden sind Gewohnheiten, durch die das moralisch Gute zur zweiten Natur des Menschen wird. Das Gegenteil zur Tugend ist das Laster, also diejenige Disposition, die sich das Schlechte und Böse erwählt hat. So wie der Tugendbegriff den ganzen Menschen umfasst, bezieht er sich auf das Lebensganze. Das heißt, ihm geht es nicht um einzelne Verhaltensweisen, sondern um die gesamte Lebensgestaltung, um die persönlich- moralische Integration im Rahmen eines freiheitlichen Lebensentwurfs: „Dort, wo Freiheit wirklich begriffen wird, ist sie nicht das Vermögen, dieses oder jenes tun zu können, sondern das Vermögen, über sich selbst zu entscheiden und sich selbst zu tun."[28] Einen Überblick über Tugenden findet der Leser im Teil 1 (Abschnitt 2.1.2.2).

Einer der zeitgenössischen Hauptvertreter der Tugendethik heißt Alasdair MacIntyre[29]. Sein Ansatz besteht aus drei Ebenen. Erstens sind Tugenden auf die Lebenspraxis ausgerichtet, das bedeutet, dass es im Rahmen von sozialen Rollen und Verhaltensmustern ziemlich eindeutig ist, welche Tugend und welche Vortrefflichkeit erforderlich ist. Man weiß gemeinhin genau, was einen guten Mechaniker, eine gute Mutter, einen guten Koch ausmacht. „Eine Tugend ist eine erworbene menschliche Eigenschaft, deren Besitz und Ausübung uns im Allgemeinen in die Lage versetzt, die Güter zu erreichen, die einer Praxis inhärent sind" (S. 255 f.). Auf der zweiten Ebene geht es um die „narrative Ordnung" des guten Lebens, also um die Frage des Zwecks und des Ziels des guten Lebens eines Individuums. Hier geht es um die Suche nach dem Gut, „das uns in die

Lage versetzt, andere Güter zu ordnen" (S. 292). Tugenden sind aber nicht nur Haltungen, die uns befähigen, die der Praxis inhärenten Güter zu erlangen, sondern die uns auch bei der Suche nach diesen Gütern unterstützen. Die dritte Ebene bestimmt sich dadurch, dass sich jede persönliche Lebensidentität aus ihrer gesellschaftlich-historischen Herkunft definiert. Jede Tugend kontextualisiert sozusagen das Lebensganze über, nicht im konservativen Sinn zu missverstehende, Traditionen.

1. Erneut stoßen wir auf das Problem der Praktikabilität. Im Rahmen der Tugendethik müssen hunderte Tugenden benannt und definiert werden. Danach müssen sie in ein aufeinander abgestimmtes System gebracht werden, das hierarchisch und funktional so aufgebaut ist, dass Normkonflikten tragfähig begegnet werden kann.
2. Die Tugendethik weicht dem Problem aus, warum sich jemand überhaupt tugendhaft verhalten soll. Dass das Individuum es kann und dass es Sinn macht, ist das eine, die Begründung, warum es tugendhaft sein soll, bleibt aber lückenhaft.
3. Moralische Gesinnung und Verantwortung bilden in der Tugendethik eine Kluft. Da es in erster Linie um die personale Tugendhaftigkeit geht, bleiben die eventuell negativen Folgen, vor allem die für andere, eines wie auch immer gearteten tüchtigen Verhaltens weitgehend unberücksichtigt.
4. Die anthropologische These, dass der Mensch nach geistig-sittlicher Vollkommenheit strebt, ist lediglich eine Annahme, die theoretisch wie empirisch relativ leicht in Frage gestellt werden kann und unbeweisbar ist.

Als Quintessenz am Ende dieses Exkurses stellen wir fest, dass zwar eine Vielzahl an ethischen Ansätzen, Formen und Prinzipien des Guten vorhanden ist, dass aber kein Konzept in der Lage ist, alle konträren Interessenslagen zur allgemeinen Zufriedenheit zu lösen. Je nach Zielsetzung oder Anspruch ergeben sich unterschiedlich zufrieden stellende Ergebnisse, aber eine Letztbegründung ist unmöglich zu leisten, da jedes Konzept Schwachstellen besitzt und jede Art der Begründung des Guten, zumindest partiell, aus den Angeln gehoben werden kann. Die mit einer Letztbegründung verbundenen Voraussetzungen führen regelmäßig zum Problem des Subjektivismus, da der Bezug zur Wertbasis und Lebenswelt der urteilenden Personen nie ganz außer Kraft gesetzt werden kann. Moral als Ausdruck menschlicher Existenz bleibt wesenhaft subjektbezogen: „Moralisches Sollen existiert weder in Gestalt natürlicher noch in Gestalt überempirischer Entitäten, sondern in Gestalt institutionalisierter wechselseitiger Verhaltensanforderungen der Menschen untereinander."[30]

Anmerkungen zu Kapitel 19

1 Vgl. Nietsch-Hach, S. 71 f.

2 Falting, Jonas: „Alte" und „Neue" Soziale Marktwirtschaft in der BRD, Marburg 2012, S. 81 ff.

3 Ebenda, S. 85 ff.

4 Ebenda, S. 94 ff.

5 „… welches ist das oberste aller praktischen Güter? Im Namen stimmen wohl die meisten überein. Glückseligkeit nennen es die Leute ebenso wie die Gebildeten, und sie setzen das Gut-Leben und das Sich-gut-Verhalten gleich mit dem Glückseligsein. Was aber die Glückseligkeit sei, darüber streiten sie …" (Aristoteles, Nikomachische Ethik, S. 108, 1991).

6 Aristoteles, Nikomachische Ethik, S. 116, 1991.

7 „Sollte nicht eher so, wie das Auge, die Hand, der Fuß und überhaupt jedes einzelne Körperglied seine besondere Leistung hat, auch der Mensch neben all dem seine besondere Leistung besitzen? Welche mag sie nun wohl sein? Das Leben offenbar nicht, denn dieses besitzen auch die Pflanzen … Es würde darauf das Leben der Wahrnehmung folgen, aber auch dieses ist uns gemeinsam mit dem Pferde und Rinde und allen Tieren überhaupt. Es bleibt also das Leben in der Betätigung des vernunftbegabten Teiles übrig" (Aristoteles, Nikomachische Ethik, S. 116, 1991).

8 Aristoteles, Nikomachische Ethik, S. 127, 1991.

9 Aristoteles, Nikomachische Ethik, S. 139, 1991.

10 Epikur, in: Stefan Knischek, Lebensweisheiten berühmter Philosophen, S. 258.

11 Angenommen ein Familienvater erhält die Möglichkeit, für drei Jahre in Übersee zu arbeiten. Er kann entweder im möglichen Rahmen „pendeln", die ganze Familie mitnehmen oder das Angebot ausschlagen. Um die beste Alternative herauszufinden, zieht er alle Konsequenzen und ihre Folgen auf das Glück und Leid der einzelnen Familienmitglieder in Betracht. Er wägt zur Durchführung des utilitaristischen Nutzenkalküls so lange Vor- und Nachteile gegeneinander ab bis am Ende diejenige Alternative feststeht, die den größten Gesamtwert aufweist.

12 Nach dem Präferenzutilitarismus ist eine Handlung, die der Präferenz irgendeines Wesens entgegensteht, ohne dass diese Präferenz durch entgegengesetzte Präferenzen ausgeglichen wird, als moralisch falsch anzusehen.

13 „Nature has put man under the governance of two sovereign masters: pleasure and pain" (J. Bentham).

14 Kant, Grundlegung zur Metaphysik der Sitten, S. 42.

15 Kant, Grundlegung zur Metaphysik der Sitten, 1965, S. 10.

16 „Damit, dass jeder nach seinem Gewissen handelt, hört weder das Chaos noch das Elend auf, welches daraus hervorgeht. Die formale Anweisung, mit sich selbst im Reinen zu bleiben, einen widerspruchslosen Willen zu haben, bildet keine Richtschnur, welche den Grund der moralischen Unruhe beheben könnte. Gibt es auch nur eine Schandtat, die nicht schon einmal mit gutem Gewissen begangen worden wäre?", Max Horkheimer, zitiert nach: udel.edu/weiher/pdf/Kant.pdf, S. 7.

17 „Die Ansicht, dass der gute Wille – wie wichtiger Impuls er immer sein mag – das einzig Gute sei, die Bewertung der Handlung nur nach dem, was sie meint, und nicht nach dem, was sie im jeweiligen historischen Augenblick real bedeutet, ist idealistischer Wahn." Max Horkheimer, zitiert nach: udel.edu/weiher/pdf/Kant.pdf, S. 7.

18 „Der Bürger, der aus Kants Motiv der Achtung vor der bloßen Form des Gesetzes allein einen Gewinn sich entgehen ließe, wäre nicht aufgeklärt, sondern abergläubisch – ein Narr." Theodor Adorno, zitiert nach Braun, Johann: Einführung in die Rechtsphilosophie, S. 233, in: books.google.de/books?isbn=3161489829.

19 Die politische Gerechtigkeit bezieht sich auf die Ämter-, Chancengleichheit in institutionalisierten Gemeinwesen, die juristische auf die Ausgewogenheit von Gesetzen, der Rechtsprechung und des Strafvollzugs. Während sich die soziale bzw. Verteilungsgerechtigkeit der angemessenen Verteilung von materiellen Ressourcen und Gütern zuwendet, misst die Tauschgerechtigkeit die Angemessenheit von Leistung und Gegenleistung. Verfahrensgerechtigkeit sorgt sich darum, ob anerkannte Regeln tatsächlich ohne Ansehen der Person eingehalten werden, die kontributive Gerechtigkeit um die Rechte und Pflichten der individuellen Mitwirkung in der Gesellschaft, generative Gerechtigkeit sorgt sich um die angemessene Lastenverteilung zwischen jung und alt, die Steuergerechtigkeit um die angemessene Finanzierung staatlicher Aufgaben etc. Die Kriterien, nach denen das Maß der Gerechtigkeit beurteilt werden kann, spannen ebenso weiten Bogen. Das Bedürfnisprinzip basiert darauf, möglichst viele Bedürfnisse möglichst vieler Individuen zu befriedigen, das Vertragsprinzip darauf, dem vereinbarten Inhalt gerecht zu werden. Laut Leistungsprinzip steht dem mehr zu, der mehr für die Gemeinschaft leistet, nach dem Gleichheitsprinzip soll jeder das Gleiche erhalten. Laut Gleichberechtigungsprinzip soll jeder gleiche Rechte und Chancen erhalten, laut Nachhaltigkeitsprinzip darf nur so viel der Natur entzogen werden, was ihr auf Dauer nicht schadet, laut Subsidiaritätsprinzip soll sich jeder zuerst selbst weiterhelfen bis höherrangige Ebenen eingeschaltet werden etc.

20 Demnach stellt Gerechtigkeit ein seelisches Vermögen dar, in dem jeder das Seine für die Gemeinschaft tun soll, und zwar in Art und Umfang so, wie es seinem Wesen, seinen Möglichkeiten oder den Umständen entspricht (Platon). Gerechtigkeit ist vollkommene Rechtschaffenheit, somit eine Tugend dessen, was einem sozial zusteht (Aristoteles). Gerechtigkeit ist nicht etwas an und für sich Seiendes, sondern ein im Umgang miteinander abgeschlossener Vertrag, einander nicht zu schädigen (Epikur). Gerechtigkeit ist die Aufgabe, dass niemand niemandem schadet (Cicero). Gerechtigkeit besteht in der Einhaltung eines aufzustellenden Gesellschaftsvertrags, der von einem Souverän, dem Staat, überwacht wird (Thomas Hobbes). Gerechtigkeit ist der vertraglich garantierte Schutz des Eigentums (Hume). Gerechtigkeit ist die auf einem Gesellschaftsvertrag beruhende Gleichheit aller Individuen (Rousseau). Gerechtigkeit ist ein Handeln, bei dem jeder Mensch zugleich als Zweck, niemals aber bloß als Mittel behandelt werden darf (Kant). Gerechtigkeit ist gesellschaftliche Teilhabe je nach den zugrundeliegenden individuellen Bedürfnissen (Karl Marx) etc.

21 Habermas 1983, S. 102 f.

22 Apel 1973, S. 397.

23 Karl-Otto Apel: „Wer nämlich überhaupt an der philosophischen Argumentation teilnimmt, der hat die soeben angedeuteten Voraussetzungen bereits implizit als Apriori der Argumentation anerkannt, und er kann sie nicht bestreiten, ohne sich zugleich selbst die argumentative Kompetenz streitig zu machen." Zitiert nach Hösle Vittorio: Die Krise der Gegenwart und die Verantwortung der Philosophie, 1997, S. 125, books.google.de/books?isbn=3406392741.

24 Habermas, 1983, S. 96.

25 Hauptwerk: Der Formalismus in der Ethik und die materiale Wertethik, 1913.

26 Max Scheler, zitiert nach: www.philosophie.uni-mainz.de/lehre/ws2006/immel_ps.pdf.

27 Durch die Ausblendung/Einklammerung (epoche) der besonderen Umstände soll von den his-
torisch-kulturellen Bedingungen abgesehen werden, damit sich die Analyse einzig und allein
auf die „aus der Person, dem Ich und dem Weltzusammenhang herausgelöste Aktintention"
konzentrieren kann, vgl. Max Scheler, in: www.gleichsatz.de/b-u-t/gene/scheler/masc-
formal2.html.

28 Karl Rahner, Grundkurs des Glaubens, 1991, S. 49.

29 Hauptwerk: Der Verlust der Tugend, 1987.

30 Bayertz, S. 121.

Literaturverzeichnis

Adorno, Theodor W.: Probleme der Moralphilosophie, Frankfurt 1996.

Albertz, Jörg (Hrsg.): Werte und Normen, Berlin 2002.

Apel, Karl-Otto: Transformation der Philosophie, Band 2, Frankfurt 1973.

Aristoteles: Politik, Meiner Verlag, Hamburg 1981.

Aristoteles: Die Nikomachische Ethik, Artemis Verlag, München 1991.

Atteslander, Peter: Methoden der empirischen Sozialforschung, Berlin 2006.

Backhaus-Maul, Holger/Biedermann, Christiane/Nährlich, Stefan/Polterauer, Judith (Hrsg.): Corporate Citizenship in Deutschland. Gesellschaftliches Engagement von Unternehmen. Bilanz und Perspektiven; Wiesbaden 2010.

Bak, Peter Michael: Wirtschafts- und Unternehmensethik, Stuttgart 2014.

Barth, Stephan: Das Konzept der Bürgergesellschaft, 1998, aus: www.stephan-barth.de/Home page-Aufsaetze/Kommunitarismus.pdf.

Baurmann, Michael: Markt, Norm und Moral, Frankfurt 1995.

Bayertz, Kurt: Warum überhaupt moralisch sein?, München 2006.

Becker, Gary S.: Der ökonomische Ansatz zur Erklärung menschlichen Verhaltens, Tübingen 1982.

Beckert, Jens: Ökonomische Rationalität und die Einbettung wirtschaftlichen Handelns, in: Axel Paul (Hrsg.): Ökonomie und Anthropologie, Berlin 1999, S. 89–101.

Bellebaum, Alfred: Soziales Handeln und soziale Normen, Paderborn 1983.

Berger, Peter/Luckmann, Thomas: Die gesellschaftliche Konstruktion der Wirklichkeit, 2007, S. 58.

Bertelsmann Stiftung (Hrsg.): Markt mit Moral, Gütersloh 1994.

Blackburn, Simon: Gut sein. Eine kurze Einführung in die Ethik, Darmstadt 2004.

Blasche Siegfried: Markt und Moral, Bern 1994.

Bodenstein, Gerhard (Hrsg.): Information, Macht und Moral: Anmerkungen aus theoretischer und praktischer Perspektive, Duisburg 1998.

Böckle, Franz: Grundbegriffe der Moral, Aschaffenburg 1972.

Borsche, Tilman: Die Frage nach der Moral, Berlin 1995.

Brandes, Wolfgang/Eger, Thomas/Kraft, Manfred (Hrsg.): Wirtschaftswissenschaften zwischen Markt, Norm und Moral, Kassel 2006.

© Springer Fachmedien Wiesbaden GmbH, ein Teil von Springer Nature 2019
S. Knischek, *Grundlagen der Wirtschaftsmoral*,
https://doi.org/10.1007/978-3-658-23623-6

Breitner, Thomas: Karl Polanyi: The Great Transformation. Gedanken und Kritik zu Polanyis Geschichte des selbstregulierenden Marktes, Freiburg 2000, in: www.tombreit.de/university_files/ HA_Polanyi/The _Great_Transformation_-_Thomas_Breitner_WS99-00.pdf.

Brodbeck, Karl-Heinz: Ethik und Moral, Würzburg 2003.

Brück, Michael von/Werbick, Jürgen: Der einzige Weg zum Heil?, Freiburg 1993.

Buddeberg, Eva/Vesper, Achim (Hrsg.): Moral und Sanktion, Frankfurt 2013.

Buß, Eugen: Lehrbuch der Wirtschaftssoziologie, Berlin 1995.

Diekmann, Andreas: Empirische Sozialforschung, Hamburg 1995.

Duncker, Christian: Verluste der Werte?, Hamburg 2000.

Edelstein, Wolfgang (Hrsg.): Zur Bestimmung der Moral, Frankfurt 1986.

Engfer, Hans-Jürgen: Empirismus versus Rationalismus?, Paderborn 1996.

Enste, Dominik: Marktwirtschaft und Moral, Köln 2006.

Erlewein, Christian: Ethik, Recht und Ökonomie: zur Kritik der integrativen Wirtschaftsethik, Köln 2003.

Fischer, Lorenz/Wiswede, Günter: Grundlagen der Sozialpsychologie, München 1997.

Forum für Philosophie (Hrsg.): Markt und Moral, Bern 1994.

Franz, Stephan: Grundlagen des ökonomischen Ansatzes: Das Erklärungskonzept des Homo Oeconomicus, Working Paper 2004-02, Institut für Makroökonomie, Universität Potsdam.

Friesen, Hans (Hrsg.): Ökonomische Moral oder moralische Ökonomie?, Freiburg 2014.

Furger, Franz et al. (Hrsg.): Einführung in die Sozialethik, Münster 1996.

Giersch, Herbert: Wirtschaftsmoral als Standortfaktor, Jena 1995.

Granvogl, Heinz/Perridon, Louis: Sozioökonomie, München 2000.

Habermas, Jürgen: Diskursethik – Notizen zu einem Begründungszusammenhang (Aufsatz), 1983.

Habermas, Jürgen: Moralbewusstsein und kommunikatives Handeln, Frankfurt 1983.

Haeffner, Gerd: Philosophische Anthropologie, Stuttgart 1989.

Harmann, Gilbert: Das Wesen der Moral, Frankfurt 1981.

Hauskeller, Michael: Versuch über die Grundlagen der Moral, München 2001.

Hegselmann, Rainer/Kliemt, Hartmut (Hrsg.): Moral und Interesse, München 1997.

Heidbrink, Horst: Stufen der Moral – Zur Gültigkeit der kognitiven Entwicklungstheorie Lawrence Kohlbergs, 1999, in: http://psychologie.fernuni-hagen.de/SOZPSYCH/Heidbrink.html.

Heidbrink, Ludger: Verantwortung als marktwirtschaftliches Prinzip, Frankfurt 2008.

Heidegger, Martin: Sein und Zeit, Tübingen 1986.

Heimes, Martin: Karl Polanyi, in: www.wiwi.uni-frankfurt.de/profs/schefold/docs/polanyi-lang. pdf

Hiller, Friedrich (Hrsg.): Normen und Werte, Heidelberg 1982.

Hillmann, Karl-Heinz: Wörterbuch der Soziologie, Stuttgart 1994, S. 373.

Holmes, Arthur: Wege zum ethischen Urteil, Wuppertal 1987.

Holzer, Kurt: Ökonomische Theorie der Moral: Wirtschaftsmoral als limitierender Produktionsfaktor, Berlin 2014.

Homann, Karl: Moral in den Funktionszusammenhängen der modernen Wirtschaft, 1993.

Homann, Karl/Suchanek, Andreas: Ökonomik, Tübingen 2000.

Höffe, Otfried: Moral als Preis der Moderne, Frankfurt 1993.

Holztrattner, Manfred: Macht ohne Moral, Vortrag, Salzburg 2004

Horn, Karen: Moral und Wirtschaft, Tübingen 1996.

Horn, Karen/Schwarz, Gerhard: Der Wert der Werte, Zürich 2012.

Horster, Detlev: Postchristliche Moral, Hamburg 1999.

Horster, Detlef: Recht und Moral, in: Zeitschrift für philosophische Forschung, 51. Jg. (1997), S. 367–389.

Horster, Detlev: Was soll ich tun? Moral im 21. Jahrhundert, Leipzig 2004.

Hübler, Olaf: Einführung in die empirische Wirtschaftsforschung, München 2005.

Hummel, Thomas/Zander, Ernst: Markt und Moral, in: Zeitschrift für Human Resource Management, Bd.59 (2007), 11.

Hurrelmann, Klaus: Einführung in die Sozialisationstheorie, Basel 2002.

Institut der deutschen Wirtschaft (Hrsg.): Markt hat Moral, Köln 2001.

Kant, Immanuel: Grundlegung zur Metaphysik der Sitten, Meiner Verlag Band 41, Hamburg.

Karmasin, Matthias/Litschka, Michael: Wirtschaftethik, Berlin 2008.

Kerber, Walter (Hrsg.): Sittliche Normen, Düsseldorf 1982.

Kersting, Wolfgang: Moral und Kapital, Paderborn 2008.

Kirchgässner, Gebhard: Homo oeconomicus, Tübingen 1991.

Kittsteiner, Heinz: Die Entstehung des modernen Gewissens, Frankfurt 1991.

Kliemt, Hartmut: Wirtschaftsethik. Vorläufiges Skript Frankfurt School of Finance and Management, Frankfurt 2007.

Knassmüller, Monika: Unternehmensleitbilder im Vergleich, Frankfurt 2005.

Kohl, Bernhard: Allgemeine Moraltheologie II, in: www.vaticarsten.de/theologie/moral/moral-2-kohl-02.pdf.

Kohlberg, Lawrence: Die Psychologie der Moralentwicklung, Frankfurt 1994.

Konen, Georg/Wilhelms, Günter (Hrsg.): Bleibt die Ethik auf der Strecke?, Münster 2001.

Konrad, Michael: Werte versus Normen als Handlungsgründe, Bern 2000.

Korff, Wilhelm (Hrsg.): Handbuch der Wirtschaftsethik, Gütersloh 1999.

Korff, Wilhelm: Norm und Sittlichkeit, Freiburg 1985.

Korte, Hermann/Schäfers, Bernhard: Einführung in die Hauptbegriffe der Soziologie, 2007, in: www.bagru.info/forum/attachments/1213959674_Einfuehrung_in_Hauptbegr_Soziologie_Zusammenfassung_I-XI.pdf.

Koslowski, Peter: Ethik des Kapitalismus, Tübingen 1998.

Krämer, Hans: Integrative Ethik, Suhrkamp, 1992.

Kraft, Viktor: Die Grundlagen der Erkenntnis und der Moral, Berlin 1968.

Kromka, Franz: Markt und Moral, Grevenbroich 2008.

Krüger, Lorenz: Der Begriff des Empirismus, Berlin 1973.

Kutschera, Franz: Grundlagen der Ethik, Berlin 1999.

Landmann, Michael: Philosophische Anthropologie, Berlin 1982.

LeFant, Emile: Ethikonomie: Moral oder Macht?, Norderstedt 2009.

Lenk, Hans: Philosophie im technologischen Zeitalter. Stuttgart 1972.

Lind, Georg: Moral ist lehrbar, München 2003.

Loesch, Achim von: Die Zielkonzeptionen der gemeinwirtschaftlichen Unternehmen der Gewerkschaften, in: Gewerkschaftliche Monatshefte, 1974, S. 283–289.

Lohmann, Karl (Hrsg.): Ökonomie und Moral, München 1997.

Ludwig Erhard Stiftung: Die Ethik der Sozialen Marktwirtschaft, Stuttgart 1988.

MacIntyre, Alasdair: Der Verlust der Tugend, Frankfurt 1987.

Matje, Andreas: Unternehmensleitbilder als Führungsinstrument, Wiesbaden 1996.

Maurer, Andrea (Hrsg.): Handbuch der Wirtschaftssoziologie, Verlag für Sozialwissenschaften, 2008.

McNaughton, David: Moralisches Sehen, Frankfurt 2003.

Molitor, Bruno: Die Moral der Wirtschaftsordnung, Köln 1980.

Mosberger, Peter: Das Metier der Moralphilosophie, Freiburg 2003.

Müller, Andreas: Die Implementation von Moral durch die ökonomische Vernunft, Dissertation, Dresden 2004.

Müller, Anselm: Ende der Moral?, Stuttgart 1995.

Müller, Florian (Hrsg.): Markt und Sinn: dominiert der Markt unsere Werte?, Frankfurt 1996.

Nida-Rümelin, Julian (Hrsg.): Angewandte Ethik, Stuttgart 1996.

Nietsch-Hach, Cornelia: Ethisches Verhalten in der modernen Wirtschaftswelt, Konstanz 2014.

Noelle-Neumann, Elisabeth: Alle, nicht jeder, Berlin 2000.

Noll, Bernd: Wirtschafts- und Unternehmensethik in der Marktwirtschaft, Stuttgart 2002.

North, Douglass: Theorie des institutionellen Wandels, Tübingen 1988.

Nothelle-Wildfeuer, Ursula: Markt und Moral in wirtschaftsethischer Perspektive, Vortrag 01.07.09, Bonn.

Nozick, Robert: Vom richtigen, guten und glücklichen Leben, München 1991.

Ökonomie und Gesellschaft, Jahrbuch 11: Markt, Norm und Moral, Frankfurt 1995.

Olson, Mancur: Umfassende Ökonomie, Tübingen 1991.

Ott, Konrad: Moralbegründungen zur Einführung, Hamburg 2001.

Otte, Gerhard: Recht und Moral, Freiburg 1981.

Paus, Ansgar: Werte, Rechte, Normen, Graz 1979.

Pieper, Annemarie: Ethik und Moral, München 1985.

Pieper, Annemarie: Gut und Böse, München 1997.

Pieper, Annemarie: Angewandte Ethik, München 1998.

Polanyi, Karl: The Great Transformation, Frankfurt 1990.

Priddat, Birger: Moral und Ökonomie, Berlin 2005.

Rauscher, Anton (Hrsg.): Verantwortung in einer komplexen Gesellschaft, Berlin 2010.

Rawls, John: Eine Theorie der Gerechtigkeit, Frankfurt 1975.

Rawls, John: Geschichte der Moralphilosophie, Frankfurt 2002.

Reiss, Steven: Who am I?: the 16 basic desires that motivate our behaviour and define our personality, New York 2000.

Rinderspacher, Jürgen (Hrsg.): Zeitwohlstand, 2002.

Rolle, Robert: Homo Oeconomicus. Wirtschaftsanthropologie in philosophischer Perspektive, Würzburg 2005.

Ruh, Hans/Gröbly, Thomas: Die Zukunft ist ethisch oder gar nicht, Frauenfeld 2006.

Ruloff, Dieter (Hrsg.): Moral und Moralismus in Politik und Wirtschaft, Chur 2002.

Sandel, Michael: Was man für Geld nicht kaufen kann. Die moralischen Grenzen des Marktes. Ullstein Verlag 2012.

Sartre, Jean Paul: Entwürfe für eine Moralphilosophie, Hamburg 2005.

Saul, John: Der Markt frisst seine Kinder, Frankfurt 1998.

Schäfer, Wolfgang: Opfer Sozialstaat, Opladen 2002.

Schlensog, Stephan: Die Weltreligionen, München 2008.

Schmidt Helmut: Auf der Suche nach einer öffentlichen Moral, München 2000.

Schmidt, Reinhard/Grohs, Stefanie: Angleichung der Unternehmensverfassung in Europa, No. 43, Nov. 1999 Universität Frankfurt.

Schneider, Johann: Die Vertreibung aus dem Paradies, Frankfurt 2001.

Schrader, Heiko: Zur Relevanz von Polanyis Konzept der Einbettung der Wirtschaft in die Gesellschaft, Working Paper No. 219, Bielefeld 1995.

Schubarth, Wilfried: Ausgewählte Sozialisationstheorien und deren Vertreter, in: www.uni-potsdam.de/fileadmin/projects/sozialisionstheorie/assets/Schubarth_Einf._in_Forschungsmethoden/1185Sozialisation2.ppt.

Schulte, Patrick: Wirtschaftsethik und die Grenzen des Marktes, Tübingen 2014.

Simmel, Georg: Philosophie des Geldes, Frankfurt 1989.

Simon, Herbert: Homo rationalis, Frankfurt 1993.

Smith, Adam: Reichtum der Nationen, Paderborn 1993.

Smith, Adam: Theorie der ethischen Gefühle, Hamburg 1994.

Sombart, Werner: Die drei Nationalökonomien, Berlin 2003.

Spaemann, Robert: Moralische Grundbegriffe, München 1982.

Stäblein, Ruthard: Glück und Gerechtigkeit, Frankfurt 1999.

Stäblein, Ruthard (Hrsg.): Moral, Frankfurt 1996.

Stoffer, Thomas: Grundbegriffe der Psychologie, 2009, in: www.psy.lmu.de/exp/teaching/courses/grundbegriffe_i.pdf.

Streek, Wolfgang: Wirtschaft und Moral: Facetten eines unvermeidlichen Themas, Forschungsberichte aus dem MPIfG, Köln 2007.

Streithofen, Heinrich: Macht, Moneten und Moral, Aachen 2005.

Suchanek, Andreas: Das Verhäöltnis von Ethik und Ökonomie, DRK-Fachtagung Erfurt, 13.09.2005

Thielemann, Ulrich: Ökonomismus – oder wie das Prinzip Markt sich der Lebenswelt bemächtigt. Versuch einer wirtschaftsethischen Werterhellung, in: forum EB, Nr. 2, 1999, S. 5–17.

Thießen, Friedrich: Die Evolution von Gur und Böse in Marktwirtschaften: Theorie und Praxis, Berlin 2014.

Ulrich, Peter: Integrative Wirtschaftsethik, Bern 1997.

Vanberg, Viktor: Die zwei Soziologien, Tübingen 1975.

Vanberg, Viktor: Moral und Wirtschaftsordnung: Zu den ethischen Grundlagen einer freien Gesellschaft, Freiburger Diskussionspapiere zur Ordnungsökonomik 11/1, Freiburg 2011.

Waibl, Elmar: Praktische Wirtschaftsethik, Innsbruck 2001.

Waldkirch, Rüdiger: Die Moral der Wirtschaft, Berlin 2008.

Weber, Max: Wirtschaft und Gesellschaft, Tübingen 1976.

Weber, Max: Soziologische Grundbegriffe, Stuttgart 1984.

Weddigen, Walter: Wirtschaftsethik, Berlin 1951.

Wetzel, Dietmar: Soziologie des Wettbewerbs: eine kultur- und wirtschaftssoziologische Analyse der Marktgesellschaft, Wiesbaden 2013.

Williams, Bernard: Der Begriff der Moral, Stuttgart 1978.

Wingert, Lutz: Gemeinsinn und Moral. Frankfurt 1993.

Wiswede, Günter: Soziologie. Lehrbuch für den wirtschafts- und sozialwissenschaftlichen Bereich, Landsberg 1985.

Wiswede, Günter: Psychologie im Wirtschaftsleben, Stuttgart 1995.

Wolf, Jean-Claude/Schaber, Peter: Analytische Moralphilosophie, Freiburg 1998.

Wolf, Ursula: Das Problem des moralischen Sollens, Berlin 1984.

Wurzer, Michaela: Wirtschaftsethik von ihren Extremen her: Darstellung und Kritik der Ansätze von Karl Homann und Peter Ulrich, Würzburg 2014.

Zimmermann, Ekkart: Das Experiment in den Sozialwissenschaften, Stuttgart 1972.

Zimmermann, Franz: Einführung in die Existenzphilosophie, Darmstadt 1992.

Zsifkovits, Valentin: Wirtschaft ohne Moral?, Wien 1994.

The manufacturer's authorised representative in the EU is Springer
Nature Customer Service Centre GmbH, Europaplatz 3, 69115 Heidelberg,
Germany. If you have any concerns regarding our products, please
contact ProductSafety@springernature.com

Printed and bound by CPI Group (UK) Ltd, Croydon, CR0 4YY
24/04/2026
02096311-0017